Handbuch Gesundheitssorge

Handbuch Gesundheitssorge

in der betreuungsrechtlichen Praxis

- Rechtliche Grundlagen
- Unterbringung und Zwangsmaßnahmen
- Psychische Störungen und ihre Behandlung

bearbeitet von

Torsten Joecker, Richter am Amtsgericht

Annette Loer, Betreuungsrichterin am Amtsgericht Hannover

Prof. Dr. med. Michael Seidel, Facharzt für Neurologie und Psychiatrie, Facharzt für Psychiatrie und Psychotherapie

Reguvis

Bibliografische Information der Deutschen Nationalbibliothek
Die Deutsche Nationalbibliothek verzeichnet diese Publikation in der Deutschen Nationalbibliografie; detaillierte bibliografische Daten sind im Internet über http://dnb.d-nb.de abrufbar.

Reguvis Fachmedien GmbH
Amsterdamer Str. 192
50735 Köln
www.reguvis.de

Beratung und Bestellung:
Tel.: +49 (0) 221 97668-229
Fax: +49 (0) 221 97668-236
E-Mail: familie-betreuung@reguvis.de

ISBN (Print): 978-3-8462-0942-4
ISBN (E-Book): 978-3-8462-0943-1

Herstellung: Günter Fabritius
Lektorat: Uschi Schmitz-Justen/Dorothea Venator
Satz: Cicero Computer GmbH, Bonn
Druck und buchbinderische Verarbeitung: Appel & Klinger Druck und Medien GmbH, Schneckenlohe
Titelabbildung: © dreamstudio – stock.adobe.com

Printed in Germany

Vorwort

Der Aufgabenbereich Gesundheitssorge gehört in einer Vielzahl der rechtlichen Betreuungen zum Aufgabenkreis rechtlicher Betreuerinnen. Sie haben in diesem Rahmen die betreute Person dabei zu unterstützen, selbstbestimmt eigene Entscheidungen im Zusammenhang mit ihrer Gesundheit und der medizinischen Versorgung zu treffen. Die zum 1. Januar 2023 in Kraft getretene Reform des Betreuungsrechts betont im Einklang mit der UN-Behindertenrechtskonvention das Selbstbestimmungsrecht der betreuten Menschen. Sie stellt deren Wünsche in den Mittelpunkt des Handels aller im Betreuungsrecht tätigen Akteurinnen. Zudem soll im Vorfeld der Einrichtung einer rechtlichen Betreuung und während einer rechtlichen Betreuung das Zusammenspiel insbesondere mit sozialrechtlichen Hilfen sichergestellt und verbessert werden. Ein Handeln rechtlicher Betreuerinnen ist nur zulässig, soweit dieses auch erforderlich ist.

Bei Entscheidungen oder Tätigkeiten im Bereich der Gesundheitssorge werden die unmittelbar im Betreuungswesen Beteiligten ganz überwiegend darauf angewiesen sein, sich auf die Expertise oder Empfehlungen Dritter zu verlassen. Daher ist es für eine gelungene Unterstützung der betreuten Menschen besonders wichtig, über eigene Grundkenntnisse zu verfügen. Alle Beteiligten sollten sich ihrer unterschiedlichen Aufgaben und Rollen in diesem Zusammenspiel bewusst sein.

Dieses Handbuch richtet sich an Betreuerinnen, Mitarbeitende von Betreuungsstellen und Betreuungsvereinen, am Betreuungsgericht Tätige, medizinische Sachverständige, Verfahrenspflegerinnen, Angehörige und sonstige Interessierte – und nicht zuletzt an betreute Menschen selbst. Es soll den Praktikerinnen eine Hilfestellung sein, sich in dem breit gefächerten Spektrum der Tätigkeitsfelder im Rahmen der Gesundheitssorge und ihren Randbereichen zurecht zu finden, das heißt, die eigenen Aufgaben zu kennen, die Rechtsgrundlagen praktisch anwenden zu können und die Krankheitsbilder sowie Behandlungsmöglichkeiten zu verstehen.

Der **erste Teil** gibt einen Überblick über die vielfältigen Aufgaben im Bereich der Gesundheitssorge. Hierbei werden die betreuungsrechtlichen Grundlagen unter Berücksichtigung der Änderungen durch die Betreuungsrechtsreform zum 1. Januar 2023 dargestellt und insbesondere die Aufgabenwahrnehmung durch Betreuerinnen und deren Handlungsmaßstab erläutert. Von der Sicherstellung des Krankenversicherungsschutzes über den Abschluss eines Behandlungsvertrages bis zur notwendigen Einwilligung in konkrete medizinische Maßnahmen werden die Angelegenheiten der Gesundheitssorge erläutert und die rechtlichen Grundlagen dargestellt. Ebenso werden die rechtliche Bedeutung der Patientenverfügung betrachtet und kranken- und pflegeversicherungsrechtliche Aspekte in Grundzügen behandelt, um einen ersten praktischen Zugang zu diesen Rechtsbereichen zu ermöglichen. Auch auf Besonderheiten der Vorsorgevollmacht und des Ehegattenvertretungsrechts wird eingegangen.

Im **zweiten Teil** wird dargestellt, welchen Schutz das Betreuungsrecht bei gleichzeitiger Wahrung der Selbstbestimmung bietet, wenn die betreute Person ihre Gesundheit gefährdet oder gar schädigt. Entscheidungen zu Unterbringung und Zwangsbehandlung stellen für alle Beteiligten eine Herausforderung dar – und in der Regel sind mehrere Professionen beteiligt mit verschiedenen Aufgaben und Sichtweisen. Das Spannungsverhältnis zwischen Freiheit und Fürsorge gehört zu den sensibelsten Themenfeldern der rechtlichen Betreuung. Auf der Grundlage der geltenden Rechtsnormen wird dargestellt, wie die praktische Umsetzung erfolgen kann, für die freiheitsentziehenden Unterbringungen, freiheitsentziehende Maßnahmen und die ärztlichen Zwangsmaßnahmen: Was sind die Kriterien und wer hat welche Rolle?

Der **dritte Teil** stellt diejenigen psychischen Störungen dar, die für betreuungsrechtliche Entscheidungen erfahrungsgemäß die größte Bedeutung besitzen. Sehr seltene oder betreuungsrechtlich wenig relevante Krankheitsbilder mussten um den Preis der Unvollständigkeit unbeachtet bleiben. Die Ausführlichkeit der Darstellungen – an Stelle beispielhafter Fallvignetten – ergibt sich aus dem Anliegen, die Störungsbilder und deren Behandlung möglichst plastisch zu erläutern, um sie psychiatrischen Laien möglichst umfassend verständlich nahe zu bringen. Außerdem erfordert die Verabschiedung der 11. Version der Internationalen Klassifikation der Krankheiten (ICD-11) durch die Weltgesundheitsorganisation schon im Jahre 2019 die gerade im psychiatrischen Abschnitt der Klassifikation erheblichen Veränderungen in einem gewissen Umfang zu berücksichtigten. Mittlerweile ist klar, dass die ICD-11 in Deutschland erst in einigen Jahren, unter Umständen erst etwa 2030, verbindlich eingeführt wird. So musste ein Kompromiss zwischen der notwendigen Bezugnahme auf die weiter gültige ICD-10 und einem Vorausblick auf die von der WHO schon veröffentlichte ICD-11 gefunden werden.

Berlin, Hannover, Bielefeld, im Juli 2023

Torsten Joecker

Annette Loer

Michael Seidel

Hinweis

Gendergerechte Sprache sind der Autorin und den Autoren sowie dem Verlag ein Anliegen. Allein der besseren Lesbarkeit halber wird in diesem Werk in der Regel das generische Maskulinum verwendet. Alle verwendeten Personenbezeichnungen beziehen sich – sofern nicht anders kenntlich gemacht – auf alle Geschlechter.

Inhaltsverzeichnis

Teil 3
Psychische Störungen

Abkürzungen

a.F.	alte Fassung
ASS	Autismus-Spektrum-Störungen
BfArM	Bundesinstitut für Arzneimittel und Medizinprodukte
BGB	Bürgerliches Gesetzbuch
BGH	Bundesgerichtshof
BT-Drucks.	Bundestags-Drucksache
BtKomm	Systematischer Praxiskommentar Betreuungsrecht (siehe Literatur *Doddege/Roth*)
BtOG	Betreuungsorganisationsgesetz
BtRegV	Betreuerregistrierungsverordnung
BtPrax	Betreuungsrechtliche Praxis (Zeitschrift)
EGBGB	Einführungsgesetz zum Bürgerlichen Gesetzbuche
FamRZ	Zeitschrift für das gesamte Familienrecht
FamFG	Gesetz über das Verfahren in Familiensachen und in den Angelegenheiten der freiwilligen Gerichtsbarkeit
FEM	Freiheitsentziehende Maßnahmen
GG	Grundgesetz
i.V.m.	in Verbindung mit
ICD	International Statistical Classification of Diseases and Related Health Problems
ICF	International Classification of Functioning, Disability and Health
MüKo	Münchener Kommentar (siehe Literatur)
NDRI	Noradrenalin- und Dopamin-Wiederaufnahme-Hemmer
NJW	Neue Juristische Wochenschrift (Zeitschrift)
PIA	Psychiatrische Institutsambulanz
PsychKG	Psychisch Kranken Gesetze (der Bundesländer)
PTBS	posttraumatische Belastungsstörung
PUEG	Pflegeunterstützungs- und -entlastungsgesetz
R&P	Recht und Pychiatrie (Zeitschrift)
SNRI	Serotonin- und Noradrenalin-Wiederaufnahmehemmer
SpDi	Sozialpsychiatrischer Dienst
SSRI	Serotonin-Wiederaufnahme-Inhibitoren
StGB	Strafgesetzbuch

StPO	Strafprozessordnung
WTG	Wohn- und Teilhabegesetz
ZPO	Zivilprozessordnung

Literatur

Aufgeführt sind zitierte und weiterführende Literatur.

Amorosa, Hedwig, Klassifikation und Epidemiologie. In: Noterdaeme, Michele/Ullrich, Karolin/Enders, Angelika (Hrsg.): ASS. Ein integratives Lehrbuch für die Praxis, 2. Auflage, Verlag W. Kohlhammer, Stuttgart 2017, S. 26–50

Beckmann, Rainer, Der Einsatz besonders geschulter Verfahrenspfleger zur Vermeidung freiheitsentziehender Maßnahmen, BtPrax 2014, 53

Benkert, Otto/Hippius, Hans (Hrsg.), Kompendium der psychiatrischen Pharmakotherapie. 13. Auflage, Springer Verlag, Berlin/Heidelberg 2020

Berzlanovich, Andrea/Kirsch, Sebastian/Kohls, Nico, Gerichtliche Genehmigungspraxis und pflegewissenschaftlicher Ansatz bei freiheitsentziehenden Maßnahmen – ein Widerspruch?! BtPrax 2012, 95

Bölte, Sven (Hrsg.), Autismus. Spektrum, Ursachen, Diagnostik, Intervention, Perspektive, Huber, Bern 2009

Brosey (Hrsg.), Unterstützte Entscheidungsfindung in der Betreuungspraxis; Reguvis Fachmedien, Köln 2023

Brosey, Dagmar/Lesting, Wolfgang/Loer, Annette/Marschner, Rolf, Betreuungsrecht kompakt, 9. Auflage, Verlag C.H. Beck, München 2022

Brosey, Dagmar, Reform des Betreuungsrechts: § 1821 BGB-E: Konsequente Stärkung des Selbstbestimmungsrechts betreuter Menschen? BtPrax 2020, 161

Bünnigmann, Kathrin, Zu den Zulässigkeitsvoraussetzungen der Einwilligung des Betreuers in eine ärztliche Zwangsmaßnahme, § 1906 Abs. 3 BGB, BtPrax 2015, 91

Bundesinstitut für Arzneimittel und Medizinprodukte, BfArM (Hrsg.), Internationale Klassifikation der Funktionsfähigkeit, Behinderung und Gesundheit. ICF. Stand Oktober 2005, online abrufbar unter www.bfarm.de/DE/Kodiersysteme/Klassifikationen/ICF/_node.html (Abruf: 12.7.2023)

Deinert, Horst/Lütgens, Kay/Meier, Sybille, Die Haftung des Betreuers, 3. Auflage, Reguvis Fachmedien, Köln 2017

Deinert, Horst, Organspende und Betreuung, BtPrax 1998, 60.

Deutsche Hauptstelle für Suchtfragen e. V. (Hrsg.), Alkoholabhängigkeit. Suchtmedizinische Reihe, Band 1, 10. Auflage, Hamm 2022.

Deutsche Hauptstelle für Suchtfragen e. V. (Hrsg.), Essstörungen. Suchtmedizinische Reihe, Band 3, 7. Auflage, Hamm 2021.

Deutsche Hauptstelle für Suchtfragen e. V. (Hrsg.), Drogenabhängigkeit. Suchtmedizinische Reihe, Band 4., 7. Auflage, Hamm 2022

Deutsche Hauptstelle für Suchtfragen e. V. (Hrsg.), Medikamentenabhängigkeit. Suchtmedizinische Reihe, Band 5, Hamm 2020

Deutsche Hauptstelle für Suchtfragen e. V. (Hrsg.), Pathologisches Glücksspielen. Suchtmedizinische Reihe, Band 6, 5. Auflage, Hamm 2022

Deutsches Institut für medizinische Information und Dokumentation, DIMDI (Hrsg.), Internationale Klassifikation der Funktionsfähigkeit, Behinderung und Gesundheit, ICF, Neu-Isenburg 2005

Diekmann, Andrea, 30 Jahre Betreuungsrecht – Auf dem Weg zur Vollendung einer Jahrhundertreform!? BtPrax 2022, 3

Diekmann, Andrea, Unterbringung, Zwangsbehandlung, Fixierung – Entwicklungen in der Rechtsprechung, BtPrax 2019, 99

Diekmann, Andrea, Zur Einholung eines Sachverständigengutachtens durch das Betreuungsgericht vor der Bestellung eines Betreuers, BtPrax 2015, 169

Dilling, Horst/Mombour, Werner/Schmidt, Martin H. (Hrsg.), Internationale Klassifikation psychischer Störungen. ICD-10 Kapitel V (F): Klinisch-diagnostische Leitlinien. Weltgesundheitsorganisation, Huber, Bern 1991

Dodegge, Georg,/Roth, Andreas, Systematischer Praxiskommentar Betreuungsrecht, 6. Auflage, Reguvis Fachmedien, Köln 2023 (Zitierweise: BtKomm/Bearbeiter)

Dodegge, Georg, Vom Wohl des Betroffenen zu dessen Wünschen und Willen – neue Maßstäbe für die Betreuertätigkeit, FamRZ 2022, 844

Dodegge, Georg, Aktuelles aus dem Betreuungsrecht, BtPrax 2019, 3

Došen, Anton, Psychische Störungen, Verhaltensauffälligkeiten bei Menschen mit intellektueller Beeinträchtigung. Ein integrativer Ansatz für Kinder und Erwachsene (Herausgeber und Bearbeiter der deutschsprachigen Ausgabe: Hennicke, Klaus/Seidel, Michael) 2., Auflage, Hogrefe Verlag, Göttingen 2018

Engelfried, Ulrich, Unterbringungsrecht in der Praxis, 2. Auflage, Reguvis Fachmedien, Köln 2020

Fröschle, Tobias/Pelkmann, Katharina, Studienbuch Betreuungsrecht, 5. Auflage, Reguvis Fachmedien, Köln 2023

Gather, Jakov/Nyhuis, Peter W./Juckel, Georg, Wie kann eine „offene Psychiatrie" gelingen? Konzeptionelle Überlegungen zur Türöffnung in der Akutpsychiatrie, R&P 2017, 80

Gottesleben, Eva (Hrsg.), Strukturierung und Visualisierung als Unterstützung für autistische Menschen, Bethel-Verlag, Bielefeld 2004

Grotkopp, Jörg, Medizinische Zwangsbehandlung untergebrachter Personen – in Grenzen – wieder möglich, BtPrax 2013, 83

Guhling, Hartmut, Stärkt die Reform des Betreuungsrechts das Selbstbestimmungsrecht der Betroffenen? BtPrax 2023, 3

Heimkreiter, Simone, Zehn Jahre Werdenfelser Weg Bericht über den 5. Fachtag Werdenfelser Weg, BtPrax 2017, 186

Hennicke Klaus (Hrsg.), Praxis der Psychotherapie bei erwachsenen Menschen mit geistiger Behinderung, Lebenshilfe-Verlag, Marburg 2011

Herzog, David/Turner Daniel/Lieb, Klaus (Hrsg.), Psychiatrie hoch2, Urban & Fischer/Elsevier, München 2022

Interdisziplinäre Arbeitsgruppe zu Qualitätskriterien für Gutachten, Qualitätskriterien für Gutachten. BtPrax 2011, 145

Joecker, Torsten, Das neue Betreuungsrecht, Einführung – Erläuterungen – Materialien – Schnellübersicht, 2. Auflage, Reguvis Fachmedien, Köln 2023

Jurgeleit, Andreas, Betreuungsrecht, 4. Auflage, 2018; Nomos Verlag, Baden-Baden 2018

Jürgens, Andreas (Hrsg.), Betreuungsrecht. Kommentar, 7. Auflage, Verlag C.H. Beck, München 2023 (Zitierweise: Jürgens/Bearbeiter)

Kersting, Philipp, Nur Wunsch, kein Wohl? – Zu den Pflichten bei der Betreuungsführung nach § 1821 BGB n.F., BtPrax 2021, 203

Kirsch, Sebastian/Hirsch, Rolf, Freiheitsentziehung durch Medikamente nach §1906 Abs. 4 BGB, BtPrax 2016, 12

Kirsch, Sebastian/Wassermann, Josef, Eine Initiative zur Reduzierung von Fixierungsmaßnahmen mit verfahrensrechtlichem Ansatz, BtPrax 2009, 109

Kosuch, Renate , Unterstützte Entscheidungsfindung aus (kommunikations)psychologischer Sicht – Zwei Modelle für die Betreuungsgestaltung, BtPrax 2018, 213

Kretz, Jutta/Albrecht, Andreas/Wittkämper, Ulrich, Betreuungsrecht, Formularbuch 4. Auflage München 2018 (5. Auflage für Ende April 2023 angekündigt) Beck-Verlag

Lackner, Karl/Kühl, Kristian/Heger, Martin, Strafgesetzbuch. Kommentar, 30. Auflage 2023

Laufs, Adolf/Katzenmeier, Christian/Lipp, Volker, Arztrecht, 8. Auflage, Verlag C.H. Beck, München 2021

Laufs, Adolf/Kern, Bernd-Rüdiger/Rehborn, Martin, Handbuch des Arztrechts, 5. Auflage, Verlag C.H. Beck, München 2019

Lipp, Volker/Güttler, Gesa, Betreuungsrechtliche Unterbringung: Nur in der Psychiatrie? BtPrax 2017, 94

Lob-Hüdepohl, Andreas, „Redet mit uns!" Auslotungen einer „betreuungsethischen" Selbstverständlichkeit, BtPrax 2021, 14

Loer, Annette, Die Wünsche der Betreuten und die Grenzen der Wunschbefolgung, BtPrax 2023, 79

Marschner, Rolf/Lesting, Wolfgang/Stahmann, Rolf, Freiheitsentziehung und Unterbringung, Kommentar, 6. Auflage, Verlag C.H. Beck, München 2019 (Beck-Verlag)

Matta, Vanita/Engels, Dietrich/Brosey, Dagmar/Köller, Regine u.a., Qualität in der rechtlichen Betreuung. Abschlussbericht, Reguvis Fachmedien, Köln 2018, online abrufbar unter https://www.bmj.de/SharedDocs/Downloads/DE/Service/Fachpublikationen/Forschungsbericht_Qualitaet_rechtliche_Betreuung.html (Abruf: 25.5.2023)

Meier, Sybille, Zur Weiterversicherung eines Betreuten in der gesetzlichen Krankenversicherung nach Erlöschen der Familienversicherung, BtPrax 2003, 173

Mesibov, Gary B./Shea, Victoria/Schopler, Eric, The TEACCH approach to autism spectrum disorders, Kluwe Academic/Plenum Publishers, New York etc. 2005

Möller, Hans-Jürgen/Laux, Gerd/Kapfhammer, Hans-Peter (Hrsg.), Psychiatrie, Psychosomatik, Psychotherapie, Bd. 1: Allgemeine Psychiatrie; Band 2: Spezielle Psychiatrie, 4. Auflage, Springer Verlag, Berlin/Heidelberg/New York 2010

Münchener Kommentar zum Bürgerlichen Gesetzbuch, BGB (Zitierweise: MüKoBGB/Bearbeiter)
- Band 5: Schuldrecht – Besonderer Teil II, 9. Auflage, Verlag C.H. Beck, München 2023
- Band 10: Familienrecht II, 8. Auflage, Verlag C.H. Beck, München 2020

Nagel, Matthias/Selle, Florian/Stumpf, Olav, Die tägliche 24-stündige 1:1 Betreuung, BtPrax 2023, 15

Neldel, Martina, Verfahrenspflegerin nach dem Werdenfelser Weg – Ein Erfahrungsbericht. BtPrax 2017, 182

Neuhäuser, Gerhard, Syndrome bei Menschen mit geistiger Behinderung. Ursachen, Erscheinungsformen und Folgen, 3. Auflage, Lebenshilfe-Verlag, Marburg 2010

Nolting, Hans-Dieter/Zich, Karsten/Tisch, Thorsten/Braeseke, Grit, Umsetzung des Erforderlichkeitsgrundsatzes in der betreuungsrechtlichen Praxis im Hinblick auf vorgelagerte „andere Hilfen", Köln 2018, online abrufbar unter www.bmj.de/SharedDocs/Downloads/DE/Fachinformationen/Zusammenfassung_Forschungsvorhaben_Erforderlichkeitsgrundsatz.html (Abruf: 25.5.2023)

Noterdaeme, Michele/Ullrich, Karolin/Enders, Angelika (Hrsg.), Autismus-Spektrum-Störungen (ASS). Ein integratives Lehrbuch für die Praxis, 2. Auflage, W. Kohlhammer, Stuttgart 2017

Prütting, Hanns/Helms, Tobias (Hrsg.), FamFG, Kommentar, 6. Auflage Verlag Dr. Otto Schmidt, Köln 2022

Remschmidt, Helmut, Autismus: Erscheinungsformen, Ursachen, Hilfen, 5. Auflage, Beck Verlag, München 2012

Rosenow, Roland, Betreuungsrechtliche Unterbringung und Zwangsbehandlung vor dem Hintergrund der UN-BRK, BtPrax 2013, 39

Sappok, Tanja (Hrsg.), Psychische Gesundheit bei Störungen der Intelligenzentwicklung. Ein Lehrbuch für die Praxis, 2. Auflage, W. Kohlhammer, Stuttgart 2023

Sarimski, Klaus, Entwicklungspsychologie genetischer Syndrome, 3. Auflage, Hogrefe Verlag, Göttingen 2003.

Schanze, Christian (Hrsg.), Psychiatrische Diagnostik und Therapie bei Menschen mit Intelligenzminderung. Ein Arbeits- und Praxisbuch für Ärzte, Psychologen, Heilerziehungspfleger und -pädagogen, 2. Auflage, Schattauer Verlag, Stuttgart 2013.

Scharfetter, Christian, Allgemeine Psychopathologie. Eine Einführung. 6. Auflage, Thieme Verlag, Stuttgart 2010

Schneider, Frank/Frister, Helmut/Olzen, Dirk (Hrsg.), Begutachtung psychischer Störungen. 4. Auflage, Springer Verlag, Berlin, Heidelberg 2020

Schnellenbach, Annette/Normann-Scheerer, Sabine/Giers, Michael/Thielke, Ulrike, Betreuungsrecht für die Praxis, Gieseking Verlag, Bielefeld 2023

Schönke/Schröder, Strafgesetzbuch. Kommentar, 30. Auflage, Verlag C.H. Beck, München 2019

Schuntermann, Michael F., Einführung in die ICF. Grundkurs – Übungen – offene Fragen, 6. Auflage, ecomed, Landsberg 2022

Seidel, Michael, Geistige Behinderung und Intelligenzminderung. In: Bienstein, Pia/Weber, Peter (Hrsg.), Psychische Störungen im Arbeitsgebiet der Heilerziehungspflege, Bildungsverlag EINS/Psychiatrie Verlag, Köln 2014, S. 111–117

Seidel, Michael, Psychische Störungen – Allgemeines. In: Bienstein, Pia/Weber, Peter (Hrsg.), Psychische Störungen im Arbeitsgebiet der Heilerziehungspflege, Bildungsverlag EINS/Psychiatrie Verlag, Köln 2014, S.118–174

Seidel, Michael, Ausgewählte psychische Störungen In: Bienstein, Pia/Weber, Peter (Hrsg.), Psychische Störungen im Arbeitsgebiet der Heilerziehungspflege, Bildungsverlag EINS/Psychiatrie Verlag, Köln 2014, S. 175–242

Sobota, Rainer, Sozialleistungen in der Betreuungspraxis, 2. Auflage, Reguvis Fachmedien, Köln 2022

Spickhoff, Andreas (Hrsg.), Medizinrecht, 4. Auflage, Verlag C.H. Beck, München 2022

Stahl, Burkhard/Irblich, Dieter (Hrsg.), Diagnostik bei Menschen mit geistiger Behinderung. Ein interdisziplinäres Handbuch, Hogrefe Verlag, Göttingen 2005

Thar, Jürgen, Die Einwilligung des Betreuers in die Zwangsbehandlung, BtPrax 2013, 91

Voderholzer, U. (Hrsg.), Therapie psychischer Erkrankungen, State of the Art, 18. Auflage, Urban & Fischer Verlag/Elsevier, München 2023

Walter, Ute, Organentnahme nach dem Transplantationsgesetz, FamRZ 1998, 201

Wassermann, Josef/Kirsch, Sebastian, Zehn Jahre Werdenfelser Weg, BtPrax 2017, 180

Weber, Martin/Leeb, Christina-Maria, Die verdeckte Gabe von Medikamenten als ärztliche Zwangsmaßnahme i.S.v. § 1906 Abs. 3 BGB, BtPrax 2014, 119

Wedel, Dirk/Kraemer, Jörg, Überprüfung des Schutzkonzepts der Zwangsbehandlung nach § 1906a BGB, FamRZ 2020, 1525

Wittchen, Hans-Ulrich/Jacoby, Frank/Rehm, Jürgen et al., The size and burden of mental disorders and other disorders of the brain in Europe 2010, Europ. Neuropsychopharm 2011, 655–679

Wolff, Vanessa/Conty, Marieke/Ludwig, Wolfgang (Hrsg.), TEACCH®. Evidenzbasierter Ansatz in der Begleitung von Menschen mit Autismus, Bethel-Verlag, Bielefeld 2019

Wolter-Henseler, Dirk K., Gefährliche medizinische Maßnahmen? BtPrax 1995, 168

World Health Organization (ed.) (2001), International Classification of Functioning, Disability and Health: ICF. Geneva; Klassifikation online verfügbar unter http://apps.who.int/classifications/icfbrowser/ (Abruf: 25.5.2023)

Zinkler, Martin/Mahlke, Candelaria/Marschner, Rolf (Hrsg.), Selbstbestimmung und Solidarität, Psychiatrie-Verlag, Köln 2019

Zinkler, Martin/Nyhuis, Peter W., Offene Türen in der Allgemeinpsychiatrie: Modelle und Standards, R&P 2017, 63

Zinkler, Martin/Laupichler, Klaus/Osterfeld, Margret (Hrsg.), Prävention von Zwangsmaßnahmen, Psychiatrieverlag, Köln 2016

Teil 1
Aufgabenbereich der Gesundheitssorge

A. Einführung

Übersicht Seite

Das Rechtsinstrument der rechtlichen Betreuung ermöglicht es volljährigen Personen, die ihre Angelegenheiten ganz oder teilweise rechtlich nicht besorgen können und bei welchen dieser Umstand auf einer Krankheit oder Behinderung beruht, selbstbestimmt und autonom ihre Rechtsfähigkeit auszuüben. Dies geschieht durch die gerichtliche Bestellung eines rechtlichen Betreuers, der die betreute Person dabei unterstützen soll, ihre Angelegenheiten rechtlich möglichst selbst zu besorgen.

Die Einrichtung einer rechtlichen Betreuung ist nur zulässig, wenn und soweit ein **objektiver Betreuungsbedarf** besteht. Es muss also ein tatsächlicher rechtlicher Handlungsbedarf gegeben sein, zu dessen Besorgung die Bestellung eines rechtlichen Betreuers erforderlich ist. Zudem muss zwischen dem festgestellten Handlungsbedarf und der aufgrund einer Krankheit oder Behinderung bestehenden **subjektiven Betreuungsbedürftigkeit** der volljährigen Person ein ursächlicher Zusammenhang (**Kausalität**) bestehen. Auch dürfen keine anderweitigen Instrumente zur hinreichenden Besorgung des Handlungsbedarfs gegeben sein (Vorsorgevollmacht, dazu auch unten, Kapitel H., oder andere Hilfen), § 1814 BGB.[1]

Das Betreuungsrecht unterscheidet bei den Angelegenheiten der betreuten Person zwischen Personen- und Vermögensangelegenheiten. Von den Personenangelegenheiten werden insbesondere die Bereiche der Gesundheit, des Aufenthalts und des Umgangs der betreuten Person umfasst, während sich die Vermögensangelegenheiten im Wesentlichen auf die Geld- und Vermögensverwaltung beziehen.

Die nachfolgenden Ausführungen verfolgen das Ziel, einen Überblick über die vielfältigen Aufgaben des rechtlichen Betreuers, der zur Wahrnehmung der Angelegenheiten der Gesundheitssorge bestellt ist, zu geben und auf den Inhalt der einzelnen Angelegenheiten und die Handlungsoptionen und -maßstäbe des rechtlichen Betreuers einzugehen.

I. Anordnung eines betreuungsrechtlichen Aufgabenbereichs

Die Aufgaben und Befugnisse des rechtlichen Betreuers richten sich nach dem gerichtlich übertragenen **Aufgabenkreis**. Dieser besteht aus einem oder mehreren **Aufgabenbereichen**, welche im Einzelnen vom Betreuungsgericht anzuordnen sind, und zwar nur, wenn und soweit eine rechtliche Wahrnehmung durch einen Betreuer **erforderlich** ist, § 1815 Absatz 1 BGB.

§ 1815 BGB – Umfang der Betreuung (Auszug, Absatz 1)

(1) [1]Der Aufgabenkreis eines Betreuers besteht aus einem oder mehreren Aufgabenbereichen. [2]Diese sind vom Betreuungsgericht im Einzelnen anzuordnen. [3]Ein Aufgabenbereich darf nur angeordnet werden, wenn und soweit dessen rechtliche Wahrnehmung durch einen Betreuer erforderlich ist.

1. Konkrete Umschreibung und Bezeichnung des Aufgabenbereichs

Jeder einzelne Aufgabenbereich ist vom Betreuungsgericht möglichst konkret und einzelfallbezogen zu umschreiben und entsprechend zu bezeichnen. Eine pauschale Anordnung formularmäßiger Aufgabenbereiche soll im Hinblick auf die zu beachtende Erforderlichkeit vermieden werden. Insbesondere ist die Anordnung einer rechtlichen Betreuung für alle Angelegenheiten nicht (mehr) zulässig.[2]

Ein Aufgabenbereich kann einzelne oder eine Mehrzahl inhaltlich zusammenhängender Angelegenheiten umfassen, welche vom Betreuer rechtlich zu besorgen sind. Das Betreuungsgericht kann auch einen Oberbegriff zur Umschreibung und Bezeichnung des Aufgabenbereichs wählen und muss sich nicht auf einzelne Angelegenheiten beschränken.[3]

1 Zu den Einzelheiten der Voraussetzungen einer rechtlichen Betreuung vgl. beispielhaft Schnellenbach/Normann-Scheerer/Giers/Thielke, Rn. 141 ff.

2 Bestehende Betreuungen mit dem Aufgabenkreis „alle Angelegenheiten" sind bis zum 1. Januar 2024 nach Maßgabe des § 1815 Absatz 1 BGB zu ändern (Artikel 229 § 54 Absatz 3 EGBGB).

3 BT-Drucks. 19/24445, S. 234.

Das Betreuungsrecht nennt generell keine **Typisierungen von Aufgabenbereichen**, um die Flexibilität im Sinne der Erforderlichkeit im Einzelfall zu fördern.[4] In der betreuungsgerichtlichen Praxis hat sich jedoch eine Vielzahl an typisierten Aufgabenbereichen zum Teil auch unter Berufung auf frühere Gesetzesbegründungen herausgebildet. Hierzu gehören neben dem Aufgabenbereich der Gesundheitssorge beispielsweise auch die Aufgabenbereiche der Vermögenssorge, der Wohnungsangelegenheiten oder der Behördenangelegenheiten.

Bei der Anordnung typisierter Aufgabenbereiche besteht die Gefahr, dass der Gesichtspunkt der Erforderlichkeit in den Hintergrund tritt. Denn durch die inhaltliche Reichweite typisierter Aufgabenbereiche können auch Angelegenheiten mitumfasst werden, die im Einzelfall von der betreuten Person eigenständig rechtlich wahrgenommen werden könnten und deren Anordnung daher nicht erforderlich ist.

Aufgrund des fehlenden einheitlichen Verständnisses vom Umfang der durch einen typisierten Aufgabenbereich umfassten Angelegenheiten kann es zudem zu Unklarheiten beim Umfang der Betreuertätigkeit kommen. Solche Unklarheiten sollten daher im Zweifel idealerweise bereits im Verfahren zur Einrichtung einer rechtlichen Betreuung mit dem Betreuungsgericht geklärt werden und, wenn erforderlich, eine Bezeichnung einzelner Angelegenheiten in gesonderten Aufgabenbereichen erfolgen.

Für ausgewählte Angelegenheiten sieht das Gesetz in § 1815 Absatz 2 BGB eine **ausdrückliche Anordnung als Aufgabenbereich** vor und bezeichnet diese im Einzelnen.

§ 1815 BGB – Umfang der Betreuung (Auszug, Absatz 2)

(2) Folgende Entscheidungen darf der Betreuer nur treffen, wenn sie als Aufgabenbereich vom Betreuungsgericht ausdrücklich angeordnet worden sind:

1. **eine mit Freiheitsentziehung verbundene Unterbringung des Betreuten nach § 1831 Absatz 1,**
2. **eine freiheitsentziehende Maßnahme im Sinne des § 1831 Absatz 4, unabhängig davon, wo der Betreute sich aufhält,**
3. **die Bestimmung des gewöhnlichen Aufenthalts des Betreuten im Ausland,**
4. **die Bestimmung des Umgangs des Betreuten,**
5. **die Entscheidung über die Telekommunikation des Betreuten einschließlich seiner elektronischen Kommunikation,**
6. **die Entscheidung über die Entgegennahme, das Öffnen und das Anhalten der Post des Betreuten.**

Die Wahrnehmung dieser Aufgabenbereiche ist mit einer erhöhten Eingriffsintensität im Hinblick auf das Selbstbestimmungsrecht der betreuten Person verbunden, ohne dass das Tätigwerden des Betreuers zwingend zusätzlich unter den Vorbehalt einer betreuungsgerichtlichen Genehmigung gestellt wird.[5] Die ausdrückliche Anordnung wird in diesen Fällen (§ 1815 Absatz 2 Nummer 3 bis 6 BGB) als hinreichend angesehen, um dem Schutzinteresse der betreuten Person zu genügen.[6]

4 BT-Drucks. 19/24445, S. 234.

5 Zur betreuungsgerichtlichen Genehmigung von freiheitsentziehender Unterbringung und freiheitsentziehenden Maßnahmen (§ 1815 Absatz 2 Nummer 1 und 2 BGB), vgl. Teil 2 Kapitel B. Abschnitt I. und Kapitel C.; zum gerichtlichen Genehmigungsverfahren vgl. Teil 2 Kapitel F.

6 BT-Drucks. 19/24445, S. 235.

Zudem sind die Aufgabenbereiche in § 1815 Absatz 3 BGB (Bestellung eines Kontrollbetreuers) und in § 1817 Absatz 2 BGB (Bestellung eines Sterilisationsbetreuers) ausdrücklich zu benennen und anzuordnen.

Für andere eingriffsintensive Angelegenheiten ist hingegen keine ausdrückliche Anordnung als Aufgabenbereich vorgeschrieben. Der Schutz der betreuten Person wird in diesen Fällen durch das Erfordernis einer **betreuungsgerichtlichen Genehmigung** gewährleistet. Hierzu gehört beispielsweise die Einwilligung in ärztliche Maßnahmen, die zum Tod der betreuten Person führen können (vgl. § 1829 Absatz 1 BGB, vgl. dazu unten Kapitel E. IV.). Diese Angelegenheiten können damit auch von einem inhaltlich weiter gefassten typisierten Aufgabenbereich wie der Gesundheitssorge umfasst werden.

2. Erforderlichkeit der Anordnung des Aufgabenbereichs

Mit § 1815 Absatz 1 Satz 3 BGB wird klargestellt, dass ein Aufgabenbereich nur angeordnet werden darf, wenn und soweit dessen rechtliche Wahrnehmung durch einen Betreuer erforderlich ist. Somit ist bei der Anordnung eines Aufgabenbereichs jeweils eine Erforderlichkeitsprüfung vorzunehmen. Bei der Bestimmung des Umfangs des Aufgabenbereichs können jedoch auch zukünftig absehbar zu regelnde Angelegenheiten bereits berücksichtigt werden.[7]

II. Begriff der Gesundheitssorge

Der **Aufgabenbereich der Gesundheitssorge** gehört zu den häufigsten betreuungsgerichtlich angeordneten Aufgabenbereichen.[8] Er umfasst, soweit gerichtlich nichts anderes bestimmt oder gesetzlich keine ausdrückliche Anordnung vorgesehen ist, grundsätzlich alle Angelegenheiten, welche die Gesundheit und das gesundheitliche Wohl der betreuten Person und die damit im unmittelbaren Zusammenhang stehenden Belange betreffen. Er beschränkt sich insbesondere nicht auf die betreuungsbegründende Krankheit oder Behinderung der betreuten Person nach § 1814 Absatz 1 BGB.

Neben dem Begriff der Gesundheitssorge werden in der betreuungsgerichtlichen Praxis und Literatur auch Bezeichnungen wie Gesundheitsfürsorge, Gesundheitsangelegenheiten oder Angelegenheiten der Heilbehandlung verwendet. Dabei wird die inhaltliche Reichweite des Aufgabenbereichs – selbst bei identischer Bezeichnung – nicht durchgehend einheitlich verstanden. Dies kann für rechtliche Betreuer, aber auch für die betreute Person, ihr Umfeld und Ansprechpartner aus dem medizinischen Umfeld zu Missverständnissen und Unsicherheiten im Hinblick auf die vom Betreuer wahrzunehmenden Aufgaben und Pflichten führen.

Mit der Betreuungsrechtsreform zum 1. Januar 2023 hat die Gesundheitssorge außerhalb des Betreuungsrechts im **Ehegattenvertretungsrecht** (§ 1358 BGB) eine ausdrückliche gesetzliche Erwähnung gefunden. Die dortigen Ausführungen zu den Angelegenheiten

7 BT-Drucks. 19/24445, S. 234.

8 Laut Befragung von Berufsbetreuern im Rahmen des Forschungsvorhabens zur Qualität in der rechtlichen Betreuung waren Stand 2016 zwei Drittel der Befragten sehr oft mit dem Aufgabenbereich der Gesundheitssorge betraut, ein weiteres Drittel gab „oft“ an; Matta/Engels/Brosey/Köller u.a., S. 72 f.

der Gesundheitssorge sind auch für das Betreuungsrecht relevant, weil das Ehegattenvertretungsrecht nicht besteht, soweit für den vertretenen Ehegatten ein Betreuer bestellt ist, dessen Aufgabenkreis die in § 1358 Absatz 1 BGB näher aufgeführten Angelegenheiten der Gesundheitssorge umfasst (§ 1358 Absatz 3 Nummer 3 BGB). Insoweit ist von einem einheitlichen Verständnis der Angelegenheiten der Gesundheitssorge auszugehen, wobei § 1358 Absatz 1 BGB lediglich einen abschließenden Katalog derjenigen Angelegenheiten der Gesundheitssorge umfasst, in denen eine Ehegattenvertretung erfolgen kann.[9] Diese inhaltliche Beschränkung gilt hingegen nicht im Betreuungsrecht, da das Ehegattenvertretungsrecht nur bei einer akut auftretenden gesundheitlichen Beeinträchtigung des Ehegatten infolge eines Unfalls oder einer Erkrankung greifen soll, die auch eine ärztliche Akutversorgung notwendig macht.[10] Das betreuungsrechtliche Verständnis der Gesundheitssorge ist hingegen weiter zu fassen.

Dennoch bieten die Ausführungen in § 1358 Absatz 1 BGB eine (zusätzliche) Orientierung bei der Bestimmung des Umfangs des Aufgabenbereichs der Gesundheitssorge im Betreuungsrecht und konkretisieren diesen.

Zudem erscheint es vor dem Hintergrund der gesetzlichen Bezeichnung in § 1358 BGB sinnvoll und zielführend, zukünftig auch im Betreuungsrecht den Begriff der Gesundheitssorge als Oberbegriff zu wählen und auf andere Bezeichnungen – soweit damit nicht die Wahrnehmung wesentlich anderer Angelegenheiten gemeint ist – zu verzichten.

▶ *Zu den Besonderheiten im Ehegattenvertretungsrecht siehe auch unten Kapitel J.*

Praxishinweis

▶ *Der Begriff der Gesundheitssorge wird nicht nur im betreuungs- bzw. familienrechtlichen Kontext verwendet. Auch im Bereich der Sozialleistungen insbesondere im Recht der Eingliederungshilfe nach dem Neunten Buch Sozialgesetzbuch (SGB IX) ist der Begriff der Gesundheitssorge von Bedeutung. Dieser wird dort zwar nicht ausdrücklich genannt; die Ermittlung des individuellen Bedarfs hat nach § 118 Absatz 1 Satz 2 SGB IX aber durch ein Instrument zu erfolgen, das sich an der Internationalen Klassifikation der Funktionsfähigkeit, Behinderung und Gesundheit (ICF – Classification of Functioning, Disability and Health[11]) orientiert. Danach sind auch die gesundheitsbezogenen Bedarfe von Menschen mit Behinderungen zu ermitteln und zu beschreiben. Die Gesundheitssorge wird durch die ICF als Selbstsorge, zum Beispiel auf die eigene Gesundheit zu achten und diese zu erhalten sowie Ernährung und Fitness sicherzustellen, beschrieben. Diese ist verbunden mit der Gesundheitssorge im Alltag über die Förderung der Gesundheitskompetenz.[12] Der Betreuer sollte zur Aufgabenabgrenzung in der Zusammenarbeit und Kommunikation mit Trägern und Erbringern von Sozialleistungen auf das für ihn und seine Aufgabenerfüllung rele-*

9 BT-Drucks. 19/24445, S. 179.
10 BT-Drucks. 19/24445, S. 179.
11 Vgl. Ausführungen zur ICF, hier in Teil 3, Kapitel A. I. 2. c.
12 Vgl. Dritter Teilhabebericht der Bundesregierung über die Lebenslagen von Menschen mit Beeinträchtigungen, BT-Drucks. 19/27890, S. 479.

vante betreuungsrechtliche Verständnis der Gesundheitssorge hinweisen sowie auf den inhaltlichen Umfang, aber auch die Grenzen des Betreuerhandelns.

III. Angelegenheiten der Gesundheitssorge

Vom Aufgabenbereich der Gesundheitssorge sind unter Berücksichtigung des herkömmlichen Verständnisses und der konkreten Nennungen in § 1358 BGB nachfolgende Angelegenheiten umfasst:

- die Organisation und Sicherstellung einer ausreichenden medizinischen Versorgung – stationär wie ambulant (einschließlich Zuführung, Begleitung und Nachsorge),[13]
- die Sorge um ausreichenden Krankenversicherungsschutz,
- die Einwilligung bzw. der Widerruf der Einwilligung in sowie die Untersagung von Untersuchungen des Gesundheitszustandes, Heilbehandlungen und ärztliche(n) Eingriffe(n), sofern die betreute Person nicht selbst einwilligen kann,
- die Entgegennahme von ärztlichen Aufklärungen,
- der Abschluss und die Durchsetzung (Abwicklung und Kündigung[14]) von Behandlungsverträgen, Krankenhausverträgen und Verträgen über Maßnahmen der Rehabilitation und der Pflege,
- das Auskunftsrecht gegenüber den behandelnden Ärzten und das Recht auf Einsichtnahme in Krankenunterlagen,
- die Bewilligung der Weitergabe der Krankenunterlagen an Dritte,
- die Entbindung der behandelnden Ärzte von der Schweigepflicht gegenüber Dritten,
- die Geltendmachung von Ansprüchen aus Anlass der Erkrankung gegenüber Dritten,
- die Beaufsichtigung von Behandlung, Pflege und Rehabilitation,
- die Anregung von Hilfebedarf zur Sicherstellung medizinischer Maßnahmen im Gesamtplanverfahren nach SGB IX (siehe unten Kapitel C. II. 2. b.),
- die Wahrung und Wahrnehmung der Rechte der betreuten Person für den Fall einer öffentlich-rechtlichen Unterbringung nach den Gesetzen über Hilfen und Schutzmaßnahmen bei psychischen Krankheiten der Länder.

Diese Angelegenheiten können auch jeweils einzeln als Aufgabenbereich angeordnet werden. Oftmals dürfte aber die Anordnung des mehrere Angelegenheiten umfassenden Aufgabenbereichs der Gesundheitssorge naheliegen. So bildet der Behandlungsvertrag die vertragliche Grundlage für medizinische Maßnahmen, welche wiederum bei einer Einwilligungsunfähigkeit der betreuten Person der Einwilligung des rechtlichen Betreuers bedürfen. Für die Kostenübernahme der medizinischen Maßnahme ist wiederum ein ausreichender Krankenversicherungsschutz notwendig.

13 MüKoBGB/Schneider, § 1896 (a.F.) Rn. 84.
14 MüKoBGB/Schneider, § 1896 (a.F.) Rn. 84.

Die genannten Angelegenheiten können eine Vielzahl von einzelnen Aufgaben umfassen, die der Betreuer zu besorgen hat. Hierauf wird bei der Darstellung der einzelnen Angelegenheiten näher eingegangen.

Es ist allerdings zu beachten, dass ein Aufgabenbereich nur in dem Umfang angeordnet werden darf, soweit er erforderlich ist, § 1815 Absatz 1 Satz 3 BGB (vgl. dazu oben I.2.). So darf beispielsweise eine unbeschränkte Gesundheitssorge nicht eingerichtet werden, wenn eine Betreuung nur im nervenärztlichen Bereich erforderlich ist.[15]

Der Aufgabenbereich der Gesundheitssorge umfasst ausdrücklich nicht:

- eine **mit Freiheitsentzug verbundene Unterbringung** der betreuten Person nach § 1831 Absatz 1 BGB, § 1815 Absatz 2 Nummer 1 BGB,
- eine **freiheitsentziehende Maßnahme** im Sinne des § 1831 Absatz 4 BGB unabhängig davon, wo die betreute Person sich aufhält, § 1815 Absatz 2 Nummer 2 BGB,[16]
- die Bestimmung des **Umgangs** der betreuten Person, § 1815 Absatz 2 Nummer 4 BGB,
- die Entscheidung über die **Entgegennahme, das Öffnen und das Anhalten der Post** der betreuten Person, § 1815 Absatz 2 Nummer 6 BGB,
- die Entscheidung über die Einwilligung in eine **Sterilisation** der betreuten Person, § 1817 Absatz 2 BGB (zu Einzelheiten der Sterilisation vgl. unten Kapitel E. unter VI. 2).

Für die vorgenannten Angelegenheiten sieht das Betreuungsrecht aufgrund der mit ihnen verbundenen Eingriffsintensität eine ausdrückliche gerichtliche Anordnung als Aufgabenbereich vor.

▶ *Im Hinblick auf die mit Freiheitsentzug verbundene Unterbringung der betreuten Person nach § 1831 Absatz 1 BGB und freiheitsentziehende Maßnahme im Sinne des § 1831 Absatz 4 BGB wird auf die Ausführungen im Teil 2, Kapitel A. und B. verwiesen.*

Auch die Entscheidung über die Bestimmung des Umgangs der betreuten Person ist nicht vom Aufgabenbereich der Gesundheitssorge umfasst. Dies gilt auch dann, wenn ein bestimmter Umgang zu nachteiligen gesundheitlichen Beeinträchtigungen führt. In solchen Fällen bedarf eine Entscheidung über den Umgang nach § 1815 Absatz 2 Nummer 4 BGB der ausdrücklichen Anordnung durch das Betreuungsgericht.

Weiterhin sind Entscheidungen über die Entgegennahme, das Öffnen und das Anhalten der Post der betreuten Person nicht vom typisierten Aufgabenbereich der Gesundheitssorge umfasst. Insoweit empfiehlt es sich, soweit erforderlich, bei der Einrichtung der rechtlichen Betreuung die Postangelegenheiten hinsichtlich der wahrzunehmenden Gesundheitssorge ausdrücklich als ergänzenden Aufgabenbereich aufzunehmen.

---

15 MüKoBGB/Schneider, § 1896 (a.F.) Rn. 86 m.w.N.

16 Insoweit ist die Gesundheitssorge beim Ehegattenvertretungsrecht weitreichender zu verstehen; dort sind Maßnahmen nach § 1831 Absatz 4 BGB umfasst, sofern die Dauer der Maßnahme im Einzelfall sechs Wochen nicht überschreitet, § 1358 Absatz 1 Nummer 3 BGB.

IV. Aufgaben des Betreuers

1. Rechtliche Besorgung der Angelegenheiten der betreuten Person

Die Aufgaben des Betreuers ergeben sich insbesondere aus § 1821 Absatz 1 BGB.

§ 1821 BGB – Pflichten des Betreuers; Wünsche des Betreuten (Auszug, Absatz 1)

(1) [1]Der Betreuer nimmt alle Tätigkeiten vor, die erforderlich sind, um die Angelegenheiten des Betreuten rechtlich zu besorgen. [2]Er unterstützt den Betreuten dabei, seine Angelegenheiten rechtlich selbst zu besorgen, und macht von seiner Vertretungsmacht nach § 1823 nur Gebrauch, soweit dies erforderlich ist.

Der Betreuer hat im Rahmen des gerichtlich angeordneten Aufgabenkreises alle Tätigkeiten vorzunehmen, die erforderlich sind, um die Angelegenheiten der betreuten Person **rechtlich zu besorgen**, § 1821 Absatz 1 Satz 1 BGB. Er hat dabei die Aufgabe, die betreute Person zu unterstützen, ihre Angelegenheiten rechtlich selbst zu besorgen.

Die Betreuung dient damit der Unterstützung der betreuten Person bei der Umsetzung ihres Willens im Rechtsverkehr. Die Tätigkeiten des Betreuers beschränken sich hierbei allerdings nicht auf rein rechtsgeschäftliches Handeln. Vielmehr sind auch sämtliche Tätigkeiten umfasst, die erforderlich sind, um im Vorfeld einer Entscheidung die Wünsche der betreuten Person festzustellen.[17] Hierfür notwendige Gespräche mit der betreuten Person (vgl. auch § 1821 Absatz 5 BGB) oder deren Umfeld sind damit unabdingbar Bestandteil jedes Betreuerhandelns.

▶ *Zu Einzelheiten der persönlichen Kontakthaltung und der Besprechungspflicht vgl. im Folgenden unter 2.*

Die Anordnung einer rechtlichen Betreuung hat keine Auswirkung auf die Geschäftsfähigkeit der betreuten Person, also ihre Fähigkeit, Rechtsgeschäfte selbstständig wirksam vorzunehmen. Die betreute Person bleibt berechtigt und befähigt, rechtserhebliche Erklärungen und Handlungen eigenständig vorzunehmen.[18]

Allerdings kann der Betreuer die betreute Person im Rahmen seines Aufgabenkreises gerichtlich und außergerichtlich vertreten, § 1823 BGB. Der Betreuer hat insoweit die Stellung eines **gesetzlichen Vertreters** (vgl. hierzu im Folgenden unter V.).

Der Betreuer hat nur Tätigkeiten im Rahmen der rechtlichen Besorgung auszuführen. Damit scheidet solches Betreuerhandeln aus, das sich in der tatsächlichen Hilfeleistung für die betreute Person erschöpft, ohne zu deren Rechtsfürsorge erforderlich zu sein.[19] Beim Aufgabenkreis der Gesundheitssorge ist beispielhaft die Erbringung pflegerischer Dienstleistungen, wie die körperliche Pflege der betreuten Person oder die verordnungsgemäße

17 BT-Drucks. 19/24445, S. 251.

18 Eine Ausnahme gilt nur bei der Einrichtung eines Einwilligungsvorbehaltes (§ 1825 BGB); vgl. Kapitel D. Abschnitt I.

19 BT-Drucks. 13/7158, S. 33.

Gabe von Medikamenten, nicht Aufgabe des rechtlichen Betreuers. Sollte für solche Dienstleistungen ein Bedürfnis bestehen, hat der Betreuer diese allerdings zu organisieren.

Die Aufgabe des Betreuers umfasst zudem Tätigkeiten, die erforderlich sind, um das gesundheitliche Wohlbefinden der betreuten Person zu gewährleisten. So sind notwendige Untersuchungen und Heilbehandlungen sicherzustellen, aber auch mögliche Gefahrenquellen für die Gesundheit der betreuten Person, wie bauliche Beeinträchtigungen in deren Wohnung (beispielsweise steile Treppen, ungeeignete Bodenbeläge oder zu hohe Dusch- oder Badewannenränder) zu identifizieren und deren Beseitigung oder entsprechende Schutzmaßnahmen zu veranlassen.

Stehen erforderliche tatsächliche Hilfen allerdings nicht (rechtzeitig) zur Verfügung, so kann auch der Betreuer im Rahmen des ihm Zumutbaren verpflichtet sein, für die betreute Person in diesem Bereich tätig zu werden.[20]

2. Persönliche Kontakthaltung und Besprechungspflicht

§ 1821 BGB – Pflichten des Betreuers; Wünsche des Betreuten (Auszug, Absatz 5)

(5) Der Betreuer hat den erforderlichen persönlichen Kontakt mit dem Betreuten zu halten, sich regelmäßig einen persönlichen Eindruck von ihm zu verschaffen und dessen Angelegenheiten mit ihm zu besprechen.

Um eine stetige Beteiligung der betreuten Person beim Betreuerhandeln sicherzustellen, regelt § 1821 Absatz 5 BGB die Pflicht des Betreuers, mit der betreuten Person in dem für die Aufgabenerfüllung erforderlichen Umfang **persönlichen Kontakt** zu halten (vgl. § 1816 Absatz 1 BGB), sich regelmäßig einen persönlichen Eindruck von ihr zu verschaffen und deren Angelegenheiten mit ihr zu besprechen. Sowohl der persönliche Kontakt als auch regelmäßige Besprechungen sind unabdingbare Voraussetzungen, um eine persönliche Betreuung[21] zu gewährleisten.

Die Pflicht des Betreuers, sich regelmäßig einen **persönlichen Eindruck** von der betreuten Person zu verschaffen, soll für die Fälle gelten, in denen ein persönlicher Kontakt mangels konkreten Regelungsbedarfs aktuell nicht erforderlich ist.[22]

Die **Besprechungspflicht** beschränkt sich ausdrücklich nicht auf die Besprechung (nur) wichtiger Angelegenheiten, wie dies noch in § 1901 BGB a.F. vorgesehen war. Vielmehr hängt die Erforderlichkeit einer Besprechung davon ab, was aus Sicht der betreuten Person für sie wichtig ist und wie weit ihr Interesse und ihr Verständnis reichen. Die Besprechungspflicht zielt damit nicht nur auf objektiv oder aus Sicht des Betreuers wichtige Angelegenheiten. Der Betreuer hat zudem eine Kommunikation zu wählen, die regelmäßig einen per-

20 MüKoBGB/Schneider, § 1896 (a. F.) Rn. 89.

21 Der in § 1897 Absatz 1 BGB a.F. verwendete Ausdruck „persönlich zu betreuen" wurde in § 1816 Absatz 1 BGB nicht übernommen, da das Eignungskriterium im Sinne einer sozialen Betreuung missverstanden werden konnte und wohl auch häufig missverstanden worden ist; vgl. BT-Drucks. 19/24445, S. 237.

22 BT-Drucks. 19/24445, S. 255.

sönlichen Dialog mit der betreuten Person ermöglicht. Hierzu hat er sich ggf. auch weiterer Personen oder Hilfsmittel zu bedienen.[23]

Das Gesetz legt keine **Mindestkontaktfrequenz** fest. Als Richtschnur kann aber das im Vormundschaftsrecht als Regelfall vorgesehene Monatsintervall (§ 1790 Absatz 3 Satz 2 BGB) dienen.[24] Ansonsten sind die Kontakte anlassbezogen zu gestalten. So können längere Intervalle in Betracht kommen, wenn der Betreuer auch auf andere Weise Informationen über die Situation der betreuten Person erhält.[25]

Eine Beteiligung der betreuten Person kann ausnahmsweise auch ohne unmittelbaren direkten Kontakt erfolgen, beispielsweise durch Telefonate, Kurznachrichten oder E-Mails. Diese Möglichkeit ist gegeben, wenn die betreute Person einen persönlichen Kontakt ablehnt und sich die gewählte Form der Kontaktaufnahme zur Aufgabenerfüllung eignet.[26]

3. Rehabilitationsgrundsatz

§ 1821 BGB – Pflichten des Betreuers; Wünsche des Betreuten (Auszug, Absatz 6)

(6) Der Betreuer hat innerhalb seines Aufgabenkreises dazu beizutragen, dass Möglichkeiten genutzt werden, die Fähigkeit des Betreuten, seine eigenen Angelegenheiten zu besorgen, wiederherzustellen oder zu verbessern.

Der Betreuer übernimmt innerhalb seines Aufgabenkreises eine wichtige Rolle bei der Rehabilitation der betreuten Person. Er hat sich nach § 1821 Absatz 6 BGB darum zu kümmern, die betreute Person so weit wie möglich zu befähigen, ihre rechtlichen Angelegenheiten wieder selbst oder mit niederschwelliger Hilfe zu besorgen.[27] Ziel der Unterstützung ist es, die Gründe, die zur Anordnung der Betreuung geführt haben, zu beseitigen. Der sogenannte Rehabilitationsgrundsatz bezieht sich neben der gesundheitlichen Rehabilitation der betreuungsbegründenden Krankheit oder Behinderung auch auf soziale oder andere Umstände, die eine weitere Betreuung teilweise oder insgesamt entbehrlich machen könnten.

Die konkrete Unterstützung ist abhängig von den individuellen Möglichkeiten der betreuten Person. Soweit möglich soll der Betreuer die betreute Person beim Erlernen einer eigenverantwortlichen Wahrnehmung ihrer rechtlichen Angelegenheiten unterstützen und ihre Selbstbefähigung einschließlich der (Wieder-)Erlangung der eigenen Entscheidungsfähigkeit fördern.[28]

23 BT-Drucks. 19/24445, S. 256.
24 BT-Drucks. 19/24445, S. 255.
25 BT-Drucks. 19/24445, S. 255.
26 BT-Drucks. 19/24445, S. 255.
27 BT-Drucks. 19/24445, S. 256.
28 BT-Drucks. 19/24445, S. 256.

V. Handlungsmaßstab des Betreuers

Mit § 1821 BGB wird die Wahrung und die Verwirklichung der Selbstbestimmung der betreuten Person sichergestellt. Hierzu hat der Betreuer seine Betreuertätigkeit im Rahmen des ihm zugewiesenen Aufgabenkreises an den Grundsätzen der Erforderlichkeit (§ 1821 Absatz 1 BGB) und den Wünschen bzw. dem mutmaßlichen Willen der betreuten Person (§ 1821 Absatz 2 bis 4 BGB) auszurichten.

1. Erforderlichkeit des konkreten Betreuerhandelns

a. Unterstützungsprinzip

§ 1821 Absatz 1 BGB umschreibt zunächst die Tätigkeit des Betreuers (vgl. dazu auch oben IV. 1.) und begrenzt diese auf das Erforderliche. Die rechtliche Betreuung ist dabei als Unterstützung zur Ausübung der rechtlichen Handlungsfähigkeit der betreuten Person mit der **Möglichkeit der Vertretung** ausgestaltet.

§ 1823 BGB – Vertretungsmacht des Betreuers

In seinem Aufgabenkreis kann der Betreuer den Betreuten gerichtlich und außergerichtlich vertreten.

Von seiner **Vertretungsmacht** nach § 1823 BGB darf der Betreuer jedoch nur Gebrauch machen, soweit dies erforderlich ist, § 1821 Absatz 1 Satz 2 BGB. Die Vertretung durch den Betreuer stellt damit zwar ein Mittel der Unterstützung und ein Instrument zur Verwirklichung der Selbstbestimmung der betreuten Person dar. Der Betreuer hat jedoch vorrangig die betreute Person dabei zu unterstützen, selbst die konkret anstehende Entscheidung zu treffen und ggf. selbst eine Willenserklärung oder eine Einwilligung abzugeben oder eine sonstige Rechtshandlung vorzunehmen.[29]

Vorrangiges Ziel der Unterstützung ist es, dass die betreute Person soweit möglich eigene Entscheidungen treffen und auf diese Weise ein selbstbestimmtes Leben führen kann. Die betreute Person ist daher so zu unterstützen, dass mit ihrer Entscheidung ihr Wunsch und Wille zum Ausdruck kommt. Bei der Entscheidungsfindung soll die betreute Person weder übergangen noch soll voreilig an ihrer Stelle entschieden werden.

Nach der Vorstellung des Gesetzgebers ist im Rahmen der Unterstützung der betreuten Person bei der Besorgung ihrer rechtlichen Angelegenheiten nach Möglichkeit die Methode der „**unterstützten Entscheidungsfindung**" anzuwenden. Bislang fehlt es insoweit aber an einheitlichen und generell akzeptierten Standards, sodass abzuwarten bleibt, welche Prinzipien sich in Praxis und Wissenschaft entwickeln werden.[30]

Nach hiesigem Verständnis ist die Unterstützung so zu gestalten, dass der betreuten Person im Vorfeld einer Entscheidung unterschiedliche Handlungsoptionen aufgezeigt und mögliche Konsequenzen einer Entscheidung vermittelt werden. Hierbei hat sich der Betreuer an den Ressourcen der betreuten Person zu orientieren. Der Betreuer hat alles Erforderliche zu unternehmen, um im Vorfeld einer Entscheidung die diesbezüglichen Wünsche der be-

29 BT-Drucks. 19/24445, S. 251.

30 Vgl. zum Thema beispielhaft Kosuch, BtPrax 2018, 213–216.

treuten Person festzustellen,[31] beispielsweise durch Gespräche mit der betreuten Person, um eine Entscheidung vorzubereiten, die Vor- und Nachteile einer Entscheidung zu erörtern oder ergänzende Informationen zu beschaffen, die der betreuten Person als Entscheidungsgrundlage dienen können.

Voraussetzung ist eine Offenheit des Betreuers im Unterstützungsprozess und eine den Bedürfnissen der betreuten Person angepasste Kommunikation. Gegebenenfalls ist die betreute Person auch zu motivieren, eine eigene Entscheidung zu treffen.

Darüber hinaus geben auch einzelne Regelungen Voraussetzungen für das Betreuerhandeln vor. So betont § 1833 Absatz 1 Satz 2 BGB bei der Prüfung der Erforderlichkeit der **Aufgabe von Wohnraum** der betreuten Person den Vorrang der häuslichen Versorgung unter Einsatz ambulanter Dienste. In § 1833 Absatz 2 BGB wird sodann eine Anzeigepflicht und in § 1833 Absatz 3 BGB eine gerichtliche Genehmigungspflicht normiert.

b. Betreuerhandeln im Verhältnis zu Leistungen Dritter

Ein Betreuerhandeln ist zudem dann nicht erforderlich, wenn die betreute Person mit anderer Hilfe in der Lage ist, ihre Angelegenheit zu besorgen. Nicht nur die Bestellung eines Betreuers, sondern auch die Tätigkeit des Betreuers bei einem konkreten Regelungsbedarf ist gegenüber anderen Unterstützungsmöglichkeiten nachrangig.[32]

§ 1814 BGB – Voraussetzungen (Auszug, Absatz 3)

(3) [1]Ein Betreuer darf nur bestellt werden, wenn dies erforderlich ist. [2]Die Bestellung eines Betreuers ist insbesondere nicht erforderlich, soweit die Angelegenheiten des Volljährigen

1. **durch einen Bevollmächtigten, der nicht zu den in § 1816 Absatz 6 bezeichneten Personen gehört, gleichermaßen besorgt werden können oder**
2. **durch andere Hilfen, bei denen kein gesetzlicher Vertreter bestellt wird, erledigt werden können, insbesondere durch solche Unterstützung, die auf sozialen Rechten oder anderen Vorschriften beruht.**

Insoweit ist der in § 1814 Absatz 3 Satz 2 BGB enthaltene Grundsatz des Nachrangs der rechtlichen Betreuung gegenüber anderen Unterstützungsformen auch bei jedem konkreten Betreuerhandeln zu berücksichtigen.

§ 1814 Absatz 3 Nummer 2 BGB stellt dabei den Vorrang anderer Hilfen klar und konkretisiert diesen. Als **andere Hilfen** wird ausdrücklich solche Unterstützung genannt, die auf sozialen Rechten oder anderen Vorschriften beruht. Mit der Verwendung des Begriffs „**soziale Rechte**" aus § 2 Erstes Buch Sozialgesetzbuch (SGB I) wird deutlich gemacht, dass jede Form der Unterstützung, die auf einer sozialrechtlichen Vorschrift beruht, Vorrang vor der Bestellung eines rechtlichen Betreuers hat[33] und damit auch einem konkreten Betreuerhandeln vorgeht. So betont ergänzend **§ 17 Absatz 4 Satz 2 SGB I**, dass soziale Rechte nicht deshalb abgelehnt, versagt oder eingeschränkt werden dürfen, weil ein rechtlicher Betreuer bestellt worden ist (oder bestellt werden könnte). Die erfolgte Bestellung eines Betreuers hindert damit nicht die Wahrnehmung sozialer Rechte (§§ 2 ff. SGB I).

---

31 BT-Drucks. 19/24445, S. 251.
32 BT-Drucks. 19/24445, S. 251.
33 BT-Drucks. 19/24445, S. 232.

§ 17 SGB I – Ausführung der Sozialleistungen (Auszug, Absatz 4)

(4) [1]Die Leistungsträger arbeiten mit den Betreuungsbehörden bei der Erfüllung ihrer Aufgaben zur Vermittlung geeigneter Hilfen zur Betreuungsvermeidung zusammen. [2]Soziale Rechte dürfen nicht deshalb abgelehnt, versagt oder eingeschränkt werden, weil ein rechtlicher Betreuer nach § 1814 Absatz 1 des Bürgerlichen Gesetzbuchs bestellt worden ist oder bestellt werden könnte.

Bei der Prüfung und Gewährung von Sozialleistungen durch die Leistungsträger ist der individuelle Hilfebedarf unter Berücksichtigung der Zielrichtung der Sozialleistungen zu betrachten und einzelfallabhängig zu entscheiden. Nur wenn ein tatsächliches Handeln des rechtlichen Betreuers zur Hilfeleistung und zur Deckung eines Bedarfs führt, tritt ein möglicher sozialrechtlicher Anspruch dahinter zurück.[34] Das Betreuerhandeln muss jedoch bereits erfolgt sein bzw. andauern, um eine Sozialleistung entbehrlich zu machen. Die Möglichkeit eines Betreuerhandelns allein lässt einen sozialrechtlichen Anspruch nicht entfallen.

Im Bereich der Gesundheitssorge sind exemplarisch nachfolgende andere Hilfen aus dem sozialrechtlichen Bereich zu nennen, die einem konkreten Betreuerhandeln, ggf. aber auch bereits der Bestellung eines rechtlichen Betreuers vorgehen. Diese anderen Hilfen wurden im Rahmen des Forschungsvorhabens zur Umsetzung des Erforderlichkeitsgrundsatzes in der betreuungsrechtlichen Praxis untersucht.[35]

- Gesamtplan im Rahmen der Eingliederungshilfe für Menschen mit Behinderungen, § 121 SGB IX[36]
- Leistungen der Eingliederungshilfe für Menschen mit Behinderung nach Teil 2 SGB IX
  - Leistungen zur sozialen Teilhabe, §§ 113 bis 116 SGB IX
  - Leistungen zur Teilhabe an Bildung, § 112 SGB IX
  - Leistungen zur Teilhabe am Arbeitsleben, § 111 SGB IX
  - Leistungen zur medizinischen Rehabilitation, §§ 109, 110 SGB IX (vgl. dazu unten Kapitel F. II.)
- Individuelle Beratung und Hilfestellung durch einen Pflegeberater sowie Fall-Management, § 7a SGB XI (vgl. dazu unten Kapitel G. I. 2.)
- Hilfen für junge Volljährige, § 41 SGB VIII
- Entlassmanagement insbesondere der Krankenhäuser, § 39 Absatz 1a SGB V in Verbindung mit den jeweiligen landesrechtlichen Vorschriften (zur Anschlussrehabilitation vgl. unten Kapitel F. II. 2.)
- Soziotherapie, § 37a SGB V

---

34 BT-Drucks. 19/24445, S. 401.

35 Nolting/Zich/Tisch/Braeseke, S. 199 ff.; vgl. im Einzelnen Tabelle 2 (S. 212), 3 (S. 215), 11 (S. 240), 23 (S. 278), 24 (S. 282), 25 (S. 286), 26 (S. 290), 33 (S. 308), 36 (S. 316), 37 (S. 318), 38 (S. 322), 39 (S. 324) und 41 (S. 329).

36 Das Recht der Eingliederungshilfe wurde durch das Bundesteilhabegesetz zum 1. Januar 2020 neu geregelt. Diese Änderung konnte im Forschungsvorhaben noch nicht berücksichtigt werden, sodass die hier angegebenen Vorschriften aus dem SGB IX von denen im Forschungsbericht (dort SGB XII) abweichen.

- Aufklärung und Auskunft zu Fragen im Zusammenhang mit Pflegebedürftigkeit (Pflegestützpunkte), §§ 7 und 7c SGB XI (vgl. dazu unten Kapitel F. I. 2.)
- Unabhängige Patientenberatung, § 65b SGB V
- Aufklärung und Auskunft bei Pflegeangelegenheiten, § 7 Absatz 2 SGB XI auf Grundlage von § 14 SGB I
- Häusliche Krankenpflege, insbesondere häusliche psychiatrische Krankenpflege, § 37 SGB V (vgl. dazu unten Kapitel G. I. 1.)
- Hilfe zur Pflege, §§ 61 bis 66a SGB XII (vgl. dazu unten Kapitel G. unter V. 2.)
- Zusätzliche Betreuungs- und Entlastungsleistungen für Pflegebedürftige, §§ 45a bis c SGB XI
- Angemessene Beihilfen (sogenanntes kleines Pflegegeld), § 66 Absatz 1 SGB XII

Neben sozialrechtlichen Hilfen kommen auch Hilfen nach anderen gesetzlichen Vorschriften in Betracht, etwa Unterstützung durch den sozialpsychiatrischen Dienst oder einen allgemeinen kommunalen Sozialdienst.

2. Wunschbefolgungspflicht

a. Einführung

Der grundsätzliche Vorrang der Wünsche der betreuten Person wird als zentrales Leitbild des Betreuungsrechts in § 1821 BGB geregelt.

§ 1821 BGB – Pflichten des Betreuers; Wünsche des Betreuten (Auszug, Absätze 2 bis 4)

(2) [1]Der Betreuer hat die Angelegenheiten des Betreuten so zu besorgen, dass dieser im Rahmen seiner Möglichkeiten sein Leben nach seinen Wünschen gestalten kann. [2]Hierzu hat der Betreuer die Wünsche des Betreuten festzustellen. [3]Diesen hat der Betreuer vorbehaltlich des Absatzes 3 zu entsprechen und den Betreuten bei deren Umsetzung rechtlich zu unterstützen. [4]Dies gilt auch für die Wünsche, die der Betreute vor der Bestellung des Betreuers geäußert hat, es sei denn, dass er an diesen Wünschen erkennbar nicht festhalten will.

(3) Den Wünschen des Betreuten hat der Betreuer nicht zu entsprechen, soweit

1. **die Person des Betreuten oder dessen Vermögen hierdurch erheblich gefährdet würde und der Betreute diese Gefahr aufgrund seiner Krankheit oder Behinderung nicht erkennen oder nicht nach dieser Einsicht handeln kann oder**
2. **dies dem Betreuer nicht zuzumuten ist.**

(4) [1]Kann der Betreuer die Wünsche des Betreuten nicht feststellen oder darf er ihnen nach Absatz 3 Nummer 1 nicht entsprechen, hat er den mutmaßlichen Willen des Betreuten aufgrund konkreter Anhaltspunkte zu ermitteln und Geltung zu verschaffen. [2]Zu berücksichtigen sind insbesondere frühere Äußerungen, ethische oder religiöse Überzeugungen und sonstige persönliche Wertvorstellungen des Betreuten. [3]Bei der Feststellung des mutmaßlichen Willens soll nahen Angehörigen und sonstigen Vertrauenspersonen des Betreuten Gelegenheit zur Äußerung gegeben werden.

Die Wunschbefolgung gilt als Maßstab für das gesamte Betreuerhandeln, § 1821 Absatz 2 Satz 1 BGB. Der Handlungsmaßstab gilt sowohl im Innenverhältnis zur betreuten Person als auch im Außenverhältnis bei der Unterstützung zur Lebensgestaltung, § 1821 Absatz 2

Satz 1 BGB. Der Betreuer hat sich bei seinem Handeln an den Vorstellungen der betreuten Person zu orientieren. Nicht maßgeblich sind hingegen seine eigenen Werte oder Vorstellungen.

Der Wunsch der betreuten Person ist weit zu verstehen und umfasst sowohl solche Äußerungen, die auf einem freien Willen beruhen, als auch solche, denen kein freier Wille (mehr) zugrunde liegt.[37]

b. Feststellungspflicht

Um ein auf den Wünschen der betreuten Person beruhendes Betreuerhandeln zu ermöglichen, trifft den Betreuer zunächst die Pflicht, die Wünsche festzustellen und die betreute Person sodann bei deren Umsetzung zu unterstützen, § 1821 Absatz 2 Satz 2 bis 4 BGB.

Ausgangspunkt zur Feststellung der Wünsche ist die persönliche Kommunikation des Betreuers mit der betreuten Person.[38] Nur im direkten Austausch mit der betreuten Person kann der Betreuer einen ausreichenden und tragfähigen Eindruck von deren Wünschen gewinnen. Hierbei ist auf eine adressatengerechte, also auf die Bedürfnisse der betreuten Person ausgerichtete Kommunikation zu achten. Soweit möglich hat der Betreuer bei einer eingeschränkten Kommunikation Hilfen zur Ermöglichung oder Erleichterung der Verständigung hinzuzuziehen. Der Betreuer hat auch nonverbale Willensbekundungen, die einen Wunsch der betreuten Person ausdrücken, zu berücksichtigen.[39]

Ist eine Kommunikation mit der betreuten Person unmöglich, hat der Betreuer zu versuchen, die Wünsche auf andere Weise festzustellen, etwa durch die Befragung nahestehender Personen der betreuten Person, die Auskunft über frühere konkret geäußerte Wünsche geben können.[40]

c. Entsprechungs- und Umsetzungspflicht

Der Betreuer hat den festgestellten Wünschen der betreuten Person regelmäßig zu entsprechen und sie bei deren Umsetzung zu unterstützen, § 1821 Absatz 2 Satz 3 BGB.

Neben der Begrenzung durch § 1821 Absatz 3 BGB hat der Betreuer den Wünschen nur im Rahmen der tatsächlichen Möglichkeiten der betreuten Person zu entsprechen (vgl. § 1821 Absatz 2 Satz 1 BGB). Damit scheiden Wünsche aus, die aufgrund mangelnder persönlicher, wirtschaftlicher oder sonstiger Ressourcen nicht zu verwirklichen sind.[41]

d. Grenzen der Entsprechungspflicht

Aufgrund der vom Bundesverfassungsgericht betonten Schutzpflicht des Staates gegenüber hilfebedürftigen Erwachsenen[42] kann die Wunschbefolgungspflicht des Betreuers nicht grenzenlos gelten. Vielmehr stößt sie dort an ihre Grenzen, wo sich die betreute Person in erheblichem Maße selbst gefährdet, ohne dass ihr Wunsch Ausdruck ihrer Selbstbe-

37 BT-Drucks. 19/24445, S. 250.
38 Vgl. auch Lob-Hüdepohl, BtPrax 2021, 14–18.
39 BT-Drucks. 19/24445, S. 252.
40 BT-Drucks. 19/24445, S. 252.
41 Schnellenbach/Normann-Scheerer/Giers/Thielke, Rn. 363.
42 Vgl. u.a. BVerfG, Beschluss v. 26.7.2016, 1 BvL 8/15, BtPrax 2016, 182.

stimmung ist. Diese Grenze wird in § 1821 Absatz 3 Nummer 1 BGB dahingehend konkretisiert, dass der Betreuer den Wünschen der betreuten Person nicht zu entsprechen hat, soweit die betreute Person oder deren Vermögen hierdurch erheblich gefährdet würden und die betreute Person diese Gefahr aufgrund ihrer Krankheit oder Behinderung nicht erkennen oder nach dieser Einsicht handeln kann.

Eine drohende erhebliche Gefährdung liegt insbesondere dann vor, wenn sich durch eine Wunschbefolgung die gesamte Lebens-und Versorgungssituation der betreuten Person erheblich verschlechtern würde.[43] Aber auch bei einer nicht nur unerheblichen Beeinträchtigung kann die grundsätzliche Pflicht zur Wunschbefolgung ausgeschlossen sein. Die drohenden negativen Folgen für das Leben, die Gesundheit oder das Vermögen der betreuten Person müssen jedoch derart erheblich sein, dass ein Abweichen vom Wunsch der betreuten Person im Einzelfall gerechtfertigt ist. Die Frage der Erheblichkeit der Gefährdung ist subjektiv aus der Sicht der betreuten Person zu beantworten. Dabei sind ihre individuellen Vorstellungen und Präferenzen zu berücksichtigen. Nicht abzustellen ist auf objektive Kriterien.[44]

Zu beachten ist, dass allein der Umstand einer drohenden erheblichen Gefährdung den Wunsch der betreuten Person nicht unbeachtlich werden lässt. Vielmehr muss der Wunsch zusätzlich Ausdruck der Erkrankung der betreuten Person sein. Dies ist der Fall, wenn die betreute Person nicht mehr in der Lage ist, einen freien Willen zur Grundlage und Orientierung seiner Lebensgestaltung zu machen oder sie die der Willensbildung zugrundeliegenden Tatsachen krankheitsbedingt verkennt.[45] Es reicht aus, dass die betreute Person die ihr drohende Gefahr zwar erkennt, sie aber krankheitsbedingt nicht nach dieser Einsicht handeln kann.[46]

Äußert die betreute Person einen freien Wunsch, ist diesem auch dann zu entsprechen, wenn dies zu einer Gefährdung führen kann. Zur Vermeidung von Haftungsfolgen empfiehlt es sich für den Betreuer, die der Wunschbefolgung zugrunde liegenden Tatsachen zu dokumentieren.[47] Grenze der Entsprechungspflicht kann in einem solchen Fall allein eine mögliche Unzumutbarkeit für den Betreuer bilden (§ 1821 Absatz 3 Nummer 2 BGB).

Denn der Betreuer ist nach § 1821 Absatz 3 Nummer 2 BGB auch dann nicht zur Wunschbefolgung verpflichtet, wenn ihm diese unzumutbar ist. Eine **Unzumutbarkeit** wird etwa in folgenden Situationen angenommen:[48]

- Die betreute Person verlangt vom Betreuer völlig überzogene Handlungen, die diesen unangemessen stark belasten und in dessen Rechte eingreifen würden.
- Eine Gefährdung von Dritten oder der Allgemeinheit muss vom Betreuer abgelehnt werden.

---

43 BT-Drucks. 19/24445, S. 252 unter Bezugnahme auf die Rechtsprechung des BGH zu § 1901 Absatz 3 BGB a.F., Urteil v. 22.7.2009, XII ZR 77/06, BtPrax 2009, 290.

44 Vgl. hierzu ausführlich Brosey/Lesting/Loer/Marschner, Rn. 186.

45 BT-Drucks. 19/24445, S. 253 unter Bezugnahme auf die Rechtsprechung des BGH zu § 1901 Absatz 3 BGB a.F., Urteil v. 22.7.2009, XII ZR 77/06, BtPrax 2009, 290.

46 BT-Drucks. 19/24445, S. 253

47 Schnellenbach/Normann-Scheerer/Giers/Thielke, Rn. 367.

48 BT-Drucks. 19/24445, S. 253.

- Der Betreuer muss sich nicht aktiv an einer Selbstschädigung der betreuten Person, welche diese mit freiem Willen begeht, beteiligen oder diese gar unterstützen. Dies gilt besonders bei schwerwiegenden Gefahren.
- Zudem kann vom Betreuer nicht verlangt werden, auf Wunsch der betreuten Person eine rechtswidrige Handlung vorzunehmen oder diese bei einer solchen zu unterstützen.

Kann ein Betreuer aufgrund eigener Wertvorstellungen einem Wunsch der betreuten Person nicht folgen, liegt also die Weigerung der Wunschbefolgung allein in seiner Person oder seinen ethischen oder religiösen Grundüberzeugungen, ist dies kein Fall der Unzumutbarkeit. Vielmehr entfällt seine Eignung als Betreuer im konkreten Fall, wenn er einem beachtenswerten Wunsch nicht folgt.[49]

e. Ermittlung des mutmaßlichen Willens

Auf den mutmaßlichen Willen der betreuten Person ist hilfsweise abzustellen, wenn der Betreuer

- im konkreten Fall einen tatsächlich gebildeten bzw. geäußerten Wunsch der betreuten Person nicht feststellen kann oder
- einen Wunsch zwar feststellen kann, an diesen aber nach § 1821 Absatz 3 Nummer 1 BGB (Schutz vor nicht selbstbestimmter Selbstgefährdung) nicht gebunden ist.

Soweit die betreute Person selbstbestimmt zu einer konkreten Entscheidung einen tatsächlichen Wunsch oder Willen bilden kann oder gebildet hat, verbietet sich damit ein Rückgriff auf den mutmaßlichen Willen. Ein Abstellen auf den mutmaßlichen Willen würde vielmehr das Selbstbestimmungsrecht der betreuten Person beeinträchtigen, da diese zu einer eigenen Willensbildung fähig ist und es daher keiner Ersetzung bedarf.

Dies bedeutet daher auch im Hinblick auf die Nichtbeachtung eines Wunsches nach § 1821 Absatz 3 Nummer 2 BGB (Unzumutbarkeit für den Betreuer), dass der insoweit für den Betreuer nicht bindende Wunsch nicht durch einen mutmaßlichen Willen ersetzt werden darf und kann.

Der mutmaßliche Wille kann in den Fällen des § 1821 Absatz 3 Nummer 1 BGB dem festgestellten, aber nicht bindenden Wunsch der betreuten Person widersprechen.[50] Im Bereich der Gesundheitssorge kann dies die Notwendigkeit betreuungsgerichtlicher Genehmigungen zur Folge haben (vgl. § 1832 BGB).

Der mutmaßliche Wille ist aufgrund aller bekannten oder zugänglichen Anhaltspunkte zu ermitteln. Der Betreuer hat hierfür alle erkennbaren Umstände, die für die Willensrichtung der betreuten Person Bedeutung haben können, zu berücksichtigen. Hier sind insbesondere auch frühere Äußerungen, ethische oder religiöse Überzeugungen und sonstige persönliche Wertvorstellungen zu berücksichtigen.[51] Dazu wird er oftmals auf Äußerungen Dritter als Informationsquelle angewiesen sein. Zur Ermittlung des mutmaßlichen Willens

49 BT-Drucks. 19/24445, S. 253; Jürgens/Loer, BGB § 1821 Rn. 19.
50 Vgl. Jürgens/Loer, BGB § 1821 Rn. 22.
51 Brosey/Lesting/Loer/Marschner, Rn. 188; vgl. auch § 1827 Absatz 2 Satz 3 BGB.

ist der Betreuer daher berechtigt und in der Regel verpflichtet, mit nahen Angehörigen und sonstigen Vertrauenspersonen der betreuten Person Kontakt aufzunehmen und mit diesen zu sprechen.[52]

Der Betreuer hat bei seinen Ermittlungen zu fragen, wie sich die betreute Person in der konkret anstehenden Situation entschieden hätte, wenn sie aktuell noch entscheidungsfähig wäre. Wenn der Betreuer kaum auf Anhaltspunkte zurückgreifen kann, hat er eine „beste Interpretation" von Willen und Präferenzen der betreuten Person vorzunehmen.[53] Hierbei kann auch auf allgemeine Lebenserfahrungen zurückgegriffen werden, also wie ein Mensch in der konkreten Situation und mit dem über ihn bekannten Hintergrund normalerweise handeln oder entscheiden würde.[54] Hingegen verbietet sich ein Rückgriff auf das objektive Wohl.[55] Auch bei einem Rückgriff auf allgemeine Kriterien bleiben die individuellen Interessen, Bedürfnisse und Wertvorstellungen der betreuten Person handlungsleitend.

VI. Haftung des Betreuers

Die Haftung des Betreuers richtet sich nach § 1826 BGB in Verbindung mit den allgemeinen Grundsätzen der zivilrechtlichen Haftung (vgl. §§ 249 ff. BGB).

§ 1826 BGB – Haftung des Betreuers

(1) Der Betreuer ist dem Betreuten für den aus einer Pflichtverletzung entstehenden Schaden verantwortlich. Dies gilt nicht, wenn der Betreuer die Pflichtverletzung nicht zu vertreten hat.

(2) Sind für den Schaden mehrere Betreuer nebeneinander verantwortlich, so haften sie als Gesamtschuldner.

(3) Ist ein Betreuungsverein als Betreuer bestellt, so ist er dem Betreuten für ein Verschulden des Mitglieds oder des Mitarbeiters in gleicher Weise verantwortlich wie für ein Verschulden eines verfassungsmäßig berufenen Vertreters.

§ 1826 Absatz 1 BGB bildet die Anspruchsgrundlage für Ansprüche der betreuten Person gegen den Betreuer aufgrund einer Pflichtverletzung. Danach haftet der Betreuer gegenüber der betreuten Person für den aus einer Pflichtverletzung entstandenen Schaden, es sei denn, er hat die Pflichtverletzung nicht zu vertreten.

Voraussetzungen für eine Haftung nach § 1826 BGB sind demnach:

- Verletzung einer Pflicht aus dem Betreuungsverhältnis
- Verschulden des Betreuers
- Vorliegen eines Schadens
- Kausalität (ursächlicher Zusammenhang) zwischen der Pflichtverletzung und dem Schaden

52 BT-Drucks. 19/24445, S. 254.
53 BT-Drucks. 19/24445, S. 250.
54 BT-Drucks. 19/24445, S, 254.
55 Schnellenbach/Normann-Scheerer/Giers/Thielke, Rn. 372.

Eine **Pflichtverletzung** liegt dann vor, wenn der Betreuer die ihm als Betreuer gesetzlich zugewiesenen Aufgaben und Pflichten verletzt. Ebenso kann ein Verstoß gegen Weisungen und Auflagen des Betreuungsgerichts eine Pflichtverletzung darstellen.

In Betracht kommen insbesondere

- Verstöße gegen das allgemeine Gebot einer ordnungsgemäßen Amtsführung,
- Verstöße gegen die nach § 1821 BGB zugewiesenen Pflichten (siehe dazu oben Kapitel A. IV. und V.),[56] wie etwa gegen die Wunschbefolgungspflicht und die Kontakt- und Besprechungspflicht,
- Verstöße gegen aufgabenbereichsspezifische Pflichten.

Die Haftung des Betreuers setzt zudem eine **schuldhafte** Pflichtverletzung voraus. Der Betreuer hat **Vorsatz** und **Fahrlässigkeit** zu vertreten, § 276 Absatz 1 Satz 1 BGB. Vorsätzlich handelt ein Betreuer, wenn er mit Wissen und Wollen ihm bekannte Pflichten verletzt. Fahrlässig handelt er, wenn er die im Verkehr erforderliche Sorgfalt außer Acht lässt, vgl. § 276 Absatz 2 BGB.

Unter einem **Schaden** versteht man jede unfreiwillige Einbuße an rechtlich geschützten Positionen und Lebensgütern wie Gesundheit, Ehre, Freiheit, Vermögen oder Eigentum infolge eines bestimmten Ereignisses.[57] Art und Umfang des Schadensersatzes richten sich nach den §§ 249 ff. BGB. Hier wird zwischen Personenschäden, Sachschäden und Vermögensschäden unterschieden.[58]

Der Schaden muss zudem auf der Pflichtverletzung des Betreuers beruhen; es muss ein **ursächlicher Zusammenhang** bestehen. Wäre der Schaden auch ohne ein pflichtwidriges Verhalten des Betreuers eingetreten, fehlt es an der erforderlichen Kausalität.

Zur Absicherung möglicher Schäden haben **berufliche Betreuer** für eine Registrierung eine **Berufshaftpflichtversicherung für Vermögensschäden** mit einer Mindestversicherungssumme von 250.000 Euro für jeden Versicherungsfall und von 1 Mio. Euro für alle Versicherungsfälle eines Jahres abzuschließen, § 23 Absatz 1 Nummer 3 BtOG. **Ehrenamtliche Betreuer** sind durch **Sammelhaftpflichtversicherungen** der Länder haftpflichtversichert.[59]

VII. Datenschutz

Für seine Aufgabenerfüllung muss ein Betreuer eine Vielzahl an Daten der betreuten Person, aber auch dritter Personen wie Angehöriger, Ärzte etc. verarbeiten. Der Betreuer unterfällt hierbei regelmäßig den Regelungen der **Datenschutzgrundverordnung** (DSGVO). Ziel der DSGVO ist insbesondere der Schutz natürlicher Personen bei der Verarbeitung personenbezogener Daten. Der Betreuer hat daher die Grundsätze der Zweckbindung und Datenminimierung zu beachten.

56 Siehe auch die Übersicht bei Brosey/Lesting/Loer/Marschner, Rn. 283.
57 Deinert/Lütgens/Meier, Rn. 247; Brosey/Lesting/Loer/Marschner, Rn. 287.
58 Vgl. hierzu im Einzelnen Deinert/Lütgens/Meier, Rn. 250 ff.
59 Vgl. hierzu im Einzelnen Deinert/Lütgens/Meier, Rn. 1391 ff.

Personenbezogene Daten sind alle Informationen, die sich auf eine identifizierte oder identifizierbare natürliche Person beziehen (Artikel 4 Nummer 1 DSGVO).

Unter **Verarbeitung** wird jeder mit oder ohne Hilfe automatisierter Verfahren ausgeführte Vorgang im Zusammenhang mit personenbezogenen Daten verstanden. Hierunter fallen u.a. das Erheben, das Erfassen, die Speicherung und die Verwendung personenbezogener Daten (Artikel 4 Nummer 2 DSGVO).

Die Verarbeitung von personenbezogenen Daten ist nur zulässig mit Einwilligung der betroffenen Person (Artikel 6 Absatz 1 Buchstabe a DSGVO) oder aufgrund einer sonstigen Rechtsgrundlage des Artikels 6 Absatz 1 Buchstabe b bis f DSGVO (Verbot mit Erlaubnisvorbehalt).

§ 20 BtOG sieht eine **bereichsspezifische Rechtsgrundlage** für die Verarbeitung von personenbezogenen Daten einschließlich besonderer Kategorien personenbezogener Daten nach Artikel 9 DSGVO, wie der **Gesundheitsdaten,** durch den Betreuer vor.[60] Gesundheitsdaten sind personenbezogene Daten, die sich auf die körperliche oder geistige Gesundheit einer natürlichen Person, einschließlich der Erbringung von Gesundheitsdienstleistungen, beziehen und aus denen Informationen über deren Gesundheitszustand hervorgehen (Artikel 4 Nummer 15 DSGVO). Hierzu zählen u.a. alle Arten von Informationen über Krankheiten, Behinderungen, Krankheitsrisiken, klinische Behandlungen etc. ebenso wie solche Daten, die mittelbar Rückschlüsse auf den Gesundheitszustand erlauben.[61]

§ 20 BtOG – Verarbeitung personenbezogener Daten durch den Betreuer

(1) Die Verarbeitung personenbezogener Daten einschließlich besonderer Kategorien personenbezogener Daten nach Artikel 9 der Verordnung (EU) 2016/679 durch den Betreuer ist zulässig, soweit sie zur Erfüllung seiner Aufgaben nach den §§ 1814 bis 1881 des Bürgerlichen Gesetzbuchs erforderlich ist.

(2) § 4 Absatz 1 Satz 2 und 3 sowie Absatz 2 gilt entsprechend.

(3) Die Absätze 1 und 2 gelten auch für Personen, denen der anerkannte Betreuungsverein oder die Behörde die Wahrnehmung der Betreuung nach § 1818 Absatz 2 und 4 Satz 2 des Bürgerlichen Gesetzbuchs übertragen hat.

Die Rechtsgrundlage gilt sowohl für berufliche Betreuer als auch ehrenamtliche Betreuer, unabhängig davon, ob sie familiäre Beziehungen oder persönliche Bindungen haben.[62] Dies schließt nicht aus, dass im Einzelfall Familienangehörige als Betreuer bei der Ausübung ausschließlich persönlicher oder familiärer Tätigkeiten im Rahmen der Betreuungsausübung vom Anwendungsbereich der DSGVO ausgenommen sein können, vgl. Artikel 2 Absatz 2 Buchstabe c DSGVO.[63]

Die Verarbeitung personenbezogener Daten einschließlich der Gesundheitsdaten durch den Betreuer ist nach § 20 Absatz 1 BtOG zulässig, soweit sie zur Erfüllung seiner Aufga-

60 BT-Drucks. 19/24445, S. 366.
61 BT-Drucks. 19/24445, S. 346.
62 BT-Drucks. 19/24445, S. 367.
63 BT-Drucks. 19/24445, S. 367.

ben nach den §§ 1814 bis 1881 BGB erforderlich und maßgeblich ist. Dabei kommt in den Grenzen dieser Zweckbestimmung die Verarbeitung von personenbezogenen Daten der betreuten Person sowie von Dritten in Betracht. Die Erfüllung der den Betreuern bei der Ausübung der Betreuungsführung zugewiesenen Pflichten setzt die Verarbeitung der personenbezogenen Daten der betreuten Person bzw. von Dritten zwingend voraus.

Für den Betreuer sind nach § 20 Absatz 2 BtOG die für die Behörde geltenden Regelungen zum Direkterhebungsgrundsatz sowie zu den Ausnahmen von den Informationspflichten in § 4 Absatz 1 Satz 2 und 3 sowie Absatz 2 BtOG entsprechend anzuwenden.

§ 4 BtOG – Verarbeitung personenbezogener Daten durch die Behörde (Auszug)

(1) (...) [2]Die für diesen Zweck erforderlichen Daten sind grundsätzlich bei der betroffenen Person zu erheben. [3]Ohne ihre Mitwirkung dürfen sie nur erhoben werden, wenn keine Anhaltspunkte dafür bestehen, dass überwiegende schutzwürdige Interessen der betroffenen Person beeinträchtigt werden, und

1. **die von der Behörde nach Abschnitt 1 Titel 2 zu erfüllenden Aufgaben ihrer Art nach eine Erhebung bei Dritten erforderlich machen oder**
2. **die Erhebung bei der betroffenen Person einen unverhältnismäßigen Aufwand erfordern würde.**

(2) Die Pflicht zur Information der betroffenen Person gemäß Artikel 13 Absatz 1 bis 3 und Artikel 14 Absatz 1, 2 und 4 der Verordnung (EU) 2016/679 besteht ergänzend zu den in Artikel 13 Absatz 4 und Artikel 14 Absatz 5 der Verordnung (EU) 2016/679 genannten Ausnahmen nicht,

1. **soweit die Erteilung der Information die ordnungsgemäße Erfüllung der der Behörde nach Abschnitt 1 Titel 2 obliegenden Aufgaben gefährden würde oder**
2. **soweit zum Schutz der betroffenen Person ein Absehen von der Informationserteilung erforderlich ist, was insbesondere dann der Fall ist, wenn hiervon erhebliche Nachteile für ihre Gesundheit zu besorgen sind oder die betroffene Person aufgrund einer Krankheit oder Behinderung offensichtlich nicht in der Lage ist, die Informationen zur Kenntnis zu nehmen.**

§ 4 Absatz 1 Satz 2 BtGO bestimmt, dass die für die Aufgabenerfüllung nach den §§ 1814 bis 1881 BGB erforderlichen Daten grundsätzlich bei der betroffenen Person zu erheben sind. Bei den in § 4 Absatz 1 Satz 3 BtGO vorgesehenen Ausnahmen ist die Erhebung von Daten der betroffenen Person ohne ihre Mitwirkung nur dann zulässig, wenn keine Anhaltspunkte dafür bestehen, dass überwiegende schutzwürdige Interessen der betroffenen Person beeinträchtigt werden, und die vom Betreuer nach den §§ 1814 bis 1881 BGB zu erfüllenden Aufgaben ihrer Art nach eine Erhebung bei Dritten erforderlich machen oder die Erhebung bei der betroffenen Person einen unverhältnismäßigen Aufwand erfordern würde.

Zudem kann der Betreuer unter den dort genannten Voraussetzungen von den in § 4 Absatz 2 BtOG geregelten Ausnahmen von den Informationspflichten umfassend Gebrauch machen. Im Rahmen der entsprechenden Anwendung des § 4 Absatz 2 Nummer 1 BtOG ist dabei auf die Aufgaben des Betreuers nach den §§ 1814 bis 1881 BGB abzustellen. Die Ausnahmen treten neben die bereits in der DSGVO vorgesehenen Ausnahmen in Artikel 13 Absatz 4 und Artikel 14 Absatz 5 DSGVO.

§ 20 Absatz 3 BtOG stellt klar, dass die Absätze 1 und 2 auch für Vereinsbetreuer gelten, die aufgrund ihrer Bestellung durch das Betreuungsgericht als Betreuer Betreuungen führen und hierbei personenbezogene Daten verarbeiten. Dies gilt zudem ebenso für solche Personen, denen ein anerkannter Betreuungsverein oder eine Betreuungsbehörde die Wahrnehmung der Betreuung nach § 1818 Absatz 2 bzw. Absatz 4 BGB übertragen hat.[64]

64 BT-Drucks. 19/24445, S. 367 f.

B. Sicherstellung der medizinischen Versorgung

Grundlegende Aufgabe des für den Aufgabenbereich der Gesundheitssorge bestellten Betreuers ist die Sicherstellung der medizinischen Versorgung der betreuten Person.

Hierzu muss sich der Betreuer zu Beginn seiner Betreuungsführung zunächst einen umfassenden Überblick von der gegenwärtigen gesundheitlichen und sozialen Situation der betreuten Person verschaffen.

Einen ersten Eindruck kann der Betreuer durch Einsichtnahme in das betreuungsgerichtliche Sachverständigengutachten (§ 280 FamFG) gewinnen. Das vom Betreuungsgericht zur Bestellung eines Betreuers einzuholende Gutachten hat sich u.a. zu folgenden Umständen zu äußern (vgl. § 280 Absatz 3 FamFG):

- dem Krankheits- oder Behinderungsbild der betreuten Person einschließlich dessen Entwicklung,
- dem körperlichen und psychischen Zustand der betreuten Person,
- dem aus medizinischer Sicht aufgrund der Krankheit oder Behinderung erforderlichen Unterstützungsbedarf.

Der Betreuer sollte sodann regelmäßig im direkten Austausch mit der betreuten Person weitere Informationen zum Gesundheitszustand und zum körperlichen Wohlbefinden erfragen. Auch der Stand von Behandlungen oder etwaige Probleme sollten thematisiert werden. Es kann zudem angezeigt sein, ergänzend das familiäre und soziale Umfeld der betreuten Person einzubeziehen; dies sollte aber regelmäßig erst nach der Erörterung mit der betreuten Person und mit deren Einverständnis erfolgen. Weiterhin sind vorhandene Unterlagen und Dokumentationen einzusehen.

In dieser Phase sollten insbesondere nachfolgende Aspekte vom Betreuer geklärt werden:

- Welche Erkrankungen/Vorerkrankungen – auch neben der betreuungsbegründenden Krankheit oder Behinderung – bestehen?
- Welche Behandlungen werden durchgeführt bzw. sind erforderlich?
- Welche behandelnden Ärzte oder anderen medizinischen Behandler sind bekannt?
- Welche Medikamente werden eingenommen und in welcher Dosierung?
- Gibt es künstliche Gelenke oder andere Implantate (z.B. Herzschrittmacher)?
- Bestehen Allergien oder Unverträglichkeiten?
- Welche Impfungen sind bekannt? Liegt ein Impfpass vor?
- Werden Hilfsmittel benötigt, z.B. Brille, Hörgerät, Gehhilfen etc.?
- Gibt es einen Pflegedienst oder sonstige andere Hilfen?
- Ist eine Pflegestufe bekannt?
- Ist die Wohnung dem gesundheitlichen Gesamtzustand angemessen und hinreichend eingerichtet?

- In welchem hygienischen Zustand befinden sich die betreute Person und die Wohnung?
- Wie gestaltet sich die allgemeine Versorgung?

Sollte es Anhaltspunkte für das Vorliegen eines Gutachtens des Medizinischen Dienstes[65] geben, sollte dieses angefordert werden, um weitere Informationen zu gewinnen.

Daneben hat der Betreuer zu prüfen, ob vorsorgende Verfügungen der betreuten Person (z.B. Patientenverfügung, Behandlungsvereinbarung etc.) vorliegen.

Der Betreuer sollte sich zudem frühzeitig ein Bild von den ethischen und religiösen Überzeugungen und sonstigen persönlichen Wertvorstellungen der betreuten Person machen.

Sollte es Anzeichen für einen bevorstehenden Verlust der Einwilligungsfähigkeit der betreuten Person geben, empfiehlt es sich, gemeinsam mit der betreuten Person gesundheitliche Fragen und mögliche zukünftig erforderliche medizinische Maßnahmen zu besprechen und die Behandlungswünsche der betreuten Person zu erfragen und schriftlich zu fixieren (vgl. auch § 1827 Absatz 4 BGB; siehe hierzu unten Kapitel E. III. 3. D.).

Neben der gesundheitlichen Lage der betreuten Person hat der Betreuer auch vermögensrechtliche Aspekte zu berücksichtigen:

- Besteht ein ausreichender Versicherungsschutz (Kranken- und Pflegeversicherung)?
- Ist die betreute Person gesetzlich oder privat (mit-)versichert? Ist sie ggf. beihilfeberechtigt? Frage nach dem Versicherungsstatus!
- Bestehen Beitragsrückstände?
- Bestehen weitere Zusatzversicherungen?
- Liegt eine Zuzahlungsbefreiung vor?
- Gibt es nicht bezahlte Rechnungen von medizinischen Dienstleistern (Ärzten, Therapeuten etc.)?
- Werden Leistungen von Sozialleistungsträgern gewährt, die Einfluss auf den Versicherungsstatus der betreuten Person haben?
- Bestehen noch nicht abgerechnete Ansprüche gegenüber einer privaten Krankenversicherung oder einer Beihilfestelle?

Regelmäßig sollte der Betreuer mit den behandelnden Ärzten, dem Pflegedienst oder anderen Pflegeeinrichtungen, den Versicherungen und Sozialleistungsträgern Kontakt aufnehmen.

65 Den Medizinischen Dienst (§ 278 SGB V) gibt es in seiner jetzigen Form seit dem 1. Juli 2021. Er ist die Nachfolgeorganisation des Medizinischen Dienstes der Krankenversicherung (MDK). Das Gesetz für bessere und unabhängigere Prüfungen (MDK-Reformgesetz) vom 14. Dezember 2019, das am 1. Januar 2020 in Kraft getreten ist, sollte die Medizinischen Dienste stärken und sie unabhängiger von den Krankenkassen organisieren. Die 15 regionalen Dienste firmieren seit dem 1. Juli 2021 unter „Medizinischer Dienst“, sie sind nun einheitlich Körperschaften öffentlichen Rechts.

Ausgehend von den gewonnenen Erkenntnissen gestaltet sich das weitere Aufgabenfeld des Betreuers. Dieses hängt von den individuellen Bedürfnissen der betreuten Person ab. Sollten sich für den Betreuer Anhaltspunkte ergeben, dass der gerichtliche angeordnete Aufgabenbereich der Betreuung der aktuellen Situation nicht genügt oder einzelne Aufgabenkreise einer Konkretisierung bedürfen, hat er sich an das Betreuungsgericht zu wenden.

C. Sorge um ausreichenden Krankenversicherungsschutz

Übersicht Seite

I. Grundlagen

Ein für den Aufgabenbereich der Gesundheitssorge bestellter Betreuer hat zunächst dafür Sorge zu tragen, dass die betreute Person **ausreichend krankenversichert** ist, und das insoweit Erforderliche zu veranlassen. Erst ein bestehender Krankenversicherungsschutz schafft die Grundlage dafür, dass der Betreuer seiner Aufgabe, für konkrete Gesundheitsmaßnahmen der betreuten Person zu sorgen, dauerhaft nachkommen kann und deren Finanzierung sichergestellt ist.[66]

Der Aufgabenbereich Gesundheitssorge berechtigt und verpflichtet den Betreuer zum Abschluss einer Krankenversicherung.[67] Um allerdings die aus dem Vertrag entstehenden Verbindlichkeiten, insbesondere die Zahlungsverpflichtung, erfüllen zu können, kann die ergänzende Anordnung des Aufgabenbereichs der Vermögenssorge – ggf. auch beschränkt auf den Krankenversicherungsschutz – angezeigt sein.[68] Dies ist im Einzelfall mit dem Betreuungsgericht zu klären. Ist zu einem späteren Zeitpunkt eine Erweiterung der Betreuung angezeigt und erforderlich, kann diese jederzeit durch den Betreuer gegenüber dem Betreuungsgericht angeregt werden.

Der Betreuer hat das Erforderliche zu unternehmen, um einen ausreichenden Krankenversicherungsschutz zu ermöglichen. Er darf sich dabei nicht ohne Weiteres darauf verlassen, dass sich die betreute Person – auch auf seine Aufforderung hin – selbstständig um einen Krankenversicherungsschutz bemüht. Vielmehr obliegt es dem Betreuer, sich im Einzelfall durch Nachfragen bei der Krankenversicherung den Versicherungsschutz bestätigen zu lassen. Dies kann insbesondere dann geboten sein, wenn aufgrund der Einschränkungen

66 Vgl. BSG, Urteil v. 14.5.2002, B 12 KR 14/01 R, BtPrax 2003, 172.
67 OLG Nürnberg, Beschluss v. 17.12.2012, 4 U 2022/12, BtPRax 2013, 70.
68 Vgl. Meier, Anmerkung zum Urteil des BSG v. 14.5.2002, BtPrax 2003, 173.

der betreuten Person Zweifel bestehen, ob diese der Aufforderung hinreichend nachkommen kann.[69]

Die Sorge um einen ausreichenden Krankenversicherungsschutz steht zunächst zu Beginn der Betreuung bzw. zum Zeitpunkt der Übernahme einer Betreuung an. Der Betreuer hat aber auch während der laufenden Betreuung darauf zu achten, ob es aufgrund einer veränderten Lebenssituation der betreuten Person zu einer Veränderung des Versicherungsschutzes oder zu einem Ausscheiden aus der Krankenversicherung kommt. In diesem Fall hat er rechtzeitig und fristwahrend für eine ausreichende (Weiter-)Versicherung Sorge zu tragen. Besonders zu erwähnen ist ein Ende der Mitversicherung in der Familienversicherung, beispielsweise wenn die betreute Person durch Scheidung aus dem Versicherungsschutz herausfällt oder die Mitversicherung als Kind aufgrund des Erreichens der Altersgrenze endet. Auch die Gewährung von Sozialleistungen kann zu einer Änderung des Versicherungsstatus führen.

Der Betreuer hat zunächst zu ermitteln, welcher konkrete Krankenversicherungsschutz für die betreute Person aufgrund der persönlichen Lebenssituation in Betracht kommt. Grundsätzlich besteht für alle Personen in Deutschland eine allgemeine **Krankenversicherungspflicht**. Der Krankenversicherungsschutz wird in einem dualen System von **gesetzlicher Krankenversicherung** und **privater Krankenversicherung** gewährleistet.

Daneben gibt es für einzelne Berufsgruppen oder besondere Personenkreise Sondersysteme zur Absicherung im Krankheitsfall. Dazu gehören beispielsweise die freie Heilfürsorge für Soldatinnen und Soldaten oder Polizistinnen und Polizisten, aber auch gesonderte Systeme für Personen im Strafvollzug und im Maßregelvollzug oder für Asylbewerberinnen und -bewerber.[70]

Personen, die **Leistungen nach dem SGB XII** vom Sozialhilfeträger beziehen, gelten durch den Anspruch auf Krankenhilfe dem Grunde nach (§§ 48 ff. SGB XII) als abgesichert (§ 5 Absatz 1 Nummer 13 SGB V). Regelmäßig werden diejenigen Leistungsempfänger, die laufende Leistungen erhalten, nach § 264 SGB V bei einer gesetzlichen Krankenversicherung versichert. Der Krankenkasse werden ihre Aufwendungen durch den Sozialhilfeträger erstattet. Soweit Personen bereits in der gesetzlichen Krankenversicherung oder im Basistarif der privaten Krankenversicherung versichert sind, hat der Sozialhilfeträger die Beiträge zur Krankenversicherung zu übernehmen (§ 32 SGB XII) und direkt an die Krankenkasse zu überweisen.

Neben der Pflicht, eine Krankenversicherung abzuschließen, unterliegen gesetzlich Versicherte der Versicherungspflicht in der sozialen **Pflegeversicherung**; privat Krankenversicherte müssen eine private Pflegeversicherung abschließen (siehe zur Pflegeversicherung unten Kapitel G. I. 2).

69 BSG, Urteil v. 14.5.2002, B 12 KR 14/01 R, BtPrax 2003, 172.
70 Vgl. § 4 Asylbewerberleistungsgesetz.

II. Gesetzliche Krankenversicherung

Die gesetzliche Krankenversicherung (GKV) ist im Sozialgesetzbuch Fünftes Buch (SGB V) geregelt. Nach § 1 Satz 1 SGB V hat die GKV als Solidargemeinschaft die Aufgabe, die Gesundheit der Versicherten zu erhalten, wiederherzustellen oder ihren Gesundheitszustand zu bessern.

1. Versicherungspflicht

Eine Pflichtversicherung in der GKV besteht gemäß § 5 Absatz 1 SGB V insbesondere für folgende Gruppen:

- sozialversicherungspflichtige Beschäftigte, deren sozialversicherungspflichtiges Einkommen unter der Jahresarbeitsentgeltgrenze (Pflichtversicherungsgrenze) liegt, § 5 Absatz 1 Nummer 1 i.V.m. § 6 Absatz 1 Nummer 1 SGB V
- Bezieher von Arbeitslosengeld I und Bürgergeld, wenn keine private Krankenversicherung vorliegt oder zuletzt vorlag, § 5 Absatz 1 Nummer 2, 2a i.V.m. § 5 Absatz 5a SGB V
- Bezieher von Leistungen der gesetzlichen Rechtenversicherung, wenn die Vorversicherungszeiten ausreichen, § 5 Absatz 1 Nummer 11, Absatz 2 SGB V

Zudem sind Familienangehörige in der **Familienversicherung** beitragsfrei mitversichert, § 10 SGB V. Für Kinder endet die Familienversicherung im Regelfall mit Vollendung des 23. Lebensjahres, wenn sie nicht bereits erwerbstätig sind (§ 10 Absatz 2 Nummer 2 SGB V), ansonsten mit Vollendung des 18. Lebensjahrs (§ 10 Absatz 2 Nummer 1 SGB V). Bei einer Ausbildung jeglicher Art oder Leistung eines Freiwilligendienstes (BFD, FSJ, FÖJ) greift eine Verlängerung bis zum 25. Lebensjahr, § 10 Absatz 2 Nummer 3 SGB V. Bei Behinderung und voller – auch befristeter – Erwerbsminderung besteht der Anspruch auf eine Familienversicherung ohne Altersgrenze, § 10 Absatz 2 Nummer 4 SGB V.

Sozialversicherungspflichtige Beschäftigte, deren sozialversicherungspflichtiges Einkommen über der Jahresarbeitsentgeltgrenze liegt (Stand 2022: 64.350 Euro), können sich **freiwillig in der GKV versichern**. Eine Versicherungspflicht besteht u.a. für diese Personengruppen nicht, §§ 5 Absatz 6, 6 Absatz 1 Nummer 1 und 2 SGB V. Sie haben daher auch die Wahl, sich für eine private Krankenversicherung zu entscheiden.

2. Leistungen der GKV

a. Grundlagen

Die **Leistungen** der GKV werden überwiegend gesetzlich bestimmt, § 2 Absatz 1 Satz 1 SGB V. Dabei haben Qualität und Wirksamkeit der Leistungen dem allgemein anerkannten Stand der medizinischen Erkenntnisse zu entsprechen und den medizinischen Fortschritt zu berücksichtigen. Die Leistungen umfassen u.a. ärztliche und zahnärztliche Behandlungen (§ 28 SGB V), Arzneimittel (§ 31 SGB V), Heilmittel (§ 32 SGB V) und Hilfsmittel (§ 33 SGB V), die häusliche Krankenpflege (§ 37 SGB V) – siehe hierzu unten Kapitel G. I. 1. –, Krankenhausbehandlungen (§ 39 SGB V) sowie Leistungen zur medizinischen Rehabilitation (§ 40 SGB V) – siehe hierzu unten Kapitel F. II. Der konkrete Leistungskatalog der GKV wird vom **Gemeinsamen Bundesausschuss** in Richtlinien festgelegt, die für die beteiligten Krankenkassen, medizinischen Leistungserbringer und die Versicherten verbindlich sind. Neben diesen gesetzlichen Leistungen können die Krankenversicherungen durch Satzung weitere Leistungen („**freiwillige Zusatzleistungen**") anbieten.

Der Betreuer sollte sich vor der Durchführung einer medizinischen Maßnahme über den konkreten Leistungskatalog der Krankenversicherung informieren, um die Finanzierung der Maßnahme sicherzustellen. Die Versicherungsleistungen der GKV sind mit Ausnahme der freiwilligen Zusatzleistungen für alle Versicherten gleich.

Daneben ist auch der Behandelnde verpflichtet, einen Patienten vor Beginn der Behandlung über die voraussichtlichen Kosten zu informieren, wenn er weiß, dass eine vollständige Übernahme der Behandlung durch die GKV nicht gesichert ist, § 630c Absatz 3 BGB (siehe hierzu auch Kapitel D. II. 2. c.).

Die Erbringer von medizinischen Leistungen rechnen diese, soweit sie vom Leistungskatalog der GKV umfasst sind, unmittelbar mit der Krankenversicherung ab.

b. Krankengeldanspruch bei Begleitung einer stationären Krankenhausbehandlung

Eine besondere Leistung der GKV stellt der Krankengeldanspruch bei Begleitung im Krankenhaus gemäß § 44b SGB V dar. Dieser Anspruch steht nicht der zu behandelnden Person zu, sondern der Begleitperson.

Mit § 44b SGB V und § 113 Absatz 6 SGB IX wird die Kostentragung für die Begleitung von Menschen mit Behinderungen, die während einer stationären Krankenhausbehandlung zur Sicherstellung der Durchführung der Behandlung bzw. aus medizinischen Gründen benötigt wird, ab dem 1. November 2022 geregelt.

Die Aufnahme und stationäre Behandlung in einem Krankenhaus können für Menschen mit Behinderungen aufgrund der fremden Umgebung und den abweichenden Tagesabläufen beängstigend und bedrohlich sein. Zudem können Kommunikationsprobleme mit dem Krankenhauspersonal auftreten. Die **Begleitung durch vertraute Bezugspersonen** kann daher erforderlich sein, um die medizinische Behandlung sowie die diagnostischen, therapeutischen und pflegerischen Maßnahmen erst zu ermöglichen. Sie kommt insbesondere zum Zweck der Verständigung und zum Zweck der Unterstützung im Umgang mit Belastungssituationen in Betracht.[71]

Erfolgt die Begleitung durch einen nahen Angehörigen oder eine Person aus dem engsten persönlichen Umfeld, hat die begleitende Person unter den Voraussetzungen des § 44b Absatz 1 SGB V einen Anspruch auf Krankengeld, wenn ihr im Zusammenhang mit der Begleitung ein Verdienstausfall entsteht. Nahe Angehörige sind insbesondere Eltern, Ehegatten, Geschwister und Kinder oder Enkelkinder.[72]

Anspruchsvoraussetzung ist, dass die Begleitung aus medizinischen Gründen benötigt wird. Zudem müssen bei der zu begleitenden Person die Voraussetzungen des § 2 Absatz 1

71 Vgl. BT-Drucks. 19/31069, S. 192 mit Beispielfällen.
72 Vgl. § 7 Absatz 3 des Pflegezeitgesetzes.

SGB IX vorliegen, und sie muss Leistungen der Eingliederungshilfe erhalten.[73] Weiterhin darf sie nicht bereits nach § 113 Absatz 6 SGB IX professionell begleitet werden.

Der Gemeinsame Bundesausschuss hat mit der Krankenhausbegleitungs-Richtlinie (KHB-RL) die Kriterien zur Abgrenzung des Personenkreises, der die Begleitung aus medizinischen Gründen benötigt, bestimmt.[74] Die Richtlinie regelt außerdem Näheres zur Feststellung und Bescheinigung des Vorliegens der Kriterien.

Das Krankengeld wird für ganze Kalendertage geleistet. Die Höhe bestimmt sich nach den §§ 47 ff. SGB V. Nicht notwendig ist, dass die Begleitperson auch im Krankenhaus übernachtet. Ausreichend ist, wenn die **Zeit der notwendigen Anwesenheit im Krankenhaus** und die **Zeiten der An- und Abreise** pro Kalendertag insgesamt acht oder mehr Stunden umfassen. Eine kürzere Begleitung zum Beispiel lediglich für wenige Stunden, führt hingegen nicht zu einem Anspruch auf Krankengeld.[75] Eine Zahlung von Entgeltersatzleistungen auf Grundlage von § 11 Absatz 3 SGB V scheidet daneben aus.

Die arbeitsrechtlichen Freistellungsregelungen des § 45 Absatz 3 SGB V gelten für die Begleitperson gegenüber ihrem Arbeitgeber gemäß § 44b Absatz 4 SGB V entsprechend.

Erfolgt die Begleitung durch eine vertraute Bezugsperson, die bereits im Alltag Leistungen der Eingliederungshilfe erbringt (professionelle Begleitung), werden die Kosten der Begleitung vom Träger der Eingliederungshilfe übernommen, § 113 Absatz 6 SGB IX.

Praxishinweis

Die Erforderlichkeit einer Begleitung und Befähigung durch vertraute Bezugspersonen für den Fall eines Krankenhausaufenthalts sollte bereits frühzeitig und unabhängig von einer konkret anstehenden stationären Krankenhausbehandlung im Rahmen des Gesamtplanverfahrens (§§ 117 ff. SGB IX) geprüft und die entsprechende Einschätzung im Gesamtplan (vgl. § 121 Absatz 4 Nummer 7 SGB IX) festgehalten werden.[76]

Der Betreuer sollte daher die Notwendigkeit einer Aktualisierung des Gesamtplans prüfen und diese ggf. anregen, um einen möglicherweise bestehenden Begleitungsbedarf aufzunehmen. Ergänzend sollten Argumente für einen Begleitungsbedarf vorgetragen werden.

3. Versicherungsbeitrag und Zuzahlungen

Der **Versicherungsbeitrag** richtet sich nach der finanziellen Leistungsfähigkeit der versicherten Person. Der Beitragssatz beträgt derzeit (Stand: 2022) 14,6 % des Einkommens bis zur Beitragsbemessungsgrenze und wird hälftig von Arbeitnehmer und Arbeitgeber getra-

73 Der Anspruch besteht auch bei Leistungsbezug der zu begleitenden Person nach § 35a SGB VIII oder § 27d Absatz 1 Nummer 3 Bundesversorgungsgesetz.

74 Abrufbar über die Internetpräsentation des Gemeinsamen Bundesausschusses: www.g-ba.de/richtlinien/132/ (Abruf: 25.6.2023)

75 BT-Drucks. 19/31069, S. 109.

76 BT-Drucks. 19/31069, S. 194.

gen. Ergänzend können die gesetzlichen Krankenkassen einen kassenindividuellen **Zusatzbeitrag** verlangen, der wiederum hälftig finanziert wird.

Neben dem Versicherungsbeitrag müssen gesetzlich Versicherte in vielen Bereichen **Zuzahlungen** leisten.

Die Zuzahlung zu Arznei-, Verband- und Hilfsmittel beträgt dabei 10 % des Abgabepreises, mindestens jedoch 5 Euro und höchstens 10 Euro; allerdings jeweils nicht mehr als die Kosten des Mittels, § 61 Satz 1 SGB V. Auch für stationäre Maßnahmen und bei Rehabilitationsmaßnahmen müssen Zuzahlungen geleistet werden, vgl. § 61 SGB V (vgl. zu Zuzahlungen auch unten Kapitel F. I. 5).

Die Zuzahlungen sind jedoch nur bis zur **Belastungsgrenze** zu leisten, um die Versicherten finanziell nicht zu überfordern. Die Belastungsgrenzen sollen die Zuzahlungen in einem zumutbaren Rahmen halten (§ 62 SGB V). Für die Berechnung der individuellen Belastungsgrenze gelten nachfolgende Grundsätze (§ 62 Absatz 1 Satz 2 SGB V):

- Die Belastungsgrenze beträgt grundsätzlich 2 % der Bruttoeinnahmen zum Lebensunterhalt.
- Für chronisch Kranke, die wegen derselben schwerwiegenden Krankheit in Dauerbehandlung sind oder die an einem für ihre Erkrankung bestehenden strukturierten Behandlungsprogramm teilnehmen, reduziert sich die Belastungsgrenze auf 1 % der Bruttoeinnahmen zum Lebensunterhalt.

Bei Familien werden zur Berechnung der Belastungsgrenze die Zuzahlungen aller Familienangehörigen addiert.

Zu den **Bruttoeinnahmen zum Lebensunterhalt** gehören alle Einnahmen, die zur Bestreitung des Lebensunterhalts bestimmt sind und tatsächlich zur Verfügung stehen.[77] Diese können Arbeitseinkommen oder Rente sein, aber auch Miet- und Pachteinkünfte oder Einkünfte aus Kapitalvermögen. Bei Familien werden die Bruttoeinnahmen der Familienangehörigen zusammengerechnet.

Für Versicherte, die Hilfe zum Lebensunterhalt oder Grundsicherung im Alter und bei Erwerbsminderung Hilfe nach SGB XII erhalten, berechnet sich die Belastungsgrenze am geltenden Regelsatz. Bei Versicherten, die Leistungen zur Sicherung des Lebensunterhalts nach SGB II erhalten, ist als Bruttoeinnahmen zum Lebensunterhalt für die gesamte Bedarfsgemeinschaft nur der Regelbedarf nach § 20 Absatz 2 Satz 1 SGB II maßgeblich.

Erreicht die betreute Person die Belastungsgrenze, kann sie bei der Krankenkasse eine Bescheinigung über die Zuzahlungsbefreiung beantragen. Hierbei ist zu beachten, dass die Krankenkasse weder über das Erreichen der Belastungsgrenze informiert noch automatisch eine Bescheinigung über die Befreiung ausstellt. Deshalb haben die betreute Person bzw. ihr Betreuer Zuzahlungsbelege zu sammeln und die Belastungsgrenze im Auge zu behalten.

Die **Befreiungsbescheinigung** der GKV sollte vom Betreuer den behandelnden Ärzten und ggf. der gewöhnlich besuchten Apotheke in Kopie zur Verfügung gestellt werden. Bei

77 Spickhoff/Nebendahl, SGB V § 62 Rn. 16.

Heimbewohnern sollte zudem das Heim eine Kopie erhalten mit der Bitte, diese den behandelnden Ärzten und sonstigen medizinischen Dienstleistern vorzulegen.

Checkliste Zuzahlungsbefreiung

- ☐ **Zuzahlungsbelege sammeln**
  Hinweis: Aus dem Beleg müssen der Name des Versicherten, die Art der Leistung, der Zuzahlungsbetrag sowie das Datum und die Stelle der Abgabe hervorgehen.
- ☐ **Persönliche Belastungsgrenze berechnen**
  Hinweis: Von den jährlichen Bruttoeinnahmen zum Lebensunterhalt können bei Familien für den Ehegatten und jedes zu berücksichtigende Kind Freibeträge abgezogen werden.
- ☐ **Erreichen der persönlichen Belastungsgrenze kontrollieren**
- ☐ **Zuzahlungsbefreiung bei der Krankenkasse beantragen**
- ☐ **Bescheinigung der Zuzahlungsbefreiung in Kopie bei behandelnden Ärzten und/oder ggf. im Heim hinterlegen**

4. Ruhen des Leistungsanspruchs

Der Anspruch auf Leistungen der GKV ruht, wenn Mitglieder mit einem Betrag in Höhe von Beitragsanteilen für zwei Monate im Rückstand sind und trotz Mahnung nicht zahlen, § 16 Absatz 3a Satz 3 i.V.m. Satz 1 SGB V. Das Mitglied hat während des Ruhens nur Anspruch auf Untersuchungen zur Früherkennung von Krankheiten nach den §§ 25 und 26 SGB V und Leistungen, die zur Behandlung akuter Erkrankungen und Schmerzzustände sowie bei Schwangerschaft und Mutterschaft erforderlich sind, § 16 Absatz 3a Satz 3 i.V.m. Satz 2 SGB V.

Der Betreuer hat den Behandelnden vor einer Behandlung auf das Ruhen des Leistungsanspruchs sowie das Fortbestehen des **Akutschutzes** hinweisen.

Das Ruhen der Leistungsansprüche endet, wenn alle rückständigen und die auf die Zeit des Ruhens entfallenden Beitragsanteile gezahlt sind (§ 16 Absatz 3a Satz 3 SGB V).

Ist eine wirksame Ratenzahlungsvereinbarung zustande gekommen, hat das Mitglied ab diesem Zeitpunkt wieder Anspruch auf Leistungen, solange die Raten vertragsgemäß entrichtet werden, § 16 Absatz 3a Satz 4 SGB V.

Das Ruhen tritt nicht ein oder endet, wenn Versicherte hilfebedürftig im Sinne des SGB II oder SGB XII sind oder werden, § 16 Absatz 3a Satz 5 SGB V. Entsprechende Bewilligungsbescheide über einen Leistungsbezug nach dem SGB II oder SGB XII sind der Krankenkasse vorzulegen.

Hinweis

▶ *Das Ruhen der Leistungsansprüche betrifft nur das beitragsschuldende Mitglied. Nicht betroffen sind nach § 10 SGB V versicherte Familienangehörige, die nicht Mitglieder und daher auch nicht beitragspflichtig sind.*

III. Private Krankenversicherung

Die private Krankenversicherung (PKV) ist ein privatrechtlicher Versicherungsvertrag zwischen der versicherten Person und einem Versicherungsunternehmen, welcher sich nach dem Gesetz über den Versicherungsvertrag (VVG) und dem Gesetz über die Beaufsichtigung der Versicherungsunternehmen (VAG) bestimmt. Es gilt grundsätzlich Vertragsfreiheit, sodass das Versicherungsunternehmen den Abschluss eines Versicherungsvertrages grundsätzlich auch ablehnen kann. Eine Ausnahme gilt für die Versicherung im Basistarif, § 193 Absatz 5 VVG. In diesen Fällen besteht für das Versicherungsunternehmen ein Kontrahierungszwang.

Die Versicherung umfasst in der Regel 100 % der Behandlungskosten, kann aber für Berufsgruppen, die einen Anspruch auf Beihilfe haben, auch als prozentuale Vollversicherung abgeschlossen werden.

▶ *Zu Einzelheiten der Beihilfe siehe im Folgenden unter IV.*

In der PKV können sich freiwillig versichern lassen:

- sozialversicherungspflichtige Beschäftigte, deren sozialversicherungspflichtiges Einkommen über der Jahresarbeitsentgeltgrenze liegt,
- Selbstständige.

Für Beamte und Richter besteht eine Teilversicherungspflicht, um den von der Beihilfe nicht gedeckten Teil abzusichern, § 193 Absatz 3 VVG.

Bezieher von Bürgergeld, die privat versichert sind, erhalten auf Antrag einen Zuschuss zu ihrer PKV, § 26 SGB II. Der Zuschuss ist begrenzt auf 50 % des Basistarifs (vgl. § 152 Absatz 4 VAG)[78].

Nicht selbst krankenversicherte Ehegatten und Kinder müssen in der privaten Krankenversicherung einzeln versichert werden.

Die **Leistungen** der PKV bestimmen sich nach dem jeweiligen Versicherungsvertrag. Über den individuellen Leistungsumfang sollte der Betreuer informiert sein, um das Kostenrisiko für die Inanspruchnahme medizinischer Leistungen einschätzen und kalkulieren zu können. Der privat Versicherte trägt die Kosten für die medizinischen Leistungen zunächst selbst und muss die jeweiligen Rechnungen regelmäßig unmittelbar an die Leistungserbringer zahlen. Die Erstattung der Kosten durch die PKV an den Versicherten folgt in einem gesonderten Schritt. Nimmt die betreute Person also Leistungen in Anspruch, die nicht vom Leistungsumfang der PKV umfasst sind, hat sie diese gegenüber dem Leistungserbringer in voller Höhe zu zahlen; eine Erstattung durch die PKV erfolgt hingegen nur im Rahmen des individuellen Versicherungsvertrages.

Der Behandelnde hat den Patienten nach § 630c Absatz 3 BGB zwar vor Beginn einer Behandlung zu informieren, wenn die voraussichtlichen Kosten der Behandlung nicht vollständig von einem Dritten übernommen werden. Allerdings dürfte diese Regelung bei privat Versicherten nur eingeschränkt zur Anwendung kommen, da dem Behandelnden der

78 Vgl. hierzu auch Sobota, S. 185.

individuelle Krankenschutz regelmäßig nicht bekannt sein dürfte (siehe hierzu auch unten Kapitel D. II. 2. c.).

Besteht die private Krankenversicherung lediglich im **Basistarif,** ist der Erbringer medizinischer Leistungen vor Vertragsschluss auf diesen Umstand hinzuweisen, damit entsprechend abgerechnet werden kann. Der Betreuer hat die Mitteilung sicherzustellen.

Die **Versicherungsprämie** hängt individuell vom Umfang der versicherten Leistungen und vom versicherten Risiko ab. Durch den Versicherungsvertrag kann auch ein **Leistungsausschluss** für bestehende Krankheiten bestehen.

Befindet sich der privat Versicherte zunächst mit einem Betrag in Höhe von Prämienanteilen für zwei Monate im Rückstand und nach zwei Mahnungen durch die PKV weiterhin mit einem Betrag höher als der Prämienanteil für einen Monat, ruht der Vertrag ab dem ersten Tag des nachfolgenden Monats, § 193 Absatz 6 Satz 1 bis 4 VVG. Solange der Vertrag ruht, gilt der Versicherungsnehmer als im **Notlagentarif** nach § 153 VAG versichert. Der Notlagentarif entspricht dem Ruhen der Leistung der gesetzlichen Krankenkasse. Es werden auch hier nur Leistungen, die zur Behandlung von akuten Erkrankungen und Schmerzzuständen sowie bei Schwangerschaft und Mutterschaft erforderlich sind, erstattet, § 153 Absatz 1 Satz 2 VAG.

Über das Vorliegen des Notlagentarifs hat der Betreuer Erbringer medizinischer Leistungen vor Vertragsschluss zu informieren, damit lediglich versicherte Leistungen erbracht werden. Anderenfalls muss die betreute Person etwaige Mehrkosten allein tragen.

Sind alle rückständigen Prämienanteile einschließlich der Säumniszuschläge und der Beitreibungskosten gezahlt, wird der Vertrag ab dem ersten Tag des übernächsten Monats in dem Tarif fortgesetzt, in dem der Versicherungsnehmer vor dem Eintritt des Ruhens versichert war, § 193 Absatz 9 Satz 1 VVG.

Das Ruhen des Vertrages tritt zudem nicht ein oder endet, wenn der Versicherungsnehmer oder die versicherte Person hilfebedürftig im Sinne des SGB II oder SGB XII ist oder wird, § 193 Absatz 6 Satz 5 VVG. Der Leistungsbezug ist der PKV nachzuweisen.

IV. Beihilfe

Die Beihilfe ist neben der GKV und der PKV ein eigenständiges Krankenversicherungssystem für Beamte und Richter.[79] Beihilfeberechtigt sind neben Beamten im aktiven Dienst auch pensionierte Beamte und sonstige Versorgungsempfänger. Zudem sind von der Beihilfe die sogenannten berücksichtigungsfähigen Personen wie Ehegatte und Lebenspartner (bis zu einer Einkommensgrenze, die sich nach den jeweils anzuwendenden Normen richtet) und Kinder umfasst.[80]

79 Für einige Personengruppen (Soldaten, Polizei- und ggf. auch Feuerwehrbeamte) besteht abweichend ein Anspruch auf Vollkostenübernahme im Rahmen der sogenannten freien Heilfürsorge. Für eine Reihe von weiteren Personen, z.B. ehemalige Bundesbahn- und Bundespostbeamte, bestehen wiederum eigenständige Sicherungssysteme. Hier hat sich der Betreuer entsprechend der Ausgangssituation der betreuten Person über die konkrete Ausgestaltung des Krankenversicherungsschutzes zu informieren.

80 Für die Beurteilung, ob eine Person berücksichtigungsfähig ist, sind die jeweils einschlägigen Vorschriften heranzuziehen (vgl. exemplarisch § 4 der Bundesbeihilfeverordnung).

Die Absicherung im Krankheitsfall erfolgt aus einer Kombination aus Beihilfeanspruch gegen den Dienstherrn und ergänzender privater Krankenversicherung. Für den von der Beihilfe nicht gedeckten Teil besteht eine **Teilversicherungspflicht**, § 193 Absatz 3 VVG. Hat der Beamte den Abschluss einer solchen Versicherung versäumt, gehört es zu den Aufgaben des Betreuers, sich um die Herstellung des Versicherungsschutzes zu kümmern. Nach § 193 Absatz 5 Satz 1 Nummer 3 VVG besteht eine Kontraktionspflicht der PKV zum Basistarif.

Die Höhe des Beihilfeanspruchs (50 bis 80 %) richtet sich nach den einschlägigen Beihilfeverordnungen des Bundes bzw. der Länder.

§ 46 der Bundesbeihilfeverordnung (BBhV) sieht beispielhaft vor (Stand: 1. Januar 2023):

- 50 % für beihilfeberechtigte Personen,
- 70 % für beihilfeberechtigte Personen, die den Familienzuschlag für mehr als ein berücksichtigungsfähiges Kind erhalten,
- 70 % für berücksichtigungsfähige Personen nach § 4 Absatz 1 BBhV (Ehegatten und Lebenspartner), soweit diese nicht über ein Einkommen von mehr als 20.000 Euro verfügen,
- 70 % für Versorgungsempfänger, außer Waisen,
- 70 % für beihilfeberechtigte Personen in Elternzeit und
- 80 % für berücksichtigungsfähige Personen nach § 4 Absatz 2 BBhV (Kinder) sowie für Waisen.

Mit der Versetzung des Beamten oder Richters in den Ruhestand erhöht sich der Beihilfeanspruch (regelmäßig auf 70 %). Entsprechend reduziert sich der bei der PKV zu versichernde Teil (vgl. § 199 Absatz 1 VVG).

In Einzelfällen werden nicht alle Aufwendungen in voller Höhe als beihilfefähig anerkannt. Eine Erstattung kann in diesen Fällen voll oder teilweise ausgeschlossen sein. Der nicht von der Beihilfe umfasste Teil muss dann entweder zusätzlich versichert oder von der beihilfeberechtigten Person selbst bezahlt werden.

Der Betreuer sollte sich daher frühzeitig über die spezifischen Beihilferegelungen informieren und ggf. den Behandelnden vor der Durchführung einer medizinischen Maßnahme entsprechend informieren.

Der Beihilfeberechtigte erhält wie der privat Versicherte eine Rechnung vom medizinischen Leistungserbringer, die er zunächst selbst auszugleichen bzw. vorzufinanzieren hat. Die Rechnung ist dann sowohl bei der zuständigen Beihilfestelle als auch bei der PKV zur Erstattung einzureichen. Dies kann insbesondere bei einem chronisch kranken oder pflegebedürftigen Beamten oder Angehörigen zu einer Vielzahl von zu erstattenden und bei den beiden Kostenträgern einzureichenden Rechnungen und zum Teil damit in Verbindung stehenden Auseinandersetzungen führen.

Die Bundesländer Berlin, Brandenburg, Bremen, Hamburg und Thüringen bieten alternativ die Möglichkeit der **pauschalen Beihilfe** an. Es besteht für den Beamten Wahlfreiheit zwischen der individuellen oder pauschalen Beihilfe. Voraussetzung der pauschalen Beilhilfe ist, dass der Beamte oder Richter in der GKV versichert ist. Der Dienstherr übernimmt dann den auf den Arbeitgeber entfallenden Versicherungsbeitrag (50 % bis maximal zum Höchstsatz der GKV). Der herkömmliche Arbeitnehmerbeitrag wird von dem Beamten oder Richter selbst getragen. Die Höhe richtet sich nach der jeweiligen Besoldung.

Die pauschale Beihilfe kann insbesondere für Beamte in Teilzeit, mit Familie oder gesundheitlichen Beeinträchtigungen eine interessante Alternative darstellen.

D. Abschluss und Begleitung von Behandlungsverträgen

Übersicht Seite

I. Grundlagen

Zur rechtlichen Besorgung der Angelegenheiten der betreuten Person auf dem Gebiet der Gesundheitssorge zählen insbesondere der Abschluss von Behandlungsverträgen und die Wahrnehmung der sich daraus ergebenden vertraglichen Rechte und Pflichten. Daneben kommt aber auch der Abschluss weiterer Verträge in Betracht, die im Zusammenhang mit einer medizinischen Behandlung stehen, beispielsweise erforderliche **Transport- oder Fahrdienstverträge**.

Der **Behandlungsvertrag** bildet die zivilrechtliche Grundlage für die Vornahme einer medizinischen Behandlung. Durch ihn werden die **Hauptleistungspflichten** der beiden Vertragsparteien festgelegt. Hierbei verpflichtet sich der Behandelnde zur Leistung der versprochenen medizinischen Behandlung und der Patient zur Zahlung der vereinbarten Vergütung.

§ 630a BGB – Vertragstypische Pflichten beim Behandlungsvertrag

(1) Durch den Behandlungsvertrag wird derjenige, welcher die medizinische Behandlung eines Patienten zusagt (Behandelnder), zur Leistung der versprochenen Behandlung, der andere Teil (Patient) zur Gewährung der vereinbarten Vergütung verpflichtet, soweit nicht ein Dritter zur Zahlung verpflichtet ist.

(2) Die Behandlung hat nach den zum Zeitpunkt der Behandlung bestehenden, allgemein anerkannten fachlichen Standards zu erfolgen, soweit nicht etwas anderes vereinbart ist.

Die Begriffe des „**Behandelnden**" und des „**Patienten**" werden in § 630a Absatz 1 BGB gesetzlich definiert.

Gegenstand des Behandlungsvertrages ist die Durchführung einer medizinischen Behandlung. Diese zielt regelmäßig auf eine Heilbehandlung des Patienten. Sie umfasst neben der Diagnose die Therapie und damit sämtliche Maßnahmen und Eingriffe am Körper eines Menschen, um Krankheiten, Leiden, Körperschäden, körperliche Beschwerden oder seelische Störungen zu verhüten, zu erkennen, zu heilen oder zu lindern.[81]

Durch den Behandlungsvertrag werden Behandlungen im Bereich der Humanmedizin durch Angehörige der Heilberufe und damit zunächst Behandlungen durch (Zahn-)Ärzte und psychologische Psychotherapeuten erfasst. Darüber hinaus fallen auch Behandlungen durch Angehörige anderer Heilberufe wie Hebammen, Masseure und medizinische Bademeister, Ergotherapeuten, Logopäden, Physiotherapeuten oder auch Heilpraktiker darunter.[82]

Nicht erfasst sind hingegen spezialgesetzlich geregelte Verträge über die Erbringung reiner Pflege- oder Betreuungsleistungen oder Verträge im Geltungsbereich des Gesetzes zur Regelung von Verträgen über Wohnraum mit Pflege- oder Betreuungsleistungen (WBVG).[83]

Voraussetzung für den wirksamen **Abschluss eines Behandlungsvertrages** ist u.a., dass der Patient hinsichtlich des konkreten Vertragsabschlusses **geschäftsfähig** ist (§§ 104, 105 BGB). Als geschäftsfähig gelten Personen, die auf der Grundlage einer freien Willensbestimmung Rechtsgeschäfte wirksam abschließen können und damit verbindlich Rechte und Pflichten eingehen. Volljährige Personen sind grundsätzlich als geschäftsfähig anzusehen. Die Einrichtung einer rechtlichen Betreuung ändert an diesem Grundsatz nichts. Vielmehr ist das Vorliegen einer Geschäftsunfähigkeit individuell und für die konkrete Situation zu bestimmen.

Fehlt es an der Geschäftsfähigkeit, so kann die geschäftsunfähige Person durch eine hierzu berechtigte Person vertreten werden (§ 164 BGB). Der Betreuer ist im Rahmen des ihm zugewiesenen Aufgabenkreises befugt, die betreute Person zu vertreten (§ 1823 BGB, siehe dazu oben Kapitel A. unter V. 1. a.). Hierbei kann sich der einzelne Aufgabenbereich auf den Abschluss eines konkret benannten Behandlungsvertrags beschränken; der Abschluss eines Behandlungsvertrags wird aber auch vom Aufgabenbereich der Gesundheitssorge umfasst (siehe dazu oben Kapitel A. III.).

81 Laufs/Kern/Rehborn, § 54 Die ärztliche Behandlung Rn. 3.
82 BT-Drucks. 17/10488, S. 18.
83 BT-Drucks. 17/10488, S. 17.

Die Berechtigung des Betreuers zur Vertretung der betreuten Person ist auch dann gegeben, wenn diese geschäftsfähig ist.

Bei der Einrichtung eines Aufgabenbereichs, welcher den Abschluss eines Behandlungsvertrages beinhaltet, ist allerdings auch die Anordnung eines **Einwilligungsvorbehaltes** (§ 1825 BGB) möglich. Ein Einwilligungsvorbehalt ist durch das Betreuungsgericht anzuordnen, soweit dies zur Abwendung einer erheblichen Gefahr für die betreute Person oder deren Vermögen erforderlich ist. Die Anordnung darf nicht gegen den freien Willen der betreuten Person eingerichtet werden, § 1825 Absatz 1 Satz 2 BGB. Die betreute Person bleibt weiterhin geschäftsfähig, bedarf aber zur Wirksamkeit der Willenserklärung zum Abschluss eines Behandlungsvertrages der Einwilligung des Betreuers. Die Anordnung eines Einwilligungsvorbehaltes kann beispielsweise in Fällen angezeigt sein, in denen die betreute Person eine Vielzahl von Verträgen mit einem identischen Behandlungsziel abschließt oder sich durch den Abschluss „unnötiger" Behandlungen finanziell schädigt.

Zwischen dem Abschluss eines Behandlungsvertrages und der Einwilligung in eine medizinische Maßnahme ist zwingend zu unterscheiden. Der Behandlungsvertrag bildet zwar die Rechtsgrundlage für die Vornahme einer medizinischen Behandlung, er stellt aber keine sachliche Rechtfertigung für eine solche Vornahme dar. Vielmehr bedarf es hierfür einer medizinischen Indikation und der Einwilligung des Patienten.[84]

Praxishinweis

▶ *Der Einwilligungsvorbehalt hat nur Auswirkungen auf das rechtsgeschäftliche Verhalten der betreuten Person. Die Möglichkeit der betreuten Person, in die Durchführung einer medizinischen Maßnahme einzuwilligen oder diese abzulehnen, wird hierdurch nicht beeinflusst. Solange die betreute Person einwilligungsfähig ist, entscheidet diese allein über die Durchführung oder Ablehnung einer medizinischen Maßnahme. Der Betreuer ist in dieser Phase nicht zur Abgabe einer eigenen Einwilligungserklärung berechtigt (vgl. dazu unten Kapitel E. I. 3.).*

Einer besonderen **Form** bedarf es zum Abschluss des Behandlungsvertrages nicht. So wird dieser regelmäßig konkludent dadurch abgeschlossen, dass sich der Patient zum Arzt begibt und dieser mit der Behandlung beginnt.[85] Lediglich bei Behandlungen von privat versicherten Patienten oder solchen, die nicht in den Leistungskatalog der gesetzlichen Krankenkassen fallen, wird ein schriftlicher Behandlungsvertrag zur Dokumentation insbesondere der besonderen Vergütungspflicht angezeigt sein.

Grundsätzlich gilt für den Behandlungsvertrag eine **Abschlussfreiheit**. Der Patient kann sich damit **frei für einen Arzt** entscheiden, von dem er sich behandeln lassen will.[86]

Gemäß § 630b BGB sind auf das Behandlungsverhältnis die Vorschriften über das Dienstverhältnis, das kein Arbeitsverhältnis im Sinne des § 622 BGB ist, anzuwenden, soweit sich

84 Laufs/Katzenmeier/Lipp, III. Der Behandlungsvertrag, Rn. 2.
85 Laufs/Katzenmeier/Lipp, III. Der Behandlungsvertrag, Rn. 20.
86 Laufs/Katzenmeier/Lipp, III. Der Behandlungsvertrag, Rn. 21 mit weiteren Ausführungen zu möglichen Einschränkungen der freien Arztwahl bei gesetzlich Versicherten.

aus den Spezialregelungen zum Behandlungsvertrag (§§ 630a bis 630h BGB) nicht etwas anderes ergibt.

Praxishinweis

▶ *Das Gesetz zur Reform des Betreuungsrechts hat zu keinen Änderungen im Recht des Behandlungsvertrags geführt, sodass die §§ 630a ff. BGB auch nach dem 1. Januar 2023 unverändert fortgelten.*

II. Pflichten aus dem Behandlungsvertrag

1. Hauptleistungspflichten

Mit dem Behandlungsvertrag sagt der Behandelnde die vereinbarte medizinische Behandlung zu. Dabei schuldet er lediglich die „**Leistung der versprochenen Behandlung**", jedoch grundsätzlich keinen Behandlungserfolg.[87] Der Behandelnde ist zu einer fachgerechten Vornahme der Behandlung verpflichtet. Er hat gemäß § 630a Absatz 2 BGB die zum Zeitpunkt der Durchführung der Behandlung bestehenden allgemein anerkannten fachlichen Standards zu befolgen, soweit nicht etwas anderes vereinbart ist.

Der die Behandlung Zusagende (Behandelnder) kann die medizinische Behandlung selbst durchführen, muss es aber nicht.[88] Insbesondere bei Behandlungsverträgen mit Krankenhausträgern oder medizinischen Versorgungszentren wird eine Personengleichheit zwischen dem Zusagenden und dem die Behandlung konkret Durchführenden nicht gegeben sein.

Hinsichtlich der **Vergütungspflicht** des Patienten unterscheidet § 630a BGB nicht, ob dieser gesetzlich oder privat krankenversichert ist. An einer unmittelbaren Vergütungspflicht des gesetzlich krankenversicherten Patienten fehlt es aber, soweit die Behandlung in den Leistungskatalog der gesetzlichen Krankenversicherung fällt. In diesen Fällen bleibt der Behandelnde zur versprochenen Leistung verpflichtet; sein Vergütungsanspruch richtet sich jedoch gegen die Kassenärztliche Vereinigung, die ihrerseits mit der gesetzlichen Krankenkasse des Patienten abrechnen kann (siehe dazu auch oben Kapitel C. III. 2.).[89]

§ 630c BGB – Mitwirkung der Vertragsparteien; Informationspflichten (Auszug, Absatz 1)

(1) Behandelnder und Patient sollen zur Durchführung der Behandlung zusammenwirken.

Um das Ziel einer möglichst optimalen medizinischen Behandlung zu erreichen, sollen Patient und Behandelnder zudem einvernehmlich **zusammenwirken** (§ 630c Absatz 1 BGB). Hierdurch soll ein Vertrauensverhältnis zwischen den an der Behandlung beteiligten Personen begründet und fortentwickelt werden. Insbesondere soll der Patient dem Behandeln-

87 BT-Drucks. 17/10488, S. 17.
88 BT-Drucks. 17/10488, S. 18.
89 Laufs/Katzenmeier/Lipp, III. Der Behandlungsvertrag, Rn. 52.

den für die Behandlung bedeutsame Umstände zeitnah mitteilen, damit dieser sich ein umfassendes Bild vom Patienten und dessen körperlichem Zustand machen kann.[90] Ist eine betreute Person als Patient nicht in der Lage, diese Obliegenheit wahrzunehmen, so hat der Betreuer den Behandelnden – soweit möglich und bekannt – entsprechend zu informieren.

2. Informationspflichten

§ 630c BGB – Mitwirkung der Vertragsparteien; Informationspflichten (Auszug, Absätze 2 bis 4)

(2) [1]Der Behandelnde ist verpflichtet, dem Patienten in verständlicher Weise zu Beginn der Behandlung und, soweit erforderlich, in deren Verlauf sämtliche für die Behandlung wesentlichen Umstände zu erläutern, insbesondere die Diagnose, die voraussichtliche gesundheitliche Entwicklung, die Therapie und die zu und nach der Therapie zu ergreifenden Maßnahmen. [2]Sind für den Behandelnden Umstände erkennbar, die die Annahme eines Behandlungsfehlers begründen, hat er den Patienten über diese auf Nachfrage oder zur Abwendung gesundheitlicher Gefahren zu informieren. [3]Ist dem Behandelnden oder einem seiner in § 52 Absatz 1 der Strafprozessordnung bezeichneten Angehörigen ein Behandlungsfehler unterlaufen, darf die Information nach Satz 2 zu Beweiszwecken in einem gegen den Behandelnden oder gegen seinen Angehörigen geführten Straf- oder Bußgeldverfahren nur mit Zustimmung des Behandelnden verwendet werden.

(3) [1]Weiß der Behandelnde, dass eine vollständige Übernahme der Behandlungskosten durch einen Dritten nicht gesichert ist oder ergeben sich nach den Umständen hierfür hinreichende Anhaltspunkte, muss er den Patienten vor Beginn der Behandlung über die voraussichtlichen Kosten der Behandlung in Textform informieren. [2]Weitergehende Formanforderungen aus anderen Vorschriften bleiben unberührt.

(4) Der Information des Patienten bedarf es nicht, soweit diese ausnahmsweise aufgrund besonderer Umstände entbehrlich ist, insbesondere wenn die Behandlung unaufschiebbar ist oder der Patient auf die Information ausdrücklich verzichtet hat.

a. Behandlungsbezogene Informationspflichten

Der Behandelnde ist verpflichtet, dem Patienten umfänglich und in einer für diesen verständlichen Weise sämtliche für die Behandlung wichtigen Umstände schon zu Beginn der Behandlung zu erläutern, § 630c Absatz 2 Satz 1 BGB. Als mitteilungspflichtige Umstände werden ausdrücklich benannt:

- die Diagnose,
- die voraussichtliche gesundheitliche Entwicklung,
- die Therapie und
- die zur und nach der Therapie zu ergreifenden Maßnahmen.

Neben den ausdrücklich genannten wesentlichen Umständen kann weiterhin auch die Erörterung der Anamnese, möglicher Untersuchungen sowie der Notwendigkeit von Befunderhebungen eine mitteilungspflichtige Information darstellen. Zudem kann auch die beabsichtigte Medikation den Behandelnden dazu verpflichten, über die Dosis, den Zeit-

90 BT-Drucks. 17/10488, S. 21.

punkt, etwaige Unverträglichkeiten und Nebenfolgen zu informieren.[91] Der Patient ist weiterhin auch nach der Therapie über alle Umstände zu informieren, die für sein eigenes therapiegerechtes Verhalten und zur Vermeidung einer möglichen Selbstgefährdung erforderlich sind; beispielsweise, wie oft er einen Verband wechseln muss.[92]

Von den Informationspflichten des § 630c Absatz 2 Satz 1 BGB, die die Behandlung im weiten Sinne als Gegenstand des Behandlungsvertrags betreffen, sind die auf die konkrete Behandlung bezogenen Aufklärungspflichten des § 630e BGB zu unterscheiden.[93]

▶ *Zu den Aufklärungspflichten nach § 630e BGB siehe im Folgenden unter 3.*

b. Informationen hinsichtlich möglicher Behandlungsfehler

§ 630c Absatz 2 Satz 2 BGB legt die Informationspflicht des Behandelnden hinsichtlich eigener und fremder Behandlungsfehler fest. Hierbei wird zwischen den Interessen des Behandelnden am Schutz seiner Person und dem Interesse des Patienten am Schutz seiner Gesundheit abgewogen.

Befragt der Patient den Behandelnden ausdrücklich nach etwaigen Behandlungsfehlern („**auf Nachfrage**"), so hat dieser hierauf wahrheitsgemäß zu antworten, wenn er Umstände erkennt, die die Annahme eines Behandlungsfehlers begründen. Dies gilt auch, wenn der Behandelnde dabei Gefahr läuft, nicht nur einen Behandlungsfehler eines Dritten, sondern auch eigene Fehler offenbaren zu müssen. Eine darüber hinausgehende Recherchepflicht des Behandelnden zur Abklärung möglicher, für ihn aber nicht erkennbarer Behandlungsfehler besteht jedoch nicht.[94]

Fragt der Patient nicht ausdrücklich nach einem Behandlungsfehler, so trifft den Behandelnden die Informationspflicht über erkennbare Behandlungsfehler auch dann, soweit dies zur **Abwendung von gesundheitlichen Gefahren** für den Patienten erforderlich ist. Eine darüber hinausgehende Informationspflicht besteht nicht.[95] Begründet wird dies damit, dass den Behandelnden lediglich die Pflicht zur gesundheitlichen Sorge des Patienten trifft, nicht aber eine umfassende Fürsorgepflicht.[96]

c. Wirtschaftliche Informationspflichten

Der Behandelnde ist gemäß § 630c Absatz 3 BGB zudem verpflichtet, den Patienten im Einzelfall über die finanziellen Folgen der Behandlung zu informieren. Ist dem Behandelnden bekannt, dass die Behandlungskosten durch einen Dritten, in der Regel den Krankenversicherer, nicht vollständig übernommen werden, hat er den Patienten vor Beginn der Behandlung über die voraussichtlichen Kosten zu informieren. Diese Informationspflicht gilt auch, wenn sich nach den Umständen hinreichende Anhaltpunkte ergeben, dass eine vollständige Übernahme der Behandlungskosten nicht gegeben ist.

91 BT-Drucks. 17/10488, S. 21.
92 BT-Drucks. 17/10488, S. 22.
93 BT-Drucks. 17/10488, S. 21.
94 BT-Drucks. 17/10488, S. 21.
95 BT-Drucks. 17/10488, S. 21.
96 BT-Drucks. 17/10488, S. 21.

Eine solche Informationspflicht besteht gegenüber gesetzlich versicherten Patienten insbesondere dann, wenn Kosten für besondere Behandlungen (etwa im Fall sogenannter **individueller Gesundheitsleistungen – IGeL**) anfallen, die erkennbar nicht von den gesetzlichen Krankenkassen übernommen werden.

Bei privat krankenversicherten Patienten ist hingegen grundsätzlich anzunehmen, dass diese selbst hinreichende Kenntnisse über den Inhalt und den Umfang ihres Versicherungsschutzes haben. Etwas anderes gilt nur, wenn der Behandelnde auch im Verhältnis zu einem privat krankenversicherten Patienten einen Informationsvorsprung besitzt.[97]

Für die wirtschaftliche Informationspflicht aus § 630c Absatz 3 Satz 1 BGB ist die Einhaltung der **Textform** des § 126b BGB zu beachten. Die Information ist demnach in Form einer lesbaren Erklärung auf einem dauerhaften Datenträger abzugeben, wobei in der Erklärung die Person des Erklärenden zu nennen ist. Ist der Patient nicht in der Lage, die Information in Textform wahrzunehmen, so hat der Behandelnde den Patienten zusätzlich mündlich oder in einer anderen für ihn geeigneten Weise über die voraussichtlichen Kosten der Behandlung zu informieren.[98]

d. Entfallen von Informationspflichten

Ausnahmen von den Informationspflichten werden in § 630c Absatz 4 BGB geregelt. Danach kann die Information des Patienten ausnahmsweise aufgrund besonderer Umstände entbehrlich sein. Beispielhaft wird die Durchführung einer unaufschiebbaren Behandlung genannt. Auf die ordnungsgemäße Information des Patienten kann dann verzichtet werden, wenn durch den hierfür notwendigen Aufschub der Behandlung Gefahren für das Leben oder die Gesundheit des Patienten drohen, wie beispielsweise bei einer Notfallbehandlung nach einem Unfall. Die Informationspflicht entfällt auch dann, wenn der Patient ausdrücklich auf die Information verzichtet hat.

Neben den ausdrücklich genannten Beispielen können im Einzelfall aber auch erhebliche therapeutische Gründe den Informationspflichten entgegenstehen, soweit die begründete Gefahr besteht, dass der Patient infolge der Information sein Leben oder seine Gesundheit gefährdet.[99]

3. Aufklärungspflichten

Vor der Einwilligung in die Durchführung einer medizinischen Maßnahme ist der Patient über sämtliche für die Einwilligung wesentlichen Umstände aufzuklären, § 630e BGB. Eine ordnungsgemäße Aufklärung ist Voraussetzung für die Wirksamkeit der Einwilligung des Patienten, § 630d Absatz 2 zweite Variante BGB.

§ 630e BGB – Aufklärungspflichten

(1) [1]Der Behandelnde ist verpflichtet, den Patienten über sämtliche für die Einwilligung wesentlichen Umstände aufzuklären. [2]Dazu gehören insbesondere Art, Umfang, Durchführung, zu erwartende Folgen und Risiken der Maßnahme sowie ihre Notwendigkeit, Dringlichkeit, Eignung und Erfolgsaussich-

97 BT-Drucks. 17/10488, S. 22.
98 BT-Drucks. 17/10488, S. 22.
99 BT-Drucks. 17/10488, S. 23.

ten im Hinblick auf die Diagnose oder die Therapie. [3]Bei der Aufklärung ist auch auf Alternativen zur Maßnahme hinzuweisen, wenn mehrere medizinisch gleichermaßen indizierte und übliche Methoden zu wesentlich unterschiedlichen Belastungen, Risiken oder Heilungschancen führen können.

(2) [1]Die Aufklärung muss

1. **mündlich durch den Behandelnden oder durch eine Person erfolgen, die über die zur Durchführung der Maßnahme notwendige Ausbildung verfügt; ergänzend kann auch auf Unterlagen Bezug genommen werden, die der Patient in Textform erhält,**
2. **so rechtzeitig erfolgen, dass der Patient seine Entscheidung über die Einwilligung wohlüberlegt treffen kann,**
3. **für den Patienten verständlich sein.**

[2]Dem Patienten sind Abschriften von Unterlagen, die er im Zusammenhang mit der Aufklärung oder Einwilligung unterzeichnet hat, auszuhändigen.

(3) Der Aufklärung des Patienten bedarf es nicht, soweit diese ausnahmsweise aufgrund besonderer Umstände entbehrlich ist, insbesondere wenn die Maßnahme unaufschiebbar ist oder der Patient auf die Aufklärung ausdrücklich verzichtet hat.

(4) Ist nach § 630d Absatz 1 Satz 2 die Einwilligung eines hierzu Berechtigten einzuholen, ist dieser nach Maßgabe der Absätze 1 bis 3 aufzuklären.

(5) [1]Im Fall des § 630d Absatz 1 Satz 2 sind die wesentlichen Umstände nach Absatz 1 auch dem Patienten entsprechend seinem Verständnis zu erläutern, soweit dieser aufgrund seines Entwicklungsstandes und seiner Verständnismöglichkeiten in der Lage ist, die Erläuterung aufzunehmen, und soweit dies seinem Wohl nicht zuwiderläuft. [2]Absatz 3 gilt entsprechend.

a. Inhaltliche Anforderungen an die Aufklärung

Dem Patienten sind im Rahmen der Aufklärung die Tragweite, die Chancen und die Gefahren der durchzuführenden Maßnahme zu verdeutlichen, damit dieser über eine hinreichende **Entscheidungsgrundlage** verfügt, um selbstbestimmt entscheiden zu können. Die Art und Weise sowie Umfang und Intensität der Aufklärung hängen von der jeweiligen konkreten Behandlungssituation und den Verständnismöglichkeiten des Patienten ab.[100]

Der Patient ist insbesondere über folgende Umstände aufzuklären:

- Art, Umfang, Durchführung der Maßnahme,
- zu erwartende Folgen und spezifische Risiken der Maßnahme,
- die Notwendigkeit, Dringlichkeit und Eignung sowie die Erfolgsaussichten der Maßnahme im Hinblick auf die Diagnose oder die Therapie.

Neben den exemplarisch genannten Umständen können im Einzelfall weitere aufklärungsbedürftige Umstände in Betracht kommen.

Zudem ist der Patient auf **Alternativen zur beabsichtigten Maßnahme** hinzuweisen, wenn mehrere medizinisch gleichermaßen indizierte und übliche Methoden zu wesentlich unterschiedlichen Belastungen, Risiken oder Heilungschancen führen können, § 630e Absatz 1 Satz 3 BGB. Dem Patienten soll hierdurch die Möglichkeit eingeräumt werden, zwischen mehreren in Betracht kommenden Maßnahmen wählen zu können.

100 BT-Drucks. 17/10488, S. 24.

b. Formale Anforderungen an die Aufklärung

Die formalen **Anforderungen an eine ordnungsgemäße Aufklärung** werden in § 630e Absatz 2 Satz 1 BGB geregelt. Sie hat mündlich, rechtzeitig und für den Patienten verständlich zu erfolgen:

- Die Aufklärung hat **mündlich** und durch den Behandelnden oder durch eine Person zu erfolgen, die über die zur Durchführung der Maßnahme notwendige Ausbildung verfügt. Die mündliche Aufklärung soll gewährleisten, dass der Patient Rückfragen stellen kann. In einfach gelagerten Fällen kann die Aufklärung auch fernmündlich stattfinden.[101] Auch eine digital durchgeführte Anhörung erfüllt die Voraussetzung der Mündlichkeit. Bei jeder Aufklärung, insbesondere wenn sich Patient und Behandelnder nicht am selben Ort befinden, ist sicherzustellen, dass der Patient dieser folgen und Nachfragen stellen kann.
- Die Aufklärung hat zudem so **rechtzeitig** vor dem Beginn der beabsichtigten Maßnahme zu erfolgen, dass der Patient hinreichend Zeit hat, die für und gegen die Maßnahme sprechenden Gründe abzuwägen, und seine Entscheidung wohlüberlegt treffen kann. Eine pauschale Frist legt das Gesetz nicht fest. Die dem Patienten zu gewährende Bedenkfrist zwischen Aufklärung und Einwilligung ist jeweils vom konkreten Einzelfall, insbesondere von der Intensität und der Eilbedürftigkeit der Maßnahme abhängig.
- Die Aufklärung muss für den Patienten sprachlich **verständlich** sein. Die Verständlichkeit beurteilt sich individuell aus Sicht des jeweiligen Patienten. Auf eine übermäßige Fachsprache des Behandelnden ist zu verzichten.

  Im Hinblick auf den individuellen Gesundheits- und Allgemeinzustand des Patienten kann die Aufklärung in leichter Sprache geboten sein. Bei Bedarf ist eine sprachkundige Person oder ein Dolmetscher auf Kosten des Patienten hinzuzuziehen. Für einen Patienten mit Hörbehinderung kommt die Einschaltung eines Gebärdendolmetschers in Betracht.[102] Hinsichtlich der **Kostentragungspflicht** ist auf die Regelung des § 17 Absatz 2 SGB I hinzuweisen. Danach haben die für die Sozialleistung zuständigen Leistungsträger die Kosten für **Kommunikationshilfen** für Menschen mit Hörbehinderungen und Menschen mit Sprachbehinderungen insbesondere bei ärztlichen Untersuchungen und Behandlungen zu tragen.

Wenn der Patient im Zusammenhang mit der Aufklärung oder Einwilligung Unterlagen unterzeichnet hat, sind ihm davon **Abschriften** auszuhändigen (§ 630e Absatz 2 Satz 2 BGB).

c. Entfallen der Aufklärungspflicht

Einer Aufklärung bedarf es nach § 630e Absatz 3 BGB ausnahmsweise nicht, wenn sie aufgrund besonderer Umstände entbehrlich ist. Dies ist beispielhaft dann der Fall, wenn die beabsichtigte Maßnahme keinen Aufschub duldet und ansonsten erhebliche Gefahren für die Gesundheit des Patienten drohen. Der Patient kann zudem ausdrücklich auf die Aufklärung verzichten.

101 BT-Drucks. 17/10488, S. 24.
102 BT-Drucks. 17/10488, S. 25.

Die Aufzählung der besonderen Umstände ist nicht abschließend. So können auch erhebliche therapeutische Gründe einer Aufklärung entgegenstehen und diese entbehrlich machen.[103]

d. Aufklärung bei Einwilligungsunfähigkeit des Patienten

Ist der Patient einwilligungsunfähig, hat der Behandelnde die Einwilligung in die Durchführung einer medizinischen Maßnahme von einer hierzu berechtigten Person einzuholen, § 630d Absatz 1 Satz 2 BGB. Die Aufklärung hat in diesem Fall gegenüber der berechtigten Person zu erfolgen, § 630c Absatz 4 BGB. Sie erfolgt nach Maßgabe der Absätze 1 und 3. Damit sind zunächst sämtliche vorgenannten inhaltlichen und formalen Anforderungen an eine wirksame Aufklärung zu erfüllen.

Die Entbehrlichkeit der Aufklärung nach Absatz 3 dürfte hingegen regelmäßig nur gegeben sein, soweit die Behandlung unaufschiebbar ist oder der zur Einwilligung Berechtigte aufgrund seiner eigenen Fachkenntnisse keiner Aufklärung bedarf. Erhebliche therapeutische Gründe stehen einer Aufklärung hingegen nicht im Wege, da diese in der Person des Patienten liegen, der gerade nicht Empfänger der Aufklärung ist. Zudem ist ein Verzicht auf die Aufklärung über den Eingriff in die Rechtsgüter des Patienten durch die berechtigte Person nicht möglich.[104]

Auch bei einer erfolgten Aufklärung der berechtigten Person ist der einwilligungsunfähige Patient von dem Behandelnden über die wesentlichen Umstände adressatengerecht zu informieren, § 630e Absatz 5 BGB. Dies gewährleistet eine stärkere Einbeziehung des Patienten in das Behandlungsgeschehen. Die Information ist Teil der vertraglichen Pflichten des Behandelnden und kann beispielsweise nicht auf den Betreuer übertragen werden. Die Erläuterung hat vom Umfang den inhaltlichen Anforderungen an die Aufklärung zu entsprechen. Sie ist in den Fällen entbehrlich, in denen auch eine Aufklärung des einwilligungsfähigen Patienten entbehrlich ist. Zudem muss der Patient in der Lage sein, aufgrund seines Entwicklungsstandes und seiner Verständigungsmöglichkeiten die Erläuterung aufzunehmen.

4. Einholung der Einwilligung in die Durchführung einer medizinischen Behandlung

Die Durchführung einer medizinischen Maßnahme ist nur mit der Einwilligung des Patienten zulässig. Dies folgt aus dem verfassungsrechtlich gewährten Selbstbestimmungsrecht des Patienten (siehe dazu auch unten Kapitel E. I. 1.). Mit § 630d Absatz 1 Satz 1 BGB wird die Einholung der Einwilligung des Patienten vor der Durchführung einer medizinischen Maßnahme zur vertraglichen Pflicht des Behandelnden. Zur Wirksamkeit der Einwilligung bedarf es einer vorherigen Aufklärung, § 630d Absatz 2 erste Variante BGB.

103 BT-Drucks. 17/10488, S. 25.
104 BT-Drucks. 17/10488, S. 25.

Medizinische Maßnahmen sind insbesondere Eingriffe in den Körper oder die Gesundheit des Patienten, aber grundsätzlich auch alle sonstigen therapeutischen oder diagnostischen Maßnahmen im Rahmen der Behandlung.[105]

Ist der Patient einwilligungsunfähig, hat der Behandelnde die Einwilligung in die Durchführung einer medizinischen Maßnahme von einer hierzu berechtigten Person einzuholen, § 630d Absatz 1 Satz 2 BGB. Auch in diesem Fall ist eine vorherige Aufklärung der berechtigten Person Wirksamkeitsvoraussetzung für die Einwilligung, § 630d Absatz 2 zweite Variante BGB.

Die Einwilligung kann jederzeit und ohne Angabe von Gründen formlos widerrufen werden, § 630d Absatz 3 BGB.

▶ *Zum Widerruf der Einwilligung siehe unten Kapitel E. II. 4.*

5. Dokumentationspflichten

Zur Dokumentation des Behandlungsgeschehens ist der Behandelnde verpflichtet, eine **Patientenakte** zu führen, § 630f BGB. Die Dokumentation hat im unmittelbaren zeitlichen Zusammenhang mit der Behandlung zu erfolgen. Sie kann als Papierdokument oder als elektronisches Dokument geführt werden. Damit können beispielsweise auch ein Video von einem operativen Eingriff oder elektronische Röntgenaufnahmen in der Akte gespeichert werden.

§ 630f BGB – Dokumentation der Behandlung

(1) [1]Der Behandelnde ist verpflichtet, zum Zweck der Dokumentation in unmittelbarem zeitlichen Zusammenhang mit der Behandlung eine Patientenakte in Papierform oder elektronisch zu führen. [2]Berichtigungen und Änderungen von Eintragungen in der Patientenakte sind nur zulässig, wenn neben dem ursprünglichen Inhalt erkennbar bleibt, wann sie vorgenommen word en sind. 3Dies ist auch für elektronisch geführte Patientenakten sicherzustellen.

(2) Der Behandelnde ist verpflichtet, in der Patientenakte sämtliche aus fachlicher Sicht für die derzeitige und künftige Behandlung wesentlichen Maßnahmen und deren Ergebnisse aufzuzeichnen, insbesondere die Anamnese, Diagnosen, Untersuchungen, Untersuchungsergebnisse, Befunde, Therapien und ihre Wirkungen, Eingriffe und ihre Wirkungen, Einwilligungen und Aufklärungen. Arztbriefe sind in die Patientenakte aufzunehmen.

(3) Der Behandelnde hat die Patientenakte für die Dauer von zehn Jahren nach Abschluss der Behandlung aufzubewahren, soweit nicht nach anderen Vorschriften andere Aufbewahrungsfristen bestehen.

Die **Aufzeichnung des Behandlungsgeschehens** bezweckt zum einen die Gewährleistung einer sachgerechten therapeutischen Behandlung und Weiterbehandlung. Zum anderen ermöglicht sie die Konsultation weiterer Behandelnder unter Vermeidung unnötiger Doppeluntersuchungen und körperlicher oder finanzieller Belastungen für den Patienten.[106] Zudem dient die Dokumentation der **faktischen Beweissicherung** für den Fall eines etwaigen Behandlungsfehlers.[107]

105 BT-Drucks. 17/10488, S. 23.
106 BT-Drucks. 17/10488, S. 25.
107 BT-Drucks. 17/10488, S. 25.

Nachträgliche Änderungen, Berichtigungen oder Ergänzungen der Dokumentation sind in der Patientenakte unter Bezeichnung des Zeitpunkts der Vornahme kenntlich zu machen. Dabei muss der ursprüngliche Inhalt weiterhin erkennbar bleiben, um eine fälschungssichere Dokumentation sicherzustellen, § 630f Absatz 1 Satz 2 BGB. Dies gilt sowohl für die Papierakte als auch für die elektronisch geführte Patientenakte, § 630f Absatz 1 Satz 3 BGB.

Der **Umfang der Dokumentation** ergibt sich aus § 630f Absatz 2 BGB. Danach sind alle für die Behandlung wesentlichen Maßnahmen und deren Ergebnisse, die aus fachlicher Sicht des Behandelnden für die Sicherstellung der derzeitigen oder einer künftigen Behandlung wesentlich sind bzw. sein können,[108] zu dokumentieren. Exemplarisch werden Anamnese, Diagnosen, Untersuchungen, Untersuchungsergebnisse, Befunde, Therapien und ihre Wirkungen, Eingriffe und ihre Wirkungen, Einwilligungen und Aufklärungen genannt. Weiterhin sind Arztbriefe, die der Kommunikation zwischen zwei Ärzten dienen und Auskunft über den Gesundheitszustand des Patienten geben, in die Patientenakte aufzunehmen, § 630f Absatz 2 Satz 2 BGB.

Die Patientenakte ist im Regelfall für die Dauer von zehn Jahren nach Abschluss der Behandlung **aufzubewahren**, § 630f Absatz 3 BGB.

6. Recht auf Einsichtnahme in die Patientenakte

Der Patient hat gemäß § 630g BGB das Recht auf Einsichtnahme in die Originalpatientenakte. Diese Befugnis folgt aus dem Recht des Patienten auf informationelle Selbstbestimmung. Der Patient soll erfahren können, wie mit seiner Gesundheit umgegangen wurde, welche Daten sich dabei ergeben haben und wie die weitere Entwicklung eingeschätzt wird.[109]

§ 630g BGB – Einsichtnahme in die Patientenakte

(1) [1]Dem Patienten ist auf Verlangen unverzüglich Einsicht in die vollständige, ihn betreffende Patientenakte zu gewähren, soweit der Einsichtnahme nicht erhebliche therapeutische Gründe oder sonstige erhebliche Rechte Dritter entgegenstehen. [2]Die Ablehnung der Einsichtnahme ist zu begründen. [3]§ 811 ist entsprechend anzuwenden.

(2) [1]Der Patient kann auch elektronische Abschriften von der Patientenakte verlangen. [2]Er hat dem Behandelnden die entstandenen Kosten zu erstatten.

(3) [1]Im Fall des Todes des Patienten stehen die Rechte aus den Absätzen 1 und 2 zur Wahrnehmung der vermögensrechtlichen Interessen seinen Erben zu. [2]Gleiches gilt für die nächsten Angehörigen des Patienten, soweit sie immaterielle Interessen geltend machen. [3]Die Rechte sind ausgeschlossen, soweit der Einsichtnahme der ausdrückliche oder mutmaßliche Wille des Patienten entgegensteht.

Soweit der Einsichtnahme erhebliche therapeutische Gründe entgegenstehen, hat der Behandelnde dem Patienten die teilweise oder volle Einsichtnahme zu verweigern. Dies dient dem Schutz des Patienten vor Informationen über seine Person, die ihm erheblich schaden könnten. Insbesondere soll die Gefahr erheblicher gesundheitlicher Selbstschädigungen

108 BT-Drucks. 17/10488, S. 26.
109 BT-Drucks. 17/10488, S. 26.

vermieden werden, mit denen bei einer uneingeschränkten Einsichtnahme zu rechnen ist.[110]

Ebenso kann die Einsichtnahme ganz oder teilweise ausgeschlossen sein, wenn erhebliche Rechte Dritter entgegenstehen. Voraussetzung ist, dass sich in der Patientenakte nicht nur Informationen über den Patienten, sondern auch über Dritte befinden. In diesen Fällen hat eine Abwägung stattzufinden zwischen dem Schutzinteresse des Dritten und dem informationellen Selbstbestimmungsrecht des Patienten.

Die Ablehnung der Einsichtnahme ist zu begründen, um die Akzeptanz der ablehnenden Entscheidung zu ermöglichen und den Grund der Ablehnung nachvollziehen zu können. Liegt keine oder aus Sicht des Patienten keine hinreichende Begründung vor, kann das Akteneinsichtsrecht auch gerichtlich geltend gemacht werden.[111]

Auf die Einsichtnahme ist § 811 BGB entsprechend anzuwenden. Danach hat die Einsichtnahme an dem Ort zu erfolgen, an welchem sich die Patientenakte befindet. Nur ausnahmsweise kann die Einsichtnahme an einem anderen Orte verlangt werden, wenn ein wichtiger Grund vorliegt. Zu denken ist hier beispielsweise an eine nicht unerhebliche Erkrankung des Patienten oder einen Umzug des Behandelnden.[112]

Der Patienten hat das Recht, Abschriften von der Patientenakte in Papierform oder elektronisch zu verlangen. Damit kann beispielsweise auch die Kopie eines Videos einer Operation, sofern dieses Bestandteil der Patientenakte ist, gefordert werden. Die hierdurch entstehenden Kosten hat der Patient selbst zu tragen, § 630g Absatz 2 BGB.

Im Fall des Todes des Patienten können dessen Erben zur Wahrnehmung der vermögensrechtlichen Interessen Einsicht in die Patientenakte verlangen, § 630g Absatz 3 Satz 1 BGB. Ein Einsichtsrecht steht auch den nächsten Angehörigen zu, soweit sie immaterielle Interessen geltend machen, § 630g Absatz 3 Satz 2 BGB. Zu den nächsten Angehörigen gehören Ehegatte, Lebenspartner, Kinder, Eltern, Geschwister und Enkel des Patienten.[113]

Das Einsichtsrecht ist jedoch in beiden Fällen nicht gegeben, soweit der ausdrückliche oder mutmaßliche Wille des Patienten der Einsichtnahme entgegensteht. Zudem kann die Einsichtnahme aus den in § 630g Absatz 1 BGB genannten Gründen abgelehnt werden.

7. Ärztliche Schweigepflicht

Die ärztliche Schweigepflicht ist Voraussetzung für das Vertrauensverhältnis zwischen Arzt und Patient. Der Arzt hat über das, was ihm in seiner Eigenschaft als Arzt anvertraut oder bekannt geworden ist, – auch über den Tod des Patienten hinaus – zu schweigen (vgl. § 9 Absatz 1 Satz 1 der (Muster-)Berufsordnung für die in Deutschland tätigen Ärztinnen und Ärzte – MBO-Ä 1997[114]).

110 BT-Drucks. 17/10488, S. 26.
111 BT-Drucks. 17/11710, S. 29.
112 BT-Drucks. 17/10488, S. 27.
113 BT-Drucks. 17/10488, S. 27.
114 Mit der MBO-Ä werden die Berufspflichten der Ärzte festgelegt. Sie dient den Ärztekammern als Muster für ihre Berufsordnungen.

Im Recht zum Behandlungsvertrag ist die ärztliche Schweigepflicht nicht ausdrücklich geregelt. Sie stellt allerdings eine **zentrale behandlungsvertragliche Nebenpflicht** dar.[115] Verletzt der Arzt seine Schweigepflicht, macht er sich gegenüber dem Patienten schadensersatzpflichtig (§§ 280 Absatz 1, 241 Absatz 2 BGB).

Die ärztliche Schweigepflicht wird zudem strafrechtlich durch § 203 Absatz 1 Nummer 1 StGB gewährleistet. Hiernach macht sich ein Arzt strafbar, wenn er unbefugt ein fremdes Geheimnis offenbart, das ihm im Rahmen seiner Berufsausübung anvertraut oder sonst bekannt geworden ist.

Von der Schweigepflicht werden mündliche und schriftliche Mitteilungen des Patienten, Aufzeichnungen über den Patienten, Röntgenaufnahmen und sonstige Untersuchungsbefunde umfasst.[116] Ihr unterfallen nicht nur die Identität des Patienten, dessen Krankheitsbild und -verlauf sowie damit im Zusammenhang stehende Dokumentationen, sondern alle im Rahmen der Behandlung gemachten Angaben des Patienten über dessen persönliche, familiäre, wirtschaftliche, berufliche, finanzielle und kulturelle Situation sowie seine darüber preisgegebenen Ansichten und Reflexionen.[117]

Der Patient kann seine behandelnden Ärzte von der Schweigepflicht ganz oder teilweise entbinden. Die Entbindung von der Schweigepflicht bedarf keiner Form. Sie kann ausdrücklich oder konkludent erfolgen. Eine wirksame Entbindung setzt jedoch die natürliche Einsichts- und Willensbildungsfähigkeit des Patienten voraus.[118]

Die ärztliche Schweigepflicht endet weder mit dem Tod des Patienten noch mit der Aufgabe der ärztlichen Berufstätigkeit.

Gegenüber dem Betreuer, der für den Aufgabenbereich der Gesundheitssorge bestellt ist, kann sich der Arzt nicht auf seine Schweigepflicht berufen. Dies folgt aus der Stellung des Betreuers als Vertreter der betreuten Person.

Von der vertraglichen Schweigepflicht zu unterscheiden ist das Zeugnisverweigerungsrecht des Arztes, welches durch die Verfahrensordnungen garantiert wird (§§ 53, 53a StPO, § 383 ZPO).

III. Überwachung der Einhaltung der vertraglichen Pflichten und Wahrnehmung der vertraglichen Rechte

1. Allgemeines

Der Betreuer hat die Aufgabe, soweit erforderlich, die Interessen der betreuten Person wahrzunehmen und sicherzustellen, dass die medizinische Behandlung deren Wünschen entspricht. Er hat die betreute Person beim Abschluss des Behandlungsvertrags zu unterstützen und falls erforderlich hierbei zu vertreten. Zudem hat er sicherzustellen, dass die betreute Person am Entscheidungsprozess beteiligt, über ihre Rechte und Pflichten infor-

115 Laufs/Katzenmeier/Lipp, IX. Berufsgeheimnis und Dokumentation, Rn. 6.
116 Vgl. § 9 Absatz 1 Satz 2 MBO-Ä 1997.
117 Laufs/Katzenmeier/Lipp, IX. Berufsgeheimnis und Dokumentation, Rn. 12.
118 Laufs/Katzenmeier/Lipp, IX. Berufsgeheimnis und Dokumentation, Rn. 18.

miert und hinsichtlich indizierter medizinischer Maßnahmen ordnungsgemäß aufgeklärt wird.

Der Betreuer ist zudem befugt und berechtigt, alle vertraglichen Rechte und Pflichten der betreuten Person aus dem Behandlungsvertrag wahrzunehmen. Hierzu gehört das Recht zur Einsichtnahme in die Patientenakte, aber auch die Befugnis, behandelnde Ärzte der betreuten Person von ihrer Schweigepflicht zu entbinden.

Dies gilt nicht nur für den Fall, dass die betreute Person einwilligungs- und/oder geschäftsunfähig ist. So können Betreuer und betreute Person nebeneinander die Rechte aus dem Behandlungsvertrag wahrnehmen. Lediglich für die Entscheidung des Betreuers über die Durchführung oder Nichtdurchführung einer medizinischen Maßnahme ist die Einwilligungsunfähigkeit der betreuten Person zwingende Voraussetzung.

Der Betreuer hat bei seinem gesamten Handeln den Maßstab des § 1821 BGB (Erforderlichkeit und Wunschbefolgung) zu beachten.

Wie der Betreuer seine Aufgaben konkret wahrnimmt und ausgestaltet, hängt vom Einzelfall ab. So ist etwa die **Begleitung zu Arztterminen** nicht erforderlich, wenn dort keine unterstützungsrelevanten Geschehnisse zu erwarten sind, etwa der Abschluss eines (weiteren) Behandlungsvertrages, ein Aufklärungsgespräch oder die Einwilligung in eine medizinische Maßnahme. In diesen Fällen hat der Betreuer abzuwägen, ob die betreute Person den Termin allein wahrnehmen kann oder seiner Unterstützung bedarf, beispielsweise auch zur Verarbeitung der dort gegebenen Informationen. Beschränkt sich der Unterstützungsbedarf hingegen auf die Wegbegleitung, kann diese auch durch eine dritte Person, z.B. eine Pflege- oder Betreuungsperson, oder einen Fahrdienst sichergestellt werden.

2. Geltendmachung von Schadensersatz und Schmerzensgeld

a. Einführung

Im Rahmen der Wahrnehmung der Rechte der betreuten Person aus dem Behandlungsvertrag hat der Betreuer auch etwaigen Behandlungs- und Aufklärungsfehlern nachzugehen und Ersatz für daraus resultierende Schäden geltend zu machen. Neben den vertraglichen Schadensersatzansprüchen kommen ebenso deliktische Ansprüche aus §§ 823 ff. BGB in Betracht.[119]

Art und Umfang des Schadensersatzes richten sich nach den allgemeinen Regelungen der §§ 249 ff. BGB. Neben Vermögensschäden können damit auch immaterielle Schäden in Form von Schmerzensgeld ersetzt werden, § 253 BGB.

Möchte ein Patient einen Schadensersatzanspruch gegen den Behandelnden durchsetzen, so muss er die Voraussetzungen des Anspruchs im Einzelnen darlegen und im Streitfall auch beweisen. So hat er den Abschluss eines Behandlungsvertrages, die fehlerhafte Behandlung durch den Behandelnden im Sinne einer Pflichtwidrigkeit nach § 280 Absatz 1 BGB, seinen Schaden und die Ursächlichkeit der fehlerhaften Behandlung für seinen Scha-

119 Vgl. Spickhoff/Spickhoff, BGB § 630h Rn. 3.

den zu beweisen. Zudem muss der Behandelnde die Pflichtverletzung zu vertreten haben.[120]

§ 630h BGB sieht Sonderreglungen zur Beweislast vor, die zugunsten des Patienten von der grundsätzlichen Verteilung der Beweislast abweichen.[121]

Dem Betreuer steht wie der betreuten Person selbst das Fragerecht aus § 630c Absatz 2 Satz 2 BGB zu. Sollten sich Anhaltspunkte für das Vorliegen eines Behandlungsfehlers ergeben, so hat der Betreuer den Behandelnden entsprechend zu befragen. Zudem kann er Einsichtnahme in die Behandlungsdokumentation verlangen, § 630g Absatz 1 BGB.

b. Aufklärungs- und Behandlungsfehler

Die Pflichten des Behandelnden ergeben sich aus dem Behandlungsvertrag (siehe hierzu oben unter II.). Anhand der vertraglichen Pflichten wird insbesondere zwischen Aufklärungs- und Behandlungsfehlern unterschieden.

- **Aufklärungsfehler**

Der Behandelnde hat den Patienten nach § 630e BGB umfassend aufzuklären (zu den Aufklärungspflichten siehe oben unter II. 3.). Er ist verpflichtet, die betreute Person rechtzeitig und zutreffend über die bevorstehende medizinische Maßnahme zu informieren. Kommt der Behandelnde dieser Pflicht nicht hinreichend nach und trifft der Patient auf der Grundlage der mangelhaft erfolgten Aufklärung eine Entscheidung, die er bei ordnungsgemäßer Aufklärung nicht gefasst hätte, kommt eine Schadensersatzpflicht des Behandelnden in Betracht.[122]

- **Behandlungsfehler**

Zudem hat der Behandelnde die medizinische Maßnahme nach den zum Zeitpunkt der Behandlung bestehenden, allgemein anerkannten fachlichen Standards auszuführen, § 630a Absatz 2 BGB. Ein Behandlungsfehler liegt dann vor, wenn im konkreten Fall die tatsächlich durchgeführte Maßnahme nicht diesen Standards entspricht. Der Behandlungsfehler kann jedoch auch in der Nichtvornahme eines gebotenen Eingriffs oder in der Vornahme eines nicht indizierten Eingriffs liegen.[123]

Von dem Begriff des Behandlungsfehlers erfasst werden nicht nur die „klassischen" Fehler bei der Behandlung selbst, sondern auch Organisationsfehler im Behandlungsumfeld.[124]

Verletzt der Behandelnde **schuldhaft** eine dieser Pflichten, so ist er gegenüber dem Patienten zum Ersatz des daraus entstehenden Schadens verpflichtet.

120 Vgl. BT-Drucks. 17/10488, S. 27 f.

121 Vgl. zur Beweislastverteilung im Behandlungsvertragsrecht etwa Spickhoff/Spickhoff, BGB § 630h.

122 Spickhoff/Spickhoff, 1. Einleitung Rn. 46.

123 Laufs/Katzenmeier/Lipp, X. Arztfehler und Haftpflicht, Rn. 4.

124 Vgl. hierzu im Einzelnen Laufs/Katzenmeier/Lipp, X. Arztfehler und Haftpflicht, Rn. 41, 45.

c. Außergerichtliche und gerichtliche Geltendmachung

Zur Geltendmachung eines Schadensersatzanspruchs sollte regelmäßig die Möglichkeit eines kostenfreien Verfahrens vor den **Gutachterkommissionen und Schlichtungsstellen** genutzt werden.[125]

Lehnt eine der beteiligten Parteien ein Schlichtungsstellenverfahren ab, so verbleibt lediglich die gerichtliche Geltendmachung. Spätestens zu diesem Zeitpunkt sollte ein Rechtsbeistand eingeschaltet werden. Zudem ist es angezeigt, die Krankenkasse über das mögliche ärztliche Fehlverhalten zu unterrichten. Die gesetzlichen Krankenkassen sind nach § 66 SGB V verpflichtet, ihre Versicherten bei Regressbegehren zu unterstützen.[126]

---

125 Vgl. zum Verfahren vor Schlichtungsstellen Deinert/Lütgens/Meier, Rn. 1132–1134.

126 Deinert/Lütgens/Meier, Rn. 1135.

E. Einwilligung in medizinische Maßnahmen

Übersicht Seite

I. Grundlagen

1. Erfordernis der Einwilligung in medizinische Maßnahmen

Jede medizinische bzw. ärztliche Maßnahme, die Auswirkungen auf das Leben, den Körper und/oder die Gesundheit der betreuten Person haben kann, bedarf grundsätzlich deren **Einwilligung**. Das Erfordernis der Einwilligung ist Ausdruck des **grundrechtlich geschützten Selbstbestimmungsrechts** der betreuten Person, welches sich aus dem allgemeinen Persönlichkeitsrecht ergibt (Artikel 2 Absatz 1 i.V.m. Artikel 1 Absatz 1 GG)[127]. Dies gilt auch dann, wenn eine Maßnahme nicht mit einem Eingriff in die körperliche Integrität verbunden ist.[128] Die betreute Person darf nicht Objekt einer medizinischen Behandlung sein, sondern muss als eigenverantwortliches Subjekt über die Durchführung jeder Behandlung entscheiden können.[129]

Der Respekt vor der Selbstbestimmung des Patienten gilt als zentrales medizinethisches Prinzip. Dazu gehört auch die Entscheidungsfreiheit des Patienten, sich nicht nur für die Durchführung einer medizinischen Maßnahme auszusprechen, sondern auch eine **Behandlung abzulehnen**, etwa um einem Krankheitsgeschehen bis zum Tod mit palliativmedizinischer Begleitung seinen Lauf zu lassen.[130]

Die Entscheidung über die Durchführung, aber auch über die Ablehnung der Durchführung oder Weiterführung einzelner medizinischer bzw. ärztlicher Maßnahmen hängt damit grundsätzlich vom Willen der betreuten Person ab. Der Wille der betreuten Person entzieht sich dabei einer Bewertung anhand allgemeiner Wertvorstellungen, religiöser Gebote, gesellschaftlicher Leitbilder für den Umgang mit Leben und Tod oder Überlegungen objektiver Vernünftigkeit.[131]

Diese grundrechtliche Wertentscheidung findet ihre **Konkretisierung** sowohl im Strafrecht als auch im Zivilrecht.

So erfüllt in ständiger Rechtsprechung des Bundesgerichtshofs jeder ärztliche Eingriff in die körperliche Integrität eines Patienten den äußeren Tatbestand einer **Körperverletzung** gemäß § 223 StGB.[132] Dies gilt auch für medizinisch indizierte und kunstgerecht ausge-

127 BVerfG, Beschluss v. 26.7.2016, 1 BvL 8/15, BtPrax 2016, 182.
128 BT-Drucks. 11/4528, S. 71.
129 BT-Drucks. 17/10488, S. 23.
130 BT-Drucks. 16/8442, S. 9.
131 BVerfG, Urteil v. 26.2.2020, 2 BvR 2347/15 u.a., BVerfGE 153, 182.
132 BGH, Urteil v. 28.11.1957, 4 StR 525/57, BGHSt 11, 111.

führte Heileingriffe.[133] Eine Körperverletzung ist jedoch in der Regel gerechtfertigt und bleibt damit straffrei, wenn der Patient zuvor in diese wirksam eingewilligt hat, § 228 StGB.

Notwendig ist dabei, dass die Einwilligung des Patienten ernstlich und freiwillig erfolgt.[134] Zudem muss der Patient zum Zeitpunkt seiner Einwilligung Kenntnis von der Sachlage und von der Bedeutung und Tragweite des Eingriffs sowie seiner Einwilligung haben.[135] Dies setzt eine entsprechende Einsichts- und Urteilsfähigkeit voraus.

Daneben ergibt sich auch aus dem zivilrechtlichen **Behandlungsvertragsrecht** die Notwendigkeit einer Einwilligung (siehe hierzu oben Kapitel D. II. 4.). So ist der Behandelnde verpflichtet, vor der Durchführung einer medizinischen Maßnahme die Einwilligung des Patienten einzuholen, § 630d Absatz 1 Satz 1 BGB.

Eine Einwilligung ist auch dann erforderlich, wenn die angedachte Maßnahme nicht mit einem Eingriff in die körperliche Integrität verbunden ist, da sie jedenfalls das allgemeine Persönlichkeitsrecht der betreuten Person berührt.[136]

Von der Einwilligung zur Durchführung einer medizinischen Maßnahme ist der Abschluss des zugrunde liegenden Behandlungsvertrags gemäß § 630a BGB zu unterscheiden. Der Behandlungsvertrag bildet die rechtliche Grundlage für eine Behandlung; die Einwilligung in die medizinische Maßnahme rechtfertigt hingegen deren Durchführung. Während für den Abschluss eines Behandlungsvertrags die **Geschäftsfähigkeit** des Patienten gegeben sein muss, ist für eine wirksame Einwilligung die **Einwilligungsfähigkeit** des Patienten Voraussetzung.

Der Gegenstand der Einwilligung wird in den verschiedenen Rechtsbereichen unterschiedlich bezeichnet. So wird im Zusammenhang mit der strafrechtlichen Rechtfertigung von **ärztlichen Eingriffen** gesprochen, während § 630d Absatz 1 Satz 1 BGB **medizinische Maßnahmen**, insbesondere Eingriffe in den Körper oder die Gesundheit, nennt. Das Betreuungsrecht spricht wiederum von **ärztlichen Maßnahmen**, welche **Untersuchungen des Gesundheitszustandes, Heilbehandlungen und ärztliche Eingriffe** beinhalten (vgl. §§ 1827 Absatz 1, 1829 Absatz 1 BGB).

Von der Untersuchung des Gesundheitszustandes sind alle diagnostischen Maßnahmen umfasst, während die Heilbehandlung als therapeutische Maßnahme das Ziel verfolgt, die Gesundheit der betreuten Person wiederherzustellen, Krankheiten bzw. Krankheitsfolgen zu lindern sowie Krankheiten und ihre Verschlimmerung zu verhindern.[137] Eingeschlossen sind hiervon auch **therapeutische Gespräche**, die nicht mit einem Eingriff in die körperliche Integrität verbunden sind.[138] Auch die **Medikamentenverordnung** wird vom Begriff der Heilbehandlung umfasst und bedarf damit der Einwilligung des Patienten. Dies gilt auch für einen Dosierungswechsel oder einen Wechsel des Medikaments (Änderung der Medikamentenplans).[139] Der Begriff des ärztlichen Eingriffs im Sinne des Betreuungsrechts

133 Lackner/Kühl/Heger, StGB § 223 Rn. 8 m.w.N.
134 Lackner/Kühl/Heger, StGB § 228 Rn. 5.
135 Lackner/Kühl/Heger, StGB § 228 Rn. 14.
136 BT-Drucks. 11/4528, S. 140.
137 Jurgeleit, BGB § 1833 Rn. 19.
138 BT-Drucks. 11/4528, S. 71.
139 Zu den Aufgaben des Betreuers bei der Medikamentenverordnung siehe unten II. 5.

beschränkt sich auf ärztliche Maßnahmen, die weder eine Untersuchung des Gesundheitszustandes noch eine Heilbehandlung darstellen, wie etwa Schönheitsoperationen.[140]

Der in der strafrechtlichen Rechtsprechung verwendete Begriff des ärztlichen Eingriffs ist hingegen umfassender zu verstehen und beinhaltet sämtliche Maßnahmen, welche die körperliche Integrität betreffen.

Der Begriff der medizinischen Maßnahme aus dem Behandlungsvertragsrecht umfasst schließlich alle vorgenannten Maßnahmen und stellt insbesondere nicht allein auf ein ärztliches Handeln ab (vgl. dazu auch oben Kapitel D. I.).

Eine eindeutige inhaltliche Abgrenzung der unterschiedlich verwendeten Begriffe ist im Hinblick auf die Notwendigkeit der Einwilligung der betreuten Person weder grenzscharf möglich noch für die Rechtsanwendung notwendig.

In der vorliegenden Darstellung wird der umfassende **Begriff der medizinischen Maßnahme** aus dem Behandlungsvertragsrecht verwendet, soweit es nicht im Einzelfall auf eine Unterscheidung ankommt.

2. Einwilligungsfähigkeit

Für eine selbstbestimmte Entscheidung über die Durchführung oder die Ablehnung einer medizinischen Maßnahme muss die betreute Person zu einer Einwilligungserklärung befähigt sein. Bei einer volljährigen Person ist grundsätzlich von einer entsprechenden Einwilligungsfähigkeit auszugehen.[141] Die Einrichtung einer rechtlichen Betreuung – auch für den Aufgabenbereich der Gesundheitssorge – hat keinen Einfluss auf die Einwilligungsfähigkeit der betreuten Person. Auch das Bestehen einer Betreuung ist kein hinreichendes Indiz für die Annahme einer fehlendenden Einwilligungsfähigkeit. Vielmehr ist individuell für jede medizinische Maßnahme zu prüfen, ob insoweit eine Einwilligungsfähigkeit der zu behandelnden Person gegeben ist. Auch eine bestimmte Diagnose führt für sich gesehen nicht dazu, von einer generellen Einwilligungsunfähigkeit auszugehen. Ebenso wenig kommt es für die Wirksamkeit einer Einwilligung auf die Geschäftsfähigkeit der betreuten Person an.[142]

Entscheidend für die Einwilligungsfähigkeit ist die natürliche Einsichts- und Steuerungsfähigkeit der betreuten Person.[143] Diese ist als einwilligungsfähig anzusehen, wenn sie Art, Bedeutung, Tragweite und Risiken der medizinischen Maßnahme erfassen und ihren Willen hiernach bestimmen kann.[144]

Das Einsichtsvermögen und die Urteilskraft müssen dabei ausreichen, um eine vorherige Aufklärung zu verstehen, den Nutzen einer medizinischen Maßnahme gegen deren Risiken abzuwägen und um schließlich eine eigenverantwortliche Entscheidung zu treffen.[145]

140 BT-Drucks. 11/4528, S. 71.
141 BT-Drucks. 17/10488, S. 23.
142 BT-Drucks. 11/4528, S. 140.
143 BT-Drucks. 11/4528, S. 140.
144 BT-Drucks. 16/8442, S. 13; 17/10488, S. 23.
145 BT-Drucks. 17/10488, S. 23.

Die fehlende Einwilligungsfähigkeit kann Ergebnis eines fortschreitenden krankhaften Prozesses (neurodegenerative Erkrankungen wie etwa Alzheimer oder andere Ursachen einer fortgeschrittenen Demenz), einer plötzlichen auftretenden Erkrankung (Schlaganfall, Herzinfarkt) oder eines Unfalles (Schädel-Hirn-Trauma mit Bewusstlosigkeit bzw. Koma) sein.[146]

3. Vertretungsbefugnis des Betreuers

Die Entscheidung über die Durchführung oder Ablehnung einer medizinischen Maßnahme hat die betreute Person, soweit sie einwilligungsfähig ist, allein zu treffen.

Praxishinweis

▶ *Der Betreuer ist im Gegensatz zu anderen Angelegenheiten – etwa dem Abschluss eines Behandlungsvertrages trotz bestehender Geschäftsfähigkeit der betreuten Person (siehe dazu oben Kapitel D. I.) – nicht zu einer Entscheidung befugt, solange und soweit die betreute Person noch selbst zu einer Einwilligungserklärung befähigt ist.*[147]

Dies gilt sowohl beim Aufgabenbereich der Gesundheitssorge als auch bei einer ausdrücklichen Anordnung der Entscheidung über die Durchführung medizinischer Maßnahmen als eigenständiger Aufgabenbereich.

Nur für den Fall der fehlenden Einwilligungsfähigkeit der betreuten Person ist der Betreuer zu einer vertretenden Entscheidung im konkreten Fall befugt. Zwar handelt es sich bei der Entscheidung über die Durchführung oder Ablehnung einer medizinischen Maßnahme um eine höchstpersönliche Angelegenheit der betreuten Person, die gegen eine Vertretungsbefugnis des Betreuers sprechen könnte. Allerdings darf eine nicht einwilligungsfähige betreute Person nicht von medizinischen Maßnahmen ausgeschlossen werden, da ansonsten ihre gesundheitliche Versorgung an ihrer mangelnden Einsichts- oder Urteilsfähigkeit scheitern würde.[148]

Bei seiner Entscheidung hat sich der Betreuer am Handlungsmaßstab der §§ 1821 und 1827 Absatz 2 BGB zu richten und insbesondere die Wünsche der betreuten Person bzw. deren mutmaßlichen Willen zu befolgen.

▶ *Zu Einzelheiten der Wunschbefolgungspflicht siehe oben Kapitel A. V. 2.*

Zudem bedarf die Entscheidung des Betreuers grundsätzlich der betreuungsgerichtlichen Genehmigung, wenn die betreute Person aufgrund einer Maßnahme bzw. aufgrund des Unterbleibens oder des Abbruchs einer Maßnahme sterben oder einen schweren oder länger dauernden gesundheitlichen Schaden erleiden könnte, § 1829 BGB.

▶ *Zu Einzelheiten der Genehmigungspflicht bei ärztlichen Maßnahmen siehe im Folgenden unter IV.*

146 Jürgens/Loer, BGB § 1827 Rn. 13.
147 BT-Drucks. 16/8442, S. 10.
148 BT-Drucks. 11/4528, S. 72.

II. Einwilligung durch die betreute Person

Besteht aufgrund des aktuellen gesundheitlichen Zustandes der betreuten Person oder infolge bereits erfolgter Untersuchungen die **medizinische Indikation** zur Durchführung einer medizinischen Maßnahme, hat der Behandelnde im Vorfeld der Behandlung eine Einwilligung der betreuten Person einzuholen, § 630d Absatz 1 Satz 1 BGB.

Die medizinische Indikation stellt hierbei die sachliche Rechtfertigung für die vorgesehene Maßnahme dar und ist Grundlage des ärztlichen Handelns.

1. Einholung der Einwilligung

Der Behandelnde ist verpflichtet, vor der Durchführung einer medizinischen Maßnahme die Einwilligung des Patienten einzuholen, § 630d Absatz 1 Satz 1 BGB.

§ 630d Absatz 1 BGB – Einwilligung (Auszug, Absatz 1)

(1) [1]Vor Durchführung einer medizinischen Maßnahme, insbesondere eines Eingriffs in den Körper oder die Gesundheit, ist der Behandelnde verpflichtet, die Einwilligung des Patienten einzuholen. [2]Ist der Patient einwilligungsunfähig, ist die Einwilligung eines hierzu Berechtigten einzuholen, soweit nicht eine Patientenverfügung nach § 1827 Absatz 1 Satz 1 die Maßnahme gestattet oder untersagt. [3]Weitergehende Anforderungen an die Einwilligung aus anderen Vorschriften bleiben unberührt. [4]Kann eine Einwilligung für eine unaufschiebbare Maßnahme nicht rechtzeitig eingeholt werden, darf sie ohne Einwilligung durchgeführt werden, wenn sie dem mutmaßlichen Willen des Patienten entspricht.

Erforderlich ist, dass der Behandelnde den Patienten ausdrücklich und unmissverständlich fragt, ob er in die Maßnahme einwilligt. Die Einwilligung ist erst eingeholt, wenn der Patient einwilligt.[149]

Praxishinweis

▶ *Führt der Behandelnde die medizinische Maßnahme ohne zuvor eingeholte Einwilligung durch, so verletzt er dadurch seine vertraglichen Pflichten im Sinne des § 280 Absatz 1 BGB. Zudem fehlt es ihm an einer strafrechtlichen Rechtfertigung.*

Ausdrückliche gesetzliche Formerfordernisse werden an die Erklärung der Einwilligung nicht gestellt, im Gegensatz zu Feststellungen in einer Patientenverfügung, welche der Schriftform bedürfen, § 1827 Absatz 1 Satz 1 BGB. Die Einwilligungserklärung kann damit ausdrücklich oder konkludent, also durch schlüssiges Verhalten, erklärt werden.[150] Es ist allerdings eine nach außen gerichtete Kundgabe der Einwilligung erforderlich.

2. Prüfung der Einwilligungsfähigkeit

Als Empfänger der Einwilligung hat sich der Behandelnde zu überzeugen, dass der Patient einwilligungsfähig ist. Nur die wirksam erteilte Einwilligung rechtfertigt die medizinische Maßnahme.

149 BT-Drucks. 17/10488, S. 23.
150 MüKoBGB/Wagner, § 630d Rn. 21.

Bestehen bei dem Behandelnden Zweifel an der Einwilligungsfähigkeit der betreuten Person, so hat er diese darzulegen. Insbesondere ist zu klären, ob die Annahme der Einwilligungsunfähigkeit nicht lediglich Folge von Kommunikationsproblemen ist.

Im Zweifel wird sich der Behandelnde erst bei einer ausführlichen Befassung mit dem Patienten ein Bild von dessen etwaig fehlender Einwilligungsfähigkeit machen können.

3. Wirksamkeitsvoraussetzung einer umfassenden Aufklärung

Mit § 630d Absatz 2 BGB wird deklaratorisch klargestellt, dass die Wirksamkeit einer Einwilligung im Regelfall eine vorherige umfassende Aufklärung voraussetzt. Diese bildet die Entscheidungsgrundlage für die betreute Person, ob sie in die Durchführung der medizinischen Maßnahme einwilligen oder diese ablehnen möchte. Erst nach erfolgter Aufklärung kann die betreute Person Art, Umfang und Folgen der medizinischen Maßnahme abschätzen und in einem Abwägungsprozess bewerten. Der Behandelnde ist daher verpflichtet, die betreute Person über sämtliche für die Einwilligung wesentlichen Umstände aufzuklären, § 630e Absatz 1 Satz 1 BGB.

▶ *Zu den Aufklärungspflichten siehe oben Kapitel D. II. 3.*

4. Kein wirksamer Widerruf der Einwilligung

Hat die betreute Person zunächst ihre Einwilligung in eine medizinische Maßnahme erteilt, kann sie diese jederzeit auch ohne Angabe von Gründen formlos widerrufen, § 630d Absatz 3 BGB.

§ 630d BGB – Einwilligung (Auszug, Absatz 3)

(3) Die Einwilligung kann jederzeit und ohne Angabe von Gründen formlos widerrufen werden.

Mit dem Widerruf wird zum einen die einmal gegebene Einwilligung zurückgenommen und zum anderen die Fortführung der medizinischen Maßnahme abgelehnt. Der Widerruf kann sowohl ausdrücklich als auch durch schlüssiges Verhalten, wie etwa Kopfschütteln, erfolgen. Eine vergleichbare Regelung findet sich auch im Rahmen von Patientenverfügungen in § 1827 Absatz 1 Satz 3 BGB. Zudem kann der Widerruf jederzeit und damit auch noch unmittelbar vor der Durchführung der medizinischen Maßnahme erfolgen. Der Behandelnde hat sich daher zu vergewissern, dass die Einwilligung zum Zeitpunkt der Durchführung der medizinischen Maßnahme noch besteht und nicht widerrufen worden ist.

Der Widerruf der Einwilligung ist nicht zu begründen. Wie die Ablehnung einer medizinischen Maßnahme hängt auch der Widerruf der Einwilligung allein vom Willen der betreuten Person ab und ist keiner inhaltlichen Überprüfung zugänglich. Mit der Regelung des § 630d Absatz 3 BGB wird das Selbstbestimmungsrecht der betreuten Person auch nach einer erteilten Einwilligung gewahrt.[151]

Der Widerruf der Einwilligung ist nur unter denselben Voraussetzungen wirksam wie die Erteilung der Einwilligung.[152] Die betreute Person muss daher einwilligungsfähig sein, um

151 BT-Drucks. 17/10488, S. 24.

152 Vgl. auch Spickhoff/Spickhoff, BGB § 630d Rn. 14; Laufs/Katzenmeier/Lipp, V. Aufklärungspflicht und Einwilligung, Rn. 51; MüKoBGB/Wagner, § 630d Rn. 67 m.w.N.

eine bereits erteilte Einwilligung wirksam widerrufen zu können. Für die Wirksamkeit des Widerrufs kommt es hingegen nicht auf eine etwaige Geschäftsfähigkeit an.

Das Erfordernis der Einwilligungsfähigkeit ist Ausdruck des Selbstbestimmungsrechts der betreuten Person. Die wirksame Einwilligung in die Durchführung einer medizinischen Maßnahme stellt eine selbstbestimmte Entscheidung der betreuten Person dar. Diese wird sich vor ihrer Entscheidung regelmäßig in einem ggf. längeren Prozess mit der beabsichtigten Behandlung auseinandergesetzt und die persönlichen Vor- und Nachteile abgewogen haben. Zudem dürfte die Einwilligung regelmäßig zeitnah zur Behandlung und damit im Bewusstsein ihrer aktuellen Gesundheits- und Lebenssituation erfolgt sein. Die Möglichkeit, die wirksame Einwilligung durch einen nicht von der Einwilligungsfähigkeit getragenen Widerruf zunichtezumachen, entwertet hingegen die selbstbestimmte Entscheidung und ist daher zu verneinen.

Es wird dennoch – abhängig von der jeweiligen Situation – zu entscheiden sein, ob die geplante medizinische Maßnahme trotz des ablehnenden Verhaltens der betreuten Person durchgeführt werden soll und kann oder eine Verschiebung angezeigt ist. Auch wird zu prüfen sein, ob es im Einzelfall einer betreuungsgerichtlichen Genehmigung nach § 1832 Absatz 2 BGB bedarf. Zwar liegt nach hiesigem Verständnis eine wirksame Einwilligung der betreuten Person vor, so dass es keiner Erklärung des Betreuers bedarf; die Maßnahme könnte aber ihrem natürlichen Willen widersprechen.

5. Aufgaben des Betreuers bei der Herbeiführung einer Einwilligung durch die betreute Person

Steht die Einwilligung der betreuten Person zur Durchführung einer medizinischen Maßnahme an, so besteht für den Betreuer eine Vielzahl an Pflichten, die betreute Person bei einer wunschgerechten Entscheidung zu unterstützen:

- **Information über Gesundheitszustand und geplante Maßnahme**

Der Betreuer hat sich zunächst selbst einen umfassenden Eindruck vom Gesundheitszustand der betreuten Person und den beabsichtigten medizinischen Maßnahmen zu verschaffen. Nur auf dieser Grundlage kann er die betreute Person bei der Frage, ob in die geplante Behandlung eingewilligt werden soll, unterstützen.

Hierzu gehört auch, dass er sich selbst ein Bild von der betreuten Person macht, indem er sich etwa an deren Krankenbett begibt und mit dieser, dem Pflegepersonal sowie den behandelnden Ärzten Rücksprache hält.[153]

Im Gespräch mit den behandelnden Ärzten ist zudem zu klären, ob die betreute Person einwilligungsfähig ist.

- **Sicherstellung der ordnungsgemäßen Aufklärung**

Der Betreuer hat zudem sicherzustellen, dass die betreute Person ordnungsgemäß insbesondere verständlich über die bevorstehende Maßnahme aufgeklärt wird. Die ordnungsgemäße Aufklärung obliegt zwar dem Behandelnden (§ 630e BGB); der Betreuer hat dennoch Sorge dafür zu tragen, dass dieser vertraglichen Pflicht nachgekommen wird. Bei

153 Deinert/Lütgens/Meier, Rn. 1079.

komplexen Behandlungen dürfte es regelmäßig angezeigt sein, dass der Betreuer an dem Aufklärungsgespräch selbst teilnimmt. Zum einen dient das Aufklärungsgespräch der eigenen Information, zum anderen kann der Betreuer sicherstellen, dass die Aufklärung adressatengerecht erfolgt und die betreute Person das Erklärte nachvollziehen und auf dieser Grundlage entscheiden kann.

Dies gilt auch bei der **Verordnung von Medikamenten**. Um die Vor- und Nachteile der Medikamenteneinnahme abwägen zu können, bedarf es auch insoweit einer verständlichen Aufklärung. Insbesondere bei einer länger andauernden Einnahme von Medikamenten, die oftmals auch mit einem Dosierungswechsel oder einem Wechsel des Medikaments verbunden ist, hat der Betreuer darauf zu achten, dass dem Erfordernis der ordnungsgemäßen Aufklärung nachgegangen wird. Dies dürfte dann besonders relevant sein, wenn die betreute Person in einer Einrichtung lebt.

- **Einwilligungserklärung durch die betreute Person**

Der Betreuer hat sicherzustellen, dass die Einwilligung in die Durchführung der medizinischen Maßnahme persönlich bei der betreuten Person eingeholt wurde. Ebenso wie bei der Aufklärung ist in erster Linie der Behandelnde vertraglich verpflichtet, die Einwilligung einzuholen (§ 630d Absatz 1 Satz 1 BGB); aber auch hier greift die Aufsichtspflicht des Betreuers, wenn er Anhaltspunkte dafür hat, dass vor Ort über den Kopf der betreuten Person entschieden werden könnte.

Der Betreuer hat zudem darauf zu achten, dass es zu keiner eigenen ersetzenden Einwilligung kommt, solange die betreute Person noch selbst einwilligungsfähig ist. Auch eine rein „vorsorgliche" zweite Einwilligung zur Absicherung der Behandlung kommt rechtstechnisch nicht in Betracht. Es ist jeweils nur eine Person zur Einwilligung berechtigt, und zwar vorrangig die betreute Person als Patient, soweit sie einwilligungsfähig ist. Auf diesen Grundsatz hat der Betreuer die behandelnde Person ggf. hinzuweisen.

In der Praxis kommt es dennoch vor, dass der Behandelnde ausschließlich oder zusätzlich eine Einwilligung des Betreuers einfordert. Hier hat der Betreuer zu beachten, dass er sich pflichtwidrig verhält, wenn er anstelle einer einwilligungsfähigen Person entscheidet.

Einer zweiten – rechtlich nicht erforderlichen – Erklärung mag in einzelnen Ausnahmesituationen aus Praktikabilitätsgründen und zur Vermeidung langwieriger Diskussionen nicht aus dem Weg zu gehen sein; hier hat sich der Betreuer aber zunächst zu vergewissern, ob er die bereits wirksame Erklärung der betreuten Person lediglich bestätigt und keine eigene ersetzende Willenserklärung trifft. Insbesondere darf sich der Betreuer inhaltlich nicht in Widerspruch zur Erklärung der betreuten Person setzen.

- **Kein Widerruf der Einwilligung**

Der Betreuer hat zudem zu kontrollieren, ob die Einwilligung vor der Durchführung der Behandlung widerrufen wurde. Hierbei hat er insbesondere das aktuelle Verhalten der betreuten Person zu berücksichtigen.

III. Aktuelle Einwilligungsunfähigkeit der betreuten Person

1. Einführung

Kann die betreute Person aufgrund fehlender Einwilligungsfähigkeit nicht selbst über die Durchführung oder Nichtdurchführung einer medizinischen Maßnahme entscheiden, so ist zunächst zu prüfen, ob diese in einer **Patientenverfügung** nach § 1827 Absatz 1 Satz 1 BGB einen **Behandlungswillen** für die konkret vorliegende Behandlungssituation schriftlich niedergelegt hat.

Liegt eine wirksame **Patientenverfügung** vor, die auf die aktuelle Lebens- und Behandlungssituation zutrifft, ist eine Entscheidung des Betreuers hinsichtlich der beabsichtigten medizinischen Maßnahme nicht erforderlich, da die betreute Person diese Entscheidung bereits in einer **alle Beteiligten bindenden Weise** selbst getroffen hat. Der Betreuer ist in dieser Situation nicht befugt, eine stellvertretende Erklärung für die betreute Person abzugeben. Er hat vielmehr dem schriftlich niedergelegten Behandlungswillen der betreuten Person Ausdruck und Geltung zu verschaffen, § 1827 Absatz 1 Satz 2 BGB (siehe dazu im Folgenden unter 3.).

Liegt hingegen *keine* Patientenverfügung vor bzw. enthält diese keine Festlegungen zur aktuelle Lebens- und Behandlungssituation, so obliegt es dem Betreuer, die **Behandlungswünsche** oder den **mutmaßlichen Willen** der betreuten Person festzustellen. Auf dieser Grundlage hat er sodann zu entscheiden, ob er für die betreute Person in eine medizinische Maßnahme einwilligt oder diese untersagt, § 1827 Absatz 2 Satz 1 BGB (siehe dazu im Folgenden unter 4.).

2. Feststellung des Patientenwillens

Für den Fall der Einwilligungsunfähigkeit der betreuten Person ist ein dialogischer Prozess zwischen dem behandelnden Arzt und dem Betreuer zur Feststellung des Patientenwillens vorgeschrieben, § 1828 BGB.

§ 1828 BGB – Gespräch zur Feststellung des Patientenwillens

(1) [1]Der behandelnde Arzt prüft, welche ärztliche Maßnahme im Hinblick auf den Gesamtzustand und die Prognose des Patienten indiziert ist. [2]Er und der Betreuer erörtern diese Maßnahme unter Berücksichtigung des Patientenwillens als Grundlage für die nach § 1827 zu treffende Entscheidung.

(2) Bei der Feststellung des Patientenwillens nach § 1827 Absatz 1 oder der Behandlungswünsche oder des mutmaßlichen Willens nach § 1827 Absatz 2 soll nahen Angehörigen und sonstigen Vertrauenspersonen des Betreuten Gelegenheit zur Äußerung gegeben werden, sofern dies ohne erhebliche Verzögerung möglich ist.

(3) Die Absätze 1 und 2 gelten für Bevollmächtigte entsprechend.

Ausgangspunkt des Gesprächs ist die ärztliche Indikation der geplanten Maßnahme. An erster Stelle steht damit die Prüfung des Arztes, welche medizinische Maßnahme im Hinblick auf den Gesamtzustand und die Prognose des Patienten indiziert ist. In einem zweiten Schritt folgt die Erörterung dieser Maßnahme zwischen dem Betreuer und dem behandelnden Arzt unter Berücksichtigung des nach § 1827 Absatz 1 bzw. Absatz 2 BGB festgestellten Patientenwillens. Erst als Ergebnis dieser Erörterung kann dann dem festgestellten Patientenwillen entsprechend gehandelt werden.[154]

Der Patientenwille kann durch den Betreuer erst dann festgestellt werden, wenn dieser ein umfassendes Bild von der gesundheitlichen Situation der betreuten Person und von der beabsichtigten bzw. den ggf. alternativ möglichen medizinischen Maßnahmen gewonnen hat. Hierzu gehören auch Risiken und mögliche Nebenwirkungen der Maßnahme. Der Betreuer benötigt insoweit alle Informationen, die auch ein einwilligungsfähiger Patient einer selbstbestimmten Entscheidung zugrunde legt.

Der Betreuer sollte sich insbesondere bei einschneidenden medizinischen Maßnahmen, wie großen und komplizierten Operationen, auf das Gespräch mit dem Arzt vorbereiten und überlegen, welche Informationen für seinen Entscheidungsprozess relevant sind. *Wolter-Henseler* hat hierzu einen Leitfaden mit elf Fragen entworfen.[155] Dieser ist nicht als Fragenkatalog konzipiert, sondern soll vielmehr die wichtigsten Aspekte eines solchen Gesprächs benennen und dessen Grundlage bilden.

Checkliste: „Fragen des Betreuers an den Arzt"

1. Was liegt eigentlich vor? Wie lautet die Diagnose? Wo liegt gegenwärtig das (Haupt-)Problem?
2. Welche Unklarheiten bestehen noch hinsichtlich der aktuellen Diagnose? Auf welche Weise, durch welche Untersuchungen, sollen diese Unklarheiten ausgeräumt werden?
3. Welche weiteren (früheren) Erkrankungen sind bekannt?
4. Was ist über die Medikamentenanamnese bekannt?
5. Welche(s) Erkrankung(en)/Beschwerde(n)/Symptom(e) soll(en) aktuell behandelt werden?
6. Wie soll die Behandlung konkret aussehen (Behandlungsplan)?
7. Mit welchen Risiken ist zu rechnen, wenn die vorgeschlagene Untersuchung bzw. Behandlung unterbleibt?
8. Welche Risiken beinhalten die vorgeschlagenen Maßnahmen (Untersuchung und/oder Behandlung)?
9. Woran soll der Erfolg (Teilerfolg, Misserfolg) der geplanten Behandlung gemessen werden?
10. Will der Arzt noch etwas vom Betreuer wissen?
11. Will der Betreuer dem Arzt noch etwas mitteilen, auch wenn dieser nicht danach gefragt hat?

154 BT-Drucks. 16/13313, S. 20.

155 Wolter-Henseler, BtPrax 1995, 168–171; dort werden die einzelnen Fragen noch ergänzend erläutert.

Nachdem sich der Betreuer ein umfassendes Bild von der gesundheitlichen Situation und der medizinischen Einschätzung gemacht hat, kann er auf dieser Grundlage den Willen der betreuten Person erkunden. Um alle verfügbaren Erkenntnisquellen bei der Feststellung des Patientenwillens nach § 1827 Absatz 1 BGB (Patientenverfügung) oder der Behandlungswünsche oder des mutmaßlichen Willens nach § 1827 Absatz 2 BGB zu nutzen und die Entscheidung auf eine fundierte Grundlage zu stellen, soll nahen Angehörigen und sonstigen Vertrauenspersonen der betreuten Person Gelegenheit zur Äußerung gegeben werden, sofern dies ohne erhebliche Verzögerung möglich ist, § 1828 Absatz 2 BGB.

Zu den nahen Angehörigen zählen insbesondere der Ehegatte, der Lebenspartner, Eltern, Geschwister und Kinder. Sonstige Vertrauenspersonen können auch nicht mit der betreuten Person verwandte Personen sein. Es kommt hier allein auf das tatsächliche persönliche Nähe- und Vertrauensverhältnis an, das zu der betreuten Person besteht bzw. bestand. Insoweit können auch entfernte Angehörige hinzugezogen werden. Auch Pflegekräfte können im Einzelfall in Betracht kommen.[156] Zudem hat die betroffene Person die Möglichkeit, in der Patientenverfügung selbst festzulegen, welche Vertrauenspersonen bei der Willensermittlung heranzuziehen sind.[157]

Von einer Beteiligung von Angehörigen oder Vertrauenspersonen kann abgesehen werden, wenn eine ärztliche Maßnahme eilbedürftig und eine Äußerung der genannten Personen nur mit einer erheblichen Zeitverzögerung möglich ist. Die Beurteilung, ob eine erhebliche Zeitverzögerung vorliegt, hängt von der Dringlichkeit der vorzunehmenden Maßnahme, der Notwendigkeit aufwändiger Personen- oder Anschriftenermittlungen und der Erreichbarkeit der genannten Personen ab.[158]

Bei der Beteiligung einzelner Personen haben der Betreuer und der behandelnde Arzt zudem den erklärten oder erkennbaren Willen der betreuten Person zu beachten, ob diese der Beteiligung widerspricht und welche persönlichen krankheitsrelevanten Daten weitergegeben werden sollen.[159]

3. Beachtung einer Patientenverfügung

a. Einführung

Mit einer **Patientenverfügung**[160] kann jede einwilligungsfähige, volljährige Person für den Fall ihrer späteren Einwilligungsunfähigkeit schriftlich festlegen, ob sie in bestimmte zukünftige medizinische Maßnahmen einwilligt oder diese untersagt, § 1827 Absatz 1 Satz 1 BGB. Die Möglichkeit einer solchen vorsorgenden privatautonomen Entscheidung

156 BT-Drucks. 16/13313, S. 20.
157 MüKoBGB/Schneider, § 1901b (a.F.) Rn. 10.
158 BT-Drucks. 16/13313, S. 20 f.
159 BT-Drucks. 16/13313, S. 21.
160 Das Rechtsinstitut der Patientenverfügung wurde mit dem Dritten Gesetz zur Änderung des Betreuungsrechts vom 29. Juli 2009 (BGBl. I S. 2286) mit Wirkung vom 1. September 2009 in § 1901a BGB a.F. eingeführt und damit knapp vier Jahre vor dem Gesetz zur Verbesserung der Rechte von Patientinnen und Patienten vom 20. Februar 2013 (BGBl. I S. 277), mit welchem das Behandlungsvertragsrecht (§§ 630a bis 630h BGB) eingefügt wurde. Der Wortlaut und der Regelungsgehalt von § 1901a BGB a.F. – nunmehr § 1827 BGB – haben sich seit diesem Zeitpunkt nicht verändert.

in Fragen der eigenen medizinischen Versorgung und Behandlung ist Ausfluss des verfassungsrechtlich verbürgten Selbstbestimmungsrechts.

§ 1827 BGB – Patientenverfügung; Behandlungswünsche oder mutmaßlicher Wille des Betreuten

(1) [1]Hat ein einwilligungsfähiger Volljähriger für den Fall seiner Einwilligungsunfähigkeit schriftlich festgelegt, ob er in bestimmte, zum Zeitpunkt der Festlegung noch nicht unmittelbar bevorstehende Untersuchungen seines Gesundheitszustands, Heilbehandlungen oder ärztliche Eingriffe einwilligt oder sie untersagt (Patientenverfügung), prüft der Betreuer, ob diese Festlegungen auf die aktuelle Lebens-und Behandlungssituation des Betreuten zutreffen. [2]Ist dies der Fall, hat der Betreuer dem Willen des Betreuten Ausdruck und Geltung zu verschaffen. [3]Eine Patientenverfügung kann jederzeit formlos widerrufen werden.

(2) [1]Liegt keine Patientenverfügung vor oder treffen die Festlegungen einer Patientenverfügung nicht auf die aktuelle Lebens-und Behandlungssituation des Betreuten zu, hat der Betreuer die Behandlungswünsche oder den mutmaßlichen Willen des Betreuten festzustellen und auf dieser Grundlage zu entscheiden, ob er in eine ärztliche Maßnahme nach Absatz 1 einwilligt oder sie untersagt. [2]Der mutmaßliche Wille ist aufgrund konkreter Anhaltspunkte zu ermitteln. [3]Zu berücksichtigen sind insbesondere frühere Äußerungen, ethische oder religiöse Überzeugungen und sonstige persönliche Wertvorstellungen des Betreuten.

(3) Die Absätze 1 und 2 gelten unabhängig von Art und Stadium einer Erkrankung des Betreuten.

(4) Der Betreuer soll den Betreuten in geeigneten Fällen auf die Möglichkeit einer Patientenverfügung hinweisen und ihn auf dessen Wunsch bei der Errichtung einer Patientenverfügung unterstützen.

(5) [1]Niemand kann zur Errichtung einer Patientenverfügung verpflichtet werden. [2]Die Errichtung oder Vorlage einer Patientenverfügung darf nicht zur Bedingung eines Vertragsschlusses gemacht werden.

(6) Die Absätze 1 bis 3 gelten für Bevollmächtigte entsprechend.

Die Patientenverfügung richtet sich an alle am Behandlungsprozess beteiligten Personen. Treffen die in der Patientenverfügung getroffenen Feststellungen auf die aktuelle Lebens- und Behandlungssituation der betreuten Person zu, so sind diese sowohl für das Handeln des Behandelnden als auch des Betreuers maßgeblich und bindend. Sofern der Behandelnde keine Zweifel daran hat, dass eine bindende Patientenverfügung vorliegt, hat er auf ihrer Grundlage zu entscheiden.

Für die Beachtung und Durchsetzung des Willens der betreuten Person kommt es nicht auf Art und Stadium ihrer Erkrankung an, § 1827 Absatz 3 BGB.[161]

Die Patientenverfügung kann sich inhaltlich zur Einwilligung oder Nichteinwilligung in alle denkbaren medizinischen Maßnahmen verhalten. Der **Inhalt einer Patientenverfügung** braucht sich damit nicht auf **Entscheidungen am Lebensende**, insbesondere auf das Unterlassen lebensverlängernder Maßnahmen, zu beschränken. So kann beispielsweise auch eine vorsorgende Festlegung für den Fall einer psychiatrischen Krise getroffen werden. Ebenso sind vorsorgende Festlegungen im Rahmen sogenannter **Behandlungsvereinbarungen** möglich, sofern die Voraussetzungen des § 1827 Absatz 1 BGB erfüllt sind.

161 BT-Drucks. 16/8442, S. 16.

b. Aufgaben des Betreuers

Ist die betreute Person nicht mehr einwilligungsfähig, hat der Betreuer zunächst zu prüfen, ob eine Patientenverfügung vorliegt und diese Festlegungen über anstehende medizinische Maßnahmen enthält, die auf die aktuelle Lebens- und Behandlungssituation der betreuten Person zutreffen, § 1827 Absatz 1 Satz 1 BGB.

Hierbei hat der Betreuer insbesondere zu hinterfragen, ob die Entscheidung noch dem aktuellen Willen der betreuten Person entspricht. Dies umfasst die Prüfung, ob das gegenwärtige Verhalten der nicht mehr entscheidungsfähigen betreuten Person konkrete Anhaltspunkte dafür liefert, dass sie unter den gegebenen Umständen den zuvor schriftlich geäußerten Willen nicht mehr gelten lassen will, und ob sie bei ihren Festlegungen diese Lebenssituation mitbedacht hat. Solche konkreten Anhaltspunkte können sich etwa aus situativ spontanem Verhalten des Patienten gegenüber der vorzunehmenden oder zu unterlassenden ärztlichen Maßnahme ergeben. Nicht zu beachten sind jedoch unwillkürliche, rein körperliche Reflexe.[162]

In diesem Rahmen hat der Betreuer auch zu prüfen, ob die betreute Person die Patientenverfügung nicht zwischenzeitlich widerrufen hat (vgl. dazu unten c. ee.).

Hat sich der Betreuer von der Einschlägigkeit und Wirksamkeit der Patientenverfügung überzeugt, hat er dem schriftlich niedergelegten Behandlungswillen Ausdruck und Geltung zu verschaffen (§ 1827 Absatz 1 Satz 2 BGB) und darauf zu achten, dass die betreute Person entsprechend ihrem Willen behandelt wird.

c. Anforderungen an eine bindende Patientenverfügung

Formale Voraussetzung für eine bindende Patientenverfügung ist die schriftliche Abfassung durch eine volljährige und einwilligungsfähige Person. In inhaltlicher Hinsicht muss die Patientenerklärung eine konkrete Festlegung hinsichtlich einer bestimmten medizinischen Maßnahme enthalten, die auf die aktuelle Lebens- und Behandlungssituation der ausstellenden Person zutrifft.

aa. Einwilligungsfähigkeit

Eine Patientenverfügung setzt zur Wirksamkeit die Einwilligungsfähigkeit der erklärenden Person voraus. Nicht notwendig ist hingegen deren Geschäftsfähigkeit.

An die Beurteilung der Einwilligungsfähigkeit sind die Maßstäbe zu legen, die bei der Einwilligung unmittelbar vor der Durchführung einer medizinischen Maßnahme gelten (vgl. dazu oben I. 2.). Die erklärende Person muss damit über die erforderliche Einsichts- und Urteilsfähigkeit im Hinblick auf die niedergelegten Festlegungen verfügen und Art, Bedeutung, Tragweite und auch Risiken der festgelegten Behandlungsmaßnahme erfassen und ihren Willen hiernach bestimmen können.

---

162 BT-Drucks. 16/8442, S. 14 f.

bb. Schriftform

Im Gegensatz zur Einwilligung in eine medizinische Maßnahme bedarf die Patientenverfügung der Schriftform. Dieses Erfordernis soll die verfügende Person zum einen vor übereilten oder unüberlegten Festlegungen warnen; zum anderen kann es auch zur Klarstellung des von ihr Gewollten beitragen. Während bei der Einwilligung in eine ärztliche Maßnahme der behandelnde Arzt durch Rückfragen den verbal geäußerten Behandlungswillen des Patienten weiter ergründen kann, ist dies bei einem nicht einwilligungsfähigen Patienten nicht mehr möglich.[163]

Die Voraussetzungen der Schriftform ergeben sich aus § 126 BGB. Danach muss die Patientenverfügung von dem Aussteller eigenhändig durch Namensunterschrift oder mittels notariell beglaubigten Handzeichens unterzeichnet werden.

cc. Bestimmtheit der Patientenverfügung

Eine Patientenverfügung kann nur dann unmittelbare Bindungswirkung entfalten, wenn ihr konkrete Entscheidungen der ausstellenden Person über die Einwilligung oder Nichteinwilligung in bestimmte, noch nicht unmittelbar bevorstehende medizinische Maßnahmen entnommen werden können.

Der BGH hat insoweit entschieden, dass allgemeine Anweisungen, wie beispielsweise die Aufforderung, „ein würdevolles Sterben zu ermöglichen oder zuzulassen", wenn ein Therapieerfolg nicht mehr zu erwarten ist, nicht ausreichend sind. Auch die Äußerung „keine lebenserhaltenden Maßnahmen" zu wünschen, stellt jedenfalls für sich genommen nicht die hinreichend konkrete Behandlungsentscheidung dar.[164]

Die Anforderungen an die Bestimmtheit einer Patientenverfügung dürfen jedoch nicht überspannt werden. Nach der Rechtsprechung des BGH genügt eine Patientenverfügung dem Bestimmtheitsgrundsatz, die einerseits konkret die **Behandlungssituationen** beschreibt, in der die Verfügung gelten soll, und andererseits die **ärztlichen Maßnahmen genau bezeichnet**, in die der Ersteller einwilligt oder die er untersagt.[165]

Der Betroffene muss daher lediglich umschreibend festlegen, was er in einer bestimmten **Lebens- und Behandlungssituation** will und was nicht. Maßgeblich ist nicht, dass der Betroffene seine eigene Biografie als Patient vorausahnt und die zukünftigen Fortschritte in der Medizin vorwegnehmend berücksichtigt. Insbesondere kann nicht ein gleiches Maß an Präzision verlangt werden, wie es bei der Willenserklärung eines einwilligungsfähigen Kranken in die Vornahme einer ihm angebotenen Behandlungsmaßnahme erreicht werden kann.[166] So geht der BGH bei der Festlegung, dass lebensverlängernde Maßnahmen zu unterbleiben haben, wenn „medizinisch eindeutig festgestellt ist, dass keine Aussicht auf Wiedererlangung des Bewusstseins besteht", von einer hinreichend konkreten Beschreibung einer Lebens- und Behandlungssituation aus.[167]

163 BT-Drucks. 16/8442, S. 13.

164 BGH, Beschluss v. 6.7.2016, XII ZB 61/16, BtPrax 2016, 187; BT-Drucks. 16/8442, S. 15.

165 BGH, Beschluss v. 14.11.2018, XII ZB 107/18, BtPrax 2019, 27.

166 BGH, Beschluss v. 6.7.2016, XII ZB 61/16, BtPrax 2016, 187; Beschluss v. 8.2.2017, XII ZB 604/15, BtPrax 2017, 120.

167 BGH, Beschluss v. 14.11.2018, XII ZB 107/18, BtPrax 2019, 27.

Zur weiteren erforderlichen Konkretisierung genügt die Benennung bestimmter **ärztlicher Maßnahmen** etwa durch Angaben zur Schmerz- und Symptombehandlung, künstlichen Ernährung und Flüssigkeitszufuhr, Wiederbelebung, künstlichen Beatmung, Antibiotikagabe oder Dialyse.[168]

Es reicht aus, „dass der Betroffene umschreibend festlegt, was er in einer bestimmten Lebens- und Behandlungssituation will und was nicht".[169] Ob eine hinreichend konkrete Patientenverfügung vorliegt, ist durch Auslegung der in der Verfügung enthaltenen Erklärungen zu ermitteln.[170] Hierbei ist allein auf den Willen der verfügenden Person abzustellen und nicht auf eigene Wertvorstellungen des Betreuers.[171] Bei der Auslegung sind gemäß § 1828 Absatz 2 BGB die Aussagen von nahen Angehörigen und Vertrauenspersonen der betreuten Person heranzuziehen, sofern dies ohne erhebliche zeitliche Verzögerung möglich ist (vgl. dazu oben unter 2.).

Kommt der Betreuer zu dem Ergebnis, dass keine ausreichende bestimmte Festlegung vorliegt, so ist die Verfügung dennoch bei der Ermittlung des Behandlungswunschs bzw. des mutmaßlichen Willens nach § 1827 Absatz 2 BGB heranzuziehen (dazu im Folgenden unter 4.).

dd. Vorherige ärztliche Aufklärung oder ausdrücklicher Verzicht

Die Einwilligung in eine medizinische Maßnahme bedarf zu ihrer Wirksamkeit der vorangegangenen ärztlichen Aufklärung, es sei denn, dass der Patient darauf ausdrücklich verzichtet hat, §§ 630d Absatz 2, 630e Absatz 3 BGB.

Diese Wirksamkeitsvoraussetzung gilt auch für Festlegungen in einer Patientenverfügung. Soweit eine Patientenverfügung eine Einwilligung in eine ärztliche Maßnahme enthält, ist diese nur wirksam mit vorangegangener ärztlicher Aufklärung oder bei erklärtem Aufklärungsverzicht.[172] Dieser Umstand sollte sich daher unmittelbar aus der Patientenverfügung ergeben.

Enthält eine Patientenverfügung keinen Hinweis bzw. keinen ausdrücklich erklärten Verzicht auf eine ärztliche Aufklärung, ist die Patientenverfügung in diesen Fällen nur als Indiz für den mutmaßlichen Willen zu werten. Es bedarf dann immer einer Entscheidung des hierzu berechtigten Betreuers über die Zulässigkeit des ärztlichen Eingriffs.[173]

Die Ablehnung einer ärztlichen Maßnahme in einer Patientenverfügung ist hingegen unabhängig von einer ärztlichen Aufklärung wirksam.[174]

ee. Kein Widerruf der Patientenverfügung

Die Patientenverfügung kann jederzeit **formlos** widerrufen werden, § 1827 Absatz 1 Satz 3 BGB. Sie kann damit schriftlich, aber auch mündlich oder durch konkludentes Verhalten (wie durch Handgesten oder Kopfschütteln) widerrufen werden. Erforderlich ist nur,

168 BGH, Beschluss v. 14.11.2018, XII ZB 107/18, BtPrax 2019, 27.
169 BGH, Beschluss v. 8.2.2017, XII ZB 604/15, BtPrax 2017, 120.
170 BGH, Beschluss v. 8.2.2017, XII ZB 604/15, BtPrax 2017, 120.
171 Jürgens/Loer, BGB § 1827 Rn. 14.
172 BT-Drucks. 16/8442, S. 14.
173 BT-Drucks. 16/8442, S. 14; 17/10488, S. 23.
174 BT-Drucks. 17/10488, S. 24.

dass die Willensänderung hinreichend deutlich zum Ausdruck kommt.[175] Auf die Widerruflichkeit einer Patientenverfügung kann nicht wirksam verzichtet werden.[176]

Ob für die Wirksamkeit des Widerrufs der Patientenverfügung auf eine bestehende Einwilligungsfähigkeit der widerrufenden Person abzustellen ist oder ob eine natürliche Willensäußerung ausreicht, ist umstritten. Der Gesetzeswortlaut des § 1827 Absatz 1 Satz 3 BGB äußert sich hierzu nicht. Unstreitig ist hingegen, dass, wie auch beim Erstellen der Patientenverfügung selbst, nicht auf eine etwaige Geschäftsfähigkeit abzustellen ist.

Die wohl herrschende Ansicht in der Literatur geht davon aus, dass ein wirksamer Widerruf als actus contrarius wie die Patientenverfügung die Einwilligungsfähigkeit voraussetzt.[177]

Im Gegensatz zur Einwilligung in eine medizinische Maßnahme, die im unmittelbaren zeitlichen Zusammenhang mit und unter dem konkreten Eindruck der geplanten Maßnahme steht, kann die antizipierte Einwilligung in einer Patientenverfügung auch viele Jahre vor der medizinischen Maßnahme erfolgen. Insoweit ist anzuerkennen, dass beim jeweiligen Widerruf eine unterschiedliche Wertung in Betracht kommen kann (vgl. zum Widerruf der Einwilligung oben unter II. 4.).

Entscheidend ist aber auch hier, dass das Selbstbestimmungsrecht der verfügenden Person nicht entwertet wird.[178] Diese Gefahr besteht jedoch, wenn eine selbstbestimmt getroffene antizipierte Entscheidung im Zustand fehlender Einwilligungsfähigkeit widerrufen werden kann. Der Sinn und Zweck der Patientenverfügung, der verfügenden Person die Möglichkeit einzuräumen, bereits im Vorfeld für den Fall der Einwilligungsunfähigkeit eine bindende Entscheidung im Hinblick auf zukünftige medizinische Maßnahmen zu treffen, würde damit verfehlt. Ziel der Patientenverfügung kann gerade auch sein, mit der antizipierten Entscheidung nicht nur Dritte, sondern auch sich selbst binden zu wollen, zumindest bis zu einer wiederum selbstbestimmt getroffenen gegenteiligen Entscheidung.

Der durch einen zwar unwirksamen Widerruf zum Ausdruck gebrachte natürliche Wille ist dennoch nicht unbeachtlich. Er ist vielmehr im Rahmen der Auslegung der Patientenverfügung heranzuziehen. Der Betreuer hat im Rahmen seiner Prüfungspflicht nach § 1827 Absatz 1 Satz 1 BGB auch zu hinterfragen, ob die in der Patientenverfügung getroffene Entscheidung noch dem Willen der betreuten Person entspricht (vgl. dazu oben unter b.). Dies schließt die Prüfung ein, ob das aktuelle Verhalten der nicht mehr entscheidungsfähigen betreuten Person konkrete Anhaltspunkte dafür liefert, dass sie unter den gegebenen Umständen den zuvor schriftlich geäußerten Willen nicht mehr gelten lassen will, und ob sie bei ihren Festlegungen diese Lebenssituation mitbedacht hat;[179] konkret gesagt, ob die betreute Person bei der Abfassung der Patientenverfügung den Fall eines möglicherweise entgegenstehenden späteren natürlichen Willens mitbedacht und Aussagen über die Beachtlichkeit oder Unbeachtlichkeit eines solchen Willens getroffen hat.

---

175 BT-Drucks. 16/8442, S. 13.

176 MüKoBGB/Schneider, § 1901a (a.F.) Rn. 37.

177 Unter anderem MüKoBGB/Schneider, § 1901a (a.F.) Rn. 38; Spickhoff/Spickhoff, BGB § 1827 Rn. 22; Laufs/Katzenmeier/Lipp, VI. Rechtsfragen der Transplantation, Transfusion, Sektion und der Intensivmedizin, Rn. 155, a.A. Jürgens/Loer, BGB § 1827 Rn. 12; Jurgeleit, BGB § 1901a (a.F.) Rn. 37.

178 Vgl. MüKoBGB/Schneider, § 1901a (a.F.) Rn. 38.

179 BGH, Beschluss v. 6.7.2016, XII ZB 61/16, BtPrax 2016, 187.

d. Hinweis auf die Möglichkeit einer Patientenverfügung und Unterstützung bei deren Errichtung

Nach § 1827 Absatz 4 BGB soll der Betreuer in geeigneten Fällen die betreute Person auf die Möglichkeit einer Patientenverfügung hinweisen und sie auf deren Wunsch bei der Errichtung einer Patientenverfügung unterstützen.

§ 1827 Absatz 4 BGB – Patientenverfügung; Behandlungswünsche oder mutmaßlicher Wille des Betreuten (Auszug, Absatz 4)

(4) Der Betreuer soll den Betreuten in geeigneten Fällen auf die Möglichkeit einer Patientenverfügung hinweisen und ihn auf dessen Wunsch bei der Errichtung einer Patientenverfügung unterstützen.

Ein geeigneter Fall liegt etwa vor, wenn die betreute Person nach einer im Zustand der Einwilligungsunfähigkeit durchgeführten ärztlichen Behandlung wieder einwilligungsfähig ist, jedoch die Gefahr des erneuten Verlustes der Einwilligungsfähigkeit droht. Hier soll der Betreuer die betreute Person unterstützen, für den Fall einer erneuten Einwilligungsfähigkeit festzulegen, ob und welche medizinischen Behandlungen dann vorgenommen werden sollen und welche Behandlungen zu unterlassen sind.[180]

Im psychiatrischen Hilfesystem werden vielfach auch **Behandlungsvereinbarungen** zwischen dem Patienten und dem behandelnden Arzt, ggf. unter Mitwirkung eines Betreuers, geschlossen. Die Behandlungsvereinbarung stellt eine besondere Form der Patientenverfügung dar.[181]

Es gibt eine Vielzahl an Informationen und Handreichungen zur Abfassung einer Patientenverfügung/Behandlungsvereinbarung. Diese sollten jedoch lediglich als Anregung und Formulierungshilfen herangezogen werden. Der konkrete Inhalt einer Patientenverfügung/ Behandlungsvereinbarung und die dortigen Festlegungen hängen individuell von der Gesundheits- und Lebenssituation, den Wertvorstellungen und Behandlungswünschen der betreuten Person ab. Die betreute Person sollte sich daher im Vorfeld hinreichend Klarheit über das Gewollte verschaffen. Hierbei ist es nicht Aufgabe des Betreuers, die betreute Person über medizinische Fragen zu beraten. Vielmehr soll er die notwendige Beratung etwa durch einen Arzt oder eine andere fachkundige Person oder Organisation vermitteln. Es ist generell ratsam, eine professionelle Beratung in Anspruch zu nehmen, auch um mögliche (Wertungs-)Widersprüche zu vermeiden.

e. Keine Pflicht zur Errichtung einer Patientenverfügung

§ 1827 BGB – Patientenverfügung; Behandlungswünsche oder mutmaßlicher Wille des Betreuten (Auszug, Absatz 5)

(5) [1]Niemand kann zur Errichtung einer Patientenverfügung verpflichtet werden. [2]Die Errichtung oder Vorlage einer Patientenverfügung darf nicht zur Bedingung eines Vertragsschlusses gemacht werden.

Mit § 1827 Absatz 5 BGB wird ausdrücklich klargestellt, dass niemand zur Errichtung einer Patientenverfügung verpflichtet ist oder hierzu gezwungen werden darf. Die Errichtung

180 Vgl. BT-Drucks. 18/11240, S. 18.
181 BT-Drucks. 18/11240, S. 18.

oder Vorlage einer Patientenverfügung darf daher auch nicht zur Bedingung eines Vertragsschlusses gemacht werden, z.B. beim Abschluss eines Heim- oder Versicherungsvertrages.[182]

4. Entscheidung des Betreuers unter Beachtung des Behandlungswunsches, hilfsweise des mutmaßlichen Willens der betreuten Person

Liegt keine Patientenverfügung vor bzw. enthält diese keine Festlegungen zur aktuellen Lebens- und Behandlungssituation, so obliegt es dem Betreuer, die **Behandlungswünsche** oder den **mutmaßlichen Willen** der betreuten Person festzustellen. Auf dieser Grundlage hat er sodann zu entscheiden, ob er für die betreute Person in eine medizinische Maßnahme einwilligt oder diese untersagt, § 1827 Absatz 2 Satz 1 BGB.

a. Entscheidungskompetenz und -pflicht

Ist die betreute Person nicht einwilligungsfähig, muss der Betreuer – trotz der Höchstpersönlichkeit der Entscheidung im Bereich der Gesundheitssorge – grundsätzlich für diese in die Durchführung einer medizinischen Maßnahme einwilligen können. Anderenfalls würden nicht einwilligungsfähige betreute Personen von solchen Maßnahmen ausgeschlossen werden, da ihre gesundheitliche Versorgung an ihrer mangelnden Einsichts- oder Urteilsfähigkeit scheitern würde.

Der Betreuer darf auch in medizinische Maßnahmen einwilligen, die für die betreute Person mit einer Lebensgefahr verbunden sind. Eine solche Einwilligung bedarf jedoch im Einzelfall der betreuungsgerichtlichen Genehmigung (dazu unten IV.).

Auch das Absehen von einer medizinischen Maßnahme ist vom Aufgabenbereich des Betreuers umfasst, wenn dies dem Behandlungswunsch oder dem mutmaßlichen Willen der betreuten Person entspricht.

b. Aufklärungsgespräch

Entscheidet der Betreuer anstelle der einwilligungsunfähigen betreuten Person, so muss dieser vor der Einwilligung in die medizinische Maßnahme nach Maßgabe von § 630e Absatz 1 bis 4 BGB aufgeklärt werden, § 630d Absatz 2 BGB (siehe dazu in Kapitel D. II. 3. d.).

c. Ermittlung des Behandlungswunsches bzw. mutmaßlichen Willens

Liegt keine wirksame Patientenverfügung vor oder enthält diese keine Entscheidungen über die Einwilligung in bestimmte ärztliche Maßnahmen, die auf die anstehende konkrete Lebens- und Behandlungssituation zutrifft, ist es Aufgabe des Betreuers, zu prüfen, ob Behandlungswünsche oder der mutmaßliche Wille der betreuten Person feststellbar sind, § 1827 Absatz 2 Satz 1 BGB.

182 BT-Drucks. 16/13314, S. 20.

§ 1827 BGB – Patientenverfügung; Behandlungswünsche oder mutmaßlicher Wille des Betreuten (Auszug, Absätze 2 und 3)

(2) [1]Liegt keine Patientenverfügung vor oder treffen die Festlegungen einer Patientenverfügung nicht auf die aktuelle Lebens-und Behandlungssituation des Betreuten zu, hat der Betreuer die Behandlungswünsche oder den mutmaßlichen Willen des Betreuten festzustellen und auf dieser Grundlage zu entscheiden, ob er in eine ärztliche Maßnahme nach Absatz 1 einwilligt oder sie untersagt. [2]Der mutmaßliche Wille ist aufgrund konkreter Anhaltspunkte zu ermitteln. [3]Zu berücksichtigen sind insbesondere frühere Äußerungen, ethische oder religiöse Überzeugungen und sonstige persönliche Wertvorstellungen des Betreuten.

(3) Die Absätze 1 und 2 gelten unabhängig von Art und Stadium einer Erkrankung des Betreuten.

Behandlungswünsche im Sinne des § 1827 Absatz 2 BGB können etwa alle Äußerungen der betreuten Person darstellen, die Festlegungen für eine konkrete Lebens- und Behandlungssituation enthalten, aber den Anforderungen an eine Patientenverfügung nicht genügen, etwa weil sie nicht schriftlich abgefasst wurden, keine antizipierenden Entscheidungen treffen oder als minderjährige Person verfasst wurden.[183]

Auch eine Patientenverfügung, die jedoch nicht sicher auf die aktuelle Lebens- und Behandlungssituation der betreuten Person passt und deshalb keine unmittelbare Wirkung entfaltet, kann als Behandlungswunsch Berücksichtigung finden.

Behandlungswünsche sind insbesondere dann aussagekräftig, wenn sie in Ansehung der Erkrankung zeitnah geäußert worden sind, konkrete Bezüge zur aktuellen Behandlungssituation aufweisen und die Zielvorstellungen des Patienten erkennen lassen.[184]

Auf den **mutmaßlichen Willen** der betreuten Person ist abzustellen, wenn sich kein auf die aktuelle Lebens- und Behandlungssituation bezogener Behandlungswunsch feststellen lässt. Der mutmaßliche Wille ist anhand konkreter Anhaltspunkte zu ermitteln. Zu berücksichtigen sind insbesondere frühere mündliche oder schriftliche Äußerungen (die jedoch keinen Bezug zur aktuellen Lebens- und Behandlungssituation aufweisen), ethische oder religiöse Überzeugungen und sonstige persönliche Wertvorstellungen der betreuten Person, § 1827 Absatz 2 Satz 2 und 3 BGB. Der Betreuer stellt letztlich eine These auf, wie sich die betreute Person selbst in der konkreten Situation entschieden hätte, wenn sie noch über sich selbst bestimmen könnte.[185]

Bei der Ermittlung des Behandlungswillens und des mutmaßlichen Willens sind insbesondere Aussagen von nahen Angehörigen und Vertrauenspersonen der betreuten Person hilfreich. Deshalb soll der Betreuer den in § 1828 Absatz 2 BGB genannten Personen Gelegenheit zur Äußerung geben, sofern dies ohne erhebliche zeitliche Verzögerung möglich ist.[186]

183 BGH, Beschluss v. 6.7.2016, XII ZB 61/16, BtPrax 2016, 187; Beschluss v. 8.2.2017, XII ZB 604/15, BtPrax 2017, 120.

184 BGH, Beschluss v. 6.7.2016, XII ZB 61/16, BtPrax 2016, 187; Beschluss v. 8.2.2017, XII ZB 604/15, BtPrax 2017, 120.

185 BGH, Beschluss v. 8.2.2017, XII ZB 604/15, BtPrax 2017, 120.

186 BT-Drucks. 16/8442, S. 16.

5. Natürliche Willensäußerung der betreuten Person gegen eine medizinische Maßnahme

Spricht sich die betreute Person – mit natürlichem Willen – gegen eine ärztlich indizierte Maßnahme aus, ist diese nur unter den Voraussetzungen des § 1832 BGB zulässig.

▶ *Zu den Voraussetzungen des § 1832 BGB im Einzelnen siehe in Teil 2 Kapitel D. IV.*

IV. Betreuungsgerichtliche Genehmigung bei ärztlichen Maßnahmen, § 1829 BGB

Solange die betreute Person einwilligungsfähig ist, trifft sie selbst die Entscheidung darüber, ob sie in eine medizinische Maßnahme einwilligt oder nicht. Eine gerichtliche Kontrolle solcher Entscheidungen findet nicht statt und wäre im Hinblick auf das Selbstbestimmungsrecht der betreuten Person auch nicht statthaft.

Ist die betreute Person jedoch einwilligungsunfähig und liegt keine bindende Patientenverfügung vor, muss der Betreuer für die betreute Person eine Entscheidung treffen (siehe dazu oben unter II. 4. A.).

Für besonders wichtige Angelegenheiten der Gesundheitssorge (Untersuchung des Gesundheitszustandes, Heilbehandlung, ärztlicher Eingriff, Sterilisation, freiheitsentziehende Unterbringung und Maßnahmen sowie ärztliche Zwangsmaßnahmen) sieht das Betreuungsrecht zum Schutz der betreuten Person Sonderregelungen vor (§§ 1829 bis 1832 BGB). Hierzu gehört insbesondere die betreuungsgerichtliche Genehmigung von bestimmten ärztlichen Maßnahmen.

§ 1829 BGB – Genehmigung des Betreuungsgerichts bei ärztlichen Maßnahmen (Auszug, Absätze 1 bis 4)

(1) [1]Die Einwilligung des Betreuers in eine Untersuchung des Gesundheitszustands, eine Heilbehandlung oder einen ärztlichen Eingriff bedarf der Genehmigung des Betreuungsgerichts, wenn die begründete Gefahr besteht, dass der Betreute aufgrund der Maßnahme stirbt oder einen schweren und länger dauernden gesundheitlichen Schaden erleidet. [2]Ohne die Genehmigung darf die Maßnahme nur durchgeführt werden, wenn mit dem Aufschub Gefahr verbunden ist.

(2) Die Nichteinwilligung oder der Widerruf der Einwilligung des Betreuers in eine Untersuchung des Gesundheitszustands, eine Heilbehandlung oder einen ärztlichen Eingriff bedarf der Genehmigung des Betreuungsgerichts, wenn die Maßnahme medizinisch angezeigt ist und die begründete Gefahr besteht, dass der Betreute aufgrund des Unterbleibens oder des Abbruchs der Maßnahme stirbt oder einen schweren und länger dauernden gesundheitlichen Schaden erleidet.

(3) Die Genehmigung nach den Absätzen 1 und 2 ist zu erteilen, wenn die Einwilligung, die Nichteinwilligung oder der Widerruf der Einwilligung dem Willen des Betreuten entspricht.

(4) Eine Genehmigung nach den Absätzen 1 und 2 ist nicht erforderlich, wenn zwischen Betreuer und behandelndem Arzt Einvernehmen darüber besteht, dass die Erteilung, die Nichterteilung oder der Widerruf der Einwilligung dem nach § 1827 festgestellten Willen des Betreuten entspricht.

1. Gerichtliche Genehmigung der Einwilligung

Besteht die begründete Gefahr, dass die einwilligungsunfähige betreute Person aufgrund einer Untersuchung des Gesundheitszustands, einer Heilbehandlung oder eines ärztlichen Eingriffs stirbt oder einen schweren und länger dauernden gesundheitlichen Schaden erleidet, so ist die Einwilligung des Betreuers nur mit Genehmigung des Betreuungsgerichts wirksam, es sei denn, dass mit dem Aufschub Gefahr verbunden ist.

Unter einer **begründeten Gefahr** wird eine objektive, d.h. ernstliche und konkrete Gefahr verstanden. Sie muss sich aus einer Mitteilung des Behandelnden ergeben. Das jeweilige Risiko ist anhand der konkreten Umstände des Einzelfalls abzuwägen. Hierbei sind insbesondere Umstände wie das Alter der betreuten Person und deren Gesundheitszustand zu berücksichtigen.[187]

Lebensgefahr ist gegeben, wenn die Maßnahme nach dem Stand der Medizin das klar erkennbare Risiko einer Verkürzung des Lebens in sich birgt.[188]

Auch die Beurteilung, wann eine **schwere gesundheitliche Beeinträchtigung** vorliegt, hängt von den Umständen des Einzelfalls ab. Hierzu können die in § 226 StGB – Schwere Körperverletzung – enthaltenen Wertungen herangezogen werden, aber auch weitere dort nicht enthaltende Folgen, etwa schwere nachteilige Nebenwirkungen von Medikamenten.[189]

In Betracht kommen unter Berücksichtigung des § 226 StGB:

- Verlust des Sehvermögens auf einem oder beiden Augen,
- Verlust des Gehörs,
- Verlust des Sprechvermögens,
- Verlust der Fortpflanzungsfähigkeit,
- Verlust eines Körpergliedes,
- dauernde Entstellung,
- Verfallen in Siechtum,
- Verfallen in Lähmung,
- Verfallen in geistige Krankheit oder Behinderung.

Die Aspekte der **Schwere und Dauer des gesundheitlichen Schadens** müssen gemeinsam auftreten. Für sich allein lösen sie noch keine Genehmigungsbedürftigkeit aus.[190]

Wann ein schwerer gesundheitlicher Schaden **„länger dauert"**, ist mit Blick auf die Art des Schadens zu beurteilen. Außergewöhnliche Schmerzen werden die Annahme eines kürzeren Zeitraums eher rechtfertigen als Beeinträchtigungen, die im unteren Bereich

---

187 Deinert/Lütgens/Meier, Rn. 1098.

188 Deinert/Lütgens/Meier, Rn. 1099.

189 BT-Drucks. 11/4528, S. 140; die Gesetzesbegründung bezieht sich namentlich auf § 224 StGB, in welchem zum damaligen Zeitpunkt die schwere Körperverletzung geregelt war.

190 BT-Drucks. 11/4528, S. 140.

schwerer Schäden liegen. Im Regelfall wird man davon ausgehen können, dass bei einer Dauer von einem Jahr oder mehr ein länger dauernder Schaden vorliegt.[191]

Ohne Genehmigung darf die Maßnahme durchgeführt werden, wenn mit dem **Aufschub eine Gefahr** für den Betreuten verbunden ist. Ein nachträgliches Genehmigungsverfahren ist nicht vorgesehen, da die durchgeführte Maßnahme grundsätzlich nicht rückgängig gemacht werden kann. Etwaige Pflichtverletzungen des Betreuers können außerhalb eines nachträglichen Genehmigungsverfahrens im Verfahren auf Entlassung des Betreuers oder in einem Schadensersatzprozess selbst festgestellt werden.

2. Gerichtliche Genehmigung der Nichteinwilligung oder des Widerrufs der Einwilligung

Auch die Nichteinwilligung oder der Widerruf der Einwilligung des Betreuers in eine ärztlich indizierte Maßnahme bedarf der Genehmigung des Betreuungsgerichts, wenn die begründete Gefahr besteht, dass das Unterbleiben oder der Abbruch der Maßnahme dazu führt, dass der Betreute stirbt oder einen schweren und länger dauernden gesundheitlichen Schaden erleidet (§ 1829 Absatz 2 BGB).

Hiervon werden beispielsweise folgende Maßnahmen umfasst:[192]

- Operationen,
- künstliche Flüssigkeits- und Nahrungszufuhr (Magensonde, PEG[193]),
- maschinelle Beatmung,
- Dialyse,
- Bekämpfung einer zusätzlich auftretenden Krankheit (etwa Lungenentzündung oder Infektion),
- Maßnahmen der Reanimation.

3. Entbehrlichkeit der gerichtlichen Genehmigung

Einer Genehmigung des Betreuungsgerichts bedarf es in den Fällen des § 1829 Absatz 1 und 2 BGB hingegen nicht, wenn die Entscheidung des Betreuers nach übereinstimmender Auffassung zwischen diesem und dem behandelnden Arzt dem nach § 1827 Absatz 2 BGB festgestellten Patientenwillen (Behandlungswunsch oder mutmaßlicher Wille) entspricht, § 1829 Absatz 4 BGB. In diesem Fall muss kein Antrag gestellt werden.

Dem liegt der Gedanke zugrunde, dass durch das erforderliche Einvernehmen zwischen dem Betreuer und dem behandelnden Arzt eine hinreichende wechselseitige Kontrolle der Entscheidungsfindung stattfindet. Bestehen bei einem Dritten Zweifel an der Auffassung des Betreuers und des behandelnden Arztes, kann jederzeit eine betreuungsgerichtliche Kontrolle der Entscheidung des Betreuers in Gang gesetzt werden.[194]

191 BT-Drucks. 11/4528, S. 140 f.
192 Vgl. BT-Drucks. 16/8442, S. 18.
193 BGH, Beschluss v. 8.2.2017, XII ZB 604/15, BtPrax 2017, 120.
194 BT-Drucks. 16/8442, S. 19; BGH, Beschluss v. 6.7.2016, XII ZB 61/16, BtPrax 2016, 187.

Praxishinweis

> *In der Praxis kommt es ganz überwiegend zu einer übereinstimmenden Einschätzung von Betreuer und behandelndem Arzt, sodass die Ausnahme des § 1829 Absatz 4 BGB mittlerweile die Regel darstellt und in den meisten Fällen eine betreuungsgerichtliche Genehmigung entbehrlich ist.*

Bei unterschiedlichen Auffassungen oder bei Zweifeln des behandelnden Arztes und des Betreuers über den konkreten Behandlungswillen des Betreuten dient die Einschaltung des Betreuungsgerichts hingegen dem Schutz der betreuten Person. In diesen Fällen hat das Betreuungsgericht im Rahmen des Genehmigungsverfahrens zu prüfen, ob die beabsichtigte Entscheidung des Betreuers dem Willen der betreuten Person entspricht. Hierfür hat auch das Betreuungsgericht die in § 1827 Absatz 2 BGB genannten Anhaltspunkte zur Feststellung der Behandlungswünsche und des mutmaßlichen Willens heranzuziehen.

Wird ein Antrag auf betreuungsgerichtliche Genehmigung einer Einwilligung gestellt, obwohl der Betreuer und der behandelnde Arzt der übereinstimmenden Auffassung sind, dass die Einwilligung dem Willen der betreuten Person entspricht, und wird der Antrag auch nach Aufklärung über die Rechtslage nicht zurückgenommen, hat das Betreuungsgericht ohne weitere gerichtliche Ermittlungen diesen abzulehnen und ein sogenanntes **Negativattest** zu erteilen, aus dem sich ergibt, dass eine gerichtliche Genehmigung nicht erforderlich ist.[195]

4. Formelle Anforderungen an das Genehmigungsverfahren

§ 298 FamFG – Verfahren in Fällen des § 1829 des Bürgerlichen Gesetzbuchs

(1) [1]Das Gericht darf die Einwilligung, die Nichteinwilligung oder den Widerruf einer Einwilligung eines Betreuers oder eines Bevollmächtigten (§ 1829 Absatz 1, 2 und 5 des Bürgerlichen Gesetzbuchs) nur genehmigen, wenn es den Betroffenen zuvor persönlich angehört hat. [2]Das Gericht soll die sonstigen Beteiligten anhören. [3]Auf Verlangen des Betroffenen hat das Gericht eine ihm nahestehende Person anzuhören, wenn dies ohne erhebliche Verzögerung möglich ist.

(2) Die Bestellung eines Verfahrenspflegers ist stets erforderlich, wenn Gegenstand des Verfahrens eine Genehmigung nach § 1829 Absatz 2 des Bürgerlichen Gesetzbuchs ist.

(3) [1]Vor der Genehmigung ist ein Sachverständigengutachten einzuholen. [2]Der Sachverständige soll nicht auch der behandelnde Arzt sein

Bevor das Gericht die Einwilligung, die Nichteinwilligung oder den Widerruf der Einwilligung des Betreuers in eine Untersuchung des Gesundheitszustandes, eine Heilbehandlung, einen ärztlichen Eingriff genehmigt, muss es die betreute Person persönlich anhören, § 298 Absatz 1 Satz 1 FamFG.

Zudem hat das Gericht zur Erweiterung seiner Erkenntnisgrundlage neben dem Betreuer und dem Verfahrenspfleger auch den Ehegatten oder Lebenspartner, wenn die Ehegatten oder Lebenspartner nicht dauernd getrennt leben, sowie die Eltern, Pflegeeltern, Großel-

195 Vgl. BGH, Beschluss v. 6.7.2016, XII ZB 61/16, BtPrax 2016, 187.

tern, Abkömmlinge und Geschwister der betreuten Person anzuhören. Die betreute Person kann weiterhin die Anhörung einer ihr nahestehenden Person verlangen.

Weiterhin muss das Gericht ein Sachverständigengutachten einholen. Der ausführende Arzt darf mit einem Sachverständigen nicht personengleich sein, um jeglichen Interessenkonflikt bei der Erstattung des Gutachtens auszuschließen.

Die Bestellung eines Verfahrenspflegers beim Abbruch lebenserhaltender Maßnahmen ist zwingend, § 298 Absatz 2 FamFG.

V. Ausführungen zu einzelnen medizinischen Maßnahmen

1. Impfung

Fallbeispiel

Betreuer B ist u.a. mit dem Aufgabenbereich der Gesundheitssorge für die 80-jährige P bestellt, welche an Demenz leidet und in einem Pflegeheim wohnt. Die behandelnde Ärztin der P empfiehlt eine Impfung der P mit einem behördlich zugelassenen und empfohlenen Impfstoff gegen das Sars-CoV-2-Virus. Bei einer Infektion mit dem Virus bestünde ansonsten die signifikant erhöhte Gefahr, dass die P aufgrund ihres aktuellen Gesundheitszustandes an den Folgen einer Sars-CoV-2-Infektion versterbe. Die P ist selbst nicht mehr in der Lage, wirksam in die Impfung einzuwilligen.

B selbst ist gegenüber dem Impfstoff kritisch eingestellt. Nach eigener Einschätzung erachtet er das mit der Impfung verbundene Risiko im Verhältnis zu ihrem Nutzen für das Leben und die körperliche Unversehrtheit der P als schwerwiegender. Die Impfung sei wegen der noch nicht zu überblickenden Nebenwirkungen mit „Russisch Roulette" gleichzusetzen. B willigt daher nicht in die medizinisch indizierte Impfung ein.

Mit der Entwicklung erster Impfstoffe und der damit eröffneten Möglichkeit der Impfung während der COVID-19-Pandemie (umgangssprachlich Corona-Pandemie) hat die Frage der Impfung betreuter Personen an öffentlicher Relevanz gewonnen. Bei einer Impfung handelt es sich um eine medizinische Maßnahme. Das Gesetz kennt keine impfspezifischen Sonderregelungen, sodass auf die allgemeinen Regelungen zur Einwilligung in die Durchführung einer medizinischen Maßnahme zurückzugreifen ist.

Somit entscheidet allein die einwilligungsfähige betreute Person nach einem entsprechenden Aufklärungsgespräch über die Durchführung oder Ablehnung einer Impfung. Ist die betreute Person nicht mehr einwilligungsfähig, hat der Betreuer den tatsächlichen oder mutmaßlichen Willen der betreuten Person nach § 1821 BGB festzustellen und danach zu handeln. Der Betreuer kann sich hierbei nicht darauf berufen, dass ihm die Wunscherfüllung nach § 1821 Absatz 3 Nummer 2 BGB aus ethischen oder medizinischen Gründen unzumutbar sei. Zweifel über die Indikation, die Wirksamkeit oder etwaige Nebenwirkungen einer konkreten Impfung hat der Betreuer mit dem behandelnden Arzt im Rahmen des

Aufklärungsgesprächs (§ 630e Absatz 4 BGB) zu erörtern und in der Folge bei der Wunschfeststellung zu berücksichtigen.

Ist eine Impfung medizinisch angezeigt und besteht bei ihrer Unterlassung die begründete Gefahr für Leben oder Gesundheit der betreuten Person, muss das Betreuungsgericht gemäß § 1829 Absatz 2 BGB die Nichteinwilligung des Betreuers in die Vornahme der Impfung genehmigen. Ansonsten ist der rechtliche Betreuer in Erfüllung seiner besonderen Verantwortung für die betreute Person zur Einwilligung in die Maßnahme verpflichtet.

Bei einer Impfung mit einem behördlich zugelassenen und empfohlenen Impfstoff wird hingegen regelmäßig keine begründete Gefahr bestehen, dass die betreute Person daran stirbt oder einen schweren und länger dauernden gesundheitlichen Schaden erleidet. Eine betreuungsgerichtliche Genehmigung der Einwilligung in die Impfung nach § 1829 Absatz 1 Satz 1 BGB ist damit nicht erforderlich. Auch dies ist im Rahmen der ärztlichen Aufklärung zu erörtern. Sollte der Betreuer im Anschluss trotz oder wegen der erfolgten Aufklärung und Wunschfeststellung von einer Genehmigungspflicht ausgehen, so hat er einen entsprechenden Antrag beim Betreuungsgericht zu stellen.

In beiden vorgenannten Fällen bedarf es einer betreuungsgerichtlichen Genehmigung hingegen nicht, wenn die Voraussetzungen des § 1829 Absatz 4 BGB vorliegen.

▶ *Zur Entbehrlichkeit der gerichtlichen Genehmigung siehe oben unter IV. 3.*

Fallbeispiel – Lösung

B darf seine eigene Wertung und Ansicht nicht zur Grundlage seiner Entscheidung machen. Vielmehr hat er gemäß § 1821 BGB den Wunsch oder mutmaßlichen Willen der P festzustellen und danach zu handeln.

Kommt er hierbei zu dem Ergebnis, dass P eine Impfung ablehnen würde, beispielsweise weil sie sich in der Vergangenheit stets gegen Impfungen ausgesprochen hat und nichts dafür spricht, dass sie auch in Kenntnis der aktuellen Situation von dieser Einstellung Abstand nehmen würde, hat er aufgrund der mit der Nichteinwilligung in die Impfung verbundene Gesundheitsgefährdung eine betreuungsgerichtliche Genehmigung nach § 1829 Absatz 2 BGB zu beantragen. Auf die Genehmigung kann nach § 1829 Absatz 4 BGB verzichtet werden, wenn auch die behandelnde Ärztin zu dem Schluss kommt, dass die Nichtdurchführung der Impfung dem Willen der P entspricht.

2. Sterilisation

Durch eine Sterilisation wird die Unfruchtbarkeit eines Menschen durch einen medizinischen Eingriff herbeigeführt. Es werden die Samenleiter bzw. die Eileiter unterbrochen, um eine Vereinigung von Samen und Ei, also die Zeugungs- bzw. Empfängnisfähigkeit zu verhindern.[196]

196 Laufs/Kern/Rehborn, § 127, Die Sterilisation, Rn. 1.

Die Entscheidung über die Einwilligung in eine Sterilisation der betreuten Person ist nicht vom Aufgabenbereich der Gesundheitssorge umfasst. Vielmehr bedarf es nach § 1817 Absatz 2 BGB für eine solche Entscheidung der Bestellung eines besonderen **Sterilisationsbetreuers**.

Die gesonderte Bestellung trägt dem Umstand Rechnung, dass es sich bei der Sterilisation um einen schweren Eingriff in die körperliche Integrität und in die Lebensführung der betreuten Person handelt. Zudem soll die Bestellung eines besonderen Betreuers verhindern, dass die Entscheidung über die Sterilisation von eigenen Interessen insbesondere eines ansonsten personensorgeberechtigten Betreuers beeinflusst wird.[197]

Wie bei anderen medizinischen Maßnahmen besteht eine Vertretungsbefugnis des Sterilisationsbetreuers nur, wenn die betreute Person selbst nicht (mehr) einwilligungsfähig ist. Im Gegensatz zu anderen medizinischen Maßnahmen sieht § 1830 BGB in diesen Fällen einen besonderen Schutzmechanismus vor.

§ 1830 BGB – Sterilisation

(1) Die Einwilligung eines Sterilisationsbetreuers in eine Sterilisation des Betreuten, in die dieser nicht selbst einwilligen kann, ist nur zulässig, wenn

1. **die Sterilisation dem natürlichen Willen des Betreuten entspricht,**
2. **der Betreute auf Dauer einwilligungsunfähig bleiben wird,**
3. **anzunehmen ist, dass es ohne die Sterilisation zu einer Schwangerschaft kommen würde,**
4. **infolge dieser Schwangerschaft eine Gefahr für das Leben oder die Gefahr einer schwerwiegenden Beeinträchtigung des körperlichen oder seelischen Gesundheitszustands der Schwangeren zu erwarten wäre, die nicht auf zumutbare Weise abgewendet werden könnte, und**
5. **die Schwangerschaft nicht durch andere zumutbare Mittel verhindert werden kann.**

(2) [1]Die Einwilligung bedarf der Genehmigung des Betreuungsgerichts. [2]Die Sterilisation darf erst zwei Wochen nach Wirksamkeit der Genehmigung durchgeführt werden. [3]Bei der Sterilisation ist stets der Methode der Vorzug zu geben, die eine Refertilisierung zulässt.

So ist die Einwilligung in eine Sterilisation nur unter besonderen materiellen Voraussetzungen zulässig (§ 1830 Absatz 1 BGB) und bedarf zudem der Genehmigung des Betreuungsgerichts (§ 1830 Absatz 2 BGB). Dieser Schutzmechanismus gewährt der betreuten Person aufgrund der Tragweite des medizinischen Eingriffs ein besonderes Schutzniveau, an welchem es ohne eine solche Regelung fehlen würde.

§ 1830 BGB ermöglicht es auch einwilligungsunfähigen Personen, die Sterilisation als Methode der Empfängnisverhütung zu nutzen, wenn diese unter den weiteren Voraussetzungen des § 1830 Absatz 1 BGB ihrem natürlichen Willen entspricht.

Im Gegensatz zur bisherigen Regelung des § 1905 BGB a.F. reicht es nicht mehr aus, dass eine betreute Person der Sterilisation lediglich nicht widerspricht. Eine Einwilligung des Sterilisationsbetreuers kommt nur in Betracht, wenn die betreute Person auf Dauer nicht einwilligungsfähig ist, aber mit natürlichem Willen dem Eingriff zustimmt, § 1830 Absatz 1 Nummer 1 und 2 BGB. Nicht einwilligungsfähige betreute Personen, die nicht in der Lage

197 BT-Drucks. 11/4528, S. 131.

sind, einen natürlichen Willen zu bilden oder zu äußern, dürfen nicht sterilisiert werden.[198] **Zwangssterilisationen** sind damit ausgeschlossen.

Zudem ist die Einwilligung des Betreuers in die Sterilisation nur erlaubt, wenn anzunehmen ist, dass es ohne die Sterilisation zu einer Schwangerschaft kommen würde und infolge dieser Schwangerschaft eine Gefahr für das Leben oder die Gefahr einer schwerwiegenden Beeinträchtigung des körperlichen oder seelischen Gesundheitszustands der Schwangeren zu erwarten wäre, die nicht auf zumutbare Weise abgewendet werden könnte, § 1830 Absatz 1 Nummer 3 und 4 BGB.

Als schwerwiegende Gefahr für den seelischen Gesundheitszustand der Schwangeren gilt auch die Gefahr eines schweren und nachhaltigen seelischen Leides, das ihr drohen würde, weil vormundschaftsgerichtliche Maßnahmen, die mit ihrer Trennung vom Kind verbunden wären (§§ 1666, 1666 a BGB), gegen sie ergriffen werden müssten.[199]

Weiterhin darf die Schwangerschaft nicht durch andere zumutbare Mittel verhindert werden können, § 1830 Absatz 1 Nummer 5 BGB.

Bei der Sterilisation ist stets der Methode der Vorzug zu geben, die eine Refertilisierung, also eine operative Wiederherstellung der Eileiter bzw. Samenleiter, zulässt, § 1830 Absatz 2 Satz 3 BGB.

Das betreuungsgerichtliche **Genehmigungsverfahren** richtet sich nach § 297 FamFG. Das Betreuungsgericht hat insbesondere die betreute Person **persönlich anzuhören** und sich einen **persönlichen Eindruck** von ihr zu verschaffen, § 297 Absatz 1 FamFG. Die Betreuungsbehörde ist nach § 297 Absatz 2 FamFG anzuhören, wenn es die betreute Person verlangt oder es der Sachverhaltsaufklärung dient. Zudem hat das Betreuungsgericht die sonstigen **Beteiligten** (§§ 7, 274 FamFG) **anzuhören**, § 297 Absatz 3 Satz 1 FamFG. Auf Verlangen der betreuten Person hat das Gericht eine ihr nahestehende Person anzuhören, wenn dies ohne erhebliche Verzögerung möglich ist, § 297 Absatz 3 Satz 2 FamFG.

Der betreuten Person ist vom Betreuungsgericht zwingend ein **Verfahrenspfleger** zu bestellen, sofern sie sich nicht von einem Rechtsanwalt oder einem anderen geeigneten Verfahrensbevollmächtigten vertreten lässt, § 297 Absatz 5 FamFG.

Das Betreuungsgericht hat weiterhin mindestens zwei **Gutachten** einzuholen, die sich auf die medizinischen, psychologischen, sozialen, sonderpädagogischen und sexualpädagogischen Gesichtspunkte der Sterilisation zu erstrecken haben, § 297 Absatz 6 Satz 1 BGB. Durch dieses Erfordernis soll das Gericht eine ausreichende Entscheidungsgrundlage erhalten, um über die Genehmigung entscheiden zu können.[200] Die Sachverständigen haben die betreute Person vor der Erstellung ihres Gutachtens persönlich zu untersuchen oder zu befragen (§ 297 Absatz 6 Satz 2 FamFG), damit die Gutachten aufgrund eigener Erkenntnisse der Sachverständigen zeitnah erstellt werden und nicht nur aufgrund eines Aktenstudiums.[201] Zur Vermeidung möglicher Interessenkonflikte dürfen die Sachverständigen und

198 BT-Drucks. 19/27287, S. 24 f.
199 Vgl. BT-Drucks. 11/4528, S. 142.
200 BT-Drucks. 11/4528, S. 177.
201 BT-Drucks. 11/4528, S. 177.

der die Sterilisation ausführende Arzt nicht personengleich sein, § 297 Absatz 6 Satz 3 FamFG.

Die Sterilisation darf erst zwei Wochen nach Wirksamkeit der Genehmigung (vgl. § 297 Absatz 7 FamFG) **durchgeführt** werden, § 1830 Absatz 2 Satz 2 BGB. Gegen die Entscheidung des Gerichts ist die **Beschwerde** nach § 58 FamFG möglich. Für den Fall der Genehmigung der Einwilligung ist die betreute Person, für den Fall der Versagung der Genehmigung der einwilligende Betreuer beschwerdeberechtigt, § 59 FamFG.

3. Schwangerschaftsabbruch

a. Grundlagen

Als Schwangerschaftsabbruch wird die absichtlich herbeigeführte vorzeitige Beendigung einer Schwangerschaft bezeichnet. Der Schwangerschaftsabbruch ist in Deutschland grundsätzlich strafbar (§ 218 StGB). In Fällen der sogenannten Beratungsregelung (§ 218a Absatz 1 StGB) sowie bei einer medizinischen oder kriminologischen Indikation für einen Schwangerschaftsabbruch (§ 218a Absatz 2 bzw. 3 StGB) sieht das Gesetz jedoch von einer Strafbarkeit ab.

Handlungen, deren Wirkung vor der Einnistung des befruchteten Eis in der Gebärmutter eintritt, gelten nicht als Schwangerschaftsabbruch (§ 218 Absatz 1 Satz 2 StGB). Damit unterfallen Maßnahmen, welche die Einnistung verhindern, wie beispielsweise die „Pille danach" oder der Einsatz einer Spirale, nicht den Regelungen der §§ 218 ff. StGB.[202]

Wie bei jeder medizinischen Maßnahme bedarf der Schwangerschaftsabbruch neben der Erfüllung der strafrechtlichen Vorgaben und ggf. denen des Schwangerschaftskonfliktgesetzes der Einwilligung der Schwangeren.[203]

Ist die Schwangere einwilligungsunfähig, stellt sich die Frage nach einer Vertretungsmöglichkeit. Eine Vertretung der Schwangeren wird weder durch § 218a StGB noch durch betreuungsrechtliche Regelungen ausgeschlossen. Insoweit hatte der Gesetzgeber bei der Einführung des Betreuungsrechts festgestellt, dass ganz überwiegend davon ausgegangen wird, dass ein gesetzlicher Vertreter auch bei dauernder Einwilligungsunfähigkeit der Schwangeren eine Einwilligungserklärung zum Schwangerschaftsabbruch abgeben kann.[204]

Das Betreuungsrecht sieht zudem weder eine ausdrückliche Anordnung eines Aufgabenbereichs noch eine besondere betreuungsgerichtliche Genehmigung vor.

Die ausdrückliche Anordnung ist für einen zusätzlichen Schutz der betreuten Frau nicht erforderlich. Beim Schwangerschaftsabbruch handelt es sich um einen ärztlichen Eingriff, welcher bei einer begründeten Gefahr für die Gesundheit der Schwangeren nach § 1829 BGB grundsätzlich genehmigungsbedürftig ist. Im Übrigen gelten für die Einwilligungserklärung des Betreuers die Vorgaben des § 1821 BGB. Der Schutz des ungeborenen Lebens

202 Laufs/Katzenmeier/Lipp, VII. Sterilisation, Schwangerschaftsabbruch und Sexualmedizin, Rn. 45.

203 Auf eine umfassende Darstellung der strafrechtlichen Voraussetzungen wird hier verzichtet. Es werden lediglich die betreuungsrechtlich relevanten Aspekte betrachtet.

204 BT-Drucks. 11/4528, S. 77.

ist hingegen nicht Aufgabe des Betreuungsrechts, sondern wird durch die (strafrechtliche) Schutzkonzeption der §§ 218 ff. StGB gewährleistet.

Auch von der Schaffung eines besonderen Genehmigungstatbestandes wurde bei der Schaffung des Betreuungsrechts ausdrücklich abgesehen.[205]

Für die Beantwortung der Frage, ob und unter welchen Bedingungen der Betreuer stellvertretend die Einwilligung erklären kann, ist nach hiesigem Verständnis nach den unterschiedlichen Varianten für die Straflosigkeit des Schwangerschaftsabbruchs zu unterscheiden.

b. Beratungsregelung, § 218a Absatz 1 StGB

Ein Schwangerschaftsabbruch auf der Grundlage der sogenannten Beratungsregelung ist nach § 218a Absatz 1 StGB nicht strafbar, wenn

- die Schwangere den Schwangerschaftsabbruch verlangt und sie dem Arzt durch eine Bescheinigung einer staatlich anerkannten Beratungsstelle eine mindestens drei Tage zurückliegende Schwangerschaftskonfliktberatung nach § 219 StGB nachgewiesen hat,
- der Schwangerschaftsabbruch von einem Arzt vorgenommen wird und
- seit der Empfängnis nicht mehr als zwölf Wochen verstrichen sind.

Inwieweit eine stellvertretende Entscheidung über die Durchführung eines Schwangerschaftsabbruchs auf der Grundlage von § 218a Absatz 1 BGB zulässig ist, ist umstritten. Zum einen wird angeführt, dass das ausdrückliche Erfordernis des „Verlangens der Schwangeren" in § 218a Absatz 1 Nummer 1 StGB einer Vertretung entgegensteht;[206] zum anderen, dass die Beratungsregelung eine besondere Konfliktlage der Schwangeren voraussetzt bzw. aufgreift, die nicht stellvertretend aufgelöst werden könne.[207]

Nach hiesiger Einschätzung hängt die Zulässigkeit eines stellvertretenden Handels des Betreuers im Rahmen des § 218a Absatz 1 StGB vom konkreten Fall ab. Eine generelle Unzulässigkeit wird nicht gesehen.

Im Hinblick auf das Erfordernis des „Verlangens der Schwangeren" muss die Schwangere den Schwangerschaftsabbruch selbst in reflektierter Weise begehren. Die Schwangere darf zu ihrer Entscheidung nicht gedrängt werden oder diese nur duldend hinnehmen.[208] Danach kommt insbesondere dann keine stellvertretende Entscheidung in Betracht, wenn sich die Schwangere zu der Frage des Schwangerschaftsabbruchs nicht ausdrücklich und unbeeinflusst äußert oder sich generell nicht äußern kann.

Zudem muss nach hiesiger Ansicht die Schwangere hinreichend befähigt sein, sich mit der Frage des Schwangerschaftsabbruchs, insbesondere mit der Bedeutung ihrer Entscheidung im Hinblick auf das ungeborene Leben, im Rahmen der Schwangerschaftskonfliktbe-

205 BT-Drucks. 11/4528, S. 141.

206 Vgl. MüKoBGB/Schneider, § 1904 (a.F.) Rn. 37; OLG Frankfurt, Beschluss v. 1.9.2008, 20 W 354/08, FamRZ 2009, 368, welches die Frage im Ergebnis aber nicht entschieden hat.

207 Vgl. Fröschle/Pelkmann Teil 1 E. VI. 7. b) Schwangerschaftsabbruch, S. 110.

208 Schönke/Schröder/Eser/Weißer, StGB § 218a Rn. 9; Lackner/Kühl/Heger, StGB § 218a Rn. 4.

ratung zumindest in Grundzügen auseinandersetzen zu können. Inwieweit hierfür bei fehlender Einwilligungsfähigkeit der Schwangeren Raum besteht, ist im Einzelfall zu entscheiden.

Für die Befugnis zur stellvertretenden Handlung des Betreuers genügt hingegen nicht der Aufgabenbereich der Gesundheitssorge, da es im Rahmen des § 218a Absatz 1 StGB an einer medizinischen Indikation des Eingriffs fehlt. Es wird daher im Einzelfall die Anordnung eines entsprechenden Aufgabenbereichs beim Betreuungsgericht anzuregen sein. Aufgrund der Fristenregelung ist hier ein unverzügliches Betreuerhandeln angezeigt.

c. Medizinische Indikation, § 218a Absatz 2 StGB

Ein von einem Arzt vorgenommener Schwangerschaftsabbruch ist bei Vorliegen einer medizinischen Indikation nicht rechtswidrig, wenn der Abbruch der Schwangerschaft unter Berücksichtigung der gegenwärtigen und zukünftigen Lebensverhältnisse der Schwangeren nach ärztlicher Erkenntnis angezeigt ist, um eine Gefahr für das Leben oder die Gefahr einer schwerwiegenden Beeinträchtigung des körperlichen oder seelischen Gesundheitszustandes der Schwangeren abzuwenden, und die Gefahr nicht auf eine andere für sie zumutbare Weise abgewendet werden kann, § 218a Absatz 2 StGB.

Im Gegensatz zur Beratungsregelung nach § 218a Absatz 1 StGB sind beim Schwangerschaftsabbruch aufgrund medizinischer Indikation weder ein Verlangen der Schwangeren noch eine Schwangerschaftskonfliktberatung Voraussetzung. Vielmehr kommt es allein auf das Abwenden der in § 218a Absatz 2 StGB näher konkretisierten gesundheitlichen Gefahr an.

In diesem Fall ist die Möglichkeit der Vertretung durch einen Betreuer zulässig und geboten.[209] Anderenfalls wäre die Schwangere allein aufgrund fehlender Einwilligungsfähigkeit von einem Schwangerschaftsabbruch ausgeschlossen und den gesundheitlichen Gefahren der Schwangerschaft ausgesetzt (siehe auch oben unter III. 4. a.).

Für eine krankheitsbedingt einwilligungsunfähige Schwangere kann ein insoweit bestellter Betreuer somit unter Beachtung der Vorgaben des § 1821 BGB eine Entscheidung über die Einwilligung in den Schwangerschaftsabbruch bei Vorliegen einer medizinischen Indikation nach § 218a Absatz 2 StGB treffen. Ein Schwangerschaftsabbruch gegen den erklärten Willen der einwilligungsunfähigen Schwangeren kommt nur unter den Voraussetzungen des § 1832 BGB infrage. In diesem Rahmen wird vertreten, dass ein Schwangerschaftsabbruch nur bei akuter Lebensgefahr der Schwangeren statthaft ist. [210]

Die Entscheidung über die Einwilligung in einen Schwangerschaftsabbruch bei Vorliegen einer medizinischen Indikation nach § 218a Absatz 2 StGB wird nach hiesigem Verständnis vom Aufgabenbereich der Gesundheitssorge umfasst. Es handelt sich dabei um die Entscheidung über die Durchführung einer indizierten medizinischen Maßnahme.

---

209 Im Ergebnis auch MüKoBGB/Schneider, § 1904 (a.F.) Rn. 37; OLG Frankfurt, Beschluss v. 1.9.2008, 20 W 354/08, FamRZ 2009, 368.

210 Vgl. Schönke/Schröder/Eser/Weißer, StGB § 218a Rn. 61; Fröschle/Pelkmann, Teil 1 E. VI. 7.b) Schwangerschaftsabbruch, S. 110.

d. Kriminologische Indikation, § 218a Absatz 3 StGB

Ein von einem Arzt vorgenommener Schwangerschaftsabbruch ist bei Vorliegen einer kriminologischen Indikation nicht rechtswidrig, wenn nach ärztlicher Erkenntnis an der Schwangeren eine rechtswidrige Tat nach den §§ 176 bis 178 StGB (sexueller Missbrauch von Kindern, sexuelle Nötigung, Vergewaltigung, sexueller Missbrauch widerstandsunfähiger Personen) begangen worden ist, dringende Gründe für die Annahme sprechen, dass die Schwangerschaft auf der Tat beruht, und seit der Empfängnis nicht mehr als zwölf Wochen vergangen sind, § 218a Absatz 3 StGB.

Auch bei der kriminologischen Indikation werden weder ein Verlangen der Schwangeren noch eine Schwangerschaftskonfliktberatung vorausgesetzt. Nach hiesigem Verständnis ist auch in den Fällen des § 218a Absatz 3 StGB eine Vertretung durch einen insoweit bestellten Betreuer zulässig. Es ist kein Grund ersichtlich, einer einwilligungsunfähigen Schwangeren die Möglichkeit eines Schwangerschaftsabbruchs aufgrund kriminologischer Indikation zu verwehren. Allerdings ist es in diesem Fall erforderlich, dass der Betreuer für diesen konkreten Aufgabenbereich bestellt wird (vgl. § 1815 Absatz 1 Satz 2 BGB). Der Aufgabenbereich der Gesundheitssorge ist nach hiesigem Verständnis nicht ausreichend, da es an einer medizinischen Indikation der Maßnahme fehlt.

Aufgrund der Fristenregelung ist ein unverzügliches Betreuerhandeln angezeigt.

4. Organ- und Gewebespende

a. Grundlagen

Das Betreuungsrecht sieht keine besonderen Regelungen für die Organ- oder Gewebespende bei fehlender Einwilligungsfähigkeit der betreuten Person vor. Der Gesetzgeber hatte hierfür bei der Schaffung des Betreuungsrechts im Jahr 1992 kein Bedürfnis erkannt. Begründet wurde dies im Hinblick auf § 1901 Absatz 3 Satz 1 BGB a.F. damit, dass eine Organspende zu Lebzeiten auf das Wohl eines Dritten und nicht der betreuten Person gerichtet und damit grundsätzlich unzulässig sei. In den Ausnahmefällen, in denen eine Lebendspende auch dem seelischen Wohl der betreuten Person diene, beispielsweise wenn das Leben eines Kindes der betreuten Person nur durch deren Organspende gerettet werden könne, würden die allgemeinen Regelungen ausreichen, um sachgemäße Ergebnisse zu erzielen.[211]

Seit 1997 ist das Transplantationsgesetz (TPG) die rechtliche Grundlage für Organspenden, seit 2007 auch für Gewebespenden. Bis zu diesem Zeitpunkt waren die rechtlichen Voraussetzungen für die Spende von Organen und Geweben zum Zwecke der Transplantation nicht spezialgesetzlich geregelt, sondern bestimmten sich nach allgemeinen Regeln und Grundsätzen.[212]

Bei der Organ- und Gewebespende wird zwischen der postmortalen Organ- und Gewebespende, d.h. der Entnahme vom toten Spender (§§ 3 bis 7 TPG), und der Lebendorgan-

211 Vgl. BT-Drucks. 11/4528, S. 142.
212 BT-Drucks. 13/4355, S. 1.

und -gewebespende, d.h. der Entnahme vom lebenden Spender (§§ 8 bis 8c TPG), unterschieden.

b. Lebendorgan- oder -gewebespende

Fallbeispiel

Für die Betreute B ist u.a. für den Aufgabenbereich der Gesundheitssorge eine rechtliche Betreuerin bestellt. Diese findet nach der Übernahme der Betreuung in den Unterlagen der B eine schriftliche Verfügung, nach welcher die B in eine Lebendorganspende zugunsten ihres Bruders einwilligt. Darauf angesprochen erläutert die B, dass ihr Bruder an einer Nierenerkrankung leide und ggf. auf eine Spenderniere angewiesen sei. Sie sei nach erfolgter ärztlicher Beratung bereit, eine ihrer beiden Nieren zu spenden.

Wenige Jahre später ist der Bruder der B auf eine Spenderniere angewiesen. Die zu diesem Zeitpunkt nicht mehr einwilligungsfähige B erklärt mit natürlichem Willen, dass sie – wie früher bekundet – eine Niere spenden möchte.

Bei der Lebendorgan- oder -gewebespende stellen die Spender die eigenen Organe bzw. das eigene Gewebe für eine Transplantation zur Verfügung. § 8 Absatz 1 Satz 1 Nummer 1a TPG erlaubt die Organ- oder Gewebeentnahme nur bei volljährigen Personen, die zum Zeitpunkt der Einwilligung einwilligungsfähig sind. Die Möglichkeit der Vertretung durch einen gesetzlichen Vertreter ist im TPG ausdrücklich nur für die Entnahme von Knochenmark bei minderjährigen Personen vorgesehen (§ 8a Satz 1 Nummer 4 TPG).

Damit ist kein Raum für anderweitige Entscheidungen gesetzlicher Vertreter.[213] Der Betreuer kann daher nicht vertretungsweise für die betreute nicht einwilligungsfähige Person eine Einwilligung in eine Lebendorgan- oder -gewebespende geben,[214] auch dann nicht, wenn dies dem Wunsch der betreuten, aber nicht einwilligungsfähigen Person entspricht. Das TPG trifft insoweit eine abschließende Regelung, die den allgemeinen betreuungsrechtlichen Vorschriften vorgeht. Das betreuungsrechtlich gewährte Selbstbestimmungsrecht hat hinter dem durch das TPG gewährten Selbstbestimmungsrecht zurückzutreten.

Eine wirksame antizipiert erklärte Einwilligung der betreuten Person in eine Lebendorgan- oder -gewerbespende, als diese noch einwilligungsfähig war, ist im Hinblick auf die zwingend zu erfolgende Aufklärung nach § 8 Absatz 1 Satz 1 Nummer 1b, Absatz 2 TPG kaum denkbar.[215] Danach ist eine Lebendorgan- oder -gewerbespende nur zulässig, wenn der Spender aufgeklärt worden ist. Der Inhalt der Aufklärung nach § 8 Absatz 2 TPG ist aber derart umfänglich und detailliert, dass eine sachgerechte Aufklärung hinsichtlich einer abstrakten Organ- oder Gewerbespende unmöglich ist. Im Gegensatz zu § 630e Absatz 3 BGB ist die Aufklärung nach § 8 Absatz 1 Satz 1 Nummer 1b, Absatz 2 TPG auch nicht auf-

---

213 Ein Rückgriff auf die Gesetzesbegründung zum Betreuungsgesetz von 1992 ist nicht möglich, da zu diesem Zeitpunkt das TPG noch nicht existierte.

214 Walter, FamRZ 1998, 201, 203.

215 Im Ergebnis auch Walter, FamRZ 1998, 201, 203.

grund besonderer Umstände entbehrlich, insbesondere kann auf diese nicht ausdrücklich verzichtet werden. Eine vergleichbare Regelung kennt das TPG nicht.

Fallbeispiel – Lösung

Bei der Transplantation anlässlich einer Organ- oder Gewebespende handelt es sich um eine medizinische Maßnahme, die der Einwilligung der betreuten Person bedarf. Ist die betreute Person nicht einwilligungsfähig, kann eine medizinische Maßnahme grundsätzlich nur nach Einwilligung der hierzu berechtigten Person erfolgen, es sei denn, die betreute Person hat im Zeitpunkt der Einwilligungsfähigkeit bereits eine bindende Einwilligung erteilt.

Im Beispielsfall hat die B ihre Einwilligung in eine Nierentransplantation zugunsten ihres Bruders schriftlich erklärt. Eine Bindungswirkung kann diese Festlegung allerdings nicht entfalten, da es an der erforderlichen Aufklärung nach § 8 Absatz 1 Satz 1 Nummer 1b, Absatz 2 TPG fehlt. Diese muss sich zwingend auf die aktuelle gesundheitliche Situation der spendenden Person beziehen. Eine vorsorgliche Aufklärung ist damit nicht möglich.

Auch eine stellvertretende Einwilligung der Betreuerin aufgrund des von der B geäußerten natürlichen Willens ist nicht zulässig, da das TPG eine solche nicht erlaubt. Es ist daher auch irrelevant, ob dem natürlichen Willen der B nach § 1821 Absatz 3 BGB überhaupt zu entsprechen wäre.

c. Postmortale Organ- oder Gewebespende

Bei der postmortalen Organ- oder Gewebespende werden von den verstorbenen Spendern die eigenen Organe bzw. das eigene Gewebe für eine Transplantation zur Verfügung gestellt. Neben der Zustimmung zur Spende ist weitere Voraussetzung, dass bei dem Spender der unumkehrbare Ausfall der gesamten Hirnfunktionen (Hirntod) festgestellt wird (§ 3 Absatz 2 Nummer 2 TPG).

Mit der Feststellung des Hirntodes endet jedoch eine bestehende rechtliche Betreuung (§ 1870 BGB). Die Abwicklung einer postmortalen Organspende gehört damit nicht zu den Aufgaben des Betreuers. Vielmehr richtet sich diese nach den §§ 3 und 4 TPG. Der Betreuer kann jedoch – außerhalb seiner Funktion als Betreuer – zu einer Entscheidung berufen sein, entweder nach § 4 Absatz 1 TPG als nächster Angehöriger gemäß § 1a Nummer 5 TPG oder aber nach § 4 Absatz 2 Satz 5 TPG, wenn er der betreuten Person in besonderer persönlicher Verbundenheit offenkundig nahegestanden hat.[216]

Mit dem Gesetz zur Stärkung der Entscheidungsbereitschaft bei der Organspende, welches zum 1. März 2022 in Kraft getreten ist, sollen die Bürger regelmäßig **über die Möglichkeit der Organ- und Gewebespende aufgeklärt** werden. Hausärzte sollen ihre Patienten bei Bedarf alle zwei Jahre[217] darauf hinweisen, dass sie eine Erklärung zur Organ- und Gewebeentnahme abgeben, aber auch einer Organ- und Gewebespende widersprechen können (vgl. § 2 Absatz 1a Satz 1 TPG). Zudem sollen notwendige Informationen zu

216 Fröschle/Pelkmann, Teil 1 E. VI. 7. a) Organspende, S. 109; Deinert, BtPrax 1998, 60, 63.
217 BT-Drucks. 19/11087, S. 3, 17.

Organ- und Gewebespenden regelmäßig von den Krankenversicherungen an ihrer Versicherten geschickt werden (§ 2 Absatz 1c TPG). Damit dürften zukünftig auch betreute Personen mit der Frage einer Organspende regelmäßig konfrontiert werden.

Die Entscheidungsfreiheit und das Selbstbestimmungsrecht des Einzelnen über das Ob einer transmortalen Organ- oder Gewebespende bleiben durch das TPG unberührt.[218] Die Zustimmung darf nicht erzwungen werden. Zum Selbstbestimmungsrecht des Einzelnen gehört dabei auch die positive Entscheidung für eine Organ- oder Gewebespende für den Fall des Todes.[219]

Die wirksame Einwilligung in eine transmortale Organ- oder Gewebespende bedarf der Einwilligungsfähigkeit des potenziellen Spenders. Das TPG sieht keine Vertretungsmöglichkeit für den Fall der Einwilligungsunfähigkeit vor. Der Betreuer kann die betreute Person daher nicht bei der Abgabe einer entsprechenden Einwilligung vertreten.[220]

Eine Entscheidungsbefugnis Dritter ist nur nach dem Tod des möglichen Organ- oder Gewebespenders und nach § 4 TPG lediglich dann gegeben, wenn weder eine schriftliche Einwilligung noch ein schriftlicher Widerspruch des möglichen Organ- oder Gewebespenders vorliegt und der Organspender nicht bereits seine Einwilligung erklärt hat.

Der nächste Angehörige oder ggf. die in besonderer persönlicher Verbundenheit nahestehende Person sind danach zu befragen, ob ihnen eine Erklärung der betreuten Person zur Organ- oder Gewebespende bekannt ist. Ist eine solche Erklärung nicht bekannt, hat die hierzu berechtigte dritte Person bei ihrer Entscheidung einen mutmaßlichen Willen der betreuten Person zu beachten. In diesem Rahmen sind etwaige Äußerungen der betreuten Person auch im Zustand der Einwilligungsunfähigkeit zu berücksichtigen.

5. Teilnahme an medizinischer Forschung

a. Grundlagen

Die Behandlung eines Patienten mit neuartigen Behandlungsmethoden oder Arzneimitteln allein stellt für sich keine Form der Teilnahme an medizinischer Forschung dar. Vielmehr ist zunächst danach zu differenzieren, ob es sich um einen **individuellen Heilversuch** oder einen **Forschungseingriff** handelt. Die Unterscheidung erfolgt nach dem Merkmal, ob die beabsichtigte medizinische Maßnahme allein dem Zweck der Behandlung des jeweiligen Patienten dient oder darüber hinaus Eingriffe in seine Person zu Forschungszwecken vorgenommen werden.[221]

Beim **individuellen Heilversuch** wird eine gesundheitliche Beeinträchtigung auf eine individuelle und neue Art und Weise behandelt. Die Behandlung richtet sich hierbei nach den konkreten Bedürfnissen und Umständen des jeweiligen Patienten. Im Gegensatz zu einer **Standardbehandlung**, die aufgrund von klinischen Studien und Forschungsergebnissen

218 BT-Drucks. 19/11087, S. 12.
219 Walter, FamRZ 1998, 201, 205.
220 Vgl. auch Deinert, BtPrax 1998, 60, 63 f. unter Bezugnahme auf vor dem Inkrafttreten des TPG ergangene Rechtsprechung.
221 Vgl. Laufs/Katzenmeier/Lipp, XIII. Heilversuch und medizinische Forschung, Rn. 73.

als wirksam gilt, ist der Behandlungserfolg beim individuellen Heilversuch allerdings unsicherer. Auch mögliche Nebenwirkungen oder Risiken sind weitgehend unbekannt.[222]

Für die Durchführung eines individuellen Heilversuchs gelten dieselben Regeln wie für eine standardmäßige medizinische Maßnahme. Aufgrund der versuchsartigen Behandlung sind jedoch an die Aufklärung besondere Anforderungen zu stellen. Zudem ist im Vorfeld mit der Krankenversicherung zu klären, ob die Kosten des individuellen Heilversuchs übernommen werden.

Ein **Forschungseingriff** liegt vor, wenn die medizinische Maßnahme nicht der Behandlung der teilnehmenden Person, sondern Forschungszwecken dient. Insbesondere für die Entwicklung und Zulassung von Arzneimitteln sind Forschungseingriffe im Rahmen einer klinischen Prüfung ein unverzichtbarer Bestandteil, um Nutzen und Risiken des Arzneimittels nachweisen und feststellen zu können.

Für die Forschung am Menschen genügt nicht die Einwilligung der teilnehmenden Person. Vielmehr bedarf es der Erfüllung einer Vielzahl weiterer Voraussetzungen. So müssen unter anderem die medizinische Forschung bzw. klinische Prüfung von der jeweils zuständigen Stelle genehmigt werden und die Beteiligung einer Ethikkommission sichergestellt sein.

Diese **Vorgaben** ergeben sich insbesondere aus europarechtlichen Regelungen und sind im deutschen Recht unter anderem im Arzneimittelgesetz (AMG), im Medizinprodukterecht-Durchführungsgesetz (MPDG), im Strahlenschutzgesetz (StrlSchG) und in der Strahlenschutzverordnung (StrlSchV) umgesetzt.

b. Klinische Prüfung von Arzneimitteln

Hinweis

Seit dem 31. Januar 2022 gilt die Verordnung (EU) Nr. 536/2014 vom 16. April 2014 über klinische Prüfungen mit Humanarzneimitteln. Die Regelungen der Verordnung gelten unmittelbar. Die notwendigen Anpassungen im Arzneimittelgesetz (AMG) wurden mit dem Vierten Gesetz zur Änderung arzneimittelrechtlicher und anderer Vorschriften vom 20. Dezember 2016[223] vorgenommen.

Das Verfahren zur Genehmigung einer klinischen Prüfung von Arzneimitteln sowie die Voraussetzungen für die Durchführung einer klinischen Prüfung ergeben sich zunächst aus der Verordnung (EU) Nr. 536/2014 selbst. Darüber hinaus werden insbesondere mit den §§ 40 bis 40d AMG ergänzende nationale Voraussetzungen festgelegt.

Eine besondere Voraussetzung für die Durchführung einer klinischen Prüfung ist die Einwilligung der betroffenen Person nach einer ärztlichen Aufklärung entsprechend § 40b Absatz 2 AMG i.V.m. Artikel 29 der Verordnung (EU) Nr. 536/2014.

Für die **Vertretung einwilligungsunfähiger Personen** trifft das AMG Sonderregelungen, die den allgemeinen Regelungen des Betreuungsrechts vorgehen. Das AMG unterscheidet zwischen der Erwartung, dass die Teilnahme an der klinischen Prüfung

222 Laufs/Katzenmeier/Lipp, XIII. Heilversuch und medizinische Forschung, Rn. 28.
223 BGBl. I 2016, S. 3048.

a) einen direkten Nutzen für die teilnehmende Person zur Folge hat, der die Risiken und Belastungen überwiegt oder

b) ausschließlich einen Nutzen für die repräsentierte Bevölkerungsgruppe, zu der die teilnehmende Person gehört (gruppennützige klinische Prüfung).

In beiden Fällen ist eine Vertretung durch einen insoweit berechtigten Betreuer möglich. Die Vertretung durch eine bevollmächtigte Person sieht § 40b Absatz 1 AMG („gesetzlicher Vertreter") im Gegensatz zu § 41 Absatz 3 Nummer 2 AMG a.F. („gesetzlichen Vertreter oder Bevollmächtigten") hingegen nicht mehr vor.

aa. Erwartung eines direkten Nutzens für den Prüfungsteilnehmer

Gemäß § 40b Absatz 4 Satz 1 AMG i.V.m. Artikel 31 Absatz 1 und 3 der Verordnung (EU) Nr. 536/2014 darf eine volljährige, einwilligungsunfähige Person unter den dort genannten Voraussetzungen mit Einwilligung ihres Betreuers an einer klinischen Prüfung teilnehmen.

Der Betreuer ist zuvor ärztlich aufzuklären, § 40b Absatz 2 AMG. Die betreute Person ist zudem so weit wie möglich in den Einwilligungsprozess einzubeziehen.

Bei seiner Entscheidungsfindung hat sich der Betreuer an die allgemeinen Vorgaben insbesondere des § 1821 BGB zu halten (vgl. Kapitel A. V.).

bb. Gruppennützige klinische Prüfung

Die Teilnahme einer volljährigen, einwilligungsunfähigen Person an einer klinischen Prüfung, die ausschließlich einen Nutzen für die repräsentierte Bevölkerungsgruppe, zu der die betroffene Person gehört, zur Folge hat, ist nur zulässig, wenn neben der Einwilligung des Betreuers auch eine freiwillige Zustimmung der betreuten Person in Form einer **Patientenverfügung** vorliegt. Mit dieser Regelung wird Artikel 15 Absatz 1 Satz 2 UN-BRK Rechnung getragen, wonach niemand ohne seine freiwillige Zustimmung medizinischen oder wissenschaftlichen Versuchen unterworfen werden darf.[224]

Die betreute Person muss daher bereits als einwilligungsfähige volljährige Person für den Fall ihrer Einwilligungsunfähigkeit schriftlich und nach ärztlicher Aufklärung festgelegt haben, dass sie in bestimmte, zum Zeitpunkt der Festlegung noch nicht unmittelbar bevorstehende gruppennützige klinische Prüfungen einwilligt, § 40b Absatz 4 Satz 2 AMG. Die ärztliche Aufklärung hat dabei bereits sämtliche für die Einwilligung wesentlichen Umstände zu umfassen, insbesondere das Wesen, die Ziele, den Nutzen, die Folgen, die Risiken und die Nachteile der klinischen Prüfungen.

Die Patientenverfügung bildet damit die Grundlage für die konkrete Einwilligung des Betreuers in die jeweilige klinische Prüfung. Der Betreuer ist zuvor umfassend aufzuklären und hat zu prüfen, ob die Festlegungen in der Patientenverfügung auf die aktuelle Lebens- und Behandlungssituation der betreuten Person zutreffen (vgl. insoweit auch oben III. 2.).

Ohne eine vorherige ausdrückliche Festlegung durch die betreute Person darf ein Betreuer keine Einwilligung erklären. Ein im Zustand der Einwilligungsunfähigkeit geäußerter Wunsch oder mutmaßlicher Wille der betreuten Person ist insoweit unbeachtlich.

224 Vgl. BT-Drucks. 18/8034, S. 46.

F. Sorge um Rehabilitationsleistungen

Übersicht Seite

I. Grundlagen

Der Betreuer hat nach § 1821 Absatz 6 BGB innerhalb seines Aufgabenkreises dazu beizutragen, dass Möglichkeiten genutzt werden, die Fähigkeit der betreuten Person, ihre eigenen Angelegenheiten zu besorgen, wiederherzustellen oder zu verbessern (dazu oben Kapitel A. IV. 3.). Der Betreuer hat sich damit auch um die Beantragung und Organisation hierfür geeigneter Rehabilitationsmaßnahmen zu kümmern.

Im Rahmen der Gesundheitssorge kommen insbesondere **medizinische Rehabilitationsmaßnahmen** in Betracht, die der Abwendung, Beseitigung, Minderung oder dem Ausgleich einer Behinderung oder Pflegebedürftigkeit, der Verhütung ihrer Verschlimmerung oder Milderung ihrer Folgen dienen (vgl. § 11 Absatz 2 Satz 1 SGB V, § 42 SGB IX). Hierbei beschränkt sich die Inanspruchnahme medizinischer Rehabilitationsmaßnahmen nicht auf die der Betreuerbestellung zugrunde liegende Krankheit oder Behinderung, sondern ist in jeder Lebenslage angezeigt, in der eine entsprechende medizinische Indikation besteht.

Zuständig für die Leistungen der medizinischen Rehabilitation ist im Regelfall die gesetzliche Krankenkasse; es kommen als Leistungsträger aber auch die gesetzliche Unfallversicherung (§§ 1 Nummer 2, 26 bis 34 SGB VII) oder Rentenversicherung (§ 15 SGB VI) in Betracht. Zudem gewähren die Träger der Eingliederungshilfe gemäß §§ 5 Nummer 1, 42 bis 47 SGB IX Leistungen zur medizinischen Rehabilitation.[225]

Die Zuständigkeit für die konkreten Rehabilitationsmaßnahmen hängt von der jeweiligen Lebenssituation der betreuten Person ab. Es kann daher schwierig sein, den richtigen Leistungsträger und die geeignete Maßnahme zu finden. Die Rehabilitationsträger haben hierfür Ansprechstellen für Rehabilitation und Teilhabe eingerichtet, die barrierefrei über geeignete Rehabilitationsmaßnahmen informieren (vgl. § 12 SGB IX). Zusätzlich unterstützt und berät die **Ergänzende unabhängige Teilhabeberatung (EUTB)** bei Fragen zur Rehabilitation und Teilhabe. Die EUTB verfolgt dabei das Ziel, die Position der Menschen mit Behinderungen im Verhältnis zu den Rehabilitationsträgern und den Leistungserbringern

225 Vgl. ergänzend Sobota, S. 104 ff.

zu stärken.[226] Die Beratungsangebote finden sich in ganz Deutschland und können zentral im Internet gefunden werden.[227]

Neben der medizinischen Rehabilitation gibt es auch die **soziale Rehabilitation**, die der Person trotz ihrer Einschränkungen ein soziales Leben in Gemeinschaft ermöglichen soll (z.B. durch Leistungen zur Sozialen Teilhabe, § 76 SGB IX)[228] und die **berufliche Rehabilitation**, die das Ziel verfolgt, die Person wieder in das Erwerbsleben einzugliedern[229].

II. Medizinische Rehabilitationsmaßnahmen

1. Voraussetzungen

Die medizinische Rehabilitation soll dabei helfen, den dauerhaften Eintritt einer Behinderung oder Pflegebedürftigkeit zu vermeiden oder mit den Folgen einer Erkrankung besser zurechtzukommen. Sie soll Menschen mit eingeschränkter körperlicher oder geistiger Funktionsfähigkeit in die Lage versetzen, ihren Alltag möglichst selbstständig und selbstbestimmt zu bewältigen. Von der medizinischen Rehabilitation werden u.a. ärztliche, physiotherapeutische, psychotherapeutische und ergotherapeutische Leistungen, oftmals auch in Kombination mehrerer Leistungen umfasst.

Leistungsträger der Maßnahmen ist im Regelfall die Krankenversicherung. Dient die medizinische Rehabilitation der Wiederherstellung der Erwerbstätigkeit, ist die Rentenversicherung zuständig. Bei einem Arbeitsunfall oder einer Berufskrankheit werden die Leistungen von der Unfallversicherung erbracht.

Für die **Bewilligung** einer medizinischen Rehabilitationsmaßnahme müssen folgende Voraussetzungen gegeben sein:

- **Rehabilitationsbedürftigkeit**[230]: Beeinträchtigung der Leistungsfähigkeit, die nicht mit einzelnen Maßnahmen wiederhergestellt werden kann, sondern den mehrdimensionalen und interdisziplinären Ansatz der medizinischen Rehabilitation benötigt.
- **Rehabilitationsfähigkeit**[231]: Die notwendigen Behandlungen können durchgeführt werden, ohne dass es zu einer Überforderung kommt.
- **Positive Rehabilitationsprognose**[232]: Die festgestellten **Rehabilitationsziele** sind nach ärztlicher Einschätzung voraussichtlich erreichbar.

226 Vgl. BT-Drucks. 18/9522, S. 191.
227 Siehe www.teilhabeberatung.de (Abruf: 25.5.2023).
228 Vgl. beispielsweise Sobota, S. 113f.
229 Vgl. beispielsweise Sobota, S. 108f.
230 Vgl. § 8 Rehabilitations-Richtlinie/Reha-RL (Richtlinie des Gemeinsamen Bundesausschusses Richtlinie über Leistungen zur medizinischen Rehabilitation).
231 Vgl. § 9 Rehabilitations-Richtlinie/Reha-RL.
232 Vgl. § 10 Rehabilitations-Richtlinie/Reha-RL.

2. Antrag

Rehabilitationsleistungen müssen beim Rehabilitationsträger beantragt werden.

Ist eine Rehabilitation im Anschluss an eine Behandlung im Krankenhaus angezeigt (**Anschlussrehabilitation**, § 40 Absatz 6 Satz 1 SGB V), so ist es Aufgabe des sozialen Dienstes des Krankenhauses, über Rehabilitationsmaßnahmen zu beraten und diese zu beantragen bzw. zu vermitteln (§ 39 Absatz 1a SGB V). Ein vorgreifendes Betreuerhandeln ist nicht erforderlich. Für den Fall, dass sich die behandelnden Ärzte mit der Bitte um Organisation der Anschlussrehabilitation an den Betreuer wenden, um eine zeitnahe Entlassung der betreuten Person zu ermöglichen, sollte der Betreuer auf die Verpflichtung des sozialen Dienstes hinweisen.

Eine medizinische Rehabilitation kann auch durch den behandelnden Arzt anregt werden, der dann eine ärztliche Verordnung für die Beantragung ausstellt.

3. Arten der Rehabilitation

a. Ambulante und stationäre Rehabilitation

Rehabilitationsleistungen können ambulant oder stationär erfolgen; sie können am Wohnort, in einer anerkannten Rehabilitationsklinik oder in einer stationären Vorsorgeeinrichtung geleistet werden.

Bei der **stationären Rehabilitation** wird der Patient in einer Einrichtung nicht nur behandelt, sondern wohnt auch in der Einrichtung und wird dort versorgt.

Bei der **ambulanten Rehabilitation** wird täglich ein örtliches Reha-Zentrum oder eine Reha-Klinik aufgesucht. Der Patient kommt nur zur Behandlung in die Einrichtungen. Kommt eine ambulante Rehabilitation aufgrund des benötigten hohen Assistenz- oder Pflegebedarfs nicht in Betracht, können bestimmte Leistungen der Rehabilitation und Vorsorge auch in der gewohnten Umgebung des Patienten durch mobile Reha-Teams angeboten werden.

b. Geriatrische Rehabilitation

Die geriatrische (altersmedizinische) Rehabilitation ist darauf ausgerichtet, älteren Menschen nach einem Unfall oder einer Krankheit ein Leben in ihrer gewohnten Umgebung zu ermöglichen und ihnen die Chance zu erhalten, aktiv am Leben teilzuhaben. Hierbei steht nicht die Behandlung einer speziellen Erkrankung im Mittelpunkt. Die geriatrische Rehabilitation kann stationär, teilstationär oder ambulant erfolgen. Auch mobile Reha-Teams können zum Einsatz kommen.

c. Rehabilitation bei Suchterkrankungen

Auch bei einer Abhängigkeit von Alkohol, Medikamenten und Drogen ist im Anschluss an eine Entzugsbehandlung die Möglichkeit einer Rehabilitation (**Entwöhnungsbehandlung**) gegeben. Zuständige Rehabilitationsträger sind hier die Kranken- und Rentenversicherung.

4. Dauer der Maßnahmen

Stationäre Rehabilitationsleistungen dauern in der Regel drei Wochen, § 40 Absatz 3 Satz 13 SGB V.

Eine ambulante Rehabilitation kann in der Regel längstens für die Dauer von 20 Behandlungstagen erbracht werden, § 40 Absatz 3 Satz 13 SGB V.

5. Zuzahlungen

Die Krankenkasse übernimmt die gesamten Kosten der Maßnahme. Versicherte, die das 18. Lebensjahr vollendet haben, müssen jedoch Zuzahlungen leisten.

- Die Zuzahlung beträgt zehn Euro pro Tag in der stationären Rehabilitation bzw. pro Behandlungstag in der ambulanten Rehabilitation, § 40 Absatz 5 i.V.m. § 61 Satz 2 SGB V.
- Die Zuzahlung ist bei einer Anschlussrehabilitation unmittelbar nach einer Krankenhausbehandlung auf 28 Tage begrenzt. Bereits geleistete Krankenhauszuzahlungen werden angerechnet, § 40 Absatz 6 SGB V.

Die Zuzahlungen werden bei der persönlichen Belastungsgrenze berücksichtigt (zur Belastungsgrenze vgl. Kapitel C. II. 3.).

G. Sorge um Pflegeleistungen

Übersicht Seite

I. Grundlagen

Kann die betreute Person die eigene Pflege nicht (mehr) sicherstellen, hat sich der Betreuer um die Organisation der Pflege zu kümmern. Dabei ist insbesondere zu prüfen, inwieweit Leistungen der Pflegeversicherung in Anspruch genommen werden können.

Hinweis

*Der Deutsche Bundestag hat am 26. Mai 2023 das Gesetz zur Unterstützung und Entlastung in der Pflege (**Pflegeunterstützungs- und -entlastungsgesetz – PUEG**)[233] beschlossen. Mit dem Gesetz sollen u.a. die häusliche Pflege gestärkt und pflegebedürftige Menschen und ihre Angehörigen sowie andere Pflegepersonen entlastet werden. Hierfür werden zum 1. Januar 2024 das Pflegegeld und die ambulanten Sachleistungsbeträge um jeweils 5 Prozent erhöht (siehe hierzu im Folgenden die Übersichten unter III. 1. a. und 1.b.). Zum 1. Januar 2025 werden die Leistungen der Pflegeversicherung um (weitere) 4,5 Prozent steigen.*

233 Gesetz v. 19. Juni 2023 (BGBl. I 2023 Nr. 155).

Auch die Regelungen zum Pflegeunterstützungsgeld werden angepasst und der Zugang zu Vorsorge- und Rehabilitationsleistungen für Pflegepersonen erleichtert. Zur Begrenzung der steigenden Eigenanteile in der vollstationären Pflege werden die Zuschläge, die die Pflegekasse an die Pflegebedürftigen in vollstationären Pflegeeinrichtungen zahlt, zum 1. Januar 2024 erhöht. Die Kurzzeit- und Verhinderungspflege werden zum 1. Juli 2025 zu einem flexibel nutzbaren Gesamtbetrag, dem sogenannten Entlastungsbudget, zusammengefügt.

1. Häusliche Krankenpflege und Haushaltshilfe nach SGB V

In Betracht kommt zunächst ein Anspruch auf **häusliche Krankenpflege** als Leistung der **gesetzlichen Krankenversicherung** (GKV), § 37 SGB V. Die häusliche Krankenpflege beinhaltet Grundpflege, Behandlungspflege und die hauswirtschaftliche Versorgung. Der Anspruch auf häusliche Krankenpflege besteht insbesondere wegen schwerer Krankheit oder wegen akuter Verschlimmerung einer Krankheit, insbesondere nach einem Krankenhausaufenthalt, nach einer ambulanten Operation oder nach einer ambulanten Krankenhausbehandlung, § 37 Absatz 1a SGB V. Die Leistungsdauer ist auf bis zu vier Wochen je Krankheitsfall begrenzt.

Versicherte, die das 18. Lebensjahr vollendet haben, leisten als Zuzahlung zehn Euro je Verordnung und 10 % der anfallenden Kosten für die ersten 28 Kalendertage an die Krankenkasse, § 37 Absatz 5 i.V.m. § 61 Satz 3 SGB V. Die Zuzahlungen werden bei der persönlichen Belastungsgrenze berücksichtigt (zur Belastungsgrenze siehe oben Kapitel C. II. 3.).

Zudem ist ein Anspruch auf **Haushaltshilfe** nach § 38 SGB V zu prüfen. Die Haushaltshilfe umfasst alle Dienstleistungen für die Weiterführung des Haushaltes. Voraussetzung für die Bewilligung ist, dass die Weiterführung des Haushaltes beispielsweise aufgrund einer Krankenhausbehandlung, einer medizinischen Vorsorgeleistung oder einer medizinischen Rehabilitationsmaßnahme nicht möglich ist und auch eine andere im Haushalt lebende Person diesen nicht weiterführen kann. Wegen der weiteren Voraussetzungen und der Einzelheiten der Bewilligung sollte bei geeigneter Ausgangslage Rücksprache mit der GKV genommen werden.

2. Pflegeversicherung

Die **Pflegeversicherung** stellt eine eigenständige Säule der Sozialversicherung dar, welche im Sozialgesetzbuch Elftes Buch (SGB XI) geregelt ist. Es gilt eine umfassende Versicherungspflicht für alle gesetzlich und privat Versicherten. Wer in der gesetzlichen Krankenversicherung versichert ist, gehört automatisch der **sozialen Pflegeversicherung** an. Privat Krankenversicherte müssen eine **private Pflegeversicherung** abschließen, § 1 Absatz 2 SGB XI.

Die Pflegeversicherung verfolgt das Ziel, das Risiko einer Pflegebedürftigkeit sozial abzusichern. Pflegebedürftige Menschen sollen so weit wie möglich selbstbestimmt leben können. Dabei ist die Pflegeversicherung als nicht bedarfsgerechte Grundsicherung ausgestaltet, das bedeutet, dass sie häufig nicht alle anfallenden Kosten der Pflege abdeckt (siehe hierzu auch unten V. 2.).

Die Beiträge zur sozialen Pflegeversicherung werden grundsätzlich paritätisch von Arbeitnehmern und Arbeitgebern entrichtet. Kinderlose Mitglieder müssen – von einzelnen Ausnahmen abgesehen – zu dem herkömmlichen Beitragssatz einen Beitragszuschlag zahlen.

Für Bezieher von Bürgergeld wird durch den Leistungsträger nach SGB II ein Zuschuss zur privaten Pflegeversicherung geleistet, § 26 Absatz 3 Satz 1 SGB II. Der Zuschuss ist in der Regel auf die Hälfte des Höchstbeitrags in der sozialen Pflegeversicherung begrenzt.

Um Leistungen der Pflegeversicherung in Anspruch nehmen zu können, bedarf es einer Pflegebedürftigkeit im Sinne des SGB XI. Pflegebedürftig sind danach Personen, die gesundheitlich bedingte Beeinträchtigungen der Selbstständigkeit oder der Fähigkeiten aufweisen und deshalb der Hilfe durch andere bedürfen. Es muss sich um Personen handeln, die körperliche, kognitive oder psychische Beeinträchtigungen oder gesundheitlich bedingte Belastungen oder Anforderungen nicht selbstständig kompensieren oder bewältigen können. Die Pflegebedürftigkeit muss auf Dauer, voraussichtlich für mindestens sechs Monate, und mit mindestens der in § 15 SGB XI festgelegten Schwere bestehen, § 14 Absatz 1 SGB XI.

Weiterhin muss die versicherte Person in den letzten zehn Jahren vor der Antragstellung zwei Jahre als Mitglied in die Pflegekasse eingezahlt haben oder familienversichert gewesen sein, um Pflegeleistungen beanspruchen zu können, § 33 Absatz 2 SGB XI.

Die **Pflegeleistungen** richten sich nach der Schwere der Beeinträchtigung der Selbstständigkeit oder der Fähigkeiten, die in **Pflegegraden** ausgedrückt wird, § 15 Absatz 1 SGB XI.

Versicherte, die bereits Leistungen der Pflegeversicherung erhalten bzw. die einen Antrag auf Leistungen gestellt haben und bei denen erkennbar ein Hilfe- und Beratungsbedarf besteht, haben einen gesetzlichen Anspruch auf **Pflegeberatung, § 7a SGB XI**. Dieser Anspruch richtet sich gegen die Pflegekasse oder das private Versicherungsunternehmen, das die private Pflegeversicherung durchführt. Die Pflegeberatung ist auf individuelle Beratung und Hilfestellung bei der Auswahl und Inanspruchnahme von erforderliche Hilfe- und Pflegeleistungen ausgerichtet.

Zudem werden von den Pflegekassen und Krankenkassen auf Initiative eines Bundeslandes **Pflegestützpunkte** eingerichtet, § 7c Absatz 1 SGB XI. Aufgaben der Pflegestützpunkte sind u.a. die umfassende sowie unabhängige Auskunft und Beratung zu geeigneten Sozialleistungen und die Koordinierung aller für die wohnortnahe Versorgung in Betracht kommenden Hilfs- und Unterstützungsangebote einschließlich der Hilfestellung bei der Inanspruchnahme der Leistungen, § 7c Absatz 2 SGB XI.

II. Beantragung des Pflegegrades

1. Grundlagen

Um Leistungen der Pflegeversicherung in Anspruch nehmen zu können, muss zunächst ein Antrag bei der Pflegekasse bzw. dem privaten Versicherungsunternehmen, das die private Pflegeversicherung durchführt, gestellt werden.

Welche Pflegeleistungen in Anspruch genommen werden können, entscheidet sich nach dem Pflegegrad. Die Pflegegrade richten sich nach dem in der Begutachtung ermittelten Punktwert und zeigen an, wie viel Selbstständigkeit noch vorhanden ist, § 15 Absatz 3 SGB XI. Nach dem Ergebnis wird die pflegebedürftige Person einem der fünf Pflegegrade zugeordnet:

Pflegegrad 1	geringe Beeinträchtigungen der Selbstständigkeit oder der Fähigkeiten
Pflegegrad 2	erhebliche Beeinträchtigungen der Selbstständigkeit oder der Fähigkeiten
Pflegegrad 3	schwere Beeinträchtigungen der Selbstständigkeit oder der Fähigkeiten
Pflegegrad 4	schwerste Beeinträchtigungen der Selbstständigkeit oder der Fähigkeiten
Pflegegrad 5	schwerste Beeinträchtigungen der Selbstständigkeit oder der Fähigkeiten mit besonderen Anforderungen an die pflegerische Versorgung

2. Verfahren zur Feststellung der Pflegebedürftigkeit

Das Verfahren zur Feststellung der Pflegebedürftigkeit richtet sich nach den §§ 18 bis 18e SGB XI n.F., welche durch das Pflegeunterstützungs- und -entlastungsgesetz neu eingefügt bzw. gefasst worden sind. Nach Antragstellung beauftragt die Pflegekasse den Medizinischen Dienst oder andere unabhängige Gutachter mit der Prüfung, ob die Voraussetzungen der Pflegebedürftigkeit erfüllt sind und welcher Pflegegrad vorliegt (Feststellung der Pflegebedürftigkeit), § 18 Absatz 1 SGB XI. Die Begutachtung von Versicherten eines privaten Versicherungsunternehmens erfolgt durch Gutachter des medizinischen Dienstes der privaten Pflegeversicherung Medicproof.

Die gesetzlich vorgegebene Bearbeitungsfrist für Anträge zur Feststellung der Pflegebedürftigkeit beträgt 25 Arbeitstage, § 18c Absatz 1 SGB XI n.F. In besonderen Fällen gilt eine verkürzte Begutachtungsfrist von fünf bzw. zehn Arbeitstagen, § 18a Absatz 5 bzw. 6 SGB XI n.F.

Der Pflegegrad wird mithilfe eines pflegefachlich begründeten Begutachtungsinstruments ermittelt. Grundlage der Begutachtung sind die individuellen gesundheitlich bedingten Beeinträchtigungen der Selbstständigkeit oder der Fähigkeiten. Hierfür werden sechs Lebensbereiche bewertet (vgl. § 14 Absatz 2 SGB XI):

- Mobilität
- kognitive und kommunikative Fähigkeiten
- Verhaltensweisen und psychische Problemlagen
- Selbstversorgung

- selbstständiger Umgang mit krankheits- oder therapiebedingten Anforderungen und Belastungen sowie deren Bewältigung
- Gestaltung des Alltagslebens und sozialer Kontakte

Für jeden Bereich ermittelt der Gutachter den Grad der Selbstständigkeit der pflegebedürftigen Person, in der Regel anhand eines Punktwerts. Am Ende fließen die Punkte mit unterschiedlicher Gewichtung zu einem Gesamtwert zusammen, der für einen der fünf Pflegegrade steht. Die Einzelheiten der Ermittlung ergeben sich aus § 15 SGB XI.

Darüber hinaus prüft der Gutachter, ob und in welchem Umfang Maßnahmen zur Vermeidung, Überwindung, Minderung oder Verhinderung einer Verschlimmerung der Pflegebedürftigkeit geeignet, notwendig und zumutbar sind, § 18b Absatz 1 Nummer 2 SGB XI n.F. Eine medizinische Rehabilitation kann angezeigt sein, um den Gesundheitszustand zu verbessern und die Pflegebedürftigkeit hinauszuzögern oder auch zu vermeiden (zur medizinischen Rehabilitation siehe oben Kapitel F. II.).

Der Betreuer sollte das Verfahren zur Feststellung der Pflegebedürftigkeit eng begleiten. Insbesondere hat er alle für die Ermittlung der individuellen Fähigkeiten notwendigen Dokumente, wie Arztbriefe oder Medikationspläne, vorzulegen. Ob eine Anwesenheit bei der Begutachtung erforderlich ist, wird vom Einzelfall abhängen. Es sollte aber zumindest eine Person vor Ort sein, welche über die Einschränkungen der betreuten Person informiert ist.

III. Leistungen der Pflegeversicherung

Es gibt viele zahlreiche **verschiedene Leistungen** der Pflegeversicherung, die Pflegebedürftige und ihre Angehörigen in Anspruch nehmen können. Nach § 28 Absatz 1 SGB XI werden folgende Leistungen gewährt:

- Pflegesachleistung (§ 36 SGB XI),
- Pflegegeld für selbst beschaffte Pflegehilfen (§ 37 SGB XI),
- Kombination von Geldleistung und Sachleistung (§ 38 SGB XI),
- häusliche Pflege bei Verhinderung der Pflegeperson (§ 39 SGB XI),
- Pflegehilfsmittel und wohnumfeldverbessernde Maßnahmen (§ 40 SGB XI),
- Tagespflege und Nachtpflege (§ 41 SGB XI),
- Kurzzeitpflege (§ 42 SGB XI),
- vollstationäre Pflege (§ 43 SGB XI),
- Pauschalleistung für die Pflege von Menschen mit Behinderungen (§ 43a SGB XI),
- Zusätzliche Betreuung und Aktivierung in stationären Pflegeeinrichtungen (§ 43b SGB XI),
- Leistungen zur sozialen Sicherung der Pflegepersonen (§ 44 SGB XI),
- zusätzliche Leistungen bei Pflegezeit und kurzzeitiger Arbeitsverhinderung (§ 44a SGB XI),
- Pflegekurse für Angehörige und ehrenamtliche Pflegepersonen (§ 45 SGB XI),

- Umwandlung des ambulanten Sachleistungsbetrags (§ 45a SGB XI),
- Entlastungsbetrag (§ 45b SGB XI),
- Leistungen des Persönlichen Budgets nach § 29 SGB IX (§ 35a SGB XI),
- zusätzliche Leistungen für Pflegebedürftige in ambulant betreuten Wohngruppen (§ 38a SGB XI),
- Ergänzende Unterstützung bei Nutzung von digitalen Pflegeanwendungen (§ 39a SGB XI) und digitale Pflegeanwendungen (§ 40a SGB XI),
- Leistungsanspruch beim Einsatz digitaler Pflegeanwendungen (§ 40b SGB XI).

Bei den Leistungen der sozialen Pflegeversicherung wird zwischen ambulant (§§ 36 bis 40b SGB XI) und (teil-)stationär (§§ 41 bis 43b SGB XI) erbrachten Leistungen unterschieden. Zudem sieht das SGB XI einige „ergänzende" Leistungen vor (z.B. §§ 44 bis 45b SGB XI). Grundsätzlich gilt der Vorrang von ambulanten Leistungen vor (teil-)stationären Leistungen.

Praxishinweis

Das Bundesministerium für Gesundheit informiert mit einem Online-Ratgeber Pflege ausführlich u.a. über die Leistungen der Pflegeversicherung.[234] *Nachfolgend werden beispielhaft die wichtigsten Leistungen dargestellt.*

1. Häusliche Pflege

Tritt der Pflegefall ein, haben Pflegebedürftige die Wahl: Sie können sich für Pflegesachleistungen entscheiden, das sind z.B. Pflegeeinsätze zugelassener ambulanter Pflegedienste, die von der Pflegekasse bis zu bestimmten Höchstgrenzen bezahlt werden, oder Geldleistungen wie das Pflegegeld in Anspruch nehmen, das den Pflegebedürftigen von der Pflegekasse oder dem privaten Versicherungsunternehmen ausgezahlt wird.

a. Finanzielle Unterstützung (Pflegegeld)

Pflegebedürftige sollen selbst darüber entscheiden können, wie und von wem sie gepflegt werden. Die Pflegeversicherung unterstützt deshalb auch, wenn sich Betroffene dafür entscheiden, statt von einem ambulanten Pflegedienst von Angehörigen, Freunden oder anderen ehrenamtlich Tätigen versorgt zu werden. Hierfür zahlt die Pflegeversicherung das sogenannte Pflegegeld.

Voraussetzung für den Bezug von Pflegegeld ist, dass die häusliche Pflege selbst sichergestellt ist und mindestens Pflegegrad 2 vorliegt, § 37 Absatz 1 SGB XI. Das Pflegegeld wird der pflegebedürftigen Person von der Pflegekasse überwiesen.

234 Siehe www.bundesgesundheitsministerium.de/themen/pflege/online-ratgeber-pflege.html (Abruf: 27.6.2023).

Die Höhe des Pflegegeldes ist nach dem Grad der Pflegebedürftigkeit gestaffelt und beträgt je Kalendermonat (vgl. § 37 Absatz 1 SGB XI):

	bis 31. Dezember 2023	**ab 1. Januar 2024**[235]
Pflegegrad 2	316 Euro	332 Euro
Pflegegrad 3	545 Euro	573 Euro
Pflegegrad 4	728 Euro	765 Euro
Pflegegrad 5	901 Euro	947 Euro

Pflegebedürftige in häuslicher Pflege (auch bei Pflegegrad 1) können zudem einen Anspruch auf einen **Entlastungsbetrag** in Höhe von bis zu 125 Euro monatlich haben, § 45b Absatz 1 SGB XI. Mit dem Betrag können Aufwendungen erstattet werden, die der versicherten Person mit der Inanspruchnahme einer der folgenden Leistungen entstehen:

- Leistungen der Tages- oder Nachtpflege (siehe nachfolgend unter 3.),
- Leistungen der Kurzzeitpflege (siehe nachfolgend unter IV.),
- Leistungen der ambulanten Pflegedienste im Sinne des § 36 SGB XI (siehe nachfolgend unter b.); für Leistungen im Bereich der Selbstversorgung (beispielsweise Unterstützung beim Duschen) kann der Entlastungsbetrag ausschließlich von Pflegebedürftigen des Pflegegrades 1 eingesetzt werden,
- Leistungen der nach Landesrecht anerkannten Angebote zur Unterstützung im Alltag im Sinne des § 45a SGB XI.

b. Pflegedienste und Pflegesachleistungen

Pflegebedürftige der Pflegegrade 2 bis 5 haben bei häuslicher Pflege Anspruch auf körperbezogene Pflegemaßnahmen und pflegerische Betreuungsmaßnahmen sowie auf Hilfen bei der Haushaltsführung als Sachleistung (häusliche Pflegehilfe), § 36 Absatz 1 SGB XI.

Die pflegebedürftige Person kann hierfür auch einen **ambulanten Pflegedienst** nutzen. Dieser unterstützt Pflegebedürftige und ihre Angehörigen bei der Pflege zu Hause. Die ambulante Pflege ermöglicht Betroffenen, in ihrer vertrauten Umgebung zu bleiben.

Das Leistungsangebot des ambulanten Pflegedienstes erstreckt sich auf verschiedene Bereiche. Dies sind vor allem:

- körperbezogene Pflegemaßnahmen, wie etwa Körperpflege, Ernährung, Förderung der Bewegungsfähigkeit,
- pflegerische Betreuungsmaßnahmen, z.B. Hilfe bei der Orientierung, bei der Gestaltung des Alltags oder auch bei der Aufrechterhaltung sozialer Kontakte,
- häusliche Krankenpflege als Leistung der gesetzlichen Krankenversicherung, wie z.B. Arzneimittelgabe, Verbandswechsel, Injektionen (siehe dazu oben I. 1.).

235 Ab dem 1. Januar 2025 erhöhen sich die Beträge um weitere 4,5 Prozent. Die neuen Beträge werden im Bundesanzeiger veröffentlicht.

- Beratung der Pflegebedürftigen und ihrer Angehörigen bei pflegerischen Fragestellungen, Unterstützung bei der Vermittlung von Hilfsdiensten wie Essensbelieferung oder Organisation von Fahrdiensten und Krankentransporten sowie
- Hilfen bei der Haushaltsführung, z.B. Kochen oder Reinigen der Wohnung.

Die Pflegeversicherung übernimmt für Pflegebedürftige mit mindestens Pflegegrad 2 als ambulante Pflegesachleistungen die Kosten für die Inanspruchnahme eines Pflegedienstes für körperbezogene Pflegemaßnahmen, pflegerische Betreuungsmaßnahmen sowie Hilfen bei der Haushaltsführung bis zu einem gesetzlich vorgeschriebenen Höchstbetrag. Dieser ist nach dem Grad der Pflegebedürftigkeit gestaffelt und beträgt je Kalendermonat (vgl. § 36 Absatz 3 SGB XI):

	bis 31. Dezember 2023	**ab 1. Januar 2024**[236]
Pflegegrad 2	bis zu 724 Euro	bis zu 761 Euro
Pflegegrad 3	bis zu 1.363 Euro	bis zu 1.432 Euro
Pflegegrad 4	bis zu 1.693 Euro	bis zu 1.778 Euro
Pflegegrad 5	bis zu 2.095 Euro	bis zu 2.200 Euro

Für Pflegebedürftige mit dem Pflegegrad 1 kann der Entlastungsbetrag zur Finanzierung der Leistungen eingesetzt werden.

c. Kombinationsleistung

Um eine optimale, auf die individuellen Bedürfnisse abgestimmte Pflege zu gewährleisten, ist es möglich, den Bezug von **Pflegegeld** mit der Inanspruchnahme von ambulanten **Pflegesachleistungen** zu kombinieren (**Kombinationsleistung**, § 38 SGB XI). Das Pflegegeld vermindert sich in diesem Fall anteilig im Verhältnis zum Wert der in Anspruch genommenen ambulanten Sachleistungen.

d. Pflegehilfsmittel

Pflegebedürftige haben zudem Anspruch auf eine Versorgung mit sogenannten **Pflegehilfsmitteln**. Darunter fallen Geräte und Sachmittel, die zur Erleichterung der Pflege oder zur Linderung der Beschwerden des Pflegebedürftigen beitragen oder ihm eine selbstständigere Lebensführung ermöglichen, § 40 Absatz 1 SGB XI. Die Aufwendungen für zum Verbrauch bestimmte Pflegehilfsmittel dürfen monatlich den Betrag von 40 Euro nicht übersteigen, § 40 Absatz 2 SGB XI.

e. Zuschüsse zur Wohnungsanpassung

Die Pflegekassen können bis zu 4.000 Euro als finanziellen Zuschuss für Maßnahmen zur Verbesserung des individuellen Wohnumfeldes des Pflegebedürftigen gewähren, § 40 Absatz 4 SGB XI. Finanziert werden können damit beispielsweise technische Hilfen, die die

236 Ab dem 1. Januar 2025 erhöhen sich die Beträge um weitere 4,5 Prozent. Die neuen Beträge werden im Bundesanzeiger veröffentlicht.

häusliche Pflege in der Wohnung ermöglichen, erheblich erleichtern oder eine möglichst selbstständige Lebensführung der pflegebedürftigen Person wiederherstellen. Hierzu gehören beispielsweise Treppenlifte, Türverbreiterungen oder auch der pflegegerechte Umbau des Badezimmers.

2. Vollstationäre Pflege

Die Pflegeversicherung zahlt bei vollstationärer Pflege pauschale Leistungen für **pflegebedingte Aufwendungen** einschließlich der Aufwendungen für Betreuung und die Aufwendungen für Leistungen der medizinischen Behandlungspflege in Pflegeheimen, § 43 SGB XI. Die pauschalen Leistungsbeträge sind nach dem Grad der Pflegebedürftigkeit gestaffelt und betragen je Kalendermonat (Stand: 1. Januar 2023[237], vgl. § 43 Absatz 3 SGB XI):

Pflegegrad 1	125 Euro
Pflegegrad 2	770 Euro
Pflegegrad 3	1.262 Euro
Pflegegrad 4	1.775 Euro
Pflegegrad 5	2.005 Euro

Für Pflegebedürftige der Pflegegrade 2 bis 5 übernimmt die Pflegekasse auch Aufwendungen für Unterkunft und Verpflegung, soweit die gewährten Leistungsbeträge die pflegebedingten Aufwendungen übersteigen, § 43 Absatz 3 Satz 3 SGB XI.

Reicht die Leistung der Pflegeversicherung nicht aus, um die pflegebedingten Aufwendungen abzudecken, ist von der pflegebedürftigen Person ein **Eigenanteil** zu zahlen.

Um Pflegebedürftige vor Überforderung durch steigende Pflegekosten zu schützen, zahlt die Pflegeversicherung neben dem nach Pflegegrad differenzierten Leistungsbetrag für Pflegebedürftige der Pflegegrade 2 bis 5 einen Leistungszuschlag zum pflegebedingten Eigenanteil der pflegebedürftigen Person, § 43c SGB XI. Der Leistungszuschlag steigt mit der Dauer der vollstationären Pflege und beträgt im ersten Jahr 5 % des von der pflegebedürftigen Person zu zahlenden Eigenanteils an den pflegebedingten Aufwendungen, im zweiten Jahr 25 %, im dritten Jahr 45 % und danach 70 %. Die Leistungszuschläge in § 43c SGB XI werden ab dem 1. Januar 2024 um 5 bis 10 Prozentpunkte auf 15 %, 30 %, 50 % bzw. 75 % erhöht.

Zusätzlich zum pflegebedingten Eigenanteil fallen bei vollstationärer Pflege für die Pflegebedürftigen stets weitere Kosten an: Hierzu zählen **Kosten für die Unterbringung und Verpflegung**. Auch müssen Bewohnerinnen und Bewohner einer Einrichtung ggf. gesondert berechenbare Investitionskosten übernehmen. Für Pflegebedürftige der Pflegegrade 2 bis 5 übernimmt die Pflegekasse auch Aufwendungen für Unterkunft und Verpflegung,

237 Ab dem 1. Januar 2025 erhöhen sich die Beträge um 4,5 Prozent. Die neuen Beträge werden im Bundesanzeiger veröffentlicht.

soweit die oben genannten Leistungsbeträge die pflegebedingten Aufwendungen übersteigen, § 43 Absatz 2 Satz 3 SGB XI.

3. Tagespflege und Nachtpflege

Pflegebedürftige der Pflegegrade 2 bis 5 haben Anspruch auf teilstationäre Pflege in Einrichtungen der Tages- oder Nachtpflege, wenn die häusliche Pflege nicht in ausreichendem Umfang sichergestellt werden kann oder wenn dies zur Ergänzung oder Stärkung der häuslichen Pflege erforderlich ist, § 41 Absatz 1 Satz 1 SGB XI.

Der Anspruch auf teilstationäre Tages- und Nachtpflege kann zusätzlich zu ambulanten Pflegesachleistungen, Pflegegeld oder der Kombinationsleistung nach § 38 SGB XI in Anspruch genommen werden, ohne dass hierauf eine Anrechnung erfolgt, § 41 Absatz 3 SGB XI.

Der Anspruch auf die Übernahme der in der teilstationären Pflege anfallenden Aufwendungen richtet nach dem Grad der Pflegebedürftigkeit und umfasst je Kalendermonat einen Gesamtwert (Stand: 1. Januar 2023[238], vgl. § 41 Absatz 2 Satz 2 SGB XI):

Pflegegrad 2	bis zu 689 Euro
Pflegegrad 3	bis zu 1.298 Euro
Pflegegrad 4	bis zu 1.612 Euro
Pflegegrad 5	bis zu 1.995 Euro

Für Pflegebedürftige mit dem Pflegegrad 1 kann der Entlastungsbetrag zur Finanzierung der Leistungen eingesetzt werden.

4. Pflege in ambulant betreuten Wohngruppen

Sogenannte Pflege-Wohngemeinschaften (Pflege-WGs), die bestimmte Mindestvoraussetzungen erfüllen, gelten als **ambulant betreute Wohngruppen**. Diese Wohnform ermöglicht es Pflegebedürftigen, zusammen mit Gleichaltrigen zu leben und gemeinsam Unterstützung zu erhalten, ohne auf Privatsphäre und Eigenständigkeit zu verzichten. Diese Gruppen werden von der Pflegeversicherung besonders gefördert (vgl. § 45e SGB XI), da sie es den Pflegebedürftigen ermöglichen, möglichst lange selbstständig und in häuslicher Umgebung zu wohnen, ohne dabei jedoch auf sich selbst gestellt zu sein.

Pflegebedürftige, die Leistungen nach den §§ 36, 37, 38, 45a oder 45b SGB XI beziehen, können in ambulant betreuten Wohngruppen zusätzlich zu den sonstigen Leistungen auf Antrag eine Pauschale in Höhe von 214 Euro im Monat erhalten, § 38a Absatz 1 SGB XI.[239]

238 Ab dem 1. Januar 2025 erhöhen sich die Beträge um 4,5 Prozent. Die neuen Beträge werden im Bundesanzeiger veröffentlicht.

239 Zusätzlich sind weitere Voraussetzungen durch die ambulant betreute Wohngruppe zu erfüllen, vgl. hierzu § 38a Absatz 1 SGB I.

IV. Kurzzeitpflege

Viele Pflegebedürftige sind nur für eine begrenzte Zeit auf vollstationäre Pflege angewiesen, insbesondere zur Bewältigung von Krisensituationen bei der häuslichen Pflege oder übergangsweise im Anschluss an einen Krankenhausaufenthalt. Für sie gibt es die Kurzzeitpflege in entsprechenden zugelassenen vollstationären Pflegeeinrichtungen.

Als Leistung der Pflegeversicherung kann die Kurzzeitpflege ab dem Pflegegrad 2 insbesondere dann in Anspruch genommen werden, wenn die häusliche Pflege zeitweise nicht, noch nicht oder nicht im erforderlichen Umfang erbracht werden kann, § 42 Absatz 1 SGB XI. Für Pflegebedürftige mit dem Pflegegrad 1 kann der Entlastungsbetrag in Höhe von bis zu 125 Euro monatlich (§ 45b Absatz 1 SGB XI) zur Finanzierung eingesetzt werden.

Die Kurzzeitpflege kommt aber auch außerhalb der Pflegeversicherung in Betracht. Reichen die Leistungen der häuslichen Krankenpflege (siehe dazu oben I. 1.) bei schwerer Krankheit oder wegen akuter Verschlimmerung einer Krankheit, insbesondere nach einem Krankenhausaufenthalt, nach einer ambulanten Operation oder nach einer ambulanten Krankenhausbehandlung, nicht aus, besteht ein Anspruch auf Kurzzeitpflege als Leistung der GKV, § 39c SGB V.

V. Verhältnis der Leistungen der Pflegeversicherung zu anderen Sozialleistungen

1. Grundlagen

Die Leistungen der Pflegeversicherung stellen nur einen Teil der Leistungen im deutschen Sozialsystem dar, die der Pflege insoweit pflegebedürftiger Menschen dienen. § 13 SGB XI regelt daher das Verhältnis zu Pflegeleistungen nach anderen Gesetzen. Die nachfolgende Darstellung beschränkt sich hierbei auf das Verhältnis zu Leistungen der Sozialhilfe nach SGB XII und der Rehabilitation und Teilhabe von Menschen mit Behinderungen nach SGB IX, die im Wesentlichen bei betreuten Personen in Betracht kommen dürften.

Zur Ermittlung der konkret bestehenden Leistungsansprüche der betreuten Person aufgrund ihres individuellen Hilfe- und Unterstützungsbedarfs kann und sollte sich der Betreuer an die entsprechenden Beratungsstellen der Sozialleistungsträger wenden.

2. Fürsorgeleistungen zur Pflege nach SGB XII

Die Leistungen der Pflegeversicherung gehen den Fürsorgeleistungen zur Pflege der Sozialhilfe nach SGB XII grundsätzlich vor, § 13 Absatz 3 Satz 1 Nummer 1 SGB XI (vgl. auch § 63b SGB XII). Die Leistungen zur Pflege nach SGB XII sind daher nur zu gewähren, wenn und soweit Leistungen der Pflegeversicherung nicht erbracht werden oder über diese hinausgehen, § 13 Absatz 3 Satz 2 SGB XI. Dies kommt insbesondere dann in Betracht, wenn der Leistungsrahmen des SGB XI nicht ausreicht, um den konkreten Pflegebedarf sicherzustellen, denn die Leistungen der Pflegeversicherung sichern in der Regel nicht die bedarfsgerechte Versorgung. Vielmehr sind sie der Höhe nach begrenzt und nehmen auf das konkrete Ausmaß der notwendigen Hilfe letztlich keine Rücksicht. Maßstab der Leistungspflicht der Sozialhilfe ist hingegen der individuelle Hilfebedarf ohne Beschränkung durch Höchstgrenzen.[240]

Besteht kein Anspruch auf Leistungen der Pflegeversicherung, weil keine Pflegebedürftigkeit im Sinne des § 14 Absatz 1 SGB XI vorliegt, kann dennoch ein Anspruch auf Leistungen zur Sozialhilfe gegeben sein. Das SGB XII enthält in § 61a Absatz 1 SGB XII einen eigenständigen sozialhilferechtlichen Pflegebedürftigkeitsbegriff, der über denjenigen des SGB XI hinausgeht.[241] Das SGB XII trifft darüber hinaus auch eigene Regelungen zu den Pflegegraden und deren Feststellungen, vgl. §§ 61b und 62 SGB XII. Allerdings bindet die Entscheidung der Pflegekasse über den Pflegegrad den Träger der Sozialhilfe, soweit sie auf Tatsachen beruht, die bei beiden Entscheidungen zu berücksichtigen sind, § 62a SGB XII.

Weiterhin müssen für die Inanspruchnahme der Leistungen der Hilfe zur Pflege die Leistungsvoraussetzungen nach SGB XII erfüllt sein. Zu beachten sind insoweit die Einkommensgrenze und der Einsatz des eigenen Vermögens nach §§ 85 ff. SGB XII.

Die Voraussetzungen und die Leistungen der Hilfe zur Pflege sind in den §§ 61 bis 66 SGB XII geregelt. Zu den Fürsorgeleistungen zur Pflege der Sozialhilfe gehören insbesondere

für **Pflegebedürftige der Pflegegrade 2, 3, 4 oder 5** nach § 61b SGB XII

- häusliche Pflege u.a. in Form von
  - Pflegegeld in Höhe des Pflegegeldes nach § 37 Absatz 1 SGB XI (§ 64a SGB XII),
  - häuslicher Pflegehilfe (§ 64b SGB XII),
  - Verhinderungspflege für den Fall der Verhinderung der Pflegeperson (§ 64c SGB XII),
  - Pflegehilfsmitteln (§ 64d SGB XII),
  - Maßnahmen zur Verbesserung des Wohnumfeldes (§ 64e SGB XII),
  - digitalen Pflegeanwendungen und ergänzender Unterstützung bei deren Nutzung (§§ 64j und 64k SGB XII),
- teilstationäre Pflege (§ 64g SGB XII),
- Kurzzeitpflege (§ 64h SGB XII),
- Entlastungsbetrag in Höhe von bis zu 125 Euro monatlich (§ 64i SGB XII) und
- stationäre Pflege (§ 65 SGB XII); der Anspruch auf Pflege in stationären Einrichtungen besteht nur, wenn die häusliche oder teilstationäre Pflege nicht möglich ist oder wegen der Besonderheit des Einzelfalls nicht in Betracht kommt

für **Pflegebedürftige des Pflegegrades 1** nach § 61b SGB XII

- Pflegehilfsmittel (§ 64d SGB XII),
- Maßnahmen zur Verbesserung des Wohnumfeldes (§ 64e SGB XII),

240 Spickhoff/Udsching, SGB XI § 13 Rn. 14.
241 Spickhoff/Udsching, SGB XI § 13 Rn. 12.

- digitale Pflegeanwendungen und ergänzende Unterstützung bei deren Nutzung (§§ 64j und 64k SGB XII)
- Entlastungsbetrag in Höhe von bis zu 125 Euro monatlich (§ 66 SGB XII).

3. Leistungen der Teilhabe und der Eingliederungshilfe für Menschen mit Behinderungen nach SGB IX

a. Grundlagen

Das Neunte Buch Sozialgesetzbuch (SGB IX) umfasst die gesetzlichen Regelungen zur Rehabilitation und Teilhabe von Menschen mit Behinderungen (vgl. Definition in § 2 Absatz 1 SGB IX) bzw. Menschen, die von Behinderung bedroht sind. Das SGB IX ist in drei Teile unterteilt:

- Teil 1: Regelungen für Menschen mit Behinderungen und von Behinderung bedrohte Menschen, §§ 1 bis 89 SGB IX,
- Teil 2: Besondere Leistungen zur selbstbestimmten Lebensführung für Menschen mit Behinderungen (Eingliederungshilferecht), §§ 90 bis 150a SGB IX,
- Teil 3: Besondere Regelungen zur Teilhabe schwerbehinderter Menschen (Schwerbehindertenrecht), §§ 151 bis 241 SGB IX.

Die Leistungen der Teilhabe und der Eingliederungshilfe umfassen jeweils Leistungen zur medizinischen Rehabilitation, zur Teilhabe am Arbeitsleben, zur Teilhabe an Bildung und zur Sozialen Teilhabe (§§ 5 und 102 SGB IX). Die Leistungen der Teilhabe umfassen zudem unterhaltssichernde und andere ergänzende Leistungen, § 5 Nummer 3 SGB IX.

Nachfolgend wird das Verhältnis der Leistungen zur medizinischen Rehabilitation nach dem SGB IX zu den Leistungen der Pflegeversicherung überblicksartig dargestellt.

b. Leistungen der Teilhabe für Menschen mit Behinderungen

Ziel der Leistungen der Teilhabe ist es, Menschen mit Behinderungen oder von Behinderung bedrohten Menschen eine gleichberechtigte Teilhabe am Leben in der Gesellschaft zu ermöglichen bzw. die Teilhabe zu fördern oder zu sichern. Die Leistungen zur Teilhabe für Menschen mit Behinderungen umfassen auch Leistungen zur medizinischen Rehabilitation (§§ 42 bis 47a SGB IX). Die Möglichkeiten der medizinischen Rehabilitation sind hierbei vor Leistungen der Pflege zu nutzen, § 31 SGB XI.

Die Leistungen der Pflege und die Leistungen zur Teilhabe unterscheiden sich in ihrer Zielsetzung und können auch nebeneinander gewährt werden.[242] Während die Leistungen der Pflegeversicherung nach § 2 Absatz 1 Satz 2 SGB XI darauf auszurichten sind, die körperlichen, geistigen und seelischen Kräfte der Pflegebedürftigen wiederzugewinnen oder zu erhalten, sollen die Leistungen zur Teilhabe für Menschen mit Behinderungen unter anderem Einschränkungen der Pflegebedürftigkeit vermeiden, überwinden, mindern oder eine Verschlimmerung verhüten, § 4 Absatz 4 Nummer 2 SGB IX.

242 Vgl. Sobota, S. 72 f.

Soweit Leistungen verschiedener Leistungsgruppen oder mehrerer Rehabilitationsträger erforderlich sind, erstellt der leistende Rehabilitationsträger einen Teilhabeplan nach § 19 SGB IX.

c. Leistungen der Eingliederungshilfe für Menschen mit Behinderungen

Leistungen der Eingliederungshilfe erhalten Menschen mit Behinderungen, die wesentlich in der gleichberechtigten Teilhabe an der Gesellschaft eingeschränkt sind (wesentliche Behinderung) oder von einer solchen wesentlichen Behinderung bedroht sind, § 99 Absatz 1 Satz 1 SGB IX. Im Vordergrund stehen damit Leistungen, die der Integration des Menschen mit Behinderung in die Gesellschaft und der Rehabilitation dienen.[243]

Gegenüber Leistungen der Pflegeversicherung sind Leistungen des Eingliederungshilfe ausdrücklich nicht nachrangig, § 13 Absatz 3 Satz 3 SGB XI. So sind beispielsweise Pflegeleistungen, die in Einrichtungen erbracht werden, die nach § 71 Absatz 4 SGB XI keine Pflegeeinrichtungen sind[244], als Bestandteil der Eingliederungshilfe zu erbringen.[245]

243 Spickhoff/Udsching, SGB XI § 13 Rn. 21; zu den Leistungen nach SGB IX siehe auch Kapitel A. V. 1. b., C. II. 2. b. und F. I.

244 Hierzu gehören beispielsweise stationäre Einrichtungen, in denen die Leistungen zur medizinischen Vorsorge, zur medizinischen Rehabilitation, zur Teilhabe am Arbeitsleben, zur Teilhabe an Bildung oder zur sozialen Teilhabe, die schulische Ausbildung oder die Erziehung kranker Menschen oder von Menschen mit Behinderungen im Vordergrund des Zweckes der Einrichtung stehen, § 71 Absatz 4 Nummer 1 SGB XI.

245 Spickhoff/Udsching, SGB XI § 13 Rn. 21.

H. Besonderheiten bei Vorsorgebevollmächtigten

Übersicht Seite

I. Grundlagen

Mit der Vorsorgevollmacht kann eine Person vorbeugend für den Fall ihrer eigenen Entscheidungsunfähigkeit bestimmen, in welchem Umfang eine Vertrauensperson in ihrem Namen handeln kann. Die Vorsorgevollmacht ist damit ein Instrument, das Menschen hilft, ihre Interessen und Wünsche auch dann zu verwirklichen, wenn sie dazu selbst nicht mehr in der Lage sind.

Voraussetzung für die Ausstellung einer Vorsorgevollmacht ist die Geschäftsfähigkeit des Vollmachtgebers. Als geschäftsfähig gelten Personen, die auf der Grundlage einer freien Willensbestimmung Rechtsgeschäfte wirksam abschließen können und damit verbindlich Rechte und Pflichten eingehen. Volljährige Personen sind grundsätzlich als geschäftsfähig anzusehen.

Die Aufgaben, Rechte und Pflichten eines Bevollmächtigten bestimmen sich nach dem Inhalt der Vorsorgevollmacht. Hierbei kann der Vollmachtgeber frei über den Umfang der Vertretung entscheiden. Bei bestimmten Angelegenheiten sieht § 1820 Absatz 2 BGB jedoch ein Schriftformerfordernis und Zitiergebote vor. Die dort genannten Angelegenheiten werden von einer Vorsorgevollmacht damit nur umfasst, wenn sie in dieser konkret bezeichnet werden.

§ 1820 BGB – Vorsorgevollmacht und Kontrollbetreuung (Auszug, Absatz 2)

(2) Folgende Maßnahmen eines Bevollmächtigten setzen voraus, dass die Vollmacht schriftlich erteilt ist und diese Maßnahmen ausdrücklich umfasst:

1. **die Einwilligung sowie ihr Widerruf oder die Nichteinwilligung in Maßnahmen nach § 1829 Absatz 1 Satz 1 und Absatz 2,**
2. **die Unterbringung nach § 1831 und die Einwilligung in Maßnahmen nach § 1831 Absatz 4,**
3. **die Einwilligung in eine ärztliche Zwangsmaßnahme nach § 1832 und die Verbringung nach § 1832 Absatz 4.**

Das Zitiergebot betrifft besonders schwerwiegende Eingriffe in höchstpersönliche Angelegenheiten. Die ausdrückliche Bezeichnung in der Vorsorgevollmacht soll dem Vollmachtgeber die Bedeutung und Reichweite verdeutlichen. Umfasst werden:

- die Einwilligung sowie ihr Widerruf oder die Nichteinwilligung in Maßnahmen nach § 1829 Absatz 1 Satz 1 und Absatz 2 BGB (vgl. dazu oben Kapitel E. IV),
- die Unterbringung nach § 1831 BGB und die Einwilligung in Maßnahmen nach § 1831 Absatz 4 BGB (siehe dazu in Teil 2, Kapitel B. und C.),

- die Einwilligung in eine ärztliche Zwangsmaßnahme nach § 1832 BGB und die Verbringung nach § 1832 Absatz 4 BGB (siehe dazu in Teil 2, Kapitel D.).

Entsprechende Entscheidungen des Bevollmächtigten stehen wie bei einem Betreuer unter einem **gerichtlichen Genehmigungsvorbehalt** (vgl. §§ 1829 Absatz 5, 1831 Absatz 5 und 1832 Absatz 5 BGB).

II. Vorsorgevollmacht für Angelegenheiten der Gesundheitssorge

Bei der Ausgestaltung der Vollmacht für den Bereich der Gesundheitssorge gibt es vorbehaltlich der Vorgaben des § 1820 Absatz 2 BGB für den Vollmachtgeber keine Beschränkungen. Er kann für diesen Bereich eine möglichst umfassende Vollmacht vorsehen, diese aber auch auf einzelne Angelegenheiten begrenzen.

Das Vollmachtformular des Bundesministeriums der Justiz (BMJ)[246] unterscheidet unter der Rubrik Gesundheitssorge/Pflegebedürftigkeit zwischen vier Bereichen und gibt zusätzliche Möglichkeiten einer eigenhändigen Ergänzung. So werden folgende Angelegenheiten auch unter Berücksichtigung des § 1820 Absatz 2 BGB angeboten:

- Der Bevollmächtigte darf in allen Angelegenheiten der Gesundheitssorge entscheiden, ebenso über alle Einzelheiten einer ambulanten oder (teil-)stationären Pflege. Er ist befugt, meinen in einer Patientenverfügung festgelegten Willen durchzusetzen.
- Der Bevollmächtigte darf insbesondere in eine Untersuchung des Gesundheitszustands, eine Heilbehandlung oder einen ärztlichen Eingriff einwilligen, diese ablehnen oder die Einwilligung in diese Maßnahmen widerrufen, auch wenn mit der Vornahme, dem Unterlassen oder dem Abbruch dieser Maßnahmen die Gefahr besteht, dass ich sterbe oder einen schweren und länger dauernden gesundheitlichen Schaden erleide (§ 1829 Absatz 1 und 2 BGB).
- Der Bevollmächtigte darf Krankenunterlagen einsehen und deren Herausgabe an Dritte bewilligen. Ich entbinde alle mich behandelnden Ärzte und nichtärztliches Personal gegenüber meiner bevollmächtigten Vertrauensperson von der Schweigepflicht. Diese darf ihrerseits alle mich behandelnden Ärzte und nichtärztliches Personal von der Schweigepflicht gegenüber Dritten entbinden.
- Solange es erforderlich ist, darf der Bevollmächtigte
  - über meine freiheitsentziehende Unterbringung (§ 1831 Absatz 1 BGB),
  - über freiheitsentziehende Maßnahmen (z.B. Bettgitter, Medikamente und Ähnliches) in einem Heim oder in einer sonstigen Einrichtung (§ 1831 Absatz 4 BGB),
  - über ärztliche Zwangsmaßnahmen (§ 1832 Absatz 1 BGB),

246 Vgl. Broschüre des BMJ (Stand: Januar 2023), „Betreuungsrecht. Mit ausführlichen Informationen zur Vorsorgevollmacht". Die Broschüre ist kostenfrei auf der Internetseite des BMJ abrufbar, siehe www.bmj.de > Publikationen > Broschüren (Abruf: 25.5.2023).

- über meine Verbringung zu einem stationären Aufenthalt in einem Krankenhaus, wenn eine ärztliche Zwangsmaßnahme in Betracht kommt (§ 1832 Absatz 4 BGB),

entscheiden.

Während Punkt 1 die Gesamtheit der Angelegenheiten der Gesundheitssorge umfasst, werden mit Punkt 2 (§ 1829 Absatz 1 und 2 BGB) und Punkt 4 (§§ 1831, 1832 BGB) die in § 1820 Absatz 2 BGB genannten Bereiche abgedeckt. Mit Punkt 2 und 3 werden zudem die Angelegenheiten der Gesundheitssorge näher erläutert.

Die Angelegenheiten der Gesundheitssorge in einer Vorsorgevollmacht sind im Wesentlichen identisch mit denen des betreuungsrechtlichen Aufgabenbereichs. Lediglich die Einwilligung sowie ihr Widerruf oder die Nichteinwilligung in Maßnahmen nach § 1829 Absatz 1 Satz 1 und Absatz 2 BGB sowie die Einwilligung in eine ärztliche Zwangsmaßnahme nach § 1832 BGB und die Verbringung nach § 1832 Absatz 4 BGB werden in einer Vorsorgevollmacht ohne konkrete Nennung nicht umfasst (§ 1829 Absatz 2 Nummer 1 und 3 BGB). Insoweit gilt bei diesen besonders eingriffsintensiven Angelegenheiten ein strengerer Maßstab als im Betreuungsrecht.

Praxishinweis

▶ *Für die Abfassung einer Vorsorgevollmacht empfiehlt es sich, nicht allein auf den Begriff der Gesundheitssorge abzustellen. Vielmehr sind unter Berücksichtigung der Vorgaben von § 1820 Absatz 2 BGB die dort genannten Angelegenheiten gesondert zu bezeichnen (vgl. Punkte 2 und 4 des o.g. Vollmachtsformulars des BMJ). Auch weitere Angelegenheiten der Gesundheitssorge können exemplarisch („insbesondere") aufgelistet werden (vgl. Punkt 3 des o.g. Vollmachtformulars des BMJ oder bei Bedarf auch die in Kapitel A. V. aufgeführten Angelegenheiten). Zudem sollten zumindest Teilbereiche der Postangelegenheiten und der Vermögenssorge mit Bezug zur Gesundheitssorge von der Vorsorgevollmacht umfasst sein. Dies kann etwaigen Unklarheiten über die Reichweite der Vollmacht vorbeugen und die Anwendbarkeit im Rechtsverkehr erleichtern.*

Bei Unklarheiten über den Umfang der Vertretungsmacht kann im Rahmen einer rechtlichen Betreuung im Zweifel das Betreuungsgericht durch Klarstellung oder Erweiterung des Aufgabenkreises eingreifen. Dies ist bei einer Vorsorgevollmacht nicht möglich, solange der Vollmachtgeber nicht bei bestehender Geschäftsfähigkeit eine Änderung der Vollmacht vornimmt.

III. Handlungsmaßstab für Bevollmächtigte

Der Bevollmächtigte hat die Angelegenheiten des Vollmachtgebers entsprechend der Vereinbarung, also etwaiger konkreter Angaben in der Vorsorgevollmacht, oder dem erklärten oder mutmaßlichen Willen des Vollmachtgebers zu besorgen (vgl. § 1820 Absatz 3 Nummer 2 BGB). Entscheidend ist damit, was sich der Vollmachtgeber bei der Erteilung der Vorsorgevollmacht vorgestellt und was er erwartet hat. Gibt der Inhalt der Vorsorgevollmacht keinen konkreten abweichenden Hinweis, so ist davon auszugehen, dass der Vollmachtgeber eine Ausübung der Vollmacht in seinem Sinne und unter Berücksichtigung seiner Wünsche zugrunde gelegt hat. Entsprechend hat auch der Vorsorgebevollmächtigte die Wünsche des Vollmachtsgebers im Sinne des § 1821 Absatz 2 BGB festzustellen und ihnen zu entsprechen.

Der Bevollmächtigte ist zudem nach §§ 1827 Absatz 6 und 1828 Absatz 3 BGB an eine etwaige Patientenverfügung oder an die Behandlungswünsche oder den mutmaßlichen Willen des Vollmachtgebers gebunden. Insoweit gelten auch für den Vorsorgebevollmächtigten die identischen Vorgaben wie für den Betreuer.

▶ *Zur Beachtung der Patientenverfügung siehe oben Kapitel E. III. 3; zur Beachtung des mutmaßlichen Willens oben Kapitel E. III. 4.*

Fühlt sich der Bevollmächtigte mit der Ausübung der Vollmacht überfordert, beispielsweise weil er aufgrund einer engen Verbundenheit mit dem Vollmachtgeber oder aufgrund persönlicher Wertvorstellungen keine Entscheidung über die Durchführung einer medizinischen Maßnahme treffen möchte, so ist insoweit die Einrichtung einer rechtlichen Betreuung zu prüfen.

Liegen konkrete Anhaltspunkte dafür vor, dass der Bevollmächtigte die Angelegenheiten des Vollmachtgebers nicht entsprechend der Vereinbarung oder dem erklärten oder mutmaßlichen Willen des Vollmachtgebers besorgt, kommt die Anordnung einer Kontrollbetreuung in Betracht, § 1820 Absatz 3 BGB.[247] Zudem kann das Betreuungsgericht unter den Voraussetzungen des § 1820 Absatz 4 BGB eine Vollmacht suspendieren.[248] Auch der Widerruf der Vollmacht durch einen Betreuer ist mit betreuungsgerichtlicher Genehmigung möglich, wenn beim Festhalten an der Vollmacht mit hinreichender Wahrscheinlichkeit eine Verletzung der betreuten Person oder deren Vermögens von erheblicher Schwere zu befürchten ist, § 1820 Absatz 5 BGB.[249]

247 Zur Kontrollbetreuung vgl. Schnellenbach/Normann-Scheerer/Giers/Thielke, Rn. 192 ff.

248 Zur Suspendierung der Vorsorgevollmacht durch das Betreuungsgericht vgl. Schnellenbach/Normann-Scheerer/Giers/Thielke, Rn. 658f.

249 Zum Widerruf der Vorsorgevollmacht durch den Betreuer vgl. Schnellenbach/Normann-Scheerer/Giers/Thielke, Rn. 660 ff.

J. Besonderheiten beim Ehegattenvertretungsrecht

Übersicht Seite

I. Grundlagen

Seit dem 1. Januar 2023 gibt es in akuten Krankheitssituationen ein auf höchstens sechs Monate befristetes gegenseitiges gesetzliches **Vertretungsrecht von Ehegatten** in **Angelegenheiten der Gesundheitssorge**, § 1358 BGB. Dieses Vertretungsrecht gilt auch für Lebenspartner, § 21 Lebenspartnerschaftsgesetz.

Eine Verpflichtung zur Wahrnehmung des Vertretungsrechts besteht nicht. Das Gesetz spricht lediglich von der **Berechtigung** des Ehegatten. Sieht sich der handlungsfähige Ehegatte daher nicht in der Lage, das Vertretungsrecht wahrzunehmen, oder lehnt er dies aus anderen Gründen ab, so ist unter Umständen eine rechtliche Betreuung einzurichten.

Die Voraussetzungen des Vertretungsrechts sind in § 1358 Absatz 1 BGB geregelt. Dort findet sich auch der abschließende Katalog derjenigen Angelegenheiten der Gesundheitssorge, bei denen eine Vertretung erfolgen kann.

§ 1358 BGB – Vertretung von Ehegatten in Angelegenheiten der Gesundheitssorge

(1) Kann ein Ehegatte aufgrund von Bewusstlosigkeit oder Krankheit seine Angelegenheiten der Gesundheitssorge rechtlich nicht besorgen (vertretener Ehegatte), ist der andere Ehegatte (vertretender Ehegatte) berechtigt, für den vertretenen Ehegatten

1. **in Untersuchungen des Gesundheitszustandes, Heilbehandlungen oder ärztliche Eingriffe einzuwilligen oder sie zu untersagen sowie ärztliche Aufklärungen entgegenzunehmen,**
2. **Behandlungsverträge, Krankenhausverträge oder Verträge über eilige Maßnahmen der Rehabilitation und der Pflege abzuschließen und durchzusetzen,**
3. **über Maßnahmen nach § 1831 Absatz 4 zu entscheiden, sofern die Dauer der Maßnahme im Einzelfall sechs Wochen nicht überschreitet, und**

4. Ansprüche, die dem vertretenen Ehegatten aus Anlass der Erkrankung gegenüber Dritten zustehen, geltend zu machen und an die Leistungserbringer aus den Verträgen nach Nummer 2 abzutreten oder Zahlung an diese zu verlangen.

(2) [1]Unter den Voraussetzungen des Absatzes 1 und hinsichtlich der in Absatz 1 Nummer 1 bis 4 genannten Angelegenheiten sind behandelnde Ärzte gegenüber dem vertretenden Ehegatten von ihrer Schweigepflicht entbunden. [2]Dieser darf die diese Angelegenheiten betreffenden Krankenunterlagen einsehen und ihre Weitergabe an Dritte bewilligen.

(3) Die Berechtigungen nach den Absätzen 1 und 2 bestehen nicht, wenn

1. die Ehegatten getrennt leben,

2. dem vertretenden Ehegatten oder dem behandelnden Arzt bekannt ist, dass der vertretene Ehegatte

a) eine Vertretung durch ihn in den in Absatz 1 Nummer 1 bis 4 genannten Angelegenheiten ablehnt oder

b) jemanden zur Wahrnehmung seiner Angelegenheiten bevollmächtigt hat, soweit diese Vollmacht die in Absatz 1 Nummer 1 bis 4 bezeichneten Angelegenheiten umfasst,

3. für den vertretenen Ehegatten ein Betreuer bestellt ist, soweit dessen Aufgabenkreis die in Absatz 1 Nummer 1 bis 4 bezeichneten Angelegenheiten umfasst, oder

4. die Voraussetzungen des Absatzes 1 nicht mehr vorliegen oder mehr als sechs Monate seit dem durch den Arzt nach Absatz 4 Satz 1 Nummer 1 festgestellten Zeitpunkt vergangen sind.

(4) [1]Der Arzt, gegenüber dem das Vertretungsrecht ausgeübt wird, hat

1. das Vorliegen der Voraussetzungen des Absatzes 1 und den Zeitpunkt, zu dem diese spätestens eingetreten sind, schriftlich zu bestätigen,

2. dem vertretenden Ehegatten die Bestätigung nach Nummer 1 mit einer schriftlichen Erklärung über das Vorliegen der Voraussetzungen des Absatzes 1 und das Nichtvorliegen der Ausschlussgründe des Absatzes 3 vorzulegen und

3. sich von dem vertretenden Ehegatten schriftlich versichern zu lassen, dass

a) das Vertretungsrecht wegen der Bewusstlosigkeit oder Krankheit, aufgrund derer der Ehegatte seine Angelegenheiten der Gesundheitssorge rechtlich nicht besorgen kann, bisher nicht ausgeübt wurde und

b) kein Ausschlussgrund des Absatzes 3 vorliegt.

[2]Das Dokument mit der Bestätigung nach Satz 1 Nummer 1 und der Versicherung nach Satz 1 Nummer 3 ist dem vertretenden Ehegatten für die weitere Ausübung des Vertretungsrechts auszuhändigen.

(5) Das Vertretungsrecht darf ab der Bestellung eines Betreuers, dessen Aufgabenkreis die in Absatz 1 Nummer 1 bis 4 bezeichneten Angelegenheiten umfasst, nicht mehr ausgeübt werden.

(6) § 1821 Absatz 2 bis 4, § 1827 Absatz 1 bis 3, § 1828 Absatz 1 und 2, § 1829 Absatz 1 bis 4 sowie § 1831 Absatz 4 in Verbindung mit Absatz 2 gelten entsprechend.

1. Voraussetzungen des Vertretungsrechts

Voraussetzung des Vertretungsrechts ist, dass der vertretene Ehegatte aufgrund von Bewusstlosigkeit oder einer Krankheit nicht in der Lage ist, seine Angelegenheiten der Gesundheitssorge rechtlich zu besorgen, § 1358 Absatz 1 Satz 1 BGB.

Die Voraussetzungen orientieren sich insoweit an den Voraussetzungen der Bestellung eines Betreuers (§ 1814 Absatz 1 BGB, siehe dazu oben Kapitel A., Einführung). Die subjektive Vertretungsbedürftigkeit ist jedoch auf den gesundheitlichen Zustand einer Bewusstlosigkeit oder einer Krankheit begrenzt. Das Vertretungsrecht soll lediglich eine akut eingetretene gesundheitliche Beeinträchtigung des vertretenen Ehegatten infolge eines Unfalls oder einer Erkrankung umfassen, die auch eine ärztliche Akutversorgung notwendig macht.[250] Im Gegensatz zu § 1814 Absatz 1 BGB ist das Merkmal der Behinderung bewusst nicht genannt.

2. Ausschlussgründe

Das Vertretungsrecht ist nach § 1358 Absatz 3 BGB u.a. dann ausgeschlossen, wenn einer der nachfolgenden Ausschlussgründe vorliegt:

- Die Ehegatten **leben getrennt**.
  Ein Getrenntleben liegt nicht bereits vor, wenn zwischen den Eheleuten keine häusliche Gemeinschaft (mehr) besteht, beispielsweise weil sich einer der Ehepartner in einem Pflegeheim oder einer anderen Einrichtung befindet. Hinzukommen muss ein Trennungswille, der voraussetzt, dass ein Ehegatte die eheliche Lebensgemeinschaft ablehnt und die häusliche Gemeinschaft erkennbar nicht mehr herstellen will.[251]
- Dem vertretenden Ehegatten oder dem behandelnden Arzt ist bekannt, dass der vertretene Ehegatte
  - eine **Vertretung** durch ihn bei der Gesundheitssorge **ablehnt**.
    Die Motivation der Ablehnung ist unbeachtlich. Der Widerspruch des vertretenen Ehegatten kann mündlich oder schriftlich erfolgen. Zudem besteht die Möglichkeit, den Widerspruch im Zentralen Vorsorgeregister der Bundesnotarkammer einzutragen, §§ 78 Absatz 2 Nummer 1, 78a Bundesnotarordnung.
  - jemanden anderen zur Wahrnehmung seiner Angelegenheiten **bevollmächtigt** hat.
    Im Rahmen der Bevollmächtigung ist der vertretende Ehegatte von einer Vertretung ausgeschlossen, da insoweit eine bereits zur Vertretung berechtigte Person zur Verfügung steht.
- Für den vertretenen Ehegatten ist ein **Betreuer** bestellt, dessen Aufgabenkreis die Gesundheitssorge ganz oder teilweise umfasst.
  Auch in diesem Fall ist eine zur Vertretung berechtigte Person vorhanden, sodass eine gesetzliche Vertretung durch den Ehegatten insoweit nicht erforderlich ist.

3. Ärztliche Bestätigung über die Ausübung des Vertretungsrechts

Zur Ausübung seines Vertretungsrechts benötigt der vertretende Ehegatte einen Nachweis seiner Vertretungsberechtigung. Der behandelnde Arzt hat dem vertretenden Ehegatten daher ein Dokument hierüber auszuhändigen, § 1358 Absatz 4 BGB.

Darin ist vom behandelnden Arzt schriftlich zu bestätigen, dass die Voraussetzungen des Vertretungsrechts vorliegen. Zudem hat das Dokument die schriftliche Versicherung des vertretenden Ehegatten zu enthalten, dass das Vertretungsrecht bislang nicht ausgeübt wurde und keiner der oben aufgeführten Ausschlussgründe vorliegt.

250 BT-Drucks. 19/24445, S. 179.
251 BT-Drucks. 19/24445, S. 181.

4. Dauer des Vertretungsrechts

Das gesetzliche Vertretungsrecht ist zeitlich befristet. Es endet spätestens sechs Monate nach dem von dem behandelnden Arzt festgestellten und bestätigten Eintritt der Bewusstlosigkeit oder Krankheit, § 1358 Absatz 3 Satz 1 Nummer 4 BGB.

Besteht nach Ablauf der sechs Monate weiterhin ein Vertretungsbedarf, muss insoweit ein rechtlicher Betreuer bestellt werden.

Das gesetzliche Vertretungsrecht endet zudem, sobald der vertretene Ehegatte wieder einwilligungs- und handlungsfähig ist. Auch mit der Bestellung eines rechtlichen Betreuers für die Angelegenheiten der Gesundheitssorge oder für einzelne davon erfasste Angelegenheiten endet insoweit das Vertretungsrecht.

II. Befugnisse des vertretenden Ehegatten (Umfang des Vertretungsrechts)

Der Umfang des gesetzlichen Vertretungsrechts ist in § 1358 Absatz 1 BGB abschließend geregelt und umfasst ausschließlich die dort genannten Angelegenheiten der Gesundheitssorge. Für anderweitige Angelegenheiten gilt kein gesetzliches Vertretungsrecht. Besteht insoweit ein Handlungsbedarf, ist eine rechtliche Betreuung erforderlich.

Das gesetzliche Vertretungsrecht von Ehegatten umfasst nach § 1358 Absatz 1 Nummer 1 bis 4, Absatz 2 BGB:

1. Sicherstellung der medizinischen Versorgung

Der vertretende Ehegatte kann in Untersuchungen des Gesundheitszustandes, in Heilbehandlungen oder ärztliche Eingriffe einwilligen oder sie untersagen, § 1358 Absatz 1 Nummer 1 BGB. Zudem ist er berechtigt, ärztliche Aufklärungen entgegenzunehmen.

Das Vertretungsrecht gilt sowohl für Entscheidungen, die in unmittelbarem Zusammenhang mit der das Vertretungsrecht auslösenden Bewusstlosigkeit oder Erkrankung stehen, als auch für Entscheidungen hinsichtlich Erkrankungen, die erstmals im Zuge der Behandlung diagnostiziert werden und deren Behandlung aus medizinischer Sicht notwendig und unaufschiebbar ist.[252]

Für diese Angelegenheit gelten die für die Betreuer geltenden Regelungen entsprechend, § 1358 Absatz 6 BGB. Insbesondere ist auch vom vertretenden Ehegatten das Erfordernis einer betreuungsgerichtlichen Genehmigung gemäß § 1829 BGB zu beachten (vgl. oben Kapitel E. IV.; zum Handlungsmaßstab siehe im Folgenden unter III.).

Nicht umfasst vom Ehegattenvertretungsrecht ist die Einwilligung des vertretenden Ehegatten in ärztliche Zwangsmaßnahmen nach § 1832 BGB. Sollte sich im Rahmen der Behandlung hierfür ein Bedürfnis ergeben, wäre die Einrichtung einer rechtlichen Betreuung erforderlich.

252 BT-Drucks. 19/24445, S. 179.

2. Abschluss und Durchsetzung von Verträgen

Weiterhin darf der vertretende Ehegatte Behandlungsverträge, Krankenhausverträge oder Verträge über eilige Maßnahmen der Rehabilitation und der Pflege **abschließen**, § 1358 Absatz 1 Nummer 2 BGB.

Zudem hat der vertretende Ehegatte das Recht, alle notwendigen Maßnahmen zu ergreifen, um die von ihm geschlossenen Verträge gegenüber den Vertragspartnern auch **durchzusetzen**. Er kann damit Mängel rügen und vereinbarte Leistungen auch gerichtlich geltend machen.[253]

Auch hier gelten im Rahmen des Ehegattenvertretungsrechts die Ausführungen über die Rechte und Pflichten des Betreuers entsprechend (dazu oben, Kapitel D.).

3. Entscheidung über freiheitsentziehende Maßnahmen

Der vertretende Ehegatte ist berechtigt, über freiheitsentziehende Maßnahmen nach § 1831 Absatz 4 BGB zu entscheiden, sofern die Dauer der Maßnahme im Einzelfall sechs Wochen nicht überschreitet, § 1358 Absatz 1 Nummer 3 BGB.

Wegen ihrer hohen Eingriffsintensität sind freiheitsentziehende Maßnahmen durch das Betreuungsgericht zu genehmigen (§ 1831 Absatz 4 i.V.m. Absatz 2 BGB, siehe dazu im Einzelnen Teil 2 Kapitel D. IV. 1. und F. I.). Dies gilt auch für das Ehegattenvertretungsrecht, § 1358 Absatz 6 BGB.

4. Geltendmachung von Ansprüchen

Der vertretende Ehegatte kann Ansprüche, die dem vertretenen Ehegatten aus Anlass der Erkrankung gegenüber Dritten zustehen, geltend machen und an die Leistungserbringer u.a. aus Behandlungsverträgen oder Krankenhausverträgen abtreten oder Zahlung an diese verlangen, § 1358 Absatz 1 Nummer 4 BGB.

Hiervon umfasst sind insbesondere Ansprüche gegenüber Versicherungen. Der vertretende Ehegatte kann auch Anträge bei der Krankenversicherung oder der Pflegekasse stellen.

Der vertretende Ehegatte kann Zahlungen jedoch nicht an sich selbst verlangen, sondern lediglich an den jeweiligen Leistungserbringer. Hierdurch soll einem möglichen Missbrauch des Vertretungsrechts vorgebeugt werden.[254]

5. Schweigepflicht und Einsichtsrechte

Gegenüber dem vertretenden Ehegatten ist der behandelnde Arzt hinsichtlich der vom Ehegattenvertretungsrecht umfassten Angelegenheiten von seiner Schweigepflicht entbunden. Der vertretende Ehegatte darf die betreffenden Krankenunterlagen einsehen und ihre Weitergabe an Dritte bewilligen, § 1358 Absatz 2 BGB (siehe dazu oben Kapitel D. II. 6. und 7.).

253 BT-Drucks. 19/24445, S. 180.
254 BT-Drucks. 19/24445, S. 180.

III. Handlungsmaßstab des vertretenden Ehegatten

Auch im Rahmen des gegenseitigen Vertretungsrechts von Ehegatten ist das Selbstbestimmungsrecht des vertretenen Ehegatten zu wahren. Es gelten daher auch für das Vertretungsrecht die Regelungen der §§ 1821 Absatz 2 bis 4, 1827 Absatz 1 bis 3 und 1828 Absatz 1 und 2 BGB entsprechend.

Der vertretende Ehegatte hat wie der Betreuer die Wünsche bzw. den mutmaßlichen Willen des vertretenen Ehegatten zu beachten und diesen Geltung zu verschaffen (siehe insoweit oben Kapitel A. V. und Kapitel E. III.).

Teil 2 Unterbringung und ärztliche Zwangsmaßnahmen

A. Einführung

Übersicht Seite

I. Problemlage

Stehen Zwangsmaßnahmen im Einklang mit dem eigentlichen Auftrag des Betreuers, die betreute Person bei der Ausübung ihrer Rechts- und Handlungsfähigkeit zu **unterstützen**, wie es die UN-BRK verlangt? Entscheidungen im Unterbringungsrecht stellen Betreuer und alle anderen an diesem Prozess Beteiligte nicht nur vor praktische Probleme, sondern konfrontieren sie immer wieder mit ihrem Vorverständnis und ethischen Grundfragen ihrer Tätigkeit **für** die Betreuten. Die „fürsorgliche" Anwendung von Zwang ist immer eine Herausforderung. Das Spannungsverhältnis zwischen Freiheit und Fürsorge gehört zu den schwierigsten Themenfeldern der rechtlichen Betreuung. Auch nach der letzten Reform von 2023 umfasst die rechtliche Betreuung zwei wesentliche Funktionen, nämlich

1. die Herstellung von rechtlicher Handlungsfähigkeit von Menschen mit Unterstützungsbedarf und
2. den Schutz der Unterstützungsbedürftigen vor erheblicher Selbstschädigung aufgrund fehlender Eigenverantwortlichkeit.

Beide Kriterien sind in der „Magna Charta" des **§ 1821 BGB**, die für das gesamte Betreuungswesen handlungsleitend ist, austariert.[1] Sie sind keine Gegensätze.

▶ *Grundlegend zum Handlungsmaßstab und zur Wunschbefolgungspflicht siehe in Teil 1, Kapitel A. V. 2.*

Die große Errungenschaft des modernen Betreuungsrechts, die sich gerade mit der letzten Reform noch einmal deutlich akzentuiert hat, ist doch gerade, sich nicht an objektiven

1 Brosey/Lesting/Loer/Marschner, Rn. 185; Loer, BtPrax 2023, S. 79.

„Wohlkriterien" zu orientieren, sondern an den Wünschen und Vorstellungen der Betreuten zur Wahrung und Durchsetzung ihrer **Selbstbestimmung**.

In der allgemeinen Diskussion wird immer wieder überlegt, die Möglichkeit von Zwangsmaßnahmen aus dem Betreuungsrecht zu entfernen und sie ausschließlich ins öffentliche Recht zu verorten. Dies würde u.a. das Betreuungsverhältnis von Konflikten entlasten. Ob eine solche Verlagerung aber tatsächlich im Interesse der Betroffenen ist, mag bezweifelt werden. Nicht selten wird das Vertrauensverhältnis sogar gestärkt, wenn der Betreuer in einer Krisensituation verantwortungsvoll handelt und seinen Betreuten dadurch vor Schaden bewahrt.

Jedenfalls kommen immer dann, wenn Betreuer aus gutem Grund zu dem Ergebnis kommen, sie müssten im Interesse der betreuten Person deren aktuellen natürlichen Willen übergehen, die Grundfragen, was Aufgabe der Betreuung ist, bei aller Hektik des Alltags und gerade dann, wenn schnelle Entscheidungen gefordert sind, ins Bewusstsein. Die Aufgabe, die das Gesetz Betreuern (und ebenso Bevollmächtigten) in diesem Bereich zuschreibt, ist deutlich größer, als es sich in der Praxis häufig darstellt. Sie sind nicht Bote einer medizinischen Empfehlung und ihre Tätigkeit beschränkt sich nicht darauf, bei Gericht einen Antrag zu stellen, sondern sie sind allein Vertreter der Betreuten und in ihrem Handeln an **§ 1821 BGB** gebunden, auch – und gerade – wenn eine Entscheidung gegen den natürlichen Willen der betreuten Person zu treffen ist. Bei dem Spagat zwischen der Verantwortung für die Gesundheit einerseits und der Wahrung der Selbstbestimmung und der Patientenautonomie andererseits ist ein sicherer Umgang mit den rechtlichen Rahmenbedingungen eine wichtige Grundlage.

Die speziellen betreuungsrechtlich relevanten Vorschriften sind **§ 1831** und **§ 1832 BGB** und die Verfahrensvorschriften **§§ 312 ff. FamFG**. Dabei geht es also um Maßnahmen gegen den natürlichen Willen der Betreuten bei aufgehobener Entscheidungsfähigkeit – aber allein zu **ihrem Schutz**. Die grundlegenden Handlungsmaximen des § 1821 BGB – der Magna Charta des Reformgesetzes von 2023 – sowie die Regelungen der Gesundheitssorge in §§ 1827 und 1828 BGB (siehe dazu in Teil 1, Kapitel E.) gelten selbstverständlich auch im Bereich der freiheitsentziehenden Unterbringung und der ärztlichen Zwangsmaßnahme.

Praxishinweis

▶ *Ein verantwortungsvoller Umgang mit Zwangsbefugnissen muss nicht unbedingt das Vertrauensverhältnis zwischen betreuter Person und Betreuer gefährden, er kann es sogar stärken. Selbstbestimmung und Fürsorge schließen sich nicht aus.*

II. Rolle des Betreuers

Wichtig zu wissen ist zunächst, dass bei der betreuungsrechtlichen Unterbringung der Betreuer die Entscheidung zu treffen hat, ob und in welcher Form er von seiner Befugnis, die er durch die Anordnung von Aufgabenbereichen (siehe dazu in Teil 1 Kapitel A. I.) erhalten hat, Gebrauch macht. Die Praxis stellt sich häufig so dar, als wenn es allein eine medizinische Entscheidung sei, ob die betreute Person freiheitsentziehend unterzubringen ist, und diese Entscheidung durch das Gericht bestätigt wird. Alle reden vom „Beschluss", als wenn er das allein Entscheidende wäre. Eine solche Praxis verkennt die Struktur des Gesetzes. In § 1831 und § 1832 BGB geht es in Absatz 1 zunächst um eine **Entscheidung des Betreuers**, die erst in Absatz 2 unter einen **Richtervorbehalt** gestellt wird, also einer gerichtlichen Genehmigung bedarf. Das heißt, dass zunächst der Betreuer (oder Bevollmächtigte) für seine betreute Person eine Entscheidung für oder gegen eine Unterbringung zu treffen hat. Bei seiner Entscheidung ist er wie bei allen Entscheidungen an **§ 1821 BGB** gebunden. Es geht daher nicht um die objektive Einschätzung von Gefahrensituationen, sondern um ein **Vertreterhandeln**. In allem, was der Betreuer für die betreute Person – wenn die Unterstützung nicht ausreicht – entscheidet oder erledigt, ist er deren Vertreter mit einer Vertretungsbefugnis nach **§ 1823 BGB** und als solcher gemäß § 1821 Absatz 2 und 3 BGB an deren Wünsche gebunden.

III. Bedeutung

Immer wieder wird mit vorwurfsvollem Unterton darauf hingewiesen, dass seit Inkrafttreten des Betreuungsrechts 1992 die Zahlen der Unterbringungen nach § 1831 BGB (§ 1906 BGB a.F.) stetig gestiegen sind. Zum einen sind Statistiken kritisch zu interpretieren. Da in der Gerichtsstatistik nicht nach dem Anlass oder dem Ort der Unterbringung differenziert wird, werden kurzfristige und vorübergehende Unterbringungen zusammengezählt mit langfristigen Unterbringungen demenzerkrankter Bewohner in Heimen der Altenpflege. Dass Letztere zugenommen haben, liegt überwiegend an dem geänderten rechtlichen Umgang mit sogenannten beschützten Demenzstationen. Eine Zunahme der Genehmigungsverfahren muss nicht heißen, dass die Freiheitsentziehungen tatsächlich zugenommen haben. Es ist ein Gewinn, wenn der Graubereich oder das Dunkelfeld rechtlich ans Licht kommt.

Dennoch ist bei jeder einzelnen Unterbringung – ob lang- oder kurzfristig – kritisch zu prüfen, ob sie tatsächlich erforderlich ist oder ob es nicht doch Alternativen gibt. Unbestritten darf ein Freiheitsentzug immer nur das letzte Mittel – **Ultima Ratio** – sein. Um Unterbringungen aber effizient zu vermeiden, bedarf es einer Neuorientierung bei der Versorgung psychisch erkrankter Menschen: verständnisvolle und aufsuchende Hilfen im Vorfeld, Home-Treatment, Krisendienste, alternative Behandlungsmethoden ambulant wie stationär, Soteria-Konzepte, Einbeziehung von Gesundheitsberatern mit eigener Psychiatrieerfahrung (Peers oder Ex-In-Berater) etc. Eine wesentliche Aufgabe rechtlicher Betreuung besteht gerade darin, rechtzeitig tätig zu werden, um eine Unterbringung möglichst zu vermeiden. Hier werden Betreuer aber leider häufig allein gelassen, weil die Versorgungsstrukturen vor Ort unzureichend sind.

IV. Grundrechtliche Einbettung und UN-BRK

Bemerkenswert ist, dass im Bereich des Unterbringungsrechts – zuletzt verstärkt im Kontext der medizinischen Zwangsbehandlung (siehe dazu unten D. III.) – die Rechtsprechung des Bundesverfassungsgerichtes der Gesetzgebung immer wieder klare Ansagen macht, wie die Grundrechte der Betroffenen zu wahren sind. Es geht bei der Unterbringung um

Eingriffe in das Freiheitsrecht des Artikels 2 Absatz 2 Grundgesetz und um den Rechtsschutz nach Artikel 104 Grundgesetz. Zum Teil entsteht der Eindruck, dass der Gesetzgeber kaum noch selbst die rechtlichen Grundlagen gestaltet, sondern den Vorgaben des Verfassungsgerichtes hinterherhechelt.[2]

1. Verfassungsrecht

Artikel 2 Grundgesetz

(1) Jeder hat das Recht auf die freie Entfaltung seiner Persönlichkeit, soweit er nicht die Rechte anderer verletzt und nicht gegen die verfassungsmäßige Ordnung oder das Sittengesetz verstößt.

(2) [1]Jeder hat das Recht auf Leben und körperliche Unversehrtheit. [2]Die Freiheit der Person ist unverletzlich. [3]In diese Rechte darf nur auf Grund eines Gesetzes eingegriffen werden.

Artikel 104 Grundgesetz

(1) [1]Die Freiheit der Person kann nur auf Grund eines förmlichen Gesetzes und nur unter Beachtung der darin vorgeschriebenen Formen beschränkt werden. [2]Festgehaltene Personen dürfen weder seelisch noch körperlich misshandelt werden.

(2) [1]Über die Zulässigkeit und Fortdauer einer Freiheitsentziehung hat nur der Richter zu entscheiden. [2]Bei jeder nicht auf richterlicher Anordnung beruhenden Freiheitsentziehung ist unverzüglich eine richterliche Entscheidung herbeizuführen. [3]Die Polizei darf aus eigener Machtvollkommenheit niemanden länger als bis zum Ende des Tages nach dem Ergreifen in eigenem Gewahrsam halten. [4]Das Nähere ist gesetzlich zu regeln.

(3) [1]Jeder wegen des Verdachtes einer strafbaren Handlung vorläufig Festgenommene ist spätestens am Tage nach der Festnahme dem Richter vorzuführen, der ihm die Gründe der Festnahme mitzuteilen, ihn zu vernehmen und ihm Gelegenheit zu Einwendungen zu geben hat. Der Richter hat unverzüglich entweder einen mit Gründen versehenen schriftlichen Haftbefehl zu erlassen oder die Freilassung anzuordnen.

(4) Von jeder richterlichen Entscheidung über die Anordnung oder Fortdauer einer Freiheitsentziehung ist unverzüglich ein Angehöriger des Festgehaltenen oder eine Person seines Vertrauens zu benachrichtigen.

Auch das Freiheitsgrundrecht für Menschen mit psychischen Erkrankungen ist sicherzustellen – heute eigentlich eine Selbstverständlichkeit. Das Bundesverfassungsgericht musste allerdings 1960, als (bis 1992) noch das alte Vormundschaftsrecht galt, erst entscheiden, dass für die freiheitsentziehende Unterbringung des Entmündigten durch seinen Vormund – also auch für fürsorglich gedachte Freiheitsentziehungen – eine richterliche Entscheidung erforderlich ist.[3] Das war bis dahin nicht vorgeschrieben. Im Fokus standen vorher nur strafrechtlich begründete staatliche Maßnahmen.

Aus Artikel 104 GG ergeben sich zwei Forderungen an das „einfache" Gesetz:

1. Eine Freiheitsentziehung ist nur zulässig, wenn es dafür eine konkrete Rechtsgrundlage im Gesetz gibt, Absatz 1 Satz 1 (Gesetzesvorbehalt).
2. Jeder Freiheitsentzug bedarf einer richterlichen Entscheidung, Absatz 2 Satz 1 (Richtervorbehalt).

2 Marschner, „Prävention von Zwangsmaßnahmen", S. 101.
3 BVerfG NJW 1960, 811.

Die **Rechtsprechung des Bundesverfassungsgerichtes** zur Unterbringung (spezieller zur Zwangsbehandlung, siehe dazu unten Kapitel D. III.) hat sich immer weiter verfeinert. Klar ist, dass Grundrechtseingriffe gegen den freien Willen der Betroffenen zu deren Schutz stets unzulässig sind und dass es nicht um eine Besserung oder Erziehung der Betroffenen gehen kann, sondern ausschließlich um den Schutz vor einer schwerwiegenden Gefahr für ihre Gesundheit.[4] Dabei haben auch psychisch Kranke die „Freiheit zur Krankheit". Die Hürden für den Grundrechtseingriff sind hoch gesteckt. Die Grundrechte werden jedoch nicht nur als Abwehrrechte gegen den Freiheitsentzug herangezogen. Aus Artikel 2 Absatz 2 Satz 2 GG folgt auch eine Schutzpflicht des Staates dahingehend, dass hilfsbedürftige Menschen notfalls auch gegen ihren natürlichen Willen behandelt werden können, sofern sie ihre Behandlungsbedürftigkeit nicht erkennen können und unbehandelt einen schwerwiegenden gesundheitlichen Schaden erleiden würden. Dass nun aber von Verfassungs wegen auch eine ambulante Zwangsbehandlung rechtlich möglich sein muss, begegnet erheblichen Bedenken und ist bisher nicht entschieden.[5]

▶ *Zu Einzelheiten der Zwangsbehandlung siehe unten Kapitel D.*

2. UN-BRK

Seit der Ratifizierung des Übereinkommens der Vereinten Nationen über die Rechte von Menschen mit Behinderungen (UN-BRK) 2009 hat auch diese Konvention unmittelbare Wirkung in das deutsche Recht.[6] Es handelt sich um einen völkerrechtlichen Vertrag, der den Bürgern der Vertragsstaaten Rechte gegen diese Staaten gewährt. Es hat den Status von Bundesrecht und gibt damit verbindliche Grundlagen für die Anwendung innerstaatlichen Rechts, z.B. bei der Auslegung unbestimmter Rechtsbegriffe oder bei Ermessensspielräumen.[7]

Die Grundsatznorm für die rechtliche Betreuung steht in Artikel 12 Absatz 3:[8]

Artikel 12 UN-BRK
(Gleiche Anerkennung vor dem Recht – Auszug, Absatz 3)

(3) Die Vertragsstaaten treffen geeignete Maßnahmen, um Menschen mit Behinderungen Zugang zu der Unterstützung zu verschaffen, die sie bei der Ausübung ihrer Rechts- und Handlungsfähigkeit gegebenenfalls benötigen.

Für die Frage der Unterbringung ist vorrangig Artikel 14 beachtlich:

Artikel 14 UN-BRK (Freiheit und Sicherheit der Person)

(1) Die Vertragsstaaten gewährleisten,

1. **dass Menschen mit Behinderungen gleichberechtigt mit anderen das Recht auf persönliche Freiheit und Sicherheit genießen;**

4 Engelfried, 1. Kapitel 2. a); Brosey/Lesting/Loer/Marschner, Rn. 630 ff.
5 BVerfG BtPrax 2022, 23.
6 Brosey/Lesting/Loer/Marschner, Rn. 10 ff.
7 Rosenow, BtPrax 2013, 39.
8 Brosey/Lesting/Loer/Marschner, Rn. 10 ff.

2. dass Menschen mit Behinderungen gleichberechtigt mit anderen die Freiheit nicht rechtswidrig oder willkürlich entzogen wird, dass jede Freiheitsentziehung im Einklang mit dem Gesetz erfolgt und dass das Vorliegen einer Behinderung in keinem Fall eine Freiheitsentziehung rechtfertigt.

(2) Die Vertragsstaaten gewährleisten, dass Menschen mit Behinderungen, denen aufgrund eines Verfahrens ihre Freiheit entzogen wird, gleichberechtigten Anspruch auf die in den internationalen Menschenrechtsnormen vorgesehenen Garantien haben und im Einklang mit den Zielen und Grundsätzen dieses Übereinkommens behandelt werden, einschließlich durch die Bereitstellung angemessener Vorkehrungen.

Dass die Vorschrift geltendes Recht in Deutschland ist, ist unbestritten. Danach ist eine Unterbringung nur wegen der Behinderung ganz klar unzulässig. Streitig diskutiert wird, ob schon die Anknüpfung an die Behinderung gegen die Norm verstößt.[9] Das Recht auf Selbstbestimmung, das sowohl durch unser Grundgesetz als auch durch die UN-BRK in Artikel 12 geschützt ist, führt immer zu einem Konflikt mit dem Recht auf Schutz der körperlichen und seelischen Unversehrtheit, wenn das Verhalten der Person zu einer erheblichen Selbstgefährdung führt. Grundsätzlich kann niemand daran gehindert werden, sich selbst zu schädigen. Das Recht auf **Selbstbestimmung** geht aber nur dann der **Schutzpflicht** vor, wenn die Entscheidung zur **Selbstschädigung** auch auf einer **freien Willensbildung** beruht und diese nicht durch eine Erkrankung oder Behinderung aufgehoben ist. Dass es in der Praxis schwierig ist, zu erkennen, ob eine Selbstgefährdung auf einer freien Entscheidung des Betroffenen beruht oder allein Ausdruck seiner Erkrankung ist, steht auf einem anderen Blatt und bedarf stets gründlicher Prüfung. Die UN-BRK verstärkt das innerdeutsche Recht dahingehend, dass ein Freiheitsentzug jedenfalls nicht erfolgen darf, dass sich auch ein Mensch mit Behinderungen genauso selbst gefährden darf wie alle anderen auch, soweit es sich um eine freie Entscheidung handelt und damit Ausdruck seiner Selbstbestimmung ist.

9 Engelfried, 1. Kapitel 3. a).

B. Unterbringung nach § 1831 BGB

Übersicht Seite

§ 1831 BG – Freiheitsentziehende Unterbringung und freiheitsentziehende Maßnahmen

(1) Eine Unterbringung des Betreuten durch den Betreuer, die mit Freiheitsentziehung verbunden ist, ist nur zulässig, solange sie erforderlich ist, weil

1. **aufgrund einer psychischen Krankheit oder geistigen oder seelischen Behinderung des Betreuten die Gefahr besteht, dass er sich selbst tötet oder erheblichen gesundheitlichen Schaden zufügt, oder**
2. **zur Abwendung eines drohenden erheblichen gesundheitlichen Schadens eine Untersuchung des Gesundheitszustands, eine Heilbehandlung oder ein ärztlicher Eingriff notwendig ist, die Maßnahme ohne die Unterbringung des Betreuten nicht durchgeführt werden kann und der Betreute auf Grund einer psychischen Krankheit oder geistigen oder seelischen Behinderung die Notwendigkeit der Unterbringung nicht erkennen oder nicht nach dieser Einsicht handeln kann.**

(2) [1]Die Unterbringung ist nur mit Genehmigung des Betreuungsgerichts zulässig. [2]Ohne die Genehmigung ist die Unterbringung nur zulässig, wenn mit dem Aufschub Gefahr verbunden ist; die Genehmigung ist unverzüglich nachzuholen.

(3) [1]Der Betreuer hat die Unterbringung zu beenden, wenn ihre Voraussetzungen weggefallen sind. [2]Er hat die Beendigung der Unterbringung dem Betreuungsgericht unverzüglich anzuzeigen.

(4) Die Absätze 1 bis 3 gelten entsprechend, wenn dem Betreuten, der sich in einem Krankenhaus, einem Heim oder einer sonstigen Einrichtung aufhält, durch mechanische Vorrichtungen, Medikamente oder auf andere Weise über einen längeren Zeitraum oder regelmäßig die Freiheit entzogen werden soll.

(5) Die Absätze 1 bis 4 gelten nach Maßgabe des § 1820 Absatz 2 Nummer 2 für einen Bevollmächtigten entsprechend.

I. Rechtliche Struktur: Verhältnis Betreuerhandeln und gerichtliche Genehmigung

Schon durch die mit dem Reformgesetz geänderte Überschrift wird klargestellt, dass die Norm vorrangig die **Voraussetzungen** von freiheitsentziehenden Unterbringungen und freiheitsentziehenden Maßnahmen regelt.[10] Durch die Struktur des Gesetzes wird deutlich, dass es zunächst um eine Entscheidung des Betreuers (oder nach Absatz 5 des Bevollmächtigten) geht. In Absatz 1 sind die Voraussetzungen genannt, die vorliegen müssen, damit der Betreuer von seiner Befugnis Gebrauch machen darf, einen Freiheitsentzug seines Betreuten (oder Vollmachtgebers) anordnen zu können, „eine Unterbringung des Betreuten **durch den Betreuer** ...". Erst in Absatz 2 geht es um die Genehmigung durch das Gericht.

Unabhängig von der dogmatischen Frage, welchen Rechtscharakter diese Norm hat, stellt sie doch klar, dass sie die Vertretungsbefugnisse des Betreuers bei einer Unterbringung begrenzt oder konkretisiert. Die in Absatz 1 genannten Voraussetzungen richten sich zunächst und vorrangig an das Betreuerhandeln (und erst später in Absatz 2 an das Betreuungsgericht). Erst die Einwilligung oder die Anordnung des Betreuers unterliegt gemäß § 1831 Absatz 2 Satz 1 BGB dem Genehmigungsvorbehalt des Betreuungsgerichtes (siehe oben A. IV. 1. „Richtervorbehalt").

Es ist also nicht erst das Gericht, das dem Betreuer die Befugnis erteilt, eine solche Entscheidung zu treffen, und schon gar nicht wird mit der gerichtlichen Genehmigung irgendeine Maßnahme angeordnet. Der Betreuer handelt im Rahmen seines bereits übertragenen **Aufgabenkreises** (der Bevollmächtigte auf der Grundlage der ihm erteilten Vollmacht). Aufgrund des Gesetzesvorbehaltes des Artikels 104 Absatz 1 GG (dazu oben Kapitel A. IV. 1.) unterliegen seine weitreichenden Vertretungsbefugnisse nach § 1823 BGB durch § 1831 BGB einer Einschränkung und Konkretisierung. Erst in Absatz 2 wird der Richtervorbehalt gemäß Artikel 104 Absatz 2 GG normiert (dazu oben Kapitel A. IV. 1.).

Deutlich wird diese Grundannahme auch durch § 1831 Absatz 2 Satz 2 und Absatz 3 BGB: Bei Gefahr im Verzug hat der Betreuer – vorausgesetzt, er hat den entsprechenden Aufgabenbereich –, die Befugnis, die Unterbringung allein anzuordnen (allerdings ohne Befugnis zur Gewaltanwendung; zu Eilfällen siehe unten Kapitel F. IV.), wenn die Voraussetzungen nach Absatz 1 nach seiner Einschätzung vorliegen. Die Genehmigung des Gerichtes hat er dann unverzüglich nachzuholen. Aus Absatz 3 ergibt sich, dass die Dauer der Unterbringung davon abhängt, wie lange der Betreuer von seiner Genehmigung Gebrauch macht. Der genehmigende „Beschluss" gibt nur den maximalen zeitlichen Rahmen vor. Auch bei einer erteilten Genehmigung hat der Betreuer stets zu prüfen, ob die Unterbringung noch erforderlich ist.[11]

10 BT-Drucks. 19/24445, S. 261.

11 Engelfried, 2. Kapitel 1.

Praxishinweis

In der Praxis ist ein Missverständnis sehr verbreitet: Meistens steht „der Beschluss" im Vordergrund. Daraus wird dann häufig geschlossen, dass das Gericht die Unterbringung anordnen würde bzw. für den Freiheitsentzug verantwortlich ist.

Dies ist jedoch falsch und entspricht nicht den Rechtsgrundlagen. Betreuer müssen sich ihrer Verantwortung bewusst sein. Wenn sie eine eigenverantwortliche Entscheidung dahingehend getroffen haben, werden sie durch das Genehmigungsverfahren überprüft und durch die Entscheidung entlastet. Die Verantwortung bleibt aber bei ihnen. Auch bei einer Genehmigung haben sie fortlaufend zu entscheiden, ob und in welcher Form sie von dieser Genehmigung Gebrauch machen.

Grundlage der Unterbringung ist nicht „der Beschluss", sondern die Anordnung durch den Betreuer.

II. Antragstellung

Aus alledem ergibt sich, dass dem Betreuer bei der Unterbringung eine ganz maßgebliche Aufgabe zukommt, die häufig verkannt wird. Die formale Antragstellung auf die gerichtliche Genehmigung kann erst das Ergebnis eines eigenen Prüfungsverfahrens sein.

Der Betreuer hat eine **eigene Entscheidung** zu treffen, ob und in welcher Form er von seiner Vertretungsbefugnis Gebrauch macht, und zwar nach den Vorgaben des § 1821 und § 1831 BGB. Sicherlich ist es ratsam, nicht allein zu dieser Entscheidung zu kommen. In der Regel ist es erforderlich, im Vorfeld andere zu Rate zu ziehen und dabei sicherlich auch die ärztliche Empfehlung zu berücksichtigen. Kontakte mit den ambulanten Versorgern, mit dem Haus- oder Facharzt, dem sozialpsychiatrischen Dienst, dem Pflegedienst, Angehörigen, Bekannten etc. sind notwendig, um entscheiden zu können, ob die Voraussetzungen für eine Unterbringung der betreuten Person auch gegen oder ohne ihren natürlichen Willen vorliegen.

Anträge, die da lauten: „Ich beantrage (einen Sachverständigen zu beauftragen, um) zu prüfen, ob die Voraussetzungen für eine Unterbringung vorliegen" sind daher genauso falsch wie: „Ich beantrage die Genehmigung einer Unterbringung. Die Begründung entnehmen Sie bitte dem beigefügten ärztlichen Zeugnis."

Aus dem Antrag des Betreuers muss sich ergeben, warum er davon ausgeht, dass die Voraussetzungen für eine Unterbringung vorliegen und sie dem mutmaßlichen Willen der betreuten Person entspricht. Genauso wenig darf die Frage des Gerichts lauten: „Stellen Sie einen Antrag …?", sondern „Wollen Sie Ihre Betreute freiheitsentziehend unterbringen?"

▶ *Formulierungshilfen für Anträge finden sich in Kapitel F unter I.*

Merksatz

▶ *Der Betreuer trifft eine Entscheidung in Vertretung der nicht entscheidungsfähigen betreuten Person, § 1831 Absatz 1 BGB.*

Das Gericht überprüft und genehmigt ggf. die Entscheidung des Betreuers, § 1831 Absatz 2 Satz 1 BGB.

III. Grundlegende Maßgabe jeden Betreuerhandelns

Die Entscheidung des Betreuers, die betreute Person freiheitsentziehend unterzubringen, hat sich dabei nicht allein an den Voraussetzungen des § 1831 BGB zu orientieren. Wie für jedes Betreuerhandeln gilt auch hier die Grundnorm des **§ 1821 BGB**, die „Magna Charta" des Betreuungsrechts. Zur Auslegung dieser Norm gibt es reichhaltig Literatur und Rechtsprechung, die hier nicht wiedergegeben werden kann.[12]

§ 1821 BGB – Pflichten des Betreuers; Wünsche des Betreuten (Auszug, Absatz 1 bis 4)

(1) [1]Der Betreuer nimmt alle Tätigkeiten vor, die erforderlich sind, um die Angelegenheiten des Betreuten rechtlich zu besorgen. [2]Er unterstützt den Betreuten dabei, seine Angelegenheiten rechtlich selbst zu besorgen, und macht von seiner Vertretungsmacht nach § 1823 nur Gebrauch, soweit dies erforderlich ist.

(2) [1]Der Betreuer hat die Angelegenheiten des Betreuten so zu besorgen, dass dieser im Rahmen seiner Möglichkeiten sein Leben nach seinen Wünschen gestalten kann. [2]Hierzu hat der Betreuer die Wünsche des Betreuten festzustellen. [3]Diesen hat der Betreuer vorbehaltlich des Absatzes 3 zu entsprechen und den Betreuten bei deren Umsetzung rechtlich zu unterstützen. [4]Dies gilt auch für die Wünsche, die der Betreute vor der Bestellung des Betreuers geäußert hat, es sei denn, dass er an diesen Wünschen erkennbar nicht festhalten will.

(3) Den Wünschen des Betreuten hat der Betreuer nicht zu entsprechen, soweit

1. **die Person des Betreuten oder dessen Vermögen hierdurch erheblich gefährdet würde und der Betreute diese Gefahr aufgrund seiner Krankheit oder Behinderung nicht erkennen oder nicht nach dieser Einsicht handeln kann oder**
2. **dies dem Betreuer nicht zuzumuten ist.**

(4) [1]Kann der Betreuer die Wünsche des Betreuten nicht feststellen oder darf er ihnen nach Absatz 3 Nummer 1 nicht entsprechen, hat er den mutmaßlichen Willen des Betreuten aufgrund konkreter Anhaltspunkte zu ermitteln und ihm Geltung zu verschaffen. [2]Zu berücksichtigen sind insbesondere frühere Äußerungen, ethische oder religiöse Überzeugungen und sonstige persönliche Wertvorstellungen des Betreuten. [3]Bei der Feststellung des mutmaßlichen Willens soll nahen Angehörigen und sonstigen Vertrauenspersonen des Betreuten Gelegenheit zur Äußerung gegeben werden.

12 BT-Drucks. 19/24445, S. 249 ff.; Dodegge/Roth, Teil D, I.; Jürgens/Loer, § 1821; Brosey/Lesting/Loer/Marschner, Rn. 172 ff.; Brosey, BtPrax 2020, 161; Kersting, BtPrax 2021, 203; Diekmann, BtPrax 2022, 3; Dodegge, FamRZ 2022, 844; Guhling, BtPrax 2023; Loer, BtPrax 2023, 79 ff. 3; BGH BtPrax 2009, 290.

1. Assistenz vor Vertretung

Elementar auch für die Frage der Unterbringung ist Folgendes:

Der Betreuer darf von seiner Befugnis zur stellvertretenden Entscheidung nach **§ 1823 BGB** nur dann Gebrauch machen, soweit dies **erforderlich** ist, wenn also die rechtliche Handlungsfähigkeit der betreuten Person bezogen auf die konkret anstehende Angelegenheit nur durch den Betreuer ausgeübt werden kann, weil aktuell die Fähigkeit zum eigenen, nach außen wirksamen Handeln aufgehoben ist. Dies ist in der Regel die Anlasserkrankung, aufgrund derer der Betreuer überhaupt bestellt wurde. Bis dahin gilt der Grundsatz der vorrangigen Unterstützung: Assistenz vor Vertretung, **§ 1821 Absatz 1 Satz 2 BGB**. Weder die Geschäftsfähigkeit noch die Einwilligungsfähigkeit des Betreuten wird durch die Bestellung eines Betreuers für die betroffenen Aufgabenbereiche aufgehoben. Das heißt: Die Übertragung der Gesundheitssorge auf den Betreuer hat nicht zur Folge, dass die betreute Person dadurch nicht mehr selbst einwilligungsfähig wäre (siehe dazu in Teil 1, Kapitel E. II.). Es kommt immer darauf an, ob die betreute Person in der akuten Situation bezogen auf die konkrete Fragestellung **einwilligungs- bzw. entscheidungsfähig** ist.

Wenn aber der Betreuer von seiner Befugnis zur Stellvertretung nach § 1823 BGB Gebrauch machen muss, weil die betreute Person eben krankheitsbedingt zu einer eigenen Entscheidung und/oder ihrer Umsetzung nicht in der Lage ist, ist er inhaltlich an ihre Wünsche und Vorstellungen, hilfsweise an den mutmaßlichen Willen gebunden. Hier beginnt der wirklich schwierige Part für die rechtliche Betreuung.

Die Selbstbestimmung endet nicht mit dem Eintritt der Einwilligungsunfähigkeit. Die Aufgabe der Betreuer besteht gerade darin, die Selbstbestimmung ihrer Betreuten gerade auch jenseits dieser Linie zu sichern und zu wahren.

2. Kriterien des Vertreterhandelns

Wenn der Betreuer festgestellt hat, dass sich die betreute Person krankheitsbedingt erheblich gefährden würde **(§ 1821 Absatz 3 BGB)**, hat er sich an ihrem **mutmaßlichen Willen** zu orientieren **(§ 1821 Absatz 4 BGB)**. Er hat – wie bei allen seinen Entscheidungen – zu fragen, ob die betreute Person selbst in der akuten Situation, in der sie aktuell nicht mehr entscheidungsfähig ist, eine Intervention des Betreuers wünschen würde oder nicht. Würde die betreute Person, wenn sie ihre Situation realistisch einschätzen könnte, jetzt selbst wollen, dass in das Geschehen oder den Verlauf eingegriffen wird zum Erhalt ihrer Gesundheit – zur Not auch durch eine freiheitsentziehende Unterbringung oder Zwangsbehandlung? Oder wäre für sie die Situation noch erträglich, sodass ihr – auch gegen ärztlichen Rat – die Freiheit wichtiger wäre als eine mit Freiheitsentzug verbundene Schutzmaßnahme? Der Betreuer hat also immer zu versuchen, herauszufinden, was die betreute Person jetzt selbst wollen würde, wenn sie zu einer freien Willensbildung in der Lage wäre. Dazu gehört auch die „Freiheit zur Krankheit".

Hilfreich ist in diesem Zusammenhang ein länger bestehendes vertrauensvolles Betreuungsverhältnis. In „guten Zeiten" sollte zwischen betreuter Person und Betreuer darüber gesprochen werden, in welchen Situationen und in welcher Form der Betreute eine Intervention wünscht. Dann hat es der Betreuer in der akuten Krisensituation leichter, Entscheidungen für diesen zu treffen, und kann diese auch überzeugender gegenüber Dritten rechtfertigen. Schließlich werden die Betreuer nicht selten von Dritten dazu gedrängt, „einen Unterbringungsantrag zu stellen". Eine schriftliche Fixierung in der Art einer **Patientenverfügung oder einer Behandlungsvereinbarung** wäre optimal.[13]

In § 1827 Absatz 4 BGB ist ausdrücklich geregelt, dass der Betreuer den Betreuten in geeigneten Fällen auf die Möglichkeit einer Patientenverfügung hinweisen und ihn auf dessen Wunsch bei der Errichtung unterstützen soll (siehe dazu in Teil 1, Kapitel E. III. d.). Eine solche Verfügung muss sich nicht auf Fragen der Behandlung beschränken, sondern kann auch den Zeitpunkt der Unterbringung beschreiben. Nicht wenige Patienten erkennen die Notwendigkeit von Unterbringungen durchaus – nur leider nicht in der akuten Krise.

Wenn der Aufgabenbereich „Entscheidung über eine mit Freiheitsentzug verbundene Unterbringung" im Aufgabenkreis der Betreuung enthalten ist, sollte im Anfangsbericht nach § 1863 Absatz 1 BGB gleich dazu eine Zielsetzung beschrieben werden.

Formulierungsbeispiel

> „Wenn sich die ersten typischen Symptome meiner psychischen Erkrankung … zeigen, möchte ich, dass meine rechtliche Betreuerin dafür sorgt, dass ich rechtzeitig in die Klinik … eingewiesen werde, bevor sich wieder ein Vollbild der … entwickeln kann …"

Hier zeigt sich im Übrigen auch der große Vorteil der betreuungsrechtlichen Unterbringung im Vergleich zur öffentlich-rechtlichen Unterbringung. Natürlich müssen trotzdem die Voraussetzungen des § 1831 BGB vorliegen und auch auf ein Genehmigungsverfahren kann nicht verzichtet werden. Aber die Auslegung der einzelnen Voraussetzungen ist subjektiv aus der Perspektive der Betreuten vorzunehmen. Und dabei helfen schriftliche Vorausverfügungen.

Der § 1831 BGB hat übrigens wieder die Gestaltung wie vor 2013. Von Februar 2013 bis Juli 2017 war vorübergehend die Zwangsbehandlung im Rahmen einer geschlossenen Unterbringung im Absatz 3a geregelt. Nach der Entkoppelung von Freiheitsentzug und Zwangsbehandlung hatte § 1906 a.F. wieder seine alte Form erhalten und die Zwangsbehandlung ist nun in einem eigenen Paragrafen, nämlich § 1832 BGB, geregelt (siehe dazu unten in Kapitel D.).

Zu den Voraussetzungen im Einzelnen:

3. Aufgabenkreis

In Absatz 1 wird, wie schon oben erläutert, zunächst deutlich, dass es sich um eine Unterbringung des Betreuten durch den Betreuer handelt. Das heißt, der Betreuer muss bereits über eine rechtliche Befugnis verfügen, den freiheitsentziehenden Aufenthalt des Betreuten in einer bestimmten Einrichtung anzuordnen. Das heißt: Dem nach **§ 1814 ff. BGB** vom Betreuungsgericht bestellten Betreuer muss die Befugnis eingeräumt worden sein, in Vertretung der betreuten Person die Einwilligung in die Freiheitsentziehung bzw. deren An-

13 Borbé, „Prävention von Zwangsmaßnahmen", S. 198 ff.

ordnung zu erklären[14] (die „Vertretungsmacht"). Typischerweise war dies bis zum Inkrafttreten der Reform 2023 durch die Übertragung des Aufgabenbereiches der „**Aufenthaltsbestimmung**" erfolgt. Da die Formulierung der Aufgabenbereiche im Gesetz nicht vorgegeben war, konnte es zu regional unterschiedlichen Beschreibungen kommen. Die Aufenthaltsbestimmung war umfassend gemeint. Da ein Betreuer auch nach § 1896 Absatz 2 BGB a.F. nur für Aufgabenbereiche bestellt werden durfte, in denen eine Betreuung erforderlich war, kamen auch einschränkende Unterfälle in Betracht wie z.B. „Aufenthaltsbestimmung zur Durchführung einer stationären Behandlung", oder nur „zur Behandlung der psychiatrischen Anlasserkrankung", „Entscheidung über die Unterbringung", „Entscheidung über die Unterbringung im Rahmen einer Kurzzeitpflege".

Nach der Neuregelung des **§ 1815 Absatz 2 BGB** muss nunmehr ausdrücklich der Aufgabenbereich der **mit Freiheitsentziehung verbundenen Unterbringung** angeordnet sein, damit der Betreuer eine Entscheidung darüber treffen kann (Teil 1 Kapitel A. I. 1.).

Durch die Übergangsregelung in Artikel 229 § 54 Absatz 3 EGBGB behalten die bisherigen Aufgabenbereiche maximal bis Ende 2028 ihre Bedeutung. Das heißt, dass Betreuer mit dem Aufgabenbereich „Aufenthaltsbestimmung", der vor dem Inkrafttreten der Reform am 1. Januar 2023 angeordnet wurde, weiterhin die Befugnis haben, über eine freiheitsentziehende Unterbringung der betreuten Person zu entscheiden. Das Betreuungsgericht muss allerdings im Rahmen einer anstehenden Überprüfung oder eines Genehmigungsverfahrens die Aufgabenbereiche dem neuen Gesetz anpassen. Diese Anpassung muss nicht zwingend vor der Genehmigung erfolgen. Wenn das Gericht festgestellt hat, dass die Voraussetzungen für eine Genehmigung vorliegen, sollte es mit der Genehmigung den Aufgabenbereich der neuen Gesetzeslage anpassen.

Die „**Gesundheitssorge**" oder „Sorge für die Gesundheit" ist in der Regel zusätzlich erforderlich, jedenfalls dann, wenn die Unterbringung nach Nummer 2, also zur Behandlung erfolgt (es sei denn, sie ist in einer Vorsorgevollmacht enthalten). Die „Personensorge" ist veraltet und dem Vormundschaftsrecht entnommen, könnte aber nach dem alten Recht noch vorhanden sein. Ist sie in Gegenden üblich gewesen, wissen die Beteiligten in der Regel, welche Befugnisse dieser Aufgabenbereich umfasst. Er sollte allerdings schnellstens konkretisiert werden. Nach § 1815 Absatz 1 BGB ist der Aufgabenkreis „sämtliche Angelegenheiten" oder „alle Angelegenheiten", der auch eine Unterbringungsbefugnis umfasst, nicht mehr zulässig und muss gemäß Artikel 229 § 54 Absatz 2 EGBGB spätestens bis zum 31. Dezember 2023 oder im Rahmen eines Verlängerungsverfahrens konkretisiert werden.

Nach § 1820 Absatz 2 Nummer 2 BGB kann eine freiheitsentziehende Unterbringung auch durch einen **Bevollmächtigten** erfolgen. Die Befugnis zur Unterbringung muss in der Vollmacht schriftlich ausdrücklich benannt sein. Ältere Vollmachten sind entsprechend auszulegen. Nach § 1831 Absatz 5 BGB finden die Absätze 1 bis 4 entsprechende Anwendung.

Das **Ehegattenvertretungsrecht** nach § 1358 BGB enthält dagegen keine Befugnis für eine Unterbringung (allerdings für freiheitsentziehende Maßnahmen, siehe dazu unten Ka-

14 BGH BtPrax 2014, 39.

pitel C.). Wird eine Unterbringung erforderlich, muss ein Betreuungsverfahren eingeleitet werden.

Der angeordnete Aufgabenbereich bedeutet – wie bereits dargelegt – nicht vorrangig die Befugnis, beim Gericht einen Unterbringungsbeschluss beantragen zu können. Er gibt vielmehr die Befugnis, überhaupt erst eine solche Entscheidung in Vertretung des Betreuten nach § 1823 BGB treffen zu können. Aber spätestens mit der Antragstellung ist zu prüfen, ob ein ausreichender Aufgabenbereich angeordnet ist. Dieser kann auch vorläufig sein. Dann ist aber darauf zu achten, dass die einstweilige Anordnung nicht während der beabsichtigten Dauer der Unterbringung endet.[15]

Sollte der Aufgabenkreis noch nicht ausreichend angeordnet sein, so kann die Erweiterung gleichzeitig mit dem (bedingten) Antrag auf Genehmigung der Unterbringung angeregt werden. Der Antrag könnte lauten:

Formulierungsbeispiel

> „Ich rege die Erweiterung des Aufgabenkreises um die Entscheidung über die freiheitsentziehende Unterbringung an und beantrage schon jetzt für den Fall der Erweiterung die betreuungsrechtliche Genehmigung ..., (die betreute Person) freiheitsentziehend unterbringen zu dürfen ..."

Rechtstechnisch muss der Betreuer erst für den erforderlichen Aufgabenbereich bestellt werden, damit er dann – eine logische Sekunde später – die erforderliche Entscheidung treffen und den Antrag stellen kann. Gerichtlich sind dies im Grundsatz zwei Verfahren. Bei Dringlichkeit sind beide Fragestellungen gemeinsam zu prüfen.

▶ *Zu den Eilfällen siehe unten Kapitel F. IV.*

4. Freiheitsentziehung

§ 1831 BGB regelt die Unterbringung, die mit einem Freiheitsentzug verbunden ist. Es sei darauf hingewiesen, dass das Gesetz **nicht** von einer notwendig **geschlossenen Unterbringung** spricht. Nach der gängigen Rechtsprechung liegt ein Freiheitsentzug vor, wenn eine Person gegen ihren Willen oder im Zustand der Willenlosigkeit in einem räumlich begrenzten Bereich festgehalten wird, ihr Aufenthalt ständig überwacht und eine Kontaktaufnahme mit der Außenwelt eingeschränkt wird. Es kommt auf eine nicht nur kurzfristige Beschränkung der persönlichen Bewegungsfreiheit auf einen bestimmten Lebensraum an.[16] Die Vorschrift geht von einem engen Begriff der Freiheitsentziehung aus und erfasst nur solche Maßnahmen, die die **persönliche (Fort-)Bewegungsfreiheit** der untergebrachten Person nicht nur kurzfristig auf einen bestimmten räumlichen Bereich begrenzen.[17] Es kommt also darauf an, ob der Betroffene durch bestimmte Maßnahmen bzw. Hindernisse an dem Verlassen eines Bereiches gehindert wird, obwohl er diesen – mit natürlichem Willen – verlassen will und auch physisch verlassen kann. Die Bezeichnung der

15 BtKomm/Dodegge, Teil G Rn. 7; BGH BtPrax 2021, 34 ff.

16 BGH BtPrax 2001, 32; Jürgens/Marschner, § 1831 Rn. 6.

17 BtKomm/Dodegge, Teil G Rn. 14; Lipp und Güttler, BtPrax 2017, 94, 96.

konkreten Einrichtung oder Abteilung ist nicht entscheidend, sondern die tatsächlich angewendeten freiheitshindernden Maßnahmen und wie sie für die konkrete Person wirken.

Die Unterscheidung von „offenen", „geschlossenen", „halbgeschlossenen" oder „beschützenden" Anstalten oder Stationen beschreibt die Einrichtung und kann daher für die Einordnung als Freiheitsentzug nur ein Indiz sein, aber kein bestimmendes Kriterium für eine individuelle betreuungsrechtliche Entscheidung.[18] Nur dann, wenn der Betroffene faktisch nicht in der Lage ist, sich räumlich zu entfernen, stellt eine verschlossene Ausgangstür keinen Freiheitsentzug dar.[19]

Bei der Frage, ob die betreute Person einer freiheitsentziehenden Unterbringung unterworfen ist oder werden soll, kommt es also nicht darauf an, ob es sich bei der Einrichtung um ein geschlossenes Heim oder eine geschlossene Station handelt, sondern ob die verschlossene Tür konkret ihre Freiheit einschränkt. Es kommt dabei nicht so sehr auf die Art der Maßnahme an, sondern darauf, wie sie auf die betroffene Person **individuell** wirkt. Dieselbe Maßnahme kann für die eine Person einen Freiheitsentzug darstellen und für die andere nicht – es kommt auf den jeweiligen Willen und auf die jeweiligen Fähigkeiten an. Der Betreuer hat sich also nicht daran zu orientieren, ob das Heim oder die Station als geschlossen (oder „beschützend") bezeichnet wird, sondern ob die angewendete Maßnahme seinen Betreuten am Verlassen der Einrichtung oder der Station **hindert**. Dabei kommt es sowohl auf das **Verlassen-Wollen** wie auf das **Verlassen-Können** an.

Es ist eine Abgrenzung zu freiheitsentziehenden Maßnahmen nach Absatz 4 vorzunehmen, wenn dieselbe Maßnahme je nach Fähigkeit der Bewohner oder Patienten unterschiedlich wirkt (siehe dazu auch unten Kapitel C. III. 1.).[20]

Der Eingriff in die Freiheit ist immer auch ein Eingriff in die **Willensfreiheit**. Wer einen bestimmten Bereich gar nicht verlassen will, wird auch durch eine abgeschlossene Ausgangstür nicht am Verlassen gehindert.

Beispiele

Ist ein Patient mit einer depressiven Symptomatik mit seinem Aufenthalt auf einer geschlossenen Station einer psychiatrischen Klinik einverstanden, so liegt kein genehmigungspflichtiger Freiheitsentzug vor.

Ist eine Bewohnerin nicht mehr eigenständig mobil, möchte aber (oder soll) auf der geschlossenen Abteilung eines Altenheimes wohnen bleiben, liegt kein genehmigungspflichtiger Freiheitsentzug (mehr) vor.

Es ist dann nur zu fragen, ob der Betreuer von seinem Aufenthaltsbestimmungsrecht oder der Befugnis, über den Aufenthalt zu entscheiden, Gebrauch machen muss. Das muss er nur dann, wenn der Betreute keine **Freiwilligkeitserklärung** abgeben kann. Es handelt sich dabei nicht um eine Willenserklärung im rechtlichen Sinne. Daher ist nicht die Ge-

18 Lipp und Güttler, BtPrax 2017, 94, 97.
19 Siehe u.a. BGH BtPrax 2017, 201 f.
20 BtKomm/Dodegge, Teil G Rn. 13.

schäftsfähigkeit maßgeblich, sondern die natürliche **Einsichts- und Urteilsfähigkeit.**[21] Einwilligung ist danach die im Augenblick der Freiheitsentziehung vorhandene, freiwillige und ernstliche Zustimmung in die beabsichtigte Rechtsgutverletzung.

Bleibt der Betreute freiwillig auf einer geschlossenen Station und kann er dies mit freiem Willen entscheiden, bedarf es nicht der Anordnung durch den Betreuer und damit schon gar nicht einer Genehmigung durch das Gericht. Die meisten psychiatrischen Kliniken halten schriftliche Vordrucke für ein Einverständnis oder eine Freiwilligkeitserklärung vor. Es ist sicher ratsam, den Betreuer von der Möglichkeit einer solchen Erklärung zu unterrichten. Er hat die Aufgabe, die betreute Person ggf. dabei zu unterstützen, eine solche Erklärung abzugeben. Von der rechtlichen Vertretungsbefugnis darf er dann keinen Gebrauch machen, wenn die betreute Person eine eigene Entscheidung treffen kann, **§ 1821 Absatz 1 Satz 2 BGB.**

Formulierungsbeispiel: Freiwilligkeitserklärung der betreuten Person

> Ich erkläre mich mit meinem Aufenthalt auf der geschlossenen/geschützten Station ... einverstanden und werde mich bezüglich der Ausgänge an die Anordnungen der Station halten.

Wenn alle Beteiligten den Patienten für ausreichend entscheidungsfähig, also eine solche Erklärung für tragfähig halten, muss er dann allerdings konsequenterweise entlassen werden, wenn er die Erklärung widerruft und sich sein Zustand nicht verändert hat.

Muss der Betreuer jedoch seine Entscheidungs- und Vertretungsbefugnis ausüben, weil die betreute Person die Bedeutung nicht mehr selbst erkennen kann, benötigt er eine gerichtliche Genehmigung unter den Voraussetzungen des § 1831 nur dann, wenn der von ihm bestimmte Aufenthalt auch mit einem Freiheitsentzug verbunden ist. Dabei kommt es eben nicht darauf an, ob die Ausgangstür des Heimes oder der Station verschlossen ist, sondern ob der Betroffene durch die abgeschlossene Tür oder eine ähnliche Maßnahme daran gehindert wird, seinem natürlichen Willen folgend seinen Aufenthaltsort zu ändern. Geschützt wird insoweit also die konkrete **Fortbewegungsfreiheit**.[22]

Zeigt der Betroffene keine willentlichen Bestrebungen, einen geschlossenen Bereich zu verlassen, oder ist er körperlich dazu gar nicht in der Lage, ist die Anordnung des Betreuers im Rahmen seines Aufgabenkreises ausreichend und er bedarf mangels Freiheitsentzuges nicht der gerichtlichen Genehmigung. Ist aber z.B. der demenzerkrankte mobile Betreute **desorientiert** und würde bei einer offenen Stationstür das Heim oder die Station versehentlich verlassen können, liegt ein genehmigungspflichtiger Freiheitsentzug vor, da der Fortbewegungsradius durch die verschlossene Tür eingeschränkt wird. Ein bestimmtes Ziel muss die betreute Person beim Verlassen nicht im Kopf haben. Sie muss nicht sagen können, wo sie hinwill. Ein Freiheitsentzug liegt schon dann vor, wenn sie durch eine Ausgangstür gehen würde, weil sie dann ihren Bewegungsradius anders nutzen würde. Das

21 Jürgens/Marschner, § 1831 Rn. 9.
22 Engelfried, Kapitel 1 1.; Jürgens/Marschner, § 1831 Rn. 8.

gilt auch für Heimbewohner mit einer körperlichen und einer geistigen Behinderung, die sich eigenständig im Rollstuhl fortbewegen können.[23]

Der Betreuer muss sich also fragen, ob für die Bewegungsfreiheit der betreuten Person in der akuten Situation die geschlossene Ausgangstür bzw. sonstige Maßnahmen, die am Verlassen hindern sollen, von Relevanz sind.

Andererseits kann auch eine sogenannte **halboffene oder offene Unterbringung** die Voraussetzungen einer Freiheitsentziehung erfüllen. In manchen fortschrittlichen Psychiatrien wird eine Unterbringung auf offenen Stationen durchgeführt. Das heißt, dass der Patient sich nicht zu einem freiwilligen stationären Aufenthalt entschließen kann, die Station aber andere Rückhaltemaßnahmen als eine abgeschlossene Ausgangstür und hohe Zäune vorhält (meist personeller Art), um ein Verlassen zu verhindern.[24] Auch dies stellt einen genehmigungspflichtigen Freiheitsentzug durch den Betreuer dar, soweit Maßnahmen angewendet werden, die die betreute Person am Verlassen der Station hindern.

Hält der Betreuer die von der Klinik oder dem Heim angewendete Maßnahme für unzureichend, kann er aber keine andere Sicherung verlangen. Die Art der Unterbringung und der Sicherung ist Teil des therapeutischen Konzeptes. Der Betreuer kann nur die Rechte des Patienten geltend machen, nicht mehr. Er ist an das Angebot der Klinik und die Indikation des behandelnden Teams gebunden.

Merksatz

▶ *Nicht jeder Aufenthalt auf einer geschlossenen Station bedarf der gerichtlichen Genehmigung. Es kommt auf den Einzelfall an. Entscheidend ist nicht die Maßnahme also solche, sondern wie sie sich individuell auf den einzelnen Betreuten auswirkt.*

▶ *Zur Abgrenzung zwischen einer freiheitsentziehenden Unterbringung nach Absatz 1 und einer freiheitsentziehenden Maßnahme nach Absatz 4 siehe unten Kapitel C. III. 1.*

5. Im Interesse des Betreuten

Da die betreuungsrechtliche Unterbringung ein Handeln des Betreuers erfordert und dieser bei all seinen Tätigkeiten an § 1821 BGB gebunden ist, handelt es sich eigentlich um eine Selbstverständlichkeit und müsste nicht extra erwähnt werden (dazu Teil 1, Kapitel A. V.). Dennoch werden Betreuer nicht selten gedrängt, ihre Betreuten zum Schutz anderer unterzubringen. Der Betreuer darf aber nur ausschließlich im Interesse seines Betreuten eine Unterbringung veranlassen. Gefährdet oder schädigt der Betroffene durch sein krankheitsbedingtes Verhalten ausschließlich Dritte oder die Allgemeinheit, kommt eine betreuungsrechtliche Unterbringung *nicht* in Betracht. Dann ist – auch bei bestehender Betreuung – nur der Weg über die öffentlich-rechtliche Unterbringung gangbar (dazu unten Kapitel E.).

23 BGH BtPrax 2017, 201.
24 Zinkler/Nyhuis, R&P 2017, 63 ff.; Gather/Nyhuis/Juckel, R&P 2017, 80 ff.

Eine betreuungsrechtliche Unterbringung kommt nur bei einer **Eigen- oder Selbstgefährdung** in Betracht.

Ist aber der Betroffenen nicht steuerungsfähig und sein Verhalten daher auch für ihn nicht kontrollierbar, kann in einem Verhalten, das sich vorrangig fremdaggressiv äußert, auch eine Eigengefährdung liegen.[25]

In § 1906 BGB a.F. hieß es noch, dass die Unterbringung nur „zum Wohl" des Betroffenen zulässig war. Mit der Reform wurde der Begriff des Wohls komplett aus dem Betreuungsrecht gestrichen und damit die sogenannte Wohlschranke des § 1901 BGB a.F. überwunden. Der Reformgesetzgeber wollte insbesondere in der Generalnorm des § 1821 BGB auf den Begriff „Wohl des Betroffenen" verzichten, um Missverständnisse zu vermeiden. „Wohl" bedeutet immer die Gefahr, das Für und Wider einer Maßnahme nach objektiven Kriterien auszulegen: „Was ist jetzt objektiv gut für die betreute Person?" statt „Was entspricht jetzt ihrem Selbstbestimmungsrecht?".

Im Betreuungsrecht sind Handlungs- oder Entscheidungspräferenzen aber nicht nach objektiven Kriterien zu beurteilen, sondern stets für die betroffene Person aus ihrer Perspektive. Das Betreuungsrecht entwickelt sich weg von der paternalistischen Haltung der Fürsorge (die immer die Gefahr in sich birgt, zu glauben zu wissen, was für den Betroffenen gut und richtig ist) hin zur Unterstützung bei der Wahrung und Förderung der **Selbstbestimmung**. Dies bringt natürlich mehr Risiken mit sich. Sicherheit steht nicht an erster Stelle. Ziel der Betreuung ist es *nicht* vorrangig, die Rechtsgüter wie Gesundheit (und Vermögen) zu sichern, sondern den Betreuten ein Leben nach ihren Wünschen und Vorstellungen zu ermöglichen.

Fallbeispiele: Konfliktfälle – Unterschiedliche Einschätzungen

1. Fall:

Die Klinik oder der ambulante Behandler schätzt die Situation anders ein als der Betreuer und hält eine freiheitsentziehende Unterbringung für erforderlich.

Da das Betreuerhandeln an anderen Maßstäben auszurichten ist (insbesondere am mutmaßlichen Willen gemäß § 1821 BGB), muss der Betreuer der Empfehlung nicht folgen. Er darf eine Unterbringung nicht anordnen, wenn er der Überzeugung ist, dass sein Betreuter, der eine freiwillige stationäre Aufnahme mit natürlichem Willen ablehnt, in der jetzigen Situation eine Einweisung auch mit freiem Willen mutmaßlich nicht wollen würde, § 1821 Absatz 4 BGB. Er kann zu seiner Entlastung die Situation mit dem Betreuungsgericht erörtern bzw. über seine Entscheidung berichten. Das Gericht kann dann seine Eignung prüfen, wenn Anhaltspunkte bestehen, dass der Betreuer seine Entscheidung nicht ausreichend begründen kann. Die Klinik kann aber keinen Antrag auf Unterbringung stellen. Sie kann ebenfalls das Gericht unterrichten und anregen, die Eignung des Betreuers zu überprüfen. Außerdem kann sie oder ambulant der sozialpsychiatrische Dienst eine Unterbringungsanordnung nach öffentlichem Recht in die Wege leiten.

25 BTKomm/Dodegge, Teil G Rn. 17.

2. Fall (entgegengesetzt):

Wenn aber die Klinik keine Grundlage für einen (unfreiwilligen, zwangsweisen) stationären Aufenthalt sieht, aber der Betreuer eine freiheitsentziehende Unterbringung für erforderlich hält, stellt sich die Sachlage anders dar: Ein Arzt kann nicht zu einer medizinischen therapeutischen Maßnahme verpflichtet werden, die er nicht für **indiziert** hält. Das Krankenhaus kann auch nicht dazu verpflichtet werden, einen Patienten gegen seinen natürlichen Willen stationär aufzunehmen oder zu behalten, wenn es dafür keine medizinische Indikation sieht.

Bei der betreuungsrechtlichen Unterbringung ist ein zivilrechtlicher Krankenhaus- und Behandlungsvertrag die Grundlage (siehe dazu in Teil 1, Kapitel D.I.). Der Betreuer kann nur die Rechte seines Betreuten geltend machen. Wenn dieser aber keinen Anspruch auf eine stationäre Aufnahme hat, kann der Betreuer ebenfalls die Unterbringung nicht verlangen. Hält er das Krankenhaus für verpflichtet, den Betreuten aufzunehmen, ist dieser Anspruch auf einem anderen Rechtsweg geltend zu machen, hat aber mit dem Betreuungsrecht nichts zu tun. Es ist also rechtlich möglich, dass die Klinik den Betreuten auch bei einer bestehenden gerichtlichen Unterbringungsgenehmigung entlässt (anders jedoch bei der öffentlich-rechtlichen Unterbringungsanordnung!). Das Betreuungsgericht sollte folglich nicht allein auf den Zuruf der Klinik die Genehmigung aufheben, wenn der Betreuer widerspricht. Allein schon aus Angst vor einer möglichen Haftung dürften in der Praxis die meisten Kliniken einen Patienten nicht entlassen, solange der Betreuer bei bestehender gerichtlicher Genehmigung der Entlassung widerspricht.

Fallbeispiel: Wer freiwillig kommt, darf auch freiwillig wieder gehen?

Der Betroffene begibt sich zunächst freiwillig, vielleicht auch auf Drängen anderer, in stationäre psychiatrische Behandlung. Der Betreuer ist erfreut, musste aber keine eigene Erklärung über den Aufenthalt abgeben. Dort passt es dem Betreuten nach einigen Tagen dann doch nicht und er will die Behandlung beenden und die Station **gegen ärztlichen Rat verlassen**. Er widerruft die eigene Freiwilligkeitserklärung, die er zu Beginn abgegeben hat. Der Betreuer wird von der Klinik gebeten, einen Unterbringungsantrag zu stellen.

Der Betreuer hat hier zunächst selbstverständlich mit dem Betreuten zu sprechen. Vielleicht kann er im Rahmen der Gesundheitssorge vermitteln, damit auf die Behandlungswünsche des Patienten eingegangen wird. Sollte eine Vermittlung scheitern und der Betreute weiterhin auf seine Entlassung drängen, hat der Betreuer zu fragen und festzustellen, ob er aktuell noch entscheidungsfähig ist. Denn nur wenn der Betroffene aktuell nicht mehr einsichtsfähig ist, darf der Betreuer von seiner **Vertretungsbefugnis** Gebrauch machen. Offensichtlich hatte die Klinik die Freiwilligkeitserklärung zunächst akzeptiert. Die **Einsichtsfähigkeit** muss also erst in den letzten Tagen entfallen sein. Die Klinik ist auf ein konsequentes Handeln zu verweisen. Die Einsichtsfähigkeit entfällt jedenfalls nicht allein dadurch, dass der Betroffene seine Meinung ändert und nun eine andere Entscheidung treffen will. Es ist also zunächst zu klären, inwieweit sich der Zustand des Betreuten während der Zeit des stationären Aufenthaltes verschlechtert hat und er die Gefährdung und die Notwendigkeit einer stationären Behandlung nicht mehr einsehen kann. Erst wenn dies zu bejahen ist, stellen sich die weiteren Fragen nach den sonstigen Voraussetzungen des § 1831 BGB.

Auch aus therapeutischen Gesichtspunkten für zukünftige Aufnahmen ist möglicherweise der bessere Weg, einen Patienten, der freiwillig gekommen ist, auch wieder gehen zu lassen. Verschlechtert sich draußen der Zustand dann weiter und sind ambulante Maßnahmen nicht mehr ausreichend, ist ein Unterbringungsverfahren einzuleiten. Dies mag aufwendig erscheinen, kann aber dazu führen, dass der Patient sich zunächst ernst genommen fühlt. Wer freiwillig kommt, sollte in der Regel auch freiwillig wieder gehen können. Nur wenn die Entlassung und anschließende Neuaufnahme eine erhebliche Gefährdung bedeuten, sollte die Anordnung der Unterbringung direkt aus dem stationären Aufenthalt erfolgen. Bei Gefahr im Verzug kann der Betreuer die Unterbringung sofort anordnen und die gerichtliche Genehmigung nachholen, § 1831 Absatz 2 Satz 2 BGB. Dann ist es aber aus dem Gesichtspunkt eines **fairen Verfahrens** geboten, ein externes Gutachten einzuholen. Denn es ist ja zu einer Differenz zwischen dem Behandler und dem Patienten gekommen. Der Betreuer tut gut daran, von seinem Betreuten nicht als Erfüllungsgehilfe der Klinik wahrgenommen zu werden.

Die bisherigen Erörterungen gelten für alle betreuungsrechtlichen Unterbringungen. Das Gesetz unterscheidet nun in **zwei Alternativen, je nach dem Ziel der Unterbringung:**

- Nummer 1 zur Abwendung einer Gefahr und
- Nummer 2 zur Durchführung einer ärztlichen Maßnahme.

In diesen beiden Tatbeständen geht es darum, eine (drohende) Eigengefährdung zu verhindern oder abzuwenden. Es muss eine der beiden Alternativen vorliegen, allein die Argumentation, eine freiheitsentziehende Unterbringung sei erforderlich, ist nicht ausreichend. Nicht selten liegen allerdings beide Tatbestände vor.

IV. Absatz 1 Nummer 1: Unterbringung zur Gefahrenabwehr bei Selbstgefährdung

Die Unterbringung nach Nummer 1 dient dem Ziel, von der betreuten Person eine **Gefahr für ihr Leben oder ihre Gesundheit** abzuwenden. Durch den Freiheitsentzug, d.h. durch die Begrenzung auf eine bestimmte Räumlichkeit (siehe dazu oben B. III. 4.), soll sie daran gehindert werden, sich krankheitsbedingt selbst zu gefährden. Erfolgt die Unterbringung in einer Klinik z.B. wegen Suizidgefahr, geht es dort natürlich auch um eine Behandlung. Da die Unterbringung nach dieser Alternative vorrangig nicht der medizinischen Behandlung, sondern der **Sicherung** dient, ist insoweit die Gesundheitssorge nicht relevant. Die Voraussetzungen werden daher hier nur kurz behandelt.[26]

Zwar dürfte immer dann, wenn die Voraussetzungen vorliegen, auch der Aufgabenbereich der Gesundheitssorge erforderlich werden – wer krankheitsbedingt sein Leben oder seine Gesundheit erheblich gefährdet und deswegen zu seinem Schutz untergebracht werden

26 Ausführlicher in BtKomm/Dodegge, Teil G Rn. 24 ff.; Engelfried, 2. Kapitel 2. d).

muss, ist typischerweise auch nicht in der Lage, seine gesundheitlichen Angelegenheiten zu erledigen, und dürfte nicht einwilligungsfähig sein. Die Anordnung der Unterbringung erfolgt aber nicht auf der rechtlichen Befugnis des Aufgabenbereichs der Gesundheitssorge.

Der Hauptanwendungsfall für die Nummer 1 ist die **geschlossene Heimunterbringung**. Bei einem demenzerkrankten desorientierten, aber körperlich mobilen Heimbewohner geht es ausschließlich um die Sicherheit und nicht um eine Behandlung. Im klinischen Bereich steht die **Suizidalität** im Vordergrund. Eine Unterbringung ist aber nur dann zulässig, wenn die Entscheidung, sich das Leben zu nehmen, kein Akt ernsthafter, freiverantwortlicher Selbstbestimmung ist.[27] Denn dann dürfte der Betreuer nicht gegen den (freien) Willen tätig werden. Eine reine **Alkoholabhängigkeit** als Erkrankung ist für sich genommen nicht ausreichend (siehe dazu den Exkurs unten).[28]

Voraussetzung ist entweder, dass es bereits zu erheblichen Folgeschäden gekommen ist, die zur Aufhebung der Fähigkeit zur freien Willensbildung führen. Oder der Betreute äußert in Phasen des freien Willens, dass er selbst bei Rückfällen oder zur Durchführung einer Entzugsbehandlung eine Unterbringung zu seinem Schutz wünscht.

Die genannten Beeinträchtigungen entsprechen den Voraussetzungen der Betreuerbestellung nach § 1814 BGB, auch wenn dort nach der Reform die Adjektive psychische (Krankheit) oder geistige oder seelische (Behinderung) weggefallen sind. Bei den Voraussetzungen zur Betreuerbestellung sollten die stigmatisierenden Begrifflichkeiten wegfallen; im Unterbringungsrecht wirken die Begriffe dagegen einschränkend. Das Vorliegen einer solchen Erkrankung oder Behinderung, die zu den in der ICD 10 unter „F" aufgelisteten Krankheiten gehören, muss als Voraussetzung festgestellt werden. Eine Verdachtsdiagnose dürfte nicht ausreichen.

▶ *Zur Erläuterung der Begriffe siehe die Ausführungen in Teil 3.*

Anders als bei der öffentlich-rechtlichen Unterbringung muss die Gefahr zwar **nicht akut** sein, es müssen aber konkrete, objektivierbare Anhaltspunkte vorliegen.[29]

Eine Unterbringung zur Verhinderung einer Selbstschädigung infolge psychischer Erkrankung setzt immer voraus, dass der Betroffene aufgrund der Krankheit **seinen Willen nicht frei bestimmen** kann.

▶ *Zum freien Willen siehe in Teil 1, Kapitel E. I. 2.*

Soweit die betreute Person ihre Gefährdung erkennt und sie bewusst in Kauf nimmt, darf sie nicht gegen ihren Willen geschützt werden. Der Staat hat von Verfassungs wegen nicht das Recht, seine erwachsenen und zu freier Willensbestimmung fähigen Bürger zu erziehen, zu bessern oder sie zu hindern, sich selbst gesundheitlich zu schädigen.[30] Kann der Betroffene keinen freien Willen mehr bilden, hat der Betreuer den **mutmaßlichen Willen** umzusetzen und eine Abwägung danach zu treffen, ob der Betreute selbst eher seinen Schutz und seine Sicherheit wünscht und diese vor seine Freiheit stellen würde, § 1821

---

27 MüKoBGB/Schneider, § 1906 Rn. 25 a.E.

28 BGH BtPrax 2016, 149; BtKomm/Dodegge, Teil G Rn. 30

29 Zum Gefahrbegriff ausführlich Marschner/Lesting/Stahmann, Kapitel B 113 ff.

30 BGH BtPrax 2021, 29 und 191; Jürgens/Marschner, § 1831 Rn. 13 m.w.N.

Abs. 3 und 4 BGB. Wie oben dargelegt hat auch die Güterabwägung aus der Perspektive der betreuten Person zu erfolgen.

Anders als bei einer öffentlich-rechtlichen Unterbringung gibt es keine gesetzlich geregelten **Vollzug**svorschriften.[31] Zwar gibt es die Heimaufsicht und in der Regel eine Hausordnung, die aber nicht auf die individuellen Rechte der Heimbewohner abzielen. Der Betreuer hat also die Entscheidungen über Ausgänge, Beurlaubungen etc. zu treffen.[32] Dies sollte er nicht einfach der Heimleitung überlassen. Regelmäßige Kontrollen durch persönliche Kontakte (§ 1821 Absatz 5 BGB) sind deshalb unbedingt erforderlich. Allein diese Grundannahme rechtfertigt es, dass die betreuungsrechtliche Unterbringung keine weiteren Vollzugsnormen vorsieht, wie es in den landesrechtlichen PsychKGs der Fall ist.

Exkurs: Alkoholerkrankung

Es ist ständige höchstrichterliche Rechtsprechung, dass allein eine Alkoholabhängigkeit keine Erkrankung darstellt, die eine Unterbringung rechtfertigt.

So sagt der BGH: „Alkoholismus für sich gesehen ist keine psychische Krankheit bzw. geistige oder seelische Behinderung im Sinne von § 1831 Absatz 1 Nr. 1 BGB (§ 1906 a.F.), so dass allein darauf die Genehmigung der Unterbringung nicht gestützt werden darf. Ebenso wenig vermag die bloße Rückfallgefahr eine Anordnung der zivilrechtlichen Unterbringung zu rechtfertigen. Etwas anderes gilt, wenn der Alkoholismus entweder im ursächlichen Zusammenhang mit einem geistigen Gebrechen, insbesondere einer psychischen Erkrankung, steht oder ein auf den Alkoholmissbrauch zurückzuführender Zustand eingetreten ist, der das Ausmaß eines geistigen Gebrechens erreicht hat."[33] Begründet wird dies damit, dass allein die Alkoholabhängigkeit nicht zur Aufhebung eines freien Willens führt und niemand gezwungen werden kann, sich vor Schädigungen zu schützen. Solange die betreute Person mit freiem Willen ihre Gefährdung in Kauf nimmt, kann sie nicht langfristig zur Abstinenz untergebracht werden. Aus der Alkoholabhängigkeit für sich genommen und dem darauf beruhenden Mangel an Steuerungsfähigkeit in Bezug auf den Konsum von Alkohol könne nicht auf ein Unvermögen zur freien Willensbildung geschlossen werden.

Kurzfristige Unterbringungen zum Entzug aufgrund der akuten Intoxikation sind möglich, z.B. zur Vermeidung akuter Gefährdungen, von lebensbedrohlichen Delirien oder Krampfanfällen. Etwas anderes gilt auch dann, wenn entweder der Alkoholkonsum Folge einer anderen Erkrankung ist, z.B. einer Persönlichkeitsstörung, oder wenn der langjährige Alkoholkonsum bereits zu hirnorganischen Veränderungen geführt hat, die die Fähigkeit zur freien Willensbildung aufheben, z.B. Korsakow-Syndrom.

▶ *Zur Alkoholabhängigkeit siehe auch in Teil 3 Kapitel C. IV. 2.*

31 Siehe aber den neuen § 8 WTG in NRW.
32 Jürgens/Marschner, § 1831 Rn. 48.
33 Zuletzt BGH BtPrax 2018, 233; BtPrax 2016, 149.

V. Absatz 1 Nummer 2 – Unterbringung zur Durchführung ärztlicher Maßnahmen/Heilbehandlung

Der Tatbestand der zweiten Alternative setzt voraus, dass

- eine Untersuchung des Gesundheitszustandes, eine Heilbehandlung oder ein ärztlicher Eingriff zur Abwendung eines **drohenden** erheblichen gesundheitlichen Schadens notwendig ist,
- die notwendige Maßnahme ohne eine freiheitsentziehende Unterbringung nicht durchgeführt werden kann,
- die betreute Person aufgrund ihrer Erkrankung oder Behinderung nicht in der Lage ist, die Notwendigkeit der Unterbringung (zur Durchführung dieser Maßnahme) zu erkennen, oder nicht nach dieser Einsicht handeln kann, ihr also die Einsichts- oder Steuerungsfähigkeit fehlt.

Wohlgemerkt: Die Norm regelt nur die Voraussetzungen der Unterbringung und nicht die Durchführung der ärztlichen Maßnahme selbst. Dennoch ist der Aufgabenbereich der **Gesundheitssorge** erforderlich, um diese Unterbringung anordnen zu können. Die Einwilligung in die ärztliche Maßnahme hat dann nach Aufklärung zu erfolgen – wie bei jeder anderen medizinischen Maßnahme auch (siehe dazu in Teil 1 Kapitel E.). Gegebenenfalls sind weitere Genehmigungen nach § 1829 oder § 1832 BGB erforderlich.

Aber nur dann, wenn davon auszugehen ist, dass der Betreute auch im Rahmen der Unterbringung die notwendige Behandlung ablehnt, weil sich die Weigerung bereits „manifestiert" hat, ist im Vorfeld, also vor der Unterbringung zu prüfen, ob auch die Voraussetzungen für die Einwilligung in eine ärztliche Zwangsbehandlung nach § 1831 BGB vorliegen.[34]

1. Behandlungsbedürftige Erkrankung

Bei der behandlungsbedürftigen Erkrankung muss es sich **nicht** um die sogenannte **Anlasserkrankung** handeln, die die Voraussetzung für die Bestellung des Betreuers nach § 1814 BGB war. Es muss sich auch nicht um eine psychiatrische Erkrankung handeln. Auch zur Behandlung einer **somatischen Erkrankung** ist eine freiheitsentziehende Unterbringung möglich.

Da auf Normalstationen eine freiheitsentziehende Unterbringung in der Regel nicht möglich ist, wird die Unterbringung häufig auf einer (geschlossenen) psychiatrischen Akutstation vollzogen werden müssen. Im Einzelfall ist dann nach den Möglichkeiten des Krankenhauses, der Art des notwendigen Eingriffs und der Weglauftendenz zu entscheiden, wo die Behandlung erfolgt. Dies sollte vorrangig nach den Bedürfnissen der medizinischen Behandlung bzw. des Patienten erfolgen. Es dürfte kaum möglich sein, einen internistischen Eingriff auf einer psychiatrischen Station durchzuführen. Leider ist das Versorgungssystem nicht ausreichend darauf eingestellt, Patienten mit Doppeldiagnosen angemessen zu behandeln. Es wird altersbedingt zunehmend Patienten geben, die neben ihrer psychiatrischen Erkrankung oder Behinderung, die zur fehlenden Einsichtsfähigkeit geführt hat,

34 BGH BtPrax 2017, 197; 2018, 118.

auch aufgrund anderer Erkrankungen stationär behandlungsbedürftig sind. Dies sind insbesondere ältere demenzerkrankte Patienten, die durch die Einweisung ins Krankenhaus ohnehin noch verwirrter sind und dadurch in die Gefahr deliranter Verhaltensweisen kommen.

Leider hat sich die Forderung der Psychiatrie-Enquete aus den 70er-Jahren nicht durchgesetzt und es gibt weiterhin reine Psychiatrien. So ist es mitunter erforderlich, die ohnehin schon desorientierten Patienten zwischen den Krankenhäusern hin und her zu transportieren. Sinnvoller wäre, in den Normalkrankenhäusern psychiatrische Abteilungen zu bilden, sodass die Behandlung unter einem Dach erfolgen kann und psychiatrische Erkrankungen keinen Sonderstatus erhalten.

Merksatz

▶ *Ein vorübergehender Wechsel von einer (geschlossenen) Akutstation der Psychiatrie auf eine internistische Station zur dortigen Behandlung ist auch bei bestehender Unterbringungsgenehmigung rechtlich unbedenklich. Maßgeblich sollte die im Interesse des Patienten beste medizinische Versorgung sein und nicht juristische Rahmenbedingungen.*

a. Untersuchung des Gesundheitszustandes

Soll die Unterbringung der Untersuchung des Gesundheitszustandes dienen, ist zu fragen, ob sich aus dem jeweiligen Ergebnis eine **Behandlungsoption** ergeben könnte, die dann auch realistischerweise durchgeführt wird. Die Verhältnismäßigkeit ist hier besonders zu beachten. Die Diagnostik für sich genommen ist kein ausreichender Grund. Wenn es auf das Ergebnis bzw. die genaue Diagnose eigentlich gar nicht ankommt, weil entweder eine Behandlung gar nicht erforderlich ist oder eine Behandlung vom Betreuten abgelehnt würde und eine Zwangsbehandlung nicht in Betracht kommt, sollte auf die Untersuchung, wegen derer eine freiheitsentziehende Unterbringung erforderlich wäre, verzichtet werden. Schließlich muss durch die unterlassene Untersuchung oder Diagnostik ein schwerer Schaden drohen.[35]

Die Untersuchung im Rahmen der Unterbringung nach § 1831 BGB ist zu unterscheiden von der Unterbringung zur Begutachtung nach §§ 322 und 284 FamFG. Letztere ist eine Ermittlungsmaßnahme des Gerichtes zur Feststellung, ob die Voraussetzungen für eine Genehmigung vorliegen (zu Unterbringung zur Begutachtung siehe unten F. III. 3. d).

b. Heilbehandlung und ärztlicher Eingriff

Die Begriffe der Heilbehandlung und des ärztlichen Eingriffes gehen ineinander über bzw. sind nicht scharf voneinander abzugrenzen. Es ist zudem kaum vorstellbar, dass zur Durchführung eines ärztlichen Eingriffes, der keine Heilbehandlung darstellt, die Voraussetzungen für eine freiheitsentziehende Unterbringung vorliegen dürften. Durch die Behandlung muss ein „Benefit" für den Betroffene erstrebt werden. Er muss einen subjektiv erlebten oder gefühlten Vorteil von der Behandlung haben, sei es, dass eine Verschlimmerung ver-

35 BGH BtPrax 2015, 241 und 258.

hindert wird, die beinträchtigenden Symptome gelindert werden oder sich der Krankheitszustand bessert.[36] Die Behandlung kann sich sowohl auf die **Anlasserkrankung** (die Krankheit, die den Anlass für die Betreuerbestellung gegeben hat) beziehen wie auf eine **interkurrente Erkrankung**. Sie muss ärztlich indiziert sein. Da der jeweils behandelnde Arzt für die Behandlung verantwortlich ist, wird erst in der Klinik vom dortigen Team eine eigene Indikation gestellt und ein konkreter Behandlungsvorschlag unterbreitet werden können. Zwar müssen schon vor der Unterbringung die Art der Behandlung und die medizinische Erforderlichkeit geklärt werden, der Betreuer muss aber nach der Unterbringung mit dem stationären Behandlungsteam die konkrete Behandlung erörtern und nach der **Aufklärung** eine **Einwilligung** erklären.

Der Betreuer hat seine Tätigkeit lange nicht erledigt, wenn er den Betreuten zur Heilbehandlung untergebracht hat. Dann folgt dort seine Aufgabe im Rahmen der **Gesundheitssorge** und es gelten die üblichen Bedingungen (siehe dazu in Teil 1 Kapitel E. III. 4.). In der Regel ist der Betreute, wenn die Voraussetzungen für die Unterbringung vorliegen, nicht einwilligungsfähig, sodass der Betreuer von der Befugnis zur Stellvertretung nach § 1823 BGB Gebrauch machen muss und an **§§ 1821, 1827 und 1828 BGB** gebunden ist.

Die Behandlung der Anlasserkrankung erfolgt überwiegend medikamentös durch Neuroleptika. Es kommen aber auch andere Behandlungsansätze in Betracht, wie z.B. eine Elektrokrampftherapie (EKT). Auch wenn der Betreute im Rahmen der Unterbringung die dort angebotene Medikation nicht ablehnt, ist er noch lange nicht einwilligungsfähig.

Und mit der Anordnung der Unterbringung hat der Betreuer noch nicht in die dort durchgeführte Behandlung eingewilligt. Die Aufgabe des Betreuers scheint in der Somatik deutlich besser verstanden zu werden als in der Psychiatrie, denn vielfach legen die Psychiater weniger Wert auf eine Einwilligungserklärung als die Internisten, Chirurgen und insbesondere die Anästhesisten. Der Grundsatz ist aber derselbe: Ist die betreute Person in Bezug auf die indizierte Behandlung nicht einwilligungsfähig und liegt kein Notfall vor, ist eine stellvertretende Einwilligung des Betreuers (oder Bevollmächtigten) erforderlich.

▶ *Zu Einzelheiten der Einwilligung siehe in Teil 1, Kapitel E.*

Merksatz

▶ *Der Betreuer muss auch im Rahmen der Unterbringung in der Psychiatrie in die dort durchgeführte Behandlung nach Aufklärung einwilligen, soweit die betreute und untergebrachte Person nicht einwilligungsfähig ist. Die Entscheidung über die Unterbringung nach § 1831 umfasst nicht die Einwilligung in die einzelne Behandlung nach § 630d und §§ 1827 und 1828 BGB.*

Lehnt der Betreute nicht nur die Aufnahme in der Klinik ab, sondern auch die Behandlung, so kommt § 1832 BGB ins Spiel (siehe hierzu unten Kapitel D.). Erstaunlicherweise ist dies aber nicht die Regel. In den meisten Fällen lassen sich die Betroffenen freiwillig auf eine Behandlung ein. Schließlich sollte sich eine psychiatrische Behandlung nicht auf die Vergabe der Medikation beschränken. Das gesamte Setting zeigt Wirkung, eventuell die Reiz-

36 BtKomm/Dodegge, Teil G Rn. 35.

abschirmung oder der sichere Rahmen, der geregelte Tagesablauf, die sonstigen therapeutischen Angebote und die Therapiegespräche.

2. Drohender erheblicher Gesundheitsschaden

Der drohende gesundheitliche Schaden, zu dessen Abwendung die Unterbringung erforderlich ist, muss **konkret** sein. Das heißt, zwar nicht so akut wie bei einer Unterbringung nach öffentlichem Recht (siehe dazu unten Kapitel E.), es müssen aber konkrete Anhaltspunkte für die drohende Gefahr vorliegen, im Sinne einer qualifizierten Gefahrenlage.[37] Anders als bei der Unterbringung nach Nummer 1 handelt es sich bei der Nummer 2 eher um eine notwendige Intervention in einen sich verschlechternden gesundheitlichen Prozess, dessen Ende, die akute unmittelbar bevorstehende Gefahr oder gar der schon eingetretene Schaden, aber nicht abgewartet werden muss.

Allein das Bestehen einer behandlungsbedürftigen Erkrankung, die für die betreute Person noch keine erhebliche Beeinträchtigung oder ein erhebliches Leiden bedeutet, reicht jedenfalls nicht aus, siehe bereits § 1821 Absatz 3 BGB. Häufig stellt sich die Frage, zu welchem Zeitpunkt ein Eingreifen gerechtfertigt ist. Dies ist immer nur am Einzelfall zu beurteilen und wie so häufig eine Frage der **Verhältnismäßigkeit**.

Wichtig ist, dass auch diese Beurteilung aus der Sicht der betreuten Person zu treffen ist. Daher können keine starren Angaben gemacht werden, weder zur Erheblichkeit noch zum Zeitpunkt des Eingreifens. Zu fragen ist immer: Würde die betreute Person selbst jetzt eine Intervention ihres Krankheitsverlaufes wünschen, wenn sie die aktuelle Situation und die voraussichtliche Entwicklung realistisch einschätzen könnte (§ 1821 Absatz 4 und §§ 1827, 1828 BGB)?

Die häufig gehörte Aussage, es müsse „erst etwas passieren", bevor eingegriffen bzw. untergebracht werden dürfe, entspricht nicht den Möglichkeiten des Betreuungsrechts.

Merksatz

▶ *Eine Unterbringung zur Heilbehandlung ist schon möglich, um in einen sich verschlechternden Verlauf einzugreifen, ohne dass bereits „etwas passiert" sein muss.*

3. Erforderlichkeit/Alternativen

Da jede Maßnahme gegen den natürlichen Willen des Betreuten **Ultima Ratio** sein muss, ist nach den sogenannten **milderen Mitteln** zu fragen. Im Vorfeld der Unterbringung muss alles versucht werden, um den drohenden Verlauf anders abzuwenden als durch eine Unterbringung. Hier ist der Betreuer natürlich auf die Unterstützung des Versorgungssystems angewiesen, das regional unterschiedlich aufgestellt ist. Wenn es bereits ein Helfersystem gibt, kann dies vielleicht noch intensiviert werden, z.B. durch Erhöhung der Fachleistungsstunden von Eingliederungsmaßnahmen, qualifizierte Assistenz, Verordnung von ambulant psychiatrischer Pflege, aufsuchende Behandlungsformen wie Home-Treatment,

37 BGH BtPrax 2015, 241; 2022, 174.

Netzwerkgespräche[38], Nutzung von sogenannten Genesungsbegleitern etc.[39] Der Betreuer sollte sich in der örtlichen Versorgungslandschaft auskennen. Hilfreich dazu sind regionale Arbeitsgruppen, aber auch eine Nachfrage bei der örtlichen Betreuungsbehörde und insbesondere beim sozialpsychiatrischen Dienst. Die Ansprüche ergeben sich u.a. aus dem Bundesteilhabegesetz, aber z.B. auch aus einigen PsychKGs.

Es ist zu hoffen, dass sich auch die ambulanten Möglichkeiten der psychiatrischen Versorgung mit dem **Bundesteilhabegesetz** und den Änderungen im Krankenversicherungsrecht im SGB verbessern und der Zugang zu ihnen leichter wird.[40] Die verschiedenen Angebote können auch kombiniert werden, sodass bei Bedarf vorübergehend eine 24-Stunden-Versorgung organisiert werden kann.

Bevor der Betreuer eine Unterbringung anordnen will, muss er alle vor Ort realistisch möglichen Alternativen bedacht und – wenn sie in Betracht kommen – ausgeschöpft haben.

Ist die betreute Person Patient in einer psychiatrischen Institutsambulanz (PIA), ist diese in einer Krisensituation zu einem oder mehreren Hausbesuchen verpflichtet. Unter anderem erhalten sie gerade deswegen ein deutliches höheres Budget für den Patienten als ein niedergelassener Psychiater. Ansonsten ist der sozialpsychiatrische Dienst (SpDi) zuständig. Er hat den Betroffenen nicht erst aufzusuchen, um die Notwendigkeit der Unterbringung festzustellen, sondern vielmehr rechtzeitig vorher, um genau diese noch zu vermeiden.

Lässt sich der Betreute ambulant auf eine andere Behandlungsmethode ein, die aus ärztlicher Sicht zwar nicht medizinisch zu favorisieren ist, aber durchaus sinnvoll und jedenfalls nicht kontraindiziert, ist – soweit vertretbar – auf die Wünsche der betreuten Person einzugehen. Ist der Betroffene bereits erfahren, ist selbstverständlich auch sein eigenes „Expertenwissen" zu berücksichtigen. Bei einem Aushandeln der Behandlung und ggf. der Medikation sollte der Betreuer die Bedenken seines Betreuten ernst nehmen und gegenüber dem Behandler vertreten.

4. Krankheitsbedingt fehlende Einsicht

Jeder hat das Recht, eine medizinisch indizierte Behandlung – und die dafür notwendige stationäre Krankenhausaufnahme – abzulehnen. Selbstverständlich gilt dies auch für psychisch erkrankte oder geistig oder seelisch behinderte Patienten. Zu leicht besteht die Gefahr, betreuten Patienten diese Selbstverständlichkeit abzusprechen. Daher ist die Feststellung, dass die Ablehnung nicht auf einem **freien Willen** beruht, sondern Ausdruck einer Erkrankung ist, umso wichtiger.

Die mit dem Reformgesetz in § 1821 BGB neu geschärfte Wahrnehmung und Sicherung der **Selbstbestimmung** gilt auch bei der Entscheidung über eine Unterbringung. Vernünftig muss die Ablehnung nicht sein.[41] Voraussetzung ist, dass der Betreute aufgrund seiner Erkrankung aktuell nicht die Fähigkeit hat, die Notwendigkeit der erforderlichen Maßnahme und damit der erforderlichen Unterbringung zu erkennen, oder nicht nach die-

38 Aderhold, „Prävention von Zwangsmaßnahmen", S. 130 ff.
39 Jürgens/Marschner, § 1831 Rn. 27.
40 Marschner/Lesting/Stahmann, Kapitel B Rn. 12 und 19 f.; Nagel/Selle/Stumpf, BtPrax 2023, S. 15 ff.
41 Engelfried, 2. Kapitel 2. e) (6).

ser Erkenntnis handeln kann (z.B. bei einer depressiven Symptomatik).[42] Besteht schon keine Krankheitseinsicht oder werden Symptome wahnhaft gedeutet, dürfte dies vorliegen.[43]

▶ *Zur Einwilligungsfähigkeit siehe auch in Teil 1 Kapitel E. II. 2.*

Checkliste zur Unterbringung

- ☐ **Ausreichender Aufgabenkreis? (Habe ich überhaupt die rechtliche Befugnis, eine freiheitsentziehende Unterbringung anzuordnen?)**
  - Entscheidung über die Unterbringung oder Ähnliches (vorübergehend noch die Aufenthaltsbestimmung)
  - Gesundheitssorge; Einwilligung in Heilbehandlung oder Ähnliches
- ☐ Informationsquellen (Wie kann ich die aktuelle Situation umfassend einschätzen? Was weiß ich über den mutmaßlichen Willen?)
  - frühere Gespräche mit der betreuten Person, Patientenverfügung, Behandlungsvereinbarung
  - frühere Gutachten; Erkenntnisse/Erfahrungen aus der Vergangenheit
  - Gespräche mit Personen aus dem sozialen Umfeld (Angehörige, Freunde, Nachbarn …)
  - Austausch mit den behandelnden Ärzten und ambulanten Pflegekräften
  - Austausch mit Heim, Pflegepersonal, ambulantem Betreuer …
  - weitere Informationsquellen?
- ☐ **Gründe für die Erwägung einer freiheitsentziehenden Unterbringung (geht es um Nummer 1 oder 2?)**
  - zur Abwendung einer konkreten Gefährdung (§ 1831 Absatz 1 Nummer 1)?
  - zur Durchführung einer Untersuchung oder einer Heilbehandlung zur Abwehr einer drohenden Gefährdung (§ 1831 Absatz 1 Nummer 2)?
- ☐ **Erhebliche Gefährdungen aus Sicht der betreuten Person (Welche Gefährdung kann ich konkret benennen?)**
  - konkrete Benennung der Befürchtungen
  - Worin genau besteht die Gefahr? Ist sie auch für die betreute Person erheblich oder würde sie sie zugunsten ihrer Freiheit in Kauf nehmen?
  - Was würde ohne Behandlung passieren?
  - Würde die betreute Person selbst eine Intervention wünschen, wenn sie die Situation richtig einschätzen könnte?

---

42 BtKomm/Dodegge, Teil G Rn. 44 f.
43 BGH BtPrax 2022, 141.

- ☐ **Vorausgegangene Maßnahmen zur Abwendung einer Unterbringung**
  - Gespräche mit Betroffenem über verschiedene Behandlungsmöglichkeiten. Was lehnt er ab, worauf könnte er sich einlassen? Vermittlungsversuche
  - Was spricht aus seiner Sicht gegen eine stationäre Behandlung? Können Ängste berücksichtigt werden?
  - Wurden von dem Betroffenen Präferenzen zum Ort der Unterbringung geäußert? Wenn nein: Ist er gefragt worden?
  - Gespräche mit dem Umfeld über mögliche Alternativen:

    - Intensivierung der ambulanten Hilfen während der Krise, Netzwerk schaffen (psychiatrische Pflege, Krisendienste, Home-Treatment, Tagesklinik, Tagespflege, Änderung der Medikation, Erhöhung der Pflegezeiten oder der Fachleistungsstunden etc.)
  - Beratung mit dem behandelnden Arzt, PIA, SpDi, ambulanten Betreuern etc.
  - Initiierung einer dringlichen Hilfekonferenz oder einer Fallbesprechung mit allen Beteiligten/Netzwerk
  - ggf. Versuche zur Sicherstellung der Einnahme der Medikation (Medikamentenwechsel, Depot-Medikation, häusliche Krankenpflege zur Verabreichung der Medikation, Arztwechsel ...)
- ☐ **Welche konkreten Behandlungsziele erscheinen mit zumindest ausreichender Erfolgswahrscheinlichkeit durch die Unterbringung erreichbar?**
  - Sind dies auch die Ziele der betreuten Person?
  - Mit welchen, auch langfristigen, Nachteilen ist zu rechnen und wie könnten diese minimiert werden?
- ☐ **In welcher Einrichtung (Klinik, Heim) sollte die Unterbringung erfolgen?**
- ☐ **Für welche Dauer?**
- ☐ **Vorbereitungen der Unterbringung**
  - Kontaktaufnahme mit der Klinik schon vor der Unterbringung
  - besondere Betreuungs- oder Pflegeerfordernisse?
- ☐ **ggf. weitere Hinweise/Empfehlungen**

C. Freiheitsentziehende Maßnahmen nach § 1831 Absatz 4 BGB

Übersicht Seite

I. Grundlegende Überlegungen

Freiheitsentziehende Maßnahmen sollen der Sicherheit der Betreuten dienen und eine Gesundheitsgefährdung vermeiden. Sie werden oftmals eingesetzt, um Pflegebedürftige vor einer vermeintlichen Gefahr zu schützen, z.B. einem Sturz. Sie wurden in gerichtlichem oder auch anderem Kontext häufig synonym auch als unterbringungsähnliche Maßnahmen bezeichnet. In der Pflegewissenschaft und entsprechenden Studien findet sich häufig die Abkürzung FEM.

Doch nicht mehr ganz neue Erkenntnisse zeigen: Sie können mehr schaden als nutzen. Risiken und Nebenwirkungen wurden lange nicht wahrgenommen. Lange Zeit wurde ihnen wenig Beachtung geschenkt und sie als „eben notwendig" wahrgenommen. In den letzten Jahren ist ein erheblicher **Bewusstseinswandel** eingetreten. Wurden sie früher von Betreuern in der Regel ohne große Bedenken auf Zuruf des Heimes akzeptiert und durch die Gerichte ohne vertiefte Prüfung „durchgewunken", erleben wir heute auf allen Ebenen einen deutlich bewussteren Umgang mit solchen Maßnahmen bzw. umfangreiche Überlegungen zu ihrer Vermeidung.[44] Der „Werdenfelser Weg" hat im gerichtlichen Genehmigungsverfahren zu einer deutlichen Reduzierung der Maßnahmen geführt.

▶ *Zum „Werdenfelser Weg" siehe auch unten Kapitel F. III. 4. b.*

Zum einen wurde festgestellt, dass solche Maßnahmen selbst zu gefährlichen Verletzungen und auch zu Todesfällen geführt haben, z.B. durch Strangulationen. Zum anderen ist in zahlreichen Studien nachgewiesen, dass sie gar nicht die erhoffte Sicherheit bringen.[45] Im Gegenteil führt so manche gut gemeinte Sicherungsmaßnahme genau zu dem, was sie eigentlich verhindern soll: zu mehr Mobilitätseinschränkungen und zu mehr Stürzen. Je mehr jemand daran gehindert wird, sich frei zu bewegen, umso größer wird die Gangunsicherheit. Auch seelische Beeinträchtigungen können die Folge sein. Wenn jemand nicht

44 Engelfried, 2. Kapitel 4. a).
45 Berzlanovich/Kirsch/Kohls, BtPrax 2012, 95.

versteht, warum er nicht aufstehen soll, und daran gehindert wird, kann es zu Aggressionen oder auch zu Depressionen kommen. Die Folge ist häufig eine noch größere Immobilität und insgesamt eine Beeinträchtigung der Lebensqualität. Nicht selten wird dann die Gabe von Psychopharmaka für indiziert gehalten und eine Spirale beginnt sich hochzuschrauben.

Die Heime drängen nicht selten zu solchen Maßnahmen aus Angst vor der **Haftung**. Diese Angst ist unbegründet. Zum einen bieten die Maßnahmen in der Regel gar nicht die erhoffte Sicherheit. Zum anderen ist durch höchstrichterliche Rechtsprechung entschieden, dass die Heime zwar eine Obhutspflicht für ihre Bewohner haben, aber nicht mit allen Mitteln eine 100-prozentige Sicherheit gewähren müssen.[46] Zur Wahrung der Freiheitsrechte und der Menschenwürde sind auch gewisse Risiken hinzunehmen.

Betreuer haben also im Aufgabenbereich der Gesundheitssorge darauf zu achten, dass ihre Betreuten durch solche Maßnahmen nicht in ihren gesundheitlichen Belangen beeinträchtigt werden. Wenn sie aber in eine solche Maßnahme einwilligen wollen, ist dies nicht (allein) durch den Aufgabenbereich der Gesundheitssorge gedeckt. Mit dem Reformgesetz wird ausdrücklich der Aufgabenbereich „Entscheidung über freiheitsentziehende Maßnahmen", benötigt, **§ 1815 Absatz 2 Nummer 2 BGB**, oder vorübergehend noch die Aufenthaltsbestimmung nach altem Recht mit der Übergangsnorm des Artikels 229 § 54 Absatz 3 EGBGB (siehe hierzu auch oben Kapitel B. III. 3.).

Bei ihrer Entscheidung, ob sie eine Einwilligung erteilen wollen oder nicht, sind sie zunächst wie bei jedem Betreuerhandeln an **§ 1821 BGB** gebunden. Von ihrem Vertretungsrecht dürfen sie nur Gebrauch machen, soweit die betreute Person nicht selbst entscheiden kann. Inhaltlich sind sie an die Wünsche gebunden. Wenn diese die Maßnahme mit natürlichem Willen ablehnt, darf der Betreuer nur zur Abwendung einer erheblichen gesundheitlichen Gefährdung davon abweichen und nur dann einwilligen, wenn die Maßnahme dem mutmaßlichen Willen der betreuten Person entspricht.

Da die Thematik die Gesundheitssorge nur am Rande betrifft, wird sie in diesem „Handbuch der Gesundheitssorge" nicht vertieft behandelt.[47]

§ 1831 Absatz 4 BGB

(4) Die Absätze 1 bis 3 gelten entsprechend, wenn dem Betreuten, der sich in einem Krankenhaus, einem Heim oder einer sonstigen Einrichtung aufhält, durch mechanische Vorrichtungen, Medikamente oder auf andere Weise über einen längeren Zeitraum oder regelmäßig die Freiheit entzogen werden soll.

II. Struktur

Absatz 4 stellt die freiheitsentziehenden Maßnahmen der Unterbringung nach **Absatz 1** gleich. Das heißt, dass der Betreuer – soweit sein Aufgabenkreis gemäß § 1815 Absatz 2 BGB diese Befugnis umfasst – zunächst zu entscheiden hat, ob die Voraussetzungen nach Absatz 1 vorliegen und er von seiner Vertretungsbefugnis Gebrauch machen will, um in die

46 BGH FamRZ 2005 1074; FamRZ 2005, 1560; ausführlich Engelfried, 2. Kapitel 4 j).

47 Siehe daher ausführlich bei Engelfried, 2. Kapitel 4; BT/Komm/Dodegge, Teil G Rn. 105 ff.; Brosey/Lesting/Loer/Marschner, Rn. 657 ff.

Maßnahme einzuwilligen. Dafür benötigt er dann eine betreuungsgerichtliche Genehmigung nach **Absatz 2 Satz 1**. Bei Gefahr im Verzug kann er vorab entscheiden und hat die Genehmigung nachzuholen, **Absatz 2 Satz 2**. Liegen die Voraussetzungen nicht mehr vor, hat er sie nach **Absatz 3** zu beenden und das Gericht zu informieren. Also genauso wie bei der Unterbringung ist es nicht das Gericht, das eine freiheitsentziehende Maßnahme anordnet, sondern der Betreuer. Auch bei erteilter Genehmigung hat er dauerhaft zu entscheiden, ob die Voraussetzungen noch vorliegen und er von dieser Genehmigung noch Gebrauch machen darf.

▶ *Zur Struktur siehe auch oben Kapitel B. I.*

Auch das Krankenhaus oder das Pflegeheim hat nicht die Befugnis, die Genehmigung zu beantragen, es kommt aber in der Praxis häufig vor, insbesondere bei Eilmaßnahmen. Die Krankenhäuser denken nicht immer konsequent. Wenn nämlich ein Patient fixiert werden muss und nicht in der Lage ist, der Maßnahme zuzustimmen, ist er üblicherweise auch hinsichtlich der medizinischen Behandlung nicht einwilligungsfähig. Soweit kein Bevollmächtigter oder vertretungsberechtigter Ehegatte existiert (der dann auch der Fixierung zustimmen und einen entsprechenden Antrag beim Gericht stellen müsste), ist gleichzeitig ein Betreuungsverfahren einzuleiten. Das Gericht kann kurzfristig, solange kein Betreuer bestellt ist, die freiheitsentziehende Maßnahme nach § 1867 BGB anordnen, hat aber zeitgleich ein Betreuungsverfahren einzuleiten.

Durch die Gleichstellung mit Absatz 1 soll sichergestellt werden, dass nur solche Maßnahmen erfasst werden, deren Auswirkungen einer Unterbringung gleichkommen. Geschützt wird neben der körperlichen Bewegungsfreiheit auch die Entschließungsfreiheit zur Fortbewegung im Sinne der **Fortbewegungsfreiheit**, nicht aber die allgemeine Handlungsfreiheit.[48]

Bis zum Juli 2017 war noch die Einschränkung „ohne untergebracht zu sein" im Gesetzestext enthalten. Die Rechtsprechung hatte schon lange diese Einschränkung mit Hinweis auf Artikel 104 Absatz 2 GG abgelehnt, da körpernahe Fixierungen auch innerhalb einer freiheitsentziehenden Unterbringung noch sehr viel intensiver in das Freiheitsrecht der Betroffenen eingreifen können.[49] Mit der Gesetzesänderung zur Zwangsbehandlung 2017 hat der Gesetzgeber diesen Zusatz aus Absatz 4 gestrichen.

Neben einem Betreuer kann auch ein **Bevollmächtigter** die Befugnis haben, in die Anwendung freiheitsentziehender Maßnahmen einzuwilligen. Voraussetzung ist gemäß § 1820 Absatz 2 Nummer 2 BGB, dass die Vollmacht schriftlich erteilt ist und die Befugnis ausdrücklich umfasst. Dann gilt nach § 1831 Absatz 5 BGB ebenfalls § 1831 Absatz 4 BGB. Seit der Einführung des **Ehegattennotvertretungsrechts** zum 1. Januar 2023 darf nach § 1358 Absatz 1 Nummer 3 BGB auch der vertretende Ehegatte in eine freiheitsentziehende Maßnahme einwilligen, allerdings begrenzt auf sechs Wochen. Gemäß Absatz 6 gilt dann § 1831 Abs. 4 und 2 BGB. Bevollmächtigte wie vertretende Ehegatten benötigen eine gerichtliche Genehmigung, auf die auch in der Vollmacht nicht verzichtet werden kann.

48 BT-Drucks. 11/4528, S. 16.

49 BayObLG BtPrax 1993, 139; BGH BtPrax 2015, 200.

III. Anwendungsbereich

Entscheidend ist genau wie bei der Unterbringung nach Absatz 1, dass der Betreute gegen seinen natürlichen Willen daran gehindert werden soll, seinen Aufenthaltsort – und sei es das Bett, den Stuhl, das Zimmer, das Transportmittel oder die Einrichtung – zu verlassen. Umfasst sind solche Maßnahmen, die die Bewegungsfreiheit begrenzen und dies auch bezwecken.

Merksatz

▶ *Rechtsgut ist die körperliche Fortbewegungsfreiheit und die Entschließungsfreiheit zur Fortbewegung.*

Kann die betreute Person selbst der Maßnahme zustimmen, liegt kein Freiheitsentzug vor. Wenn z.B. ein Heimbewohner der Verwendung von Bettseitenteilen mit freiem Willen zustimmt, weil er sich daran festhalten kann und sich sicherer fühlt, liegt kein Freiheitsentzug vor. Dies gilt auch dann, wenn gar kein natürlicher Wille zur Fortbewegung zu erkennen ist. Wenn sich der Betreute also selbst oder mit Hilfe nicht mehr willentlich gesteuert fortbewegen kann, ist Absatz 4 nicht einschlägig.

1. Freiheitsentzug/Abgrenzung zur Unterbringung

In Abgrenzung zur Unterbringung nach Absatz 1 handelt es sich bei freiheitsentziehenden Maßnahmen um solche, die nur einzelne Bewohner oder Patienten der Einrichtung **individuell** unterschiedlich betreffen oder die sonst die Schwelle der Unterbringung nicht erreichen. Eine verschlossene Ausgangstür wirkt für alle, die die Station verlassen wollen und keinen Ausgang bekommen, gleich. Wird dagegen ein Trickschloss verwendet, das von einigen bedient werden kann, stellt es für diejenigen, die es nicht bedienen können und ansonsten die Einrichtung verlassen wollen, eine freiheitsentziehende Maßnahme dar. Ist eine Tür nur zu bestimmten Zeiten verschlossen oder hält sich der Betreute nur vorübergehend in einer solchen Einrichtung auf, z.B. während der Tagespflege oder in einer Tagesstätte, handelt es sich ebenfalls um eine freiheitsentziehende Maßnahme nach Absatz 4.

Ein Freiheitsentzug liegt aber immer nur dann vor, wenn ein natürlicher Wille in Bezug auf die Fortbewegung zu erkennen ist und eine gewisse Fähigkeit, diesen Willen umzusetzen, und sei es durch Hilfsmittel. Die Maßnahme muss also zu einer **Einschränkung der körperlichen Bewegungsfreiheit**, nicht nur der Bewegungsfähigkeit führen. Es muss also immer auch eine **Einschränkung des Willens** vorliegen. Die Bewegungsfreiheit ist immer dann betroffen, wenn nicht auszuschließen ist, dass der Bewohner zu einer willensgesteuerten Änderung seines Aufenthaltes in der Lage wäre. Ein Ziel muss er dabei nicht verfolgen. Die Bewegungsfreiheit ist immer dann betroffen, wenn nicht ausgeschlossen werden kann, dass der Betroffene ohne die Maßnahme zu einer willensgesteuerten Aufenthaltsänderung in der Lage wäre.[50]

▶ *Zum Begriff der Freiheitsentziehung siehe auch oben Kapitel B. III. 4.*

50 BtKomm/Dodegge, Teil G Rn. 108.

Beispiel

Hat jemand den Drang, das Bett verlassen zu wollen, liegt ein Freiheitsentzug vor, auch wenn er außerhalb des Bettes sofort stürzen würde. Droht aber nur ein versehentliches „Aus-dem-Bett-Fallen", liegt ***kein*** *Freiheitsentzug vor.*

Fixierungsmaßnahmen im Krankenhaus, die allein dazu dienen, dass eine Infusion gelegt werden kann, oder die dafür sorgen, dass der Patient sich nicht die aus medizinischen Gründen für die Fortführung seiner Behandlung notwendigen Zugänge zieht, stellen keinen Freiheitsentzug im Sinne der Norm dar. Dies gilt – z.B. während eines Durchgangsdelirs –, solange solche Maßnahmen das Ziel haben, die **Behandlung** sicherzustellen, und nicht den Zweck, den Patienten an der Fortbewegung bzw. am Verlassen des Bettes zu hindern. Will der Betroffene jedoch im deliranten Zustand das Krankenhaus verlassen, haben solche Maßnahmen auch einen freiheitsentziehenden Charakter und sind damit nicht nur vom Betreuer anzuordnen, sondern auch genehmigungspflichtig.

2. Mittel

Die Mittel, die zur Freiheitsentziehung angewendet werden, sind vielfältig und können hier nicht einzeln genannt werden.[51] Es kommt immer darauf an, **zu welchem Zweck** die einzelne Maßnahme angewendet wird und wie sie sich bei dem Betroffenen individuell auswirkt. Insoweit einige Beispiele:[52]

Auch ein **geteiltes Bettgitter** kann einen Freiheitsentzug darstellen, wenn der Pflegebedürftige nicht in der Lage ist, durch die Lücke zu steigen, und ohne die Maßnahme das Bett verlassen würde. Ein **Gurt** am Rollstuhl hat dann keine freiheitsentziehende Wirkung, wenn er nur verhindern soll, dass der Betroffene versehentlich aus dem Stuhl rutscht. Ein **Stecktisch** ist dann freiheitsentziehend, wenn er das Aufstehen verhindern soll. Ein **Sicherheitsgurt** während eines Transportes hat nur dann einen freiheitsentziehenden Charakter, wenn der Betroffene ansonsten versuchen würde, während der Fahrt aufzustehen, um das Fahrzeug zu verlassen. Die Nutzung eines **Easy-Walkers** ist in der Regel kein Freiheitsentzug, weil er überwiegend der Mobilität dient und es dem Bewohner erst ermöglicht, sich eigenständig fortzubewegen. Es kann vielmehr eingesetzt werden, um Fixierungsmaßnahmen – wie z.B. den Bauchgurt im Rollstuhl – zu vermeiden. Es ist geradezu eine freiheitserweiternde Maßnahme.

Die Verwendung eines **Chips** oder eines am Körper getragenen **Ortungs- oder Bewegungsmelders oder Signalbandes** stellt für sich genommen noch keinen Freiheitsentzug dar. Es kommt darauf an, was die Folge ist. Wenn das Signal dazu führt, dass der orientierungslose Bewohner beim Verlassen der Einrichtung begleitet wird, aber seiner Wege gehen darf, liegt kein Freiheitsentzug vor. Soll er dagegen am Verlassen der Einrichtung gehindert werden und das Personal eine Befugnis haben, den Bewohner auch gegen seinen natürlichen Willen zurückzubringen, liegt ein Freiheitsentzug vor. Einwilligen muss der Betreuer allemal. Genehmigt werden sollte in solchen Fällen dann nicht die Verwendung

51 Siehe ausführlich BtKomm/Dodegge, Teil G 7. Rn. 111; Engelfried, 2. Kapitel 4. d) (5).
52 Die amtsgerichtliche Rechtsprechung ist allerdings sehr unterschiedlich.

des elektronischen Chips oder des Signalbandes, sondern die Anordnung des Betreuers, der Einrichtung die Befugnis zu erteilen, den Betroffenen unter Verwendung des Signalbandes am Verlassen der Einrichtung zu hindern. Die Verwendung eines GPS-Gerätes oder **Ortungssenders** stellt in der Regel gerade keinen Freiheitsentzug dar, da es verwendet wird, um die betreute Person aufzufinden, wenn sie sich verlaufen haben sollte.

Bei der Verwendung von **Trickschlössern** gilt Folgendes: Ist ein Bewohner in der Lage, das Schloss eigenständig zu bedienen, also den Zahlencode einzugeben, um die Station, wann immer er will, eigenmächtig zu verlassen, liegt kein Freiheitsentzug vor. Ist der Bewohner gar nicht mehr in der Lage, eigenständig bis zur Ausgangstür zu kommen, ist die Maßnahme für ihn folglich völlig irrelevant und es liegt ebenfalls kein Freiheitsentzug vor. Das Trickschloss entwickelt also nur für diejenigen eine Einschränkung ihrer Fortbewegungsfreiheit, die bei einer offenen Tür die Station mit natürlichem Willen verlassen würden und für die diese Erschwernis genau zu diesem Zweck installiert ist. Dasselbe gilt für versteckte Türöffnungen oder durch Fototapete nicht für Demenzerkrankte erkennbare Ausgänge etc.

Die **medikamentöse Ruhigstellung** durch Sedativa oder Neuroleptika findet in der Praxis häufig statt, wird aber ganz selten als solche bezeichnet.[53] Eine genehmigungspflichtige Freiheitsentziehung durch Medikamente liegt vor, wenn diese dazu dienen, den Betroffenen an der Fortbewegung innerhalb oder am Verlassen der Einrichtung zu hindern oder um die Pflege zu erleichtern oder generell Ruhe auf der Station herzustellen. Sie dürften dann kaum zulässig sein, sodass der Betreuer in der Regel in eine solche Maßnahme nicht einwilligen darf. Werden Medikamente dagegen zu Heilzwecken oder aus anderen therapeutischen Gründen als der Ruhigstellung verabreicht, liegt keine Freiheitsentziehung vor. Das gilt auch dann, wenn als **Nebenwirkung** ein Dämpfungseffekt, d.h. eine Einschränkung des Bewegungsdrangs des Betroffenen eintritt. Bei sedierenden Medikamenten handelt es sich in der Regel um Psychopharmaka. Der Betreuer muss also in Ausübung der Gesundheitssorge nach §§ 1827, 1828 BGB prüfen, ob er bei einem einwilligungsunfähigen Betreuten an dessen Stelle in die Behandlung einwilligt oder nicht, benötigt aber keine gerichtliche Genehmigung nach § 1831 Absatz 4 i.V.m. Absatz 2 BGB. Der Betreuer tut gut daran, im Aufklärungsgespräch die Notwendigkeit der ärztlichen Verordnung zu hinterfragen.

Bei **körpernahen Fixierungsmaßnahmen** kommt es entscheidend auf den Zweck an. Wenn sie (vorübergehend) im Krankenhaus angewendet werden, um eine ärztliche Heilbehandlung zu ermöglichen oder nicht zu gefährden, liegt in der Regel kein Freiheitsentzug vor, wenn der Patient durch die Maßnahme nicht daran gehindert werden soll, den Ort des Geschehens zu verlassen.[54]

3. Dauer

Mit dem Erfordernis der Regelmäßigkeit oder der längeren Zeitdauer soll eine gewisse **Erheblichkeitsschwelle** überwunden werden.

53 Kirsch/Hirsch, BtPrax 2016, 12.
54 A.A. und deutlich enger LG Lübeck BtPrax 2013, 74; AG Frankfurt a.M. BtPrax 2022, 71.

Ein **regelmäßiger** Freiheitsentzug liegt vor, wenn die Maßnahme immer wieder zur selben Zeit, z.B. nachts, oder in bestimmten Situationen, z.B. beim Transport oder bei erkennbaren Gefährdungssituationen, zur Anwendung kommt. Dann kommt es auf die jeweilige Dauer nicht an. Auch kurzzeitige Beschränkungen durch eine geschlossene Ausgangstür können unter Absatz 4 fallen, wenn sie regelmäßig erfolgen und nicht nur zu einer unerheblichen Verzögerung führen. So hat der BGH entschieden, dass ein genehmigungspflichtiger Freiheitsentzug bei einem Heimbewohner, der eigentlich freien Ausgang hat, vorliegt, wenn die Ausgangstür seines Wohnheimes immer nachts abgeschlossen wird und er mitunter bis zu 30 Minuten warten muss, bis jemand vom Personal erscheint, um ihm zu öffnen.[55]

Zu der Frage, was ein **längerer Zeitraum** ist, hat der Gesetzgeber genaue Angaben vermieden. In der Literatur finden sich höchst unterschiedliche Angaben zwischen einem und 14 Tagen (!). Es ist ein Fall des „Es kommt darauf an". Je intensiver und freiheitseinschränkender die Maßnahme ist, umso eher ist ein Maß erreicht, dass ein Freiheitsentzug im Sinne der Norm vorliegt.

Mit seiner spektakulären Entscheidung vom 24. Juli 2018 hat das Bundesverfassungsgericht neue Maßstäbe für die Interpretation des „längeren Zeitraumes" gesetzt.[56] Es ging um zwei Verfahren, in denen Patienten nach öffentlichem Recht in Bayern und Baden-Württemberg in der Psychiatrie geschlossen untergebracht waren und dort zusätzlich fixiert wurden. Das Bundesverfassungsgericht hat festgestellt, dass eine **5- bzw. 7-Punkt-Fixierung**, die im Rahmen einer **Psychiatrieunterbringung** erfolgt, eine solche Eingriffsqualität aufweist, die auch schon nach **30 Minuten** einer richterlichen Überprüfung bedarf. Die Gerichte müssen seitdem täglich von 6.00 bis 21.00 Uhr einen richterlichen Bereitschaftsdienst vorhalten, um eine zeitnahe gerichtliche Überprüfung zu gewährleisten.

Auch wenn das Urteil nicht ein Betreuungsverfahren betraf und mit § 1831 Absatz 1 und 4 BGB eine Rechtsgrundlage für solche Maßnahmen (anders als in den meisten Unterbringungsgesetzen der Länder) bereits vorhanden ist, haben die Ausführungen dennoch Auswirkungen auf die Auslegung von § 1831 Absatz 4 BGB.[57] Für den betroffenen Patienten ist es in einer solchen Situation ziemlich unerheblich, ob ihm seine Freiheit nach öffentlichem Landesrecht oder zivilrechtlichem Bundesrecht entzogen wird. Sobald der Betreuer davon ausgeht, dass er in eine Fixierungsmaßnahme einwilligen will, die die Bewegungsfreiheit seines Betreuten **komplett** aufhebt (z.B. 5-Punkt-Fixierung) und die voraussichtlich länger als 30 Minuten dauern wird, muss er eine gerichtliche Genehmigung beantragen.

Letztlich kommt es bei der Genehmigungsbedürftigkeit auf eine **Verhältnismäßigkeitsprüfung** an. Je intensiver der Freiheitsentzug, umso eher ist ein „längerer Zeitraum" erreicht und umso eher muss der Betreuer die Genehmigung beantragen. Ist der Betreuer nicht erreichbar, muss sich die Klinik direkt ans Gericht wenden, damit dieses ggf. anstelle des verhinderten Betreuers eine Entscheidung nach § 1867 BGB trifft. Die gerichtliche Praxis bei Eilentscheidungen und die Organisation der Bereitschaftsdienste sind jedoch sehr

55 BGH BtPrax 2015, 65.
56 BVerfG BtPrax 2018, 188.
57 Diekmann, BtPrax 2019, 99; Dodegge, BtPrax 2019, 3.

unterschiedlich; manche Gerichte differenzieren – aus guten Gründen – zwischen betreuungsrechtlichen und öffentlich-rechtlichen Grundlagen.

Des Weiteren sind solche intensiven Fixierungsmaßnahmen nach den Maßstäben der Zwangsbehandlung zu betrachten. Es ist durch die Klinik eine 1:1-Betreuung durch therapeutisches oder Pflegepersonal zu gewährleisten und die Maßnahme ist ärztlich zu dokumentieren. Außerdem muss der Betroffene darauf hingewiesen werden, dass er die Möglichkeit hat, die Rechtmäßigkeit der Maßnahme gemäß § 62 FamFG nachträglich gerichtlich überprüfen zu lassen. Auf beides hat der Betreuer zu achten. Es sind die Rechte seines Betreuten.

IV. Alternativen/Verhältnismäßigkeitsgrundsatz

In der Pflegewissenschaft sind inzwischen zahlreiche Studien und Handreichungen erschienen, die Methoden und Möglichkeiten zur **Vermeidung** von freiheitsentziehenden Maßnahmen darstellen.[58] Typische Alternativen sind z.B. die Nutzung eines Niederflurbettes, ggf. mit Vorlage einer Matratze, die mit einer Signalmatte versehen ist, um ein Bettgitter zu vermeiden; oder ein Pflegenest auf dem Fußboden, soweit dem Pflegepersonal zumutbar. Es ist nicht einzusehen, warum das Leben eines komplett pflegebedürftigen und bettlägerigen Heimbewohners auf zwei Quadratmeter Bett begrenzt werden soll. Wenn es die letzte verbliebene Fähigkeit ist, sich im Bett hin und her zu bewegen, sollte ihm diese nicht auch noch genommen werden.

Bei nächtlicher Unruhe ist nach den Ursachen zu fragen: Liegt es an der fehlenden Aktivität tagsüber, sodass der Bewohner einfach nicht müde ist, sollte nach einer Beschäftigungsmöglichkeit gefragt werden. Manche Heime bieten sogenannte Nachtcafés an. Bestehen nachts Ängste, ist die persönliche Biographie zu befragen etc.

Der Betreuer ist gehalten zu prüfen, ob eine freiheitsentziehende Maßnahme seiner betreuten Person tatsächlich erforderlich ist, ob andere Möglichkeiten zum Schutz in Betracht kommen und ob die Beeinträchtigung im Hinblick auf die Gefährdung akzeptabel ist.

V. Heimaufsicht

Die örtliche Heimaufsicht ist mitunter der Auffassung, dass jede Sicherungsmaßnahme eines gerichtlichen Beschlusses bedarf. Statt die Notwendigkeit der angewendeten Maßnahme und mögliche Alternativen zu prüfen, wird formal nach „dem Beschluss" gefragt. Den Heimen bleibt oft nichts anderes übrig, als diesem Ansinnen nachzugehen. Es sollte jedoch nach den oben genannten Maßstäben auch die Heimaufsicht davon überzeugt werden, dass nicht jede Maßnahme einen genehmigungspflichtigen Freiheitsentzug darstellt.

Nur in Zweifelsfällen sollte eine gerichtliche Klärung erfolgen, die vom Betreuer herbeizuführen ist. Gerichtsentscheidungen mit dem Inhalt, dass eine gerichtliche Genehmigung

58 Die Empfehlungen können hier nicht wiedergegeben werden; u.a. Engelfried, 2. Kapitel 4. f) m.w.N.; siehe u.a. das Projekt „ReduFix" oder die Anleitung „Leitlinie FEM" (www.leitlinie-fem.de).

mangels Freiheitsentzuges nicht erforderlich ist, sind in eindeutigen Situationen überflüssig.

VI. Maßnahmen im häuslichen Umfeld

Zwar spricht das Gesetz nur von solchen freiheitsentziehenden Maßnahmen, die in einem Krankenhaus, einem Heim oder einer sonstigen Einrichtung angewendet werden. Es kommt bei der Zuordnung nicht auf die Organisationsform an, sondern auf den tatsächlichen Charakter der Wohnform. Damit ist aber die private **Häuslichkeit** ausgenommen. Dies bezieht sich zunächst nur auf die Genehmigungspflicht. Die Rechtsprechung hat sich jedoch zunehmend dahingehend entwickelt, dass die Norm auch dann anwendbar sei, wenn der Betroffene zwar in der eigenen Wohnung, aber ausschließlich oder überwiegend von fremden Pflegekräften versorgt wird. Dann ist die Privatsphäre der Familie nicht mehr gegeben.

Eine ausdrückliche Befugnis benötigt der Betreuer aber gemäß **§ 1815 Absatz 2 Nummer 2 BGB** auch bei der Anwendung freiheitsentziehender Maßnahmen in der Häuslichkeit („unabhängig davon, wo der Betreute sich aufhält"), allein die Genehmigung durch das Gericht ist entbehrlich.

Praxishinweis

▶ *Dem Betreuer ist zu raten, dem Gericht in jedem Fall eine Mitteilung zu machen und anzufragen, ob eine Genehmigung für erforderlich gehalten wird. Unabhängig von der Frage, ob die Maßnahme genehmigungspflichtig ist oder nicht, sollte jeder Freiheitsentzug – egal wo und durch wen er praktiziert wird – kritisch hinterfragt werden.*

D. Zwangsbehandlung nach § 1832 BGB

Übersicht Seite

I. Vorbemerkung

Stellt schon die Unterbringung der betreuten Person durch den Betreuer eine Herausforderung dar, so gilt dies erst recht für die Entscheidung über eine zwangsweise durchzuführende Behandlung. Das in der Einführung zu diesem Teil Gesagte (siehe oben Kapitel A.) spitzt sich bei einer freiheitsentziehenden Unterbringung zur Behandlung nach § 1831 Absatz 1 Nummer 2 BGB weiter zu. Der Betreuer hat einerseits seinem Betreuten den Zugang zu medizinischer Versorgung und ärztlicher Behandlung zu verschaffen und seine Rechte in gesundheitlichen Angelegenheiten und auf Behandlung geltend zu machen und zu verwirklichen. Andererseits hat er dessen Selbstbestimmung zu achten und durchzusetzen.

Recht auf Gesundheit und Freiheit zur Krankheit – ein schwieriger Spagat

Die Tätigkeit des Betreuers endet nie mit einer erfolgten Unterbringung. In der Regel ist der untergebrachte Betreute nicht einwilligungsfähig. Daher ist es immer die Aufgabe des Betreuers, im Rahmen der Gesundheitssorge in die in der Klinik durchgeführte bzw. vorgeschlagene Behandlung nach entsprechender Aufklärung durch den Arzt und Besprechung mit dem Betreuten nach den Vorgaben der §§ 1821, 1827, 1828 BGB einzuwilligen oder diese abzulehnen (siehe dazu in Teil 1 Kapitel E III. 4.). Die dortigen Ausführungen gelten selbstverständlich auch im Rahmen einer gerichtlich genehmigten Unterbringung. Sie gelten auch bei der Behandlung einer interkurrenten Erkrankung während einer öffentlich-rechtlichen Unterbringung und in manchen Landesgesetzen auch bei der Behandlung der Anlasserkrankung (siehe dazu unten Kapitel E.). Die Zwangsbehandlung ist im Kern eine medizinische Behandlung. Zusätzlich ist zu fragen, ob sie auch unter Anwendung von Zwang durchgeführt werden soll und darf.

Es ist jedoch nicht auszuschließen, dass die Voraussetzungen für eine Unterbringung vorliegen, die betreute Person in Bezug auf die im stationären Rahmen angebotene Behandlung aber durchaus einwilligungsfähig ist. Dies ist jedenfalls gesondert festzustellen. Der Betreuer ist gehalten, beim Aufnahmegespräch oder bei einer der ersten Visiten dabei zu sein, um nach § 1828 BGB gemeinsam den Behandlungsplan zu erörtern und zu klären, inwieweit der Betroffene selbst einwilligungsfähig ist. Betreute, die wegen Suizidalität oder erheblich depressiver Symptomatik untergebracht sind, können bezüglich der in der Klinik angebotenen Behandlung einwilligungsfähig sein. Sind sie es aber nicht – und das dürfte überwiegend der Fall sein –, muss der Betreuer von seiner Vertretungsbefugnis Gebrauch machen (siehe dazu in Teil 1 Kapitel E. I. 3.) und für den Betreuten entscheiden, ob er eine Einwilligung erteilt oder nicht.[59]

Der erteilte Aufgabenkreis muss die Befugnis umfassen. In der Regel sind dies die Gesundheitssorge oder entsprechende Formulierungen wie „Einwilligung in Heilbehandlungen" etc. In einer Vorsorgevollmacht muss die Befugnis zur Einwilligung in eine Zwangsbehandlung ausdrücklich benannt sein. Das **Ehegattennotvertretungsrecht** nach § 1358 BGB umfasst diese Befugnis **nicht**.

▶ *Der Maßstab und die Kriterien, nach denen der Betreuer zu entscheiden hat, sind in Teil 1 Kapitel E. III. 4. beschrieben.*

Merksatz

▶ *Die Selbstbestimmung endet nicht mit der Einwilligungsunfähigkeit und auch nicht mit der Unterbringung. Die Zwangsbehandlung ist im Kern zunächst eine medizinische Behandlung. Für den Betreuer gelten zunächst §§ 1821, 1827, 1828 BGB.*

Das heißt, auch im Rahmen einer Unterbringung kann eine medizinisch indizierte Behandlung abgelehnt werden – selbst wenn es medizinisch unvernünftig ist. In der Praxis besteht häufig die Gefahr, einen Patienten so lange für einwilligungsfähig zu halten, wie er in eine angebotene und medizinisch sinnvolle Behandlung einwilligt, und seine Einwilligungsfähigkeit erst infrage zu stellen, wenn er die Einwilligung verweigert oder zurücknimmt. Hier sollte der Betreuer aufpassen.

II. Grundsätze einer medizinischen Behandlung

Das **Medizinrecht** bestimmt die allgemeinen Voraussetzungen und Bedingungen für die Behandlung des Patienten und für die konkreten ärztlichen Maßnahmen, vom Behandlungsvertrag über die Stellung der Indikation und der Verpflichtung zur Aufklärung auch

59 Siehe zur Vertretungsmacht auch die Kommentierung in Jürgens/Loer zu § 1823 BGB.

des nicht einwilligungsfähigen Patienten (vgl. § 630e Absatz 5 BGB) bis hin zur Verpflichtung, die Behandlung lege artis durchzuführen (vgl. § 630a Absatz 2 BGB).

▶ *Zu Einzelheiten der Pflichten aus dem Behandlungsvertrag siehe in Teil 1 Kapitel D. II. 1.*

Das **Betreuungsrecht** regelt die Voraussetzungen und Bedingungen, unter denen der Vertreter des Patienten (Betreuer oder Bevollmächtigter) der ärztlichen Maßnahme zustimmen (§§ 1827, 1828 BGB) und wann er dies ausnahmsweise auch gegen den natürlichen Willen des Patienten tun darf (§ 1832 BGB).

1. Medizinische Indikation

Der behandelnde Arzt hat ein Behandlungsangebot zu erarbeiten. Bei einem untergebrachten Patienten ist er in der Regel schon bei der Indikationsstellung auf die Mitwirkung des Betreuers angewiesen. So verfügt dieser manchmal über mehr Informationen bezüglich Diagnose, Behandlungserfahrungen, Medikamentenauswahl, Verträglichkeit etc. als der Arzt der Klinik. Benötigt werden sowohl rein medizinische objektive Daten, aber auch „weiche" subjektive Daten bezüglich der Persönlichkeit des Betroffenen, um ein **Behandlungsziel** festzulegen. Bei einer Zwangsbehandlung ist das Behandlungsziel von besonderer Bedeutung. Ist es auch das Ziel des Betroffenen selbst und ist zu dessen Erreichung eine Zwangsmaßnahme gerechtfertigt? Hier muss der Betreuer die Sichtweise des Betreuten einbringen, soweit sie ihm bekannt ist.

Merksatz

▶ *Die medizinische Indikation steht allein in der Verantwortung des Arztes. Gegebenenfalls benötigt er den Betreuer als Informationsquelle, insbesondere zur Festlegung eines Behandlungsziels.*

2. Einwilligung

Die Zwangsbehandlung ist im Kern eine medizinische Behandlung, sodass der Betreuer zunächst nach den allgemeinen Grundsätzen zu entscheiden hat, ob er überhaupt anstelle des Betreuten einwilligen will oder nicht (siehe hierzu in Teil 1 Kapitel E. I. 3.). Vorausgegangen sein müssen immer die ärztliche Indikation und die entsprechende **Aufklärung**. Ein Aufklärungsgespräch ist auch mit einem einwilligungsunfähigen Patienten immer zu versuchen, um einen „informed consent" herzustellen.

Praxishinweis

▶ *Wenn der Patient seine Einwilligung verweigert:*

Zunächst ist festzustellen, ob er einwilligungsfähig ist oder nicht, denn sonst darf der Betreuer von seiner Vertretungsmacht nach § 1823 BGB gar keinen Gebrauch machen (siehe dazu in Teil 1 Kapitel E. III.). Dann hat ein Versuch der ***unterstützten Entscheidungsfindung*** *stattzufinden (siehe auch in Teil 1 Kapitel A. V. 1. a.). Wurde alles versucht, um den Betreuten zu befähigen, selbst eine Entscheidung zu treffen? Dies ist noch nicht der Überzeugungsversuch in § 1832 Absatz 2 Nummer 4 BGB,* *sondern die Frage, ob der Patient mit Unterstützung nicht doch selbst entscheidungsfähig ist. In manchen Kliniken gibt es Gesundheits- oder Peerbegleiter, die aufgrund ihrer eigenen Erfahrung in der Lage sind, den Patienten dabei zu unterstützen, eine eigene Lösung zu finden, vielleicht auch, um die Compliance der Ärzte zu fördern.*

Die Entscheidung, ob der Betroffene in Bezug auf die konkrete Behandlung einwilligungsfähig ist, trifft der behandelnde Arzt. Ist dieser kein Psychiater, weil es um die Behandlung einer somatischen Erkrankung geht, kann bei Unsicherheiten ein Psychiater konsiliarisch hinzugezogen werden. Es ist nicht Aufgabe des gerichtlichen bestellten Gutachters, dies erstmalig festzustellen.

Der Betreuer sollte alles dafür tun, um seinen Betreuten selbst zu einer eigenen Entscheidung zu befähigen.

▶ *Zu Einzelheiten der Einwilligungsfähigkeit siehe in Teil 1 Kapitel E. II*

a. Patientenverfügung und Behandlungsvereinbarung

Liegt eine wirksame Patientenverfügung vor, die für die konkrete Situation und für die vorgeschlagene Behandlung eine vorweggenommene Erklärung enthält, hat der Betreuer ihr nach § 1827 BGB Ausdruck und Geltung zu verschaffen (siehe hierzu in Teil 1 Kapitel E. III. 3.). Sie ist jedenfalls bindend. Ob eine Behandlungsvereinbarung auch eine Einwilligungserklärung enthält, kommt auf den Einzelfall an.

b. Kriterien der vertretenden Einwilligungserklärung

Wenn feststeht, dass die betreute Person nicht selbst einwilligungsfähig ist und auch durch Hilfestellung und Unterstützung nicht dazu in die Lage versetzt werden kann und auch keine Patientenverfügung vorliegt, muss der Betreuer (oder der Bevollmächtigte) stellvertretend tätig werden. Die Frage, wie der Betreuer anstelle des Betreuten entscheidet, richtet sich nicht nach objektiven Kriterien des Wohls, sondern gemäß §§ 1821, 1827, 1828 BGB nach den (Behandlungs-) Wünschen und Vorstellungen oder dem mutmaßlichen Willen des Betreuten.[60]

Es sind also zunächst dieselben Fragen zu stellen wie bei jeder vertretenden Einwilligungserklärung (siehe dazu in Teil 1 Kapitel E. III. 2.).

Erst wenn der Betreuer – nach Erörterungen mit dem Arzt und Dritten – zu dem Ergebnis kommt, dass er vertretungsweise in die angebotene medizinische Behandlung seines Betreuten einwilligen würde, stellt sich die Frage nach der Durchführung der Behandlung explizit gegen dessen natürlichen Willen.

60 BGH BtPrax 2021, 36 ff.; im Einzelnen siehe die Kommentierung in Jürgens/Loer zu §§ 1827, 1828 BGB.

III. Gesetzgebungsgeschichte

Die Entwicklung bis zum § 1832 BGB ist geprägt durch eine rasante Abfolge von höchstrichterlicher Rechtsprechung und Nachbesserungen der Gesetzgebung.[61] Grundlegend ist festzuhalten, dass die Zuweisung eines Aufgabenkreises an einen Betreuer nicht zwingend mit der Macht zur Durchsetzung seiner stellvertretend getroffenen Entscheidung verbunden ist. Bezüglich Unterbringung und Zwangsbehandlung gab es seit **1992** zunächst nur den § 1906 BGB a.F., der sich zur Zwangsbehandlung nicht explizit verhalten hat. Es war strittig, ob in § 1906 Absatz 1 Nummer 2, die mit der Formulierung in § 1831 identisch ist, die Befugnis zur Zwangsbehandlung enthalten war. Es gab dazu schließlich unterschiedliche Rechtsprechungen von Oberlandesgerichten. Die einen meinten, dass die Befugnis zur Zwangsbehandlung enthalten ist. Denn wenn es dem Betreuer rechtlich erlaubt ist, seinen Betreuten auch gegen dessen Willen freiheitsentziehend unterzubringen, „weil eine Untersuchung des Gesundheitszustandes, eine Heilbehandlung oder ein ärztlicher Eingriff notwendig ist", dann beinhalte diese Norm konsequenterweise auch die Befugnis, diese Maßnahmen dann – auch gegen den Willen der betreuten Person – durchzuführen bzw. durchführen zu lassen. Andere sahen für den zusätzlichen Eingriff der Zwangsbehandlung keine ausreichende Rechtsgrundlage im Gesetz. Wegen der unterschiedlichen Rechtsauffassungen der OLGs musste der BGH **2006** eine Entscheidung treffen und erklärte § 1906 Absatz 1 Nummer 2 BGB a.F. für anwendbar und die Durchführung und Genehmigung einer Zwangsbehandlung für zulässig.[62] Dies war ständige Rechtsprechung bis **2012**.

2011 hatte nämlich das Bundesverfassungsgericht zwei Entscheidungen zu medizinischen Zwangsmaßnahmen zu treffen.[63] Gegenstand dieser Entscheidungen war zwar gar nicht das Betreuungsrecht, also § 1831 (bzw. § 1906 a.F.), sondern Rechtsvorschriften aus dem Maßregelvollzug bzw. öffentlich-rechtlicher Natur. Das Bundesverfassungsgericht hat in diesen grundlegenden Entscheidungen aber so fundamentale Grundsätze aufgestellt, dass ihre Wirkung weit über die angegriffenen Normen hinausging. Es begann eine breite überfällige Diskussion über die Legitimation von Zwangsmaßnahmen in der Psychiatrie – angestoßen durch die Rechtsprechung und nicht wie damals aus der Psychiatrie selbst.[64]

Der BGH hat dann in seiner Entscheidung von **2012** seine bisherige Rechtsprechung aufgegeben und erklärt, dass die Durchführung einer Zwangsbehandlung auf der Grundlage des § 1831 (bzw. § 1906 a.F.) unzulässig sei, weil im bestehenden Betreuungsrecht keine den verfassungsrechtlichen Anforderungen genügende Rechtsgrundlage für die Durchführung einer Zwangsbehandlung mehr gesehen werden konnte.[65] Dem Gesetzesvorbehalt war nicht Genüge getan (siehe dazu oben Kapitel A. IV.). Gleichzeitig musste übrigens erkannt werden, dass auch die Vorschriften der meisten öffentlich-rechtlichen Unterbringungsgesetze zur Behandlung der untergebrachten Patienten gegen deren Willen diesen Anforderungen nicht genügten. So gab es bis zur ersten Neuregelung des BGB im Jahr **2013** eine

61 BtKomm/Dodegge, Teil G Rn. 49; Jürgens/Marschner, § 1832 Rn. 2; Diekmann, BtPrax 2019, 99; Marschner, „Prävention von Zwangsmaßnahmen" S. 101 ff.

62 BGH BtPrax 2006, 145.

63 BVerfG BtPrax 2011, 112; BtPrax 2012, 61.

64 Psychiatrie-Enquete von 1975.

65 BGH BtPrax 2013, 23.

Phase, in der es **keine** spezifischen Rechtsgrundlagen zur Durchführung einer Zwangsbehandlung gab, zur Not blieb nur der rechtfertigende Notstand des § 34 Strafgesetzbuch. Dies zwang einige Kliniken zum Umdenken. Die Erfahrungen aus dieser Zeit waren nicht einheitlich. Die von einigen befürchtete Katastrophe ist jedenfalls ausgeblieben. Einige Kliniken machten die Erfahrung, dass Patienten, die einer angebotenen Behandlung ablehnend gegenüberstanden, auch ohne Zwang geholfen werden konnte.

In der Folgezeit wurde das Thema **Zwang in der Psychiatrie** auf vielen Ebenen und in vielen Veranstaltungen heftig diskutiert. Dabei wurde auch die Frage in den Blick genommen, wann die Anwendung von Zwang überhaupt **medizinisch indiziert** und ob sie **ethisch vertretbar** ist. Aussagekräftige Studien über Langzeitfolgen sowie Standards fehlen bisher. Hingewiesen sei insoweit u.a. auf die lesenswerten Empfehlungen der zentralen Ethikkommission bei der deutschen Ärztekammer[66] und die Stellungnahme des Deutschen Ethikrates[67]. Bemerkenswert bleibt, dass der Anstoß dieses Mal aus der Rechtsprechung kam und nicht wie in den 70er-Jahren aus einem Reformbedürfnis der Psychiatrie selbst.

Der für das Betreuungsrecht zuständige Bundesgesetzgeber reagierte sehr schnell und hatte Anfang **2013** unter Berücksichtigung der engen Vorgaben des Bundesverfassungsgerichts mit § 1906 **Absatz 3a** BGB a.F. eine ausdrückliche Regelung zur Durchführung einer ärztlichen Zwangsmaßnahme geschaffen.[68] Die Voraussetzungen waren strenger als zuvor. Nach den ersten Erfahrungen und Statistiken kamen Zwangsbehandlungen seit der Neuregelung seltener vor als früher.[69] Sie sah allerdings nur die Genehmigung im Rahmen einer freiheitsentziehenden Unterbringung nach § 1906 Absatz 1 BGB a.F. vor. Eine Zwangsbehandlung außerhalb einer freiheitsentziehenden Unterbringung war von dieser Regelung ausgeschlossen.

Der BGH hatte dann **2015** über die Behandlung einer psychisch und somatisch schwer erkrankten Patientin gegen deren Willen zu entscheiden, die körperlich und mental bereits so schwach war, dass es mangels Weglauftendenz der Genehmigung einer Unterbringung durch den Betreuer nicht mehr bedurfte. In seinem Vorlagebeschluss an das Bundesverfassungsgericht bezeichnete er erstmalig eine ärztliche Zwangsmaßnahme „als eine **den Betroffenen begünstigende Maßnahme der staatlichen Fürsorge**".[70] Der Staat habe die Pflicht, einen Menschen vor sich selbst zu schützen, wenn dieser in einem akuten psychischen Ausnahmezustand zur Einsicht in die Notwendigkeit einer Behandlung krankheitsbedingt nicht fähig ist und die eigene körperliche oder soziale Existenz zu zerstören droht. Der Betreuer hat also die Aufgabe, das Recht der Betroffenen auf eine effiziente Behandlung auch gegen deren aktuellen Willen durchzusetzen, wenn der entgegenstehende Wille krankheitsbedingt ist.

66 Deutsches Ärzteblatt 2013, A 1334, online abrufbar mit Aktualisierungen bei der ZEKO, siehe www.zentrale-ethikkommission.de/stellungnahmen/zwangsbehandlung-bei-psychischen-erkrankungen (Abruf: 25.5.2023).

67 „Hilfe durch Zwang?" Deutscher Ethikrat, Professionelle Sorgebeziehungen im Spannungsfeld von Wohl und Selbstbestimmung, 1. November 2018, online abrufbar unter www.ethikrat.org/fileadmin/Publikationen/Stellungnahmen/deutsch/stellungnahme-hilfe-durch-zwang.pdf (Abruf: 10.7.2023).

68 BGBl. 2013, S. 266; dazu Grotkopp, BtPrax 2013, 83.

69 Marschner/Lesting/Stahmann, Kapitel A Rn. 56 und 91.

70 BGH BtPrax 2015, 208.

Das Bundesverfassungsgericht folgte diesem Paradigmenwechsel in seiner darauffolgenden Entscheidung von **2016.**[71] In seinem Beschluss vom 26. Juli 2016 heißt es im ersten Leitsatz:

> „Aus Art. 2 Absatz 2 Satz 1 GG folgt die Schutzpflicht des Staates, für nicht einsichtsfähige Betreute bei drohenden erheblichen gesundheitlichen Beeinträchtigungen unter strengen Voraussetzungen eine ärztliche Behandlung als letztes Mittel auch gegen ihren natürlichen Willen vorzusehen."[72]

Damit ist die Grundlage vorgegeben. Eine medizinische Maßnahme gegen den natürlichen Willen muss als Ultima Ratio rechtlich möglich sein – oder ist sogar geboten –, um den betroffenen Menschen davor zu bewahren, in einer Situation der psychischen Krise und/oder krankheitsbedingten Wahrnehmungsstörung die eigenen existenziellen Lebensgrundlagen zu zerstören, und alle milderen Mittel ausgeschöpft sind.

Im Juli **2017** ist daraufhin mit **§ 1906a** BGB a.F. erneut eine Neuregelung der betreuungsrechtlichen Zwangsbehandlung in Kraft getreten.[73] Die Regelung befand sich zwar in der Nähe der Unterbringungsvorschrift, ist aber inhaltlich vom Freiheitsentzug **entkoppelt** worden. Daher musste die „Verbringung" in Absatz 4 gesondert geregelt werden. Ansonsten wurden die Regelungen des vorangegangenen § 1906 Absatz 3a weitgehend übernommen. Der Patientenwillen nach § 1901a BGB a.F. wurde in Nummer 3 ausdrücklich genannt. Eine **ambulante Zwangsbehandlung** hat der Gesetzgeber nach kontroversen Erörterungen im Vorfeld dagegen weiterhin rechtlich bewusst **nicht** ermöglicht, Nummer 7. Voraussetzung ist zwar nicht mehr eine freiheitsentziehende Unterbringung, aber ein stationärer Krankenhausaufenthalt. Mit der letzten Reform wurde § 1906a BGB a.F. in § 1832 BGB – mit Verzicht auf den Begriff des Wohls in Nummer 1 – nahezu unverändert bis auf Absatz 5 übernommen.

Aktuell (2023) wird die Rechtslage durch eine vom BMJ in Auftrag gegebene Studie evaluiert. Sie soll insbesondere die Art und Häufigkeit von betreuungsgerichtlich genehmigten ärztlichen Zwangsmaßnahmen untersuchen sowie die Wirksamkeit der Schutzmechanismen nach § 1906a Abs. 1 Satz 1 Nummer 3 bis 7 BGB a.F. und das Verfahrensrecht.[74] Erörtert wird dabei auch die Frage, ob eine ambulante Zwangsbehandlung ermöglicht werden sollte. Insbesondere die Länder sehen derzeit eine „Schutzlücke".

§ 1832 BGB regelt also die Voraussetzungen und Bedingungen, unter denen der Vertreter des Patienten in eine ärztlich indizierte Maßnahme nach §§ 1827, 1828 BGB ausnahmsweise auch gegen dessen natürlichen Willen einwilligen darf.

---

71 Lipp/Güttler, BtPrax 2017, 94.

72 BVerfG BtPrax 2016, 182.

73 Gesetz zur Änderung der materiellen Zulässigkeitsvoraussetzungen von ärztlichen Zwangsmaßnahmen und zur Stärkung des Selbstbestimmungsrechts von Betreuten, BGBl. I 2017, S. 2426.

74 BT-Drucks. 18/11240, S. 23.

IV. § 1832 BGB im Einzelnen

§ 1832 BGB – Ärztliche Zwangsmaßnahmen

(1) [1]Widerspricht eine Untersuchung des Gesundheitszustands, eine Heilbehandlung oder ein ärztlicher Eingriff dem natürlichen Willen des Betreuten (ärztliche Zwangsmaßnahme), so kann der Betreuer in die ärztliche Zwangsmaßnahme nur einwilligen, wenn

1. **die ärztliche Zwangsmaßnahme notwendig ist, um einen drohenden erheblichen gesundheitlichen Schaden abzuwenden,**
2. **der Betreute auf Grund einer psychischen Krankheit oder einer geistigen oder seelischen Behinderung die Notwendigkeit der ärztlichen Maßnahme nicht erkennen oder nicht nach dieser Einsicht handeln kann,**
3. **die ärztliche Zwangsmaßnahme dem nach § 1827 zu beachtenden Willen des Betreuten entspricht,**
4. **zuvor ernsthaft, mit dem nötigen Zeitaufwand und ohne Ausübung unzulässigen Drucks versucht wurde, den Betreuten von der Notwendigkeit der ärztlichen Maßnahme zu überzeugen,**
5. **der drohende erhebliche gesundheitliche Schaden durch keine andere den Betreuten weniger belastende Maßnahme abgewendet werden kann,**
6. **der zu erwartende Nutzen der ärztlichen Zwangsmaßnahme die zu erwartenden Beeinträchtigungen deutlich überwiegt und**
7. **die ärztliche Zwangsmaßnahme im Rahmen eines stationären Aufenthalts in einem Krankenhaus, in dem die gebotene medizinische Versorgung des Betreuten einschließlich einer erforderlichen Nachbehandlung sichergestellt ist, durchgeführt wird.**

[2]§ 1867 ist nur anwendbar, wenn der Betreuer an der Erfüllung seiner Pflichten verhindert ist.

(2) Die Einwilligung in die ärztliche Zwangsmaßnahme bedarf der Genehmigung des Betreuungsgerichts.

(3) [1]Der Betreuer hat die Einwilligung in die ärztliche Zwangsmaßnahme zu widerrufen, wenn ihre Voraussetzungen weggefallen sind. [2]Er hat den Widerruf dem Betreuungsgericht unverzüglich anzuzeigen.

(4) Kommt eine ärztliche Zwangsmaßnahme in Betracht, so gilt für die Verbringung des Betreuten gegen seinen natürlichen Willen zu einem stationären Aufenthalt in ein Krankenhaus § 1831 Absatz 1 Nummer 2, Absatz 2 und 3 Satz 1 entsprechend.

(5) Die Absätze 1 bis 4 gelten nach Maßgabe des § 1820 Absatz 2 Nummer 3 für einen Bevollmächtigten entsprechend.

Eine Zwangsbehandlung darf immer nur das **absolut letzte Mittel** sein und nicht zur Normalität werden. Gemeinsame Bemühungen aller Beteiligten muss es sein, die Ausübung von Zwang zu vermeiden, am besten schon im Vorfeld einer Unterbringung. Sicherlich sind die Betreuer dabei auf die Versorgungsstrukturen und die Zusammenarbeit mit anderen Institutionen vor Ort angewiesen. Sie haben die Ansprüche ihrer Betreuten insoweit geltend zu machen. So sind sozialpsychiatrische Dienste oder Institutsambulanzen nicht erst dann zu beteiligen, damit sie eine Stellungnahme für eine Unterbringung abgeben. Sie haben aufsuchende Hilfen zu leisten, um eine Unterbringung zu vermeiden (siehe dazu auch oben Kapitel B. V. 3.). Gleichzeitig ist es aber verfassungsrechtlich geboten, dass der Staat aufgrund seiner Schutzpflicht durch den Gesetzgeber Regelungen vorsieht, dass Menschen, die sich krankheitsbedingt erheblich gesundheitlich gefährden, als letztes Mittel und unter engen Voraussetzungen auch gegen ihren natürlichen Willen medizinisch behandelt werden können.[75]

Mit der Neufassung der Regelung 2017 war gleichzeitig mit § 1901a Absatz 4 BGB a.F., jetzt § 1827 BGB, eine neue Verpflichtung des Betreuers zur Unterstützung bei der Errichtung einer Patientenverfügung aufgenommen worden. Unter den Vorgaben der UN-BRK muss auch eine Zwangsbehandlung den Wünschen oder hilfsweise dem mutmaßlichen Willen entsprechen, sodass diese Verpflichtung auch gerade der Vermeidung von Zwang dienen soll.

1. Struktur

Nach der Definition werden in Absatz 1 die Voraussetzungen beschrieben, unter denen **der Betreuer** in eine ärztliche Zwangsmaßnahme einwilligen darf. Erst in Absatz 2 geht es um die gerichtliche Genehmigung. Also sind auch hier Formulierungen falsch, in denen davon die Rede ist, dass das Gericht die Zwangsbehandlung anordnen würde. Es geht dabei nicht nur um die Formulierung, sondern um die Verteilung der Aufgaben und der **Verantwortung**. Der Betreuer muss in eigener Verantwortung prüfen, ob die Voraussetzungen der Nummern 1 bis 7 vorliegen. Seine Entscheidung ist erst danach vom Gericht in einem Genehmigungsverfahren zu überprüfen, Absatz 2. Wohlgemerkt: Gerichtlich überprüft und genehmigt wird die beabsichtigte Einwilligung des Betreuers und nicht unmittelbar die Maßnahme als solche. Die richterliche Überprüfung ist verfassungsrechtlich zum Grundrechtsschutz der Betroffenen geboten und sie entlastet gleichzeitig den Betreuer von der alleinigen Verantwortung (siehe dazu oben Kapitel A. IV. 1.).

Anders als bei „normalen" Einwilligungen und bei der Unterbringung nach § 1831 BGB darf das Gericht auch in Eilfällen nicht selbst vor der Bestellung eines Betreuers nach § 1867 BGB in die Zwangsbehandlung einwilligen, Absatz 1 Satz 2. Eine richterliche Anordnungsbefugnis besteht nur dann, wenn der Betreuer verhindert ist und kein Verhinderungsbetreuer so schnell bestellt werden kann. In dringenden Fällen bleiben dann nur die Unterbringungsgesetze der Länder oder allgemeine Rechtfertigungsgründe, so § 34 StGB.

2. „Ärztliche Zwangsmaßnahme"– Definition und Regelungsgegenstand

Die Art der ärztlichen Behandlungsmaßnahme ist im Gesetz nicht vorgegeben. Darunter können daher **alle medizinisch indizierten Maßnahmen** fallen, medikamentöse Heilbehandlungen mit mehrfachen Applikationen wie auch einmalige (operative) Eingriffe[76] zur Behandlung oder zur Diagnostik. Therapeutische Maßnahmen, die einer Kommunikation bedürfen, können rein praktisch nicht erzwungen werden. Die Behandlung kann sich sowohl auf die Anlasserkrankung, also die Krankheit, aufgrund derer Betreuerbestellung erforderlich war, als auch auf eine andere interkurrente somatische Erkrankung, also etwa internistische Erkrankungen, beziehen.

75 BVerfG BtPrax 2021, 185 ff., Rn. 62, 64; BtPrax 2020, 157; BGH BtPrax 2021, 232 ff.

76 BtKomm/Dodegge, Teil G Rn. 54.

Da die Gabe von Medikamenten vom Arzt verordnet wird, bezeichnet die Praxis häufig jede Medikamentengabe gegen den Willen des Betroffenen als „ärztliche Zwangsmaßnahme". Demgegenüber ist darauf hinzuweisen, dass rechtlich gesehen die Medikamentengabe gegen den natürlichen Willen nicht generell als ärztliche Zwangsmaßnahme im Sinne des § 1832 BGB einzuordnen ist. Sie kann vielmehr auch ein Mittel der Freiheitsentziehung sein. Bei „ärztlichen Zwangsmaßnahmen" nach § 1832 BGB geht es allein um ärztliche Maßnahmen zur Untersuchung, Behandlung und andere ärztliche Eingriffe. Nur wenn Medikamente zu diesem Zweck eingesetzt werden, gilt § 1832 BGB.

Wenn Medikamente dagegen eingesetzt werden, um dem Betroffenen die Fortbewegungsfreiheit zu entziehen („medikamentöse Freiheitsentziehung"), unterliegt die Medikamentengabe § 1831 Absatz 4 BGB (siehe dazu oben Kapitel C.). Eine **Sicherheitsmaßnahme** ist *keine* Behandlung und somit nach anderen Rechtsgrundlagen zulässig oder unzulässig. Entscheidend ist der Zweck, zu dem das Medikament eingesetzt wird (im Kontext der Behandlung zur Diagnose, Behandlung usw. oder zur Freiheitsentziehung), und nicht das Mittel (die Medikamentengabe).

In der Psychiatrie geht es in der Regel um die zwangsweise Gabe von Psychopharmaka, vor allem um die „Zwangsspritze", wenn sämtliche Voraussetzungen vorliegen, ggf. auch eine Elektrokrampftherapie, allerdings sehr umstritten.[77] In der somatischen Medizin kommen ebenfalls Medikationen in Betracht, wie aber auch Infusionen, Nahrungszufuhr, Blutentnahmen, operative Eingriffe etc. Die Zwangsbehandlung ist also nicht nur eine psychiatrische. Mitunter ist es aber der langfristig bessere Weg, zunächst die psychische Erkrankung (zwangsweise) zu behandeln mit dem Ziel, die Einwilligungsfähigkeit des Patienten wiederherzustellen. Dann kann die betreute Person selbst entscheiden, ob sie die somatische Erkrankung, von der die gesundheitliche Gefahr ausgeht, behandeln lassen will oder nicht.

Eine Zwangsbehandlung liegt vor, wenn der Betroffene die Maßnahme **mit natürlichem Willen ablehnt** oder sich ihr widersetzt. Nicht erforderlich ist, dass der Betroffene sich physisch wehrt, konkrete Gründe für die Ablehnung angibt oder die Ablehnung auf einer freien Willensbildung beruht. Sie muss sich durch seine aktuellen Äußerungen oder durch sein konkludentes Verhalten manifestieren. Es beinhaltet eine **bewusste Ablehnung einer konkreten angebotenen Behandlung,** und zwar mit einer gewissen Nachhaltigkeit. Ein spontanes oder nur zeitweises oder unkonkretes Ablehnen reicht nicht aus, um einen einer (ärztlichen) Behandlung entgegenstehenden natürlichen Willen anzunehmen.[78] Daher ist nicht von einer Zwangsbehandlung auszugehen, wenn ein Patient versucht, sich nach einer Operation im deliranten Zustand die Zugänge zu ziehen.

Sieht der Betroffene die Notwendigkeit einer Behandlung nicht ein und ist er deswegen auch freiheitsentziehend nach § 1831 BGB untergebracht, äußert dann aber keine Ablehnung gegen die angebotene Behandlung, liegt keine Zwangsmaßnahme vor. Die Einwilligung des Betreuers ist erforderlich, aber auch ausreichend. Wenn im Vorfeld, vor der Zwangseinweisung, nicht ausgeschlossen ist, dass der Betroffene im Rahmen der Unter-

77 BGH BtPrax 2020, 73; FamRZ 2020, 534 m. Anm. Spickhoff; 2020, 1581 mit Anm. Mazur; BGH BtPrax 2021, 232 ff.

78 Bünnigmann, BtPrax 2015, 91; Grotkopp, BtPrax 2013, 83; BtKomm/Dodegge, Teil G Rn. 55.

bringung eine angebotene Behandlung akzeptiert, muss vorher nicht entschieden werden, ob die Voraussetzungen der Zwangsbehandlung ebenfalls vorliegen.[79]

Exkurs

Heimliche Medikamentengabe – eine Zwangsmaßnahme?

Die Frage, ob ein Medikament gegen den natürlichen Willen des Patienten auch heimlich verabreicht werden darf, wird bisher vom Gesetz weder in § 1832 BGB noch anderswo im Medizinrecht ausdrücklich geregelt. § 1832 BGB und die dazugehörenden verfahrensrechtlichen Vorschriften gehen ersichtlich davon aus, dass die ärztliche Zwangsmaßnahme „offen" und nicht heimlich erfolgt. Auch im Gesetzgebungsverfahren zu § 1832 BGB (bzw. § 1906a und § 1906 Absatz 3a BGB a.F.) hat die Frage der heimlichen Medikamentengabe ausweislich der Materialien keine Rolle gespielt.

Das gilt nicht nur für die Regelung ärztlicher Zwangsmaßnahmen im Rahmen des Betreuungsrechts für § 1832 BGB, sondern in gleicher Weise auch für die Vorschriften zur Zwangsbehandlung im Rahmen der PsychKGs der Länder oder des Maßregelvollzugs. Auch dort regeln die einschlägigen landesrechtlichen Vorschriften für die zwangsweise Behandlung die heimliche Medikamentengabe nicht.[80]

Dem Bundesverfassungsgericht lag eine Verfassungsbeschwerde vor, in der es um das heimliche Untermischen einer Medikation ins Essen für einen demenzerkrankten Heimbewohner ging. Das Bundesverfassungsgericht hat die Beschwerde nicht zur Entscheidung angenommen, weil erst die unteren Fachgerichte entscheiden müssten und der Beschwerdeführer bereits verstorben war.[81]

Gegen eine solche Handhabung dürften insbesondere ethische Gründe sprechen. Bei der Beurteilung, inwiefern eine heimliche Gabe von Medikamenten zulässig ist, um den ablehnenden natürlichen Willen des Patienten zu umgehen, sind aber auch folgende Aspekte zu bedenken:

- *Die heimliche Medikamentengabe berührt die Menschenwürde des Patienten, wenn er nicht mehr Subjekt, sondern nur noch Objekt der Behandlung ist.*
- *Die heimliche Medikamentengabe schließt die Partizipation des Patienten im Behandlungsprozess bezogen auf die Art und Weise der medikamentösen Behandlung aus. Wenn das Medikament heimlich gegeben werden soll, darf der Patient weder vom Arzt noch vom Betreuer über diese Art und Weise der Verabreichung informiert bzw. aufgeklärt werden.*
- *Rechtliche Errungenschaften der Patientenautonomie werden missachtet, wenn der Patient weder vom Arzt (vgl. §§ 630c Absatz 1, 630e Absatz 5 BGB) noch vom Betreuer (vgl. die Besprechungspflicht in § 1821 Absatz 5 BGB) und auch nicht im gerichtlichen Genehmigungsverfahren (vgl. Artikel 103 Absatz 1 GG*

79 BGH BtPrax 2012, 253.
80 Weber/Leeb, BtPrax 2014, 119.
81 BVerfG BtPrax 2022, 23 ff.

sowie §§ 312 ff. FamFG, insbesondere §§ 319, 321, 325 FamFG) über die Art und Weise der Medikamentengabe informiert wird.

- *Zu bedenken sind auch die Folgen einer heimlichen Medikamentengabe. Wenn es dem Patienten nach der für maximal sechs Wochen genehmigten heimlichen Medikamentengabe tatsächlich besser geht, was soll danach mit ihm besprochen werden? Warum sollte er dann bereit sein, die Medikation weiterhin und nunmehr freiwillig zu nehmen? Er muss doch davon ausgehen, dass sich sein Zustand auch ohne medikamentöse Behandlung von selbst gebessert hat. Oder soll ihm dann gesagt werden, dass ihm das Medikament heimlich untergemischt wurde? Was bedeutet das dann für seine künftige Bereitschaft, die Medikation einzunehmen? Wäre vielleicht sogar zu befürchten, dass er dann die Nahrungsaufnahme verweigert und zwangsernährt werden müsste?*

Dennoch wird – insbesondere seitens der Länder – gefordert, dass der Gesetzgeber eine Rechtsgrundlage für eine ambulante Behandlung in einem Heim durch eine verdeckte Medikation schafft.[82]

3. Die Voraussetzungen im Einzelnen

Alle in Absatz 1 genannten Voraussetzungen in den Nummern 1 bis 7 müssen kumulativ vorliegen. Der Betreuer sollte sich vor seiner Entscheidung über alle Punkte Gedanken machen.

a. Nummer 1: Behandlungsbedürftigkeit zur Abwendung eines drohenden erheblichen gesundheitlichen Schadens

Es kann jede Erkrankung sein, die behandlungsbedürftig ist. Es kann die psychische Erkrankung sein, die zum Ausschluss der freien Willensbildung und ggf. zur Unterbringung geführt hat (sogenannte Anlasserkrankung). Es kann aber auch eine sonstige somatische bzw. körperliche Erkrankung sein (sogenannte Begleit- oder interkurrente Erkrankung).

Allein eine ärztliche Indikation für eine Behandlung reicht nicht aus. Sie muss erforderlich sein, um vom Betreuten einen drohenden **erheblichen** gesundheitlichen Schaden abzuwenden. Die gesundheitliche Gefährdung ist konkret zu benennen.[83] Dies muss der Betreuer **allein aus der Sicht der betreuten Person** bewerten.[84] Es dürfen hier keine objektiven Kriterien angewendet werden. Das „zum Wohl des Betroffenen" wurde mit der 2023 in Kraft getretenen Reform bewusst gestrichen. Was für den einen noch erträglich ist, kann für den anderen eine erhebliche Beeinträchtigung bedeuten. Besteht die Gefahr dauerhafter organischer oder körperlicher Schäden, dürfte in der Regel die Erheblichkeit zu bejahen sein. Wer ein „ganz normales" Leben führen will, ist durch ein krankheitsbedingt sozial auffälliges Verhalten, das zum Verlust sozialer Bindungen führen kann, bereits erheblich in seiner Gesundheit gefährdet oder bereits geschädigt. Wer aber ohnehin keinen Wert auf

82 Wedel/Kraemer, FamRZ 2020, 1525 ff.

83 BVerfG BtPrax 2015, 192; BGH BtPrax 2020, 73.

84 BtKomm/Dodegge, Teil G Rn. 57.

ein angepasstes Verhalten in der Gemeinschaft legt, hat eine deutlich höhere Schwelle der Erheblichkeit in Bezug auf eine psychische Beeinträchtigung.

Die Gefahr einer **Chronifizierung** ist für sich allein genommen noch kein drohender erheblicher Schaden.[85] Das ist zu ungenau. Die gesundheitliche Gefährdung muss konkreter sein. Wenn die Chronifizierung zu einer dauerhaft notwendigen Unterbringung oder zu psychisch schweren Beeinträchtigungen wie Intelligenzminderung führen würde, ist eine Erheblichkeit sicher erreicht. Bei jungen Patienten kann diese Überlegung dazu führen, dass bei einer Erstmanifestation schon eine aktuell noch relativ geringe Beeinträchtigung eine Zwangsmaßnahme rechtfertigen kann.

Die Gefahr **irreversibler Schäden** und ein **subjektiver Leidensdruck** sind bei der Beurteilung gewichtige Kriterien.[86]

Zwar muss es sich um einen drohenden **gesundheitlichen Schaden** handeln, sodass allein vermögensrechtliche oder soziale Schäden keine Zwangsbehandlung rechtfertigen können. Eine drohende Verwahrlosung reicht daher für sich genommen nicht aus. Die soziale Lebenssituation des Betroffenen und seine diesbezüglichen Wünsche dürfen aber nicht unberücksichtigt bleiben.[87] Möchte der Betreute auf jeden Fall in der eigenen Wohnung bleiben und droht unbehandelt der Wohnungsverlust, hat der gesundheitliche Schaden erhebliche Auswirkungen, weil er die Lebensgrundlage zerstört. Insoweit ist der Grundgedanke des § 1821 BGB heranzuziehen: Was sind die **wesentlichen Ziele der betreuten Person** und wann ist es gerechtfertigt, Wünsche nicht zu befolgen – und als Ultima Ratio auch Zwang anzuwenden –, um das Ziel erreichen zu können?

Die **Indikation** muss sich zudem auch **auf die zwangsweise Durchführung** erstrecken. Nicht nur die Auswahl des Mittels oder des Medikamentes muss indiziert sein, sondern auch die Art der Anwendung und der Durchführung. Die Prognose, ob eine Behandlung hilft, ist in vielen Fällen auch von der Haltung und der Erwartung des Patienten abhängig. Wird eine Medikation gegen den Willen verabreicht, hat sie möglicherweise eine geringere Wirkung und Heilungschance als bei einem Patienten, der mit der Einnahme eine Hoffnung auf Besserung verbindet (Placebo-Effekt). Auch ist durch eine Zwangsmaßnahme das therapeutische Verhältnis gefährdet, was sich negativ auf den Heilungsprozess auswirken kann. Es gibt wenige Langzeitstudien zu der Frage, ob zwangsweise durchgeführte Behandlungen langfristig weniger erfolgreich sind als solche, die mit Zustimmung des Patienten erfolgen. Die bisherigen Untersuchungen lassen dies vermuten.

b. Nummer 2: Fehlende Einsicht – mangelnde Steuerungsfähigkeit

Diese Voraussetzung entspricht der Formulierung in § 1831 Absatz 1 Nummer 2 BGB. Hier muss sie sich nun auf die Behandlung beziehen. Da die Zwangsbehandlung einen über den Freiheitsentzug hinausgehenden Grundrechtseingriff darstellt, muss in Bezug auf die konkret vorgesehene Behandlung Einwilligungsunfähigkeit vorliegen.[88] Für das Betreuerhandeln ist diese eigentlich überflüssig, weil der Betreuer von seiner Vertretungsmacht ohne-

85 Engelfried, 2. Kapitel 3. e) (5).
86 Weitere Beispiele bei BtKomm/Dodegge, Teil G Rn. 60.
87 Engelfried, 2. Kapitel 3. e) (5).
88 BtKomm/Dodegge, Teil G Rn. 62.

hin nur dann Gebrauch machen darf, wenn die betreute Person nicht selbst zu einer Entscheidung in der Lage ist.

▶ *Zur Feststellung der Einwilligungsfähigkeit siehe in Teil 1 Kapitel E.*

Ein einwilligungsfähiger Patient darf schon aus Verfassungsgründen nicht zwangsweise behandelt werden.[89] Zudem verlangt das Bundesverfassungsgericht, dass die Zwangsbehandlung der Wiederherstellung der krankheitsbedingt aufgehobenen Einsichts- und Entscheidungsfähigkeit dienen muss.

Zur **Einsichtsfähigkeit** gehört zum einen, dass der Betroffene **in der Lage ist, die Krankheit, die Behandlungsmöglichkeiten, die Alternativen und die Folgen der Nichtbehandlung zu erkennen und zu verstehen.** Und er muss in der Lage sein, diese Erkenntnisse zu **bewerten**, d.h. das Für und Wider der Behandlung abzuwägen.[90] Das Ergebnis der Abwägung muss nicht vernünftig sein. Jeder hat das Recht, eine medizinisch sinnvolle Behandlung abzulehnen, wenn er die Folgen erkennen kann und in Kauf nehmen will – warum auch immer. Aber er muss die Grundlagen, die zu seiner Abwägung führen, erkennen können.

Bei psychisch erkrankten Patienten besteht leicht die Gefahr eines Zirkelschlusses: Wenn der Betroffene eine notwendige und medizinisch indizierte Behandlung ablehnt, sei dies doch gerade Ausdruck seiner Erkrankung. Nach der UN-BRK darf das Vorliegen einer Erkrankung oder Behinderung allein niemals der Grund sein, dem Betroffenen die Einsichtsfähigkeit abzusprechen. Achtung also vor vorschnellen Äußerungen zu fehlender Krankheitseinsicht und mangelnder Compliance.

Steuerungsfähigkeit bedeutet, dass die betreute Person in der Lage ist, die von ihr selbst – ggf. mit Unterstützung – getroffene Entscheidung auch umsetzen zu können. Diese Fähigkeit ist krankheitsbedingt aufgehoben, wenn die betreute Person z.B. Stimmen hört, die es ihr untersagen, ihre Entscheidung umzusetzen, oder sie so ambivalent ist, dass sie ihre Entscheidungen immer wieder verwirft, oder die Impulskontrolle erheblich eingeschränkt ist.

c. Nummer 3: Wille des Betreuten

Der Betreuer ist in seinem Handeln ohnehin an §§ 1821, 1827, 1828 BGB gebunden. Der Gesetzgeber hat diese Grundsätze ausdrücklich auch für die Zwangsbehandlung wiederholt. Soweit die Behandlungswünsche nicht feststellbar sind, ist also hilfsweise auf den **mutmaßlichen Willen** zurückzugreifen.[91] Im Übrigen gelten sie hier auch für Bevollmächtigte.

▶ *Zum mutmaßlichen Willen siehe in Teil 1 Kapitel E. III. 4.*

Hat eine betreute Person mit freiem Willen eine Behandlung abgelehnt, so ist dieser Wille verbindlich. Wenn dann allerdings unbehandelt eine längerfristige Freiheitsentziehung

89 BVerfG BtPrax 2017, 240.

90 Engelfried, 2. Kapitel 3 e) (3).

91 BGH BtPrax 2021, 36 ff., wobei zu beachten ist, dass die Entscheidung vor der Reform ergangen ist und § 1821 Absatz 4 BGB nun davon ausgeht, dass immer ein mutmaßlicher Wille festgestellt/rekonstruiert werden kann; siehe BT-Drucks. 19/24445, S. 254; Jürgens/Loer, § 1821 Rn. 20 ff.

oder eine Fixierung notwendig ist, ist zu fragen, ob sie auch unter diesen Bedingungen an ihrer ablehnenden Haltung festhalten würde. Zu fragen ist, ob der Betreute der Behandlung dann zustimmen würde, wenn er dadurch voraussichtlich schneller in die Lage versetzt wird, einen freien Willen zu bilden, um dann selbst entscheiden zu können, und auch schneller die Unterbringung beendet werden kann. Die **Patientenverfügung** ist zwar auch im Rahmen einer Unterbringung bindend, aber in Bezug auf die aktuelle Situation und die Folgen auszulegen. Was hat sich der Betroffene bei der Abfassung gedacht? Welche Folgen hat er in Betracht gezogen und in Kauf genommen?

Enthält dagegen eine Patientenverfügung oder **Behandlungsvereinbarung** eine wirksame Einwilligung in eine bestimmte Behandlung und wird diese in der aktuellen Behandlungssituation mit natürlichem Willen abgelehnt, ist dieser Wille bei den Entscheidungen über die Zwangsbehandlung zu berücksichtigen. Aber es bleibt eine Zwangsbehandlung, soweit die betroffene Person der Behandlung im Zeitpunkt ihrer Durchführung mit natürlichem Willen widerspricht.

▶ *Zum Streit, ob eine Patientenverfügung nur mit natürlichem Willen widerrufen werden kann oder ob für den Widerruf Einwilligungsfähigkeit vorliegen muss, siehe in Teil 1 Kapitel E. III. 2. a.*

d. Nummer 4: Überzeugungsversuch

Schon nach § 630e Absatz 5 BGB ist auch bei Einwilligungsunfähigkeit ein ärztliches Aufklärungsgespräch durchzuführen (siehe dazu in Teil 1 Kapitel D. II. 3. und Kapitel E. II. 3. und III. 4. b.).

Unter Nummer 2 (siehe oben b.) ist bereits festgestellt, dass der Patient aktuell nicht einwilligungsfähig ist. Bei dem Überzeugungsversuch soll es also nicht darum gehen, die Einwilligungsfähigkeit herzustellen. Sondern? Die Quadratur des Kreises?[92] Es soll versucht werden, den nicht Einsichtsfähigen von der Notwendigkeit der Behandlung zu überzeugen. Der Versuch muss schon nach den Vorgaben des Bundesverfassungsgerichts **ernsthaft, mit dem nötigen Zeitaufwand und ohne Ausübung unzulässigen Drucks erfolgen.**[93] Er hat nicht das Ziel, die Einwilligungsfähigkeit herzustellen, sondern (nur) die ablehnende Haltung zu verringern, um damit den Zwang möglichst zu vermeiden.

Das Gesetz sagt nicht, wer diesen Versuch durchzuführen hat. Der behandelnde Arzt hat schon aufgrund des Medizinrechts (§§ 630a ff. BGB) die Pflicht, dem Patienten die Elemente der indizierten Behandlung und die Begründung verständlich zu machen, und zwar so, dass der Patient sie verstehen kann. Hier hat der Betreuer darauf zu achten, dass der Arzt dieser Pflicht nachkommt. Der Betreuer hat schon nach § 1821 Absatz 5 BGB die Pflicht, die Angelegenheiten mit dem Betreuten zu besprechen. Die daher in der Regel durch Arzt und Betreuer zu führenden Gespräche sind auf eine **vertrauensbasierte, freiwillige**, insbesondere nicht bloß auf eine anderenfalls drohende Gewaltanwendung gegründete **Zustimmung** des Betroffenen zu richten.[94]

92 Bünnigmann, BtPrax 2015, 91.
93 BVerfG BtPrax 2011, 112.
94 BVerfG BtPrax 2013, 61.

Dabei bedeutet ein Überzeugungsversuch *nicht*, dass einseitig auf den Patienten eingeredet werden sollte, wie wichtig die Behandlung für diesen ist, sondern auch zu versuchen, die ablehnende Haltung des Patienten zu verstehen und nachzuvollziehen. Daher darf nicht ausschließlich über die Medikation gesprochen werden, sondern über alles, was den Patienten bewegt. Die Zustimmung des Betroffenen führt zwar nicht zwingend dazu, dass die Behandlung mit Einwilligung des insoweit einwilligungsunfähigen Betroffenen durchgeführt wird. Sie lässt aber auf jeden Fall den Zwangscharakter der Maßnahme entfallen.[95] In der Praxis ist es glücklicherweise überwiegend der Fall, dass Patienten, auch wenn sie zunächst gegen ihren natürlichen Willen stationär eingewiesen werden mussten, sich dann doch freiwillig auf eine Medikation einlassen. Schließlich beginnt die „Behandlung" schon allein mit dem Setting, den sonstigen stationären Abläufen und therapeutischen Angeboten.

Im Einzelfall ist zu entscheiden, über welchen **Zeitraum** diese Überzeugungsversuche stattzufinden haben. Es finden sich in der Literatur Angaben von ca. 14 Tagen.[96] Wenn allerdings in dieser Zeit mit einer deutlichen Verschlechterung des Gesundheitszustandes gerechnet werden muss und eine Zustimmung nach 14 Tagen unwahrscheinlich ist, gebietet es die Verhältnismäßigkeit, eine Abwägung im Einzelfall zu treffen. Zeitmangel der Beteiligten oder Kostendruck darf die Verkürzung jedoch nicht begründen. Solange noch die Hoffnung besteht, den Patienten zu überzeugen und dadurch Zwang zu vermeiden, ist der Versuch fortzusetzen.

Praxishinweis

▶ *Bei dem Überzeugungsversuch geht es nicht um ein Überreden. Es sollten Gespräche auf Augenhöhe sein, in denen die Gründe der Ablehnung, vielleicht bestehende Ängste, ernst genommen werden. Ein Vertrauensverhältnis setzt voraus, dass sich beide Seiten auf das Gegenüber einlassen. Die vielbeschworene* ***Compliance*** *wird immer nur als Bereitschaft eines Patienten zur aktiven Mitwirkung an therapeutischen Maßnahmen verstanden. Sie ist aber auf beiden Seiten notwendig. Auch die anderen Beteiligten müssen eine Bereitschaft zeigen, sich auf die Sichtweise des Patienten und seine Gefühlswelt einzulassen. Es reicht nicht aus, mit ihm nur über die Notwendigkeit der Behandlung und das empfohlene Medikament zu reden. Es ist einfühlsam zu versuchen, den Patienten zu verstehen.*

Bevor der Betreuer in die Durchführung der Zwangsbehandlung einwilligen will und einen entsprechenden Genehmigungsantrag beim Betreuungsgericht stellt, hat er festzustellen, ob auch dieser Voraussetzung Genüge getan wurde. Das Gericht hat dies dann zu überprüfen und mag sich die Dokumentation der Klinik vorlegen lassen.[97]

95 Jürgens/Marschner, § 1832 Rn. 15.

96 BtKomm/Dodegge, Teil G Rn. 67; Bünnigmann, BtPrax 2015, 91; Dodegge, BtPrax 2014, 4; Marschner, „Prävention von Zwangsmaßnahmen" S. 107.

97 BGH BtPrax 2019, 34.

e. Nummer 5: Milderes Mittel?

Diese Voraussetzung betrifft bereits den Grundsatz der **Verhältnismäßigkeit**. Er hat Verfassungsrang und lässt eine Zwangsbehandlung nur als Ultima Ratio zu. Was im Einzelnen ein milderes Mittel sein kann, ist aus der Perspektive des Betroffenen zu bewerten. So kann für ihn eine kurzfristige Fixierung einen geringeren Eingriff bedeuten als eine Behandlung mit Neuroleptika. Nach Alternativen ist sowohl während des Krankenhausaufenthaltes (z.B. Soteria-Konzept, Time-Out-Raum), aber insbesondere auch im Vorfeld einer Unterbringung zu fragen. Mögliche Behandlungsalternativen sind aufsuchende Hilfen, Krisendienste, Krisenbetten, intensive ambulante psychosoziale Maßnahmen, Home-Treatment etc.[98]

Stimmt der Betroffene einer Behandlung zu, die zwar medizinisch nicht als optimal, aber auch nicht als kontraindiziert einzuschätzen ist, stellt dies ein milderes Mittel dar. Wenn der Patient eine orale Medikation akzeptiert, eine schneller wirkende Spritze aber ablehnt, kommt eine Zwangsbehandlung nicht in Betracht. Hier ist die Compliance der Behandler gefragt, nämlich die Bereitschaft, sich auf die **Behandlungswünsche** der Patienten einzulassen und nicht an den eigenen Vorstellungen einer notwendigen Behandlung festzuhalten. Die Zwangsbehandlung darf nicht das Ergebnis eines Machtspiels sein, bei dem der Betreuer zum Adjutanten des Arztes wird.

Das Problem der alternativen milderen Mittel ist allerdings, dass es nicht vorrangig in der Macht des Betreuers liegt, ob diese zum Einsatz kommen. Er muss sie aktivieren, wenn sie vor Ort zur Verfügung stehen. Gibt es aber nur theoretisch eine Möglichkeit, so entzieht sich das mildere Mittel den Möglichkeiten des Betreuers. Wenn das Versorgungssystem keine Alternativen bietet, muss der Betroffene vertreten durch den Betreuer die Realitäten hinnehmen. Diese „**Ultima-Ratio-Falle**“[99] besteht auch bei der gerichtlichen Überprüfung. Es ist realistisch in der Regel nur begrenzt möglich, die Rechte des Betroffenen auf eine Intensivierung der ambulanten wie auch der stationären Angebote durchzusetzen. Wenn mildere Mittel, die den Zwang vermeiden könnten, theoretisch möglich sind, vor Ort aber nicht verfügbar, liegen letztlich die Voraussetzungen vor. Hier ist das öffentliche Gesundheitswesen zu fordern.

f. Nummer 6: Abwägung der Verhältnismäßigkeit: deutliches Überwiegen des Nutzens

Der Grundsatz der Verhältnismäßigkeit hat Verfassungsrang und lässt eine Zwangsbehandlung nur als Ultima Ratio zu. Die Abwägungsentscheidungen sind **aus Sicht des Betroffenen** vorzunehmen, wobei dessen Ziele und Wertvorstellungen ausschlaggebend sind. Die Vor- und Nachteile, Chancen und Risiken der Zwangsbehandlung sind gegeneinander abzuwägen und der zu erwartende Nutzen muss – aus Sicht des Patienten – die zu

98 Siehe dazu die Stellungnahme der zentralen Ethikkommission bei der deutschen Ärztekammer, Deutsches Ärzteblatt 2013, A 1334; online abrufbar mit Aktualisierungen bei der ZEKO siehe www.zentrale-ethikkommission.de/stellungnahmen/zwangsbehandlung-bei-psychischen-erkrankungen (Abruf:25.5.2023) wie Fußnote 65.

99 Aichele, „Prävention von Zwangsmaßnahmen“ S. 35.

erwartende Beeinträchtigung deutlich übersteigen. Dies ist bei Prognoseentscheidungen immer schwierig.

Besteht eine begründete Erwartung, dass die betreute Person durch die Behandlung in die Lage versetzt wird, die Fähigkeit zur freien Willensbildung wiederzuerlangen, spricht dies eher für die Zwangsbehandlung. Ein leichtes Übergewicht des Nutzens genügt nicht.

Bei den Beeinträchtigungen sind zu einem die Auswirkungen des unmittelbaren Zwanges zu berücksichtigen, wie die Gewaltanwendung im Augenblick der Durchführung, das Gefühl der Ohnmacht, der Hilflosigkeit und des Nicht–ernst-genommen-Werdens sowie die Gefahr der Traumatisierung.[100] Zum anderen sind die langfristigen Nebenwirkungen der Behandlung als solcher zu bewerten. Der Betreuer muss sich also nicht nur über die typischen Nebenwirkungen einer Medikation aufklären lassen, sondern auch über die möglichen Folgen der zwangsweisen Verabreichung. Auch diese hat er dann bei der Abwägung zu berücksichtigen.

▶ *Zum Problem der Nebenwirkungen bei Neuroleptika siehe in Teil 1 Kapitel B. II.*

In die Abwägung müssen sämtliche Gesichtspunkte, die für die betreute Person von Bedeutung sind, einfließen.[101]

g. Nummer 7: Im Rahmen eines stationären Aufenthalts in einem Krankenhaus

Diese Einschränkung war im letzten Gesetzgebungsverfahren 2017 umstritten und unterliegt aktuell der Evaluation durch das Bundesministerium der Justiz (BMJ). Ausgeschlossen sind derzeit ambulante Zwangsbehandlungen. Niemand darf also ambulant in seiner Wohnung zwangsbehandelt werden oder nur zur zwangsweisen Verabreichung einer Spritze kurzfristig ambulant in eine Arztpraxis oder ein Krankenhaus gebracht werden, um dann wieder – allein? – nach Hause zu gehen.

Ausgeschlossen sind aber auch Zwangsbehandlungen in Wohn- oder Altenheimen. Bemängelt wird, dass durch diese Einschränkung zusätzliche Belastungen durch die notwendige **Verbringung der Betroffenen in ein Krankenhaus** verbunden sein können. Kritiker der derzeitigen Rechtslage sprechen von einer „Schutzlücke". Dem Bundesverfassungsgericht lag eine Verfassungsbeschwerde zu dieser Thematik vor,[102] die es jedoch nicht zur Entscheidung angenommen hat. Den mit der Verfassungsbeschwerde verbundenen Antrag auf Erlass einer einstweiligen Anordnung hatte es allerdings abgelehnt, u.a. mit dem Hinweis, dass sich der Gesetzgeber mehrfach dezidiert mit der Frage der Zulassung auch einer ambulanten Zwangsbehandlung auseinandergesetzt und diese verneint habe.[103] Die Einschränkung dient letztlich auch dem Ultima-Ratio-Gedanken.[104] Zwangsmaßnahmen müssen die absolute Ausnahme bleiben. Der alltägliche Lebensraum und die Privatsphäre der Betroffenen sollen von Zwang frei bleiben. Zwang darf **nichts Alltägliches** sein. Nur in einem geeigneten Krankenhaus kann verlässlich sichergestellt werden,

100 Thaler, „Prävention von Zwangsmaßnahmen", S. 41 ff.
101 Zu weiteren Überlegungen BtKomm/Dodegge, Teil G Rn. 70 ff.
102 BVerfG BtPrax 2022, 23 ff.
103 BVerfG BtPrax 2018, 241.
104 Diekmann, BtPrax 2019, 99.

ob die Voraussetzungen für eine Zwangsbehandlung tatsächlich vorliegen oder nicht doch noch alternative Behandlungsformen, auf die sich der Betroffene einlassen kann, in Betracht kommen. Zum anderen ist im stationären Rahmen die **Nachbehandlung** sichergestellt. Bei psychiatrischen Zwangsbehandlungen sind Nachgespräche von großer therapeutischer Bedeutung. Sie sollten zugleich genutzt werden, um **Behandlungsvereinbarungen** zu erarbeiten, damit die nächste Krisensituation ohne Zwang bewältigt werden kann. Der Gesetzgeber hat bewusst den Rahmen einer restriktiven Anwendung vorgegeben.[105]

Gemeint ist eine **vollstationäre Aufnahme**. Eine Übernachtung ist in jedem Fall erforderlich.

Ob ein Krankenhaus **geeignet** ist, kommt auf die notwendige Behandlung an. Da es sich um einen einwilligungsunfähigen Patienten handelt, der die Behandlung ablehnt, muss das Krankenhauspersonal in der Lage sein, mit dieser Situation umzugehen und auf die spezifischen Bedürfnisse dieser Patienten einzugehen. Sicherlich ist ein chirurgischer oder internistischer Eingriff dort operativ durchzuführen, wo sich das ärztliche Fachwissen und die erforderlichen Geräte befinden und wo die Nachbehandlung durchgeführt werden kann. Ein Beinbruch kann nicht in der Psychiatrie operativ behandelt werden. Der Ort der Behandlung muss sich im Einzelfall an den gegebenen Möglichkeiten und am Patienten orientieren. Bei der weiteren Nachsorge ist dann individuell zu entscheiden, ob ein Verbleib auf einer chirurgischen oder internistischen Station ggf. unter konsiliarischer Hinzuziehung von psychiatrischen Fachkräften erforderlich ist. Die Station oder das Krankenhaus muss auch gerade für die Durchführung einer Zwangsbehandlung geeignet sein und neben einer fachlichen Kompetenz auch die fachgerechte und an den individuellen Bedürfnissen der betreuten Person orientierte Begleitung einer zwangsweisen Behandlung einschließlich derer Nachsorge sicherstellen können.[106] Leider sind die Fachabteilungen häufig nur bedingt in der Lage, mit psychiatrisch auffälligen Patienten angemessen umzugehen.

Praxishinweis

Je nach behandlungsbedürftiger somatischer Erkrankung ist eine Aufnahme oder Verlegung auf eine psychiatrische Station oder in ein psychiatrisches Krankenhaus für die betreute Person manchmal die bessere Wahl, als auf einer chirurgischen oder internistischen „Normalstation" versorgt zu werden. Dann müssen sich die anderen Fachärzte auf den Weg in die Psychiatrie machen. Der Betreuer wird hier allerdings wenig Einfluss nehmen können, muss aber versuchen, die Wünsche und Bedürfnisse seines Betreuten geltend zu machen.

4. Genehmigung durch das Gericht (§ 1832 Absatz 2 BGB)

Der Betreuer muss sich wie oben beschrieben unter Beachtung betreuungsrechtlicher Grundsätze insbesondere der §§ 1827 und 1828 BGB davon überzeugen, dass sämtliche Voraussetzungen vorliegen, bevor er zur Entscheidung kommt, in die angebotene Zwangsbehandlung seines Betreuten einwilligen zu wollen. Dann hat er einen begründeten Ge-

105 BT-Drucks. 18/11240, S. 19.
106 BtKomm/Dodegge, Teil G Rn. 74.

nehmigungsantrag beim Betreuungsgericht zu stellen (zu Formulierungsvorschlägen siehe unten Kapitel F. I. 2.).[107] Er bedarf der **vorherigen** gerichtlichen Genehmigung.

▶ *Zum gerichtlichen Verfahren siehe unten Kapitel F.*

Anders als bei der Unterbringung in § 1831 Absatz 2 Satz 2 BGB hat der Betreuer keine Befugnis für ein eigenständiges Handeln in unaufschiebbaren Fällen. Er kann zwar vor der Genehmigung in die Behandlung als solche einwilligen. Dafür benötigt er außerhalb des § 1829 BGB keine Genehmigung. Er kann aber vor der Genehmigung nicht in die zwangsweise Durchführung einwilligen. Diese hat dann im Notfall die Klinik allein zu verantworten. Eine akute psychiatrische Zwangsbehandlung kann durch die allgemeinen Rechtfertigungsgrundlagen, etwa mutmaßlicher Wille oder § 34 StGB, gerechtfertigt sein.[108]

5. Widerruf (§ 1832 Absatz 3 BGB)

Wie auch bei der Unterbringung steht es dem Betreuer frei, ob er von der erteilten gerichtlichen Genehmigung Gebrauch macht, auch wenn er sie zunächst beantragt hat. Er ist also keinesfalls verpflichtet, sie umzusetzen. Er darf aber nur so lange von ihr Gebrauch machen, wie die Voraussetzungen vorliegen. Dies hat er während der gesamten Behandlungsdauer zu überprüfen. Wenn sich nach der Genehmigung die für die Entscheidung maßgeblichen Umstände ändern, insbesondere die beabsichtigte Behandlung nicht mehr erforderlich oder nicht mehr verhältnismäßig ist, hat er seine Einwilligung zu widerrufen. Das Gericht hat auf die **Mitteilung des Betreuers** die Genehmigung aufzuheben.

6. Verbringung (§ 1832 Absatz 4 BGB)

In § 1832 Absatz 4 BGB wird die notwendige **Verbringung des Betroffenen in ein Krankenhaus** geregelt – insbesondere in den Fällen, in denen der Betroffene die Verbringung in ein Krankenhaus mit natürlichem Willen ablehnt, sich dem Aufenthalt im Krankenhaus selbst aber nicht entziehen kann oder will,[109] sodass eine Unterbringungsgenehmigung nach § 1831 BGB nicht erforderlich ist. Diese Vorschrift ist mit der Neuregelung des § 1906a BGB a.F. wegen der Entkoppelung von der freiheitsentziehenden Unterbringung erforderlich geworden. § 326 FamFG regelt nämlich nur die Zuführung zur Unterbringung. Wenn die betreute Person gegen ihren Willen ins Krankenhaus gebracht werden soll, benötigt der Betreuer den Aufgabenbereich der Entscheidung über die Unterbringung (vorübergehend ist noch Aufenthaltsbestimmung ausreichend, siehe oben B. III. 3.) und die gerichtliche Genehmigung. Eine zwangsweise Verbringung zur Durchführung einer ambulanten ärztlichen Zwangsmaßnahme kommt nicht in Betracht.

Die Verbringung wird rechtlich wie eine Unterbringung nach § 1831 Absatz 1 Nummer 2 BGB behandelt, es gelten dieselben Voraussetzungen und Verfahrensgarantien. Dies bedeutet nach dem Willen des Gesetzgebers auch, dass grundsätzlich (wie bei der Unterbringung) erst über die zwangsweise Verbringung in das Krankenhaus entschieden wird, bevor später in einem zweiten Schritt darüber zu entscheiden ist, ob die Genehmigung der Einwilligung in eine ärztliche Zwangsmaßnahme erteilt werden darf.

107 Thar, BtPrax 2013, 91.
108 LG Kassel BtPrax 2012, 208 (nach der alten Rechtslage).
109 BT-Drucks. 18/12842, S. 8.

Kommt eine Zwangsbehandlung von vornherein nicht in Betracht und hat sich die Ablehnung des Betroffenen so manifestiert, dass auch im stationären Rahmen und mit den Überzeugungsversuchen nach Nummer 4 mit einer Zustimmung nicht zu rechnen ist, scheidet auch eine Verbringung aus.

E. Öffentlich-rechtliche Unterbringung – PsychKG

Übersicht Seite

I. Bedeutung

Bei den Unterbringungsgesetzen der Länder handelt es sich von Haus aus um präventives **Polizeirecht**. Es geht um **Gefahrenabwehr** und um den **Schutz der öffentlichen Sicherheit und Ordnung**.[110] Diese Materie unterliegt der Gesetzgebungskompetenz der Bundesländer. Die Gesetze enthalten inzwischen aber nicht nur Vorschriften über die Unterbringung als Schutzmaßnahme und die Ausübung von Zwang. Sie regeln auch die **Hilfen**, die die Kommunen zur Verfügung stellen müssen. Die meisten Gesetze heißen mittlerweile auch „Gesetz über Hilfen und Schutzmaßahmen bei psychischen Erkrankungen" oder ähnlich. Die gängige Abkürzung PsychKG bedeutet „Psychisch-Kranken-Gesetz".

Aus dem historischen Kontext gesehen zeigt sich, dass die Psychiatrie nicht nur ein Ort der medizinischen Heilbehandlung und Fürsorge war, sondern stets auch ein Ort der staatlichen Sicherheitsinteressen und der Ausgrenzung.[111] Im Zuge der Psychiatrie-Enquete 1975 trat die psychosoziale Versorgung durch ambulante Hilfen gegenüber der bis dahin vorherrschenden stationären Versorgung stärker in den Vordergrund.[112] Nach der Entscheidung des Bundesverfassungsgerichts von 2011 wurde in allen Ländergesetzen die Voraussetzungen der Zwangsbehandlung neu geregelt.

Inzwischen haben alle Länder Psychisch-Kranken-Gesetze bzw. Psychisch-Kranken-Hilfe-Gesetze erlassen oder ihre Gesetze überarbeitet und dem Stand der psychiatrischen Versorgung angepasst. Allerdings ist der Standard insbesondere hinsichtlich der eine Unterbringung vermeidenden Hilfen sehr unterschiedlich ausgestaltet.[113] Da in den Ländergesetzen nun auch der Hilfegedanke breiteren Raum einnimmt als die reine Gefahrenabwehr, stellt eine Unterbringung nach PsychKG nicht per se den schwereren Eingriff dar, sodass allein nach sachlichen Kriterien entschieden werden sollte, welches Rechtsinstrument gewählt wird.[114]

110 Engelfried, 3. Kapitel.
111 Marschner/Langer/Stahmann/Marschner, A Rn. 8 ff.
112 Marschner/Langer/Stahmann/Marschner, B Rn. 1 ff.
113 Marschner/Langer/Stahmann/Marschner, A Rn. 11.
114 BtKomm/Dodegge, Teil G Rn. 131.

II. Rolle und Aufgabe des Betreuers

Der Betreuer hat im Aufgabenbereich der Gesundheitssorge die Aufgabe, die Maßnahmen, die laut Landesgesetz vorzuhalten sind, für seinen Betreuten zu aktivieren. So hat der sozialpsychiatrische Dienst (SpDi) eben nicht nur die Aufgabe, bei einer notwendigen Unterbringung mitzuwirken. Vielmehr hat er im Vorfeld die Aufgabe, durch Vermittlung oder durch eigenes Tätigwerden – insbesondere durch aufsuchende Hilfen – eine Zwangseinweisung und die Anwendung von Zwang und Gewalt gerade zu vermeiden und abzuwenden. In mehreren Ländergesetzen ist der Betreuer ausdrücklich über die Maßnahmen zu informieren.

Während der Unterbringung hat er zwar nicht den Aufenthalt seines Betreuten zu bestimmen, aber im Rahmen der Gesundheitssorge durchaus dessen Interessen wahrzunehmen und ggf. in eine medizinische Behandlung stellvertretend einzuwilligen oder diese abzulehnen. Soll im Rahmen der öffentlich-rechtlichen Unterbringung eine sonstige sogenannte **interkurrente Erkrankung** behandelt werden und ist die betreute Person nicht einwilligungsfähig, gilt insoweit reines Betreuungsrecht. Bei der Behandlung der **Anlasserkrankung** gehen die Regelungen auseinander. Einige Ländergesetze sehen die Einwilligung eines Vertreters vor, auch wenn der einwilligungsunfähige Patient der Behandlung nicht widerspricht. Bei einer geplanten Zwangsbehandlung hat der Betreuer die Aufgabe, einen etwaig entgegenstehenden Willen seines Betreuten z.B. aufgrund einer Patientenverfügung in den Behandlungsplan einzubringen.

Im gerichtlichen Verfahren ist der Betreuer nach **§§ 7, 315 FamFG** als **Beteiligter** hinzuzuziehen, und zwar unabhängig von seinem Aufgabenkreis. Das heißt, er ist über alle gerichtlichen Schritte zu informieren, kann eigene Anträge stellen, z.B. bei der Auswahl des Sachverständigen, und kann ein Rechtsmittel einlegen.

III. Voraussetzung

Die Voraussetzungen einer Unterbringung nach Landesrecht sind in der Regel enger als bei einer betreuungsrechtlichen. Für die Unterbringung ist nach dem Wortlaut der Gesetze eine **qualifizierte Gefahr** erforderlich im Sinn einer „erheblichen" und/oder einer „gegenwärtigen" oder „ernsthaften bzw. unmittelbaren" Gefahr. Gemeint sein dürfte in allen Gesetzen eine akute Gefahrensituation, die vorliegt, wenn sich die Krankheit so auswirkt, dass ein schadenstiftendes Ereignis unmittelbar bevorsteht oder bereits begonnen hat oder sein Eintritt zwar unvorhersehbar, wegen besonderer Umstände jedoch jederzeit zu erwarten ist.[115]

Die Unterbringung dient allein der **Abwendung dieser Gefahr**. Eine bloße Behandlungsbedürftigkeit ist nicht ausreichend. Die Unterbringung darf folglich auch nur so lange andauern, wie diese akute Gefahr noch besteht und die geschlossene Unterbringung noch als **Schutzmaßnahme** erforderlich ist. Daher kommt es häufig im Laufe einer Unterbringung zur Änderung der Rechtsgrundlage, nämlich einer Umstellung von der öffentlich-

115 Marschner/Langer/Stahmann/Marschner, B Rn. 115.

rechtlichen auf eine betreuungsrechtliche. Dann trifft der Betreuer die Entscheidung und hat ggf. eine gerichtliche Genehmigung zu beantragen.

IV. Verhältnis betreuungsrechtliche – öffentlich-rechtliche Unterbringung

Grundsätzlich ist von einer Gleichrangigkeit beider Unterbringungsgrundlagen auszugehen, soweit die Voraussetzungen vorliegen.[116] Eine „Sperrwirkung" für eine Unterbringung nach PsychKG entfaltet eine bestehende Betreuung jedenfalls nicht.[117]

1. Fremdgefährdung

Bei einer Fremdgefährdung kommt ausschließlich eine Unterbringung nach PsychKG in Betracht. Daher ist auch bei einer bestehenden Betreuung allein das PsychKG anwendbar. Die betreute Person davor zu schützen, Straftaten zu begehen und sich dadurch in die Gefahr der Strafverfolgung zu begeben, rechtfertigt jedenfalls keine betreuungsrechtliche Unterbringung. Dass Ordnungsbehörden sich zurückhalten, allein weil eine Betreuung mit dem entsprechenden Aufgabenkreis besteht, entspricht nicht dem geltenden Recht. Die Gefährdung fremder Rechtsgüter muss akut und nicht ganz unerheblich sein. Krankheitsbedingte Verhaltensweisen, die zwar störend und unangenehm für Dritte sein mögen, wie Beleidigungen oder Belästigungen, sind nicht ausreichend, um eine Unterbringung aufgrund einer Fremdgefährdung anzuordnen. Bei einer Bedrohung ist zu fragen, inwieweit daraus tatsächlich eine Gefahr erwachsen kann.

2. Eigengefährdung

Liegt auch eine akute Eigengefährdung vor, sind grundsätzlich beide Rechtsgrundlagen für eine Unterbringung möglich. Also auch dann, wenn eine Überschneidung vorliegt und die Voraussetzungen für beide Grundlagen vorliegen (§ 1831 Absatz 1 Nummer 1 (!) BGB), ist eine Unterbringung nach PsychKG nicht per se ausgeschlossen. Welche Grundlage dann gewählt wird, sollte sich im Einzelfall nach dem Bedarf des Betroffenen richten.

a. Krisenintervention: PsychKG

Handelt es sich um eine kurzfristig notwendige Krisenintervention, die voraussichtlich von kurzer Dauer ist, liegt eine Unterbringung nach PsychKG näher. Insbesondere wenn es noch gar keinen Betreuer gibt, würde dessen Bestellung ggf. nur als zusätzlich belastend wahrgenommen. Dann wird der betroffenen Person neben der Unterbringungsanordnung noch deutlich gemacht, dass sie nicht in der Lage sei, ihre rechtlichen Angelegenheiten zu regeln, ggf. noch mit Vergütungskosten verbunden. In manchen Ländern ist allerdings, soweit es keinen Bevollmächtigten gibt, die Bestellung eines Betreuers dennoch notwendig, um bei einem einwilligungsunfähigen Patienten vertretend in die medizinische Behandlung der Anlasserkrankung einzuwilligen. Soweit die Bestellung allein diesem Zweck dient,

116 Jürgens/Marschner, § 1831 Rn. 46; BtKomm/Dodegge, Teil G Rn. 131.
117 Engelfried, 3. Kapitel 3. d).

sollte sie möglichst kurz gehalten werden – ggf. für die Dauer der angeordneten Unterbringung – und sich auf die Gesundheitssorge beschränken.

b. Längerer Behandlungsbedarf: Betreuungsrecht

Ist jedoch von einem längeren Behandlungsbedarf auszugehen, der auch nach dem Krankenhausaufenthalt ambulant weiterbesteht, ist eine betreuungsrechtliche Unterbringung von Anfang an vorzugswürdig. Insbesondere bei Demenzerkrankten liegt eine betreuungsrechtliche Maßnahme nahe, da nicht davon auszugehen ist, dass sich der rechtliche Unterstützungsbedarf nach Ende der akuten Krise erledigt hat.

V. Aussetzung nach § 328 FamFG

Das Gericht kann nur im Rahmen einer öffentlich-rechtlichen Unterbringung die Vollziehung der Unterbringung aussetzen und die Aussetzung mit Auflagen versehen, § 328 Absatz 1 FamFG (§ 312 Nummer 4 FamFG). Bei einer betreuungsrechtlichen Unterbringung (§ 312 Nummer 1 FamFG) ist diese Möglichkeit nicht vorgesehen. Voraussetzung ist allerdings, dass die Voraussetzungen für die Unterbringungsanordnung weiterhin vorliegen. Da dies wegen des engen Gefahrenbegriffes über einen längeren Zeitraum nur selten der Fall ist, kommt diese Möglichkeit auch nur selten in Betracht. Die Aussetzung des Vollzugs soll eine flexible Handhabung der Unterbringung ermöglichen und als **probeweise Entlassung** die endgültige Beendigung der Unterbringung vorbereiten.[118]

Nach Absatz 1 Satz 2 kann die Aussetzung mit Auflagen verbunden werden, d.h., der Freiheitsentzug wird im Sinne einer „**kontrollierten Freiheit**" durch andere Weisungen ersetzt. Bei den Weisungen handelt es sich um Anordnungen für das Verhalten außerhalb der Klinik. In Betracht kommt entsprechend dem aktuellen Behandlungsbedarf insbesondere die Sicherstellung der Weiterbehandlung durch die Institutsambulanz, den sozialpsychiatrischen Dienst oder einen niedergelassenen Arzt, verbunden mit der Einnahme bestimmter Medikamente, die in dem Aussetzungsbeschluss konkret benannt werden sollten.[119]

Der Betroffene muss mit der Auflage einverstanden sein. Diese **Zustimmung**, die nicht mit einer rechtlich wirksamen Einwilligung in die medizinische Behandlung gleichzusetzen ist, kann nicht vom Betreuer ersetzt werden. Anders ergibt es auch keinen Sinn. Wenn der Betroffene gleich zu erkennen gibt, dass er nicht gewillt ist, die Auflage zu erfüllen, kommt eine Aussetzung nicht in Betracht. Der Betreuer hat aber bei einem einwilligungsunfähigen Patienten in die Behandlung nach Aufklärung einzuwilligen. Dabei ist er an die betreuungsrechtlichen Vorgaben der **§§ 1821, 1827, 1828 BGB** gebunden.

Ein Verstoß gegen die Weisung führt nicht automatisch zum **Widerruf** der Aussetzung nach Absatz 2. Das Gericht hat konkret zu prüfen, ob aufgrund nachträglich eingetretener Tatsachen die der Aussetzung zugrunde liegende Prognose nicht aufrechterhalten werden kann und deshalb der Zustand des Betroffenen die (erneute) Vollziehung der Unterbrin-

118 Jürgens/Marschner, § 328 FamFG Rn. 1.
119 Marschner/Lesting/Stahmann/Lesting, D § 328 Rn. 10.

gungsanordnung erforderlich macht.[120] Der Widerruf ist keine Bestrafung des Verstoßes. Der Betreuer ist selbstverständlich auch an diesem Verfahren (Widerruf der Aussetzung mit der Folge, dass die Unterbringung zu vollziehen ist) zu beteiligen.

120 Jürgens/Marschner, § 328 FamFG Rn. 4.

F. Gerichtliches Genehmigungsverfahren nach FamFG

Übersicht Seite

I. Vorbemerkung

Nach § 1831 Absatz 2 BGB und § 1832 Absatz 2 BGB benötigt der Betreuer vor der Unterbringung bzw. Zwangsbehandlung eine betreuungsgerichtliche Genehmigung. Das Gericht überprüft, ob die beabsichtigte Anordnung oder Einwilligung **des Betreuers** auch tatsächlich die Voraussetzungen erfüllt. Das gerichtliche Verfahren ist seit 2009 im Gesetz über „das Verfahren in Familiensachen und in den Angelegenheiten der freiwilligen Gerichtsbarkeit" (FamFG) geregelt (früher FGG). Ein gerichtliches Genehmigungsverfahren kann erst durch eine Äußerung des Betreuers in Gang kommen. Das Gericht kann – bei bestehender Betreuung – nicht von sich aus ermitteln, ob eine betreuungsrechtliche Unterbringungsmaßnahme erforderlich sein könnte.[121] Das Verfahren ist eigens in den §§ 312 ff. FamFG geregelt (das Betreuungsverfahren in den §§ 271 bis 311 FamFG) und betrifft sowohl die betreuungsrechtliche freiheitsentziehende Unterbringung wie freiheitsentziehende Maßnahmen nach § 1831 BGB, die betreuungsrechtliche Einwilligung in eine ärztlichen Zwangsmaßnahme nach § 1832 BGB sowie die Maßnahmen nach den PsychKGs der Länder, nicht jedoch Maßnahmen im Maßregelvollzug.

Nur bei **Gefahr im Verzug** kann der Betreuer die freiheitsentziehende Unterbringung anordnen und die Genehmigung nachholen. Er hat jedoch keine Befugnis, eine zwangsweise Zuführung anzuordnen. Von seiner **Eilkompetenz** kann er also in der Regel nur Gebrauch machen, wenn sich sein Betreuter bereits in der Klinik befindet, sei es zunächst freiwillig oder auf der Grundlage öffentlich-rechtlicher Vorschriften.

▶ *Zu Eilmaßnahmen im Einzelnen siehe unten IV.*

Wenn der Betreuer erreichbar ist und über den notwendigen Aufgabenkreis verfügt, ist seine Anordnung einer freiheitsentziehenden Unterbringung ausreichend. Bis zur Genehmigung des Betreuungsgerichts muss keine öffentlich-rechtliche Unterbringungsanordnung nach dem Landesunterbringungsgesetz ergehen.

Ist dagegen noch kein Betreuer bestellt oder dieser (oder ein etwaiger Bevollmächtigter) nicht erreichbar, kann das Gericht gemäß **§ 1867 BGB** bei besonderer Eilbedürftigkeit die freiheitsentziehende Unterbringung bzw. Maßnahme anordnen.[122] (Achtung: Dies geht *nicht* bei einer Zwangsbehandlung nach § 1832!) Das Gericht wird dann anstelle des noch zu bestellenden Betreuers tätig. Dieses Vorgehen soll eine **Ausnahme** sein, da das Gericht in doppelter Funktion tätig wird: anordnend und genehmigend. Es hat dann **unverzüglich die Bestellung eines Betreuers** nachzuholen, also zeitgleich ein Betreuungsverfahren einzuleiten und so schnell wie möglich einen Betreuer zu bestellen, ggf. vorläufig im Rahmen einer einstweiligen Anordnung. Dieser, wie auch der wieder erreichbare Betreuer, hat dann in eigener Verantwortung zu entscheiden, ob er die Unterbringung ebenfalls anordnen will oder nicht. Er steigt dann in die bereits vorläufig durch das Gericht getroffene Entscheidung ein.

Praxishinweis

▶ *In der Praxis ist es für den Beginn eines Betreuungsverhältnisses unter Umständen günstiger, wenn das Gericht zunächst nach §§ 1867, 1831 BGB die Unterbringung vorläufig anordnet und der Betreuer erst danach bestellt wird, um an der Entlassung mitzuwirken. Dies sollte im Einzelfall entschieden werden, begrenzt auf einen sehr kurzen Zeitraum.*

121 BGH BtPrax 2022, 142.

122 Kritisch Engelfried, 2. Kapitel 7.

Ist dagegen bei einer dringend notwendigen ärztlichen Zwangsbehandlung noch kein Betreuer bestellt oder umfasst sein Aufgabenkreis diese Entscheidungsbefugnis nicht, muss nach Notfallkriterien gehandelt werden und die Klinik trägt die Verantwortung. Nach § 1832 Absatz 1 Satz 2 BGB (Zwangsbehandlung) darf das Gericht nach § 1867 nur tätig werden, wenn der Betreuer an der Erfüllung seiner Pflichten **verhindert** ist. Das Gericht hat dennoch zunächst zu versuchen, einen Verhinderungsbetreuer nach § 1817 Absatz 4 BGB zu bestellen oder den Aufgabenkreis zu erweitern. Nur wenn dies im Eilfall nicht gelingt, darf es in die Maßnahme vorläufig selbst einwilligen. Es darf aber nicht im Vorgriff auf einen noch zu bestellenden Betreuer handeln.

▶ *Zu Eilmaßnahmen siehe unten IV.*

II. Antragstellung durch Betreuer

1. Allgemeines

Außerhalb der besonderen Dringlichkeit kommt das Genehmigungsverfahren erst mit dem Antrag des Betreuers in Gang. Da der Betreuer (oder Bevollmächtigte) wie oben dargelegt die Unterbringung anzuordnen hat, können weder die Klinik, das Heim, Angehörige noch der sozialpsychiatrische Dienst einen Antrag stellen. Sie haben sich an den Betreuer zu wenden. Wenn dieser keine Notwendigkeit einer Unterbringung sieht, mögen sich diese Dritten ans Betreuungsgericht wenden, um die Eignung des Betreuers infrage zu stellen. Sie können aber nicht an ihm vorbei ein Unterbringungsverfahren in die Wege leiten.

Der Antrag ist an **keine Form** gebunden. Auf die umstrittene Frage, ob es einer förmlichen Antragstellung bedarf, kommt es letztlich nicht an. Der BGH hat die Frage offengelassen. Der Betreuer sollte sich an die Erwartungen des zuständigen Gerichtes halten. Er muss deutlich machen, dass er beabsichtigt, seinen Betreuten freiheitsentziehend unterzubringen oder in eine ärztliche Zwangsmaßnahme einzuwilligen, und die Voraussetzungen für gegeben erachtet. Er kann also weder beantragen, das Gericht möge prüfen, ob die Voraussetzungen vorliegen, noch kann er sich hinsichtlich der Begründung auf ein beigefügtes ärztliches Zeugnis beschränken.[123]

Praxishinweis

▶ *Es kann sich empfehlen, vor der Antragstellung mit dem zuständigen Richter telefonischen Kontakt aufzunehmen. Zum einen hat das Gericht die Betreuer zu beraten. Zum anderen kann gemeinsam erörtert werden, ob die Voraussetzungen wohl vorliegen und wie das Verfahren gestaltet werden kann. Antragschreiben, die einer zivilrechtlichen Klage ähneln, lösen Befremden aus.*

123 Weitere Formulierungshilfen bei Kretz/Albrecht/Wittkämper; Vorschläge auch bei BtKomm/Dodegge, Teil G Rn. 435, und Engelfried, 2. Kapitel 12. und 13.

2. Formulierungsvorschläge für Anträge an das Gericht

a. Antrag wegen Eigengefährdung nach § 1831 Absatz 1 Nummer 1 BGB

Hinweis

Achtung: Seit 2009 gibt es weder ein Vormundschaftsgericht noch eine vormundschaftsgerichtliche Genehmigung. Wer in seinen Schreiben noch immer die alte Formulierung wählt, ist schon sehr lange nicht mehr auf der Höhe der Zeit. § 1906 statt § 1831 zu schreiben, dürfte noch eine Weile toleriert werden.

An das Amtsgericht …
– Betreuungsgericht –
PLZ Musterhausen

Aktenzeichen
Frau F, wohnhaft …, zurzeit …

Sehr geehrte Damen und Herren,
sehr geehrte Frau Richterin am Amtsgericht R.,

ich beabsichtige, meine Betreute aufgrund einer Eigengefährdung im geschlossenen Wohnbereich des A-Heimes unterzubringen und beantrage die betreuungsgerichtliche Genehmigung nach § 1831 Absatz 1 Nummer 1 BGB zunächst für … Wochen/Monate.

Frau F ist inzwischen fortgeschritten dementiell erkrankt. Körperlich ist sie mobil. Es kommt zunehmend zu Desorientierungen. Sie wohnt noch in ihrer eigenen Wohnung/im offenen Heimbereich …

Trotz Intensivierung der pflegerischen Versorgung drängt sie immer wieder nach draußen. Sie ist der Meinung, ihre Kinder von der Schule abholen zu müssen …

Es besteht dann die Gefahr, dass sie sich verläuft und nicht mehr eigenständig zurückfindet. In den letzten Wochen musste sie mehrfach von der Polizei zurückgebracht werden. Außerdem bewegt sie sich nicht mehr sicher im Straßenverkehr. Daher reicht die Nutzung eines Ortungsgerätes nicht aus. Zudem kommt es zu einem verdrehten Tag-Nacht-Rhythmus und sie ist häufig nicht der Witterung entsprechend gekleidet …

Ich meine daher, dass Frau F durch dieses Verhalten erheblich ihre Gesundheit, wenn nicht sogar ihr Leben gefährdet. Sie kann dies selbst nicht mehr erkennen. Handlungsanweisungen kann sie wegen der Demenz nicht mehr umsetzen. Nach Erörterungen mit dem Hausarzt, der Heimleitung, den Angehörigen … sehe ich keine Alternative als eine freiheitsentziehende Heimunterbringung …

Das A-Heim verfügt über einen großen Garten, sodass Frau F ihrem Bewegungsdrang nachkommen kann …

Termine zur Begutachtung und zur Anhörung kann ich/kann durch … vermittelt werden.

Angesichts des drohenden Kälteeinbruchs bitte ich um zeitnahe Bearbeitung.

Für Rückfrage stehe ich gerne zur Verfügung.

Mit freundlichen Grüßen

____

Betreuerin

b. Antrag zur Unterbringung zur Heilbehandlung, § 1831 Absatz 1 Nummer 2 BGB

An das Amtsgericht …
– Betreuungsgericht –
PLZ Musterhausen

Aktenzeichen
Herr H, wohnhaft …, zurzeit …

Sehr geehrte Damen und Herren,
sehr geehrte Frau Richterin am Amtsgericht R.,

ich beantrage die betreuungsgerichtliche Genehmigung einer freiheitsentziehenden Unterbringung meines Betreuten in einer (geschlossenen) Station zur Durchführung einer Heilbehandlung nach § 1831 Absatz 1 Nummer 2 BGB.

Bei Herrn H ist seit Jahren eine Psychose bekannt. In der Regel ist er medikamentös gut eingestellt und er hat gelernt, mit den Symptomen umzugehen. Nun hat er jedoch ohne Absprache die Medikation abgesetzt und es kommt bereits zu den ersten psychotischen Verhaltensauffälligkeiten: Er hat Wahnvorstellungen, fühlt sich verfolgt, geht nicht mehr zur Werkstatt, hat alle sozialen Kontakte, die ihm sonst wichtig sind, abgebrochen …

Ich weiß aus vielen gemeinsamen Gesprächen, wie wichtig ihm diese Beziehungen und der Erhalt des Arbeitsplatzes und der Wohnung sind. Ich bin daher der festen Überzeugung, dass Herr H jetzt selbst eine Maßnahme wünschen würde, um diese Entwicklung zu stoppen. Der behandelnde Arzt (Dritte ...) teilen meine Auffassung. Leider ist mein Betreuter in dieser Phase nicht mehr kooperativ. Er hat sämtliche ambulanten Angebote abgelehnt. Es droht ein Kontaktabbruch …

Er lehnt den ambulanten Betreuer genauso ab wie mich. Ich habe Herrn F zuletzt gestern versucht aufzusuchen. Er hat mich angeschrien und mich nicht in die Wohnung gelassen. Den sozialpsychiatrischen Dienst hat er ebenfalls der Wohnung verwiesen …

Aktuell fehlt Herrn H jede Krankheitseinsicht. Es ist bekannt, dass eine medikamentöse Einstellung schnell wirkt und Herr H dann wieder selbst in der Lage ist, eine Entscheidung über die Behandlung zu treffen. Nur aktuell kann er krankheitsbedingt die Notwendigkeit nicht einsehen.

Aufgrund der Erfahrungen gehe ich davon aus, dass mein Betreuter im stationären Rahmen bereit sein wird, die angebotene Medikation zu akzeptieren. Ich hoffe, dass eine Zwangsbehandlung nicht erforderlich wird.

Je schneller er mit der Behandlung beginnt, desto kürzer wird die notwendige Unterbringung sein müssen. Ich bitte daher um zeitnahe Bearbeitung. Für Rückfragen oder Terminvermittlungen stehe ich unter … gerne zur Verfügung.

Mit der zuständigen Sektorklinik habe ich bereits gesprochen. Herr H ist dort durch diverse Voraufenthalte bekannt und kann jederzeit kurzfristig aufgenommen werden.

Mit freundlichen Grüßen

____

Betreuerin …

c. Antrag zur ärztlichen Zwangsmaßnahme, § 1832 BGB

An das Amtsgericht …
– Betreuungsgericht –
PLZ Musterhausen

Aktenzeichen
Frau S, wohnhaft …, zurzeit …

Sehr geehrte Damen und Herren,
sehr geehrte Frau Richterin am Amtsgericht R.,

wie Sie wissen, befindet sich meine Betreute seit dem … in der psychiatrischen Abteilung … des Krankenhauses … Sie lehnt dort konsequent jegliche medikamentöse Behandlung ab.

Ich beabsichtige, in folgende ärztliche Behandlung auch gegen den natürlichen Willen meiner Betreuten einzuwilligen, und beantrage die entsprechende gerichtliche Genehmigung:

- zweiwöchentliche Gabe eines Depots … ml Zyprexa intramuskulär für die Dauer von insgesamt sechs Wochen, also drei Gaben, erforderlichenfalls unter Einsatz unmittelbaren Zwanges bzw. der Anwendung von kurzfristigen Fixierungsmaßnahmen
- … Einstiegsdosierung, Alternativen bei auftretenden Nebenwirkungen, …

Frau S befindet sich aufgrund eines akuten Schubes ihrer bekannten psychischen Erkrankung seit zwei Wochen in stationärer Behandlung. Sie hatte im Vorfeld versucht, ihre Medikation zu reduzieren. Sie ist weiterhin sehr wahnhaft, äußert Vergiftungsängste, fühlt sich verfolgt und bedroht …

Ein Aufklärungsgespräch mit mir und meiner Betreuten hat bereits stattgefunden.

Unbehandelt droht die Gefahr, dass sie weiter abmagert, was zu organischen Schäden führen kann. Die Ängste, die sie erlebt, schränken ihre Lebensfreude schon jetzt erheblich ein. … Zudem droht die Chronifizierung, sodass Frau S ihre sozialen Bezüge verlieren würde … (Nummer 1).

Aktuell zeigt sich Frau S nicht krankheitseinsichtig. Sie verkennt die Realität und ist nicht mehr in der Lage, ihre Erkrankung als Ursache ihres Erlebens zu erkennen. Erst bei meinem heutigen Besuch berichtete sie mir von den Nachbarn, die sie weiterhin ausspionieren und versuchen würden, ihr Gift ins Essen zu mischen … (Nummer 2).

In guten Phasen erkennt Frau S, dass sie psychisch erkrankt ist und einer neuroleptischen Medikation bedarf. Aus vielen Vorgesprächen weiß ich, dass sie in einer Situation wie jetzt einer Behandlung zustimmen würde … (Nummer 3).

Schon vor der Unterbringung ist leider vergeblich versucht worden, ihr die Notwendigkeit der Medikation deutlich zu machen. Seit ihrem Aufenthalt wird intensiv mit ihr über die Situation gesprochen. Ich konnte mich davon überzeugen, dass in den regelmäßigen Visiten, aber auch im Rahmen vieler Einzelgespräche einfühlsam versucht worden ist, Frau S von der Notwendigkeit zu überzeugen. Gestern wurde ein gemeinsames Gespräch mit der behandelnden Ärztin und dem Bezugstherapeuten geführt. Nun verdächtigt sich auch schon mich, mit den Nachbarn unter einer Decke zu stecken. Ich habe den Eindruck, dass sich der Wahn immer mehr verfestigt und Frau S keinerlei Argumenten mehr zugänglich ist … (Nummer 4).

Andere Maßnahmen zur Vermeidung des Zwanges sind gescheitert. Weder die Verlegung auf eine andere Station noch das Angebot einer anderen Medikation oder alternativer Behandlungsmethoden … sind von Frau S aufgegriffen worden … (Nummer 5).

Aufgrund der Erfahrung besteht die Hoffnung, dass die Depotgabe des bereits bekannten Medikamentes sehr schnell Wirkung zeigt. Frau S dürfte schon nach kurzer Zeit ihre Ängste verlieren und wieder in der Lage sein, über die weitere Behandlung selbst zu entscheiden. Augenblicklich ist ihr Leidensdruck sehr hoch. Ich gehe davon aus, dass bei Frau S mit Vorlage einer gerichtlichen Genehmigung kein körperlicher Zwang angewendet werden muss. Die Gefahr einer Traumatisierung halte ich für gering … (Nummer 6).

Die Station …, auf der sich Frau S derzeit befindet, ist geeignet, die Maßnahme medizinisch wie therapeutisch zu begleiten. Nachgespräche sind geplant … (Nummer 7).

Insgesamt habe ich den Eindruck, dass meine Betreute unter ihren Ängsten sehr leidet und selbst einer Behandlung zustimmen würde, wenn sie erkennen würde, dass diese Ängste Ausdruck ihrer Erkrankung sind.

Wegen des bereits bestehenden Leidensdruckes und weil sich der Gesundheitszustand weiter verschlechtert, bitte ich, wie telefonisch besprochen, um zeitnahe Prüfung.

Ich bitte, nicht wieder Herrn Dr. B mit dem Gutachten zu beauftragen. Von diesem fühlte sich meine Betreute sehr eingeschüchtert.

Die konkrete Durchführung wird der Verantwortung der Oberärztin ... obliegen und dokumentiert werden.

Mit freundlichen Grüßen

____

Betreuerin ...

III. Tätigkeit des Gerichtes, Genehmigungsverfahren nach §§ 312 ff. FamFG

Das Gericht wird zwar nicht von sich aus tätig, hat aber bei Vorliegen des Antrages von Amts wegen tätig zu werden und eigenständig zu ermitteln. Es gilt der Amtsermittlungsgrundsatz nach § 26 FamFG. Das Gericht kann vom Betreuer weitere Informationen erbitten, die Ermittlungsschritte muss es jedoch selbst durchführen.

Praxishinweis

▶ *Das Gericht kann den Betreuer nicht verpflichten, ein ärztliches Zeugnis vorzulegen. Das Gericht hat von Amts wegen selbst zu ermitteln.*

Für die reinen Betreuungsverfahren gelten die §§ 271 bis 311 FamFG. §§ 312 bis 339 FamFG sind ähnlich aufgebaut. Sie sind für betreuungsrechtliche freiheitsentziehende Unterbringungen nach § 1831 Absatz 1 BGB, freiheitsentziehende Maßnahmen nach § 1831 Absatz 4 BGB und ärztliche Zwangsmaßnahmen nach § 1832 anwendbar und für die öffentlich-rechtlichen Unterbringungsverfahren nach Landesrecht, § 312 FamFG.

Die Vorschriften zum Verfahren dienen der Durchsetzung des materiellen Rechts, also den Rechten des Betroffenen. **Das Genehmigungsverfahren ist kein Selbstzweck.** Die Regelungen sind einerseits zwingendes Recht, andererseits am Interesse des Betroffenen auszurichten, weil es **seine Rechte** sind.

Merksatz

▶ *Der Betroffene steht im Mittelpunkt des Verfahrens und darf nicht zu seinem Objekt werden. Die Betreuer sollten – neben den Verfahrenspflegern – darauf achten, dass die Rechte ihrer Betreuten auch im betreuungsgerichtlichen Verfahren gewahrt werden.*

1. Zuständigkeit (§ 313 FamFG)

Jedes Amtsgericht hat ein Betreuungsgericht. Vorrangig zuständig ist das Gericht, bei dem die Betreuung geführt wird. Auch wenn sich der Betreute aktuell in einem anderen Gerichtsbezirk aufhält, sollte der Antrag dort gestellt werden, wo das Betreuungsverfahren geführt wird. Dort befindet sich schließlich auch die Betreuungsakte. Bei Eilbedürftigkeit ist auch von Beginn an das andere Gericht vor Ort zuständig. Sinnvolle (aber leider nicht durchgängige) gerichtliche Praxis wäre in jedem Fall eine sofortige **isolierte Abgabe des Unterbringungsverfahrens** nach § 314 FamFG.[124] Damit wird das Gericht am Ort zuständig und führt nicht nur eine Anhörung im Wege der Rechtshilfe durch, was nach § 319 Absatz 4 FamFG vermieden werden soll, sondern kann eigenständig sämtliche Entscheidungen treffen, vom Gutachtenauftrag über die Bestellung eines Verfahrenspflegers bis zur Entscheidung in der Sache. Der Betreuer kann nur darauf hinwirken, dass die beiden Gerichte miteinander kommunizieren. Es ist in der Regel sachgerecht, wenn die Ermittlungstätigkeit und die Entscheidungsbefugnis in einer Hand liegen. Eine Abgabe des Unterbringungsverfahrens sollte dann nicht erfolgen, wenn auch dem Gericht des Betreuungsverfahrens eine persönliche Anhörung vor Ort zumutbar ist. Wird dagegen das Betreuungsverfahren an ein anderes Gericht abgegeben, ist auch das Unterbringungsverfahren von dieser Abgabe umfasst.

2. Beteiligte (§ 315 FamFG)

Das Gesetz kennt entsprechend § 7 i.V.m. § 315 FamFG sogenannte Muss- und Kann-Beteiligte.

Zu beteiligen sind immer

- der Betroffene,
- der Betreuer oder Bevollmächtigte, auch bei der öffentlich-rechtlichen Unterbringung (!) und unabhängig vom Aufgabenkreis (!),
- der bestellte Verfahrenspfleger,
- die Betreuungsbehörde auf Antrag.

Beteiligt werden können gemäß Absatz 4 im Interesse des Betroffenen Angehörige, Vertrauenspersonen, Heimleiter.

Merksatz

▶ *Wer förmlich am Verfahren beteiligt ist, hat **Verfahrensrechte**, ist also über alle Ermittlungsschritte in Kenntnis zu setzen, darf Akteneinsicht nehmen, kann Anträge stellen und Rechtsmittel einlegen.*

3. Sachverständigengutachten (§ 321 FamFG)

Das Gericht hat gemäß § 321 FamFG vor der Unterbringungsmaßnahme im Wege einer förmlichen Beweisaufnahme ein Gutachten einzuholen. Das Gutachten des Sachverständigen spielt im gerichtlichen Genehmigungsverfahren eine entscheidende Rolle. Es hat aber ausschließlich die Aufgabe, den fehlenden Sachverstand des Gerichtes auszugleichen und nicht eine eigene Empfehlung oder Indikation zu erarbeiten. Der Sachverständige wird als **Gehilfe des Gerichts** bezeichnet. Er wird typischerweise benötigt, wenn es um die Ver-

124 Engelfried, 2. Kapitel 5. b).

mittlung von Fachwissen geht, welches das Gericht selbst nicht hat und zur eigenen rechtlichen Bewertung benötigt.[125]

Daher ist es grundsätzlich problematisch, ein Gutachten des behandelnden Arztes zu verwenden. Ein Sachverständiger hat unbefangen zu sein.

Bei einer freiheitsentziehenden Maßnahme nach § 1831 Absatz 4 BGB reicht ein **ärztliches Zeugnis**, Absatz 2. Dieses kann zur Erleichterung des Verfahrens vom Betreuer oder vom Heim eingereicht werden. Das Gericht kann aber auch nach eigenem Ermessen ein Gutachten einholen und sollte das in geeigneten Verfahren auch tun.

a. Auswahl

Der Gutachter „soll" Facharzt für Psychiatrie sein, er muss Erfahrung auf dem Gebiet der Psychiatrie haben. Geht es um eine ärztliche Zwangsmaßnahme nach § 1832 BGB, soll er nicht der zwangsbehandelnde Arzt sein. Ausnahmen müssen also begründet werden. Bei Verlängerungen ist § 329 Absatz 2 Satz 2 und Absatz 3 FamFG zu beachten – bei Langzeitunterbringungen von mehr als vier Jahren und Zwangsbehandlungen von mehr als zwölf Wochen. Die Auswahl trifft das Gericht nach pflichtgemäßen Ermessen.[126] Betroffene und Betreuer sowie weitere Beteiligte können sich äußern.

Ob es geboten ist, den behandelnden Arzt zu beauftragen, ist im Einzelfall zu entscheiden und sollte eher die Ausnahme sein.[127] Er unterliegt der **ärztlichen Schweigepflicht.**[128] Der Betreuer hat die Befugnis, im Rahmen der Gesundheitssorge den behandelnden Arzt von der Schweigepflicht zu entbinden, wenn er dies nach § 1821 BGB für erforderlich und geboten hält. Nach der Rechtsprechung ist das Gutachten allerdings auch dann verwertbar, wenn eine Entbindung nicht vorgelegen hat. Bei einer Unterbringung ist dies jedenfalls rechtlich möglich, bei einer Zwangsbehandlung ist es zu vermeiden und als Ausnahme besonders zu begründen. Ein entscheidendes Kriterium ist die Frage, ob der Betroffene in der Auswahl des Sachverständigen ein **faires Verfahren** erkennen kann. Das Gericht hat im Genehmigungsverfahren eine neutrale unabhängige Kontrollfunktion.

Praxishinweis

▶ *Wenn sich der Betroffene bereits in der Klinik befindet – noch auf freiwilliger Basis – und die Station bei der Äußerung eines Entlassungswunsches mit „dem Beschluss" droht, sollte der behandelnde Arzt gerade nicht beauftragt werden. Dann setzt sich die Klinik durch und es ist von vornherein klar, was die Empfehlung des Gutachters sein wird. Das ist kein rechtsstaatliches faires Verfahren. Gegen die Beauftragung des behandelnden Arztes kann auch sprechen, dass das therapeutische Verhältnis durch diese Doppelrolle beeinträchtigt werden kann. Dies sollte das Gericht mit dem Arzt vorher erörtern.*

125 Diekmann, BtPrax 2015, 169.
126 BtKomm/Dodegge, Teil G Rn. 247 ff.
127 Einzelheiten bei Engelfried, 2. Kapitel 5. c) (3).
128 Jürgens/Marschner, § 321 FamFG Rn. 5.

Bei der Genehmigung einer ärztlichen Zwangsmaßnahme nach § 1832 BGB ist die Beauftragung eines **externen Sachverständigen** die Regel, Ausnahmen sind zu begründen. Eine Genehmigung, die sich allein auf die Äußerungen einer Stationsärztin bezieht, ist rechtswidrig.[129] In dem gerichtlichen Verfahren ist u.a. die medizinische Indikation einer Zwangsbehandlung zu überprüfen. Hier ist unbedingt eine unabhängige Prüfung anzustreben. Wohlgemerkt: Der Sachverständige hat in seinem Gutachten nicht selbst eine Indikation zu stellen. Dies ist und bleibt allein in der Verantwortung der behandelnden Ärzte. Der Sachverständige hat nur das Gericht bei der Überprüfung und Bewertung zu unterstützen.

Nur in Ausnahmesituationen, wenn z.B. das Gericht in einer besonderen Gefährdungslage und besonderer Eilbedürftigkeit trotz aller Bemühungen keinen externen Gutachter findet, der die Begutachtung zeitnah durchführen kann, mag es in Abwägung der Vor- und Nachteile einen **behandelnden Arzt** beauftragen.[130] Die Beauftragung eines Arztes der Nachbarstation ist jedoch keine gute Lösung. Je größer der Leidensdruck des Betroffenen und je offensichtlicher die Notwendigkeit einer Maßnahme ist, umso eher kann im Interesse des Betreuten die schnellere Lösung ausnahmsweise der bessere Weg sein. Das Verfahren ist kein Selbstzweck. Es soll den Rechten des Betroffenen dienen.

b. Förmliches Beweisverfahren

Das Gesetz erfordert gemäß 30 FamFG i.V.m. § 358 ZPO zwar nicht zwingend einen schriftlichen Beweisbeschluss.[131] Der Betroffene, der Betreuer und die weiteren Beteiligten müssen aber **vor** der Begutachtung Mitteilung vom Gericht erhalten haben, wer mit welcher Fragestellung beauftragt wurde.[132]

(Fern-)Mündlich kann also ein Gutachtenauftrag an den Arzt nicht erteilt werden, wenn nicht gleichzeitig die Beteiligten darüber informiert werden. Deswegen sollte die Beweisanordnung regelmäßig durch einen schriftlich ergangenen Beschluss erfolgen, der den Beteiligten formlos zu übermitteln ist.[133]

Merksatz

▶ *Da der Betreuer auch am öffentlich-rechtlichen Unterbringungsverfahren beteiligt ist, ist auch ihm der in einem solchen Verfahren ergangene Gutachtenauftrag bekannt zu machen.*

Es muss **vor** der Begutachtung bekannt sein, wer mit welcher Fragestellung beauftragt ist. Ist ausnahmsweise der behandelnde Arzt beauftragt worden, darf er das Gutachten nicht auf seine bisherigen Kenntnisse stützen. Er muss zur Erstellung des Gutachtens ein gesondertes Gespräch mit dem Betroffenen führen, in dem er zu Beginn mitteilt, dass dieses Gespräch zur Grundlage eines Gutachtens dient.[134] Unterlässt er dies, liegt kein Gutachten

129 BGH BtPrax 2015, 204.
130 Jürgens/Marschner, § 321 FamFG Rn. 4.
131 BGH BtPrax 2015, 204.
132 BVerfG BtPrax 2022, 142 sowie 26 und 98, zwar zu § 280 FamFG, aber auch hier einschlägig.
133 Diekmann, BtPrax 2015, 169.
134 BGH FamRZ 2022, 1728 = BtPrax 2022, 225 (LS).

vor, selbst wenn es so bezeichnet wird. Es ist dann ggf. als ein ärztliches Zeugnis zu verwerten.

Merksatz

▶ *Nicht immer, wenn „Gutachten" drübersteht, ist auch ein Gutachten drin!*

„Gutachten", die von Beteiligten dem Gericht vorgelegt werden, sind ebenfalls nicht als Gutachten zu verwerten.

Der Betroffene wie die Beteiligten können einen Gutachter **ablehnen**, und zwar wegen der Besorgnis der Befangenheit, § 30 FamFG, § 406 ZPO. Im Verfahren gilt der Betroffene gemäß § 316 FamFG unabhängig von seiner sonstigen Geschäftsfähigkeit als verfahrensfähig.

c. Inhalt und Verwertung des Gutachtens

Das Gutachten ist in aller Regel **schriftlich** zu erstatten. Wenn es in der Anhörung zu Protokoll gegeben wird, muss es den Beteiligten in geeigneter Form zugänglich gemacht werden. Es hat darzulegen, auf welche fremdanamnestischen Informationen und Anknüpfungstatsachen es sich stützt, zu beschreiben, wie die Begutachtung erfolgt ist, und auf die im Beweisbeschluss formulierten Fragen einzugehen. Es muss in sich schlüssig und das Ergebnis nachvollziehbar sein.[135] Es hat sich auf die medizinischen Feststellungen zu beschränken.[136] Der Gutachter mag eine Empfehlung abgeben, die Entscheidung trifft aber das Gericht nach einer eigenen rechtlichen Bewertung und Abwägung. Eine gutachterliche Äußerung, eine Unterbringung sei alternativlos, ist also missverständlich.

In einem Gutachten zur ärztlichen Zwangsbehandlung soll der Sachverständige keinen eigenen Vorschlag zur Behandlung unterbreiten, sondern überprüfen, ob die Medikation oder der Eingriff, in den der Betreuer einwilligen will, **nach medizinischen Standards vertretbar** ist. Problematisch wird es, wenn der Gutachter anderer Auffassung ist und eine andere Zwangsbehandlung, konkret ein anderes Mittel, vorschlägt. Der behandelnde Arzt kann nicht verpflichtet werden, eine Behandlung durchzuführen, die er selbst nicht für indiziert hält. Hier ist gemeinsam eine Lösung zu finden.

Nur wenn die Begutachtung schon vor der Unterbringung oder dem Krankenhausaufenthalt erfolgt, hat sich der Sachverständige auch zu einem möglichen Behandlungsplan zu äußern.

Den Beteiligten ist das Gutachten **vor** der Entscheidung zur Verfügung zu stellen. Dem Betroffenen ist es spätestens mit der Anhörung zu eröffnen, soweit möglich ebenfalls vorher. Es dient der **Gewährung rechtlichen Gehörs.** Die Übersendung an den Verfahrenspfleger ist kein Ersatz.[137]

135 BtKomm/Dodegge, Teil G Rn. 241; Engelfried, 2. Kapitel 5. c) (2); Diekmann, BtPrax 2015, 169.
136 Interdisziplinäre Arbeitsgruppe zu Qualitätskriterien für Gutachten, BtPrax 2011, 145 ff.
137 Ständige, immer wieder notwendige Rechtsprechung des BGH, z.B. BtPrax 2017, 29 und 196; 2015, 204; 2013, 254 in ständiger Rspr.

Das Gericht darf von der Bekanntgabe nur absehen, wenn nach § 325 FamFG von der Übersendung erhebliche gesundheitliche Nachteile zu erwarten sind. Steht jedoch bei einem fortgeschritten demenzerkrankten Heimbewohner fest, dass er gar nicht in der Lage ist, das Gutachten zu lesen, und besteht die Gefahr, dass es für alle offen zugänglich in seinem Zimmer rumliegt, bestehen gute Gründe, von dieser Verpflichtung ausnahmsweise abzusehen und das Gutachten stattdessen zur Gewährung rechtlichen Gehörs dem Verfahrenspfleger zu übersenden. Dann muss dieser das Gutachten mit ihm besprechen.

Das Gericht hat zwar kein eigenes medizinisches Fachwissen, das es über die Feststellung des Gutachtens stellen darf, es hat aber eine **eigene rechtliche Bewertung** durchzuführen. Es muss zunächst den Inhalt und die Folgerungen auf seine Schlüssigkeit überprüfen. Das Gutachten selbst muss daher so formuliert sein, dass auch ein Richter die Gedankengänge des Sachverständigen nachvollziehen kann. Daraufhin muss er die Aussagen kritisch würdigen und überprüfen sowie sich ein eigenes Bild von der Richtigkeit des vom Sachverständigen gebotenen Ergebnisses machen.[138] Bei offenen Fragen kann er um Ergänzung bitten. Das Gericht kann selbstverständlich entgegen einer entsprechenden Empfehlung die Genehmigung verweigern, wenn es zu einer anderen rechtlichen Abwägung der Verhältnismäßigkeiten kommt. Es kann sich aber nicht ohne Weiteres über die medizinischen Feststellungen hinwegsetzen.

Soweit der Betreute vermögend ist, hat er die Kosten des Gutachtens als Gerichtskosten zu tragen.

d. Vorführung und Unterbringung zur Begutachtung

Der Betroffene muss zwar nicht aktiv mitwirken, die gerichtliche Anordnung der Begutachtung verpflichtet ihn aber zur Duldung. Wenn ausreichend Anhaltspunkte für eine Genehmigung vorliegen und eine Gefährdung zu befürchten ist – Begutachtungen ins Blaue hinein sind nicht gerechtfertigt –, kann das Gericht nach **§ 322 FamFG** im Rahmen der Verhältnismäßigkeit eine Vorführung zur ambulanten Untersuchung entsprechend **§ 283 FamFG** oder, wenn auch dies nicht zielführend ist, eine Unterbringung zur Begutachtung entsprechend **§ 284 FamFG** anordnen. Da diese Maßnahmen im Rahmen des Genehmigungsverfahrens erfolgen, handelt es sich um eine Ermittlungstätigkeit des Gerichtes und ist von diesem durchzuführen und zu verantworten.[139] Das Gericht hat dabei die Betreuungsbehörde um Hilfe zu bitten, nicht der Betreuer. Die Unterbringung zur Begutachtung, der eine richterliche Anhörung zwingend vorausgegangen sein muss, ist auf maximal sechs Wochen zu begrenzen, ist in der Regel aber deutlich kürzer zu halten – eben so lange es dauert, um die Untersuchung zur Begutachtung durchzuführen. Diese Unterbringung ist nicht zu verwechseln mit einer Unterbringung zur Untersuchung des Gesundheitszustandes nach § 1831 Absatz 1 Nummer 2 BGB. Aber auch hier gilt der Grundsatz der Verhältnismäßigkeit. Es müssen also ausreichende Anhaltspunkte dafür vorliegen, dass mit überwiegender Wahrscheinlichkeit die beantragte Maßnahme zulässig ist.

138 BGH BtPrax 2022, 73.

139 Zu weiteren Einzelheiten siehe Engelfried 2. Kapitel 8.; BtKomm/Dodegge, Teil G 264 ff.

Das Gericht muss den Betroffenen angemessen informieren. Die Anhörung dient auch dem Zweck, den Betroffenen auf die Folgen einer Verweigerung der angeordneten Untersuchung hinzuweisen, sie kann insoweit auch schriftlich ergehen.[140]

Der Betreuer sollte für seinen Betreuten in dem Verfahren insoweit unterstützend tätig werden, dass er das ihm Mögliche unternimmt, um die Zwangsanwendung gering zu halten. Wird der Betreute zur Untersuchung vorgeführt und findet gleichzeitig die richterliche Anhörung zur Unterbringung statt, hat der Betreuer anwesend zu sein. Denn wenn der Sachverständige zu dem Ergebnis kommt, dass aus medizinischer Sicht die Voraussetzungen einer Unterbringung vorliegen, kann der Betreuer sogleich entscheiden, ob er die Unterbringung anordnen will, damit das Gericht sodann über die Genehmigung entscheiden kann mit ggf. sofort anschließender Zuführung in die Klinik.

4. Verfahrenspfleger (§ 317 FamFG)

a. Bei Unterbringungen

Das Gericht hat möglichst frühzeitig einen Verfahrenspfleger zu bestellen, der die rechtlichen Interessen des Betroffenen im Verfahren wahrnimmt, **§ 317 FamFG**. Die Bestellung im Genehmigungsbeschluss ist eindeutig zu spät. Sie sollte gleich nach Eingang des Antrages erfolgen, entweder eigenständig oder zusammen mit dem Gutachtenauftrag im Beweisbeschluss. Auch wenn die Bestellung bei einer Unterbringung nicht zwingend vorgesehen ist, sollte sie in allen Unterbringungsverfahren die Regel sein, sodass eine Ausnahme zu begründen ist. Im Verfahren zur Genehmigung der Einwilligung in eine Zwangsbehandlung ist die Bestellung inzwischen zwingend vorgeschrieben.

In der Praxis hat sich die Bestellung von **Rechtsanwälten** verbreitet, obwohl das Gesetz auch hier einen Vorrang des Ehrenamtes sieht. Zwar gehört es zum Kerngeschäft anwaltlicher Tätigkeit, Rechtsschutz bei Grundrechtseingriffen zu gewähren. Wenn ein Rechtsanwalt aber über keine speziellen Kenntnisse im Betreuungsrecht, geschweige denn im Unterbringungsrecht verfügt, ist er nicht unbedingt die beste Wahl. Dies gilt nun umso mehr, als der Gesetzbegeber mit dem Reformgesetz den Schwerpunkt der Aufgabe eines Verfahrenspflegers deutlich anders beschrieben hat.

§ 317 FamFG – Verfahrenspfleger (Auszug, Absatz 3)

(3) [1]Der Verfahrenspfleger hat die Wünsche, hilfsweise den mutmaßlichen Willen des Betroffenen festzustellen und im gerichtlichen Verfahren zur Geltung zu bringen. [2]Er hat den Betroffenen über Gegenstand, Ablauf und möglichen Ausgang des Verfahrens in geeigneter Weise zu informieren und ihn bei Bedarf bei der Ausübung seiner Rechte im Verfahren zu unterstützen. [3]Er ist nicht gesetzlicher Vertreter des Betroffenen.

So sind **erfahrene Betreuer** mitunter besser geeignet. Rechtlich bedenklich ist, dass das Gericht selbst die Person auswählt, die seine Tätigkeit überprüfen soll.[141]

Die Bestellung eines Verfahrenspflegers in einer Unterbringungssache soll die Wahrung der Belange des Betroffenen in dem Verfahren gewährleisten. Der Verfahrenspfleger hat daher

140 BVerfG BtPrax 2021, 188.
141 Engelfried, 2. Kapitel 5. g).

in erster Linie die Pflicht, dem Anspruch des Betroffenen auf **rechtliches Gehör** (Artikel 103 Absatz 1 GG) Geltung zu verschaffen; außerdem hat er den tatsächlichen oder mutmaßlichen Willen des Betreuten zu erkunden und in das Verfahren einzubringen.

Anders als der Betreuer in dem jeweiligen Aufgabenbereich ist er jedoch ***nicht*** **gesetzlicher Vertreter** des Betroffenen. Deshalb kann er auch nicht in Vertretung des Betroffenen ein Rechtsmittel einlegen, sondern nur in eigenem Namen. Außerdem kann das Gericht daher nicht auf Verpflichtungen gegenüber dem Betroffenen verzichten mit dem Argument, dass der Verfahrenspfleger an seiner Stelle beteiligt worden ist. Das ist nun in Satz 3 durch den Reformgesetzgeber ausdrücklich so geregelt.[142]

Nach Absatz 4 kann nur eine natürliche Person bestellt werden, also keine Institution, weder Verein noch Behörde.

Daneben ist es dem Betroffenen unbenommen, selbst einen Anwalt seines Vertrauens zu beauftragen. Ein bereits bestellter Verfahrenspfleger ist dann zu entlassen, § 317 Absatz 5 FamFG. Ist der Betroffene vermögenslos, hat er in der Regel Anspruch auf Verfahrenskostenhilfe. Da er gemäß § 316 FamFG verfahrensfähig ist, hat er ansonsten die Anwaltskosten, die aus dem Auftrag folgen, zu zahlen. Selbst ein Einwilligungsvorbehalt in der Vermögenssorge schützt ihn vor diesen Kosten nicht. Nur eine überhöhte Honorarvereinbarung wäre unwirksam.

Die Bestellung des Verfahrenspflegers endet gemäß Absatz 6 mit der Rechtskraft der Entscheidung, also mit Ablauf der Rechtsmittelfrist, was bei langfristigen Unterbringungen bedenklich ist.

b. Bei freiheitsentziehenden Maßnahmen – der „Werdenfelser Weg"

Bei freiheitsentziehenden Maßnahmen nach § 1831 Absatz 4 BGB kommt auch eine Pflegefachkraft als Verfahrenspfleger in Betracht, wie es im sogenannten Werdenfelser Weg[143] entwickelt wurde. 2007 hatte der Richter S. Kirsch am Amtsgericht Garmisch-Partenkirchen im Werdenfelser Land zusammen mit der örtlichen Betreuungsbehörde die Idee zu einer verfahrensrechtlichen Methode zur Vermeidung solcher Maßnahmen. Daraus hat sich ein bundesweites Erfolgsmodell entwickelt.[144] Dazu sind spezielle Verfahrenspfleger aus- oder fortzubilden, die möglichst selbst im pflegerischen Bereich beruflich tätig sind. Sie verfügen über spezielle Kenntnisse zur Ursache von Unruhen und Sturzneigungen, zu alternativen Methoden und schließlich zur Vermeidung freiheitsentziehender Maßnahmen. Im konkreten gerichtlichen Verfahren bringen sie diese Kenntnisse ein. Mit ihrer Stellungnahme gehen sie damit zwar über die eigentliche Funktion eines Verfahrenspflegers hinaus und nehmen eine gutachterliche Aufgabe wahr. Aber der Zweck heiligt die Mittel.[145] Der Erfolg ist beeindruckend.

---

142 BT-Drucks. 19/24445, S. 330.

143 Kirsch/Wassermann, BtPrax 2009, 109.

144 Beckmann, BtPrax 2014, 53; Wassermann/Kirsch, BtPrax 2017, 180; Neldel, BtPrax 2017, 182; Heimkreiter, BtPrax 2017, 186; BtKomm/Dodegge, Teil G Rn. 125; Engelfried, 2. Kapitel 4. e).

145 Engelfried, 2. Kapitel 4. e).

5. Anhörung

Die in § 319 FamFG vorgeschriebene richterliche Anhörung dient zum einen der **Gewährung rechtlichen Gehörs**. Der Betroffene muss im persönlichen Gespräch die Möglichkeit erhalten, seine Position darzulegen. Er muss sich zu dem Antrag des Betreuers, dem Gutachten und den sonstigen entscheidungserheblichen Umständen äußern können. Entsprechend ist die Anhörung zu gestalten. Zum anderen muss sich das Gericht durch die Anhörung einen **eigenen Eindruck** verschaffen.[146] Da sich das Gericht von den Voraussetzungen überzeugen muss, hat es festzustellen, ob es die Darlegungen im Antrag und im Gutachten bestätigt findet. Der Betreuer kann als Beteiligter seine Anwesenheit in der Anhörung verlangen. Der Verfahrenspfleger ist über den Termin rechtzeitig zu informieren.[147]

Anhörungen zur Unterbringung sollen nicht im Wege der Rechtshilfe erfolgen, Absatz 4. Vielmehr sollte das Unterbringungsverfahren an das Gericht des aktuellen Aufenthaltes abgegeben werden (siehe dazu oben II. 1.).

6. Beschlussfassung und Wirksamwerden

§ 323 FamFG ergänzt die Vorschriften der §§ 38 und 39 FamFG im Allgemeinen Teil. Die nähere Bezeichnung der Unterbringungsmaßnahme hängt von der Art der konkret genehmigten oder angeordneten Maßnahme ab. Bei der Genehmigung einer betreuungsrechtlichen Unterbringung nach § 1831 Absatz 1 BGB ist die Art der Unterbringungseinrichtung (Klinik, Heim etc.) zu bezeichnen. Die konkrete Einrichtung hat das Gericht dagegen nicht festzulegen. Dies obliegt dem Betreuer.[148]

Wird dem Betreuer eine freiheitsentziehende Maßnahme nach § 1831 Absatz 4 BGB genehmigt, ist die konkrete Maßnahme nach Zeit oder Dauer, Ort, bei medikamentösem Freiheitsentzug die Art der Verabreichung zu bezeichnen.

In der Genehmigung einer Einwilligung in eine ärztliche Zwangsmaßnahme nach § 1832 BGB ist die beabsichtigte Behandlungsmaßnahme hinsichtlich des Arzneimittels, der Wirkstoffgruppe und Dosierung sowie der Verabreichungshäufigkeit, ggf. der Behandlungsalternativen konkret zu bezeichnen. Außerdem ist im Tenor anzugeben, dass die ärztliche Zwangsmaßnahme unter Verantwortung eines Arztes durchzuführen und zu dokumentieren ist.

Das Gericht muss weiter in seiner Entscheidung nach § 323 Nummer 2 FamFG den **Zeitpunkt** angeben, zu dem die Unterbringungsmaßnahme endet. Eine Unterbringungsgenehmigung ist gemäß **§ 329 FamFG** auf ein Jahr zu begrenzen, nur in Ausnahmefällen bis zu zwei Jahren. Dies ist z.B. möglich bei Unterbringungen von an Demenz erkrankten Heimbewohnern. Achtung: Die Genehmigung einer Einwilligung in eine ärztliche Zwangsmaßnahme nach § 1832 BGB darf die Dauer von **sechs Wochen** nicht überschreiten, § 329 Absatz 1 Satz 2 FamFG. Verlängerungen sind jeweils möglich.

Der Beschluss ist den Beteiligten bekannt zu geben, § 41 FamFG. Es gibt mehrere Möglichkeiten des „**Wirksamwerdens**“, **§ 324 FamFG**. Danach wird eine Unterbringungsent-

146 BtKomm/Dodegge, Teil G Rn. 209 ff.
147 BGH BtPrax 2022, 138.
148 Jürgens/Marschner, § 323 Rn. 3.

scheidung – anders als sonstige Betreuungsbeschlüsse – erst mit Rechtskraft wirksam, wenn nichts anderes angeordnet wird. Die Rechtskraft tritt somit erst mit Ablauf der Rechtsmittelfrist ein. Diese beträgt bei einer „normalen" Genehmigung einen Monat, bei einer einstweiligen Anordnung zwei Wochen. Nach § 324 Absatz 2 kann das Gericht aber die sofortige Wirksamkeit anordnen und macht von dieser Möglichkeit überwiegend Gebrauch, da die meisten Unterbringungsentscheidungen eilbedürftig sind. Damit wird der Regelfall von Absatz 1 zur Ausnahme. Die Anordnung der sofortigen Wirksamkeit erfolgt zusammen mit dem Beschluss entweder durch mündliche oder schriftliche Bekanntgabe gegenüber Betroffenen, dem Betreuer oder Verfahrenspfleger oder gemäß Nummer 2 an einen Dritten zum Zwecke des Vollzuges, in der Regel gegenüber der Einrichtung, oder durch Übergabe des schriftlichen Beschlusses an die Geschäftsstelle des Gerichts.

IV. Einstweilige Anordnungen – Eilverfahren

Nach der Vorstellung des Gesetzes ist der Erlass einer einstweiligen Anordnung der Ausnahmefall, in der Praxis stellt er allzu häufig den Regelfall dar. Bei besonderer Eilbedürftigkeit sieht das Gesetz verschiedene Möglichkeiten vor, Entscheidungen zu treffen, auch wenn noch nicht alle Verfahrensschritte durchgeführt werden konnten. Die Eilbedürftigkeit darf nicht vorgeschoben werden, um die Ermittlungen zu erleichtern. Die Entscheidung darf nur „**vorläufig**" ergehen und die ausgelassenen Ermittlungsschritte sind **nachzuholen**. In manchen Situationen ist aber bereits ein Eingriff erfolgt, z.B. bei der Zwangsbehandlung, der nicht mehr rückgängig gemacht werden kann. Außerdem setzt sich das Gericht in der Tendenz dahingehend selbst unter Druck, die zunächst vorläufig ergangene Anordnung möglichst zu bestätigen.

Praxishinweis

▶ *Es sollte also gut überlegt sein – auch vom Betreuer –, ob im Interesse und zum Schutz der betreuten Person tatsächlich eine derartige Eilbedürftigkeit besteht, die das Übergehen der Verfahrensgarantien rechtfertigt.*[149]

1. Notfall

Unabhängig von den Vorschriften des Betreuungs- und des Verfahrensrechts ist bei extremen Notfällen ein Handeln nach Notfallgesichtspunkten denkbar („Not kennt kein Gesetz"). Aber auch ein solcher muss verhältnismäßig sein und sich in betreuungsrelevanten Situationen an dem mutmaßlichen Willen der betreuten Person orientieren. Ein Eingriff in das Freiheitsrecht ist nur gerechtfertigt, wenn die Rechtsgüter Leib und Leben gefährdet sind und ein rechtsstaatliches Verfahren nicht mehr durchgeführt werden kann. Häufig werden die §§ 32 und 34 genannt, ohne sie jedoch zu kennen. Sie gehören zum Strafrecht. Bei einer Fremdgefährdung kommt die Notwehr, bei einer Eigengefährdung auch der Notstand als Rechtfertigung in Betracht.

149 Engelfried, 2. Kapitel 6. a).

§ 32 StGB – Rechtfertigende Notwehr

Wer eine Tat begeht, die durch Notwehr geboten ist, handelt nicht rechtswidrig. Notwehr ist die Verteidigung, die erforderlich ist, um einen gegenwärtigen rechtswidrigen Angriff von sich oder einem anderen abzuwenden.

§ 34 StGB – Rechtfertigender Notstand

Wer in einer gegenwärtigen, nicht anders abwendbaren Gefahr für Leben, Leib, Freiheit, Ehre, Eigentum oder ein anderes Rechtsgut eine Tat begeht, um die Gefahr von sich oder einem anderen abzuwenden, handelt nicht rechtswidrig, wenn bei Abwägung der widerstreitenden Interessen, namentlich der betroffenen Rechtsgüter und des Grades der ihnen drohenden Gefahren, das geschützte Interesse das beeinträchtigte wesentlich überwiegt. Dies gilt jedoch nur, soweit die Tat ein angemessenes Mittel ist, die Gefahr abzuwenden.

Wer also glaubt, dass sich hinter diesen Vorschriften die Befugnis zur Fixierung ohne Genehmigung bis zu 24 Stunden verbirgt, irrt.

2. Eilkompetenz des Betreuers

Schon vor Beginn des gerichtlichen Genehmigungsverfahrens hat der Betreuer – soweit sein Aufgabenkreis dies hergibt – nach **§ 1831 Absatz 2 Satz 2 BGB** die Befugnis, die Unterbringung auch ohne Genehmigung anzuordnen, wenn mit dem Aufschub Gefahr verbunden ist. Da der Betreuer aber keine Befugnis zur Gewaltanwendung hat, findet diese Regelung typischerweise nur dann einen Anwendungsfall, wenn sich der Betroffene bereits in der Klinik befindet und dort gegen seinen Willen festgehalten werden soll.[150] Dann reicht die Weisung durch den Betreuer aus und eine PsychKG-Unterbringungsanordnung ist nicht erforderlich (siehe dazu oben I. und Kapitel B. I.). Um dies sicherzustellen, bietet es sich an, diese Anordnung dem Krankenhaus schriftlich zu überlassen und sie zeitgleich mit dem entsprechenden Antrag ans Gericht zu faxen.

> An das Krankenhaus XY
> Station ...
> PLZ Musterhausen
>
> Sehr geehrte Damen und Herren,
>
> als rechtlicher Betreuer von Frau U. ... mache ich im Rahmen des mir übertragenen Aufgabenbereiches „Entscheidung über die Unterbringung ..." von meiner rechtlichen Befugnis Gebrauch und erteile hiermit die Weisung zur freiheitsentziehenden Unterbringung meiner Betreuten in Ihrer Klinik. Die gerichtliche Genehmigung habe ich zeitgleich beantragt. Bis zur Entscheidung des Betreuungsgerichts reicht diese Erklärung für den Freiheitsentzug aus.
>
> Anlage: Kopie des Betreuerausweises, ggf. Antragschreiben

Achtung: Bei der Zwangsbehandlung nach § 1832 BGB gibt es eine solche Befugnis **nicht**. Soweit erforderlich, muss der Arzt in eigener Verantwortung Zwang anwenden. Soweit

150 Engelfried, 2. Kapitel 6. c).

der Betreuer erreichbar ist, hat er allerdings eine Entscheidung zu treffen, ob er in die indizierte medizinische Behandlung als solche einwilligt oder nicht.

3. Einstweilige Anordnungen des Gerichts

a. § 1867 BGB

Im Regelfall hat der Betreuer (oder der Bevollmächtigte) die Unterbringung anzuordnen. Dem Gericht kommt lediglich eine genehmigende Funktion zu (siehe dazu oben Kapitel B. I.).

Das Gericht hat jedoch bei besonderer Eilbedürftigkeit schon vor der Bestellung eines Betreuers oder bei dessen vorübergehender Verhinderung gemäß § 1867 BGB die Möglichkeit, selbst anstelle des noch zu bestellenden oder verhinderten Betreuers die notwendige Maßnahme für den Betroffenen zu veranlassen. Bei der freiheitsentziehenden Unterbringung nach § 1831 BGB übt das Gericht dann eine **Doppelfunktion** aus, sowohl die des anordnenden Betreuers als auch die des genehmigenden Gerichtes.[151] Dem Betroffenen geht dadurch eine kontrollierende „Instanz" verloren. Das Gericht hat zeitgleich ein Betreuungsverfahren einzuleiten, um schnellstmöglich einen Betreuer oder einen Verhinderungsbetreuer (vorläufig) zu bestellen.[152] Dieser hat dann eigenständig zu entscheiden, ob er an der vom Gericht veranlassten Maßnahmen festhält oder nicht.

Das Gericht hat nur im Ausnahmefall und im Interesse des Betroffenen von dieser rechtlichen Möglichkeit Gebrauch zu machen. Vorrangig hat es zu versuchen, einen (vorläufigen) Betreuer zu bestellen. Eine vorläufige Unterbringungsanordnung nach § 1867 BGB ist also nur zulässig, wenn sowohl dringende Gründe für die Annahme bestehen, dass die Voraussetzungen für die Bestellung eines Betreuers gegeben sind, nicht mehr genügend Zeit verbleibt, einen geeigneten (vorläufigen) Betreuer zu bestellen, und auch die Voraussetzungen für eine Genehmigung der Unterbringung nach § 1831 im Wege der einstweiligen Anordnung vorliegen und letztlich mit einem Aufschub Gefahr verbunden wäre. Gemäß § 334 gelten die §§ 331, 332 und 333 FamFG entsprechend. § 1867 BGB ist nicht bei öffentlich-rechtlichen Unterbringungen anwendbar.

b. Vorläufige Genehmigungen im Wege der einstweiligen Anordnung

Das gerichtliche Verfahren kennt die einstweilige Anordnung nach **§ 331 FamFG** und die einstweilige Anordnung bei besonderer Dringlichkeit nach **§ 332 FamFG**. In beiden Fällen müssen ein dringender Handlungsbedarf sowie dringende Gründe für die Annahme bestehen, dass die Voraussetzungen für eine Genehmigung gegeben sind. Die Regelungen gelten für sämtliche Unterbringungsmaßnahmen nach § 312, also für freiheitsentziehende Unterbringungen nach § 1831 Absatz 1 BGB, für freiheitsentziehende Maßnahmen nach § 1831 Absatz 4 BGB, für ärztliche Zwangsmaßnahmen nach § 1832 BGB (mit Besonderheiten) und auch für öffentlich-rechtliche Unterbringungen. Vorliegen muss immer ein aussagekräftiges ärztliches Zeugnis. Bei besonderer Dringlichkeit, d.h. bei Gefahr im Verzug, kann die Anhörung des Betroffenen und des Verfahrenspflegers nachgeholt werden.

151 Kritisch Engelfried, 2. Kapitel 7.

152 BGH BtPrax 2002, 162; BtKomm/Dodegge, Teil G Rn. 340 ff.

Bei der Genehmigung einer **ärztlichen Zwangsmaßnahme** sollte die einstweilige Anordnung der **absolute Ausnahmefall** sein. Zum einen ist schon allein durch die Unterbringung ein Schutz des Betroffenen gewährleistet. Zum anderen muss festgestellt werden, dass die Voraussetzungen mit großer Wahrscheinlichkeit vorliegen. Dies setzt aber gerade einen Überzeugungsversuch voraus. Wenn dafür die Zeit reichen muss, reicht sie in der Regel auch aus, um sämtliche Verfahrensgarantien einzuhalten.[153]

Die einstweilige Anordnung ist gemäß § 333 FamFG auf maximal sechs Wochen zu begrenzen, bei der vorläufigen Genehmigung einer ärztlichen Zwangsmaßnahme auf zwei Wochen – jeweils mit Verlängerungsmöglichkeiten.

V. Beschwerdeverfahren/Rechtsmittel

Die Vorschriften über die Beschwerde auch in Unterbringungssachen befinden sich im Allgemeinen Teil des FamFG (§§ 58 ff. FamFG) und werden durch § 335 FamFG hinsichtlich der Beschwerdeberechtigung ergänzt.[154] Sie gelten für alle in § 312 FamFG genannten Verfahren.[155]

1. Statthaftigkeit

Zulässig ist die Beschwerde gegen eine **Endentscheidung**, also gemäß § 38 Absatz 1 Satz 1 FamFG solche gerichtlichen Entscheidungen, durch die der Verfahrensgegenstand ganz oder teilweise erledigt wird. In Unterbringungssachen handelt es sich um solche Entscheidungen, durch die eine Unterbringungsmaßnahme genehmigt, angeordnet, verlängert, aufgehoben oder abgelehnt wird, auch im Wege der einstweiligen Anordnung und auch nach § 1867 BGB, sowie Entscheidungen über die Aussetzung des Vollzugs (§ 328) und über die Anwendung von Gewalt (§ 326 Absatz 2 und 3).

Demgegenüber sind **Zwischen- und Nebenentscheidungen**, also die Endentscheidung lediglich vorbereitende bzw. ergänzende Entscheidungen, nur zusammen mit der Endentscheidung anfechtbar (§ 58 Absatz 2 FamFG), es sei denn, die Anfechtbarkeit ist im Gesetz ausdrücklich vorgesehen oder von der Rechtsprechung ausnahmsweise zugelassen worden.[156] So ist ausdrücklich geregelt, dass gegen die Unterbringung zur Vorbereitung eines Gutachtens gemäß § 322 i.V.m. § 284 FamFG eine Beschwerde eingelegt werden kann. Grundsätzlich unanfechtbar sind dagegen Anordnungen zur Beweiserhebung, wie z.B. die Beauftragung eines Sachverständigen. Nach der Rechtsprechung ist jedoch eine gerichtliche Anordnung zur psychiatrischen Untersuchung mit der Beschwerde anfechtbar, wenn die Anordnung objektiv willkürlich, das heißt in krassem Maße rechtsfehlerhaft ist.[157] Dies ist z.B. der Fall, wenn das Gericht einzig auf Mitteilung eines genervten Nachbarn ohne

153 Jürgens/Marschner, § 331 FamFG Rn. 1.
154 Jürgens/Marschner, § 335 FamFG Rn. 1.
155 Siehe zum Ganzen BtKomm Dodegge, Teil G Rn. 376 ff.
156 Jürgens/Kretz, § 58 FamFG Rn. 8.
157 BGH BtPrax 2007, 167; BVerfG 2010, 173.

jede weitere Ermittlung und ohne Gewährung rechtlichen Gehörs eine psychiatrische Untersuchung anordnet und diese zwangsweise durchsetzen will.[158]

Ausdrücklich für unanfechtbar erklärt hat das Gesetz beispielsweise die Bestellung eines Verfahrenspflegers (§ 317 Absatz 6).

2. Frist

Die Beschwerde ist binnen **eines Monats** einzulegen, handelt es sich um eine einstweilige Anordnung beträgt die Frist **zwei Wochen**, § 63 FamFG. Diese Befristung wurde erst mit der Reform von 2009 eingeführt. Die Frist beginnt gemäß Absatz 3 jeweils mit der schriftlichen Bekanntgabe des Beschlusses an die Beteiligten. Kann die schriftliche Bekanntgabe an einen Beteiligten nicht bewirkt werden, beginnt die Frist spätestens mit Ablauf von fünf Monaten nach Erlass des Beschlusses. So kann es also dazu kommen, dass unterschiedliche Fristen laufen, jeweils beginnend mit der Bekanntgabe.

Für die Berechnung der Frist gelten gemäß § 16 Absatz 2 FamFG über § 222 Absatz 1 ZPO die Vorschriften der §§ 187 f. BGB. Vor der Verwerfung einer Beschwerde wegen Versäumung der Beschwerdefrist ist dem Beschwerdeführer durch einen Hinweis des Gerichtes rechtliches Gehör zu gewähren, damit er sich zur Fristversäumung äußern und ggf. einen **Antrag auf Wiedereinsetzung** nach § 18 FamFG stellen kann.[159]

Praxishinweis

Nach Ablauf der Beschwerdefrist kann jederzeit und von allen Beteiligten, solange eine Genehmigung erteilt ist, ein Antrag auf Aufhebung der Genehmigung gestellt werden. Dieser ist vom Betreuungsgericht der ersten Instanz von Amts wegen zu prüfen. Wird er abgelehnt, kann dagegen eine Beschwerde eingelegt werden.

3. Form

Die Beschwerde ist schriftlich oder persönlich mündlich zur Niederschrift bei der Geschäftsstelle des Betreuungsgerichtes, dessen Entscheidung angefochten werden soll, einzulegen, § 64 FamFG. Sie kann also nicht (wie vor 2009) wirksam bzw. fristwahrend beim Landgericht eingelegt werden. Der Betroffene kann ausnahmsweise nach § 336 FamFG die Beschwerde auch bei dem Amtsgericht einlegen, in dessen Bezirk er untergebracht ist. Es ist ebenfalls nicht möglich, dass der Betroffene in der Anhörung nach dem Verkünden der Entscheidung mündlich erklärt, dass er nicht einverstanden ist und eine Beschwerde einlegen will.

Wenn sich aus dem Schreiben ans Gericht nicht klar ergibt, ob es sich um ein Rechtsmittel handelt, hat das Gericht den Inhalt auszulegen, im Zweifel nachzufragen. Es ist nicht erforderlich, dass das Wort „Beschwerde" genutzt wird. Das Gericht muss nicht nur lesen, was der Beschwerdeführer schreibt, sondern auch versuchen zu verstehen, was er meint. Die Beschwerde „soll" gemäß § 65 FamFG begründet werden, sie ist aber auch ohne Begrün-

158 Dazu auch BVerfG BtPrax 2022, 26.
159 BGH BtPrax 2013, 205.

dung zulässig. Schließlich hat das Gericht die Ermittlungen von Amts wegen durchzuführen.

4. Beschwerdeberechtigung

Der **Betroffene** ist nach der allgemeinen Regelung des § 59 FamFG immer beschwerdeberechtigt, soweit seine Rechte beeinträchtigt sind. Gemäß § 316 FamFG ist er in Unterbringungssachen ohne Rücksicht auf seine Geschäftsfähigkeit verfahrensfähig. Daneben steht nach § 335 FamFG **weiteren Personen** – wenn sie beteiligt worden sind – ein eigenes Beschwerderecht im Interesse des Betroffenen zu, nämlich den mit dem Betroffenen zusammenlebenden Ehegatten, Eltern und Kindern, einer Vertrauensperson und dem Leiter der Einrichtung, in der der Betroffene lebt. Der Klinik steht dagegen kein Beschwerderecht zu.

Der **Verfahrenspfleger** ist immer beschwerdeberechtigt, kann aber kein Rechtsmittel im Namen des Betroffenen einlegen, weil er nicht dessen gesetzlicher Vertreter ist, es sei denn, er wird ausdrücklich von dem Betroffenen hierzu bevollmächtigt.[160] Ebenso ist die zuständige Behörde, bei betreuungsrechtlichen Unterbringungen die örtliche Betreuungsbehörde, bei öffentlich-rechtlichen die Verwaltungsbehörde beschwerdebefugt.

Der **Betreuer** ist beschwerdeberechtigt, soweit sein **Aufgabenkreis** betroffen ist, und zwar in alle Richtungen. Wenn sein Antrag auf Genehmigung einer Unterbringungsmaßnahme abgelehnt wurde, kann er in eigenem Namen Beschwerde einlegen. Er kann aber auch gemäß § 335 Absatz 3 FamFG im Namen des Betreuten eine Beschwerde einlegen, und zwar selbst dann, wenn sein Antrag auf Genehmigung der Unterbringung abgelehnt wurde,[161] denn der Betreute ist dadurch in seinen Rechten auf Schutz und Behandlung beeinträchtigt. Insoweit macht der Betreuer von seiner Vertretungsbefugnis nach § 1823 BGB Gebrauch. Das heißt, dass der Betreuer gegen eine öffentlich-rechtliche Unterbringung Beschwerde eingelegen kann, wenn ihm das Aufenthaltsbestimmungsrecht oder die Entscheidung über die Unterbringung übertragen ist. Ob er gegen eine Genehmigung, die er selbst beantragt hat, Beschwerde in Vertretung seines Betreuten einlegen kann, ist strittig. Wenn der Betreute ihn ausdrücklich darum bittet und der Verfahrenspfleger sich weigert, spricht per se nichts dagegen. Das jeweilige Gericht hat dann über die Beschwerdebefugnis zu entscheiden.

5. Verfahren

Das Betreuungsgericht, dessen Entscheidung angefochten wird, muss zunächst selbst seine eigene Entscheidung überprüfen. Deshalb ist die Beschwerde auch nicht direkt beim Landgericht einzulegen. Das Amtsgericht kann der Beschwerde „abhelfen", also z.B. die erteilte Genehmigung wieder aufheben, wenn es sie für begründet erachtet. Anderenfalls ist die Beschwerde gemäß § 68 FamFG unverzüglich dem Landgericht vorzulegen. Die Durchführung des **Abhilfeverfahrens** ist für das erstinstanzliche Gericht zwingend. Das Landgericht ist aber nicht gehindert, auch ohne die erstinstanzliche Entscheidung ein Be-

160 BGH BtPrax 2019, 167.
161 BGH BtPrax 2022, 178.

schwerdeverfahren durchzuführen.[162] Die Entscheidung des Amtsgerichts erfolgt durch Beschluss, der mit Gründen zu versehen und den Beteiligten bekannt zu geben ist.[163]

Für das **Beschwerdeverfahren vor dem Landgericht** gelten nach § 68 Absatz 3 FamFG dieselben Vorschriften wie für das Ausgangsverfahren, also §§ 312 ff. Es ist eine weitere **Tatsacheninstanz**, die den Sachverhalt von Amts wegen vollständig ermitteln muss. Über die Anwendung von § 68 Absatz 3 Satz 2 FamFG finden lediglich Modifizierungen dieses Grundsatzes für das Beschwerdeverfahren statt, wenn die jeweiligen Verfahrenshandlungen bereits im ersten Rechtszug vorgenommen wurden und von einer erneuten Vornahme keine zusätzlichen Erkenntnisse zu erwarten sind.[164]

Auf durch das vom Amtsgericht eingeholte **Gutachten** oder vorgelegte ärztliche Zeugnis kann sich das Landgericht in seiner Entscheidung nur dann beziehen, wenn die Erstellung und der Inhalt unstreitig den Anforderungen entsprechen und es eine ausreichende Grundlage für die zu treffende Entscheidung bietet. Ansonsten ist ein neues Gutachten durch das Landgericht einzuholen.

Eine eigene **Anhörung** durch das Landgericht ist in der Regel erforderlich.[165] Sie ist immer durchzuführen, wenn das Amtsgericht zwingende Verfahrensvorschriften verletzt hat, z.B. verspätete Bestellung des Verfahrenspflegers oder das Unterlassen, den Betroffenen rechtzeitig über den Gutachtenauftrag oder gar den Inhalt des Gutachtens zu informieren, oder wenn es selbst neue Ermittlungen durchführt, z.B. Einholung eines neuen Gutachtens.[166]

Praxishinweis

▶ *Beschwerdeverfahren gegen vorläufige Unterbringungsentscheidungen, die im Wege der einstweiligen Anordnung ergangen sind, sollten besonders gründlich geprüft werden, da das Landgericht in letzter Instanz entscheidet. Eine Rechtsbeschwerde beim BGH ist nämlich nicht möglich. Es bleibt nur der Gang zum Bundesverfassungsgericht.*

6. Rechtsbeschwerde

Gegen die Beschwerdeentscheidung des Landgerichts kann gemäß § 70 FamFG die Rechtsbeschwerde beim BGH erhoben werden, allerdings nicht bei einstweiligen Anordnungen, § 70 Absatz 4 FamFG. In Unterbringungssachen ist sie ohne Zulassung durch das Beschwerdegericht statthaft, wenn sie sich gegen einen Beschluss richtet, der die Unterbringungsmaßnahme anordnet bzw. genehmigt (§ 70 Absatz 3 Satz 1 Nummer 2, Satz 2 FamFG).

Im Fall der Erledigung einer Unterbringungsmaßnahme ergibt sich die Statthaftigkeit der Rechtsbeschwerde aus § 70 Absatz 3 Satz 1 Nummer 2 FamFG. Dagegen ist die Rechtsbe-

162 BGH BtPrax 2017, 117.
163 Marschner/Lesting/Stahmann/Lesting, D § 335 Rn. 16.
164 Jürgens/Marschner, § 335 FamFG Rn. 8 ff.
165 BtKomm/Dodegge, Teil G Rn. 391.
166 BtPrax 2021, 197; BGH BtPrax 2019, 74; BGH BtPrax 2017, 38.

schwerde gegen eine die Unterbringung oder freiheitsentziehende Maßnahme ablehnende Entscheidung nur statthaft, wenn das Beschwerdegericht sie zugelassen hat.[167]

7. Nachträgliche Feststellung der Rechtswidrigkeit (Fortsetzungsfeststellungsbeschwerde)

Wird der Betroffene noch während des Beschwerdeverfahrens entlassen oder ist die angefochtene Zwangsbehandlung bereits erfolgt, hat sich zwar sein eigentliches Anliegen erledigt. Er hat aber die Möglichkeit, weiterhin die Rechtswidrigkeit der Entscheidung feststellen zu lassen, **§ 62 FamFG**. Dies ergibt sich aus Artikel 19 Absatz 4 GG und der Rechtsprechung des Bundesverfassungsgerichts. Ein effektiver Rechtsschutz muss die Möglichkeit vorsehen, in Fällen tiefgreifender Grundrechtseingriffe auch dann deren Berechtigung gerichtlich überprüfen zu lassen, wenn der Eingriff nicht mehr fortwirkt. Der Betroffene hat einen entsprechenden Antrag zu stellen bzw. sein geändertes Begehren deutlich zu machen.[168]

167 Marschner/Lesting/Stahmann/Lesting, D § 335 Rn. 18.
168 Weitere Einzelheiten bei BtKomm/Dodegge, Teil G Rn. 397 ff.

Teil 3
Psychische Störungen

Die folgenden Darstellungen konzentrieren sich auf diejenigen psychischen Störungen und solche Fragestellungen, die erfahrungsgemäß im Rahmen rechtlicher Betreuung eine Rolle spielen. Für spezielle Fragestellungen, weniger relevante oder sehr seltene Störungsbilder muss auf andere Literatur, psychiatrische Lehrbücher und die Ratgeberliteratur verwiesen werden.

Die folgenden Ausführungen sind so gehalten, dass sie keine medizinischen Vorkenntnisse voraussetzen.

A. Grundlagen

Übersicht Seite

I. Grundbegriffe

1. Psychische Krankheit, psychische Störung

Zunächst kann man den Begriff einer **psychischen Störung** in einem alltagssprachlichen Sinne verstehen. Ein bestimmtes Verhalten oder Erleben einer Person gilt ihrer Umwelt oder auch der betroffenen Person selbst als ungewöhnlich, „abnorm", „nicht normal" usw. Es fällt auf, es stört die gewöhnlichen Aktivitäten des Alltages, es behindert die Erfüllung sozialer Pflichten, es stört in der sozialen Umwelt, es wird als „gestört" oder sogar als Ausdruck einer psychischen Krankheit, vielleicht auch als „Fall" für die Psychiatrie interpretiert.

Die moderne Psychiatrie verwendet heute den Begriff psychische Störung (engl.: *mental disorder*) anstelle des Begriffs der **psychischen Krankheit** (engl.: *mental disease*). Es würde zu weit führen, hier die konzeptionellen Gründe für diesen Wandel der Terminologie im Detail darzulegen. Auch die in Deutschland gültige 10. Revision der Internationalen statistischen Klassifikation der Krankheiten und verwandter Gesundheitsprobleme (ICD-10) der Weltgesundheitsorganisation (WHO)[1] verwendet im psychiatrischen Abschnitt den Begriff Störung anstelle von Krankheit. Dort heißt es zum Begriff der psychischen Störung: „Seine Verwendung soll einen klinisch erkennbaren Komplex von Symptomen oder Verhaltensauffälligkeiten anzeigen, der immer auf der individuellen und oft auch auf der Gruppen- oder sozialen Ebene mit Belastung und mit Beeinträchtigung von Funktionen verbunden ist, sich aber nicht auf der sozialen Ebenen allein darstellt".[2] Die ICD-11 (World Health Organization 2019) verwendet den Begriff Störung im gleichen Sinne.

2. Klassifikationen

a. Zum Begriff Diagnose

Im Hinblick auf den Begriff **Diagnose** gibt es manche Missverständnisse. Eine Diagnose in der Medizin ist eine Bezeichnung in einer durch die geltenden **Klassifikationssysteme** (z.B. ICD-10) festgelegten Nomenklatur für einen **normabweichenden Zustand des Organismus.**

Die Abweichungen können den somatischen oder den psychischen Bereich betreffen, nicht selten beide.

Diagnosen bezeichnen nicht Menschen, nicht Personen, sondern sie weisen normabweichenden Zustände des menschlichen Organismus eine verbindliche Bezeichnung zu. Leider kommt es – nicht selten in administrativen Schriftstücken – vor, dass Diagnosen so verwendet werden, als ob sie Menschen bezeichnen würden. Mit einem solchen Sprachgebrauch werden die betroffenen Personen auf die Diagnose reduziert oder sogar stigmatisiert. Das trifft etwa dann zu, wenn man von „dem geistig Behinderten" oder „dem Schizophrenen" spricht.

Wenn eine diagnostische Zuordnung anfangs noch nicht sicher ist oder auch unsicher bleibt, spricht man von einer **Verdachtsdiagnose**. Beim Auftreten neuer Symptome, manchmal auch unter der Therapie, muss die Diagnose überprüft und gegebenenfalls korrigiert werden.

Bei psychischen Störungen dauert es manchmal lange Zeit, bevor die charakteristischen Symptome erkennbar werden. Das erklärt zum Teil, warum im zeitlichen Vorfeld einer Diagnose andere Diagnosen gestellt werden.

Es leuchtet sofort ein: Die Anwender einer Klassifikation mit ihren diagnostischen Kategorien sollen in der Zuordnung der Diagnosen zu konkreten Fällen in möglichst hohem Maße übereinstimmen. Gerade bei psychiatrischen Diagnosen ist das nicht ohne weiteres vorauszusetzen, zumal subjektive Faktoren und professionelle Prägungen („Schulzugehörigkeit") die Beurteilung stark beeinflussen können. Deshalb hat man für die meisten psychiatrisch-diagnostischen Kategorien Regeln aufgestellt, welche Kriterien (Symptome, Beschwerden) vorliegen müssen, welche Kriterien nicht vorliegen dürfen und wie lange die Kriterien bestehen müssen, damit die Diagnose angewandt werden darf. Dieses Herangehen wird als

1 Weitere Ausführungen im nächsten Abschnitt.
2 Dilling et al. 1991, S. 19.

operationalisierte Diagnostik bezeichnet. Es wurde erstmals im psychiatrischen Kapitel der ICD in der 10. Revision (ICD-10) verwendet.

b. Internationale Klassifikation psychischer Störungen (ICD-10, ICD-11)

Offenkundig müssen medizinische Diagnosen mit einer verbindlichen einheitlichen Terminologie bzw. Nomenklatur bezeichnet und in einer ebenfalls verbindlichen Gliederung geordnet werden.

Es gibt viele Gründe für eine **einheitliche Sprachregelung im Bereich der Diagnosen.** Ohne eine solche wäre die Kommunikation zwischen Ärzten, Pflegepersonal, Therapeuten usw. nur schwer möglich. Diagnosen sind der Ausgangspunkt jeder wissenschaftlich begründeten Behandlung und darauf bezogener fachlicher Standards. Medizinische Forschung wäre nahezu unmöglich, wenn es keine klare Verständigungsgrundlage zu den untersuchten Krankheitsbildern gäbe. Außerdem braucht man einheitliche diagnostische Begriffe, um auf internationaler, nationaler und regionaler Ebene das Vorkommen von Krankheiten und Todesursache vergleichen zu können.

Die WHO aktualisiert in mehrjährigen Abständen ihre weltweit verbindliche Klassifikation, die die Begrifflichkeit für die Diagnosen festlegt, die **Internationale statistische Klassifikation der Krankheiten und verwandter Gesundheitsprobleme** (engl.: International Statistical Classification of Diseases and related Health Problems, abgekürzt: ICD). Im Jahre 1992 veröffentlichte die WHO die 10. Revision der ICD (ICD-10).[3]

Medizinische Klassifikationen müssen in bestimmten Zeitabständen den fortschreitenden wissenschaftlichen Erkenntnissen und fachlichen Bedürfnissen angepasst werden. Auf diesem Hintergrund verabschiedete die Weltgesundheitsversammlung der WHO nach mehrjährigen Vorarbeiten im Mai 2019 die 11. Version der ICD: International Classification of Diseases, 11th revision (**ICD-11**) (World Health Organization 2019). Sie muss in den nächsten Jahren ins Deutsche wie in andere Landessprachen übersetzt und schrittweise eingeführt werden[4]. Die Erarbeitung der deutschsprachigen Fassung der ICD erfolgt in enger Abstimmung der deutschsprachigen Länder. Das Bundesinstitut für Arzneimittel und Medizinprodukte (BfArM) verantwortet die deutschsprachigen Fassungen der WHO-Klassifikationen, darunter der ICD[5].

Die ICD-10 umfasst in 22 Kapiteln alle möglichen Krankheiten und Gesundheitsprobleme – so etwa chirurgische, internistische, gynäkologische, neurologische usw. –, Verletzungen, Vergiftungen und andere Anlässe der Inanspruchnahme des Gesundheitssystems. Die

3 In den USA existiert ein weiteres, auch in Deutschland bekanntes und oft in wissenschaftlichen Zusammenhängen verwendetes ausschließlich psychiatrisches Klassifikationssystem, das *Diagnostic and Statistical Manual of Mental Disorders* (DSM) (American Psychiatric Association, APA 20213). Die deutschsprachige Übersetzung liegt seit 2015 vor. Seine häufige Nutzung im wissenschaftlichen Bereich verdankt sich vor allem den prägnanten Beschreibungen der Kategorien und den umfangreichen wissenschaftlichen Hintergrundinformationen. Dennoch ist das DSM-5 genauso wenig wie die ICD ein Lehrbuch der Psychiatrie.

4 Obwohl die ICD-11 schon seit Jahren vorliegt, wird ihre amtliche Einführung der ICD-11 in Deutschland noch mehrere Jahre auf sich warten lassen. Vermutlich um 2030 wird dies der Fall sein.

5 Die amtliche deutschsprachige Ausgabe der ICD wurde bis Mitte 2020 vom Deutschen Institut für Medizinische Dokumentation und Information (DIMDI) im Auftrag des Bundesministeriums für Gesundheit herausgegeben. Mittlerweile wurde diese Zuständigkeit wie die anderen Aufgaben des DIMDI dem Bundesinstitut für Arzneimittel und Medizinprodukte (BfArM) übertragen.

ICD muss umfassend sein, sie soll alles im Versorgungsalltag des Gesundheitssystems Vorkommende einschließlich der Todesursachen enthalten.

Die ICD-10 umfasst fünf Hierarchieebenen: Kapitel, Gruppe/Bereich, Kategorie, Subkategorie. Jede der in der ICD-10 vorkommenden Diagnosen kann auch in Form einer Buchstaben- und Zahlenfolge (sog. alphanumerische Codierung) verschlüsselt werden. So steht beispielsweise der ICD-10-Code F50.0 für Anorexia nervosa, der ICD-10-Code T33 für Oberflächliche Erfrierung.

Nur eines der 22 ICD-Kapitel, nämlich das **Kapitel V (F) Psychische und Verhaltensstörungen** bezieht sich auf die psychiatrisch relevanten Störungsbilder. Das Kapitel V (F) gliedert sich in folgende Gruppen, denen die einzelnen diagnostischen Kategorien zugeordnet sind:

F00-F09	Organische, einschließlich symptomatischer psychischer Störungen
F10-F19	Psychische und Verhaltensstörungen durch psychotrope Substanzen
F20-F29	Schizophrenie, schizotype und wahnhafte Störungen
F30-F39	Affektive Störungen
F40-F48	Neurotische, Belastungs- und somatoforme Störungen
F50-F59	Verhaltensauffälligkeiten mit körperlichen Störungen und Faktoren
F60-F69	Persönlichkeits- und Verhaltensstörungen
F70-F79	Intelligenzminderung
F80-F89	Entwicklungsstörungen
F90-F98	Verhaltens- und emotionale Störungen mit Beginn in der Kindheit und Jugend

Die seit 2019 vorliegende ICD-11 ist ganz anders als die ICD-10 aufgebaut; sie verwendet eine gänzlich andere Kodierung[6]. Unter der Überschrift 06 Psychische Störungen, Verhaltensstörungen oder neuronale Entwicklungsstörungen werden folgende zwanzig Hauptgruppen aufgeführt[7]:

- Neuronale Entwicklungsstörungen
- Schizophrenie oder andere primäre psychotische Störungen
- Katatonie
- Affektive Störungen
- Angst- oder furchtbezogene Störungen
- Zwangsstörung oder verwandte Störungen

6 Die veränderte Gliederungslogik, Begrifflichkeit und Definitionen der Störungsbilder der ICD-11 können und müssen im vorliegenden Text nur punktuell aufgegriffen werden.

7 Die deutschsprachige Textfassung der Liste stammt von der Website des BfArm: ICD-11 in Deutsch – Entwurfsfassung, siehe www.bfarm.de/DE/Kodiersysteme/Klassifikationen/ICF/_node.html (Abruf: 12.7.2023).

- Störungen, die spezifisch Stress-assoziiert sind
- Dissoziative Störungen
- Fütter- oder Essstörungen
- Ausscheidungsstörungen
- Störungen des körperlichen Erlebens oder der körperlichen Belastung
- Störungen durch Substanzgebrauch oder Verhaltenssüchte
- Störungen der Impulskontrolle
- Disruptives Verhalten oder dissoziale Störungen
- Persönlichkeitsstörungen und zugehörige Persönlichkeitsmerkmale
- Paraphile Störungen
- Artifizielle Störungen
- Neurokognitive Störungen
- Psychische Störungen oder Verhaltensstörungen in Zusammenhang mit Schwangerschaft, Geburt oder Wochenbett
- 6E40 Psychologische Faktoren oder Verhaltensfaktoren bei anderenorts klassifizierten Störungen oder Erkrankungen
- Sekundäre psychische Syndrome oder Verhaltenssyndrome bei anderenorts klassifizierten Störungen oder Erkrankungen
- 6E8Y Sonstige näher bezeichnete psychische Störungen, Verhaltensstörungen oder neuronale Entwicklungsstörungen
- 6E8Z Psychische Störungen, Verhaltensstörungen oder neuronale Entwicklungsstörungen, nicht näher bezeichnet

Die Schlafstörungen werden unter den Schlaf-Wach-Störungen eingeordnet, die sexuellen Funktionsstörungen, die Geschlechtsinkongruenz bzw. Geschlechtsdysphorie unter Störungen der Sexualität.

Es gibt in der ICD-11 viele neue Zuordnungen bekannter Störungsbilder bzw. diagnostischer Kategorien (z.B. die Katatonie ist aus der Kategorie Schizophrenie herausgelöst worden) und Untergliederungen sowie eine Reihe neuer diagnostischer Kategorien, u.a. die Bipolare Störung Typ II, das pathologisches Horten, die Komplexe Posttraumatische Belastungsstörung, die Verlängerte Trauerstörung – um nur einige zu nennen.

c. Internationale Klassifikation der Funktionsfähigkeit, Behinderung und Gesundheit (ICF) der Weltgesundheitsorganisation

Neben der ICD publizierte die WHO weitere Klassifikationen, die in der Klassifikationsfamilie der WHO[8] zusammengefasst sind. Vor allem die **Internationale Klassifikation der Funktionsfähigkeit, Behinderung und Gesundheit** (engl.: Classification of Functio-

8 Online verfügbar auf der Website des BfArM: www.bfarm.de/DE/Kodiersysteme/Klassifikationen/ICD/ICD-10-WHO/Historie/klassifikationsfamilie.html (Abruf: 12.7.2023).

ning, Disability and Health, ICF)[9] der WHO (2001) besitzt eine große und wachsende Bedeutung. Sie hat für die deutsche Sozialgesetzgebung[10], für die künftige Versorgungsmedizin-Verordnung[11], für die Rehabilitation, für die Eingliederungshilfe und weitere Arbeits- und Wissenschaftsfelder praktische und theoretisch-konzeptionelle Bedeutung[12].

Wie die Bezeichnung Klassifikation erkennen lässt, liefert die **ICF** – diese aus dem Englischen stammende Abkürzung ist auch in Deutschland gebräuchlich – eine systematische Ordnung und verbindliche Terminologie für die Beschreibung der Körperfunktionen und Körperstrukturen, der Aktivitäten und der Teilhabe (Partizipation) einer Person sowie der Kontextfaktoren. Diese standardisierte Begrifflichkeit erlaubt einen Informationsaustausch über die Grenzen der Berufsgruppen, der Leistungssysteme usw. hinweg.

Die ICF ersetzt nicht etwa, wie manchmal fälschlich behauptet wird, die ICD. Vielmehr ergänzt sie die Informationen der ICD. Die ICD und die ICF sind **komplementäre Klassifikationssysteme**. Eine konkrete diagnostische Kategorie der ICD lässt Vermutungen über die Auswirkungen des damit bezeichneten Zustandes zu. Doch schon die Variabilität der Schwere einer Krankheit verlangt genauere und über die Diagnose hinausgehende Informationen. Vor allem kommt es auf den Kontext an, in dem sich die betreffende Person befindet und agiert.

Die zentralen Begriffe der ICF sind folgendermaßen definiert:

- **Körperfunktionen** sind die physiologischen Funktionen von Körpersystemen (einschließlich mentaler Funktionen).
- **Körperstrukturen** sind anatomische Teile des Körpers, wie Organe, Gliedmaßen und ihre Bestandteile.
- **Schädigungen** sind Beeinträchtigungen einer Körperfunktion oder -struktur, z.B. eine wesentliche Abweichung oder ein Verlust.
- **Aktivität** bezeichnet die Durchführung einer Aufgabe oder Handlung (Aktion) durch einen Menschen.
- **Partizipation (Teilhabe)** ist das Einbezogensein in eine (bestimmte) Lebenssituation.
- **Beeinträchtigungen der Aktivität** sind Schwierigkeiten, die ein Mensch bei der Durchführung einer Aktivität haben kann.
- **Beeinträchtigungen der Teilhabe (Partizipation)** sind Probleme, die ein Mensch beim Einbezogensein in eine Lebenssituation erlebt.

9 Neben den gedruckten Ausgaben ist die ICF auf der Website des BfArM online zugänglich: https://www.bfarm.de/DE/Kodiersysteme/Klassifikationen/ICF/_node.html (Abruf: 12.7.2023).

10 Dies konkretisiert sich beispielsweise in § 2 Absatz 1 SGB IX, der den Behinderungsbegriff in ausdrücklicher Orientierung an die ICF neu fasst: „Menschen mit Behinderungen sind Menschen, die körperliche, seelische, geistige oder Sinnesbeeinträchtigungen haben, die sie in Wechselwirkung mit einstellungs- und umweltbedingten Barrieren an der gleichberechtigten Teilhabe an der Gesellschaft mit hoher Wahrscheinlichkeit länger als sechs Monate hindern können…"

11 Die derzeit gültige Fassung von 2008 (siehe www.gesetze-im-internet.de/versmedv/BJNR241200008.html, Abruf: 25.5.2023) befindet sich in Revision.

12 Nicht zuletzt im Hinblick darauf, dass rechtliche Betreuer oft mit der Hilfebedarfsfeststellung und -ermittlung zu tun haben, bei denen die ICF relevant ist, rechtfertigt eine etwas ausführlichere Darstellung der ICF.

- **Umweltfaktoren** bilden die materielle, soziale und einstellungsbezogene Umwelt ab, in der Menschen leben und ihr Dasein entfalten.
- **Personbezogene Faktoren** sind der individuelle Hintergrund des Lebens und der Lebensführung einer Person; sie umfassen die Gegebenheiten der Person, die nicht Teil des Gesundheitsproblems sind. Dazu gehören etwa Alter, Geschlecht, andere Gesundheitsprobleme, Lebensstil, Bewältigungsstile, Charakter oder psychische Kondition

Die Gliederung auf der Ebene der Kapitelüberschriften für alle Komponenten gibt die nachfolgende Liste wieder:

Klassifikation der Körperfunktionen[13] (Komponente b)[14]
Kapitel 1: Mentale Funktionen
Kapitel 2: Sinnesfunktionen und Schmerz
Kapitel 3: Stimm- und Sprechfunktionen
Kapitel 4: Funktionen des kardiovaskulären, hämatologischen, Immun- und Atmungssystems
Kapitel 5: Funktionen des Verdauungs-, des Stoffwechsel- und des endokrinen Systems
Kapitel 6: Funktionen des Urogenital- und reproduktiven Systems
Kapitel 7: Neuromuskuloskeletale und bewegungsbezogene Funktionen
Kapitel 8: Funktionen der Haut und der Hautanhangsgebilde
Klassifikation der Körperstrukturen (Komponente s)[15]
Kapitel 1: Strukturen des Nervensystems
Kapitel 2: Das Auge, das Ohr und mit diesen in Zusammenhang stehende Strukturen
Kapitel 3: Strukturen, die an der Stimme und dem Sprechen beteiligt sind
Kapitel 4: Strukturen des kardiovaskulären, des Immun- und des Atmungssystems
Kapitel 5: Mit dem Verdauungs-, Stoffwechsel und endokrinen System in Zusammenhang stehende Strukturen
Kapitel 6: Mit dem Urogenital- und dem Reproduktionssystem in Zusammenhang stehende Strukturen
Kapitel 7: Mit der Bewegung in Zusammenhang stehende Strukturen
Kapitel 8: Strukturen der Haut und Hautanhangsgebilde

13 Die Körperfunktionen schließen ausdrücklich die mentalen Funktionen des Zentralnervensystems ein.

14 b steht für body function.

15 s steht für body structure.

Klassifikation der Aktivitäten (Komponenten d)[16] und Partizipation (Komponente p)[17]
Kapitel 1: Lernen und Wissensanwendung
Kapitel 2: Allgemeine Aufgaben und Anforderungen
Kapitel 3: Kommunikation
Kapitel 4: Mobilität
Kapitel 5: Selbstversorgung
Kapitel 6: Häusliches Leben
Kapitel 7: Interpersonelle Interaktionen und Beziehungen
Kapitel 8: Bedeutende Lebensbereiche
Kapitel 9: Gemeinschafts-, soziales und staatsbürgerliches Leben[18]
Klassifikation der Umweltfaktoren (Komponente e)[19]
Kapitel 1: Produkte und Technologien
Kapitel 2: Natürliche und vom Menschen veränderte Umwelt
Kapitel 3: Unterstützung und Beziehungen
Kapitel 4: Einstellungen
Kapitel 5: Dienste, Systeme und Handlungsgrundsätze
Für die personbezogenen Faktoren liegt keine klassifikatorische Ausdifferenzierung vor.

Die ICF umfasst zwei Teile mit jeweils zwei Komponenten:

Teil 1: Funktionsfähigkeit und Behinderung
Komponenten Körperfunktionen und -strukturen
Komponenten Aktivitäten und Teilhabe (Partizipation)
Teil 2: Kontextfaktoren
Umweltfaktoren
Personbezogene Faktoren.

16 d steht für activities.

17 p steht für p*articipation*.

18 Die Klassifikation der Aktivitäten und Partizipation ist die Grundlage der in § 118 SGB IX aufgeführten neun Lebensbereiche. Ihr Inhalt erschließt sich, wenn man auf tiefere Gliederungsebenen geht.

19 e steht für environment.

Alle Komponenten besitzen über die erste Ebene – die Ebene der Kapitelüberschriften – hinausführende Verzweigungsebenen. Die „Verzweigungstiefe" ist unterschiedlich, so wie auch Äste, Zweige und Wurzeln von Bäumen unterschiedlich lang sind. Am Ende der Verzweigung wird jede Kategorie genau definiert.

Als Beispiel soll hier die nächste Ebene unterhalb der Kapitelüberschrift für die mentalen Funktionen dienen:

Beispiel

Komponente Körperfunktionen

Kapitel 1: Mentale Funktionen

Globale mentale Funktionen

b110 Funktionen des Bewusstseins

...

b114 Funktionen der Orientierung

...

b117 Funktionen der Intelligenz

...

b122 Globale psychosoziale Funktionen

Spezifische mentale Funktionen

b140 Funktionen der Aufmerksamkeit

...

b144 Funktionen des Gedächtnisses

...

b160 Funktionen des Denkens

...

b164 Höhere kognitive Funktionen

...

b167 Kognitiv-sprachliche Funktionen

...

Die den Kategorien voranstehenden Buchstaben-Ziffern-Folgen nennt man alphanumerische Codierung. Am Ende der jeweils gewählten Verzweigungstiefe steht die zugehörige alphanumerische Codierung. Dahinter kann ein Punkt stehen.

Die erste Stelle nach dem Punkt bildet die quantitative Ausprägung einer Schädigung einer Körperfunktion oder einer Körperstruktur bzw. einer Beeinträchtigung einer Aktivität oder der Teilhabe in einem bestimmten Lebensbereich ab.

Folgende Graduierung steht zur Verfügung.

xxx.0	Schädigung oder Beeinträchtigung nicht vorhanden (ohne, kein, unerheblich ...) 0–4 %
xxx.1	Schädigung oder Beeinträchtigung leicht ausgeprägt (schwach, gering ...) 5–24 %
xxx.2	Schädigung oder Beeinträchtigung mäßig ausgeprägt (mittel, ziemlich ...) 25–49 %
xxx.3	Schädigung oder Beeinträchtigung erheblich ausgeprägt (hoch, äußerst ...) 50–95 %
xxx.4	Schädigung oder Beeinträchtigung voll ausgeprägt (komplett, total ...) 96–100 %
xxx.8	nicht spezifiziert
xxx.9	nicht anwendbar

Beispiel

Der alphanumerische Code b1142.3 steht für eine erhebliche Schädigung der mentalen Funktion Orientierung zur Person (Mentale Funktionen, die sich im bewussten Gewahrsein der eigenen Identität und von Personen in der unmittelbaren Umgebung äußern).

Bei allen Komponenten gibt es für die nachfolgenden Stellen (nach der ersten Stelle) weitere zugewiesene Bedeutungen.[20] Auch die Kontextfaktoren können quantifiziert werden können, so an der ersten Stelle hinter dem Punkt hinsichtlich ihrer Ausprägung. Förderfaktoren werden mit einem Pluszeichen (z.B. exxx.+2), Barrieren ohne Vorzeichen (z.B. exxx.4) codiert.

Die Bedeutung der ICF liegt nicht allein in der systematischen Ordnung und in der Festlegung der Terminologie, sondern in ihren Ausführungen zum Verständnis von Behinderung. In Überwindung jeweils einseitiger Vorstellungen des sog. Medizinischen Behinderungsmodells und des sog. Soziale Behinderungsmodells etabliert die ICF unter Bezug auf den biopsychosozialen Ansatz das integrierte Behinderungsmodell (siehe Abbildung 1):

20 Für eine diesbezügliche Vertiefung sei auf die Websites (siehe oben Fn. 8 und 9 auf Seiten 240/241) hingewiesen.

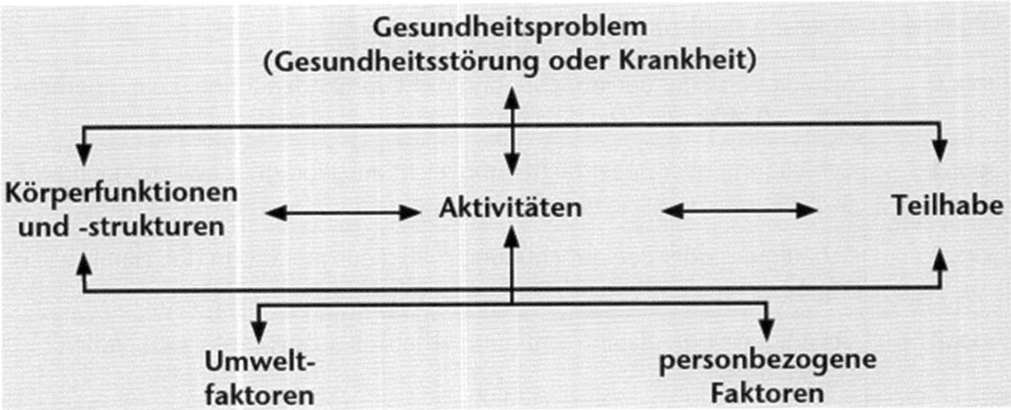

Abbildung 1: Das biopsychosoziale Modell der ICF

Behinderung stellt sich demgemäß dar als Beeinträchtigung der Teilhabe als Folge einer komplexen Wechselwirkung zwischen der Person mit einem bestimmten Gesundheitsproblem (ICD-10-Diagnose) und den daraus folgenden Schädigungen von Körperfunktionen und -strukturen, sowie Beeinträchtigungen von Aktivitäten einerseits, und ihren Kontextfaktoren (Umwelt- und personenbezogenen Faktoren) andererseits.

Hinweis:

Die ICF versteht also Behinderung nicht als statische Eigenschaft einer Person, sondern als Ergebnis der Interaktion mit der Umwelt.

Für die Einrichtung einer rechtlichen Betreuung muss gemäß dem Erforderlichkeitsgrundsatz (§ 1814 BGB) nicht allein eine medizinische Diagnose benannt werden. Es müssen vielmehr vor allem die Auswirkungen des mit der Diagnose bezeichneten Gesundheitsproblems auf die zur Rede stehenden Aufgabenbereiche des rechtlichen Betreuers sachverständig beurteilt werden. Die Anwendung der ICF, ihres Behinderungsmodells und ihrer Terminologie könnte sich in der Zukunft hierfür als geeignet erweisen.

II. Psychopathologische Symptome im Erleben und im Verhalten

Psychische Störungen zeigen sich durch Symptome im Bereich des **subjektiven Erlebens** (z.B. Angst, Trugwahrnehmungen) oder im Bereich des **Verhaltens** (z.B. formale Denkstörungen, Gereiztheit). Das subjektive Erleben erschließt sich aus den **spontanen Mitteilungen** oder durch die im **Interview** (**Exploration**) gezielt erfragte Auskunft des Patienten. Die Bereitschaft, etwas aus dem Erleben mitzuteilen, wird von vielerlei Faktoren beeinflusst, etwa durch Misstrauen, schlechte Vorerfahrungen, sogar durch krankheitsbedingte Faktoren wie etwa halluzinierte Verbote.

Das Verhalten wird in der Regel durch **Beobachtung** erfasst. Manche Verhaltensweisen können die Patienten im Sinne der Selbstbeobachtung selbst berichten. Nicht immer können diagnostisch wichtige Verhaltensweisen unmittelbar in der Untersuchungssituation beobachtet werden, sondern müssen oft von dritten Personen erfragt werden (Fremdanamnese).

Beeinträchtigungen bestimmter psychischer Funktionen, z.B. der Konzentration oder des Gedächtnisses, können entweder nur vom Betroffenen selbst wahrgenommen und berichtet werden, oder nur von Dritten oder von beiden wahrgenommen werden. Um bestimmte psychische Funktionen zu prüfen, kann man einfache Aufgaben stellen. Man kann beispielsweise Störungen von Auffassung und Denkvermögen prüfen, indem man Sprichwörter erklären lässt. Störungen von Merkfähigkeit oder Konzentration lassen sich beim Nachsprechen und Wiederholen von Zahlenreihen erfassen.

Die Abgrenzung von Erleben und Verhalten, von Beobachtung und Interview (Exploration) sind etwas künstlich. In Wirklichkeit greifen sie in der Regel ineinander. Emotionale Zustände, Wahrnehmungen usw. spiegeln sich doch im Verhalten wider. Die alltägliche Erfahrung lehrt, man kann durch Beobachtung und erst recht in der unmittelbaren Interaktion Rückschlüsse auf Erleben und Empfinden anderer Menschen ziehen. Diese Fähigkeit beruht u.a. auf Empathie, die allerdings nicht bei allen Menschen gleichermaßen ausgeprägt ist.

Jede klinisch-psychiatrische Untersuchung vollzieht sich als interpersonelle Begegnung, als Begegnung zwischen Menschen. Deshalb kann die Erhebung psychischer Befunde niemals im strengen Sinne ein objektiver Prozess mit einem objektiven Ergebnis sein; sie ist ein intersubjektiver Prozess. Es besteht obendrein zumeist eine asymmetrische Situation zwischen dem leidenden oder sogar durch die Situation geängstigten Patienten und den Fachleuten (Pflegekräfte, Ärzte, Psychologen). Dies ist eine Situation, die von Ungleichheit, von einem Machtgefälle bestimmt wird, was zu diagnostischen Fehleinschätzungen führen kann.

Die Erhebung psychischer Befunde kann von fehlerhaften Wahrnehmungen und subjektiven Interpretationen, von sprachlichen Missverständnissen, von Sympathien oder Antipathien, Vorurteilen usw. beeinflusst zu sein. Das verlangt vom Diagnostiker, sein eigenes Verhalten und seinen eigenen Anteil an der Interaktion selbstkritisch zu reflektieren. Die unvermeidliche Subjektivität der psychopathologischen Befunderhebung kann man lindern, indem weitere Fachleute an der Diagnostik beteiligt werden. Eine andere, doch ebenfalls nicht perfekte Möglichkeit besteht darin, den diagnostischen Prozess und die Dokumentation seiner Ergebnisse streng zu standardisieren.

In Deutschland ist das AMDP-System[21] als Instrument der psychopathologischen Basisdokumentation weitverbreitet. Deshalb orientieren sich die folgenden Darstellungen der psychopathologischen Symptome am AMDP-System.

21 Hinter der Bezeichnung AMDP-System verbirgt sich ein seit Jahrzehnten im deutschsprachigen Raum entwickeltes und genutztes Dokumentationssystem für die Anamnese und die Befunde im Rahmen der psychiatrischen Untersuchung. Die psychopathologisch relevanten Merkmale sind in einem Glossar beschrieben. Des Weiteren werden Hinweise zur Graduierung der Schwere und vor allem zur Erhebung selbst gegeben. Das Akronym AMDP leitet sich ab von *A*rbeitsgemeinschaft *M*ethodik und *D*okumentation in der *P*sychiatrie.

1. Störungen von Bewusstsein und Orientierung

Die Definition von **Bewusstsein** ist nicht ganz einfach. Am ehesten kann man Bewusstsein umschreiben als ein gegenwärtiges Wissen um Erleben, Erinnerung, Denken usw. sowie die eigene Person, die das Gegenwärtige erlebt und sich dazu in Beziehung setzt.

Am Beispiel des Begriffs Bewusstseins kann man stellvertretend für andere Begriffe verdeutlichen, dass unterschiedliche Wissenschaftsdisziplinen auch unterschiedliche Bewusstseins-Begriffe verwenden. So unterscheiden sich etwa der philosophische, der politikwissenschaftliche, der naturwissenschaftliche und der psychopathologische Bewusstseinsbegriff erheblich voneinander.

In der psychiatrischen Praxis kommt es vor allem auf **Bewusstseinsstörungen** an. Sie weisen in der Regel auf eine organische Ursache des vorliegenden Störungsbildes hin. Eine wichtige Ausnahme bilden beispielsweise dissoziative Veränderungen des Bewusstseins, die seelisch verursacht sind.

Störungen des Bewusstseins treten zumeist gemeinsam mit Störungen der Auffassung, der Aufmerksamkeit und des Gedächtnisses (siehe hierzu im Folgenden unter 2.) auf. Man unterscheidet Bewusstseinsverminderungen und Bewusstseinstrübungen.

Bewusstseinsverminderungen betreffen als quantitative Störungen die Bewusstseinswachheit (Vigilanz). Sie unterteilen sich bezogen auf den Schweregrad in

- Somnolenz (Patient ist dösig, schläfrig, reagiert aber auf Weckreize und Ansprache),
- Sopor (Patient ist nur mit massiven Reizen aufzuwecken),
- Präkoma (Patient reagiert auf massive Reize mit Abwehrbewegungen, Wälzbewegungen, ist aber nicht ansprechbar, und
- Koma (Patient ist weder ansprechbar noch mit heftigen Reizen aufzuwecken).

Bei **Bewusstseinstrübungen** handelt sich um qualitative Störungen der Bewusstseinsklarheit (Luzidität). Die Patienten wissen nicht oder nur unsicher über sich, über die Situation, über die aktuelle Zeit, derzeitigen Aufenthaltsort und die eigene Person Bescheid. Der bewusste Zusammenhang des aktuellen Erlebens und Handelns geht ihnen verloren. So entsteht meistens der Eindruck der Verwirrtheit. Qualitative Bewusstseinsstörungen umfassen insbesondere das delirante Syndrom (Delir) und ähnliche Zustandsbilder.

Bei **Bewusstseinseinengung** fokussiert sich das Bewusstsein, das Erleben und das diesbezügliche Verhalten nur auf wenige seelische Inhalte. Es ist nur bewusst, worauf sich der enge „Scheinwerferstrahl" des Bewusstseins richtet. Die Ansprechbarkeit auf äußere Reize, auch auf Signale aus dem eigenen Körper ist vermindert. Bewusstseinseinengung kommt nicht nur bei Dämmerzuständen (Epilepsie) oder unter psychotraumatischen Einwirkungen vor, sondern tritt auch als „normales" – also nicht krankheitswertiges – Phänomen bei äußerster Konzentration auf eine sehr anspruchsvolle Aufgabe oder ein faszinierendes Ereignis auf.

Bei **Bewusstseinsverschiebung** wird das Erleben als erweitert erlebt.

Orientierungsstörungen zeigen sich im Hinblick auf die zeitliche, örtliche, situative und auf die eigene lebensgeschichtliche Situation als Ungenauigkeit oder als Unsicherheit oder sogar als völlige Desorientiertheit. Die zeitliche Orientierungsstörung findet sich häufig, die Orientierungsstörung zur eigenen Person ist die schwerwiegendste Orientierungsstörung.

Bei **Störungen der zeitlichen Orientierung** werden das Datum, der Wochentag, der Monat, die Jahreszeit, das Jahr etc. nicht gewusst. Vorübergehende Unsicherheit etwa zum Datum ist ein harmloses Alltagsphänomen.

Manchmal werden erinnerte Inhalte falsch in das Zeitgitter eingeordnet (Zeitgitterstörungen), die zeitliche Abfolge von Ereignissen kann nicht richtig erinnert werden. Frühere Ereignisse werden als gegenwärtige Ereignisse aufgefasst oder die betroffene Person erlebt sich als in der Vergangenheit. Derartige Störungen werden auch als Ekmesien bezeichnet; sie werden den Gedächtnisstörungen zugeordnet.

Störungen der örtlichen Orientierung zeigen sich darin, dass der Betreffende den Ort, den er eigentlich kennt, nur ungenau oder überhaupt nicht angeben kann. Davon sind Gedächtnisstörungen abzugrenzen, die dazu führen, dass jemand beispielsweise den Weg von der Toilette zurück zum Krankenbett nicht findet. Außerdem sind Störungen der räumlichen Orientierung zu unterscheiden, bei denen die räumlichen Beziehungen zwischen Objekten nicht erkannt oder vorstellungsmäßig nicht erfasst werden können.

Störungen der situativen Orientierung bewirken, dass die gegenwärtige Situation in ihrem Bedeutungs- und Sinnzusammenhang unzureichend oder gar nicht erfasst wird.

Störungen der Orientierung zur eigenen Person führen dazu, dass die aktuelle biografische Situation einschließlich wichtiger Daten (Geburtstag, Kinderzahl, Beruf usw.) unzulänglich oder überhaupt nicht erfasst wird.

2. Störungen von Aufmerksamkeit, Auffassung, Konzentration und Gedächtnis

Bei **Aufmerksamkeitsstörungen** ist die Fähigkeit beeinträchtigt, auf eventuell sich verändernde Gegebenheiten der Umwelt zu achten und nötigenfalls situationsgerecht zu handeln. Störungen der Aufmerksamkeit treten bei vielen psychischen Störungen, vor allem bei organisch bedingten auf. Sie kommen auch bei Ermüdung, Erschöpfung oder bei starker Ablenkung vor. Es gibt neben den Minderungen der Aufmerksamkeit auch Steigerungen, die gegebenenfalls mit bestimmten Substanzen (z.B. Amphetamine) gezielt herbeigeführt werden.

Bei **Konzentrationsstörungen** ist die Fähigkeit reduziert, eine Aktivität oder ein Thema anhaltend zu verfolgen, konsequent im Gespräch zu bleiben usw. Sie treten bei Hirnerkrankungen oder anderen psychischen Störungen, sondern auch bei Müdigkeit auf.

Bei **Auffassungsstörungen** werden die Situation und die sich aus ihr ergebenden Anforderungen unvollständig oder verlangsamt aufgefasst. Gesprächsinhalte, gegebene Erklärungen, geschriebene Texte, Filmhandlungen usw. werden nicht oder nicht schnell genug erfasst. Der Betreffende wirkt schwerbesinnlich oder verlangsamt.

Störungen des Gedächtnisses nennt man auch mnestische Störungen; sie treten als Merkfähigkeits- und Gedächtnisstörungen in Erscheinung.

Bei **Merkfähigkeitsstörungen** kann sich jemand Ereignisse, Eindrücke und Informationen nicht länger als zehn Minuten lang merken. Derartige Merkfähigkeitsstörungen können sowohl vom Betroffenen wahrgenommen als auch von Dritten beobachtet werden.

Bei **Gedächtnisstörungen** ist die Fähigkeit beeinträchtigt oder gänzlich aufgehoben, sich Ereignisse, Informationen usw. länger als zehn Minuten zu merken oder Erlerntes aus dem Gedächtnis abzurufen.

Mit Gedächtnisstörungen können **Konfabulationen** verbunden sein. Lücken der Erinnerung werden mit wechselnden Einfällen ausgefüllt, die in aller Regel nicht über längere Zeit beibehalten werden und unter Umständen einander widersprechen können.

Amnesien sind inhaltlich oder zeitlich begrenzte Gedächtnislücken. Beziehen sie sich die Lücken auf einen Zeitabschnitt vor einem Ereignis (z.B. Schädelhirntrauma), sind also rückwärtsgerichtet, handelt es sich um retrograde Amnesien. Schließen sie zeitlich an ein Ereignis an, etwa ein Schädelhirntrauma, nennt man sie anterograde Amnesien: was nach dem Ereignis passiert ist, kann nicht erinnert werden.

Bei den schon erwähnten **Zeitgitterstörungen** werden Ereignisse nicht in die richtige Reihenfolge gebracht.

Paramnesien sind verfälschte Erinnerungen, Erinnerungstäuschungen und Gedächtnistäuschungen. Sie umfassen jedoch nicht wahnhafte Erinnerungen oder wahnhaft umgedeutete Erinnerungen. Zu den Paramnesien gehört das weit verbreitete, oft bei Ermüdung auftretende und deshalb keineswegs immer krankhafte **Déjà-vu**, bei dem man den flüchtigen Eindruck hat, eine bestimmte Situation schon einmal erlebt zu haben.

Das Gegenteil ist ein **jamais-vu**, bei dem ein flüchtiges Fremdheitsgefühl gegenüber einer Situation auftritt.

Unter **Flashbacks** versteht man Nachhallerinnerungen, wie sie etwa nach traumatischen Erlebnissen auftreten. Als **Intrusionen** bezeichnet man Erinnerungen an Aspekte eines traumatischen Ereignisses, die sich störend in Gedankengänge und Vorstellungen drängen.

Im Hinblick auf mnestische Symptome können neben der klinischen Untersuchung psychologische Testverfahren eingesetzt werden. Sie erlauben, die Symptomschwere zu einem bestimmten Zeitpunkt zu quantifizieren und Längsschnittvergleiche über den zeitlichen Verlauf einer mnestischen Symptomatik durchzuführen.

3. Störungen des formalen Denkens

Die Denkstörungen teilen sich auf in **formale** und **inhaltliche Denkstörungen**. Nicht immer ist zu entscheiden, ob die Ursache des gestörten formalen Ablaufs der lautsprachlichen oder schriftsprachlichen Äußerungen auf der Ebene der Kognition oder der sprachlichen Äußerungen liegt.

Bei **Denkverlangsamung** handelt es sich um einen verlangsamten, zähen Gedankenfluss. Fragen werden nur zögerlich beantwortet. Assoziationsaufgaben oder andere kognitive Abläufe brauchen länger als normal. Empfindet der Kranke, sich gegen eine Art Widerstand anstrengen zu müssen, um seine Gedanken zu entwickeln, spricht man von **Denkhemmung**.

Grübeln meint, dass die Gedanken in lästiger, unangenehmer, sogar quälend unablässig um wenige, sich wiederholende Themen kreisen.

Von **Umständlichkeit** spricht man, wenn der Betroffene im Gespräch von der inhaltlichen Hauptsache immer wieder abweicht und Nebensächliches breit, umständlich und weitschweifig erörtert. Der inhaltliche Zusammenhang bleibt aber gewahrt.

Von **eingeengtem Denken** spricht man, wenn der inhaltliche Umfang des Denkens auf ein oder wenige Themen fixiert ist.

Bei **perseverierendem Denken** werden Themen, Angaben oder Rückfragen überflüssigerweise immer wieder wiederholt, selbst wenn das Gespräch schon zu anderen Inhalten fortgeschritten ist. Wenn der Betroffene von bestimmten Themen nicht loskommt, spricht man auch von Haften.

Erlebt sich der Betroffene dem Druck verschiedener Gedanken und Einfälle – sinnlose oder sinnvolle – ausgesetzt, liegt **Gedankendrängen** vor. Zumeist ist er dabei überfordert, diese Gedanken ordnend zu beherrschen.

Ideenflucht meint, dass immer neue Einfälle den zielstrebigen Gedankengang stören und vom ursprünglichen Ziel der Darlegungen ablenken. Oft sind die Gedanken durch inhaltliche oder klangliche Assoziationen verbunden, so dass der Zusammenhang erkennbar bleibt.

Demgegenüber verliert sich bei **Zerfahrenheit** oder **Inkohärenz** der inhaltliche Zusammenhang der Äußerungen weitestgehend. Im Extremfall zerfallen die Mitteilungen in zusammenhanglose Satzfetzen, Wörter, Silben usw. Es kann sich ein Bild von Verworrenheit zeigen.

Bricht die sprachliche Äußerung oder ein Gedankengang ohne erkennbaren Grund ab, handelt es sich um Gedankenabreißen oder **Gedankensperrung**.

Geht die Antwort auf eine Frage am Thema vorbei, liegt **Vorbeireden** vor. Vorsichtshalber sollte man die gestellte Frage wiederholen lassen, um sicherzustellen, dass sie überhaupt verstanden wurde. Dieses Phänomen darf nicht besser durch andere psychopathologische Symptome erklärbar oder beschreibbar sein.

Als Ausdruck formaler Denkstörung oder manchmal auch, um ungewöhnliche Empfindungen oder psychotische Erlebnisse zu charakterisieren, kommt es zu **Neologismen** (Wortneubildungen). Auch wenn Wörter grob abweichend von der üblichen Bedeutung verwendet werden, ist diese Bezeichnung angebracht. Natürlich ist hier Vorsicht geboten, wenn es sich um sprachliche Mitteilungen im Jargon subkultureller Milieus handelt oder um sprachliche Äußerungen bei unzureichenden Sprachkenntnissen'.

4. Störungen des inhaltlichen Denkens

Die wichtigsten inhaltlichen Denkstörungen beziehen sich auf den Themenkomplex **Wahn**.

Unter einem Wahn (Adjektiv: wahnhaft) versteht man eine objektive falsche Überzeugung, die aus krankhafter Ursache entsteht und mit unerschütterlicher subjektiver Gewissheit festgehalten wird, selbst wenn sie im gröbsten Widerspruch zu den Vorstellungen der Mitmenschen und der Gesellschaft stehen. Man kann wahnhafte Überzeugungen weder durch logische Argumente entkräften noch durch Konfrontation mit der Wirklichkeit, indem man etwa die wahnhafte Überzeugung eines Kranken, Krebs zu haben, mit der Darlegung unauffälliger medizinischer Befunde auszuräumen versucht. Die **Wahnthemen**, also die Inhalte des Wahns, sind vielfältig. Wenn jemand Begebenheiten oder Informationen in der Umwelt – etwa die Inhalte einer Nachrichtensendung – unzutreffend auf sich persönlich bezieht, spricht man von Beziehungswahn. Verfolgung, Vergiftung, Schuld, Verarmung, unheilbare – zumeist körperliche – Krankheit, eigene überragende Bedeutung, religiöser oder politischer Wahn, (objektiv unbegründete) Eifersucht usw. sind weitere Wahnthemen. Dass es dem Untersucher im Einzelfall schwerfallen kann zu bewerten oder zu prüfen, ob die wahnhaften Vorstellungen der Wirklichkeit entsprechen – etwa die Vorstellung, von den Nachbarn gingen Bedrohungen oder Schikanen aus –, ist zwar von praktischer Bedeutung, erschüttert aber nicht die obige Definition.

Ein Wahn kann das tägliche Leben des Patienten in unterschiedlichem Maße bestimmen. So können Patienten wahnbedingt der unerschütterlichen Überzeugung sein, übernatürliche Fähigkeiten zu besitzen, eine weltrettende Mission zu haben usw. Dennoch gehen sie im Alltag ihrer alltäglichen Arbeit nach. Andernfalls ist der Patient der wahnhaften Überzeugung, an Leib und Leben bedroht zu werden; er handelt im Einklang mit seinem Wahn und verbarrikadiert er sich in seiner Wohnung.

Unter **Wahndynamik** versteht man das Ausmaß der Affekte, die mit dem Wahn verbunden sind. Bei geringer Wahndynamik erzählt der Patient unter Umständen ohne emotionale Beteiligung von den Wahninhalten. Im Falle hoher Wahndynamik ist der Wahn von starken Gefühlen der Angst und Verzweiflung (z.B. bei hypochondrischem Wahn) oder auch der Beglückung (z.B. der Vorstellung messianischer Berufung bei religiösem Wahn) begleitet. Die Wahndynamik wird oft deutlich, wenn gegen die wahnhaften Äußerungen des Kranken Skepsis oder Kritik geäußert wird.

Tritt die bestimmte wahnhafte Vorstellung oder Überzeugung unvermittelt auf, spricht man vom **Wahneinfall**. Der **Wahngedanke** (Wahnidee), z.B. die Vorstellung vergiftet zu werden, also die festgehaltene wahnhafte Überzeugung oder Idee, geht aus Wahneinfällen oder Wahnwahrnehmungen hervor.

Bei einer **Wahnwahrnehmung** wird einer realen Beobachtung, einem tatsächlichen Ereignis eine wahnhafte, also objektiv unzutreffende Bedeutung beigelegt. Beispielsweise hat der Betroffene drei rote Autos auf der Straße gesehen. Diese reale Beobachtung interpretiert er als Hinweis auf eine bevorstehende Katastrophe.

Als **Wahnstimmung** bezeichnet man die durch unbestimmte Angst und Bedrohungsgefühle gekennzeichnete emotionale Ausnahmesituation und Angespanntheit vor dem Auftreten ausgeformter Wahngedanken.

Von einem **systematisierten Wahn** spricht man, wenn die Wahngedanken und die Wahneinfälle vom Betroffenen mit realen Begebenheiten oder Wahnwahrnehmungen, Sinnestäuschungen, Beeinflussungserlebnissen usw. verknüpft werden. Der vom Patienten hergestellte Zusammenhang kann sowohl logisch als auch unlogisch sein. Der Patient kann die Zusammenhänge nur vermuten oder sich ihrer sicher sein.

Den **Wahnideen** stehen die **überwertigen Ideen** nahe. Sie erreichen nicht oder noch nicht das Ausmaß des Wahns, sie haben nicht selten einen realen Kern. Die Ideen oder Vorstellungen bestimmen infolge ihres hohen individuellen Bedeutungsgehaltes Erleben und Verhalten des Betroffenen in ihm nicht selten unzuträglicher Weise. Häufig treten querulatorische Gestaltungen überwertiger Ideen auf, die sich beispielsweise darin äußern, dass jemand unermüdlich gegen Falschparker in einer Stadt angeht, immerzu Anzeigen erstattet, den Behörden dahingehend Nachlässigkeit vorwirft, sich deswegen in Rechtshändel einlässt, vielleicht sogar zu Beleidigungen versteigt.

5. Zwänge und Befürchtungen

Vom Wahn sind **Zwänge** streng zu unterscheiden. Darunter versteht man Gedanken und Handlungen, die sich dem Betroffenen in unangenehmer Weise und wiederholt aufdrängen, ohne dass er dagegen ankommt, obwohl er das möchte. Versucht er sie zu unterdrücken, setzen sie sich unter ansteigender Spannung und Angst schließlich doch durch. Zwänge werden vom Betroffenen in der Regel in ihrer Aufdringlichkeit störend und inhaltlich als widersinnig erkannt, aber auch als dem „eigenen Kopf" entsprungen. Das unterscheidet sie von **Beeinflussungserlebnissen**, etwa der Gedankeneingebung psychotischer Patienten, z.B. der dort auftretenden Vorstellung, durch externe fremde Mächte zu bestimmten Handlungen oder Gedanken oder Gefühlen gezwungen zu sein. Zwänge können den Alltag des Betroffenen erheblich beeinträchtigen, normale Aktivitäten durchkreuzen und behindern. Ausgeprägte Zwänge übernehmen unter Umständen die Herrschaft über den Alltag. Sie können in regelrechte Rituale ausarten.

Bei **Zwangsgedanken** oder dem **Zwangsdenken** müssen bestimmte unangenehme Gedanken gedacht, aufwändige gedankliche Operationen (z.B. Zählen und Rechnen) in unsinniger Weise immer wieder ausgeführt usw. werden. Bei **Zwangsvorstellungen** drängen sich quälende Vorstellungen, etwa in einem Moment des Kontrollverlusts das eigene Baby aus dem Fenster zu werfen, auf. Bei **Zwangshandlungen** setzen sich zwanghafte Handlungsimpulse (Zwangsimpulse) in tatsächliches Handeln (z.B. exzessives Händewaschen, widersinnig häufiges Aufräumen oder Reinigen der Wäscheschränke, Kontrollieren der Gashähne, Lichtschalter) um.

Bei den **Befürchtungen** ist zunächst das **Misstrauen** zu nennen. Dabei wird das Verhalten anderer Menschen misstrauisch und argwöhnisch auf die eigene Person bezogen.

Die **Hypochondrie** äußert sich in einer ängstlich gefärbten Wahrnehmung des Körpers, verbunden mit Befürchtungen bedrohlicher körperlicher Vorgänge. Gelegentlich werden normale Körpervorgänge, etwa Darmgeräusche, in diese Interpretation einbezogen. Die Abgrenzung zu einem regelrechten hypochondrischen Wahn kann schwierig sein.

Bei **Phobien**, die später beim Thema Angst noch einmal angesprochen werden, besteht Angst vor bestimmten Situationen (Situationsphobie) oder Objekten (Objektphobie), die schließlich ängstlich vermieden werden und so den Alltag beeinträchtigen. Darin ähneln sie Zwangssymptomen.

6. Störungen der Wahrnehmung; Sinnestäuschungen

Bei den **Sinnestäuschungen** oder **Trugwahrnehmungen** unterscheidet man Illusionen und Halluzinationen. Als **Illusionen** – man beachte die vom Alltagsgebrauch des Wortes abweichende Bedeutung – bezeichnet man verfälscht wahrgenommene oder verkannte Wahrnehmungsgegenstände. Beispielsweise wird eine fremde Person als ein Verwandter wahrgenommen, besser: verkannt.

Unter **Halluzinationen** versteht man Trugwahrnehmungen ohne jeglichen realen Wahrnehmungsgegenstand oder Reiz.

Trugwahrnehmungen können in allen Sinnesgebieten auftreten: als optische (visuelle), akustische (auditive), taktile, coenaesthetische (leibliche), gustatorische (Geschmack), olfaktorische (Geruch) oder taktile Trugwahrnehmungen.

Die akustischen und die optischen Halluzinationen sind die häufigsten und diagnostisch wichtigsten. Die akustischen Halluzinationen unterteilt teilt man in **Akoasmen** (elementare Geräusche) und in sprachlich ausgeformte **Phoneme** – in der Regel als Stimmenhören ausgeprägt. Die halluzinierten Stimmen können dem Betroffenen bekannte oder unbekannte Einzelstimmen sein, es können auch mehrere Personen mehr oder minder deutlich miteinander reden. Die Stimmen können irgendetwas reden, aber auch kommentieren, drohen, verbieten oder befehlen. Das kann so weit gehen, dass der Kranke den Anweisungen der Phoneme (imperative Stimmen) folgt, indem er etwa von einer Brücke springt oder jemanden, der ihm auf der Straße begegnet, tätlich angreift.

Die Reaktion auf die akustischen Halluzinationen kann unterschiedlich sein. Manchmal beschweren sich die Patienten, dass sie etwas hören, was sie stört, manchmal darüber, was sie hören (z.B. Beleidigungen).

Bei den optischen Halluzinationen werden Farben, Figuren, Gegenstände, Personen usw. wahrgenommen.

Halluzinierte Berührungen der Körperoberfläche werden als taktile Halluzinationen bezeichnet. Halluzinierte Empfindungen fremdartigen Charakters im Körperinnern werden als coenaesthetische Halluzinationen oder Coenaesthesien bezeichnet. Sie werden oft schwer verständlich oder in bizarren Ausführungen beschrieben.

7. Ich-Störungen

Die vielgestaltigen **Ich-Störungen** umfassen markante Störungen des Erlebens der eigenen Person und des Verhältnisses der eigenen Person zur Umwelt. Sie besitzen hohe diagnostische Bedeutung. Sie spielen vor allem bei den Schizophrenien eine Rolle.

Bei **Depersonalisation** kommt sich der Betroffene selbst verändert, unwirklich, unter Umständen regelrecht „abgestorben" oder tot vor. Bei **Derealisation** erlebt er hingegen die ihn umgebende Umwelt als fremd, als unwirklich verändert oder unvertraut. Farben oder Geräusche werden schwächer oder stärker als gewohnt wahrgenommen. Vertraute Geschmacksempfindungen können sich verlieren, so dass alle Speisen oder Getränke ihren Geschmack verlieren.

Bei **Gedankenausbreitung** wird empfunden, dass sich die eigenen Gedanken ausbreiten und damit von anderen Menschen aufgenommen werden können. So glaubt der Kranke, andere Menschen wüssten, was er denkt oder vorhat.

Es kann sein, dass der Kranke erlebt, die eigenen Gedanken zu hören: **Gedankenlautwerden**.

Bei **Gedankeneingebung** empfindet der Betroffene, seine Gedanken und Absichten kämen nicht von ihm; sie würden ihm vielmehr von außen, von dritter Seite eingegeben. Empfindet er hingegen, seine Gedanken würden ihm entzogen, weggenommen, handelt es sich um **Gedankenentzug**. Wenn die Gewissheit besteht, man sei im eigenen Wollen und Handeln entmächtigt, müsse vielmehr von außen Gesteuertes tun oder denken oder empfinden, handelt es sich um Beeinflussungserlebnisse.

8. Störungen der Affektivität

Affektivität ist ein Oberbegriff für die Gesamtheit der Stimmungen, Affekte, Gefühle, Befindlichkeit und die emotionale Ansprechbarkeit oder – etwas einfacher ausgedrückt – für das Gefühlsleben. Affekte sind kurzdauernde, oft heftige, zumeist situativ entstandene Gefühlslagen (z.B. Wut, Zorn und Angst).

Stimmungen sind eher länger andauernde Gefühlslagen. Sie geben dem Erlebten eine Grundtönung.

Sie können in positiver und in negativer Richtung verändert – verstimmt – sein: Die Stimmung kann nur leicht gehoben sein, dann spricht man von hypomanischer Verstimmung. **Euphorie** (gehobene Stimmung, Wohlbefinden, Kraftgefühl), erst recht **Ekstase** sind Beispiele ausgeprägter positiver Verstimmung.

Deprimiertheit oder **depressive Verstimmung** ist das Gegenteil. Sie unterscheidet sich oft von üblicher Traurigkeit, indem sie von einer tiefen Niedergeschlagenheit, Bedrücktheit, vor allem von der Unfähigkeit, sich über etwas Positives zu freuen oder angesichts eines Verlustes, eines Todesfalls wirklich Trauer zu empfinden, gekennzeichnet ist (Gefühl der Gefühllosigkeit, siehe dort). In aller Regel besteht neben der Freudlosigkeit eine ausgeprägte Hoffnungslosigkeit. Das Gefühl der Gefühllosigkeit wirkt manchmal geradezu paradox – etwa, wenn jemand im depressiven Zustand beklagt, er könne über einen aktuellen Todesfall nicht wirklich traurig sein oder über den Verlust eines nahen Angehörigen nicht weinen.

Unter **Dysphorie** versteht man eine missmutige, übellaunige Verstimmung. Man unterscheidet davon die **Gereiztheit** als angespannte, aggressiv getönte Handlungsbereitschaft.

Klagsamkeit meint den lebhaften Ausdruck von Kummer und seelischem Schmerz in Worten, Gesten, Motorik usw.

Bei **Affektarmut** ist die Reichhaltigkeit der affektiven Regungen vermindert; es tritt ein eingeschränktes Spektrum der Affekte zutage. Affektarmut kommt unter anderem bei depressiven Bildern vor, vor allem auch bei Persönlichkeitsstörungen.

Affektstarre meint die verminderte emotionale oder affektive Ansprechbarkeit; die emotionale Amplitude ist eingeschränkt, der Betroffene reagiert nicht oder kaum auf den emotionalen Gehalt einer Situation oder der Interaktion.

Bei **Affektlabilität** wechselt die Stimmungslage mit oder ohne äußeren Anlass rasch. Die Affekte sind zumeist von kurzer Dauer. Von **Affektinkontinenz** spricht man, wenn die Affekte auffällig heftig und überschießend anspringen, sie können nicht kontrolliert werden.

Angst ist ein vielgestaltiges psychisches Phänomen und wohl jedem Menschen bekannt. Angst wird oft von vegetativen Erscheinungen (z.B. Pulsbeschleunigung, Schweißausbrüchen) begleitet oder sogar geprägt. Angst ist keineswegs immer pathologisch, denn Angst hat als Warnsignal bei Gefahr eine wichtige Funktion. Sie tritt auf in objektiv gefährlichen, aber auch in nur subjektiv als unheimlich oder bedrohlich erlebten Situationen.

Von Angst von abnormem Ausmaß oder pathologischer Bedeutung kann man nur sprechen, wenn sie das auf dem Hintergrund der gegebenen Situation „objektiv" nachvollziehbare Ausmaß überschreitet. Das gilt auch, wenn man sich angesichts von biografischen Erfahrungen, Traumata usw. des Betroffenen das Ausmaß der Angst erklären oder sie verstehen kann.

Man unterscheidet:

- Die **(generalisierte) Angst**; sie ist unbestimmt und ohne konkretes Objekt. Eine unbestimmte Angst wird von manchen Autoren auch als **Furcht** bezeichnet.
- Die **phobische Angst**, bei der sich die Angst auf konkrete Situationen (z.B. Höhenangst, soziale Situationen), Objekte (z.B. Messer) oder Tiere (z.B. Hunde, Spinnen) richtet.
- Die **Panikattacke**, bei der anfallsartig und zeitlich umgrenzt, oft ohne erkennbaren Auslöser, manchmal jedoch auch in bestimmten Situationen, eine intensive Angst über die Person herfällt.

Die oft mit Angst verbundenen körperlichen Reaktionen können sich erlebnismäßig in den Vordergrund drängen, indem etwa heftiges Herzrasen die Angst befördert, zu sterben. Die Angst kann so schwer sein, dass sie die Reaktionsfähigkeit beeinträchtigt, Handlungen blockiert oder Fehlhandlungen verursacht.

Das Symptom **Parathymie** liegt vor, wenn Ereignisse mit einem bestimmten emotionalen Gehalt (z.B. ein Todesfall) nicht mit dem dazu passenden Gefühlsausdruck berichtet werden. Ein davon Betroffener erzählt beispielsweise ein tragisches Ereignis gleichgültig oder auf amüsierte Weise. Nicht hierhergehört, wenn jemand erkennbar absichtlich beherrscht und kontrolliert von schlimmen Erlebnissen berichtet oder mit Zeichen der Verlegenheit beim Erzählen lächelt.

9. Störungen des Antriebs

Der Begriff des Antriebs ist einerseits ein Konstrukt; man kann ihn nicht unmittelbar beobachten, sondern eher in seinen Auswirkungen. Andererseits ist seine Bedeutung unmittelbar einsichtig. Auch im Alltagssprachlichen spricht man davon, es fehle einem der Antrieb, dies oder jenes zu tun. Der Antrieb kann als innere Energie, als Tatkraft, Schwung, Initiative usw. alltagssprachlich umschrieben werden; er drückt sich in den alltäglichen Aktivitäten und in der Psychomotorik (siehe dazu im Folgenden unter 10.) aus. Der Begriff der Intentionalität meint, dass Handlungen auf ein bestimmtes Ziel hin ausgerichtet werden.

Antriebsminderung kann zum einen als **Antriebsarmut** auftreten. Es fehlt an Initiative, Energie, Schwung, etwas zu tun, etwas zu unternehmen, evtl. sogar sich zu bewegen, zu essen usw. Davon unterscheiden kann man die **Antriebshemmung**, bei der die Verwirklichung von Handlungsabsichten subjektiv als gehemmt, gebremst oder blockiert erlebt werden.

Antriebssteigerung drückt sich in der Zunahme von Initiative, Aktivitäten, Vorhaben usw. aus. Sie kann sich in beschleunigtem Denkabläufen oder Sprechen sowie in lebhafter Psychomotorik zeigen.

In den Umkreis der Antriebsstörungen gehören verschiedene Störungen des willentlichen Handelns: Beim **Negativismus** ist der Betroffene gehindert zu tun, was er tun will oder was von ihm verlangt wird. Unter Umständen tut er – natürlich ohne Absicht – das Gegenteil von Gewollten, indem er etwa die Hand zurückzieht, obwohl er einen begrüßenden Handschlag beabsichtigte. Um ein ähnlich entmächtigendes Phänomen handelt es sich beim **Befehlsautomatismus**; dabei reagiert der Betroffene gegen seinen eigenen Willen – quasi automatenhaft – auf Anweisungen oder Anregungen Dritter. Er streckt etwa wieder und wieder die Hand aus, um in die ausgestreckte Hand des Untersuchers einzuschlagen, obwohl er vorab aufgefordert worden war, dies nicht zu tun. Das ist nicht zu verwechseln mit der Befolgung von Befehlen, die von halluzinierten Stimmen (imperativen Stimmen) oder erlebten Willensbeeinflussungen im Rahmen schizophrener Störungen stammen.

10. Störungen der Psychomotorik

Die **Psychomotorik** umfasst alle **unwillkürlich ablaufenden motorischen Phänomene**, die seelische Vorgänge und Zustände begleiten oder ausdrücken: Mimik, Gestik, Haltung, Sprechtempo, Lautstärke des Sprechens. Selbst die Willkürmotorik (z.B. das Gehen oder Hantieren) enthält psychomotorische Komponenten.

Die Psychomotorik berührt den Bereich der **nonverbalen Kommunikation**, die bekanntlich eine enorme Bedeutung für unsere soziale Interaktion hat. Aus gebeugter Haltung oder aus langsamem, leisem Sprechen schließen wir auf Kummer und Bedrücktheit unseres Gegenübers, aus bewegter, lebhafter Mimik auf Freude oder Heiterkeit. Im Übrigen hat jeder Mensch ein ihm eigenes psychomotorisches Muster. Jeder kennt es aus Erfahrung: Manche Menschen kann man im Halbdunkel oder aus der Ferne bereits an ihrer Haltung oder an ihrer Art sich zu bewegen erkennen.

Störungen der Psychomotorik werden oft nur ungenügend beachtet oder gänzlich übersehen. Nicht selten werden (psycho-)motorische Auffälligkeiten pauschal den Psychopharmaka, namentlich den Neuroleptika (Antipsychotika), angelastet. Dabei wird auch übersehen, dass sie schon lange vor Einführung der Psychopharmaka in den 1950er Jahren beobachtet und in den Lehrbüchern beschrieben wurden.

Die Veränderungen der Psychomotorik sind vielfältig. Die Psychomotorik kann quantitativ verändert, also etwa vermindert, verlangsamt, verarmt oder gesteigert und beschleunigt sein. Sie kann jedoch auch qualitativ verändert sein.

Eine quantitative Verminderung der Psychomotorik nennt man **Hypokinese**. Unter Umständen sind die Bewegungen trotz bestehender Bewegungsabsicht verlangsamt. Sie können ganz zum Erliegen kommen, wie „eingefroren" wirken. Dann spricht man von **Akinese** oder nennt den Zustand **Stupor**. Dabei ist der Patient wach, hat die Augen geöffnet. Ist die Hemmung unvollständig, spricht man vom **Substupor**, bei dem u. U. noch elementare Handlungen (z.B. Toilettengang) ausgeführt werden können. Wenn der Patient verstummt, handelt es sich um **Mutismus**.

Bei einer Steigerung der Psychomotorik ist der Kranke motorisch unruhig, bewegt sich mehr oder minder ungerichtet oder ziellos. Es kann ein regelrechter **Bewegungssturm**, eine **Hyperkinese** oder **hyperkinetische Erregung**, auftreten. Dabei kommt es unter Umständen unbeabsichtigt zu Selbst- und Fremdverletzungen. Am Übergang zu den qualitativen Veränderungen der Psychomotorik findet sich der **Raptus**, bei dem aus relativer Ruhe heraus plötzlich kurzdauernde, u. U. gewalttätige Handlungen gegen Dritten ausbrechen.

Von den quantitativen Störungen der Psychomotorik sind die verschiedenen qualitativen psychomotorischen Störungen zu unterscheiden.

Bei **Katalepsie** verharrt der Kranke in einer selbst eingenommenen Position, die regelrecht vertrackt und körperlich anstrengend sein kann. Die **Flexibilitas cerea** (wächserne Biegsamkeit) ist ein benachbartes Phänomen. Dabei bringt man den Betroffenen wie eine Wachsfigur in eine bestimmte Haltung, und sie wird von ihm beibehalten. **Parakinesen** sind verzerrte, gelegentlich skurril verformte oder entgleiste Bewegungsabläufe. Sie ähneln Tics oder dystonen Störungsbildern, die aus der Neurologie oder als Nebenwirkungen von Medikamenten bekannt sind. Wenn Parakinesen als **Paramimien** den mimischen Bereich betreffen, kann ein regelrechtes **Grimassieren** zutage treten.

Den eben beschriebenen Symptomen stehen die **Stereotypien** nahe, die sich als wiederholte (repetitive) oder ritualisierte Verhaltens- und Bewegungsmuster darstellen, die oft unabhängig von der Situation und oft ohne erkennbaren Sinn und Zweck auftreten.

Bei den sprachlichen Stereotypien (**Verbigerationen**) werden Laute, Silben, Wörter oder Sätze mehrfach wiederholt, ohne dass damit ein erkennbarer Zweck verbunden wäre. Bei **Bewegungsstereotypien** werden bestimmte Bewegungsabläufe immer wieder wiederholt oder feste Wegeroutinen eingehalten und nicht selten gegen Widerstand von außen durchgesetzt. Die **Haltungsstereotypien** ähneln den Katalepsien. Bei den **Stereotypien des Aufenthaltes** handelt es sich darum, dass der Betroffene in gleichförmiger Weise immer wieder – eben stereotyp – einen bestimmten Aufenthaltsort, etwa einen Tischplatz oder einen bestimmten Sessel aufsucht, oder sich immer an einer bestimmten Stelle des Raumes aufstellt, in aller Regel ohne plausible Begründung.

11. Störungen der Vitalgefühle

Veränderungen der **Vitalgefühle** liegen vor, wenn ein leibliches Gefühl geminderter Kraft und Energie (Schlappheit, Erschöpfung, Mattigkeit usw.) oder im Gegenteil ein Gefühl übersteigerter Kraft und Energie besteht.

12. Störungen der vegetativen Funktionen

Vegetative Funktionen wie Schlaf-Wach-Regulation, Appetit und Hunger, sexuelle Bedürfnisse usw. gehören der körperlichen Sphäre an. Sie sind jedoch häufig bei psychischen Störungen erheblich gestört. Das zeigt die enge Verbindung psychischer und körperlicher Funktionen.

Manche psychischen Symptome, vor allem im Bereich von Stimmung und Antrieb, zeigen sich mit **Tagesschwankungen**, nicht selten in Form eines **Morgentiefs**.

Schlafstörungen können als Einschlaf- und als Durchschlafstörungen oder als vorzeitiges Erwachen auftreten und eine erhebliche Tagesmüdigkeit nach sich ziehen.

Der Begriff **Appetenzstörungen** bezieht sich vor allem auf verminderten oder gesteigerten Appetit bzw. verminderte oder vermehrte Nahrungsaufnahme mit entsprechenden Folgen beim Körpergewicht.

Der Begriff der Appetenz wird aber auch auf sexuelle Funktionen angewandt. Bei Störungen der sexuellen Appetenz ist das sexuelle Verlangen vermindert oder gesteigert. Weitere Probleme wie verminderte sexuelle Erregbarkeit, Impotenz beim Mann, Ausbleiben der Regelblutung bei der Frau können sich zeigen.

Umschriebene leibliche Missempfindungen oder Schmerzen – natürlich ohne ausreichend erklärenden Organbefund – können auftreten. Mundtrockenheit, Übelkeit, Magenbeschwerden, Herzrasen, Juckreiz, Schwindel usw. können ebenfalls als Beschwerden zu psychischen Störungen gehören. Sie können allerdings auch Nebenwirkungen der Pharmakotherapie sein.

13. Suizidalität; fremd- und selbstschädigendes Verhalten und sozialer Rückzug

Es gibt eine Reihe weiterer Merkmale, die zu einer psychischen Störung gehören können: Vor allem seien **Suizidideen** oder **Suizidabsichten**, **fremd-** oder **selbstgefährdende Verhaltensweisen** zu nennen oder auch der soziale Rückzug. Bei letzterem kann es sich unter anderem um die Reaktion des Betroffenen auf kognitive Überforderung bei beginnender Demenz oder auch um seine Reaktion auf eine gewähnte Bedrohung an Leib und Leben infolge eines Verfolgungswahnes im Rahmen einer Schizophrenie handeln. Das Beispiel sozialer Rückzug belegt anschaulich, dass psychopathologische Symptome verschiedene Entstehungskontexte haben können[22].

22 Die psychologische Herleitung des Rückzugs, um gewähnte Bedrohung zu entgehen, folgt dem Prinzip des Verstehens nach Wilhelm Dilthey und Karl Jaspers – wie Seelisches aus Seelischem hervorgeht. Die Begründung des Wahns durch die Schizophrenie folgt nach Jaspers hingegen dem Prinzip des Erklärens.

Bei **Suizidalität**, auch als Suizidgefährdung bezeichnet, sind die Gedanken, Vorstellungen, Fantasien, Impulse usw. darauf gerichtet, aus dem Leben zu scheiden oder den eigenen Tod herbeizuführen. Es handelt sich um einen potenziell lebensbedrohlichen Zustand. Suizidideen können flüchtig auftreten oder sich zielstrebig bis zum suizidalen Handlungsentschluss aufbauen. Die Erfassung suizidaler Tendenzen ist nicht ganz einfach. Betroffene geben sie oft nur schwer preis – aus Scham, aus Angst vor Konsequenzen usw. Die Frage danach muss behutsam und ohne moralische Bewertung („Das kannst Du doch nicht machen!" „Das darfst Du Deiner Familie nicht antun" usw.) erfolgen. Die Erfahrung lehrt, dass es erleichternd sein kann, wenn Suizidvorstellungen aktiv an- und ausgesprochen werden – „wenn es endlich raus ist". Sie müssen immer ernst genommen werden. Professionelle Hilfe psychologischer, psychiatrischer oder seelsorgerische Art ist dringend zu empfehlen.

Autoaggressivität meint tatsächliche Handlungen gegen sich selbst mit selbstschädigenden Folgen wie Selbstverletzung: „Ritzen", Schneiden, Vergiftungen usw. Selbstgefährdende Verhaltensweisen, auch wenn sie den Eindruck erwecken, der tödliche Ausgang werde hingenommen, nennt man **parasuizidale Handlungen**. Man hüte sich, sie als „hysterisch" abzutun. Oft stellen sie einen Hilferuf an die Umwelt dar.

Fremdaggressivität meint aggressive Handlungen durch körperliche oder verbale Handlungen gegen Dritte oder auch nur eine diesbezügliche Handlungsbereitschaft. Man darf keinesfalls regelmäßig eine aggressive Absicht zu unterstellen. Man muss auch in Betracht ziehen, dass bestimmte Umweltanforderungen oder -bedingungen (z.B. Lärm, Kritik, scharfe Ansprache, Gewaltanwendung) die Kompensationsmöglichkeiten der betreffenden Person in der gegebenen Situation überfordern. An diese Erkenntnisse knüpfen die weit verbreiteten Deeskalationstechniken an.

III. Krankheitseinsicht und Behandlungsmotivation

Für einige Störungsbilder ist charakteristisch, dass der Betroffene das Vorliegen einer krankhaften psychischen Störung nicht erkennen kann, dass also keine oder keine ausreichend stabile **Krankheitseinsicht** besteht. In erster Linie ist Krankheitseinsicht bei Schizophrenien, Demenzen, in manischen Episoden, bei bestimmten Persönlichkeitsstörungen (z.B. narzisstische Persönlichkeitsstörungen), Essstörungen oder Abhängigkeitserkrankungen gestört. Die Gründe der verminderter Krankheitseinsicht sind von Störungsbild zu Störungsbild verschieden. Bei fortgeschrittenen Demenzen resultieren sie aus der verminderten Urteilsfähigkeit, bei Schizophrenien aus der wahnhaften Umdeutung der Realität und Halluzinationen.

Bei Störungen, deren Ausprägung über die Zeit schwankt, also etwa bei episodisch verlaufenden Schizophrenien, kann sich bei Remission (Rückbildung) die Krankheitseinsicht teilweise oder völlig wieder einstellen.

Fehlende oder unzureichende Krankheitseinsicht beeinträchtigt die primäre Motivation zur Behandlung. Behandlungsmotivation wirkt sich aus sowohl auf die Inanspruchnahme professioneller Hilfe als auch die erforderliche Mitwirkung am Therapieprozess. Fehlende

Krankheitseinsicht erschwert es, Mitwirkung herbeizuführen oder auch nur zur Inanspruchnahme professioneller Hilfe zu motivieren.

Allerdings wirken auch andere Faktoren einer Behandlungsmotivation entgegen: Symptome der Krankheit (z.B. Antriebsmangel, Angst, Verfolgungswahn), fehlender Leidensdruck, sekundärer Krankheitsgewinn, falsche Vorstellungen von der Behandlung, schlechte Vorerfahrungen mit Behandlungen, Beeinflussung durch Dritte, Angst vor Stigmatisierung, praktischer Aufwand, persönliche Verpflichtungen in Familie, Beruf usw. Subjektive Krankheitskonzepte, subjektive Krankheitstheorien, oft kulturell oder subkulturell geprägt, können die Behandlungsmotivation beeinflussen. Eine zentrale Rolle für die Aufrechterhaltung der Behandlungsmotivation spielen einerseits die Qualität der Therapeut-Patient-Beziehung, andererseits die motivierende und praktische Unterstützung durch Angehörige, Freunde, rechtliche Betreuer usw.

IV. Psychiatrische Diagnostik

Die psychiatrische Diagnostik zielt darauf, eine psychiatrische Diagnose zu stellen. Anders ausgedrückt: Es geht darum, für den vorliegenden Zustand eine oder gegebenenfalls mehrere passende diagnostische Kategorien im verbindlichen Klassifikationssystem wie der ICD-10, später der ICD-11 zu finden.

Eine Diagnose kann, wie in Abschnitt 2 (siehe I. 2. a.) schon angesprochen, mehrere Zweckbestimmungen haben.:

- Sie ist Voraussetzung einer sachgerechten Behandlung.
- Sie ermöglicht in gewissen Umfang prognostische Aussagen.
- Sie begründet Leistungsansprüche gegenüber dem Gesundheitssystem.
- Eine Diagnose ermöglicht die Kommunikation zwischen Fachleuten.
- Sie ist die Voraussetzung für viele wissenschaftliche Forschungen.
- Eine Diagnose ist nötig, um zu forensischen Fragen Stellung zu nehmen, etwa zur Geschäftsfähigkeit im Zivilrecht oder zur Schuldfähigkeit im Strafrecht oder zu kriminalprognostischen Zwecken.

Die psychiatrische Diagnostik besteht jedoch keinesfalls nur darin, die psychopathologische Symptomatik zu erfassen. Sie ist viel umfassender.

Die psychiatrische Diagnostik ruht auf drei Hauptsäulen:

- Erhebung der **Anamnese**, darunter der Biografie, der Vorgeschichte, des bisherigen Krankheitsverlaufs, der familiären Belastung mit gleichartigen Beschwerden oder Störungen,
- Erhebung der aktuellen („querschnittlichen") psychischen, neurologischen und allgemein-körperlichen **Befunde** (Status praesens) sowie
- Durchführung **apparativer und Laboruntersuchungen**, im psychiatrischen Kontext zusätzlich der **Psychodiagnostik** mittels Tests, Fragebögen usw.

1. Die Erhebung der Anamnese

Die Erhebung der **Anamnese** richtet sich auf die Vorgeschichte und Entwicklung der aktuellen Erkrankung, aber auch auf Herkunft und Biografie der Person. Nur anhand eines möglichst umfassenden Bildes der Person und ihrer Entwicklung können Entstehung und konkrete Ausgestaltung einer psychischen Störung verstanden sowie ein adäquater Weg der Behandlung und Begleitung der erkrankten Person entwickelt werden. Außerdem können auch genesungsdienliche Ressourcen der Person identifiziert werden. Das anamnestische Interview trägt wesentlich zur Diagnose bei; es liefert oft sogar die ausschlaggebenden Informationen.

Das anamnestische Interview sammelt folgende Informationen:

- Vorgeschichte und Entwicklung der aktuellen Beschwerden bzw. der psychischen Symptomatik,
- psychiatrische Vorgeschichte (frühere psychische Erkrankungen, Sucht),
- somatische Vorgeschichte (Schwangerschaft, Geburt, frühere oder noch bestehende körperliche Erkrankungen),
- Familienanamnese (Vorkommen von psychischen Störungen bei Familienangehörigen und Verwandten),
- soziale und biografische Anamnese (Herkunftsfamilie, schulische und berufliche Entwicklung, Partnerschaft, Familienverhältnisse, soziale Beziehungen, außerberufliche Aktivitäten usw.).

Anamnestische Informationen stammen zumeist vom Patienten selbst (**Eigenanamnese**). Wenn sie von dritten Personen (Angehörige, professionelle Unterstützer, rechtliche Betreuer usw.) erhoben werden, z.B. im Falle von Demenz, handelt es sich um eine **Fremdanamnese**.

Die Erhebung der anamnestischen Auskünfte direkt vom Patienten erlaubt, subjektive Wertungen von Sachverhalten durch den Patienten kennenzulernen. Es kann auch bedeutsam sein zu erkennen, was er nur oberflächlich streift, was er wiederholt anspricht. Das anamnestische Interview ermöglicht vor allem, sich unmittelbar über die aktuelle psychische Verfassung des Patienten zu informieren, Hinweise auf Störungen der Aufmerksamkeit, der Auffassung, der Konzentration, des Denkens, des Gedächtnisses usw. zu erhalten.

Ein anamnestisches Interview berührt immer sehr persönliche Sachverhalte. Deshalb sind die Schaffung eines **Vertrauensverhältnisses** und einer ungestörten **Gesprächsatmosphäre** ebenso wichtig wie Erläuterungen zur Bedeutung der Anamneseerhebung. Wichtig ist zu respektieren, wenn eine Patientin, ein Patient über bestimmte Dinge nicht oder noch nicht sprechen möchte. Immerhin soll sie oder er in der Regel einem völlig fremden, vielleicht sogar als unsympathisch erlebten Menschen sehr persönliche und intime Dinge anzuvertrauen. In einem asymmetrischen Machtverhältnis ist das viel verlangt.

2. Erhebung der aktuellen Befunde

Die Untersuchung, die den gegenwärtigen Zustand (**Status praesens**) des Patienten erheben soll, hat zwei wesentliche Komponenten:

- die **klinischen Untersuchungen** und
- die **Zusatzuntersuchungen** apparativer oder labormäßiger Art (paraklinische Untersuchungen).

a. Klinische Untersuchungen

Klinische Untersuchungen sind unmittelbare Untersuchungen durch den Arzt mit dessen eigenen Sinnen (Betrachten, Betasten usw.), gegebenenfalls unter Nutzung einfacher technischer Hilfsmittel (z.B. Stethoskop, Reflexhammer, Taschenlampe, Stimmgabel). Der Begriff klinisch stammt vom altgriechischen Wort Kline (altgriechisch: κλίνη) für Ruheliege oder Bett; er bezieht sich hier auf die Untersuchung „am Krankenbett".

Die klinische Untersuchung richtet sich auf die Erfassung des aktuellen

- **psychischen** Befundes,
- **neurologischen** Befundes und
- **allgemein-körperlichen** Befundes.

Neurologische und **allgemein-körperliche** Befunderhebung sind unerlässlich, weil eine psychische Symptomatik durch eine fassbare Erkrankung des Nervensystems (z.B. Hirntumor, Hirnentzündung) oder eine andere körperliche Erkrankung (z.B. Schilddrüsenerkrankung) verursacht werden kann. Zudem können so bisher unerkannte Zusatzerkrankungen und eventuelle Kontraindikationen für bestimmte Behandlungen erfasst werden.

Die neurologische Untersuchung erfasst Gangbild, Gleichgewicht, Bewegungskoordination, Muskelkraft, Muskeltonus, Sensibilität, Funktionsprüfungen der Hirnnerven, Prüfung der Muskeleigenreflexe, der Fremdreflexe usw. Die neurologische Untersuchung muss so gründlich wie möglich erfolgen. Keinesfalls darf darauf verzichtet werden, nur weil „grobneurologisch" nichts auffällt.

Die allgemein-körperliche Untersuchung umfasst:

- Visuelle Beurteilung (Inspektion) von Allgemeinzustand, Ernährungszustand, Körperhaltung, Hautbeschaffenheit (Farbe, Hämatome, Einstichstellen usw.), Haltungsauffälligkeiten, Bewegungsmustern usw.,
- Abtasten (Palpation) des Bauchraumes usw.,
- Abklopfen (Perkussion) des Thorax,
- Abhören (Auskultation) des Herzes, der großen Gefäße (vor allem der Halsschlagadern) und des Abdomens, und
- Riechen von auffälligen Gerüchen in der Atemluft (Alkohol, Aceton, Ammoniak),
- die Erfassung von Köpergröße, Körpergewicht, Blutdruck, Puls, sichtbare Zeichen vegetativer Stigmatisierung usw.

b. Paraklinische Untersuchungen

Zu den paraklinischen oder apparativ-technischen Untersuchungen zählen:

- Laboruntersuchungen von Körperflüssigkeiten: Blut, Urin, Liquor cerebrospinalis („Nervenwasser", gewonnen durch eine Lumbalpunktion),
- elektrophysiologische Verfahren: Elektrokardiogramm (EKG), Elektroenzephalogramm (EEG); Evozierte Potentiale (EP) usw.,
- bildgebende Verfahren: Röntgen, Sonographie, Computertomographie (CT), Magnetresonanztomographie (MRT) usw.

Zu den **psychodiagnostischen Methoden** gehören psychopathometrische Verfahren (**Tests**), mit denen eine klinische Beobachtung im Sinne eines Assessment genauer quantifiziert werden soll. In vereinfachter Weise lassen sich unterscheiden:

- **Leistungstests**, die Einschränkungen kognitiver Fähigkeiten, der Konzentrationsfähigkeit, der Merkfähigkeit, der Intelligenz usw. erfassen („messen"). Beispiel: d2-Test zur Erfassung der Konzentration.
- **Persönlichkeitstests**, die vorzugsweise auf dem Weg der Selbstbeurteilung der Person bestimmte habituelle Persönlichkeitszüge genauer beschreiben lassen. Beispiel: das weitverbreitete Minnesota Multiphasic Personality Inventory (MMPI) oder der Gießen-Test.

Zudem gibt es psychodiagnostische Instrumente, die als Fremd- oder als Selbstbeobachtungsinstrumente die Symptome und Beschwerden psychischer Störungen oder deren Ausprägungsschwere differenziert erfassen können. Bei Anwendung zu verschiedenen Zeitpunkten können der zeitliche Verlauf der Störung oder die Therapiewirkungen dokumentiert werden. Als Beispiel sei die Hamilton-Depressions-Skala zur Erfassung der Schwere depressiver Symptome genannt.

Verwandt sind Instrumente, die ermöglichen, klinisch erhobene Befunde zu diagnostisch wichtigen Merkmalsbereichen lückenlos zu dokumentieren. Solche Instrumente geben oft eine Struktur der Untersuchung vor. Das schon im Abschnitt 2 erwähnte AMDP-System der Arbeitsgemeinschaft für Methodik und Dokumentation in der Psychiatrie kann als Beispiel gelten. Manche solche Instrumente enthalten sogar Regeln, die eine bestimmte Diagnose vorschlagen.

Im Umkreis des Begriffs Diagnostik gibt es noch den Begriff **Assessment**. Der Begriff Diagnostik im engeren Sinne meint, wie schon ausgeführt wurde, den Prozess, der eine diagnostische Zuordnung anstrebt. Der aus dem Englischen stammende Begriff Assessment bedeutet Beurteilung, Bewertung oder Einschätzung. Ein Assessment im psychodiagnostischen Bereich dient dazu, einen krankhaften Zustand oder dessen Verlauf oder die Wirkungen einer Behandlung usw. mittels Psychodiagnostik zu quantifizieren. Assessment kann als eine Form der Diagnostik im weiteren Sinn betrachtet werden.

Abbildung 2: Komponenten der psychiatrischen Diagnostik

Der Weg zur Diagnose vollzieht sich in mehreren Schritten (siehe Abbildung 2): Zuerst werden die anamnestischen Informationen sowie die Beschwerden, die psychischen Befunde und Symptome erhoben. Die psychischen Symptome können im zweiten Schritt zu einem psychopathologischen Syndrom (z.B. depressives Syndrom) zusammengefasst werden. Diese psychischen Symptome oder das psychopathologische Syndrom werden mit den anamnestischen Informationen und den Befunden der übrigen klinischen und der paraklinischen Untersuchungen zusammengeführt. Daraus ergibt sich erst im letzten Schritt die Diagnose, indem die passende Kategorie aus der ICD-10 ausgewählt wird. So könnte beispielsweise eine Diagnose in der Begrifflichkeit der ICD-10 lauten: Bipolare affektive Störung, gegenwärtig manische Episode ohne psychotische Symptome (ICD-10: F31.1).

Oft ist die Diagnose nicht von Anfang an sicher und unveränderlich, sondern bleibt oft lange eine **Verdachtsdiagnose**. Der spontane oder der therapeutisch beeinflusste Verlauf können die Diagnose erhärten. Neue anamnestische Informationen, neue Symptome oder neue Untersuchungsbefunde können erzwingen, die bisherige Diagnose zu korrigieren oder zu ergänzen. Insofern kann sich die diagnostische Klärung in einem zirkulären Prozess vollziehen.

B. Formen der psychiatrischen Behandlung

Übersicht Seite

I. Allgemeines

Die psychiatrische Therapie lässt sich in folgende Formen gliedern:

- **Somatische** Interventionen,
- **psychotherapeutische** Interventionen und
- **psychosoziale** Interventionen.

Die Formen der therapeutischen Interventionen, die **Therapiemodalitäten** oder **Therapiemodi**, können miteinander kombiniert werden (**multimodale Therapie**). Welche Verfahren eingesetzt und wann und wie sie miteinander kombiniert werden, hängt von der vorliegenden psychischen Störung, von ihrer Schwere und von ihrem Stadium ab.

Außerdem besteht eine Wechselwirkung zwischen dem **Behandlungssetting** (ambulant, teilstationär, stationär) und der Therapie bzw. deren Kombinationen. Bei der Wahl der therapeutischen Verfahren sind Aufwand und Nutzen, aber auch Risiken und Nutzen einzelfallbezogen abzuwägen. Dazu gehören ausdrücklich auch wirtschaftliche Aspekte. § 12 Absatz 1 SGB V schreibt für Leistungen der gesetzlichen Krankenkassen zur Wirtschaftlichkeit vor:

> (1) [1]Die Leistungen müssen ausreichend, zweckmäßig und wirtschaftlich sein; sie dürfen das Maß des Notwendigen nicht überschreiten. [2]Leistungen, die nicht notwendig oder unwirtschaftlich sind, können Versicherte nicht beanspruchen, dürfen die Leistungserbringer nicht bewirken und die Krankenkassen nicht bewilligen.

Bei der Bewertung der **Wirtschaftlichkeit** ist nicht – wie leider oft angenommen wird – zu fragen, ob eine Behandlung zu teuer ist, sondern ob das gleiche Behandlungsziel durch eine preisgünstigere und zumutbare Behandlungsalternative zu erreichen ist. In § 70 Absatz 2 SGB V heißt es:

> Die Krankenkassen und die Leistungserbringer haben durch geeignete Maßnahmen auf eine humane Krankenbehandlung ihrer Versicherten hinzuwirken.

Für immer mehr Störungsbilder werden diagnostische und therapeutische **Leitlinien** publiziert; sie werden auf nationaler oder internationaler Ebene durch Fachleute eines bestimmten Gebietes auf der Grundlage der wissenschaftlichen Literatur erarbeitet. Dabei werden die Prinzipien der **evidenzbasierten Medizin** angewendet. Die Aussagen der wissenschaftlichen Literatur werden nach Evidenzstufen bewertet. Größte Aussagekraft besitzen randomisierte Doppelblindstudien. Dabei verteilt man Patienten mit einer bestimmten Störung nach dem Zufallsprinzip auf Gruppen mit verschiedenen Behandlungen, oft einschließlich Placebo-Behandlung. Diese Gruppen vergleicht man anhand statistischer Parameter. Doppelblind heißt, dass weder Patienten noch Behandler wissen, welche der Therapien oder Therapiemodifikationen (z.B. Medikamente im Vergleich) eingesetzt wurden. Die geringste Evidenz kommt individuellen Expertenmeinungen zu.

Leitlinien – erstellt und weiterentwickelt von nationalen und internationalen Fachgremien – sollen dem Behandler helfen, dem jeweiligen Patienten unter Berücksichtigung der individuellen Gegebenheiten die wissenschaftlich am besten belegte Therapie anzubieten. Leitlinien haben eine hohe Verbindlichkeit. Wenn es die Umstände des Einzelfalls gebieten, kann der Behandler jedoch von den Leitlinien abweichen.

Leitlinien sind in aller Regel über internetbasierte Portale allgemein zugänglich. Gegenüber internetbasierten Informationen ist jedoch auch Vorsicht angebracht. Die für den medizinischen Bereich in Deutschland relevanten Leitlinien finden sich auf der Website der **Arbeitsgemeinschaft der Medizinisch-Wissenschaftlichen Gesellschaften (AWMF)**.

Jede Behandlung setzt die unmissverständliche **rechtswirksame Einwilligung** des Patienten nach ausreichender Aufklärung voraus. Nur bei Einwilligungsunfähigkeit des Patienten ist die vertretungsweise Einwilligung des rechtlichen Betreuers erforderlich. Aber selbst, wenn eine solche vertretungsweise Einwilligung durch einen rechtlichen Betreuer erfolgt wird, ist der Patient aufzuklären. Sein Widerspruch gegen die Entscheidung des rechtlichen Betreuers ist zu beachten.

▶ *Zur Einwilligung siehe in Teil 1, Kapitel E.*

In der ärztlichen **Aufklärung** muss verständlich und ausreichend über Ziel und Zweck, aber auch über Alternativen, Nebenwirkungen und Risiken aufgeklärt werden. Der Arzt bestimmt nicht, welche Therapie durchgeführt wird, sondern er berät den Patienten nach bestem Wissen und Gewissen zu dessen Entscheidung. Es kommt auf ein möglichst faires, partnerschaftliches Verhältnis zum Patienten an, denn er ist Auftraggeber des Behandlers.

▶ *Zur Einzelheiten der Aufklärung siehe in Teil 1 Kapitel D. 3.*

Es gibt spezielle Umstände, bei denen eine Behandlung gegen den natürlichen Willen des Patienten erwogen werden muss. Das ist im rechtlichen Sinne eine **Zwangsbehandlung**. Sie setzt rechtlich sehr eng gefasste, genau definierte Bedingungen voraus, um ihren Missbrauch zu vermeiden.

▶ *Einzelheiten der Zwangsbehandlung finden sich in Teil 2 dieses Werks.*

II. Somatische Therapieverfahren

Die somatischen oder biologischen Therapieverfahren wirken unmittelbar auf neurobiologische Mechanismen ein, die an jeder psychischen Störung beteiligt sind.

1. Psychopharmaka

a. Grundlegendes

Ein **Psychopharmakon** (Mehrzahl: Psychopharmaka) ist ein Arzneimittel oder Medikament zur Behandlung psychischer Störungen und Beschwerden. Nicht nur Psychopharmaka wirken auf psychische Funktionen, sondern auch andere psychotrope Substanzen wie Alkohol, Suchtmittel usw.

▶ *Zu psychotropen Substanzen siehe unten Kapitel C. 4.*

Psychopharmaka wirken über verschiedene Mechanismen: Sie beeinflussen den Stoffwechsel der chemischen Botenstoffe (**Transmitter**), die die Signale zwischen den Nervenzellen übertragen bzw. unmittelbar auf die Rezeptoren, an denen die Transmitter wirksam werden, sie modulieren die Transmittersysteme usw.

Wie alle Arzneimittel haben Psychopharmaka (erwünschte) Wirkungen sowie unerwünschte und erwünschte Nebenwirkungen, weil sie in der Regel nicht nur ein, sondern mehrere Transmittersysteme beeinflussen. Psychopharmaka pauschal als „chemische Keule" oder „chemische Zwangsjacke" zu verunglimpfen, ist nicht berechtigt. Ebenso sind „Dämpfung" oder „Ruhigstellung" weder Hauptzweck noch Hauptwirkung von Psychopharmaka. Trotzdem ist der Einsatz von Psychopharmaka angesichts ihrer Nebenwirkungen immer kritisch zu reflektieren. Vor allem, wenn es keine therapeutischen Alternativen gibt oder schwere Krankheitsbilder mit quälender Symptomatik oder Selbst- und Fremdgefährdung vorliegen, haben sie ihren unbestrittenen Stellenwert im Therapieplan.

Die Substanzen, Arzneistoffe oder Wirkstoffe (mit einem internationalen Freinamen bezeichnet) sind unter verschiedenen Handelsnamen (Markennamen) im Verkehr. Beispielsweise kann der Wirkstoff mit dem Freinamen Haloperidol unter unterschiedlichen Handelsnamen verschiedener Hersteller im Handel sein, etwa als Haldol®, Haloperidol-ratiopharm® usw.

Arzneimittel werden in verschiedenen Arzneiformen in den Verkehr gebracht: als Tabletten, Kapseln, Tropfen oder Injektion, als Lösung zur oralen Anwendung usw. Nicht zuletzt deshalb ist dringend zu empfehlen, die Herstellerhinweise auf den Beipackzetteln bezüglich des Einnahmezeitpunktes (Tageszeit, Bezug zu Mahlzeiten), zu nachteiligen Wechselwirkungen mit Nahrungsmitteln und Nahrungsbestandteilen, Getränken – insbesondere Kaffee, Milche, Fruchtsäfte – usw. sorgfältig zu beachten.

Exkurs: Zugelassene Indikationen und Off-label-use

Arzneimittel erhalten in einem aufwändigen Zulassungsverfahren, das gesetzlich streng geregelt ist, ihre Zulassung für bestimmte Anwendungsgebiete, die Indikationen, oder für bestimmte Personengruppen (z.B. Erwachsene). Arzneimittel können seit 1976 in Deutschland nur dann auf den Markt gebracht werden, wenn sie ein ***Zulassungsverfahren*** *beim Bundesinstitut für Arzneimittel und Medizinprodukte (BfArM), beim Paul-Ehrlich-Institut für Sera und Impfstoffe oder bei der Europäischen Arzneimittel-Agentur (EMA) durchlaufen haben. Auf der Grundlage der vom jeweiligen Unternehmen vorgelegten Dokumentationen werden mit der Zulassung auch die Anwendungsgebiete (Indikationen), die Anwendungsart und die Dosierung des Arzneimittels festgelegt.*

Die ***Indikationen*** *können sich auf bestimmte diagnostische Kategorien (Diagnosen) (z.B. depressive Störungen) oder auf bestimmte Symptome (z.B. Unruhe) beziehen. Die Hersteller haben für längere Zeit Patentschutz für ihren neuen Wirkstoff, das Originalpräparat, der das Marktprivileg schützt. Über den anfangs üblicherweise hohen Preis für das Originalpräparat decken die Hersteller unter anderem die Kosten für Entwicklung und Zulassung. Mit Ablauf des Patentschutzes kommen in der Regel Nachahmer-Präparate (Generika) auf den Markt, die oft unter anderen oder modifizierten Namen im Handel sind.*

Für die Krankenkassen sind Generika von Bedeutung, weil sie oft erheblich preisgünstiger als die Originalpräpate sind. Allerdings sind wirkstoffgleiche Präparate nicht unbedingt gleichwertig, etwa wenn sie sich in der Träger- oder Hüllsubstanz unterscheiden. Das beeinflusst die Bioäquivalenz. Dieser Ausdruck kennzeichnet die Austauschbarkeit zweier Arzneimittel mit gleichen Wirkstoffen, die sich jedoch hinsichtlich des Herstellungsprozesses oder enthaltener Hilfsstoffe unterscheiden. Arzneimittel gelten als bioäquivalent, wenn die Wirkstoffe etwa gleich schnell und etwa in gleicher Menge im Organismus aufgenommen und verteilt werden.

Wegen unzureichender ***Bioäquivalenz*** *oder wegen* ***Unverträglichkeit*** *bestimmter wirkstoffgleicher Präparate (z.B. wegen Allergien auf Hüllstoffe) kann es notwendig sein, dass der Arzt ausdrücklich ein bestimmtes Arzneimittel verordnet und den Austausch des verordneten Präparats mit einem anderen ausschließt bzw. an eine not-*

*wendige Rückfrage der Apotheke bindet. Der Arzt unterbindet mit Auskreuzen des vorgedruckten Feldes **aut idem** (lateinisch: oder das Gleiche) auf dem Rezept den Austausch des ausdrücklich verordneten Präparates durch ein anderes Präparat ohne Rückfrage.*

Die Apotheken wiederum sind gesetzlich verpflichtet, die Versicherten gesetzlicher Krankenkassen aufgrund einer ärztlichen Verordnung vorrangig mit den Präparaten, für die die jeweilige Krankenkasse mit den Herstellern spezielle Preise vereinbart hat, zu versorgen. Dies gilt nur dann nicht, wenn der Arzt die Festlegung aut idem auf dem Rezept den Austausch ausdrücklich ausschließt.

*Arzneimittel werden oft außerhalb der zugelassenen Indikationen ärztlich verordnet, wenn es gute Gründe dafür gibt. Der Einsatz eines Arzneimittels außerhalb der von den zuständigen Zulassungsbehörden genehmigten Anwendungsgebiete (Indikationen, Patientengruppen) wird als **Off-Label-Use** bezeichnet. Eine Leistungsverpflichtung der Krankenkassen besteht dafür nur in Ausnahmefällen. Manche Arzneimittel werden jedoch nach einem offiziellen Bewertungsverfahren durch Experten in eine zusätzliche Liste als Anlage zur Arzneimittel-Richtline aufgenommen.*

Die Leistungspflicht der Krankenkassen bei Off-Label-Use spielt vor allem bei hochpreisigen Arzneimitteln eine Rolle. Auf jeden Fall – unabhängig von der Kostenübernahme der Krankenkassen – setzt die Off-label-Verordnung eine ausdrückliche ärztliche Aufklärung des Patienten darüber voraus.

Die zugelassenen Einsatzgebiete (Indikationen) der Arzneimittel erweitern sich mit der Zeit oft weit über die ursprünglich zugelassenen Indikationen hinaus. So werden bestimmte Antidepressiva längst erfolgreich zur Behandlung von Zwangsstörungen eingesetzt oder bestimmte Antiepileptika[23] zur Behandlung von depressiven Störungen oder zu deren Rückfallprophylaxe.

*Fast alle in Deutschland zugelassenen Medikamente, ihre Indikationen, ihre Wirkungen und Nebenwirkungen, Kontraindikationen, Tagesmaximaldosen usw. sind in der regelmäßig aktualisierten **ROTEN LISTE®**[24] enthalten.*

Den Medikamentenpackungen sind zunehmend umfangreichere Beipackzettel oder Packungsbeilagen („Waschzettel") beigefügt. Sie geben Hinweise auf Wirkungen, Nebenwirkungen, Wechselwirkungen, Einnahmevorschriften usw. Im Internet finden sich im Übrigen sehr instruktive Fachinformationen für Arzneimittel.

b. Einteilung der Psychopharmaka

Die **Psychopharmaka** können nach verschiedenen Gesichtspunkten eingeteilt werden. Praktisch am wichtigsten ist die Einteilung nach den Hauptindikationen und Wirkstoffgruppen. Mittlerweile haben sich innerhalb der Wirkstoffgruppen umfangreiche Weiterentwicklungen und Differenzierungen vollzogen.

23 Eine andere gängige Bezeichnung ist Antikonvulsiva.

24 Es gibt auch eine Online-Version der ROTEN LISTE [https://www.rote-liste.de].

Die Arzneimittel innerhalb einer Wirkstoffgruppe zeigen teilweise erhebliche Unterschiede ihrer **Wirkmechanismen**. Das führt zu unterschiedlichen Nebenwirkungsprofilen. Vor allem bedeutet es, dass die unzulängliche Wirkung eines bestimmten Medikaments nicht die kurzschlüssige Bewertung zulässt, im betreffenden Falle „bringen Medikamente nichts“. Vielmehr muss dann ein Arzneimittel mit einem anderen Wirkmechanismus erprobt werden.

Die erheblichen individuellen Unterschiede der Psychopharmakawirksamkeit sind auch in genetisch bedingten individuellen Stoffwechseldispositionen bei den Patienten begründet. Sie modifizieren die Abbaugeschwindigkeit der Arzneimittel im Blut beispielsweise durch die Leberenzyme. Um Klarheit über die Konzentration des Medikamentes im Plasma zu erlangen oder für bestimmte klinische Konstellationen (z.B. Behandlung schwangerer Frauen), sind entsprechende Untersuchungen möglich (Therapeutisches Drug-Monitoring).

Zwischen Arzneimitteln treten auch **Wechselwirkungen** auf, die deren Stoffwechsel (**pharmakokinetische Interaktionen**) und deren pharmakologische Wirkungen (**pharmakodynamische Interaktionen**) beeinflussen.

aa. Antipsychotika oder Neuroleptika

Antipsychotika oder **Neuroleptika**, in den 1950er Jahren eingeführt, sind mittlerweile eine sehr umfangreiche, hinsichtlich der Wirkmechanismen, Nebenwirkungsprofile usw. sehr heterogene Arzneimittelgruppe. Die Unterschiede beruhen maßgeblich auf unterschiedlichen Rezeptorbindungsprofilen.

Antipsychotika werden eingesetzt gegen psychotische Symptome bei Schizophrenien, schizoaffektiven Psychosen, affektiven Störungen, organisch bedingten psychischen Störungen usw. Sie dämpfen Erregungs- und Angstzustände bei Delirien. Sie werden auch zur Rückfallvorbeugung schizophrener oder affektiver Episoden im Rahmen bipolarer Störungen eingesetzt.

Die Antipsychotika werden in Antipsychotika der 1. Generation und solche der 2. Generation unterteilt. Die ersteren – früher als klassische oder typische Neuroleptika bezeichnet (z.B. Clorprothixen, Melperon, Haloperidol, Fluspirilen, Flupenthixol) – kamen ab den 1950er Jahren in Gebrauch. Vor allem in den 1990er Jahren wurden die Antipsychotika der 2. Generation – früher atypische Neuroleptika genannt (z.B. Clozapin, Aripiprazol, Olanzapin, Quetiapin oder Risperidon) – eingeführt.

Neben vegetativen Nebenwirkungen (Müdigkeit, Schwindel usw.) bilden belästigende oder stigmatisierende extrapyramidale Bewegungsstörungen die wichtigsten **Nebenwirkungen** der Antipsychotika der 1. Generation. Zu den leicht behandelbaren **Frühdyskinesien** gehören Zungen- und Schlundkrämpfe oder ein akuter Schiefhals (Torticollis). Auf das neuroleptisch bedingte **Parkinson-Syndrom** oder **Parkinsonoid** reagiert man durch Umstellung von Dosis oder Arzneimittel oder Gabe bestimmter Gegenmittel (Anticholinergika). Die **Akathisie**, eine ausgeprägte Sitzunruhe mit Bewegungsdrang, macht Dosisreduktion, Arzneimittelumstellung und gegebenenfalls Betablocker notwendig. **Spätdyskinesien** nach langzeitigem Gebrauch (unwillkürliches Herausstrecken der Zunge, Schmatz- und Kaubewegungen, Lippentremor usw.) verlangen Umstellung auf Antipsychotika der

2. Generation. Um ihnen vorzubeugen, sind Antipsychotika immer sehr reflektiert zu verordnen.

Hauptsächlich zur Vermeidung extrapyramidaler Nebenwirkungen wurden die Antipsychotika der 2. Generation entwickelt. Sie unterscheiden sich von denen der 1. Generation vor allem durch weniger extrapyramidale Nebenwirkungen. Allerdings bewirken sie oft andere beachtenswerte Nebenwirkungen, namentlich Stoffwechselfolgen (Diabetes mellitus, Adipositas, metabolisches Syndrom usw.) oder Blutbildveränderungen.

Die Antipsychotika der 1. Generation teilt man traditionell auch nach ihrer neuroleptischen Potenz – der antipsychotischen Wirkungsintensität – in nieder- und hochpotente Antipsychotika ein. Jedoch sind oft auch andere Wirkungen der Antipsychotika, vor allem die Sedierung, oder das Nebenwirkungsprofil für die individuelle Auswahl des geeigneten Arzneimittels relevant.

Niederpotente Antipsychotika haben unter anderem folgendes Wirkungs- bzw. Nebenwirkungsprofil:

- niedrige antipsychotische Wirkung,
- geringe extrapyramidale Effekte,
- starke Antriebshemmung,
- starke Sedierung und
- starke anticholinerge Nebenwirkungen (z.B. Mundtrockenheit, Schwitzen, Sehstörungen, Obstipation).

Hochpotente Antipsychotika zeigen folgendes Wirkungs- bzw. Nebenwirkungsprofil:

- hoher antipsychotische Wirkung,
- ausgeprägte extrapyramidale Effekte,
- geringe Antriebshemmung,
- geringe Sedierung und
- geringe anticholinerge Nebenwirkungen.

Individuelle Dispositionen der Patienten und die Wechselwirkung mit anderen Medikamenten modifizieren die Wirkungen und Nebenwirkungen erheblich.

Um eine gleichmäßigen Wirkspiegel namentlich bei Patienten, denen die regelmäßige Tabletteneinnahme schwerfällt, zu erzielen, bietet man ihnen Depotpräparate als intramuskuläre Injektionen an.

bb. Antidepressiva

Antidepressiva wirken stimmungsaufhellend, antriebsteigernd oder dämpfend. Sie beeinflussen depressive Zustände verschiedener Ursache, einige auch Angststörungen, Zwangssymptome, Schlafstörungen oder Schmerzen.

Diese Wirkstoffgruppe umfasst mittlerweile eine Vielzahl von Präparaten mit erheblichen Unterschieden der Wirkmechanismen. Deshalb bestehen erhebliche Unterschiede im Nebenwirkungsprofil, in der Verträglichkeit usw.

Die Auswahl des jeweiligen Pharmakons richtet sich unter Berücksichtigung der wissenschaftlichen Evidenzen und Leitlinien jeweils nach dem klinischen Bild, seiner Einordnung, Schwere, Verlaufsaspekten usw.

Die Vielzahl der Antidepressiva lässt sich folgendermaßen klassifizieren:

Klassische Antidepressiva

- Trizyklische Antidepressiva (z.B. *Amitriptylin, Imipramin*)
- Tetrazyklische Antidepressiva (z.B. *Maprotilin*)
- Monoaminoxidase-Hemmer (MAO-Hemmer) (z.B. *Tranylcypromin*)

Pflanzliche Extrakte

- Johanniskraut-Extrakte

Neuere Antidepressiva

- Selektive Serotonin-Wiederaufnahmehemmer (SSRI) (z.B. *Citalopram, Fluoxetin, Fluvoxamin*)
- Selektive Serotonin- und Noradrenalin-Wiederaufnahmehemmer (SNRI) (z.B. *Venlafaxin*)
- Selektive Noradrenalin- und Dopamin-Wiederaufnahmehemmer (NDRI) (z.B. *Bupropion*)
- Noradrenerge und spezifisch serotonerge Antidepressiva mit α 2-adrenorezeptor-antagonistischer Wirkung (NASSA) (z.B. *Mirtazapin)*
- Substanzen mit anderen Wirkmechanismen (z.B. *Agomelatin*)
- Schnell wirksame Antidepressiva (*rapid acting antidepressants*, RAAD, z.B. *Esketamin*).

Die **Nebenwirkungen** der Antidepressiva sind vielfältig und hängen infolge der heterogenen Wirkprofile von den jeweiligen Arzneimitteln ab: Müdigkeit, Appetitminderung, Übelkeit, Blutdruckveränderungen, Schlafstörungen, Libidostörungen, Mundtrockenheit, Schwitzen usw. Das Nebenwirkungsrisiko vor allem bei Mehrfachmedikation verlangt große Vorsicht, vor allem langsames Aufdosieren.

Für gewöhnlich dauert es drei oder mehr Wochen, bis Antidepressiva wirken (**Wirklatenz**). Die in den letzten Jahren in den Fokus der wissenschaftlichen Aufmerksamkeit gelangten rasch wirksamen Antidepressiva revidieren die bisher dominierenden Auffassungen über die Neurobiologie der Depressionen („Monoaminhypothese") erheblich. Daran knüpft die Erwartung an, dass sich in den nächsten Jahren erhebliche Umwälzungen in Prävention und Therapie der Depressionen vollziehen.

cc. Stimmungsstabilisierer

Stimmungsstabilisierer (*mood stabilizer*) – auch Phasenprophylaktika oder Rezidivprophylaktika genannt – dienen, langfristig gegeben, dazu, depressive oder manische Rezidive (Rückfälle) im Rahmen bipolarer Krankheitsverläufe zu verhindern.

Das älteste und sehr effektive Rezidivprophylaktikum sind **Lithiumsalze**, denen auch eine deutliche antisuizidale Wirkung zukommt. Sie haben allerdings manchmal erhebliche Nebenwirkungen (anfangs u.a. verstärktes Wasserlassen, Magen-Darm-Beschwerden, feinschlägiger Tremor, Muskelschwäche, später u.a. Struma, Gewichtszunahme, verstärkte Alkoholempfindlichkeit, Ödeme im Gesicht und an den Knöcheln) bis hin zu Intoxikationen mit Bewusstseinsstörungen – letzteres gelegentlich bei unzureichender Flüssigkeitszufuhr an sehr heißen Tagen. Deshalb müssen Patienten unter Rezidivprophylaxe mit Lithiumsalzen proaktiv auf Risiken der Behandlung aufmerksam gemacht sowie engmaschig klinisch und labormedizinisch überwacht werden.

Lithiumsalze unterstützen oft die Wirkung der Antidepressiva (Lithium-Augmentation) bei therapieschwierigen Depressionen.

Die **Antiepileptika** *Valproat*, *Carbamazepin* oder *Lamotrigin* sind bewährte Alternativen im Falle von Lithiumunverträglichkeit oder unzulänglicher Lithium-Wirkung. Einige Antipsychotika der 2. Generation sind ebenfalls dafür zugelassen.

Klassische Antidepressiva können bei bipolaren Verläufen manische Phasen provozieren und beschleunigen möglicherweise die Phasenabfolge. Der Einsatz von Antidepressiva bei depressiven Episoden im bipolaren Verlauf bedarf der Begleitung durch ein Rezidivprophylaktikum.

dd. Anxiolytika, Sedativa, Tranquilizer und Hypnotika

Anxiolytika lindern Angst (Anxiolyse), **Sedativa** oder **Tranquilizer** beruhigen, **Hypnotika** fördern den Schlaf. Die Übergänge sind fließend. Die hier dargestellten Wirkstoffgruppen umfassen mittlerweile viele Arzneimittel, die sich in Wirkmechanismen, Nebenwirkungen, Suchtpotential usw. erheblich unterscheiden. Manche Antidepressiva und Antipsychotika haben auch sedierende oder anxiolytische Wirkungen – ohne Suchtpotential zu besitzen.

Die **Benzodiazepine** (z.B. *Alprazolam, Diazepam, Lorazepam, Oxazepam*) werden wegen ihrer anxiolytischen und sedierenden Effekte, aber auch zur Schlafförderung am häufigsten eingesetzt. Sie werden leider oft unkritisch rasch und vor allem zu lange verordnet, was angesichts ihres hohen Suchtpotentials äußerst problematisch ist. Benzodiazepine mit langer Halbwertszeit[25] (z.B. *Flunitrazepam*) sind mit einem Hangover-Effekt verbunden; sie ziehen am Folgetag Tagesmüdigkeit nach sich. Zur Schlafförderung sollten deshalb Substanzen mit kurzer Halbwertszeit (z.B. *Triazolam*) genutzt werden.

Die Blutkonzentration der Benzodiazepine kann durch andere Arzneimittel (z.B. Blutdruckmittel, Hormone, Antidepressiva) oder Alkohol stark steigen und gegebenenfalls lebensgefährliche Reaktionen oder sogar paradoxe Wirkungen auslösen. Vor allem ältere Patienten reagieren oft paradox mit Erregung, Verwirrtheit und Gedächtnisstörungen.

Die **Z-Substanzen** (z.B. Zaleplon, Zolpidem, Zopiclon) gehören ebenfalls zu den Hypnotika, sie bewirken weniger Hangover-Effekte, besitzen jedoch ebenfalls Suchtpotential.

25 Unter *Halbwertszeit* eines Arzneimittels versteht man die Zeitspanne, in der seine Konzentration im Blut auf die Hälfte absinkt.

Das Antiepileptikum Pregabalin ist eventuell eine Alternative, besitzt jedoch viele Nebenwirkungen und kann Abhängigkeit verursachen.

ee. Antidementiva

Antidementiva zielen auf die Förderung der mnestischen und kognitiven Funktionen. Sie werden gegen dementielle Symptome und Störungen von Aufmerksamkeit und Konzentration eingesetzt. Der wichtigste Mechanismus besteht darin, den Abbau des Botenstoffs Acetylcholin mittels Acetylcholinesterasehemmern (*Donepezil*, *Rivastigmin* und *Galantamin*) zu hemmen. Dadurch wird die Transmission mittels Acetylcholin gefördert.

Die Wahl der Substanz richtet sich nach Aspekten der individuellen Verträglichkeit. Leider ist der Effekt, nämlich bei Demenzprozessen den unumkehrbaren Fortgang der Symptomatik aufzuhalten, auf anderthalb bis zwei Jahre begrenzt; dann verliert sich die Wirkung. Dennoch lohnt der Versuch, die Selbstständigkeit der Betroffenen möglichst lange aufrechtzuerhalten.

Ein alternativer antidementiver Effekt besteht darin, durch das Medikament Memantin, das als Glutamat-Modulator in die glutamaterge Transmission eingreift, neurotoxische Effekte zu unterbinden. Auch dieses Wirkprinzip kann nicht in die ursächlichen Vorgänge des Zelluntergangs eingreifen. Deshalb bezeichnet man die Wirkung als symptomatisch anstelle von kausal.

Während die vorgenannten Antidementiva erst in den letzten Jahrzehnten verfügbar wurden, gibt es die als **Nootropika** bezeichneten Präparate (z.B. Ginkgo-Präparate, Piracetam) schon deutlich länger. Ihre Wirkung wird unterschiedlich bewertet. Aufgrund der schlechten Datenlage werden sie nicht empfohlen. Da sie aber weder teuer noch risikoträchtig sind, kann ihre Verordnung sinnvoll sein, um den Patienten nicht mit der Aussage, gegen seine Beschwerden der Symptome helfe nichts, allein zu lassen.

ff. Medikamente zur Behandlung von Substanzabhängigkeit und Substanzmissbrauch

Zur Entgiftung, also zur Behandlung einer Alkoholentzugssymptomatik, vor allem des Delirs und drohender epileptischer Anfälle, stehen *Clomethiazol* (*Distraneurin®*) und Benzodiazepine zur Verfügung. Vorsicht ist gegenüber der Kombination mit anderen Psychopharmaka und bei bestimmten Lungenerkrankungen geboten. Eine langdauernde Behandlung über zwei Wochen hinaus ist wegen der Abhängigkeitsgefahr unbedingt zu vermeiden.

Im Rahmen der Entwöhnungsbehandlung unterstützen neben den unabdingbaren Psycho- und soziotherapeutischen Interventionen Arzneimittel mit verschiedenen Angriffspunkten den Behandlungsprozess: Anticraving-Substanzen (z.B. *Acamprosat*) dämpfen das Verlangen (engl. *craving*) nach Alkohol. Aversiv wirksame Arzneimittel (z.B. *Disulfiram*) führen dazu, dass im Falle von Alkoholkonsum der Abbauweg von Alkohol gestört wird. Das Zwischenprodukt des Alkoholabbaus Acetaldehyd steigt im Blut erheblich an; das löst Übelkeit, Kopfschmerzen, Erbrechen und unter Umständen schwere vegetative Komplikationen aus. Der Effekt verekelt den Genuss von Alkohol, ist allerdings nicht ungefährlich. *Disulfiram* sollte deshalb nur bei Patienten eingesetzt werden, die sich gut unter Kontrolle halten können. Die Arzneimittel *Naltrexon* und *Namelfen* sollen im Wesentlichen die Trinkmenge vermindern.

Bei opioidabhängigen Menschen kommen für die Entgiftung als auch für die längerfristige Substitution *Methadon* und *Levomethadon* sowie *Buprenorphin* zum Einsatz.

Methadon hat im Gegensatz zum Morphin keine euphorisierende Wirkung. Anfangs treten bei der Behandlung ausgeprägte unerwünschte Wirkungen (z.B. Kopfschmerz, Übelkeit, Schwitzen, Obstipation) auf.

Buprenorphin hat eine größere Sicherheit, es zeigt seltener Komplikationen. Es wird bei opioidabhängigen Schwangeren angewandt, um die Entzugssymptomatik der Neugeborenen zu lindern.

gg. Psychostimulantien

Unter **Psychostimulantien** versteht man Arzneimittel, die psychische Funktionen stimulieren und auf diese Weise Antrieb, Konzentration und Leistung fördern[26]. Während der Einsatz bei Gesunden zur Leistungssteigerung (Neuroenhancement) aus medizinischer und aus ethischer Sicht bedenklich ist, spielen einige Arzneimittel aus dieser Substanzgruppe in der Behandlung des Aufmerksamkeitsdefizit-Hyperaktivitäts-Syndrom (ADHS) eine bedeutsame Rolle, weil sie Antrieb, Leistungsfähigkeit und Konzentration verbessern können, jedoch auch das Risiko der Abhängigkeit mit sich bringen. Darum unterliegen Amphetamine und Amphetamin-Derivate der Betäubungsmittel-Verordnung und deren Verschreibungsregelung.

Methylphenidat ist das Medikament der ersten Wahl gegen ADHS im Kindes- und Erwachsenenalter. Es kann regelmäßig oder bedarfsweise eingenommen werden. Die Wirkung tritt nach wenigen Minuten ein. Bei retardierten Präparaten ist die Gefahr, dass sich eine Abhängigkeit entwickelt, geringer. Amphetamin-Derivate (*Dexamphetamin* und *Lisdexamphetamin*) sind Medikamente zweiter oder dritter Wahl bei Kindern. Andere Substanzen (*Atomoxetin* und *Guanfacin*), die aber nicht im engeren Sinne den Stimulantien zugerechnet werden, kommen als Alternativen in Betracht.

2. Weitere somatische Therapieverfahren

a. Elektroheilkrampfbehandlung und weitere Hirnstimulationsverfahren

Die **Elektroheilkrampfbehandlung** (EKT) (auch: Elektrokonvulsionstherapie, „Elektroschockbehandlung") ist schweren depressiven, chronisch-depressiven oder katatonschizophrenen Zustandsbildern vorbehalten.

Unter Kurznarkose und Muskelrelaxation werden mittels eines speziellen Gerätes kurze elektrische Impulse (drei bis fünf Sekunden 600 mA) appliziert, um eine elektrische Aktivität in Gestalt einer epileptischen Entladung im Gehirn auszulösen. In der Regel bestehen die Behandlungen aus Serien von 6 -12 Einzelbehandlungen. Kognitive Defizite treten bei manchen Patienten auf, verschwinden in aller Regel innerhalb weniger Tage völlig. Der Wirkmechanismus ist noch nicht völlig aufgeklärt. Jedenfalls werden die Neurotransmis-

26 Der Psychiater Emil Kraepelin (1856–1926) hatte mit psychotropen Substanzen experimentiert, um Effekte auf psychische Funktionen zu untersuchen. Damit ist er zwar nicht, wie oft fälschlich behauptet wird, der Erfinder der *Psychopharmakotherapie*, aber sicher einer der bedeutendsten Pioniere experimenteller pharmakologischer Forschung in der Psychologie.

sion und andere Mechanismen des Hirnstoffwechsels beeinflusst. Die EKT ist hoch effektiv, komplikationsarm und ungefährlich – entgegen ihrem unberechtigt schlechten Ruf unter Laien. Sie wurde in der Vergangenheit von antipsychiatrischen Kräften denunziert.

Neben der EKT treten schrittweise neue Hirnstimulationsverfahren wie die repetitive transkranielle Magnetstimulation (rTMS) auf den Plan. Noch sind sie allerdings nicht für die breite klinische Anwendung reif.

b. Schlafentzugsbehandlung

Die **Schlafentzugsbehandlung** (auch **Wachtherapie**) depressiver Zustände ist eine unterstützende Zusatzbehandlung zur Behandlung mit Antidepressiva. Bei dieser Therapiemethode wird der Patient wiederholt über die ganze Nacht oder in der zweiten Nachthälfte wachgehalten. Er darf erst wieder am nächsten Abend zu Bett gehen. Die Wirkung setzt oft schnell ein, hält aber zumeist nicht lange an. Die Behandlungsserien können mehrfach wiederholt werden. Es gibt keine ernsten Nebenwirkungen.

c. Lichttherapie

Die **Lichttherapie** kann zur Unterstützung der antidepressiv-medikamentösen Therapie depressiver Störungen eingesetzt werden. Es handelt sich gleichfalls um ein nebenwirkungsarmes Therapieverfahren. Dabei wird starkes weißes Licht eingesetzt. Je nach Lichtstärke (2500 – 10 000 Lux) variiert die Dauer der Exposition zwischen 30 und 120 Minuten). Man vermutet eine Wirkung des Lichtes über das Hormon Melatonin. Es soll eine Normalisierung der gestörten Biorhythmen (zirkadiane Rhythmen) bewirkt werden. Auch längere Spaziergänge morgens im Hellen haben bei manchen Patienten einen antidepressiven Effekt. Die Hautindikation sind die saisonalen Depressionen.

III. Psychotherapie

Viele Therapien, vor allem das ärztliche Gespräch, haben psychotherapeutische Komponenten und Wirkungen. Doch unter Psychotherapie im engeren Sinne soll hier jede Behandlung verstanden werden, bei der eine **psychische Störung** gezielt **mit psychologischen Mitteln beeinflusst** wird. Inzwischen ist das Feld der psychotherapeutischen Verfahren und Schulen unübersehbar groß geworden.

Nur ein Teil der Psychotherapieverfahren wird in Deutschland bei ambulanter Durchführung von den Krankenkassen bezahlt. Diese Verfahren und die Einzelheiten wie Dauer der Behandlung, Antragsverfahren usw. legen die in Deutschland verbindlichen Psychotherapie-Richtlinien fest. Deshalb werden diese Psychotherapieverfahren als Richtlinienpsychotherapie bezeichnet.

Auch in der Psychotherapie wird nach wissenschaftlicher Evidenz dafür gesucht, welches Verfahren bei welchem Störungsbild wirksam ist. Dabei spielen auch gesundheitsökonomische Aspekte eine Rolle. Auf diesem Hintergrund zeichnet sich eine Entwicklung in Richtung auf störungsspezifische Psychotherapie ab. Damit ist gemeint, dass für jedes Störungsbild auf der Grundlage wissenschaftlicher Evidenzen bestimmt wird, welche Therapiemethode oder Kombination am besten geeignet ist.

1. Psychotherapieverfahren

Im Folgenden können die wichtigsten Psychotherapieverfahren nur skizziert werden. Der Schwerpunkt liegt auf den Richtlinienverfahren.

a. Tiefenpsychologisch fundierte und analytische Psychotherapie

Die **tiefenpsychologisch** fundierte (**psychodynamische**) und die **analytische** Psychotherapie gehen davon aus, dass einer psychischen Symptomatik ein unbewusster Konflikt zugrunde liegt; über dessen Bewusstmachung soll er bewusster Bearbeitung zugeführt und so gelöst werden. Die Patient-Therapeut-Beziehung dient als therapeutisches Medium. In der Therapie tauchen beim Patienten Gedanken, Erinnerungen und Gefühle auf, die er auf den Therapeuten überträgt (Übertragung). Umgekehrt lösen die Äußerungen und Verhaltensweisen des Patienten beim Therapeuten Gefühle und Gedanken aus (Gegenübertragung). Deren Beobachtung und schrittweise Bearbeitung erlauben, zu den verborgenen Konflikten vorzudringen und sie zu lösen. Diese Therapien sind im Allgemeinen sehr zeitaufwändig.

b. Verhaltenstherapeutische Psychotherapie

Den verhaltenstherapeutischen Verfahren liegt die Auffassung zugrunde, dass psychischen Symptomen, problematischen Verhaltensweisen oder psychischen Störungen Lernvorgänge zugrunde liegen. Mittels eines mittlerweile hoch differenzierten Methodenspektrums sollen alternative Muster entwickelt und die Symptome beseitigt oder gelindert werden. Die klassischen Verhaltenstherapiemethoden beabsichtigen Veränderungen durch systematische Übungen hauptsächlich im Verhalten, Veränderungen kognitiver Prozesse ergeben sich in der Folge der erlebten Verhaltensänderung.

Bei der **kognitiven Verhaltenstherapie (KVT)** werden Veränderungen von Denk- und Wahrnehmungsmustern sowie des Verhaltens angestrebt. Unangemessene Vorstellungen und Gedanken (Kognitionen) (z.B. Versagensangst) werden identifiziert und mittels verschiedener Techniken schrittweise durch angemessene Kognitionen ersetzt.

Verhaltenstherapeutische Methoden haben in den letzten Jahren die meisten Belege für ihre Wirksamkeit beibringen können.

c. Systemische Therapie

Erst vor wenigen Jahren ist die systemische Therapie für bestimmte Störungsbilder als Richtlinienverfahren anerkannt worden. Die systemische Therapie erklärt die psychischen Probleme nicht vorrangig aus der Person heraus, sondern aus ihren **Interaktionen mit und in den sozialen Systemen** (Familien, Gruppen), in denen der Patient lebt oder von denen er geprägt wurde. Eine wichtige Grundannahme ist, dass jede Störung einen bestimmten Zweck im sozialen Kontext erfüllt. Die Klärung dieser Zusammenhänge und die Beeinflussung der Interaktion zwischen den Mitgliedern der Familie oder des Systems oder der weiteren soziale Umwelt stehen folglich im Mittelpunkt der Therapie. Neben dem Patienten werden deshalb andere wichtige Personen aus dem sozialen Kontext einbezogen. Das Ziel der Behandlung besteht darin, das soziale System des Patienten im positiven Sinne zu beeinflussen. Die systemische Therapie verwendet keine spezielle Störungslehre. Verschiedene Interventionstechniken kommen zum Einsatz.

d. Klientenzentrierte Gesprächspsychotherapie

Bei der **klientenzentrierten Gesprächspsychotherapie**, die allerdings nicht als Richtlinienverfahren anerkannt ist, ermutigt und stimuliert der Therapeut mit bestimmten Techniken den Patienten, seine Gedanken und Gefühle zu äußern und immer detaillierter zu durchdringen. Grundlegend ist ein empathisches Verhalten des Therapeuten, der durch ermutigende und wertschätzende Begleitung die Selbsterkundung, die Selbstachtung und Selbstannahme des Patienten fördern soll.

e. Entspannungsverfahren

Das bekannteste Verfahren ist das **Autogene Training**, bei dem der Patient lernt, selbst durch Autosuggestionen einen Zustand der konzentrativen Entspannung herbeizuführen und sich dann selbst durch formelhaft verknappte autosuggestive Aussagen die gewünschte Wirkung, z.B. Entspannung, Beruhigung, Minderung von Angst, zu suggerieren. Dieses Verfahren ist leicht zu lernen und eignet sich gut zur Beherrschung von Schlafstörungen oder von Angstzuständen, zur Stressreduktion usw. Es ist im Grunde von jemandem, der die Technik gut beherrscht, fast überall anzuwenden. Es gibt weitere Entspannungsverfahren, etwa die **Progressive Muskelrelaxation**. Durch schrittweise Anspannung und Entspannung einzelner Muskelgruppen wird die Wahrnehmung des Patienten auf die damit verbundene schrittweise Entspannung des ganzen Körpers gerichtet. So können körperliche Unruhe oder Erregung bzw. deren Begleiterscheinungen wie Schwitzen, Herzklopfen, Zittern gelindert, Muskelverspannungen gelockert und Schmerzzustände gedämpft werden.

f. Hypnotherapie

Dem Autogenen Training und den körperpsychotherapeutischen Methoden steht die **Hypnose** nahe. Hypnose ist keine eigenständige Behandlungsmethode, sondern eine Technik. Das zeigt sich auch darin, dass sie in andere Therapiemethoden eingebunden werden kann. Bei der Hypnose wird mittels bestimmter suggestiver Techniken eine Art Bewusstseinsveränderung, die Trance erzeugt.[27]

Im Zustand der Trance können Suggestionen gegeben werden, die über die Trance hinaus ihre Wirkung entfalten können (posthypnotische Suggestionen). Damit sollen Symptome, Beschwerden und Verhaltensmuster beeinflusst werden. Dazu wird mit formelhaft verknappten Aussagen die gewünschte therapeutische Wirkung formuliert, etwa „Der Schmerz ist auszuhalten". Im Rahmen von therapeutischen Gesamtbehandlungsplänen kommt Hypnose bei Depressionen, Abhängigkeiten von Nikotin, Alkohol oder gegen Sprechstörungen (z.B. Stottern), Prüfungsangst, Flugangst oder Schlafstörungen in Frage. Auch bei psychosomatischen Beschwerden werden gute Ergebnisse mit hypnotherapeutischen Techniken erzielt. Die Behandlung wird mehrfach wiederholt.

---

27 Kernspinresonanztomographie (MRT) und Elektroenzephalographie (EEG) belegen hirnphysiologische Korrelate der Trance-Zustände.

In der hypnotisch herbeigeführten Trance selbst können auch Schmerzempfindungen, z.B. bei Zahnbehandlungen, vermindert werden. Insofern kann Hypnose die pharmakologische Anästhesie unterstützen oder ersetzen.

g. Weitere psychotherapeutische Verfahren

Im ambulanten Kontext können das **katathyme Bilderleben** im Rahmen eines tiefenpsychologisch fundierten Therapiekonzeptes angewendet werden. Ähnliches gilt für die Rational Emotive Therapie als Methode kognitiver Umstrukturierung im Rahmen eines verhaltenstherapeutischen Behandlungskonzepts.

Eye-Movement-Desensitization and Reprocessing (EMDR) kann bei Erwachsenen mit posttraumatischen Belastungsstörungen in umfassende Behandlungskonzepte der Verhaltenstherapie, der tiefenpsychologisch fundierten Psychotherapie oder analytischen Psychotherapie eingebunden werden.

Im Rahmen stationärer oder tagesklinischer Behandlung werden weitere Formen der Therapie, die auf psychologischen Einflussnahmen beruhen, eingesetzt: die Musiktherapie, das Psychodrama usw. Diese Therapieformen, auch als kreative oder künstlerische Therapien bezeichnet, sollen Aktivität, Selbstvertrauen und Selbstausdruck ebenso fördern wie Ausdauer, Konzentration und Kommunikation. Während eines Klinikaufenthaltes helfen sie außerdem bei der Strukturierung des Tagesablaufs.

2. Einzelpsychotherapie und Gruppenpsychotherapie

Psychotherapie kann im Einzelkontakt zwischen Patienten und Therapeut erfolgen (Einzeltherapie). Wenn mehrere Patienten gleichzeitig, also als Gruppe, an der Psychotherapie teilnehmen (Gruppentherapie), hat das nicht nur wünschenswerte ökonomische Effekte; es werden die gruppendynamischen Interaktionen zwischen den Teilnehmern wirksam. Vor allem in tiefenpsychologischen und analytisch geprägten Therapiekonzepten wird die Gruppenpsychotherapie angewendet.

IV. Psychosoziale Interventionen

1. Allgemeines

Die **psychosozialen Therapien** und **Interventionen**, früher oft als Soziotherapie bezeichnet, umfassen ein weites Feld von Interventionen, die vor allem im rehabilitativen Kontext aktivierend und unterstützend wirksam werden sollen. Hauptsächlich schwere Krankheitsverläufe benötigen den Einsatz psychosozialer Interventionen, die mittlerweile einen hohen Differenzierungsgrad erreicht haben.[28]Rehabilitativ angelegte Wohn- und Beschäftigungsangebote, Freizeitangebote gehören hierzu.

---

28 Die S3-Leitlinie Psychosoziale Therapien bei schweren psychischen Erkrankungen der Deutschen Gesellschaft für Psychiatrie und Psychotherapie, Psychosomatik und Nervenheilkunde DGPPN (siehe https://register.awmf.org/de/leitlinien/detail/038-020, Abruf: 25.5.2023) verdeutlicht die Breite der Interventionen einerseits, die störungsbildspezifischen Differenzierungen der wissenschaftlichen Evidenz.

Im Hinblick auf die Eingliederung in Beschäftigung und Erwerbstätigkeit spielen verschiedene Formen der Unterstützung, eine Rolle. Traditionell folgen sie dem Modell des schrittweisen Vorgehens, bei denen der Betroffene trainiert wird, um erst dann auf eine weiterführende Stufe gelangen zu können, wenn die Anforderungen der vorausgehenden Stufe erfüllt oder beherrscht werden. Für schwerer beeinträchtigte Menschen mit psychischen Störungen gibt es die Möglichkeit, in **Werkstätten für behinderte Menschen (WfbM)** Beschäftigung zu finden und in Richtung auf den ersten Arbeitsmarkt hin trainiert werden zu können.

Neuere konzeptionelle Ansätze verfolgen das ehrgeizige Ziel, den Betroffenen bei Vorliegen der individuellen Voraussetzungen so früh wie möglich im Rehabilitationsprozess auf dem ersten Arbeitsmarkt zu platzieren und dort kontinuierlich qualifiziert zu unterstützen. Eine kontinuierliche Beschäftigung am gleichen Arbeitsplatz wird angestrebt; sie trägt im Falle des Gelingens zur psychischen Stabilisierung und sozialen Funktionsfähigkeit bei. Die verschiedenen Ausgestaltungen dieses innovativen Herangehens werden zusammenfassend als *supported employment* bezeichnet.

Qualifizierte Unterstützung im Hinblick auf das Wohnen ist gleichfalls von größter Bedeutung. Es gibt als Leistung der Eingliederungshilfe vielgestaltige Wohnangebote.[29] Ziel ist, durch Training und Erprobung schrittweise auf das selbständige Wohnen in eigener Wohnung hinzuarbeiten. In Anlehnung an das eben erwähnte *supported employment* wird unter dem Konzept des *supported housing* verstanden, von vornherein psychisch kranken Menschen eine passende eigene Wohnung zu vermitteln und sie in der Nutzung und Pflege dieser Wohnung bedarfsbezogen flexibel zu begleiten.

Die vom Gesetzgeber eingeführte ambulante Soziotherapie nach § 37a SGB V als Leistung der Krankenkassen hat sich leider noch nicht in dem Umfang etabliert, wie es von der Sache her notwendig wäre.

Weitere relevante Themen, die hier allerdings nur erwähnt werden können, sind Milieutherapie, Selbstmanagement, Training von Fertigkeiten der Alltagsbewältigung und sozialer Interaktionen (*Skill-Training*). Eine neuere Entwicklung stellen die Früh-Interventionen dar. Es geht darum, Personen mit Risikopotential für die Manifestation einer psychischen Störung schon vorher zu identifizieren und ihnen geeignete Interventionen anzubieten oder Personen frühzeitig nach ersten Krankheitserscheinungen adäquat zu unterstützen.

2. Trialog

Die psychische Störung einer Person betrifft auch ihre Angehörigen, Freunde usw., also die primären und sekundären Netzwerke. Zugleich bilden Angehörige und andere Personen des sozialen Netzes zumeist eine wichtige Ressource für die erkrankte Person. Auf dem Hintergrund dieser Einsichten haben sich Kommunikationsformen etabliert, die ausdrücklich die Angehörigen und andere wichtige soziale Bezugspersonen einbinden. Alle drei Seiten (**Trialog**) bringen „auf Augenhöhe" ihre jeweiligen Anliegen und ihre jeweilige Exper-

29 Die früher als Heime oder Wohnstätten bezeichneten Wohnangebote werden heute nach dem Bundesteilhabegesetz als besondere Wohnformen bezeichnet.

tise in den Austausch ein. Damit wird eine einseitige Vorherrschaft professioneller Sichtweisen relativiert.

Es bestehen Beziehungen zum Recovery-Ansatz, der in den letzten Jahren auch in Deutschland Einzug gefunden hat. Es stellt es eine Absage an die Zuschreibung des Merkmals der Unheilbarkeit dar. Recovery bedeutet in wörtlicher Übersetzung Wiedergenesung oder Wiedergesundung. Doch diese wortwörtliche Übersetzung führt in die Irre, weil das Recovery-Modell weit über einen biomedizinischen Fokus hinausgreift, vielmehr unter Recovery auch das Zurückfinden in soziale Bezüge, sinnstiftende Aktivitäten usw. begreift. Hier spielt auch der Begriff *Empowerment* eine wichtige Rolle. Große Bedeutung besitzen in diesem Zusammenhang die Selbsthilfegruppen der Psychiatrieerfahrenen und der Angehörigen.

3. Psychiatrieerfahrene als Genesungsbegleiter

Die Einbindung krankheits- und therapieerfahrener Patienten (Psychiatrieerfahrene) in die Behandlung und Rehabilitation anderer Patienten wird seit einigen Jahren als **peer support** praktiziert. Die häufig benutzte Bezeichnung EX-IN steht für die englischsprachige Abkürzung **Experienced Involvement**; sie meint die Einbeziehung Erfahrener. Krankheits- und therapieerfahrene Personen als Genesungsbegleiter werden zu Vermittlern zwischen den Professionellen und den Betroffenen. Es geht nicht allein um Symptome und Beschwerden der Krankheit, sondern um die Seite des subjektiven Erlebens von Behandlung, um die Einordnung der Krankheit in die Biografie usw. Mittlerweile gibt es schon Ausbildungen für Psychiatrie-Erfahrene zum Genesungsbegleiter.

4. Psychoedukation

Im Rahmen psychoedukativer Verfahren (**Psychoedukation**) werden Betroffenen und Angehörigen auf systematische Weise und mit differenzierter Methodik Wissen und Handlungskompetenzen rund um die jeweilige psychische Störung vermittelt. Sie erhalten Hinweise, um eigene Kompetenzen im Umgang mit der Krankheit zu entwickeln, Rückfälle frühzeitig zu erkennen und sachgerecht zu handeln. Erfahrungen ähnlich Betroffener werden nutzbar gemacht. Das bedeutet nicht allein Austausch von Erfahrungen und Lösungsvorschlägen, sondern auch Ermutigung und Motivation.

5. Unterstützte Entscheidungsfindung

Seit einigen Jahren findet die **unterstützte oder assistierte Entscheidungsfindung** zunehmende Aufmerksamkeit. Unter dem Einfluss der UN-Behindertenrechtskonvention, seit 2009 in Deutschland geltendes Recht, bricht sich die Erkenntnis Bahn, dass nicht das von Dritten definierte Wohl einer von einer psychischen Störung betroffenen Person maßgeblich ist, sondern ihr Wille. Dieser Erkenntnis entsprechend hat der Bundesgesetzgeber mit dem Gesetz zur Reform des Vormundschafts- und Betreuungsrechts,[30] in Kraft seit 1.1.2023, zentrale Bestimmungen des Betreuungsrechts verändert.

Nicht nur bei bestehender rechtlicher Betreuung muss unterstützte Entscheidungsfindung beachtet und praktiziert werden, vielmehr auch in der alltäglichen Begleitung und Unter-

30 BGBl. I S. 882.

stützung durch Angehörige sowie in allen Formen psychiatrischer Hilfen. Ausgangspunkt des methodischen Ansatzes der unterstützten Entscheidung ist die Tatsache, dass viele psychische Störungen die Einsichtsfähigkeit und die Entscheidungsfähigkeit des Betroffenen beeinträchtigen. Um dennoch den Willen Erkrankten so gut wie möglich zur Geltung zu bringen, soll er ermächtigt werden, seine eigenen Entscheidungen zu treffen und mitzuteilen. Das ist eine anspruchsvolle Aufgabe für Unterstützer, rechtliche Betreuer usw. Es gibt mittlerweile eine umfangreiche Literatur dazu (siehe auch in Teil 1, Kapitel A. V. 1. a.).[31]

6. Künstlerische Therapien

Angebote von Musiktherapien, Kunsttherapie usw. gehören nicht in den Leistungskatalog der gesetzlichen Krankenkassen als verordnungsfähige Leistungen, werden aber im stationären psychiatrischen Kontext vielfach eigesetzt. Sie zielen darauf, das kreative Potential des Patienten zu entfalten und zur Förderung seines Selbstwerterlebens beizutragen. Sie haben eine psychotherapeutische und eine soziotherapeutische Seite. Es kommt weniger auf die Qualität des künstlerischen Produkts als auf den kreativen Prozess und die dabei erlebten sozialen Interaktionen an. Künstlerische Therapien entfalten unter Berücksichtigung individueller Neigungen und Bedürfnisse ihre Wirkung durch Einbindung in einen Gesamtbehandlungsplan. Ähnliches gilt für Ergotherapie sowie für Bewegungs- und Sporttherapien. Sie haben, methodisch unterschiedlich ausgestaltet, Berührung zu psychotherapeutischen und zu physiotherapeutischen Interventionen.

7. Gemeindepsychiatrische Versorgungskonzepte

Im Hinblick auf die sozialen Einflüsse auf Verlauf von Krankheit, Behandlung und Rehabilitation psychischer Störungen sind nicht allein spezielle Therapie- oder Interventionsmethoden von Bedeutung, sondern auch die Gestaltung der Versorgungsstrukturen. Im arbeitsteiligen und spezialisierten Spektrum der psychiatrischen Versorgungsangebote in Deutschland kommt es bei Übergängen beispielsweise vom stationären in den ambulanten Sektor, oder an der Nahtstelle etwa zwischen Beratungsstellen, Tagesstätten usw. einerseits, therapeutischen Angeboten im engeren Sinne andererseits nicht selten zu Abbrüchen, Reibungsverlusten, sogar zu Konflikten. Oft ist das Potential multiprofessioneller und interdisziplinärer Kooperation nicht ausgeschöpft. Mit Konzepten der gemeindepsychiatrischen Organisation und der gesteuerten Kooperation der verschiedenen professionellen Akteure sollen diese negativen Effekte überwunden werden. Vor allem soll eine wohnortnahe, also dezentrale Versorgungsstruktur verwirklicht werden, in der die Anbieter vernetzt werden und an deren Gestaltung die Betroffenen, ihre Angehörigen usw. partizipieren.

31 Siehe z.B. Brosey (Hrsg.), Unterstützte Entscheidungsfindung in der Betreuungspraxi; Reguvis Fachmedien 2023; Interessenvertretung Selbstbestimmt Leben in Deutschland e.V. (Hrsg.), Unterstützte Entscheidungsfindung. Leicht und gut gemacht. Eine Entscheidungshilfe für Menschen mit und ohne Behinderung und deren Unterstützende, https://isl-ev.de/attachments/article/2576/UE_Leicht_und_gut_gemacht.pdf (Abruf: 1.6.2023)

C. Ausgewählte psychische Störungen

Übersicht Seite

I. Intelligenzminderung, geistige Behinderung

1. Definition und Begrifflichkeit

Zunächst bedarf es einer Begriffsklärung. In der **Eingliederungshilfe** wird zumeist der Begriff **geistige Behinderung** benutzt, in Medizin und Psychologie hingegen meistens der Begriff, den die ICD-10 vorschreibt: **Intelligenzminderung** (ICD-10: F70-79).

Die Begriffe Geistige Behinderung und Intelligenzminderung meinen im Wesentlichen das Gleiche. Deshalb werden hier beide Begriffe abwechselnd benutzt.

Der Begriff Intelligenzminderung, der der deutschsprachigen Fassung der ICD-10 der WHO als Übersetzung des englischsprachige Begriffs Mental Retardation entstammt, wurde in der englischsprachigen Literatur – auch auf internationaler Ebene – mittlerweile fast vollständig durch den Begriff **Intellectual Disability** abgelöst.

Die 2019 durch die WHO verabschiedete ICD-11 ersetzt Mental Retardation durch den Begriff *Disorder of intellectual development*; dessen deutschsprachige Übersetzung lautet **Störung der Intelligenzentwicklung**.[32]

Hinweis

Früher offiziell gültige Bezeichnungen wie Schwachsinn, Minderbegabung, Oligophrenie, Debilität, Imbezillität, Idiotie usw. sind heute obsolet. Diese Begriffe haben im Laufe der Zeit eine immer negativere Bedeutung bekommen und werden von den Betroffenen als Diskriminierung empfunden.

Die ICD-10 definiert Intelligenzminderung als eine sich in der Entwicklung manifestierende, stehengebliebene oder unvollständige Entwicklung der geistigen Fähigkeiten, mit besonderer Beeinträchtigung von Fertigkeiten, die zum Intelligenzniveau beitragen, wie z.B. Kognition, Sprache, motorische und soziale Fähigkeiten.[33] Für die endgültige Diagnose müssen sowohl eine Störung im Intelligenzniveau als auch der Anpassung an die Anforderungen des alltäglichen Lebens, der sogenannten adaptiven Fähigkeiten, bestehen.[34]

Die intellektuelle Leistungsfähigkeit eines Menschen kann durch den **Intelligenzquotienten (IQ)** beschrieben werden. Der Intelligenzquotient als Maß für das intellektuelle Leistungsvermögen wird mit Intelligenztests ermittelt. Die grundsätzlichen und methodischen Aspekte, die mit Anwendung und Interpretation von Intelligenztests verbunden sind, können an dieser Stelle nicht erörtert werden. Es soll lediglich darauf aufmerksam gemacht werden, dass das Konstrukt der Intelligenz bei weitem nicht so einvernehmlich definiert und diskutiert wird, wie es scheint. In der ICD-10 heißt es dazu: „Intelligenz ist kein einheitliches Phänomen, sondern setzt sich mehr oder weniger aus einer großen Anzahl verschiedener, spezifischer Fertigkeiten zusammen".[35] Unter praktischen Gesichtspunkten soll darauf aufmerksam gemacht werden, dass deshalb die Interpretation eines ermittelten IQ ihre Grenzen hat, denn die verschiedenen Intelligenztests messen beileibe nicht alle das

32 Im Folgenden wird im Hinblick auf die ICD-11 die Entwurfsfassung der deutschsprachigen Übersetzungen auf der Website des BfArM benutzt (siehe Fußnote 7 auf Seite 239). In der Beschreibung der diagnostischen Kategorie in der Entwurfsfassung der deutschsprachigen Übersetzung heißt es: „Bei Störungen der Intelligenzentwicklung handelt es sich um eine Gruppe ätiologisch unterschiedlicher Zustände, die während der Entwicklungsperiode entstehen und durch deutlich unterdurchschnittliche intellektuelle Leistungen und adaptives Verhalten gekennzeichnet sind, die etwa zwei oder mehr Standardabweichungen unter dem Mittelwert liegen (etwa weniger als das 2,3. Perzentil), basierend auf angemessenen normierten, individuell durchgeführten standardisierten Tests. Stehen keine entsprechend normierten und standardisierten Tests zur Verfügung, muss sich die Diagnose von Störungen der Intelligenzentwicklung stärker auf das klinische Urteil stützen, das auf einer angemessenen Bewertung vergleichbarer Verhaltensindikatoren beruht."

33 Vgl. Dilling et al. 1991, S. 238.

34 Vgl. Dilling et al. 1991, S. 239.

35 Dilling et al. 1991, S. 238.

Gleiche. Anders ausgedrückt: Verwendet man verschiedene Tests, erhält man unterschiedliche IQ.

Die ICD-10 verlangt, zur Einschätzung der Intelligenz sollen alle verfügbaren Informationen herangezogen werden. Das umfasst den klinischen Eindruck von der Person, ihr Anpassungsverhalten, bezogen auf ihren kulturellen Hintergrund, und psychometrische Befunde (Intelligenztests usw.).

Die Intelligenz eines Menschen zeigt sich keineswegs nur in den numerischen Werten von Intelligenztests (IQ), sondern im beobachtbaren Verhalten bei der Lösung von Aufgaben, beim Spiel, in den Ergebnissen seiner Tätigkeiten, im Spiegel seiner Biografie usw. Darum sollten diese Aspekte stets mit in die Einschätzung der Intelligenz einbezogen werden.

Die meisten Menschen haben einen IQ zwischen ca. 85 und 115. Die ICD-10 hat festgelegt, dass für die Diagnose Intelligenzminderung der IQ unter 70 liegen muss. Liegt der Intelligenzquotient zwischen 70 und 85, spricht man in Deutschland zumeist von **Lernbehinderung** (englisch: *Borderline Intellectual Functioning*). Dieser Begriff kommt jedoch weder in der ICD-10 noch in der ICD-11 vor. Auch deshalb werden Personen mit Lernbehinderung trotz ihres unter Umständen erheblichen sozialen und medizinischen Unterstützungsbedarfs weiterhin zu wenig beachtet[36].

Zweifellos liegen jeder Intelligenzminderung eine **Hirnfunktionsstörung** oder eine **Hirnstrukturläsion** zugrunde. Nicht immer zeigt sich das in den allgemein üblichen diagnostischen Verfahren wie Bildgebung oder EEG. Es kann sich nämlich um Veränderungen auf ultrastruktureller Ebene (z.B. der Synapsen, Rezeptoren) handeln, die nur noch mittels hochspezialisierter Methoden außerhalb der klinischen Routine aufgedeckt werden können. Auch sehr schwere Vernachlässigungen eines Kindes können gravierende Auswirkungen auf die Hirnentwicklung und deren biologische Grundlagen, z.B. eine unzulängliche Ausbildung von Synapsen zwischen den Nervenzellen (Neuronen), nach sich ziehen.

Alle **Ursachen** einer geistigen Behinderung beeinträchtigen – je nachdem, wann sie wirksam werden – die Reifung und die altersgerechte Funktion des kindlichen Gehirns vor und nach der Geburt. Manche genetischen Ursachen entfalten ihre sichtbare Wirkung erst im Laufe der späteren Entwicklung oder disponieren für die Wirkung weiterer Schädigungsfaktoren. Durch die verschiedenen Folgen der unterschiedlichen Ursachen von Intelligenzminderung können bestimmte Hirnfunktionen mehr als andere in Mitleidenschaft gezogen werden. Deshalb können sich die Beeinträchtigungen der verschiedenen mentalen Funktionen je nach Schwere, Art und Zeitpunkt der Einwirkung der Ursache des Störungsbildes erheblich voneinander unterscheiden. Dieser Unterschied kann sich sowohl im aktuellen Querschnittsbild als auch im Längsschnitt der individuellen Entwicklung zeigen. Die Entwicklung über die Lebensspanne hängt zudem ab von sozialen Faktoren, von familiären und anderen Milieubedingungen. Sie kann von der individuellen Förderung und dem sozialen Milieu einerseits, von der Existenz weiterer Beeinträchtigungen (z.B. Sehbeeinträchtigung, Autismus-Spektrum-Störung) oder Komorbiditäten (z.B. Epilepsie) andererseits beeinflusst werden.

36 Auf die problematische und menschenrechtspolitisch prekäre Situation hat vor einiger Zeit die Girona-Deklaration aus der Feder international renommierter Autoren aufmerksam gemacht: www.congresprofesio.cat/Docs/gironadeclaration.pdf (Abruf: 28.5.2022).

Die Zustandsbilder, die mit dem Begriff Intelligenzminderung oder geistige Behinderung bezeichnet werden, sind also sehr verschieden. Sie unterscheiden sich sowohl im Hinblick auf ihre Ursachen, auf ihre Schweregrade, hinsichtlich des Vorliegens zusätzlicher Beeinträchtigungen, sogar teilweise bezüglich ihres Verlaufs über die Lebensspanne außerordentlich. Bei den Begriffen geistige Behinderung oder Intelligenzminderung handelt es sich um abstrahierende Sammelbegriffe. Hinzu kommt, wie schon erwähnt, dass schon der Begriff der Intelligenz schwer zu definieren ist.

Exkurs: Unterscheidung zwischen geistiger Behinderung und Demenz

Geistige Behinderung bzw. Intelligenzminderung und Demenz sind als diagnostische Kategorien streng zu unterscheiden: Eine geistige Behinderung bzw. geistige Behinderung besteht von Geburt an (pränatale oder perinatale Entstehung) oder wird nach der Geburt (postnatale Entstehung) erworben. Zumeist wird das 18. Lebensjahr als Ende dieses Zeitraums des Entstehens oder Auftretens angesehen.

Die Abgrenzung der Intelligenzminderung zur Demenz ergibt sich daraus, dass bei Letztgenannter ein schon vorhandenes Niveau der intellektuellen Entwicklung verloren geht. Der Begriff der Demenz ist allerdings ein ähnlich weiter Sammelbegriff wie Intelligenzminderung. Demenzen haben wie Intelligenzminderung sehr verschiedene Ursachen, verschiedene Schweregrade und unterschiedliche Verläufe. Eine Demenz kann ein unveränderlicher Zustand sein, nämlich wenn die zugrundeliegende Läsion keine Veränderung zeigt, etwa, wenn ein Hirntrauma Hirngewebe unwiederbringlich zerstört hat. Eine Demenz kann hingegen fortschreiten, also schwerer werden, wenn der zugrundeliegende Prozess, z.B. der Verlust funktionsfähigen Hirngewebes bei einer Alzheimer-Erkrankung, fortschreitet.

Die Auswirkungen von geistiger Behinderung und Demenz haben viele Gemeinsamkeiten. Bei beiden bestehen neben den kognitiven Beeinträchtigungen auch Beeinträchtigungen der Alltagsbewältigung, der adaptiven Fähigkeiten. Nicht selten reagiert der von ihnen Betroffene auf Überforderungssituationen mit Verhaltensauffälligkeiten.

Intelligenzminderung und Demenz sind trotz vieler Ähnlichkeiten zwar unterscheidbare diagnostische Kategorien, sie können jedoch nebeneinander bestehen. So kann ein betagter Mann, der seit Kindheit an geistig behindert ist, infolge eines Schlaganfalls eine Demenz bekommen. Oder eine Frau mit einer Trisomie 21 kann im Alter von 40 Jahren eine rasch fortschreitende Alzheimer-Demenz entwickeln.

Wenn infolge genetischer Ursachen (z.B. beim Rett-Syndrom) oder infolge eines Hirntraumas in der Kindheit ein schon erreichtes intellektuelles Entwicklungsniveau – und natürlich auch Entwicklungspotential – verloren geht, kann man streng genommen von einer (frühkindlichen) Demenz sprechen. Dennoch hat sich eingebürgert, dass auch dann von einer Intelligenzminderung oder geistigen Behinderung gesprochen wird, zumal das den Kriterien der ICD-10 für Intelligenzminderung entspricht. Für die Diagnose nach ICD-10 bedeutet das, dass neben der Diagnose Intelligenzminderung auch die Ursache derselben angegeben werden soll.

2. Symptomatik

Die obligate Kernsymptomatik der Intelligenzminderung ist durch die schon oben dargelegten Merkmale gemäß ICD-10 erfasst: eine **unterdurchschnittliche Intelligenz** und beeinträchtigte **adaptive Fähigkeiten und Fertigkeiten**, um die Anforderungen des alltäglichen Lebens zu bewältigen. Dazu gehören Beeinträchtigungen des Wissenserwerbs, der Wissensanwendung, des Lesens, des Schreibens, des Rechnens, abstrakter Fähigkeiten, der Problemlösefähigkeit, der Argumentationsfähigkeit, der Fähigkeiten zur kritischen Abwägung von Handlungsalternativen, der Kompetenz zur umsichtigen Selbstsorge (einschließlich der Sorge für die eigene Gesundheit), der hauswirtschaftlichen Selbstversorgung usw.

Solche Beeinträchtigungen sind umso wahrscheinlicher anzutreffen und umso deutlicher ausgeprägt, je mehr die Intelligenz beeinträchtigt ist. Es kann auch erhebliche Ungleichmäßigkeiten im Hinblick auf die Ausprägung der einzelnen Beeinträchtigungen geben. Während manche Fähigkeiten und Fertigkeiten bei einer bestimmten Person sehr stark beeinträchtigt sein können, können andere gut ausgebildet sein. Das unterstreicht erneut, welche Heterogenität sich hinter dem Begriff Intelligenzminderung verbirgt und warum der Intelligenzquotient IQ nur eine begrenzte Aussagekraft hat. Überdies kann man mit gezielter Förderung bestimmte Fähigkeiten entwickeln.

Die individuell vorliegenden Beeinträchtigungen der Person mit einer geistigen Behinderung treten gemäß dem Behinderungsmodell der Internationalen Klassifikation der Funktionsfähigkeit, Behinderung und Gesundheit (ICF) der WHO in Wechselwirkung mit den Anforderungen und Gegebenheiten der physischen und sozialen Umwelt, die als **Kontextfaktoren**[37] bezeichnet werden. Diese Kontextfaktoren können sich als **Barrieren** (negative, hinderliche Faktoren) oder als Förderfaktoren erweisen. Werden sie als **Förderfaktoren** wirksam, wirken sich die individuell gegebenen Beeinträchtigungen möglicherweise im Hinblick auf die Teilhabe weniger aus. Ein typisches Beispiel für einen Förderfaktor ist die Verwendung von einfacher oder leichter Sprache, die vielfach doch ein gutes Verständnis einer lautsprachlichen Information, eines Textes usw. erlaubt. Dieses Beispiel illustriert, wie sich eine vorliegende Beeinträchtigung in der Wechselwirkung mit der Umwelt auswirkt. Das ist der Sinn des Slogans „Man ist nicht behindert, man wird behindert".

Viele Beispiele belegen, dass manche Menschen mit Intelligenzminderung bei einer förderlichen Umwelt zu beachtlicher künstlerischer Produktivität in der Lage sind. Solche Produktivität fördert ihr Selbstbewusstsein und ihre gesellschaftliche Anerkennung. Sie zeigt vor allem, dass der leider noch immer bei manchen Menschen und Behörden anzutreffende Vorrang der Defizitperspektive auf Beeinträchtigungen allgemein, auf Intelligenzminderung im Besonderen der Vergangenheit angehören sollte. Es muss dem zeitgemäßen Behinderungsmodell der ICF durchgängig Geltung verschafft werden.

Eine überaus wichtige Problematik von Menschen mit geistiger Behinderung wird weder in der ICD-10 noch in den meisten Lehrbüchern erwähnt. Es handelt sich um den in den allermeisten Fällen anzutreffenden **emotionalen Entwicklungsrückstand** gegenüber

37 Die ICF unterscheidet bei den Kontextfaktoren die Umweltfaktoren (außerhalb der Person) und die personbezogenen Faktoren (in der Person selbst liegende Faktoren, wie Bewältigungsstil, Lebenserfahrung usw.).

der Altersnorm. Je schwerer die intellektuelle Beeinträchtigung ist, desto ausgeprägter ist der emotionale Entwicklungsrückstand. Die **Ursachen** des emotionalen Entwicklungsrückstandes liegen sowohl in organischen Funktions- und Entwicklungsdefiziten (intrinsische Faktoren) als auch in oft ungünstigen individuellen Entwicklungsbedingungen (extrinsische Faktoren), die eine altersnormgerechte Entwicklung verzögern. Menschen mit Intelligenzminderung durchlaufen die typischen Entwicklungsphasen mit ihren grundlegenden emotionalen Bedürfnissen nicht nur wesentlich langsamer als nicht behinderte Kinder und Jugendliche. Viele stagnieren sogar in einem ihrem tatsächlichen Lebensalter nicht mehr entsprechenden Entwicklungsstadium.

Das emotionale Entwicklungsniveau kann Hinweise geben für die entwicklungsförderliche Gestaltung des Unterstützungsangebotes und den Umgang mit der Person, um Über- und Unterforderung zu vermeiden.

Das emotionale Entwicklungsniveau kann bestimmte Verhaltensweisen und Verhaltensauffälligkeiten verständlich machen. Die geäußerten Bedürfnisse – z.B. nach körperlicher Nähe oder ständiger Präsenz von Personen – können dem erreichten emotionalen Entwicklungsniveau der Person entsprechen. Bestimmte auffällige Verhaltensweisen können also auftreten, weil die betreffende Person durch die Gegebenheiten ihrer physischen oder sozialen Umwelt in ihren emotionalen Bedürfnissen frustriert oder überfordert ist. Schließlich kann das Repertoire der Verhaltensweisen, die einem gegebenen emotionalen Entwicklungsniveau entsprechen, im Vergleich mit dem realen Lebensalter unkundigen Beobachtern derart auffällig und fremdartig anmuten, dass es für Zeichen einer psychischen Krankheit gehalten wird, etwa wenn Berichte von Geistern, Stimmen usw. nicht als der Ausdruck einer kindhaften Fantasie infolge zurückgebliebener emotionaler Entwicklung interpretiert, sondern schlimmstenfalls als Ausdruck einer Psychose fehlgedeutet und medikamentös behandelt werden.

Die **Verhaltensauffälligkeiten** – auch als Verhaltensstörungen, herausforderndes Verhalten usw. bezeichnet – bei Menschen mit Intelligenzminderung haben neben der verzögerten emotionalen Entwicklung weitere sehr verschiedene Hintergründe, die sich natürlich kombinieren können. Sehr oft sind sie Ausdruck körperlicher Beschwerden oder Symptome einer tatsächlichen psychischen Störung. Zumeist sind sie Ausdruck von Frustration der Bedürfnisse, Überforderungen der Fähigkeiten usw. Im Grunde genommen muss man sie oft als Reaktion auf die Umwelt interpretieren. Die Lösung liegt damit offenkundig meistens nicht in erster Linie bei irgendwelchen Therapien, erst recht nicht bei Psychopharmaka, sondern in einer konsequenten Anpassung der Anforderungen der Umwelt an die intellektuellen, emotionalen und sozialen Bedürfnisse und Kompetenzen der Person.

3. Schweregrade

Intelligenzminderung kommt in verschiedenen Schweregraden vor. Sie wird in der ICD-10 eingeteilt in

- leichte Intelligenzminderung (ICD-10: F70) (früher: Debilität),
- mittelgradige Intelligenzminderung (ICD-10: F71) (früher: Imbezillität),
- schwere Intelligenzminderung (ICD-10: F72) (früher ebenfalls Imbezillität) und
- schwerste Intelligenzminderung (ICD-10: F73) (früher: Idiotie).

Der leichte Intelligenzminderung ist mit ca. 80 % die häufigste. Es folgen mit ca. 12 % die mittelgradige, mit ca. 7 % die schwere und mit ca. 1 % die schwerste Intelligenzminderung (von Gontard, 2003).

Die ICD-11 graduiert bzw. differenziert die Störungen der Intelligenzentwicklung folgendermaßen

- 6A00.0 Leichtgradige Störung der Intelligenzentwicklung
- 6A00.1 Mittelgradige Störung der Intelligenzentwicklung
- 6A00.2 Schwergradige Störung der Intelligenzentwicklung
- 6A00.3 Tiefgreifende Störung der Intelligenzentwicklung
- 6A00.4 Vorläufige Störung der Intelligenzentwicklung
- 6A00.Z Störungen der Intelligenzentwicklung, nicht näher bezeichnet.

Präzise Abgrenzungen der Schweregrade mittels IQ vorzunehmen ist nicht möglich. Die Bestimmung des Intelligenzquotienten (IQ) ist mit methodischen Problemen verbunden, die sich umso stärker auswirken, je schwerer die intellektuelle Beeinträchtigung und je komplexer das Störungsbild sind. Der IQ hat bestenfalls orientierende Bedeutung. Man kann unter diesem ausdrücklichen Vorbehalt festhalten: Eine leichte geistige Behinderung umfasst gemäß ICD-10 den IQ-Bereich etwa zwischen 50 und 69, eine mittelgradige etwa den Bereich zwischen 35 und 49, die schwere in etwa den Bereich zwischen 20 und 34, die schwerste etwa schließlich den IQ-Bereich unter 20.

Das DSM-5 verwendet für Intelligenzminderung die Bezeichnung *Intellectual Disability*. Gemäß deren Definition muss der IQ ebenfalls unter 70 liegen, allerdings mit einem Korridor von +/- 5, um den erörterten Ungenauigkeiten der IQ-Bestimmung zu entgehen. Vor allem verzichtet das DSM-5 darauf, die Schweregrade mittels IQ zu differenzieren. Stattdessen unterteilt es die adaptiven Fähigkeiten in drei Bereiche (englisch: *domains*):

- kognitiver Bereich,
- sozialer Bereich und
- alltagspraktischer Bereich.

Jeder Bereich wird in vier Schweregrade (leicht, mittel, schwer und extrem) untergliedert. Für jeden der drei Bereiche werden die Schweregrade anhand ausführlicher Beschreibungen im konkreten Fall getrennt ermittelt. Anstelle des abstrakten Zahlenwertes des IQ tritt eine differenzierte Schweregradbeurteilung für die drei Bereiche adaptiver Fähigkeiten.

Der Schweregrad beeinflusst das Ausmaß der Selbständigkeit in der Bewältigung der vielgestaltigen Alltagsanforderungen. Je schwerer die Intelligenzminderung, desto ausgeprägter ist der Unterstützungsbedarf. Je ausgeprägter der Unterstützungsbedarf ist, desto anspruchsvoller stellt sich für die Unterstützer und Assistenten die Herausforderung dar, das Recht auf Selbstbestimmung der betroffenen Person in ihren eigenen Angelegenheiten zu achten, Bevormundung und Gängelung zu vermeiden usw. Wo immer möglich, sollen Kompetenzen eigener Entscheidungsfähigkeit identifiziert und gezielt gefördert werden. In schwierigen und komplexen Entscheidungssituationen kommt es darauf an, die Präferenzen der Person so gut wie möglich zur Geltung zu bringen. Wo immer möglich, sollen die Schritte zur eigenen Entscheidung unterstützt werden (zur unterstützten Entscheidungsfindung siehe in Teil 1 Kapitel A. IV. 1. a. und oben Kapitel B. IV. 5.).

Zur Kategorie Störungen der Intelligenzentwicklung erläutert die ICD-11,[38] dass es sich um eine Gruppe während der Entwicklungsperiode entstehender und ursächlich unterschiedlicher Zustände handelt. Sie sind durch deutlich unterdurchschnittliche intellektuelle Leistungen und adaptives Verhalten gekennzeichnet sind, die etwa zwei oder mehr Standardabweichungen unter dem Mittelwert liegen (etwa weniger als das 2,3. Perzentil). Diese Feststellung basiere auf angemessenen normierten, individuell durchgeführten standardisierten Tests. Wenn keine derartigen normierten und standardisierten Tests zur Verfügung stehen, muss sich die Diagnose stärker auf das klinische Urteil stützen, das auf einer angemessenen Bewertung vergleichbarer Verhaltensindikatoren beruht.

4. Häufigkeit

Viele Ursachen der geistigen Behinderung werden durch soziale, kulturelle und andere Faktoren beeinflusst. Darum zeigt die Häufigkeit (Prävalenz) von geistiger Behinderung beträchtliche Unterschiede zwischen Kontinenten, Ländern, Regionen, sozialen Schichten, Milieus usw. In Mitteleuropa spielen etwa Mangel- oder Fehlernährung – eine sehr wichtige Ursache für Beeinträchtigungen der intellektuellen Entwicklung – eine geringere Rolle als in den Entwicklungsländern.

Für Deutschland wird heute die Häufigkeit von Intelligenzminderung mit 0,5 – 1 % geschätzt. Demzufolge leben in Deutschland zwischen 400 000 und 800 000 Menschen mit geistiger Behinderung.[39]

5. Ursachen

Die Ursachen, die ätiologischen Faktoren, geistiger Behinderung sind überaus vielfältig. Der wissenschaftliche Fortschritt fördert ständig neue Erkenntnisse und zugleich weiterführende Fragen zutage. Auch infolge tatsächlicher Veränderungen der Risiko- und Schädigungsfaktoren hat sich die Häufigkeitsverteilung der Ursachen verändert. Beispielsweise hat die moderne Geburtshilfe die Häufigkeit von Sauerstoffmangel unter der Geburt zurückgedrängt; die moderne pädiatrische Neonatologie erlaubt das Überleben sogar sehr unreifer Neugeborenen.

Eine übliche Unterteilung der Ursachen von Intelligenzminderung bezieht sich auf den Zeitpunkt der Einwirkung der Schädigungsfaktoren (Noxen). Man unterscheidet diesbezüglich

- Pränatale Ursachen oder Faktoren,
- perinatale Ursachen oder Faktoren und
- postnatale Ursachen oder Faktoren

Die **pränatalen Ursachen** schließen Veränderungen des genetischen Materials ein. Sie umfassen des Weiteren alle Noxen, die ab der Befruchtung bis kurz vor der Geburt wirksam werden: Alkoholexposition, Einwirkungen von anderen giftigen Substanzen, Strahlenex-

38 Quelle: www.bfarm.de/DE/Kodiersysteme/Klassifikationen/ICD/ICD-11/_node.html (Abruf: 20.7.2023).
39 Wittchen et al. 2011.

position, Infektionen usw. Die Perinatalperiode beginnt eine Woche vor der Geburt und endet vier Wochen danach. Während dieser Periode spielen vor allem Komplikationen unter der Geburt die Hauptrolle. In der anschließenden Postnatalperiode spielen vor allem traumatische oder entzündliche Erkrankungen des kindlichen Gehirns, toxische Einwirkungen, Mangel- und Fehlernährung eine Rolle.

Die weit überwiegenden Ursachen von Intelligenzminderung sind biologischer Natur bzw. medizinisch zu charakterisieren, selbst wenn die Ursache nicht in jedem Einzelfall identifiziert werden kann.

Früher wurden begreiflicherweise häufiger als heute **Verlegenheitsdiagnosen** wie „frühkindlicher Hirnschaden unklarer Ursache" verwendet. Mit der raschen Entwicklung der Genetik werden immer mehr genetische Ursachen gefunden. Das zieht für die genetische Beratung, Pränataldiagnostik, Präimplantationsdiagnostik, Gentherapie usw. weitreichende ethische Fragen nach sich.

Als Faustregel kann gelten: Je komplexer die Symptomatik eines Störungsbildes ist (insbesondere morphologische Auffälligkeiten, Fehlbildungen), desto wahrscheinlicher kommt eine genetische Ursache in Frage. Sie muss dann allerdings mittels genetischer Untersuchungen bestätigt werden.

Die **genetischen Ursachen** sind vielgestaltig. Manche genetischen Veränderungen sind vergleichsweise häufig und sind weithin bekannt (z.B. Trisomie 21, Fragiles X-Syndrom), andere sind selten. Dass es sich um eine genetische Ursache handelt, bedeutet nicht zwingend, dass die Intelligenzminderung von den Eltern vererbt wäre. Viele genetische Ursachen treten bei dem Betroffenen erstmals in Erscheinung, es handelt sich um De-novo-Mutationen (Neumutationen). Von Erblichkeit (Heredität) spricht man, wenn die genetischen Veränderungen von Generation zu Generation weitergegeben werden. Die Feststellung, eine Intelligenzminderung oder geistige Behinderung sei angeboren, meint nur, dass sie zum Zeitpunkt der Geburt schon vorlag oder angelegt war. Diese Bezeichnung ist nicht gleichbedeutend mit „Vererbung".

Noch immer entdeckt man bislang unbekannte genetische Ursachen für oft komplexe Störungsbilder, zu denen eine Intelligenzminderung gehören kann. Die genetischen Ursachen können unter verschiedenen Gesichtspunkten gegliedert werden:

- Genommutationen
- Chromosomenmutationen und
- Genmutationen.

Weiteres kann und muss an dieser Stelle hierzu nicht aufgeführt werden.

Von großer Bedeutung sind die grundstürzenden Entwicklungen der letzten Jahre: Es wurde und wird eine kontinuierlich anwachsende Zahl genetisch bedingter Krankheitsbilder mit spezifischen angeborenen Stoffwechseldefekten (*Inherited metabolic disorders*) entdeckt. Neben einer Vielzahl und Vielgestaltigkeit anderer Symptome (z.B. neurologische Symptome) führen sie zu Intelligenzminderung. Manche dieser Krankheitsbilder können durch gezielte Therapien (spezielle Diäten, Arzneimittel, Gentherapien, Transplantationen usw.) in unterschiedlichem Maße positiv beeinflusst werden; deshalb nennt man sie behandelbare Intelligenzminderung (englisch: *treatable intellectual disabilities*).[40] Trotz ihrer Seltenheit ist es eine Herausforderung für die Wissenschaft, hier weiter zu forschen. Vor allem für die Kinder- und Jugendmedizin bringt das die Anforderung mit sich, Verdachtsfälle der gezielten genetischen, laborchemischen und klinischen Abklärung zuzuführen, um gegebenenfalls durch eine frühzeitige Behandlung das Schicksal der betroffenen Kinder und Jugendlichen ins Positive zu wenden.[41]

Soziale und kulturelle Faktoren beeinflussen die Häufigkeitsverteilung mancher Ursachen. Diese variiert deshalb unter Umständen von Land zu Land, von Region zu Region und zwischen soziokulturellen Milieus. Auch das Gebäralter spielt für manche genetisch bedingten Bilder (z.B. Trisomie 21) eine Rolle. Die allgemeinen Lebensbedingungen, die Qualität und die ausreichende Verfügbarkeit von Nahrungsmitteln und medizinischen Leistungen spielen ebenso hinein wie physikalische (z.B. Kernreaktorkatastrophen) oder chemische (z.B. Giftkatastrophe 1984 in Bhopal/Indien) und medizinisch definierbare Umweltfaktoren (z.B. HIV-Endemie in Afrika).

6. Komorbiditäten und Mehrfachbehinderung

Definition

> Komorbidität bedeutet allgemein, dass neben einer bestimmten Krankheit, Störung oder Behinderung eine oder mehrere weitere Krankheits- oder Störungsbilder vorliegen. Solche Komorbiditäten können in einer gemeinsamen Ursache wurzeln, sie können auch sekundär bedingt oder rein zufällig sein.

Die Gruppe der Menschen mit geistiger Behinderung weist viele zusätzliche gesundheitliche Beeinträchtigungen, akute und chronische Krankheiten und Behinderungen auf. Komorbiditäten behindern die soziale Teilhabe zusätzlich und verursachen einen Mehrbedarf an sozialen und an gesundheitsbezogenen Leistungen. Diesem besonderen Bedarf an gesundheitsbezogenen Leistungen wird im Widerspruch zur **UN-Behindertenrechtskonvention** (United Nations 2006), namentlich seines Artikels 25, selbst in Deutschland, einem reichen Land, noch ungenügend entsprochen.

Wenn eine Intelligenzminderung mit anderen Beeinträchtigungen (beispielsweise motorischen oder Sinnesbeeinträchtigungen) kombiniert ist, wird oft von einer mehrfachen Behinderung oder **Mehrfachbehinderung** oder **komplexer Behinderung** gesprochen. Die erwähnten Begriffe sind aber nicht verbindlich definiert; sie werden nicht immer im gleichen Sinne verwendet; sie kommen auch in der ICD-10 nicht vor.

Die wichtigsten Komorbiditäten bei geistiger Behinderung sind Epilepsien, Autismus-Spektrum-Störungen, andere psychische Störungen, Sinnesbeeinträchtigungen oder Be-

---

40 Die ständig aktualisierte Website „treatable ID" listet derzeit 117 Krankheiten auf, die zu Intelligenzminderung führen: https://treatable-id.net/apex/a12231/r/treatable-id/diseases?p100_initials=ALL&session=6612617270342 (Abruf: 25.5.2023).

41 Seit den 1930er Jahren ist die *Phenylketonurie* ein genetisch veranlagtes Krankheitsbild, bekannt, durch Behandlung positiv beeinflusst werden kann, wenn anhand eines Neugeborenentests der Stoffwechseldefekt, der schrittweise zur Intelligenzminderung führt, rechtzeitig erkannt wird.

einträchtigungen des Bewegungsapparates. Es ist jedoch wenig sinnvoll, die Häufigkeiten der erwähnten Komorbiditäten undifferenziert innerhalb der Gesamtgruppe geistig behinderter Menschen zu erörtern. Erstens unterscheiden sich die Betroffenen nach der Schwere der geistigen Behinderung: Je schwerer die intellektuelle Beeinträchtigung, desto größer die Wahrscheinlichkeit für komorbide Störungen. Zweitens hängen die Komorbiditäten oft mit der speziellen Ursache der Intelligenzminderung zusammen, z.B. mit einem bestimmten genetisch bedingten Syndrom oder einer perinatalen Hirnschädigung.

Menschen mit Intelligenzminderung können im Laufe ihrer gesamten Lebensspanne wie alle anderen Menschen Krankheiten erwerben – Adipositas, Bluthochdruck, Diabetes mellitus, Infektionserkrankungen, Krebs, Arthrosen, Demenzen usw. Für manche Krankheitsbilder sind nachteilige Lebensbedingungen und Verhaltensweisen (z.B. Bewegungsmangel, einseitige Ernährung, übermäßiger Zuckerkonsum) mitverantwortlich. Hier spielt die beeinträchtigte Gesundheitskompetenz von Menschen mit Intelligenzminderung hinein. Diese zu fördern oder nötigenfalls durch stellvertretendes Handeln auszugleichen, stellt eine wichtige Herausforderung an die Assistenzpersonen und professionelle Unterstützersysteme dar.

7. Förderung, Begleitung und Assistenz

Intelligenzminderung ist im Allgemeinen **nicht therapierbar, nicht heilbar.** Die sehr seltenen Ausnahmen wurden erwähnt (siehe oben V., Seite 294). Der Schwerpunkt liegt vom Kindesalter an in der Förderung der intellektuellen, emotionalen und praktischen Kompetenzen. Unter dem Gebot inklusiver Bildung werden zunehmend Formen inklusiver Beschulung anstelle von Sonderschulen erprobt und verwirklicht. Das dient auch der Erschließung normaler lebensweltlicher Erfahrungen für Menschen mit Behinderung und der Begegnung mit nicht behinderten Menschen.

Für die so wichtige **inklusive Beschulung** sind allerdings bestimmte Ausstattungen (z.B. barrierefreie Schulräume und Toiletten), motiviertes und vorbereitetes pädagogisches Fachpersonal in Kindertagesstätten, Schulen usw. erforderlich, oft auch zusätzliche Helfer, etwa in Form von schulischen Integrationshelfern.

Die Mehrzahl Erwachsener mit geistiger Behinderung lebt mit oder ohne professionelle Unterstützung (ambulante Betreuung, Assistenz) in ihrer Herkunftsfamilie, in einer eigenen Wohnung oder in einer kleineren ambulant betreuten Wohngemeinschaft. Eine Minderzahl nutzt besondere Wohnformen[42]. Die Zahl der Nutzer besonderer Wohnformen vermindert sich wohl in dem Umfang, wie geeignete alternative Hilfen, Wohnsettings und Assistenzleistungen verfügbar werden.

Viele Menschen mit geistiger Behinderung gehen einer Beschäftigung in einer Werkstatt für behinderte Menschen (WfbM) oder sogar auf dem ersten Arbeitsmarkt nach. Sie erwerben damit u.a. Ansprüche auf Leistungen der Sozialversicherungssysteme, auch der gesetzlichen Krankenversicherung. Auch diejenigen, die keine eigenen Ansprüche auf Leistungen der Sozialversicherungssysteme erwerben, sind bei Krankenkassen ihrer Wahl

42 Mit dem Bundesteilhabegesetz vom 23.12.2016 (BGBl. I S. 3234) wurde der Begriff der *Besonderen Wohnformen* anstelle von Wohnheimen oder Wohnstätten eingeführt.

eingeschrieben. Die Krankenkassenbeiträge übernimmt in solchen Fällen der Leistungsträger der Eingliederungshilfe.

Die sozialen Hilfen für Menschen mit Behinderungen gehören der **Eingliederungshilfe** an. Die Leistungen der Eingliederungshilfe wurden bis Ende 2019 im SGB XII beschrieben (§§ 53ff SGB XII). Das Bundesteilhabegesetz von 2016 löste mit Wirkung ab 2020 die Eingliederungshilfe aus dem SGB XII (Sozialhilfe) heraus und überführte sie als Teil 2 in das SGB IX (Rehabilitation und Teilhabe von Menschen mit Behinderungen). Dieses Gesetz stellt die Selbstbestimmung, die volle, wirksame und gleichberechtigte Teilhabe sowie Personzentrierung als Ziele bzw. Leitmotive in den Vordergrund.

Demzufolge ist der Eingliederungshilfe durch § 1 SGB IX die Förderung der selbstbestimmten und gleichberechtigten Teilhabe am Leben der Gesellschaft als Ziel der Leistungen für Menschen mit Behinderungen vorgegeben:

> **§ 1 Satz1 SGB IX – Selbstbestimmung und Teilhabe am Leben in der Gesellschaft**
>
> Menschen mit Behinderungen oder von Behinderung bedrohte Menschen erhalten Leistungen nach diesem Buch und den für die Rehabilitationsträger geltenden Leistungsgesetzen, um ihre Selbstbestimmung und ihre volle, wirksame und gleichberechtigte Teilhabe am Leben in der Gesellschaft zu fördern, Benachteiligungen zu vermeiden oder ihnen entgegenzuwirken.

Leistungsträger, oft auch als Kostenträger bezeichnet, ist die öffentliche Hand. Bundesweit hat sich eine unübersichtliche Landschaft organisatorischer Strukturen herausgebildet, die hier nicht dargestellt werden kann.

Leistungserbringer, also Leistungsanbieter der Eingliederungshilfe, sind in Deutschland weit überwiegend Träger der konfessionellen und der nichtkonfessionellen Freien Wohlfahrtspflege. Die Angebote befinden sich seit längerem im konzeptionellen, organisatorischen und strukturellen Wandel. In Übereinstimmung mit internationalen Entwicklungen und deren Prinzipien („Normalisierung", Dezentralisierung, „De-Institutionalisierung" der Hilfeformen, Ausbau ambulanter Hilfen usw.) wurden die Hilfe- und Unterstützungsformen in den letzten Jahrzehnten schon erheblich verändert. Sie werden sich sicher weiter verändern.

Viele Träger stationärer Großeinrichtungen oder Komplexeinrichtungen haben diese bereits deutlich verkleinert und die Angebote in Richtung auf gemeindenahe Angebote dezentralisiert. Die ambulante Betreuung wird weiter ausgebaut. Infolge des Bundesteilhabegesetzes und der damit beabsichtigten Überwindung der Unterscheidung von stationären und ambulanten Hilfeangeboten sowie der Trennung der existenzsichernden Leistungen (Lebensunterhalt) von den Leistungen der Eingliederungshilfe, vor allem der Assistenzleistungen, vollziehen sich weitreichende Veränderungen der Strukturen und Organisationsformen der Arbeit für Menschen mit Behinderung.

Unter Bezug auf das zentrale Ziel des Bundesteilhabegesetzes, Selbstbestimmung zu fördern, müssen sich die Leistungen der Assistenz immer passgenauer an den Bedarfslagen und Bedürfnissen der Betroffenen ausrichten. Die frühere und wohl noch längst nicht überall überwundene Dominanz von Fremdbestimmung „zum Wohle des Betroffenen" muss der Achtung vor dessen Recht auf Selbstbestimmung weichen. Die institutionellen Logiken und die organisatorischen Zweckmäßigkeiten, die den Alltag in Einrichtungen und

Diensten – auch unter dem Druck bürokratischer Abläufe, des Personalmangels usw. – noch immer dominieren, müssen der konsequenten Verwirklichung des Prinzips der Personzentrierung weichen, auch in der Sozialpolitik.

Respektierung der Selbstbestimmung ist keineswegs gleichzusetzen mit einer Haltung der Gleichgültigkeit – im Sinne von: „...ist ja seine Sache, da reden wir nicht rein".

Selbstbestimmung bedeutet, dass ein Mensch die ihn betreffenden Angelegenheiten selbst, nach eigenen Wertungen und Wichtungen entscheidet. Das setzt jedoch voraus, dass er bei der Abwägung die Entscheidungsalternativen deren Vor- und Nachteile sowie Risiken kennt. Er muss oft eine langfristige Perspektive einnehmen und alle diese Aspekte auf dem Hintergrund seiner Werte und Interessen in seine Entscheidung einbeziehen können. Menschen mit Intelligenzminderung benötigen hierzu oft Hilfestellung, Assistenz in Form von verständlicher Information, Austauschmöglichkeiten usw. Man spricht hierbei von assistierter oder unterstützter Entscheidung, von assistierter Autonomie usw. Assistenz bei komplizierten Entscheidungen zu übernehmen ist eine höchst verantwortungsvolle und anspruchsvolle Aufgabe. Vor allem muss man Fremdbeeinflussung durch eigene Werte und Interessen oder Fehlentscheidungen aufgrund der Vermittlung unzureichender oder gar falscher Informationen vermeiden.

Nochmals sei wegen der enormen Bedeutung auf die Wechselwirkung einer oder mehrerer Beeinträchtigungen mit den Kontextfaktoren in Gestalt der physisch-gegenständlichen und der sozialen und personalen Umwelt hingewiesen. Ob Umweltfaktoren als Barriere oder als Förderfaktoren wirken, macht einen eminenten Unterschied aus. Gerade angesichts der Tatsache, dass viele Beeinträchtigungen der körperlichen Funktionen (z.B. Funktionen der Intelligenz) unveränderlich sind, kommt es darauf an, die Umwelt förderlich und unterstützend zu gestalten. Dazu gehören adäquate Hilfsmittel.

8. Ausgewählte Aspekte der rechtlichen Betreuung

Der Umfang bzw. die Wirkungskreise der rechtlichen Betreuung richten sich nach der Erforderlichkeit, also nach dem individuellen Ausmaß der Beeinträchtigungen einerseits und dem konkreten Unterstützungsbedarf andererseits. Es wird sich zumeist um Gesundheitssorge, um finanzielle, behördliche und ähnliche Angelegenheiten handeln, manchmal auch um die Aufenthaltsbestimmung.

Bei medizinischen Fragen hat der rechtliche Betreuer nur dann stellvertretend einzuwilligen, wenn der Betroffene in der zur Entscheidung anstehenden Frage nicht selbst rechtswirksam entscheiden kann. Jedoch, selbst dann, wenn der Betroffene nicht rechtswirksam einwilligen kann und demzufolge die Einwilligung des Betreuers unentbehrlich wird, hat der Betroffene ein Recht auf Aufklärung, der Arzt die Pflicht zur Aufklärung. Dieses oft missachtete Recht durchzusetzen, sollte für jeden Betreuer selbstverständlich sein.

Für Einwilligungen in medizinische Behandlungen mit einem hohen Risiko bleibenden Schadens oder gar tödlichen Ausgangs muss der rechtliche Betreuer immer **gerichtliche Genehmigungen** einholen (§ 1832 BGB). Das schließt beispielsweise auch den Empfang von Spenderorgane ein.

Erfahrungsgemäß sehen die Gerichte oft keine Notwendigkeit der Genehmigung. Dennoch ist es besser, sich dies bescheinigen zu lassen als eine Gesetzesverletzung vorgeworfen zu bekommen (zum sog. Negativattest siehe in Teil 1, Kapitel E. IV. 3.).

Medizinische Behandlungen gegen den natürlichen Willen des Betroffenen – Zwangsbehandlungen, im Betreuungsrecht als ärztliche Zwangsmaßnahmen bezeichnet – sind nur unter sehr strengen Voraussetzungen und ausnahmslos nur mit gerichtlicher Genehmigung zulässig.

Eine „geschlossene Unterbringung" in einer Einrichtung der Eingliederungshilfe ist ausschließlich wegen Selbstgefährdung zulässig. Sie ist hingegen nicht zulässig, weil der Betreffende Dritten gefährlich ist oder sein könnte. Sie bedarf der gerichtlichen Genehmigung.

▶ *Zu Einzelheiten der maßgeblichen Aspekte des Betreuungsrechts sowie der Unterbringung und Zwangsbehandlung siehe Teil 1 und Teil 2 dieses Werks.*

II. Autismus-Spektrum-Störungen

1. Allgemeines

Bei den **Autismus-Spektrum-Störungen** (ASS) handelt es sich um biologisch fundierte tiefgreifende Entwicklungsstörungen, die durch anhaltende qualitative Beeinträchtigungen von Kommunikation und sozialer Interaktion sowie durch repetitive oder stereotype Verhaltensweisen und eingeschränkte Interessen gekennzeichnet sind. Zumeist fällt das charakteristische Verhalten bereits im Kleinkindalter auf, selbst wenn das nicht selten erst im Rückblick bewusst wahrgenommen wird.

In der ICD-10 und in vielen Lehrbüchern werden unter der Überschrift tiefgreifende Entwicklungsstörungen (ICD-10: F84) folgende diagnostische Kategorien aufgeführt.

- Frühkindlicher Autismus (Kanner-Autismus) (ICD-10: F84.0),
- atypischer Autismus (ICD-10: F84.1) und
- Asperger-Syndrom (ICD-10: F84.5).

In den letzten Jahrzehnten ist mit der Bezeichnung Hochfunktionaler Autismus (engl. *High funtioning autism*) ein weiterer Begriff aufgetaucht. Er zielt darauf ab, das Fehlen jedweder intellektuellen Beeinträchtigung oder sogar das Vorliegen intellektueller Hochbegabung neben der autistischen Symptomatik zu betonen.

Eine sichere Abgrenzung der erwähnten Bilder voneinander ist oft nicht möglich, zumal Betroffene durchaus noch individuelle Entwicklungsfortschritte, nicht zuletzt unter gezielter Förderung, machen können. Deshalb hat sich durchgesetzt, alle diese Bilder unter dem Oberbegriff ASS zusammenzufassen. Auch in der englischsprachigen Fassung der ICD-11 von 2019 heißt die diagnostische Rubrik *autism spectrum disorders*, auf Deutsch Autismus-Spektrum-Störungen.

Die ICD-11 untergliedert unter Berücksichtigung von Sprachentwicklung und intellektuellem Niveau in:

- 6A02.0: Autismus-Spektrum-Störung ohne Störung der Intelligenzentwicklung, mit leichtgradiger oder keiner Beeinträchtigung der funktionellen Sprache
- 6A02.1: Autismus-Spektrum-Störung mit Störung der Intelligenzentwicklung, mit leichtgradiger oder keiner Beeinträchtigung der funktionellen Sprache
- 6A02.2: Autismus-Spektrum-Störung ohne Störung der Intelligenzentwicklung, mit Beeinträchtigung der funktionellen Sprache
- 6A02.3: Autismus-Spektrum-Störung mit Störung der Intelligenzentwicklung, mit Beeinträchtigung der funktionellen Sprache
- 6A02.5: Autismus-Spektrum-Störung mit Störung der Intelligenzentwicklung, Fehlen der funktionellen Sprache
- 6A02.Y: Sonstige näher bezeichnete Autismus-Spektrum-Störung
- 6A02.Z: Autismus-Spektrum-Störung, nicht näher bezeichnet

Im Jahr 1943 beschrieb erstmalig der Kinderpsychiater *Leo Kanner* in Boston anhand einer Gruppe von elf Kindern unter der Überschrift *„Autistic disturbances of affective contact"* charakteristische Merkmale des frühkindlichen Autismus. Zeitgleich beschrieb der österreichische Kinderarzt *Hans Asperger* das Bild der „autistischen Psychopathie", das später nach ihm als dem Erstbeschreiber Asperger-Syndrom genannt wurde. Es dauerte einige Zeit, bis beide klinische Bilder in der Fachwelt Anerkennung und den Weg in die Klassifikationssysteme fanden. Man unterschied das Asperger-Syndrom vom frühkindlichen Autismus (Kanner-Autismus) dahingehend, dass beim Asperger-Syndrom keine Verzögerung der Sprachentwicklung vorliegt, während beim Kanner-Autismus sich die Sprache in der Regel verspätet oder gar nicht einstellt. Doch auch beim Asperger-Syndrom finden sich Eigentümlichkeiten des Sprechens, etwa eine geringe Sprachmodulation.

Bei ausgeprägter Intelligenzminderung fällt es manchmal schwer, die autistische Symptomatik davon sicher zu differenzieren. Das Vorliegen der autistischen Kernsymptomatik (qualitative Beeinträchtigung der Kommunikation und der Interaktion, eingeschränkte Interessen und repetitive, stereotype Verhaltensweisen) wird von der Intelligenzminderung überlagert. Oft spricht man in der Praxis auch von autistischen Zügen. Oft verwendet man den Begriff des atypischen Autismus, um unvollständige Ausprägungen der Symptomatik oder atypische zeitliche Entwicklungen derselben zu bezeichnen.

Auf jeden Fall kann eine „echte" Autismus-Spektrum-Störung nicht erst irgendwann im Leben erworben werden. Falls ähnliche Symptome erst später im Leben auftreten, muss an eine andere Ursache gedacht werden, z.B. an eine schizophrene Psychose.

2. Symptomatik

Die ASS zeigen sich in einem psychopathologischen Syndrom[43] das durch folgende **Kernmerkmale** in definiert ist:

- qualitative Beeinträchtigung der Kommunikation,
- qualitative Beeinträchtigung der Interaktion,
- eingeschränkte Interessen und stereotyp oder repetitiv ausgeführte Beschäftigungen.

Diese Kernmerkmale werden schon in frühester Kindheit sichtbar. Üblicherweise ist die Symptomatik spätestens mit drei Jahren zu erkennen, sofern nicht eine schwere intellektuelle oder eine komplexe Behinderung die Entwicklung verlangsamt und die Erkennbarkeit der autistischen Kernmerkmale erschwert. Nicht selten, wenn endlich eine autistische Störung diagnostiziert ist und die Verhaltensweisen des Kindes darin ihre Erklärung gefunden haben, erkennt man im Rückblick Hinweise auf schon früher vorhandene Symptome.

Für die Diagnostik gibt es bewährte und neue Instrumente, um im Rahmen eines systematischen Assessments die Beeinträchtigungen im Rahmen einer ASS genauer zu erfassen und zu quantifizieren.

Die Kernmerkmale werden im Folgenden etwas ausführlicher erläutert.

Die qualitative Beeinträchtigung **von Interaktion und Kommunikation** besteht u.a. in Veränderungen der nonverbalen Kommunikation. **Blickkontakt** wird selten gesucht, er wird regelrecht vermieden. Der mimische Ausdruck ist reduziert. **Körperhaltung und Gestik** werden nicht gezielt für die soziale Interaktion eingesetzt. Es bestehen Schwierigkeiten, altersentsprechende **soziale Beziehungen** aufzunehmen oder aufrecht zu erhalten. Es besteht kein oder wenig Interesse anderen Menschen, etwas Gemeinsames mit ihnen zu unternehmen usw. Gefälliger Small Talk ist Menschen mit ASS nahezu unmöglich. Beim Sprechen verwenden sie oft stereotype Formulierungen. Sie zeigen auch sonst eine eigentümliche, wenig modulierte sowie oft eine steife oder manierierte Sprechweise.

Die übliche **soziale und emotionale Wechselseitigkeit (Reziprozität)** fehlt mehr oder minder. Die betroffenen Menschen wirken oft unnahbar und abweisend. Auf die Kontaktaufnahme durch Dritte reagieren sie oft mit Angst oder Abwehr. Insbesondere auf körperliche Berührung, Streicheln oder lautes Sprechen reagieren sie oft irritiert, abwehrend oder aggressiv. Überhaupt können unerwartete und heftige Reize oder Anforderungen aggressive Reaktionen auslösen. Es steht also keine aggressive Absicht dahinter, sondern die Unfähigkeit, mit der überfordernden Situation umzugehen – um im Bilde zu sprechen: es fliegt die Sicherung raus. Auch der Begriff Wutanfall passt hier nicht, denn hinter Äußerungen der Wut steckt immer ein sehr starkes Gefühl.

Die **expressive Sprache** entwickelt sich verzögert oder bleibt völlig aus. Das Asperger-Syndrom macht eine Ausnahme, bei ihm besteht definitionsgemäß keine Sprachverzögerung. Außerdem fällt es den Betroffenen schwer, eine Konversation zu initiieren oder aufrechtzuerhalten.

43 Zur Erinnerung: Ein Syndrom ist ein Komplex mehr oder minder regelmäßig verbundener oder zusammengehörender Symptome.

Autistische Kinder spielen **phantasiearm**, kaum auf imitierende Weise. An Alltagsgegenständen wie Möbeln, technischen Geräten oder Spielsachen interessieren oft Details wie Schalter, Knöpfe, Oberflächenbeschaffenheit usw. Sie können sich gegebenenfalls stundenlang mit einem Objekt befassen, daran riechen, reiben usw. Wenn sie älter sind und zu lesen vermögen, können Interessen an Telefonbüchern, Fahrplänen usw. hinzukommen. Wenn solche speziellen Interessen gegenüber Dritten, auch Fremden, immer wieder dargelegt werden, kann das durchaus befremdlich und „nervend" wirken. Bekundetes Desinteresse Dritter an den „Spezialinteressen" wirkt indes nicht korrigierend, sondern muss explizit erläutert werden.

Menschen mit ASS haben oft großes Interesse an technischen Geräten, an technischen Abläufen oder physikalischen Aspekten. Bei guten intellektuellen Fähigkeiten finden sie leicht Zugang zu mathematischen oder physikalischen Fragestellungen und anderen abstrakten Themen.

Immer wieder wecken **Hoch- und Spezialbegabte**, „idiot savants" – wie man früher sagte –, das Interesse der Medien. Sie können etwa einmal gesehene Bilder aus dem Kopf fehlerfrei nachzeichnen oder einmal gehörte Musikstücke am Klavier nachspielen. Aber das betrifft nur eine sehr kleine Teilgruppe der Menschen mit ASS. Der größere Anteil ist nämlich intellektuell in unterschiedlichem Maße beeinträchtigt. Allerdings, die Hoch- oder Spezialbegabten unter den Autisten haben durch die mediale Aufmerksamkeit für die Anliegen der Menschen mit autistischen Störungen eine Lanze brechen können.

Menschen mit ASS können sich kaum oder gar nicht in die Gefühls- und Gedankenwelt anderer Menschen einfühlen und hineindenken. Nonverbale Kommunikation in Form von Mimik, Gestik, Lautstärke oder Betonung der Stimme können sie nicht entschlüsseln.

Es gibt jedoch noch viel mehr Besonderheiten als nur die diagnostischen Kernmerkmale. Die betroffenen Menschen haben es schwer, in einer bestimmten Situation als zweckmäßig oder erforderlich Erlerntes generalisierend auf ähnliche Situationen zu übertragen. Sie müssen gewissermaßen jede Situation einzeln zu beherrschen lernen und darin unterstützt werden. Benutzte oder gesehene Gegenstände erinnern sie zumeist sehr konkret und bildhaft. Ihr Denken ist oft stark bildhaft orientiert; viele – aber keineswegs alle – „denken in Bildern" (*Temple Grandin*); sie sind hauptsächlich auf visuelle Kommunikation ausgerichtet.

In komplexen Ereignissen oder Strukturen können Menschen mit ASS kaum das Wesentliche und vor allem die Zusammenhänge erkennen (Defizit der Zentrale Kohärenz). Hingegen haben sie manchmal erstaunliche Fähigkeiten, Details zu identifizieren. Man sieht: So kann etwas, was aus einer bestimmten Perspektive als Schwäche imponiert, aus einer anderen Perspektive eine Stärke darstellen.

Manche Betroffene müssen immer wieder nach Art eines **Rituals** etwa bestimmte Wege gehen, vor dem Hinsetzen einen Tisch mehrmals umkreisen, vor dem Durchschreiten einer Tür gegen den Rahmen klopfen usw. Solche **Stereotypien** sind keine Zwänge im strengen psychopathologischen Sinne (siehe dort). Sie können den Betroffenen helfen, in der für sie zu komplexen und unübersichtlichen Umwelt mit festen Mustern, Abläufen usw. zu reagieren. Entscheidungsnotwendigkeiten entfallen. Es ist demzufolge inadäquat, Stereotypien pauschal als dysfunktional zu bezeichnen. Gerade die Selbstauskünfte Betroffener vermitteln hierzu viel Wissenswertes.

Wie schon erläutert, haben Menschen mit ASS erhebliche Probleme, die komplexen Strukturen ihrer Umwelt zu verstehen. Dies betrifft räumliche und zeitliche Strukturen sowie Abläufe. Sie haben es schwer, am Esstisch zu verstehen, was ihr Bereich, ihr „Revier" ist, was dem Tischnachbarn an Essen zusteht usw. Sie brauchen dafür Erklärung. Es fällt ihnen schwer, eine Tätigkeit zu beginnen oder zu beenden.

Oft sind sie sehr **geräuschempfindlich**. Schon die normale Lautstärke in einer mehrköpfigen Familie oder einer Wohngruppe kann für sie zu viel sein. Zum Selbstschutz ziehen sie sich zurück. Geht das nicht, oder werden sie daran gehindert, reagieren sie mit auffälligen Verhaltensweisen, vor allem, wenn zu viele Eindrücke oder Reize auf sie einstürzen. Kundige Begleiter deuten solche Verhaltensweisen als Ausdruck der Überforderung und gehen damit entsprechend „deeskalierend" um. Unkundige Menschen setzen Menschen mit ASS unter Druck, wollen erzwingen, dass sie sich „normal" verhalten.

Manche haben jedoch Interesse an bestimmten Klängen oder Geräuschen. Auch bestimmte Gerüche oder die Oberflächenbeschaffenheit von Möbeln und anderen Alltagsgegenständen können ihr Interesse auf sich ziehen.

Menschen mit ASS verstehen keine Ironie und keine Witze, auch keine metaphorischen, gleichnishaften Reden oder Bemerkungen wie etwa „Du bringst mich noch auf die Palme!" oder „Du machst nur Spaß!".

Man hat neuropsychologische Erklärungen für das charakteristische Erleben und das Verhalten der Menschen mit ASS gesucht. Neben der erwähnten Beeinträchtigung, sich nicht in andere hineindenken (Defizit der *Theory of mind*) zu können, spielen hier vor allem die exekutiven Dysfunktionen und gestörte zentrale Kohärenz eine Rolle.

Exekutive Dysfunktionen führen dazu, dass komplexe Handlungsschritte nicht sachgerecht geplant und nicht planmäßig ausgeführt werden können. Diese Problematik schlägt sich in unzureichenden Kompetenzen zur Alltagsbewältigung und komplementär dazu in **hohem Assistenzbedarf** nieder. Eine andere neuropsychologische Erklärung betrifft die Störung der zentralen Kohärenz; das meint die Fähigkeit, Wahrnehmungen der Außenwelt in einen sinnstiftenden Gesamtzusammenhang zu bringen. Natürlich gibt es in der Ausprägung der individuellen Beeinträchtigungen eine erhebliche Spielbreite.

Sehr instruktiv sind Berichte von und über Menschen mit ASS. Mittlerweile gibt es viele einschlägige Bücher, Filme, Reportagen. Man lernt nicht nur die Auswirkungen von ASS im Alltag kennen, die Stärken und Schwächen von Menschen mit ASS. Man lernt vor allem, wie unterschiedlich das Bild trotz aller Gemeinsamkeiten ausgeprägt sein kann.

3. Häufigkeit

Die Diagnose von ASS wird immer häufiger gestellt. Ob sich diese kontinuierliche Zunahme der Diagnosen über die letzten Jahrzehnte hinreichend aus der wachsenden Bekanntheit der Diagnose und den verbesserten diagnostischen Prozeduren erklären lässt, ist umstritten. Immer wieder wurden Impfungen, bestimmte Nahrungsbestandteile usw. als Ursachen dieser Steigerung behauptet. Kaum etwas hat wissenschaftlicher Nachprüfung standgehalten; manches ist noch in der ergebnisoffenen Diskussion.

Gegenwärtig wird die Prävalenz (Häufigkeit) der ASS insgesamt mit etwa 62/10 000, des frühkindlichen (Kanner-)Autismus mit 17/10 000 geschätzt (vgl. Amorosa 2017).

Es dominiert das männliche Geschlecht (**Androtropie** oder Knabenwendigkeit). Beim „reinen" Autismus beträgt das Geschlechterverhältnis männlich zu weiblich etwa 4:1. Je ausgeprägter eine gleichzeitige Intelligenzminderung ist, desto mehr nivelliert sich das Geschlechterverhältnis.

4. Ursachen

Die Ursachen der ASS (Ätiologie) sind vielfältig.

Zunächst bedarf es folgender Systematisierung: Alle ASS sind durch den charakteristischen psychopathologischen Merkmalskomplex gekennzeichnet. Sie stellen ein psychopathologisches Syndrom, das autistische Syndrom, dar. Es kann selbstverständlich unterschiedlich stark ausgeprägt sein.

Das autistische Bild kann einerseits ohne Einbettung in umfassendere Störungsbilder, vorliegen – gewissermaßen als „reiner" Autismus. Andererseits kann das autistische Syndrom Bestandteil umfassender Störungsbilder sein. Dabei handelt es sich in der Regel um genetisch bedingte Syndrome oder Krankheitsbilder, z.B. die Tuberöse Sklerose oder das Fragile-X-Syndrom. In solchen Fällen verwendet man manchmal den Begriff **syndromaler Autismus**. Damit soll die Zugehörigkeit zu einem anderen Krankheitsbild oder Syndrom hervorgehoben werden.

Exkurs: Syndrom-Begriff

Hier treffen zwei verschiedene Syndrom-Begriffe aufeinander:

*Zum einen der **klassische medizinische Syndrom-Begriff**, demzufolge bestimmte Symptome charakteristischerweise zu einem bestimmten Syndrom gehören. Die Ursache spielt dabei zunächst keine Rolle (z.B. depressives Syndrom – welcher Ursache auch immer).*

*Zum anderen handelt es sich um einen **Syndrom-Begriff, wie er in der Genetik geläufig** ist. Dort wird nämlich der Syndrom-Begriff selbst dann verwendet, wenn für die charakteristischen Merkmale, also das vielleicht schon lange bekannte Syndrom, mittlerweile eine Ursache identifiziert wurde. Eigentlich handelt es sich im strengen Wortsinn dann nicht mehr um ein Syndrom, sondern wegen der benennbaren Ursache um eine Krankheitsentitität.*

Ein anschauliches Beispiel für den Wandel der Begrifflichkeit ist das Down-Syndrom. Seine Symptome – ein Syndrom im klassischen Sinne – wurden erstmals 1866 von dem britischen Arzt John Langdon Haydon Down (1828-1896) beschrieben. Er nannte das Bild mongoloide Idiotie. Später mied man diese diskriminierende Bezeichnung; doch ihm zu Ehren nannte man das Bild Down-Syndrom. Viele Jahrzehnte nach der Erstbeschreibung durch Down, erst 1959, entdeckte der französische Kinderarzt und Genetiker Jerome Lejeune die Verdreifachung des Chromosoms 21 als

Ursache des Syndroms. Seither spricht man zumeist von der Trisomie 21, aber auch immer noch vom Down-Syndrom, bedauerlicherweise sogar manchmal immer noch von der mongoloiden Idiotie oder vom Mongolismus.

Zu den wichtigsten genetisch bedingten Syndromen, die als Teil ihres Verhaltensphänotyps eine mehr oder minder deutliche autistische Symptomatik zeigen, gehören zum ersten solche, bei denen nur ein Gen verändert ist (monogen bedingte Syndrome) (z.B. Tuberöse Sklerose, Fragiles-X-Syndrom), und zum zweiten solche, bei denen größere Abschnitte der Chromosomen oder mehrere Gene (polygen bedingte Syndrome) beteiligt sind (z.B. Angelman-Syndrom, Smith-Magenis-Syndrom, Mikrodeletion 22q11.2).

Nach den Ursachen der ASS – sofern das vorliegende Bild nicht ohnehin als syndromaler Autismus einem übergeordneten Krankheitsbild mit geklärter genetischer Ursache identifiziert ist – wird intensiv geforscht. Unstrittig spielt eine genetische Disposition hinein. Dafür sprechen familiäre Häufungen. Außerdem finden sich bei Verwandten von Menschen mit ASS oft gehäuft andere psychische Störungen.

Man geht davon aus, dass bei Autismus-Spektrum-Störungen, die nicht als syndromaler Autismus Bestandteil eines bestimmten Krankheitsbildes sind, mehrere Gene verändert sind und zur Manifestation der Symptomatik beitragen (Polygenie). Weil viele der veränderten Gene auch für andere Krankheiten eine Rolle spielen, kann man deren gehäuftes Auftreten damit wahrscheinlich erklären. Andere Faktoren, z.B. das Alter der Eltern, Erkrankungen der Mütter in der Schwangerschaft, kommen als Mitbedingungen in Frage.

Eine ASS wird keinesfalls durch Erziehungsfehler oder unzureichende emotionale Zuwendung der Eltern verursacht. Frühere (spekulative) Behauptungen wie die von den emotional kalten Müttern („Kühlschrankmütter“) als den Schuldigen haben viel Leid über die betroffenen Familien gebracht.

5. Komorbiditäten und Mehrfachbehinderung

▶ *Zum Begriff der Komorbidität siehe oben unter I. 6.*

a. Typische Komorbiditäten/Mehrfachbehinderung

Intelligenzminderung: Unter Menschen mit Intelligenzminderung finden sich ASS deutlich häufiger als im Bevölkerungsdurchschnitt. ASS finden sich umso häufiger neben der Intelligenzminderung, je schwerer diese ist. Teilweise lässt sich das damit erklären, dass viele ASS im Sinne des syndromalen Autismus zu solchen genetisch bedingten Syndromen gehören, zu denen mehr oder minder regelmäßig eine Beeinträchtigung der intellektuellen Funktionen gehört.

Im Gegensatz zur in der Öffentlichkeit weit verbreiteten Vorstellung, Autisten seien immer hochbegabt, ist der Anteil derer, bei denen gleichzeitig eine Intelligenzminderung vorliegt beträchtlich. Die Angaben in der wissenschaftlichen Literatur schwanken zwischen 30 bis 70 %.

Motorische und sensorische Auffälligkeiten: Im motorischen Bereich fallen oft ungeschickte Bewegungsmuster, Koordinationsschwierigkeiten sowie feinmotorische Ungeschicklichkeiten auf. Weitere Bewegungsauffälligkeiten wie wedelnde Handbewegungen, Zehenspitzengang sind nicht selten und manchmal sogar mit einer bestimmten ursächlichen Form (z.B. Fragiles-X-Syndrom) verbunden.

Die besonderen Reaktionsweisen auf Geräusche, Klänge und Gerüche und die Verbindung mit bestimmten Vorlieben wurden schon erwähnt. Eine große Reizempfindlichkeit kann Angst, Selbstverletzung oder Fremdaggressivität auf entsprechende Reize bewirken. Angenehm erlebte sensorische (Selbst-)Stimulationen können zu stereotypem Verhalten führen. Eine genaue Beobachtung der Zusammenhänge ist nötig.

Epilepsien: Epilepsien mit verschiedenen Anfallsformen sind bei ASS häufig. Das unterstreicht die organische Grundlage des Störungsbildes. Eine besondere Rolle spielen Störungsbilder auf genetischer Grundlage, die zu ASS-Symptomatik, Intelligenzminderung und vielfältigen anderen Symptomen führen können (epileptische Enzephalopathien).

Auto- und Fremdaggressivität: Oft wird Menschen mit ASS besondere Fremd- oder Autoaggressivität wie eine Eigenheit der Person zugeschrieben. Dabei sind, wie mehrfach betont, derartige Verhaltensweisen oft Reaktionen auf Überforderungssituationen. Demzufolge kommt es nicht darauf an, diese Verhaltensweisen zu beseitigen, zu unterdrücken usw., sondern darauf, die überfordernden Situationen oder Trigger zu finden und möglichst auszuschalten.

Zwänge und Rituale: Die häufig fälschlicherweise als Zwänge benannten ritualisierten und stereotypen Verhaltensweisen sind in aller Regel keine Symptome einer Zwangsstörungen. Deshalb bezeichnet man sie besser als Stereotypien. Sie erfüllen in vielen Fällen einen Zweck (s.o.); sie haben einen Sinn.

Selbstverständlich kann auch einmal eine echte Zwangssymptomatik vorliegen.

Aufmerksamkeitsdefizit-Hyperaktivitätsstörung (ADHS): Oft finden sich Aufmerksamkeitsdefizite, motorische Unruhe, Impulsivität sowie ein oppositionelles Verhalten, also typische Merkmale einer Aufmerksamkeitsdefizit-Hyperaktivitätsstörung (ADHS). Inwieweit es sich dabei um ein „echtes" ADHS handelt oder um Folgen der veränderten Reizverarbeitung usw., sollte im Einzelfall sorgfältig geprüft werden. Nicht vernachlässigt werden darf der Gesichtspunkt einer verzögerten emotionalen Entwicklung, die gegebenenfalls viele Verhaltensweisen erklären kann.

Angststörungen: Angststörungen werden häufig diagnostiziert. Oft tritt die Angst gegenüber fremden Menschen auf, bei ungewohnten Anforderungen, in unübersichtlichen Situationen, bei ungewohnten Geräuschen usw. Es handelt sich dabei wohl nicht um eine typische Angststörung, eher um den Ausdruck der autistisch modifizierten Reiz- und Erlebnisverarbeitung.

Schlafstörungen: Schlafstörungen sind sehr häufig. Die in schlafphysiologisch bestätigen Auffälligkeiten könnten mit der biologischen Grundlage der ASS zusammenhängen. Manchmal spielt die große Reizoffenheit eine Rolle.

Schlafstörungen können negative Folgen für die Alltagsbewältigung einerseits und die allgemeine Gesundheit andererseits haben. Allerdings leiden viele Menschen mit ASS an

Schlafmangel, der aus zu spätem Zubettgehen resultiert, wenn etwa die Aktivtäten im Internet fesseln und Zeit und Umwelt vergessen lassen. Überdies haben sie in der Regel kein Zeitgefühl.

Essstörungen: Essstörungen sind bei ASS oft zu beobachten. Übermäßiges Essen mit der Folge von Übergewicht usw. kann Ausdruck eines gestörten Sättigungsempfindens sein, zu wenig Essen die Folge unangenehmer Empfindungen bei der Nahrungsaufnahme. Nicht selten wird eine einseitige und ungesunde Auswahl von Nahrungsmitteln oder Getränken praktiziert; hier spielen die Ritualisierungen eine Rolle.

Depressionen: Da vor allem bei Jugendlichen und jungen Erwachsenen Depressionen auftreten, liegt der Zusammenhang mit Krisen der individuellen Entwicklung und den Schwierigkeiten, sich an die sozialen Erwartungen und Gegebenheiten, anzupassen, nahe.

Schizophrenien: Früher, als man die ASS noch nicht kannte, interpretierte man die Auffälligkeiten der betroffenen Kinder als Symptomatik einer kindlichen Schizophrenie. Mittlerweile diskutiert man, mit welcher Häufigkeit sich neben einer ASS eine Schizophrenie mit den typischen Symptomen findet.

Von grundsätzlicher Bedeutung ist, dass die ASS und die Schizophrenien manche neuropsychologischen Auffälligkeiten gemeinsam haben.

b. Therapeutische Aspekte bei Komorbiditäten

Die Therapie der dargestellten und weiterer Komorbiditäten richtet sich nach den fachlich üblichen Vorgehensweisen. Es kommt allerdings darauf an, etwa bei Physikalischer Therapie die verminderte Anpassungsfähigkeit und die erhöhte Irritierbarkeit zu berücksichtigen.

Die Herausforderung liegt eher auf der diagnostischen Ebene. Sieht man aggressive Ausbrüche als Eigenheiten der Person an, gegen die vermeintlich nur Medikamente helfen, oder versteht man sie als Reaktionen auf überfordernde Umweltfaktoren? Im letzteren Falle wird der Schwerpunkt bei der Modifikation derselben liegen.

6. Förderung, Begleitung und Assistenz

ASS kann derzeit und wohl auch nicht in absehbarer Zeit geheilt werden. Weder Psychopharmaka noch bestimmte Diäten oder exotische Therapien können die Kernmerkmale der ASS grundsätzlich beeinflussen. Nur zu gut ist das Bedürfnis mancher Angehöriger zu verstehen, nach jedem Strohhalm therapeutischer Versprechungen zu greifen. Große Enttäuschungen sind vorprogrammiert, auch oft der Verlust von viel Geld.

Hingegen sind Interventionen aus dem Arsenal heilpädagogischer oder verhaltenstherapeutischer Methoden, die auf die Förderung von Kompetenzen und damit auf die Linderung auffälliger Verhaltensweisen zielen, wirksam. Sehr nützlich ist das Training alltagspraktischer Kompetenzen (**Skill-Training**). Es lehrt die Betroffenen, einerseits mit ihren lebenslangen ASS-bedingten Besonderheiten umzugehen, andererseits die lebenspraktischen und sozialen Alltagsanforderungen zu bewältigen. So lassen sich oft erstaunliche Entwicklungen erreichen. Natürlich geht der Autismus nicht „weg“, sondern der Alltag kann Schritt für Schritt besser bewältigt werden; das Zutrauen in die eigenen Fähigkeiten wächst.

Es darf allerdings nicht ausschließlich auf die Förderung der individuellen Kompetenzen der Betroffenen fokussiert werden. Es müssen unbedingt die physische und soziale Umwelt sowie der Umgang mit ihnen beeinflusst oder regelrecht umgestaltet werden. Das beginnt mit der Vermittlung kompetenter Informationen und Instruktionen und mündet in deren praktische Umsetzung.

Menschen mit ASS sind nicht ohne weiteres in Einrichtungen der Behindertenhilfe „einzupassen", das lehrt die Erfahrung. Mitarbeitende, Alltagsassistenzen, Schulbegleiter, Arbeitsassistenten usw. benötigen gutes Wissen über ASS und entsprechende Handlungskompetenzen. Die äußeren Bedingungen müssen adäquat gestaltet werden usw.

Die Erwartungen und Umgangsweisen der Unterstützungspersonen, ob Familie oder professionelle Helfer, sind an die Möglichkeiten und Bedürfnisse der Menschen mit ASS anzupassen. Betroffene und Fachleute benutzen gelegentlich den Begriff der **„autistischen Kultur"**. Er geht von der besonderen Art des Erlebens und Verhaltens autistischer Menschen aus und leitet daraus die Gestaltung ihrer Umwelt in einer ihnen adäquaten Weise ab. Er ist mit der menschenrechtspolitisch begründeten Forderung verbunden, die Umwelt solle diese Art zu leben respektieren und als gegeben hinnehmen, anstatt zu fordern, sich anzupassen, oder gar das „Autistische" wegtherapieren zu lassen.

Unter den **Fördermethoden** – oft missverständlich als „Therapie" bezeichnet – soll als Beispiel das **TEACCH-Konzept®** erwähnt werden. Es wurde in den USA seit den 1960er Jahren entwickelt und wird mittlerweile auch in Deutschland vielfach praktiziert. Es ist wissenschaftlich gut abgesichert. Dem TEACCH®-Konzept liegt die Strukturierung von Zeit, Raum und Alltagsabläufen sowie der umfassende Einsatz von Visualisierungen zugrunde. Dadurch sollen die Betroffenen lernen, zunehmend von personalen Hilfen unabhängig zu agieren, ihr Selbstbewusstsein zu entwickeln usw. Der Planung und Durchführung der immer hoch individualisierten Maßnahmen muss ein sorgfältiges Assessment der Kompetenzen und der Defizite der betreffenden Person vorausgehen. Die individuellen Interessen und Stärken sind Anknüpfungspunkte, um schrittweise Kompetenzen zu erweitern, konkrete Aufgaben zu erfüllen usw. Am TEACCH®-Konzept kann man gut demonstrieren, dass es nicht nur auf die Verbesserung der Kompetenzen des betroffenen Individuums ankommt, vielmehr auch – und oft vorrangig – auf die Umgestaltung der physischen und sozialen Umwelt in einem förderlichen und in einem akzeptierenden Sinne. Eine adäquate Modifikation des Alltages und des Umgangs zugunsten von Vorhersehbarkeit, Strukturierung, Reizabschirmung usw. trägt nämlich maßgeblich bei, problematische Verhaltensweisen zu reduzieren und Entwicklung zu ermöglichen. Die Kombination von gezielter Umweltgestaltung einerseits, andererseits Förderung individueller Kompetenzen wird auch als **Zwei-Wege-Zugang** beschrieben. Er entspricht dem modernen integrativen biopsychosozialen Behinderungs-Modell der ICF, demzufolge die Wechselwirkung der individuellen Beeinträchtigungen mit den Umweltfaktoren wesentlich ist.

7. Aspekte der gesetzlichen Betreuung

Die Aufgaben des gesetzlichen Betreuers entsprechen – in Abhängigkeit von der Ausprägung der Symptomatik – weitestgehend denjenigen bei Menschen mit Intelligenzminderung. Deshalb sei auf diese verwiesen (siehe oben unter I. 8.).

▶ *Zu Einzelheiten der maßgeblichen Aspekte des Betreuungsrechts sowie der Unterbringung und Zwangsbehandlung siehe Teil 1 und Teil 2 dieses Werks.*

III. Organisch bedingte psychische Störungen, Psychosyndrome

1. Allgemeines

Jede psychische Störung vollzieht sich im Gehirn, selbst wenn die Ursache von außen auf die Psyche einwirkt (z.B. Psychotrauma). Bei fast bei jeder psychischen Störung finden ausgefeilte wissenschaftliche Untersuchungen bestimmte funktionelle oder strukturelle Veränderungen im Gehirn. Das heißt aber nicht, dass das die Ursachen sind, sondern zunächst nur die Korrelate.

Bei der Gruppe der organisch bedingten (ICD-10: F0) oder körperlich begründbaren psychischen Störungen erklären konkret fassbare körperliche Ursachen die Entstehung und den Verlauf der Störung.

Beispiel

Der Verlust kognitiver Fähigkeiten und Gedächtnisfunktionen – die Demenz – resultiert bei einer Alzheimer-Erkrankung aus pathologischen Stoffwechselvorgängen im Gehirn, die schrittweise erst zum Funktionsverlust und dann zum Abbau des Hirngewebes führen. Im Computertomogramm (CT) oder im Magnetresonanztomogramm (MRT) zeigt sich der Verlust von Hirnsubstanz als Hirnatrophie.

Die organisch bedingten psychischen Störungen lassen sich aufteilen in diejenigen

- bei denen sich die pathologischen Grundprozesse primär im Gehirn (zerebrale Erkrankung) vollziehen (Beispiel: Demenz bei Alzheimer-Krankheit), und
- bei denen die zugrundeliegenden pathologischen Prozesse außerhalb des Gehirns (extrazerebrale Erkrankung) ablaufen und sich erst sekundär am Gehirn auswirken (Beispiel: Depressive Störung auf der Grundlage einer Schilddrüsenunterfunktion).

Gehören die psychischen Symptome zu einer komplexeren Symptomatik einer fassbaren körperlichen Krankheit, bezeichnet man solche Störungsbilder folgerichtig als symptomatische psychische Störung. Man sieht in den die psychopathologischen Phänomenen Symptome einer anderen Krankheit.

Oft werden für organisch bedingte oder symptomatische psychische Störungen noch andere Begriffe verwendet: organische oder hirnorganische Psychosyndrome, psychoorganische Syndrome, exogene Psychosyndrome usw., obwohl sie nicht völlig deckungsgleich sind. Die Erörterung der Details muss hier unterbleiben.

Zerebrale und **extrazerebrale Erkrankungen** können unterschiedliche psychopathologische Symptome und psychopathologische Syndrome bewirken. Ein und dieselbe organische Grunderkrankung kann sich in unterschiedlichen psychopathologischen Bildern äußern. Die psychopathologischen Ausgestaltungen sind also hinsichtlich ihrer Ursachen unspezifisch. Vereinfacht ausgedrückt: Man kann der Symptomatik nicht die Ursache ansehen. Umgekehrt können hinter gleichartigen psychischen Symptomen gänzlich unterschiedliche Ursachen stehen.

Hinweis

Organisch bedingte oder symptomatische psychische Störungen können andere psychische Störungen, z.B. affektive Störungen (ICD-10: F3) oder Schizophrenien (ICD-10: F20), vortäuschen. Deshalb sind bei jeder psychischen Störung – vor allem bei erstmaliger Erkrankung – neben der sorgfältigen Anamneseerhebung stets eine gründliche allgemein-körperliche, neurologische und paraklinische Untersuchungen (apparative und Labordiagnostik) notwendig (siehe Kapitel A. IV. Psychiatrische Diagnostik), um organische Ursachen auszuschließen.

Weil die psychische Symptomatik im Hinblick auf die Ätiologie unspezifisch ist, ist die Behandlung gleichartiger psychopathologischer Zustandsbilder unterschiedlich. Möglichst richtet sie sich als **kausale Behandlung** auf die Beeinflussung der körperlichen Ursache (z.B. Behandlung einer hormonellen Funktionsstörung). Ist sie nicht möglich oder reicht sie nicht aus, um die die psychischen Symptome zu lindern, wird eine **symptomatische Behandlung** (z.B. Antipsychotika zur Linderung psychotischer Symptomatik auf der Grundlage einer Virusenzephalitis) durchgeführt.

Die Frage der sinnvollen Gliederung der Gruppe der organisch bedingten psychischen Störungen ist nicht einfach zu beantworten. Die häufig gebrauchten Einteilungen akute vs. chronisch oder reversibel vs. irreversibel sind nicht überzeugend, weil, wenn auch nur sehr selten, als chronisch betrachtete Zustandsbilder unter Behandlung durchaus gebessert werden können. Manche Autoren lösen dieses Dilemma durch Untergliederung in organische Psychosyndrome ersten Ranges und zweiten Ranges. Bei den organischen Syndromen ersten Ranges handelt es sich um psychopathologische Syndrome, bei denen man erfahrungsgemäß bzw. wegen des Auftretens bestimmter Symptome – vor allem Bewusstseinsstörungen – in erster Linie an eine organische Verursachung denkt.

Die ICD-10 gliedert die Organische, einschließlich symptomatischer psychischer Störungen folgendermaßen:

F00	Demenz bei Alzheimer'scher Erkrankung
F01	Vaskuläre Demenz
F02	Demenz bei andernorts klassifizierten Erkrankungen
F03	Nicht näher bezeichnete Demenz

F04	Organisches amnestisches Syndrom, nicht durch Alkohol oder psychotrope Substanzen bedingt
F05	Delir, nicht durch Alkohol oder psychotrope Substanzen bedingt
F06	Andere psychische Störungen aufgrund einer Schädigung oder Funktionsstörung des Gehirns oder einer körperlichen Erkrankung des Gehirns
F07	Persönlichkeits- und Verhaltensstörungen aufgrund einer Erkrankung, Schädigung oder Funktionsstörung des Gehirns
F09	Nicht näher bezeichnete organische oder symptomatische psychische Störungen

Die ICD-11 bezeichnet die hier dargestellten Störungen als **neurokognitive Störungen** und ordnet sie anders:

- 6D70 Delir
- 6D71 Leichtgradige neurokognitive Störung
- 6D72 Amnestische Störung
- Demenz
- 6E67 Sekundäres neurokognitives Syndrom
- 6EOY Sonstige näher bezeichnete neurokognitive Störungen
- 6E0Z Neurokognitive Störungen, nicht näher bezeichnet

Die folgenden Darstellungen richten sich nach didaktischen Gesichtspunkten.

2. Demenzen, dementielle Syndrome

Zu einer Demenz (ICD-10: F00-03) oder einem dementiellen Syndrom, gehören drei zentrale Merkmale:

- Beeinträchtigung der Gedächtnisfunktionen,
- Beeinträchtigung der kognitiven Funktionen (Urteilsvermögen, Denken, usw.) sowie
- damit verbundene Beeinträchtigungen der Aktivitäten des täglichen Lebens.

Die **Kernsymptomatik** besteht in Beeinträchtigungen von Gedächtnis- und kognitiven Funktionen. Beeinträchtigte Alltagskompetenzen sind Folgen der Kernsymptomatik. In der ICD-10 heißt es: „Die wesentliche Voraussetzung [der Diagnose Demenz. M. S.] ist der Nachweis einer Abnahme des Gedächtnisses und des Denkvermögens mit beträchtlicher Beeinträchtigung der Aktivitäten des täglichen Lebens."[44]

Die erwähnten Beeinträchtigungen zeigen sich als deutliche Abnahme eines vorher vorhandenen Leistungsniveaus in den erwähnten mentalen Funktionen. Denkfähigkeit, Urteilsfähigkeit, logisches Schlussfolgern, Rechnen, Auffassung, Konzentration usw. sind be-

44 Dilling et al. 1994, S. 55.

einträchtigt. Natürlich kann auch eine Person mit seit der Kindheit vermindertem intellektuellen Niveau zusätzlich eine Demenz bekommen (siehe oben I., Seite 289).

Sind die Symptome der Demenz nicht vollständig oder (noch) nicht deutlich genug ausgeprägt, um die Diagnose Demenz zu rechtfertigen, kommt als Differentialdiagnose die leichte kognitive Störung (ICD-10: F06.7) in Frage.

Leichtere Gedächtnisstörungen zeigen sich in verminderter Merkfähigkeit für Neues, für kurz zuvor Besprochenes, Verabredetes oder Erlebtes. Bei schwereren Gedächtnisstörungen leiden Langzeit- oder Altgedächtnis. Frühere Ereignisse werden zeitlich falsch eingeordnet (sog. Zeitgitterstörung, Ekmesie) oder sind vergessen. Selbst wichtige biographische Daten (z.B. Schulzeit, Hochzeitstag, Name der Kinder, der Ehefrau usw.) können betroffen sein. Wenn nichts mehr gemerkt und erinnert wird, folgen Orientierungsstörungen zu Zeit, Ort, Situation und zur eigenen Person. Bei Orientierungsstörungen, namentlich zu Ort und Situation, kann es passieren, dass die betroffene Person wegläuft, weil sie sich nicht zurückfindet, oder in gefährliche Situationen gerät.

Auffälligkeiten der Auffassung, des Denk- und Urteilsvermögens treten auf. Die mittlerweile eingetretene Fahruntüchtigkeit, die Dritten sofort auffällt, wird selbst nicht wahrgenommen. Die Fähigkeit zur Handlungsplanung und zur Umsetzung geplanter Handlungen ist herabgesetzt (exekutive Dysfunktionen). Weitschweifiges, umständliches, haftendes Denken treten in den Vordergrund. Bestimmte Themen und Fragen kehren in unangemessener Häufung immer wieder. Immer die gleichen Fragen, Gedanken oder Sorgen werden geäußert (Perseveration). Gesprächsthemen werden starr festgehalten, auf unerwartete Aufforderungen wird nicht adäquat reagiert (Erschwerung der Umstellungsfähigkeit).

Mit der Zeit – vor allem unter Stress – geht der Überblick über eigene Angelegenheiten verloren, ebenso die Sicherheit im Umgang mit Geld usw. Es besteht die Gefahr, auf Betrüger hereinzufallen („Enkeltrick"). In fortgeschrittenen Fällen ist die Geschäftsfähigkeit vollständig aufgehoben.

Wegen der frustrierenden Selbstwahrnehmung, die Kompetenzen für alltägliche Aufgaben verloren zu haben, aber auch wegen der Schädigung von Hirnregionen, die an der Verhaltenssteuerung beteiligt sind, kommt es zu Verhaltensproblemen (z.B. Fremd- oder Selbstaggressivität).

Im Einzelfall hängt die dementielle Symptomatik vom **Schweregrad des Krankheitsprozesses** ab, aber auch davon, in welchem Ausmaß bestimmte Hirnregionen besonders betroffen sind. Bei Zerstörung bestimmter Hirnrindenareale können prägnante neuropsychologische Ausfallssyndrome (Ausfälle höherer Hirnrindenfunktionen) hinzutreten: aphasische Syndrome (Störung der rezeptiven und expressiven Sprache), apraktische Syndrome (Störung der richtigen oder vollständigen Ausführung von Handlungen oder Handhabung von Gegenständen) und agnostische Syndrome (Störung der Fähigkeit, trotz intakter Sinnesfunktionen Gegenstände richtig zu erkennen). Eine derartige neuropsychologische Symptomatik lässt die Demenz manchmal schwerer erscheinen als sie tatsächlich ist. Das führt manchmal zu Nachlässigkeiten im Hinblick auf den Umgang mit der betroffenen Person und auch der Vernachlässigung konsequenter Behandlung und Rehabilitation.

Je nach Ort der Schädigung im Gehirn können noch weitere neurologische Symptome hinzutreten: epileptische Anfälle, Halbseitenlähmung usw. Eine Bewusstseinstrübung gehört nicht zur Demenz, kann aber natürlich zusätzlich zur Demenz auftreten.

Eine andere Begleiterscheinung der Demenz sind die affektiven Symptome (hauptsächlich depressive, euphorische und dysphorische Stimmung, Affektverarmung), Antriebslosigkeit, gestörte Impulskontrolle, Störungen des Schlaf- Wach-Rhythmus usw.

Eine wichtige Differentialdiagnose der Demenz sind affektive Störungen, zumeist in Form depressiver Verstimmungen. Für depressive Verstimmungen mit kognitiven Beeinträchtigungen, die an eine Demenz denken lassen, wurde der Begriff der Pseudodemenz eingeführt. Entwickeln sich Demenzen auf dem Boden einer fortschreitenden Hirnerkrankung, treten oft vor den charakteristischen kognitiven und mnestischen Symptomen uncharakteristische Symptome (z.B. affektive Veränderungen, Antriebsminderung) als Vorboten auf.

Demenzen können in Abhängigkeit von ihrer Ursache über längere Zeit ohne wesentliche Veränderungen bestehen; sie sind chronisch, oder sie verlaufen progredient. Demenzen sind zumeist irreversibel, aber es gibt – leider sehr selten – reversible Demenzen, die sich bessern oder gänzlich verschwinden, wenn ihre behandelbare Ursache rechtzeitig vor dem Eintreten bleibender Hirnschäden erfolgreich behandelt wird. Hierher gehören u.a. die Demenz bei Schilddrüsenunterfunktion (Hypothyreose), bei Normaldruckhydrozephalus oder bei chronischem Subduralhämatom, bei schweren Herz-Kreislauf-Erkrankungen. Demenzen könne sogar als Arzneimittel-Nebenwirkung auftreten.

Für die **Prognose** entscheidend sind vielmehr die zugrundeliegenden Ursachen, die Dynamik der Veränderungen im Gehirn und die kausalen Behandlungsmöglichkeiten.

Die **Diagnostik** der Demenz besteht in einer sorgfältigen Erhebung der psychischen Symptome, der umfassenden Klärung der Ursachen. Die Schilderungen von Beschwerden und bisherigem bisherigen Verlauf durch die betroffene Person sollten durch Angaben nahestehender Dritter ergänzt und objektiviert werden.

Die allgemein-körperliche und die neurologische Untersuchung sowie die paraklinischen Untersuchungen – Bildgebung, Elektrophysiologie, Liquor- und Blutuntersuchungen – zielen vor allem auf die Klärung der Ursachen. Der in der Bildgebung darstellbare Schwund der Hirnsubstanz (**Hirnatrophie**) sowie die Vergrößerung der inneren und äußeren liquorführenden Räume (Hydrocephalus internus und Hydrocephalus externus) sind typisch für Demenzen. Manchmal ist die die Demenz sehr deutlich ausgeprägt, aber die Hirnatrophie in der Bildgebung hält sich in Grenzen. Umgekehrt kann die Hirnatrophie sehr ausgeprägt sein, während die Demenz nur leicht ausgeprägt ist.

Die ICD-10 verlangt für eine sichere Demenz-Diagnose, dass die Symptomatik wenigstens sechs Monate lang besteht, denn auch vorübergehende Zustandsbilder können im Erscheinungsbild einer Demenz ähneln.

Die ICD-11 verlangt für die Diagnose Demenz eine ausgeprägte Beeinträchtigung von zwei oder mehr kognitiven Bereichen gegenüber dem, was angesichts des Alters der Person und ihres allgemeinen kognitiven Funktionsniveaus zu erwarten ist, also einen Rückgang gegenüber dem früheren Funktionsniveau der Person darstellt. Im Übrigen stimmen die Beschreibungen mit den vorausgegangenen Ausführungen überein.

Die meisten Demenzen beruhen auf einer fortschreitenden zerebralen oder extrazerebralen Erkrankung. Die Hauptrolle spielen heutzutage wegen der zunehmenden Lebenserwartung die neurodegenerativen Erkrankungen des höheren Lebensalters (vor allem die Alzheimer-Erkrankung) und die altersbedingte vaskulären (Gefäß-)Erkrankungen (z.B. arterielle Zerebralsklerose) des Gehirns. Fortschreitende Funktionsstörungen und Strukturveränderungen (Hirnatrophien) bewirken, dass die Demenz fortschreitet. Dadurch hat sich die irrige Annahme verbreitet, alle Demenzen würden mit der Zeit immer schwerer. Verursacht etwa ein Herzstillstand eine diffuse Hirnschädigung, entsteht – zumeist nach einem anfänglichen Koma – schlagartig ein psychopathologisches Bild, das den Kriterien der Demenz entspricht.

Bei ein und demselben Patienten können mehrere Demenzformen nebeneinander bestehen. Eine Alzheimer-Demenz kann neben einer vaskulären Demenz vorliegen.

Neben den altersbedingten neurodegenerativen und vaskulären Demenzursachen sind weitere ZNS-Erkrankungen (z.B. Parkinson-Krankheit), ZNS-Verletzungen (Schädel-Hirn-Traumata), ZNS-Entzündungen (z.B. Meningoenzephalitis) oder Intoxikationen (z.B. Quecksilber), Stoffwechselkrankheiten (z.B. Hypothyreose) mögliche Ursachen für Demenzen.

Alkohol und andere psychotrope Substanzen (Medikamente, illegale Drogen usw.) gehören von der Sache her ebenfalls in den Kreis dieser Demenzursachen. In der ICD-10 werden diese Störungen unter der Überschrift Psychische und Verhaltensstörungen durch psychotrope Substanzen (ICD-10: F1) klassifiziert. Im Rahmen dieser Darstellung werden sie im Kontext der Substanzgebundenen psychischen Störungen erörtert (siehe dazu unten IV.).

In den folgenden Abschnitten werden die wichtigsten Demenzen genauer dargelegt. Dabei sind einige Besonderheiten erwähnenswert.

a. Neurodegenerativ bedingte Demenzen

aa. Demenz bei Alzheimer-Krankheit

Bei der **Demenz bei Alzheimer-Krankheit** (ICD-10: F00) handelt es sich um eine Demenz, die schleichend beginnt und vergleichsweise gleichförmig fortschreitet. Ihre Ursache liegt in der Alzheimer-Krankheit, einer primär neurodegenerativen Hirnerkrankung.

Von den geschätzten 1,7 Millionen Demenzkranken in Deutschland leidet die Mehrzahl an einer Alzheimer-Demenz. Meistens zwischen dem 7. und dem 9. Lebensjahrzehnt tritt diese Demenzform in Erscheinung. Je älter die Menschen werden, desto wahrscheinlicher werden sie von einer Alzheimer-Demenz betroffen. Man kann eine Demenz bei Alzheimer-Erkrankung mit spätem Beginn (nach dem 65. Lebensjahr) und mit frühem Beginn (vor dem 65. Lebensjahr) unterscheiden. Der frühe Beginn verweist auf eine deutliche genetische Disposition. Der Verlauf der klinisch manifesten Demenz beträgt unter Umständen mehrere Jahre bis zum Tode. Die zugrundeliegenden neuropathologischen Veränderungen im Gehirn beginnen früher als die erkennbaren Symptome.

Die anfänglichen Symptome sind wenig charakteristisch: Kopfschmerz, Schwindel, Leistungsminderung usw., auch stimmungsabhängige Schwankungen der kognitiven Symptomatik. Die Persönlichkeit, der äußere Habitus und die emotionale Reaktionsfähigkeit bleiben lange erhalten. Charakteristische kognitive und mnestische Beeinträchtigungen folgen: Vergesslichkeit, Wortfindungsstörungen, Irritierbarkeit, Schwierigkeiten beim Rechnen, Lesen und Schreiben. Sprachverständnis und sprachliches Ausdrucksvermögen leiden. Floskeln oder stereotype Lautäußerungen treten in den Vordergrund. Affektive und Verhaltensauffälligkeiten nehmen zu, ebenso Störungen des Schlaf-Wach-Rhythmus. Die lebenspraktische Selbständigkeit geht schrittweise verloren. Es kommt zur umfassenden Hilfs- und Pflegebedürftigkeit. Vor dem Tod treten Apathie, Mutismus, völlige Hilflosigkeit und Bettlägerigkeit ein.

Die Alzheimer-Krankheit ist durch **charakteristische neuropathologische Veränderungen** im Hirngewebe (Amyloidplaques zwischen den Nervenzellen, Neurofibrillen in den Nervenzellen) und neurobiochemische Störungen gekennzeichnet. Die Atrophie der Hirnrinde betrifft vor allem den Stirnlappen (Frontallappen), den Schläfenlappen (Temporallappen) und den Scheitellappen (Parietallappen) des Gehirns. Neben den schon erwähnten diagnostischen Maßnahmen sind neue Entwicklungen bedeutsam: Mittlerweile macht die Liquordiagnostik (Lumbalpunktion), die schon früh charakteristische Veränderungen (Tau-Protein usw.) zeigt, in der Alzheimer-Diagnostik große Fortschritte. Sie kann überdies entzündliche Ursachen ausschließen.

Die **Behandlung mit medikamentösen und nichtmedikamentösen Komponenten** kann zwar die zugrundeliegende degenerative Krankheit nicht heilen, doch das Fortschreiten der Symptomatik eine Zeitlang hemmen. Zur Behandlung leichtgradiger und mittelschwerer Alzheimer-Demenz sind Cholinesterasehemmer als *Antidementiva* zugelassen. Zumeist vorübergehende Nebenwirkungen dieser Arzneimittel sind Appetitlosigkeit, Übelkeit, Erbrechen, Schwindel, Durchfall und Kopfschmerzen. Für die Behandlung der mittelschweren bis schweren Alzheimer-Demenz ist Memantin zugelassen; seine Nebenwirkungen sind Schwindel, Kopfschmerz, Müdigkeit, Verstopfung, erhöhter Blutdruck und Schläfrigkeit.

Das Fortschreiten der psychischen Symptomatik für ein bis zwei Jahre aufzuhalten, kann sich lohnen. Gewonnene Lebensmonate mit leidlicher Lebensqualität und Unabhängigkeit sind den Versuch einer Behandlung wert. Ein Therapieversuch sollte frühzeitig beginnen. Ab einem bestimmten Zeitpunkt bricht sich die dementielle Symptomatik allerdings ihre Bahn.

Leider wird gelegentlich wird gegenüber dem Anliegen, eine antidementielle Therapie zu erproben, argumentiert, es handele sich doch um hinzunehmende Altersveränderungen. Was würde man von einem Arzt halten, der die Verordnung eines Rollators mit der Begründung verweigert, viele ältere Menschen hätten Probleme beim Gehen, das müsse man hinnehmen?

Affektive Verstimmungen, psychotische Symptome, Verhaltensauffälligkeiten usw. können mit dafür zugelassenen *Psychopharmaka* symptomatisch behandelt werden, sofern ihnen nicht anders begegnet werden kann. Gegen psychotische Symptome – vor allem Wahn und Halluzinationen – empfehlen sich atypische Antipsychotika, hauptsächlich Risperidon. Allerdings reagieren demenzkranke Menschen oft empfindlich auf Arzneimittel, zumal oft Wechselwirkungen mit den anderen verordneten Arzneimitteln auftreten.

Neben den Arzneimitteln kommen **nichtmedikamentöse Behandlungen** in Betracht. Sie sollen kognitive Fähigkeiten fördern, Alltagskompetenzen verbessern, körperliche Fitness und Wohlbefinden fördern. Zudem vermögen sie problematisches Verhalten einzudämmen.

Manche Behandlungsverfahren (Heilmittel) können auf ärztliche Verordnung zulasten der Krankenkassen ambulant in Anspruch genommen werden: Physiotherapie (Krankengymnastik), Ergotherapie und Logopädie.

Im Rahmen stationärer Behandlungen und geriatrischer Rehabilitation kommen Musiktherapie, Bewegungstherapie, Physiotherapie, Erinnerungsarbeit, Gedächtnistraining usw. hinzu. Von großer Bedeutung sind Hilfen zur örtlichen und zeitlichen Orientierung (große Wandkalender, große Uhren usw.).

Hier wie bei allen altersbedingten Demenzformen ist im Hinblick auf weitere körperliche Einschränkungen eine altersgerechte, barrierefreie und orientierungsfördernde Raumgestaltung anzustreben. Sturzquellen sind konsequent zu beseitigen. Helle, blendfreie Raum- und Wegebeleuchtung ist nötig, ebenso Festhaltemöglichkeiten an Handläufen und Haltegriffen. Eine bedarfsgerechte und individuell angepasste Hilfsmittelausstattung (Fernbrille, Nahbrille, Hörgerät, Rollator usw.) ist notwendig. Angenehme tagesstrukturierende Aktivitäten in Gemeinschaft (altersgerechte Gymnastikangebote, Singen und Musizieren, kleine Ausflüge usw.) wirken Vereinsamung und Resignation entgegen. Ein individuell angepasster Wechsel zwischen Ruhe und Aktivtäten ist zu beachten. Überforderung ist ebenso zu vermeiden wie Unterforderung.

bb. Lewy-Körper-Demenz

Die **Lewy-Körper-Demenz** beruht auf einer speziellen neurodegenerativen Erkrankung. Die ICD-11 bezeichnet sie als zweithäufigste Demenzform nach der Alzheimer-Demenz. Sie hat enge Beziehungen zur Parkinson-Erkrankung, der sie oft vorausgeht, aber es können sich auch zuerst die motorischen Auffälligkeiten zeigen.

In Hirnrinde, Hirnstamm und anderen Strukturen finden sich charakteristische Einlagerungen in den Nervenzellen; diese Lewy-Körperchen[45] zeigen sich bei Anfärbung in der histologischen Untersuchung.

Die psychische Symptomatik beginnt mit Defiziten der Aufmerksamkeit und der exekutiven Funktionen, manchmal auch mit affektiven Symptomen. Die Gedächtnisleistungen sind noch lange gut erhalten. Es treten komplexe optische Halluzinationen (es werden oft Personen im Raum gesehen) auf. Störungen des REM-Schlafes mit lebhaften, angstvollen Träumen zeigen sich in ungestümen Bewegungen und Schreien. Halluzinationen anderer Sinnesgebiete, depressive Verstimmungen und Wahnsymptome können gleichfalls auftreten. Die kognitive Symptomatik schwankt im Verlauf erheblich. Die Erkrankung verläuft progredient. Die Therapie ist schwierig. Nichtmedikamentöse Behandlung hat den Vorrang. Antidementiva (Cholinesterasehemmer) sollten versucht werden. Hingegen sind Antipsychotika zu vermeiden; sie exazerbieren nicht selten sogar die Symptomatik inklusive

45 Sie wurden von dem deutschen Neurologen *Heinrich Lewy* entdeckt.

vegetativer Dekompensationen. Allenfalls bestimmte atypische Antipsychotika können vorsichtig probiert werden.

cc. Frontotemporale Demenzen

Die eher seltenen **frontotemporalen Demenzen**, heute auch als Demenzen bei frontotemporaler Lobärdegeneration[46] bezeichnet, beruhen auf neurodegenerativen Prozessen, die hauptsächlich Frontal- und Scheitellappen des Gehirns betreffen. Diese Krankheitsbilder wurden früher Pick-Demenz oder Picksche Erkrankung (ICD-10: F02.0) genannt. Die ICD-11 nennt sie 6D83 Frontotemporale Demenz.

Die Störungen beginnen typischerweise schleichend und deutlich früher als die Alzheimer-Demenzen; sie verschlechtern sich kontinuierlich. Es werden verschiedene Syndrome beschrieben, davon einige mit genetisch definierter Grundlage oder familiärer Häufung. Sie umfassen markante Veränderungen der Persönlichkeit und des Verhaltens, begründet im Abbau vor allem frontaler Hirnabschnitte, wo die Impulskontrolle und die ethische Kontrolle des Verhaltens erfolgen.

Störungen der exekutiven Funktion, Beeinträchtigungen des Gefühlsausdrucks, Apathie, Auffälligkeiten im sozialen Kontakt (z.B. Enthemmung, Reizbarkeit, Taktlosigkeit, Aggressivität), situativ unpassende Verhaltensweisen treten auf, dazu sprachliche Auffälligkeiten, motorische Defizite (z.B. progressive supranukleäre Lähmung, kortikobasale Degeneration, Atrophie multipler Systeme oder amyotrophe Lateralsklerose). Gedächtnisfunktionen und psychomotorische Geschwindigkeit bleiben oft lange intakt. Die Belastungen für die Angehörigen sind vor allem wegen der Verhaltensauffälligkeiten hoch. Sie müssen über die Krankheitsmerkmale und deren Hintergründe gut aufgeklärt sein. Sie sind zu motivieren, selbst im näheren sozialen Umfeld die hirnorganischen Gründe der belastenden Verhaltensweisen und die Auslöser derselben zu erläutern, um Konfliktpotentiale zu reduzieren.

Die psychopharmakologische Behandlung der Verhaltensproblemen ist schwierig. Sie ist oft von paradoxen Effekten und Komplikationen geprägt und darum eine Ultima ratio.

b. Vaskulär bedingte Demenzen

Den vaskulären Demenzen oder Demenzen auf vaskulärer Grundlage (ICD-10: F01) liegen Gefäßprozesse zugrunde, die die Hirndurchblutung und damit sekundär die Hirnfunktion beeinträchtigen. Die ICD-11 nennt sie 6D81 Demenz durch zerebrovaskuläre Krankheit. Sie sind deutlich seltener als die Alzheimer-Demenzen.

Der Verlauf kann plötzlich oder schleichend einsetzen. Ein ungleichmäßiger Verlauf im Sinne einer stufenweisen Verschlechterung und frühe neurologische Zusatzsymptome (z.B. Gangunsicherheit, Halbseitensymptome, Artikulationsstörungen, Spastik) finden sich. Sprache und Gedächtnis, auch Einsichtsfähigkeit und Urteilsvermögen sind oft relativ lange einigermaßen erhalten. Kardiovaskuläre Risikofaktoren (z.B. Bluthochdruck, Diabetes mellitus) oder Ereignisse in der Anamnese (z.B. Herzinfarkt, transitorische ischämische Attacken) weisen auf Gefäßprozesse hin. Die vaskuläre Demenz kann sich einem massiven Ereignis (thrombotischer oder embolischer Gefäßverschluss) anschließen. Wenn die Durch-

46 Die systematische Einordnung dieser Krankheitsbilder ist noch im Fluss.

blutungsstörung einzelne Hirnregionen bevorzugt, erhält das psychopathologische Bild bestimmte Akzentuierungen oder es treten neurologische bzw. neuropsychologische Symptome auf, die die das Schädigungsmuster im Gehirn widerspiegeln. Natürlich können sich Alzheimer-Demenz und vaskuläre Demenz kombinieren.

Auf der Grundlage eines länger bestehenden arteriellen Hypertonus entsteht die **subkortikale vaskuläre Demenz** (Morbus Binswanger). Veränderungen der kleinen Gefäße (Mikroangiopathie) verursachen im Marklager der Großhirnhemisphären Gewebsläsionen. Die Hirnrinde ist wenig beeinträchtigt.

Eine besondere Form innerhalb der vaskulären Demenzen ist die allmählich sich einstellende Multiinfarkt-Demenz. Bei ihr treten infolge wiederholter Gefäßverschlüsse in mehreren Hirnregionen Gewebsdefekte auf. Die kognitiven und mnestischen Symptome beruhen wohl hauptsächlich auf Zerstörungen der Markscheiden.

Die Systematik der vaskulär bedingten Demenzen ist noch nicht abgeschlossen.

Die Behandlung vaskulärer Demenzen richtet sich in erster Linie auf die Ursache, vor allem in der Prävention weiter zunehmender Gefäßveränderungen. Ein arterieller Hochdruck muss gesenkt werden. Die medikamentöse Behandlung, darunter Antidementiva und internistische Medikationen, wird durch diätetische, bewegungstherapeutische Maßnahmen und psychosoziale Interventionen ergänzt. Die übrigen Maßnahmen, die bei der Alzheimer-Demenz besprochen wurden, gehören gleichfalls hierher.

c. Demenzen infolge anderer Ursachen

aa. Demenzen bei Stoffwechsel- und endokrinen Erkrankungen

Metabolische (Stoffwechsel-) und endokrine (hormonelle) Erkrankungen wirken sich auf die Hirnfunktionen aus. Sie ziehen unterschiedliche psychopathologische Symptome nach sich. Manche Stoffwechsel- und hormonelle Störungen neigen zu bestimmten psychopathologischen Symptomen, so z.B. die Schilddrüsenunterfunktion (Hypothyreose) zu depressiven Symptomen, in schweren Fällen zur Demenz, die Schilddrüsenüberfunktion (Hyperthyreose) hingegen zu Unruhe, Nervosität, affektiver Labilität, Reizbarkeit, manchmal zu ängstlichen und depressiven Syndromen.

Eine leider zu wenig beachtete Demenzursache ist der langzeitige Mangel an Vitamin B12 (Cobalamin). Er spielt möglicherweise auch begünstigend in die Entstehung einer Alzheimer-Demenz hinein. Oft werden Antriebsmangel, Schwunglosigkeit, depressive Verstimmungen, Gedächtnisstörungen, Verwirrtheit oder Gangunsicherheit zu spät mit einem Vitamin-B12-Mangel in Verbindung gebracht und deshalb zu spät behandelt.

Vitamin-B12-Mangel entsteht bei unzureichender Zufuhr mit der Nahrung, durch altersbedingte Minderaufnahme im Darm, infolge Darmerkrankungen oder durch Medikamente (z.B. Antidiabetikum Metformin). Bei langjährigem Vitamin-B12-Mangel treten Blutbildveränderungen und auch neurologische Symptome (funikuläre Spinalerkrankung) auf. Doch neurologische und Blutbildveränderungen korrelieren nicht unbedingt miteinander. Rechtzeitige hochdosierte Behandlung mit Vitamin B12 kann helfen.

Die psychischen Folgen metabolischen oder endokrinen Enzephalopathien können vor allem durch eine erfolgreiche Behandlung der Grunderkrankung gelindert werden.

bb. Demenz bei Normaldruckhydrozephalus

Unter der Vielzahl der hinsichtlich der Ursache unterscheidbaren Demenzen sind u.a. die **Demenz bei Normaldruckhydrozephalus** (ICD-10: F02.8; ICD-11: 6D85.6 Demenz durch Normaldruckhydrozephalus) besonders interessant, denn die dementielle Symptomatik kann sich mehr oder minder zurückbilden, wenn die Ursache rechtzeitig erkannt und behandelt wird.

Es liegt eine fortschreitende Hirnatrophie infolge zeitweilig erhöhten Liquordrucks zugrunde. Weil man früher bei kurzzeitigen Messungen des Liquordrucks normale Werte fand, entstand der irreführende Begriff Normaldruckhydrozephalus. Langzeitige Druckmessungen belegen, der Liquordruck ist zeitweilig, vor allem nachts, erhöht. Das führt mit der Zeit zur Hirnatrophie und einer zunehmenden klinischen Symptomatik. Die schwindende Hirnsubstanz wird durch Liquor cerebrospinalis ersetzt. Deshalb sind die liquorführenden Hirnventrikel erweitert (Hydrocephalus internus).

Der idiopathische Normaldruckhydrozephalus tritt um das 60. Lebensjahr herum in Erscheinung. Für die möglichst frühe Diagnose ist die klinische charakteristische Symptomatik in Form der Hakim-Trias[47] wegweisend:

- Fortschreitende Demenz,
- auffällige Gangstörung (verlangsamter, kleinschrittiger, schlurfender Gang, als ob die Füße am Boden festgeklebt wären, „magnetische Füße") und
- Harninkontinenz.

Die Hirnatrophie kann mit bildgebenden Verfahren (CT oder MRT) belegt werden. Weitere Untersuchungen, darunter die Hirndruckmessung, erhärten die Diagnose.

Die neurochirurgische Therapie besteht in der operativen Anlage eines Shunts, der die Druckspitzen des Liquors ableitet. Je früher Diagnose und operative Behandlung erfolgen, desto besser ist der Erfolg im Sinne einer Symptomrückbildung. Zu lange bestehende Veränderungen bilden sich oft nicht mehr zurück.

cc. Demenz bei Parkinson-Krankheit

Bei etwa einem Drittel der Patienten mit Parkinson-Krankheit bildet sich neben den charakteristischen Veränderungen von Haltung und Motorik schleichend eine Demenz (ICD-10: F02.3; ICD-11: 6D85.0 Demenz durch Parkinson-Krankheit) aus. Die Demenz resultiert aus einer Dysbalance zwischen den Neurotransmittern Dopamin und Acetylcholin. In der Folge kommt es zum Untergang entsprechender Nervenzellen. Störungen von Merkfähigkeit und Gedächtnis treten später auf als bei Alzheimer-Demenz. Symptome wie Apathie, Depressionen, Halluzinationen, Verhaltensauffälligkeiten, Schlafstörungen treten auf.

Therapeutisch sind vor allem kognitive und soziale Aktivierung hilfreich. Auf die Zusammenhänge mit der Lewy-Körper-Demenz sei hingewiesen[48].

47 Benannt nach ihrem Erstbeschreiber Salomón Hakim.

48 Die Beschreibung der Demenz bei Parkinson-Krankheit in der ICD-11 nimmt Symptome der Lewy-Körper-Demenz auf.

dd. Demenzen bei anderen Ursachen

Viele Krankheiten mit Hirnbeteiligung, teilweise schon früh im Leben auftretend (z.B. Leukodystrophien), Schädel-Hirn-Traumata (darunter die heute als Chronisch-traumatische Enzephalopathie bezeichnete Boxerdemenz), (chronische) Vergiftungen (z.B. Kohlenmonoxid, Quecksilber), entzündliche ZNS-Erkrankungen (z.B. HIV, Neurolues), Autoimmunerkrankungen des Gehirns (z.B. Multiple Sklerose) oder Hirngefäßentzündungen (z.B. Arteriitis temporalis) können eine Demenz bewirken. Ein Teil dieser Störungsbilder wurde weiter oben erörtert.

d. Aspekte der gesetzlichen Betreuung

Der überwiegend lange Verlauf der Demenzen macht die Übernahme der Vertretung in vielen Angelegenheiten notwendig. Die Wirkungskreise richten sich nach Art und Schwere der Symptomatik und nach dem erforderlichen konkreten Handlungsbedarf. Die Veränderungen über die Zeit erfordern gegebenenfalls Anpassungen in kurzen Zeitabständen. Oft stehen neben dem bedeutsamen Aspekt der Gesundheitssorge die Vermögenssorge, die Regelung administrativer Aspekte, aber oft auch die Aufenthaltsbestimmung – Aufnahme ins Krankenhaus, Einzug in ein Pflegeheim – im Vordergrund. Der rechtliche Betreuer soll dem Willen des Erkrankten Geltung verschaffen.

Oft fehlt es bei kognitiven Beeinträchtigungen an der selbstkritischen Urteilsfähigkeit hinsichtlich der verlorengegangenen Kompetenzen. Eine wiederholte, geduldige Ansprache dieser Aspekte muss so weit wie irgend möglich das Einvernehmen des Patienten anstreben. Es geht um die schwierige Aufgabe der Assistenz zur Entscheidung[49]. Der Grat zwischen Überzeugung und Überredung ist schmal.

Immer häufiger sind im Rahmen von Patientenverfügungen oder Vorsorgevollmachten schon zu gesunden Zeiten Festlegungen für Zukunft getroffen worden. Das ist auf jeden Fall anzustreben.

3. Organisches amnestisches Syndrom

Das **organisch anamnestische Syndrom** (ICD-10: F04), in der ICD-11 als 6D72 Amnestische Störung bezeichnet, ist vor allem durch Veränderungen sowohl des Kurzzeit- als auch des Langzeitgedächtnisses geprägt. Die Probleme bei Aneignung, Erlernen oder Behalten neuer Informationen werden nicht wie beim Delir von Bewusstseinsstörungen begleitet. Informationen können unmittelbar nach der Darbietung wiederholt, aber nicht gespeichert werden. Das bewirkt einerseits Orientierungsstörungen, andererseits eine anterograde Amnesie; bei dieser kann nicht gespeichert werden, was sich ab dem Zeitpunkt ereignet, an dem die Amnesie beginnt; es kann also auch nicht erinnert werden. Lücken des Gedächtnisses können durch Konfabulationen ausgefüllt werden.

Länger zurückliegende Ereignisse werden oft nicht in richtiger zeitlicher Ordnung erinnert.

Rückbildungen sind möglich.

49 Es gibt mittlerweile eine umfangreiche Literatur zur *Unterstützten Entscheidungsfindung*. Der Bedarf danach wächst kontinuierlich, ebenso vielfältige internetbasierte Quellen.

Die Diagnose des organisch bedingten Syndroms ist an den Nachweis einer organischen Grundlage gebunden. Es muss von einer dissoziativen Amnesie, die aus rein psychischer Ursache entsteht, abgegrenzt werden.

Amnestische Syndrome infolge psychotroper Substanzen (Alkohol, illegale Drogen usw.) werden in der ICD-10 unter F1 Psychische und Verhaltensstörungen durch psychotrope Substanzen eingeordnet (siehe dazu unten IV. 1. g.).

Die Behandlung zielt auf die Beeinflussung der Ursache und gegebenenfalls auf die symptomatische Behandlung (z.B. Antipsychotika).

4. Delir, delirantes Syndrom

Das **Delir** oder **delirante Syndrom** (ICD-10: F05), in der ICD-11 ebenfalls als 6D70 Delir bezeichnet, ist erheblich komplexer und schwerwiegender als das amnestische Syndrom. Es zeigt sich durch zusätzliche Bewusstseinsstörungen, Störungen von Aufmerksamkeit, Kognition und Wahrnehmung (optische Illusionen und Halluzinationen). Manchmal werden flüchtige Wahnideen geäußert. Außerdem bestehen ausgeprägte psychomotorische Störungen, motorische Unruhe, deutlicher Rededrang mit Inkohärenz und Störungen des Schlaf-Wach-Rhythmus. Ausgeprägte affektive Symptome (Reizbarkeit, Aggressivität, Angst, Depressivität usw.) bestimmen das Bild. Vor allem kann die Symptomatik rasch schwanken.

Das Delir geht wie alle organischen Psychosyndrome auf viele verschiedene Ursachen zurück: Arzneimittelintoxikationen (auch bei versehentlicher Medikamentenüberdosierung), Hitzschlag, massive Durchblutungsstörungen bei Exsikkose (Hitzezeiten im Sommer!), akute Kreislaufinsuffizienz usw. Delirante Syndrome treten oft nach größeren Operationen auf, besonders bei älteren Menschen. Die deliranten Syndrome bei Alkoholentzug (Entzugsdelir) sind durch optische Trugwahrnehmungen geprägt. Delire infolge psychotroper Substanzen (Alkohol, illegale Drogen usw.) werden sie in der ICD-10 unter F1 Psychische und Verhaltensstörungen durch psychotrope Substanzen eingeordnet (siehe dazu unten IV. 1. g.).

5. Organische Persönlichkeitsstörung, organische Wesensänderung

Die Diagnose **organische Persönlichkeitsstörung** (ICD-10: F07.0), in der ICD-11 als 6E68 Sekundäre Persönlichkeitsänderung[50] bezeichnet, bezieht sich auf eine veränderte Persönlichkeit als Folge von Hirnschädigungen. Diese verändern die Persönlichkeit tiefgreifend im Vergleich zur prämorbiden Persönlichkeit.

Bei den organischen Persönlichkeitsstörungen bestehen Bezüge zum traditionellen Begriff der hirnlokalen Psychosyndrome (siehe im Folgenden unter III. 7.). Verständlicherweise fallen der Umgebung hauptsächlich affektive Veränderungen, Impulskontrollverlust, Verwirklichung von Handlungsimpulsen ohne Rücksicht auf die Konsequenzen oder die Missachtung sozialer Konventionen auf.

---

50 Es wird in der ICD-11 (deutschsprachige Entwurfsfassung) als vollständiger Name ergänzt: „Persönlichkeitsveränderungen aufgrund von Störungen oder Krankheiten, die nicht unter psychische Störungen und Verhaltensstörungen fallen".

Oft bestehen Beeinträchtigungen exekutiver Funktionen, doch deutliche kognitive Beeinträchtigungen gehören nicht zur Kernsymptomatik der organischen Persönlichkeitsstörung. Manchmal spitzen sich nur die bisherigen Züge der Persönlichkeit zu, aus Selbstbewusstsein wird Rechthaberei, aus Sparsamkeit wird Geiz; gelegentlich mildern sie sich auch. Es können jedoch auch persönlichkeitsfremde Züge auftreten. Manchmal bilden sich neue Neigungen, Hobbys usw. aus. Es gibt die eher expansive Ausprägung und die eher stille, apathische Akzentuierung.

In ausgeprägten Fällen kommt es zu übergriffigen oder manifest aggressiven Verhaltensweisen (z.B. Beleidigungen, sexuelle Handlungen, Handgreiflichkeiten) oder zu anderen strafrechtlich relevanten Handlungen (z.B. Diebstähle).

Bei Straftaten muss die Schuldfähigkeit sachverständig beurteilt werden. Dabei kommt es auf die Beurteilung der Einsichtsfähigkeit und vor allem der Steuerungsfähigkeit im konkreten Bezug auf die zur Rede stehende Straftat an. Wichtig für den Alltag ist, die organische Bedingtheit der Verhaltensweisen zu verstehen und nicht mit moralischen Kategorien zu bewerten.

6. Organische emotional labile (asthenische) Störung

Bei der organischen emotional labilen (asthenischen) Störung (ICD-10: F06.6) stehen neben der Affektlabilität oder Affektinkontinenz eine ausgeprägte Ermüdbarkeit (Asthenie) im Vordergrund. Körperliche Beschwerden treten oft hinzu.

7. Hirnlokale Psychosyndrome

Der traditionelle Begriff der **hirnlokalen Psychosyndrome** ist kaum noch in Gebrauch. Er sollte zum Ausdruck bringen, dass lokale Schädigungen bestimmter Hirnregionen markante, abgrenzbare psychopathologische Syndrome nach sich ziehen.

Das Frontalhirnsyndrom und andere hirnlokale Psychosyndrome sind heute in den organischen Persönlichkeitsstörungen (ICD-10: F07) aufgegangen. Das berücksichtigt u.a., dass manche kognitiven, affektiven oder Verhaltensauffälligkeiten nicht exklusiv für die erwähnten Lokalisationen sind.

Das praktisch bedeutsamste hirnlokale Psychosyndrom ist das **Frontalhirnsyndrom**. Ihm liegt eine Schädigung des Stirnhirns (Frontalhirns) zugrunde. Deshalb zeigt sich die psychopathologische Symptomatik in beeinträchtigten exekutiven Funktionen, Antriebsminderung und Apathie oder im Gegenteil in Antriebssteigerung, Enthemmung und Impulskontrollstörungen. Diese Verschiedenheit beruht auf der genaueren Lokalisation der Schädigung innerhalb des Frontallappens. Zumeist liegen mechanisch-traumatische Einwirkungen (z.B. Schädelhirntrauma), massive Einblutungen (hämorrhagischer Insult), Hirntumore usw. zugrunde.

8. Andere organisch bedingte psychische Störungen

Auf organischen Ursachen beruhen weitere organisch bedingte Störungen. In der ICD-10 werden sie unter der Überschrift F06 andere psychischen Störungen aufgrund einer Schädigung oder Funktionsstörungen des Gehirns oder einer körperlichen Erkrankung aufgeführt. Die ICD-11 nennt solche Störungsbilder Sekundäre psychische Syndrome oder Verhaltenssyndrome bei anderenorts klassifizierten Störungen oder Erkrankungen.

Die hierhergehörenden Störungen stellen eine wichtige differentialdiagnostische Herausforderung mit diagnostischen Konsequenzen dar. Ihre psychischen Symptome ähneln denjenigen anderer psychischer Störungen so stark, dass bei unzureichender somatischer Diagnostik die Gefahr einer Fehldiagnose besteht. So kann etwa eine organische depressive Störung (ICD-10: F06.32) auf der Grundlage einer Schilddrüsenunterfunktion fälschlicherweise als depressive Episode im Rahmen einer affektiven Störung (ICD-10: F32) eingeordnet werden. Die Behandlung geht folglich in die falsche Richtung, indem allein auf Antidepressiva und/oder Psychotherapie gesetzt wird.

Die Anamnese, der Verlauf, vor allem jedoch die sorgfältigen somatischen Untersuchungen (inklusive Labor, Bildgebung usw.) sollten in aller Regel rasch Auskunft über das organische Wesen der Störungsbilder geben.

Die **organische Halluzinose** (ICD-10: F06.0; ICD-11: 6E61 Sekundäres psychotisches Syndrom[51]) ist durch optische, akustische oder andere Trugwahrnehmungen (Halluzinationen, Illusionen) gekennzeichnet. Bei der **organischen katatonen Störung** (ICD-10: F06.1, ICD-11: 6E69 Sekundäres katatonisches Syndrom) stehen Auffälligkeiten der Psychomotorik, bei der **organischen wahnhaften** oder **organischen schizophreniformen Störung** (ICD-10: F06.2; ICD-11: Sekundäres psychotisches Syndrom) Wahnsymptome im Vordergrund. Die **organische affektive Störung** (ICD-10: F06.3; ICD-11: 6E62 Sekundäres affektives Syndrom) ist bestimmt durch depressive oder manische Symptome im Bereich von Stimmung und Antrieb, die **organische Zwangsstörung** (ICD-10: F06.8; ICD-11: 6E64 Sekundäres Zwangssyndrom oder verwandte Syndrome), auftretend u.a. bei Tourette-Syndrom, Parkinson-Krankheit, Chorea Huntington, ist durch Zwangssymptome (Zwangsgedanken, Zwangshandlungen), die **organische Angststörung** (ICD-10: F06.4; ICD-11: 6E63 Sekundäres Angstsyndrom) durch eine Angstsymptomatik. Die **organische dissoziative Störung** (ICD-10: F06.5; ICD-11: 6E65 Sekundäres dissoziatives Syndrom) zeigt sich in Verhaltensweisen, die „hysterisch" anmuten. Es können spezielle dissoziative Verhaltensweisen, (z.B. dissoziative epileptische Anfälle, Weglaufhandlungen, Lähmungen) auftreten.

Die beschriebenen Bilder können gemeinsam, als Mischbilder, auftreten oder sich im Verlauf abwechseln. Manchmal werden die erwähnten Bilder auch als symptomatische Psychosen bezeichnet.

51 Die diagnostische Kategorie 6E61 Sekundäres psychotisches Syndrom umfasst weiter differenzierte Unterformen.

9. Leichte kognitive Störung

Wenn die Merkmale der Demenz nicht vollständig oder nur gering ausgeprägt sind, liegt eine **leichte kognitive Störung** (ICD-10: F06.7; 6D71 Leichtgradige neurokognitive Störung) vor. Im Mittelpunkt stehen hauptsächlich subjektive Klagen über Konzentrationsprobleme, Vergesslichkeit, Gedächtnisprobleme und Lernschwierigkeiten. Oft entsprechen objektive Testergebnisse nicht den geschilderten subjektiven Beschwerden. Die Alltagsbewältigung ist nicht oder nur wenig beeinträchtigt. Dieses Bild kann, solange die Grunderkrankung nicht fortschreitet, durchaus langfristig bestehen. Bei progredienter Ursache wird die leichte kognitive Störung schließlich in eine Demenz übergehen.

Die leichte kognitive Störung muss vom normalen mentalen Alterungsprozess, speziell in Gestalt der nichtpathologischen Altersvergesslichkeit, abgegrenzt werden. Deren Abgrenzung zu krankhaften dementiellen Zuständen kann getroffen werden, indem man das Tempo der mnestischen Veränderungen beobachtet. Gedächtnisfunktionen im Rahmen eines Demenzprozesses nehmen innerhalb überschaubarer Zeiträume rascher ab als bei „normaler" Alterung. Die „normale" Altersvergesslichkeit schreitet deutlich weniger rasch fort. Darüber hinaus ist bei der normalen, nichtpathologischen Alterung meist ausschließlich das Gedächtnis betroffen. Alltagspraktische Fähigkeiten, das Sprachvermögen und andere mentale Funktionen leiden nicht oder kaum.

10. Aspekte der gesetzlichen Betreuung

Bei den Störungsbildern, die unter den Abschnitten 3. bis 9. dargestellt wurden, handelt es sich um verschiedenartige Symptomkonstellationen. Oft sind es zeitweilige Zustände. Je nach den Beeinträchtigungen kognitiver und mnestischer Art und deren Folgen für die Bewältigung des Alltages kommen verschiedene Wirkungskreise der gesetzlichen Betreuung in Betracht, wohl vor allem Gesundheitssorge, Vermögenssorge und die Regelung administrativer Angelegenheiten. Zu letzteren zählen auch nicht selten langwierige und aufwändige Auseinandersetzungen mit Leistungsträgern sozialer Leistungen.

IV. Psychische Störungen infolge psychotroper Substanzen

Im Folgenden werden zuerst einige grundlegende Begriffe und allgemeine Aspekte von Störungen durch psychotrope Substanzen dargestellt. Danach folgt wegen ihrer Bedeutung eine ausführlichere Darstellung der alkoholbedingten Störungsbilder und schließlich eine Darstellung ausgewählter Störungen infolge anderer psychotroper Substanzen.[52]

52 Zur Vertiefung einzelner Aspekte sind die sehr instruktiven, regelmäßig aktualisierten Publikationen der Deutschen Hauptstelle für Suchtfragen e. V. (www.dhs.de, Abruf: 20.7.2023) zu empfehlen. Sie liegen sowohl gedruckt als auch als downloadfähige PDF-Dokumente vor.

1. Grundlegende Begriffe und allgemeine Aspekte

a. Psychotrope Substanzen

Substanzen mit Wirkung auf psychische Funktionen nennt man **psychotrope Substanzen**. Der psychotrope Effekt kann zur Herbeiführung von veränderten Sinneseindrücken, von heiter-entspannter Stimmung oder zur Unterdrückung von Angst und Unlustgefühlen (z.B. Alkoholgenuss, Drogenkonsum) oder zu therapeutischen Zwecken (z.B. Psychopharmaka) angestrebt sein. Ein psychotroper Effekt kann jedoch auch als unerwünschte Nebenwirkung einer medikamentösen Behandlung auftreten (z.B. Müdigkeit, depressive Verstimmung oder psychotische Symptome bei Behandlung mit Antiepileptika).

Zu den psychotropen Substanzen zählt man für gewöhnlich *nicht* die Antipsychotika oder Antidepressiva. Vielmehr sind vor allem folgende Substanzen gemeint:

- Alkohol
- Rauschgifte (illegale Drogen)
- Sedativa, Anxiolytika und Hypnotika

Die psychischen und Verhaltensstörungen infolge psychotroper Substanzen (ICD-10: F10-F19) sind in der ICD-10 in folgenden Kategorien dargestellt:

ICD-10: F1x.0	Akute Intoxikation
ICD-10: F1x.1	Schädlicher Gebrauch
ICD-10: F1x.2	Abhängigkeitssyndrom
ICD-10: F1x.3	Entzugssyndrom
ICD-10: F1x.4	Entzugssyndrom mit Delir
ICD-10: F1x.5	Psychotische Störung
ICD-10: F1x.6	Durch Alkohol oder psychotrope Substanzen bedingtes amnestisches Syndrom
ICD-10: F1x.7	Durch Alkohol oder psychotrope Substanzen bedingter Restzustand und verzögert auftretende psychotische Störung
ICD-10: F1x.8	Andere durch Alkohol oder psychotrope Substanzen bedingte psychische oder Verhaltensstörung

Anmerkung: das x an zweiter Stelle nach dem F wird im konkreten Fall durch die entsprechende Substanz ersetzt: 0 bei Alkohol, 1 bei Opioiden als Ursache usw. Beispielsweise steht die Codierung F10.4 demzufolge für ein alkoholbedingtes Entzugssyndrom mit Delir.)

Die ICD-11 listet die Störungen durch Substanzgebrauch in folgender Weise auf:

- 6C40: Störungen durch Alkohol
- 6C41: Störungen durch Cannabis
- 6C42: Störungen durch synthetische Cannabinoide

- 6C43: Störungen durch Opioide
- 6C44: Störungen durch Sedativa, Hypnotika oder Anxiolytika
- 6C45: Störungen durch Kokain
- 6C46: Störungen durch Stimulanzien, einschließlich Amphetamine, Methamphetamine oder Methcathinone
- 6C47: Störungen durch synthetische Cathinone
- 6C48: Störungen durch Koffein
- 6C49: Störungen durch Halluzinogene
- 6C4A: Störungen durch Nikotin
- 6C4B: Störungen durch volatile Inhalanzien
- 6C4C: Störungen durch MDMA[53] oder verwandte Drogen, einschließlich MDA[54]
- 6C4D: Störungen durch Dissoziativa, einschließlich Ketamin oder Phencyclidin
- 6C4E: Störungen durch sonstige näher bezeichnete psychoaktive Substanzen, einschließlich Medikamente
- 6C4F: Störungen durch multiple näher bezeichnete psychoaktive Substanzen, einschließlich Medikamente
- 6C4G: Störungen durch unbekannte oder nicht näher bezeichnete psychoaktive Substanzen
- 6C4H: Störungen durch nichtpsychoaktive Substanzen
- 6A41: Katatonie durch Substanzen oder Medikamente
- 6C4Y: Sonstige näher bezeichnete Störungen durch Substanzgebrauch
- 6C4Z: Störungen durch Substanzgebrauch, nicht näher bezeichnet.

Die gegenüber der ICD-10 viel weiter differenzierte Liste zeigt, welchen Stellenwert die WHO den Störungen durch psychotrope Substanzen widmet.

Die folgenden Darlegungen lehnen sich weitestgehend an die diagnostischen Kategorien der ICD-10 an.

b. Akute Intoxikation

Eine **akute Intoxikation** (ICD-10: F1x.0) ist ein vorübergehendes psychopathologisches Syndrom, das nach übermäßiger Dosis einer psychotropen Substanz auftritt. Es manifestiert sich in Abhängigkeit von Dosis und individueller Disposition in Bewusstseinsstörungen, auffälligen Verhaltens- oder Reaktionsweisen sowie unter Umständen in neurologischen oder anderen körperlichen Symptomen (z.B. Koordinationsstörungen, Gangunsi-

53 MDMA (3,4-Methylendioxy-N-methylamphetamin) ist ein synthetisches Amphetaminderivat mit stimulierender und leicht halluzinogener Wirkung. Seit den 1980er Jahren kennt man MDMA unter dem Namen Bezeichnung «Ecstasy» als synthetische Partydroge.

54 MDA (3,4-Methylendioxyamphetamin) ist eine synthetische halluzinogene Droge, die in vielen Ländern verboten ist. MDA gehört zur Gruppe der Amphetamine.

cherheit). Der Alkoholrausch ist ein typisches Beispiel. Im Rausch ist die Fahrtüchtigkeit beeinträchtigt.

Wenn infolge sehr hoher Dosis (z.B. „Komasaufen") oder erhöhter Empfindlichkeit (z.B. Vorschädigung des Organismus) die Intoxikation sehr schwer ist, kann sie mit gegebenenfalls lebensgefährlichen Beeinträchtigungen von Bewusstsein und vegetativen Funktionen (Atmung, Puls, Blutdruck usw.) verbunden sein.

Manchmal zeigt sich das Erscheinungsbild einer Intoxikation anders, als man vom Wirkprofil der Substanz her erwartet. So treten etwa bei älteren Menschen nicht selten enthemmte, agitierte Zustände unter Sedativa auf. Man spricht dann von paradoxen Reaktionen.

Bei vielen Substanzen, beispielsweise bei Alkohol, verändert sich das Bild in Abhängigkeit vom Blutspiegel. Niedrige Blutspiegel gehen mit einer heiteren und enthemmenden Wirkung einher, hohe Blutspiegel führen zu Müdigkeit, Schläfrigkeit, beeinträchtigter Orientierung, Denkfähigkeit usw. Die Wirkung einer Intoxikation klingt mehr oder minder rasch ab. Das hängt unter anderem von den Stoffwechselmerkmalen der Substanz und von der körperlichen Disposition der Person ab.

Die psychotropen Substanzen unterscheiden sich im Hinblick auf ihr Abhängigkeitspotential sowie ihre körperlichen und psychischen Folgeschäden. Zudem sind die individuellen Dispositionen der Konsumenten, namentlich genetische Faktoren, das Alter, aber auch Intensität und Dauer des Substanzkonsums, gegebenenfalls der Gebrauch mehrerer psychotroper Substanzen von Bedeutung.

c. Substanzkonsum, Substanzgebrauch

Die Verwendung oder der Genuss psychotroper Substanzen wird als **Substanzkonsum** oder Substanzgebrauch bezeichnet. Damit ist noch keine Aussage getroffen, ob schädlicher Konsum oder schon Abhängigkeit vorliegt. Wird eine Substanz aus Neugier probiert, spricht man von **Probierkonsum**.

Erfolgt der Gebrauch gelegentlich oder regelmäßig in unschädlicher Menge, trifft darauf der Begriff des unschädlichen Konsums oder unschädlichen Gebrauchs zu.

d. Schädlicher Gebrauch, Missbrauch

Bewirkt der Substanzgebrauch bereits körperliche und/oder psychische Gesundheitsschäden, ohne dass schon eine Abhängigkeit (Abhängigkeitssyndrom) vorliegt, handelt es sich um **schädlichen Gebrauch** (ICD-10: F1x.1) oder **Missbrauch** (Abusus). Die ICD-11 spricht vom Gefährlichen Alkoholgebrauch[55] (ICD-11: QE10).

Negative soziale Folgen wie Beeinträchtigung familiärer oder beruflicher Aufgaben oder die Vernachlässigung bisheriger sozialer Aktivitäten sind häufig.

Ursachen und Bedingungen für schädlichen Gebrauch und später für die Entwicklung einer Abhängigkeit sind vielfältig. Sie reichen von kritiklosem Konsum aus Langeweile über

55 Auf andere Substanzen angewendet, kommen eine begriffliche Modifikation und andere Codierung ins Spiel: QE10 Gefährlicher Alkoholgebrauch, QE11 Gefährlicher Arzneimittel- oder Drogengebrauch usw.

Verführung durch Altersgenossen, Mutproben und Männlichkeitsbeweise usw. bis hin zur Suche nach Entspannung, Angstlinderung oder besonderen Erlebnissen.

Die Frage nach einer besonders disponierenden **Suchtpersönlichkeit** lenkt davon ab, dass jeder Mensch Missbrauch und Abhängigkeit entwickeln kann. Natürlich begünstigen bestimmte Persönlichkeitsmerkmale (z.B. depressive Persönlichkeitsstruktur, Selbstunsicherheit, Ängstlichkeit, Verführbarkeit), körperliche Dispositionen (z.B. genetisch Bedingtheit) und bestimmte Lebenssituationen (z.B. Einsamkeit, Frustrationen, dissoziales Milieu) eine solche Entwicklung. Derartige individuelle Merkmale und Lebenssituationen sind Risikofaktoren. Bei regelmäßigem Konsum psychotroper Substanzen, vor allem bei Abhängigkeit, kann die Fahrtüchtigkeit aufgehoben sein.

Werden nicht nur regelmäßig bestimmte Substanzen, sondern mehrere Substanzen unregelmäßig und abwechselnd konsumiert handelt es sich um **Polytoxikomanie** oder Störungen durch multiplen Substanzgebrauch (ICD-10: F19).

e. Abhängigkeit; Abhängigkeitssyndrom

Eine Abhängigkeit oder ein Abhängigkeitssyndrom (ICD-10: F1x.2; ICD-11: 6C40.2 Alkoholabhängigkeit[56]) liegt vor, wenn der Substanzkonsum Vorrang gewonnen hat vor anderen wichtigen persönlichen, beruflichen sozialen und sonstigen Aktivitäten und erhebliche negative Auswirkungen auftreten.

Zentrales Merkmal ist der übermächtige und unbeherrschbare Wunsch, die jeweilige Substanz zu konsumieren. Ein eindeutiges **Kennzeichen der Abhängigkeit** besteht darin, dass beim Unterlassen des Substanzkonsums (Abstinenz) **Entzugssymptome** oder ein vollständiges **Entzugssyndrom** auftreten.

Sowohl für schädlichen Gebrauch als auch erst recht für die Entstehung und Aufrechterhaltung von Abhängigkeit spielen psychologische und biologische Faktoren eine Rolle. Die Mechanismen auf neurobiologischer und psychologischer Ebene sind überaus komplex und Gegenstand intensiver Forschung. Eine zentrale Rolle hierbei spielt das biologische Suchtgedächtnis. Es ist dafür verantwortlich, dass Menschen sogar nach wiedererlangter Abstinenz dauerhaft gefährdet sind, Rückfälle zu erleiden.

Die diagnostischen Leitlinien der ICD-10 verlangen für die Diagnose eines Abhängigkeitssyndroms drei der folgenden Merkmale:

1. Starker Wunsch, eine Art Zwang (*Craving*), die Substanz zu konsumieren,
2. Verminderte Kontrollfähigkeit hinsichtlich des Beginns, der Beendigung oder der Menge des Substanzkonsums,
3. Substanzgebrauch mit dem Ziel, Entzugssymptome zu lindern oder zu beseitigen,
4. Auftreten eines körperlichen Entzugssyndroms bei Unterbrechung des Entzuges,
5. Toleranzentwicklung, wodurch mit der Zeit immer höhere Dosen der Substanzen für den erstrebten Effekt benötigt werden,

56 Bei einer anderen Substanz werden in der ICD-11 eine andere Begrifflichkeit und eine andere Codierung verwendet: 6C40.2 Alkoholabhängigkeit, 6C45.2 Kokainabhängigkeit usw.

6. Eingeengtes Verhaltensmuster im Umgang mit der Substanz (z.B. Missachtung üblicher Regeln hinsichtlich des Alkoholmissbrauchs über den Arbeitstag),
7. Zunehmende Vernachlässigung anderer Interessen und angenehmer Aktivitäten,
8. Fortsetzung des Substanzkonsums trotz erkennbarer körperlicher oder psychischer Gesundheitsschäden oder negativer sozialer Folgen.

Die ICD-11 geht vom Bestehen der Merkmale der Abhängigkeit über zwölf Monate aus. Die Diagnosekriterien werden in drei Paaren gebündelt, zwei davon müssen vorliegen. Es könnte sein, dass sich dadurch die Spezifität der Diagnosestellung vermindert.

Unter Bezug auf die vorstehenden Merkmale sind schädlicher Gebrauch und Abhängigkeit prinzipiell eindeutig voneinander zu trennen. In praktischer Hinsicht kann das schwieriger sein, wenn etwa Entzugssymptome verschwiegen werden.[57]

Abhängigkeit geht aus Missbrauch hervor. Bei manchen Substanzen kann sich Abhängigkeit sehr schnell entwickeln. Aus Scham, aus Kritiklosigkeit oder wenn Kritik- und Urteilsfähigkeit schon erheblich geschädigt sind, neigen Betroffene dazu, ihren Zustand vor sich selbst und erst recht vor anderen Menschen zu bagatellisieren. Sie behaupten, keine Hilfe zu benötigen und allein mit der Problematik fertig zu werden. Ablehnung von Hilfe, Bestreiten der Notwendigkeit professioneller Hilfe sind zusätzliche Quellen familiärer und sozialer Konflikte.

Im Zuge der fortschreitenden Abhängigkeit und der Dominanz des Substanzkonsums werden alltägliche Pflichten, die Sorge um die eigene Gesundheit, die Erledigung üblicher Aufgaben (z.B. hauswirtschaftliche, finanzielle und behördliche Angelegenheiten), die Körperpflege, die Kleidung usw. vernachlässigt. Alleinstehende Personen werden in ungepflegter, schlimmstenfalls in verwahrloster, verschmutzter und vermüllter Wohnung angetroffen. Ein Teufelskreis tritt in Aktion, indem die beschämt wahrgenommene Hilflosigkeit, die Situation selbst zu beherrschen, die Flucht in den Substanzkonsum fördert.

Der Begriff **Co-Abhängigkeit** meint, dass nahestehende Personen (Angehörige, Freunde, Kollegen) des Abhängigen durch Tun oder Unterlassen dessen Suchtverhalten fördern oder selbst darunter in besonderer Form leiden. Es sind Stadien der Co-Abhängigkeit ins Gespräch gebracht worden: In der Beschützerphase wird dem Suchtkranken Zuwendung und Mitgefühl entgegengebracht in der Hoffnung, so könne er aus eigener Kraft die Sucht überwinden. In der Kontrollphase übernehmen die co-abhängigen Personen die Aufgaben des Suchtkranken, sie verbergen die Sucht und deren Folgen gegenüber dritten Personen usw. In der Anklagephase kommt es nicht zuletzt aus Erschöpfung und Enttäuschung zu Aggression gegenüber dem Kranken. Am Ende kann der Co-Abhängige völlig hilflos werden.

Die Analogie zum Begriff des Burnouts ist augenfällig. Wie dieser leiden Begriff und Konzepte der Co-Abhängigkeit an Unschärfen, Widersprüchen und konkurrierenden Erklärungsmodellen. Gleichwohl stellt das berührte Phänomen eine professionelle Herausforde-

57 Der Begriff Sucht wird gleichbedeutend mit fortgesetztem Konsum aus Abhängigkeit verwendet. Er ist verwandt mit dem mittelhochdeutschen Wort „siech" für „schwer krank" oder „gebrechlich sein" und dem mittelhochdeutschen Wort „suht" für Krankheit. Der Begriff Sucht unterstreicht den Krankheitswert der hier gemeinten Phänomene.

rung dar, die davon betroffenen Personen zu beraten und ihnen zu raten, Angeboten der Selbsthilfe in Anspruch zu nehmen.

f. Entzugssyndrom

Entzugssyndrome (ICD-10: F1x3) treten auf, wenn der Substanzkonsum unterbrochen oder erheblich reduziert wird, oft aus äußerem Anlass (z.B. Krankenhausaufenthalt). Erscheinungsbild, Beginn und Verlauf der Entzugssymptomatik unterscheiden sich in Abhängigkeit von der jeweiligen Substanz, Dosis und Dauer des Konsums. Drastische Komplikationen eines Entzugssyndroms sind delirante Syndrome (ICD-10: F1x.4), oft mit zusätzlichen epileptischen Anfällen (ICD-10: F1x41)

g. Psychotische, affektive und weitere psychische Symptome

Treten Halluzinationen, Wahn, Beziehungsideen und affektive Symptome innerhalb von 48 Stunden nach Einnahme einer psychotropen Substanz auf, spricht man von einer substanzbedingten psychotischen Störung (ICD-10: F1x.5). Es gibt auch verzögert eintretende psychotische Syndrome (ICD-10: F1x.75). Neben den affektiv akzentuierten psychotischen Syndromen können auch vorwiegend depressive oder manische Syndrome auftreten.

Bei Stimulantien treten psychotische Entgleisungen zumeist unter sehr hohen Dosen auf. Eine unter hochdosierten halluzinogenen Substanzen (LSD, Cannabis) auftretende psychotische Symptomatik ist in der Regel als eine akute Intoxikation zu interpretieren. Einige Substanzen, etwa Cannabis, können „echte" Schizophrenien auslösen.

Bei psychotischen Zuständen drängt sich die differentialdiagnostische Frage auf, ob es sich um ein substanzbedingtes Syndrom oder um eine ausgelöste „echte" Psychose (z.B. Schizophrenie) handelt. Abzugrenzen sind noch die Nachhallzustände oder Flashbacks; es handelt sich bei ihnen um sehr kurze Episoden (einige Minuten), während derer Erlebnisse unter unmittelbarem Substanzeinfluss plastisch erinnert werden.

Missbrauch und Abhängigkeit von psychotropen Substanzen können weitere psychische Folgen nach sich ziehen. Vor allem die Störungsbildern mit erheblichen Beeinträchtigungen mnestischer und kognitiver Symptomatik erschweren Behandlung und Rehabilitation erheblich.

Das durch Alkohol oder andere psychotrope Substanzen bedingte amnestische Syndrom (ICD-10: Fx.6) ist von Störungen der Gedächtnisfunktionen und von Konfabulationen gekennzeichnet. Es können langfristige kognitive und mnestische Veränderungen in den Vordergrund treten (ICD-10: F1x.74), unter Umständen bis hin zur Demenz (ICD-10: F1x.73). Wenn langfristige Persönlichkeits- und Verhaltensveränderungen im Vordergrund stehen, handelt es sich um erworbene organische Persönlichkeits- und Verhaltensstörungen (ICD-10: F1x71).

h. Körperliche Folgen von Missbrauch und Abhängigkeit

Neben den psychischen Folgen psychotroper Substanzen treten körperliche Folgen auf. Das Schädigungsprofil, die Risiken für verschiedene körperliche Schäden, unterscheiden sich im Hinblick auf die einzelnen Substanzen. Auch spielen die körperlichen Dispositionen der Betroffenen, die Dauer und Schwere des Substanzkonsums eine Rolle. Bei den injizierbaren illegalen Drogen spielen zudem Infektionskrankheiten (z.B. Hepatitis, HIV), Abszesse usw. eine Rolle.

i. Allgemeine Aspekte der Behandlung

Menschen mit Substanzmissbrauch und erst recht mit Substanzabhängigkeit muss eine Behandlung angeboten werden. In der Regel können sie sich nicht ohne Unterstützung ihrer sozialen Umwelt sowie ohne professionelle Unterstützung vom Substanzgebrauch lösen. Eine grundlegende Voraussetzung für jede erfolgreiche Therapie ist die Erarbeitung, Festigung und Aufrechterhaltung einer wirksamen Behandlungsmotivation und Veränderungsbereitschaft des Patienten, die nicht zuletzt in schwierigen Behandlungsphasen (z.B. Entzugssymptome) entscheidend ist. Während man früher das Vorliegen der Motivation als Voraussetzung für eine Behandlung, vor allem einer Entwöhnungsbehandlung verlangte, versteht man die Herstellung und Förderung von Motivation heute selbst als therapeutische Aufgaben.

Ebenso müssen oft an die Stelle des idealen Therapiezieles lebenslanger Abstinenz „bescheidenere" Ziele wie Förderung der Kontrollfähigkeit, Erreichung von Abstinenzphasen treten. Es geht darum, dem Betroffenen tragfähige Einsichten in das Bedingungsgefüge seiner Störung sowie Kompetenzen und praktikable Strategien des Umgangs damit zu vermitteln, ihn zu befähigen, eigene Ressourcen und Ressourcen seines sozialen Umfeldes zu nutzen, bei Rückfällen rechtzeitig Unterstützung zu suchen usw. Der Stellenwert von Erfahrungen gleich oder ähnlich Betroffener, etwa in Selbsthilfegruppen vermittelt, ist nicht hoch genug einzuschätzen.

Neben stationäre Therapiesettings in der Entwöhnungsbehandlung, teilweise schon in der Phase der Entgiftung, sind zunehmend teilstationäre und ambulante Settings getreten. Welches Setting im Einzelfall angezeigt ist, hängt von Art und Schwere der Symptomatik, von der Substanz, von Komplikationen und Begleiterkrankungen, von individuellen sozialen Bedingungen, auch von der örtlichen Verfügbarkeit qualifizierter Angebote ab.

Üblicherweise umfasst jede Behandlung im Sinne der multimodalen Therapie ärztlich-medizinische, psychotherapeutische pflegerische, psychosoziale Interventionen, ebenso Beratung und praktische Hilfen. Eine positive Beeinflussung der sozialen und beruflichen Aspekte ist von großer Bedeutung.

Es gibt jedoch individuelle Schicksale, in denen mehr oder langfristige Assistenz im Rahmen der Eingliederungshilfe erforderlich ist, manchmal anstelle im engeren Sinne suchtmedizinischer Hilfen.

Schon in der Phase riskanten und schädlichen Konsums sind proaktive ärztliche oder psychotherapeutische Herangehensweisen notwendig. Kurzinterventionen sind sinnvoll, bei denen nicht eine abwertend wirkende Konfrontation, sondern unter Mitwirkung des sozialen Netzes realistische Selbsteinschätzungen anstelle von Abwehr und Bagatellisierung angestrebt werden. Für Erlangung und Aufrechterhaltung von Motivation sind die Lebenspartner, Familienangehörige und andere Vertreter des primären sozialen Netzes bedeutsame Kooperationspartner.

Die Behandlung von Komplikationen, schweren Intoxikationen oder Entzugssyndromen erfolgt meist im Rahmen einer Akutbehandlung, die ungefähr eine Woche dauert. Dabei geht es vor allem um die Entfernung der Substanz aus dem Organismus sowie um die Stabilisierung der psychischen und körperlichen Funktionen, vor allem zur Beherrschung lebensgefährlicher Komplikationen (z.B. Alkoholdelir). Deshalb werden dafür die Begriffe der **Entzugsbehandlung** oder körperlichen **Entgiftung** benutzt. Kommen über den Entzug hinaus psychotherapeutische und psychosoziale Interventionen zum Einsatz, um in Richtung Änderungsbereitschaft und Stabilisierung der Abstinenz zu erlangen, spricht man von **qualifizierter Entzugsbehandlung**.

Eine längerfristige und oft mit Maßnahmen der Nachsorge verbundene tiefgehende Ablösung vom Substanzkonsum und die Entwicklung geeigneter Kompetenzen und Strategien im Rahmen der postakuten Behandlung mit rehabilitativer Perspektive (medizinische, soziale und berufliche Rehabilitation) wird als **Entwöhnungsbehandlung** bezeichnet. Sie dauert mehrere Monate. Leistungsträger sind für Berufstätige die Rentenversicherungsträger.

In den folgenden substanzbezogenen Passagen werden an geeigneter Stelle speziellere Informationen gegeben.

j. Aspekte der rechtlichen Betreuung

In Abhängigkeit von der Schwere der Symptomatik bzw. den vorliegenden Beeinträchtigungen werden verschiedene Aufgabenbereiche der rechtlichen Betreuung erforderlich. Eine besondere Rolle spielt die Unterstützung in finanziellen und behördlichen Angelegenheiten. Die gesundheitliche Versorgung einschließlich der damit zusammenhängenden administrativen Vorgänge ist ebenfalls ein wichtiger Aufgabenbereich.

Angesichts schwankender oder fehlender Krankheitseinsicht, Bagatellisierung, Verleugnungstendenzen oder instabiler Motivationen zur Mitwirkung im Falle von Abhängigkeiten, erst recht bei schon eingetretenen organischen Hirnschäden sind an eine gute, verlässliche rechtliche Betreuung hohe Anforderungen, nicht zuletzt an die persönliche Frustrationstoleranz des rechtlichen Betreuers gestellt. Gleichzeitig hat die zuverlässige Begleitung und Unterstützung bei Aufbau und Aufrechterhaltung der Krankheitseinsicht und Behandlungsmotivation eine große Bedeutung[58].

▶ *Zu Einzelheiten der maßgeblichen Aspekte des Betreuungsrechts sowie der Unterbringung und Zwangsbehandlung siehe Teil 1 und Teil 2 dieses Werks.*

2. Alkoholmissbrauch und Alkoholabhängigkeit

a. Allgemeines

Alkoholbedingte psychische Störungen gehören zu den **häufigsten psychiatrischen Erkrankungen.** Sie greifen tief in das individuelle Schicksal der Betroffenen und ihres sozialen Umfeldes ein. Sie ziehen erheblichen Aufwand für Behandlung, Rehabilitation und soziale Transferleistungen nach sich. Das unterstreicht nachdrücklich die Bedeutung präven-

58 Umfangreiches und instruktives Informationsmaterial – auch downloadfähig – sowie Hinweise auf Beratungsstellen, Behandlungsangebote und dergleichen finden sich auf den Websites der Deutschen Hauptstelle für Suchtfragen e.V. und der Bundeszentrale für gesundheitliche Aufklärung.

tiver Maßnahmen einschließlich der Aufklärung hinsichtlich gesundheitlicher und sozialer Risiken und den hohen Stellenwert frühzeitiger Interventionen.

b. Klinische Bilder

(1) Akute Alkoholintoxikation, Alkoholrausch

Die akute **Alkoholintoxikation** (ICD-10: F10.0), besser bekannt als **Alkoholrausch**, ist ein vorübergehender Zustand. In Abhängigkeit von seiner Schwere ist er durch Veränderungen der Auffassung, Aufmerksamkeit, Wahrnehmung, des formalen Denkens, Antriebs, durch moralische Enthemmung, aber auch durch neurologische Symptome (z.B. verwaschene Sprache, Gangunsicherheit, Ataxie und Schwindel) sowie vegetative Symptome (z.B. Gesichtsrötung, Schwitzen) gekennzeichnet. Oft verraten schon der Alkoholgeruch der Atemluft (*Foetor alcoholicus*) und das gerötete Gesicht das Vorliegen einer Intoxikation.

Der leichte Alkoholrausch tritt meistens bei Blutalkoholkonzentrationen unter 1,5 Promille auf, der mittelgradige Alkoholrausch bei Blutalkoholkonzentrationen von etwa 1,5 bis 2,0 Promille. Bei letzterem kommt es zu deutlichen Verhaltensauffälligkeiten einschließlich Euphorie, Kritikminderung oder aggressiver Enthemmung. Blutalkoholkonzentrationen von 2,0 bis 2,5 Promille führen in der Regel zum schweren Alkoholrausch mit Orientierungsstörungen, Bewusstseinsveränderungen und ausgeprägten neurologischen Symptomen. Blutalkoholkonzentrationen von mehr als 3 bis 4 Promille sind als Alkoholvergiftungen lebensgefährlich, unter anderem, weil das Atemzentrum gelähmt wird.

Die Schwere des Rauschs wird nicht allein durch die Blutalkoholkonzentration bestimmt, sondern außerdem durch die Geschwindigkeit der Alkoholaufnahme, durch die aktuelle Disposition, gegebenenfalls durch Wechselwirkungen mit Medikamenten oder anderen psychotropen Substanzen. Bei Personen mit ausgeprägtem Alkoholkonsum können im Wege der Toleranzentwicklung selbst hohe Blutalkoholkonzentrationen vergleichsweise leichte Ausprägungen des Rauschs bewirken.

Der **pathologische Alkoholrausch** (ICD-10: F10.07) ist zwar selten, spielt jedoch in forensischer Hinsicht eine Rolle. Dabei zeigt sich schon bei geringer Alkoholaufnahme eine ausgeprägte Symptomatik mit paranoiden Ideen, Trugwahrnehmungen und aggressiver Erregung, die in Gewalttätigkeiten münden können. Vorschädigungen des Gehirns verschiedener Herkunft, einschließlich alkoholbedingter Hirnschäden, begünstigen die Entstehung dieses Bildes.

(2) Schädlicher Alkoholgebrauch

Beim **schädlichen Alkoholgebrauch** (ICD-10: F10.1) oder **Alkoholmissbrauch** wird Alkohol im Übermaß genossen, ohne dass bereits Symptome der Alkoholabhängigkeit eindeutig sichtbar werden. Es finden sich jedoch negative Auswirkungen einschließlich vielfältiger Konflikte im familiären, sozialen oder beruflichen Bereich.

Der Alkohol schädigt unter Umständen das zentrale und periphere Nervensystem sowie andere Organsysteme (Leber, Herz, Magen-Darm-System, Nieren, Augen usw.), siehe dazu im Folgenden unter (9).

Eine Reihe von Laborwerten ist verändert, was auf die fortschreitende Schädigung des Organismus hinweist. Interventionen zur Unterbrechung des Alkoholmissbrauchs sind geboten, um ausgeprägtere Folgeschäden einerseits, eine regelrechte Alkoholabhängigkeit andererseits zu verhindern. Die Prognose des Alkoholismus und seiner Folgeerkrankungen wird maßgeblich von einer rechtzeitig einsetzenden wirksamen Behandlung bestimmt.

(3) Alkoholabhängigkeit

Bei der **Alkoholabhängigkeit** (ICD-10: F10.2) sind die oben unter 1. e. angeführten Kriterien der Abhängigkeit anzutreffen. Die Häufigkeit liegt in Deutschland etwa bei etwa 3,1 % der Allgemeinbevölkerung im Alter zwischen 18 und 64 Jahren, das sind etwa 1,6 Millionen Personen. Männer sind etwa 2,5mal so häufig betroffen wie Frauen. **Entzugssymptome** (siehe dazu im Folgenden) sind ein eindeutiger Beleg für eine Alkoholabhängigkeit.

Es kann im Einzelfall schwierig sein, sicher festzustellen, ob schon eine Abhängigkeit oder noch ein Alkoholmissbrauch vorliegt. Die Toleranzentwicklung kann, wie schon erwähnt, dazu führen, dass selbst starker Alkoholgenuss nicht unbedingt zu einer deutlichen Rauschsymptomatik führen muss. Manche Alkoholkonsumenten entwickeln selbst nach langjährigem Alkoholmissbrauch keine Entzugssymptome, andere hingegen schon nach wenigen Monaten.

(4) Alkoholentzugssyndrom

Eine vielgestaltige Symptomatik charakterisiert das Alkoholentzugssyndrom (ICD-10: F10.3). Das einfache **Alkoholentzugssyndrom** besteht aus allgemein-körperlichen, vegetativen, neurologischen und psychischen Symptomen: Unwohlsein und Schwäche, Appetitmangel, Übelkeit, Erbrechen, Magenbeschwerden, Durchfälle, Herz-Kreislauf-Störungen, Ödeme der Extremitäten, Mundtrockenheit, Schwitzen, Juckreiz, Schlafstörungen, Tremor (vor allem der Hände, aber auch der Zunge, der Augenlider), Artikulationsstörungen, Missempfindungen, Gangunsicherheit, epileptische Anfälle, Angst, Reizbarkeit, motorische und innere Unruhe, depressive Verstimmungen, flüchtige Halluzinationen, Konzentrations- und mnestische Störungen und unter Umständen sogar Bewusstseinsstörungen.

Das **Delirium tremens** (ICD-10: F10.4) ist die gefährlichste Entzugssymptomatik. Es umfasst Orientierungs- und Bewusstseinsstörungen, optische Halluzinationen, Angst, Denkstörungen, Unruhe, Reizbarkeit, Aggressivität usw. Zur psychopathologischen Symptomatik treten massive vegetative Symptome wie Schwitzen, Tachykardie, Hypertonus, Hyperthermie usw. hinzu. Das Delirium tremens kann durch *epileptische Anfälle* (ICD-10: F10.41) kompliziert werden.

Das Delirium tremens ist lebensgefährlich; es zieht nicht selten massive Komplikationen nach sich. Es stellt eine Indikation für eine intensivmedizinische Behandlung dar. Zumeist tritt es bei völligem Entzug des Alkohols, unter Umständen aber auch bei nur relativer Verminderung der zugeführten Alkoholmenge als *Entzugsdelir* auf, wenn beispielsweise ein Krankenhausaufenthalt wegen eines Unfalls notwendig wird. Es kann aber auch unter fortgesetztem Alkoholkonsum (Kontinuitätsdelir) entstehen. Manchmal treten nach Erreichen der Abstinenz über längere Zeit noch Entzugssymptome (protrahiertes Alkoholentzugssyndrom) auf, etwa unspezifische Symptome wie Angst, dysphorische Verstimmung, Schlafstörungen, Appetitmangel, Schwitzen usw.

(5) Psychotische Störung infolge Alkohols

Unter den alkoholbedingen psychotischen Störungen (ICD-10: F10.5) spielt der **Eifersuchtswahn** die größte Rolle. Er kann sich neben einer Entzugssymptomatik entwickeln und mit ihr verschwinden, er kann auch langfristig bestehen bleiben. Es können ausgeprägte akustisch-halluzinatorische Bilder (Alkoholhalluzinose) auftreten. Sie verlangen die differentialdiagnostische Abgrenzung zu schizophrenen Störungen. Ihnen fehlen meistens Denkstörungen, Ich-Störungen und parathyme Symptome. Im Allgemeinen haben sie eine gute Prognose.

(6) Alkoholbedingtes amnestisches Syndrom

Bei Alkoholabhängigkeit treten verschiedene neuropsychologische Defizite, Beeinträchtigungen der Aufmerksamkeit, der Konzentration, Schwierigkeiten im Erwerb neuen Wissens, Gedächtnisprobleme, Schwierigkeiten der Problemlösung, der Abstraktionsfähigkeit, der Geschwindigkeit der Informationsverarbeitung usw. auf. Es ist plausibel, dass hirnorganische **Folgen des Alkoholismus** die Therapiemotivation und -kooperation beeinträchtigen.

Das in der ICD-10 als durch Alkohol bedingtes amnestisches Syndrom (ICD-10: F10.6) bezeichnete klinische Bild entspricht dem früher als **Korsakow-Syndrom** bezeichneten Zustand. Dessen **auffällige Gedächtnisstörungen** beeinträchtigen vor allem die Fähigkeit, aktuelle Informationen und Ereignisse (anterograde Amnesie) abzuspeichern. Frühere Ereignisse können mit aktuellen Gegebenheiten unzutreffend verknüpft werden. Erinnerungslücken werden mit Konfabulationen, also phantasierten Inhalten, ausgefüllt.

Die amnestischen Probleme führen dazu, dass sich die Patienten oft in ihrer Umgebung nicht mehr sicher zurechtfinden. Ein Korsakow-Syndrom kann allein auftreten. Häufiger entsteht es im Verlauf einer bzw. im Anschluss an eine **Wernicke-Enzephalopathie** (ICD-10: E51.2), die ihrerseits auf den Mangel an Thiamin (Vitamin B1) zurückzuführen ist, die verschiedenen Hirnregionen in Mitleidenschaft zieht.

(7) Alkoholbedingte Demenz

Die **alkoholbedingte Demenz** oder **Alkoholdemenz** (ICD-10: F10.73) ist eine sehr ausgeprägte hirnorganische Folge des exzessiven Alkoholkonsums. Sie erfüllt die psychopathologischen Kriterien der Demenz.

▶ *Allgemeiner zu Demenz siehe oben unter III. 2.*

(8) Alkoholbedingte Persönlichkeitsstörung

Die Schädigung des Gehirns durch den Alkohol kann die Persönlichkeit im Sinne einer **durch Alkohol bedingten Persönlichkeitsstörung** (ICD-10: F10.71) anhaltend verändern. Nicht immer finden sich klinisch oder testpsychologisch Hinweise auf hirnorganische Defizite. Man kennt vor allem bei Menschen mit chronischem Alkoholmissbrauch zunehmende Veränderungen der Persönlichkeit im Sinne einer zunehmenden Entdifferenzierung und Nivellierung. Als alkoholbedingte Wesensänderung fasst man die Symptomatik der emotionalen Labilität, der Gereiztheit sowie der gefühlsmäßigen und moralischen Abstumpfung oder Euphorie zusammen.

(9) Neurologische und andere körperliche Komplikationen

Alkohol als Zellgift schädigt nicht nur die Nervenzellen, sondern auch die Zellen anderer Organsysteme. Obendrein sind Alkoholmissbrauch und Alkoholabhängigkeit zumeist mit unausgewogener Ernährung (*Malnutrition*) verbunden. Die Schädigung des Magen-Darm-Traktes hemmt die Resorption wichtiger Nahrungsbestandteile (*Maldigestion*); ein Mangel an Vitaminen, Mineralien und anderen wichtigen Nahrungsbestandteilen resultiert. Eine **komplexe Schädigung des Organismus** von mehr oder minder ausgeprägter Schwere ist die Folge. In die Ausgestaltung und in die Entwicklungsdynamik des klinischen Bildes spielen viele Faktoren, auch genetisch determinierte Dispositionen und das Bestehen von Vor- und Begleiterkrankungen, hinein.

Die wichtigsten neurologischen Komplikationen des Alkoholmissbrauchs bzw. der Abhängigkeit sind Polyneuropathie, Hirnatrophie und Kleinhirnatrophie. Unter den somatischen Folgen des Alkoholmissbrauchs bzw. der Alkoholabhängigkeit sind Kardiomyopathie, Hypertonie, Ösophagitis, Gastritis, Magenulkus, Leberzirrhose, Pankreatitis, Schädigung des endokrinen Systems, Myopathien, Impotenz und Infertilität zu nennen.

Alkoholkonsum, erst recht Alkoholmissbrauch oder Alkoholabhängigkeit schwangerer Frauen, kann das ungeborene Kind schädigen, indem ein **Fetales Alkoholsyndrom**, auch als **Alkoholembryopathie** (ICD-10: Q86.0) bekannt, entsteht. Die Folgen **vorgeburtlicher Alkoholeinwirkung** zeigen sich in einem breiten Spektrum von körperlichen und psychischen Folgen mit hoher interindividueller Variabilität. Deshalb spricht man von **Fetalen Alkohol-Spektrum-Störungen**. Es gibt sogar Fälle, in denen Neugeborene nach exzessivem Alkoholkonsum der Mutter regelrechte Alkoholentzugssymptome aufweisen.

(10) Psychiatrische Komorbiditäten

Alkoholismus in seinen verschiedenen Ausprägungen ist häufig mit anderen psychiatrischen Komorbiditäten (zum Begriff siehe oben unter I. 6.), die selbst nicht Folge des Alkoholismus sind, aber die Entwicklung von schädlichem und abhängigem Gebrauch fördern können, verbunden. An erster Stelle stehen hier Persönlichkeitsstörungen, affektive Störungen, Schizophrenien und der Gebrauch bzw. Missbrauch anderer psychotroper Substanzen.

c. Behandlung

aa. Allgemeines

Die Behandlung des Alkoholmissbrauchs, der Alkoholabhängigkeit, gerade auch frühe Interventionen bei riskantem Alkoholgebrauch sind sinnvoll und notwendig. Eine diesbezüglich nihilistische Einstellung ist weder fachlich angebracht, noch wird sie dem Anspruch eines kranken Menschen auf Behandlung und seiner Würde gerecht. Die Behandlung ist umso erfolgversprechender, je früher sie einsetzt. Leider gilt nach wie vor, dass ein Großteil alkoholabhängiger Menschen keine oder keine ausreichende Behandlung angeboten bekommt oder in Anspruch nimmt.

Der **Therapieerfolg** hängt maßgeblich von der fachgerechten Behandlung, von der sozialen Unterstützung aus dem sozialen Umfeld und von der Motivation des Betroffenen ab. Frühere Auffassungen, allein eine völlige und dauerhafte Abstinenz sei als Erfolg zu werten, machen zunehmend der Einsicht Platz, dass auch die Reduzierung der Trinkmenge, Phasen der Abstinenz und vor allem die Minimierung von Folgeschäden im sozialen und im gesundheitlichen Bereich als Erfolg zu werten sind. Jede Abwertung solcher partiellen Erfolge unterhöhlt die Selbstachtung des Patienten; sie beeinträchtigt seine Therapiemotivation, die im Gegenteil doch aufrecht zu erhalten und zu fördern ist. Heute wird Motivation nicht pauschal als Voraussetzung der Behandlung verlangt, sondern ist oft erst noch im therapeutischen Kontakt zu entwickeln, zu fördern und zu stabilisieren. Herstellung, Förderung und Aufrechterhaltung der Behandlungsmotivation sind Aufgaben der Therapie.

Es wurden in den letzten Jahrzehnten differenzierte **Therapiekonzepte** entwickelt, die auf der Nutzung der individuellen Ressourcen des Betroffenen, der Einbindung seiner sozialen Bezugspersonen, vor allem der Angehörigen, auf der Nutzung der Ressourcen von Selbsthilfegruppen usw. aufbauen. Somit ist der klassische Vorrang stationärer Therapiesettings einem breiten Spektrum stationärer, teilstationärer und ambulanter Settings mit differenzierter Indikation gewichen. Die Kombination verschiedener Settings und Methoden erweist sich als besonders wirksam.

Schon der Hausarzt kann durch gezielte Ansprache seiner Beobachtungen, gegebenenfalls unter Heranziehung auffälliger Laborwerte, und durch Aufklärung der Risiken für die weitere Entwicklung die Grundlagen für die Motivation lege und erste Ansprechpartner für weiterführende therapeutische und therapiebegleitende Angebote vermitteln. Leider motivieren oft erst Zuspitzungen von Konflikten im familiären Bereich, im Freundeskreis, am Arbeitsplatz usw. dazu, sich solchen Angeboten zu öffnen. Ziel muss es sein, gerade in frühen Phasen des Alkoholismus die Situation und das Gefährdungspotential kritisch zu reflektieren, die Bereitschaft, das Verhalten zu verändern, zu fördern und Schritte der Veränderungen einzuleiten.

bb. Akutbehandlung

In der Phase der Akutbehandlung, die je nach medizinischer und sozialer Situation sowie Verfügbarkeit der Angebote ambulant, teil- oder vollstationär durchgeführt wird, geht es um die Vermeidung bzw. Beherrschung der Entzugssymptomatik, um Trinkmengenreduktion, im Idealfall in Form der Abstinenz.

Soweit keine schweren Entzugserscheinungen vorliegen oder drohen, wird angestrebt, die Trinkmenge unter ambulanter Behandlung zu reduzieren. Durch Medikamente (*Carbamazepin, Tiaprid, Clonidin* usw.) werden Entzugssyndrome, namentlich die vegetativen Symptome, und die unter Entzug möglichen epileptischen Anfälle verhindert. Entscheidend ist eine intensive Arbeit an der Motivation und die Unterstützung selbstkritischer Analyse des Bedingungsgefüges des alkoholbezogenen Verhaltens.

Unter Bedingungen verfügbarer gemeindenaher Behandlungssettings kommen auch **tagesklinische Angebote** in Betracht. Dadurch können unterstützende Ressourcen im sozialen Umfeld einbezogen werden. Die Übertragung von in der Behandlung erworbenen Einsichten und Fertigkeiten zur Problembewältigung kann alltagsnah eingeübt werden.

Die **stationäre Akutbehandlung** richtet sich als Entgiftung auf die Überwindung manifester Entzugssymptome und auf die Behandlung somatischer Folgen des Alkoholkonsums. Motivationsfördernde Interventionen sind in dieser Phase oft besonders wirksam. Sie sind zwingend notwendig, um eine längerfristige Therapie und Rehabilitation anzubahnen. Eine qualifizierte Entzugsbehandlung in geeigneten psychiatrischen Einrichtungen sollte wenigstens drei Wochen dauern.

Ausgeprägte Entzugssymptome verlangen stets eine stationäre Entzugsbehandlung. Die schwereren Entzugserscheinungen werden medikamentös beherrscht. *Clomethiazol* und *Benzodiazepine*, die wegen ihres erheblichen Suchtpotentials nicht in der ambulanten Behandlung nicht eingesetzt werden sollen, sind dafür üblich. Das lebensgefährliche *Delirium tremens*, muss immer unter intensivmedizinischen Bedingungen behandelt werden, siehe dazu oben unter 3. b. (4).

dd. Entwöhnungsbehandlung

Bei der postakuten **Entwöhnungsbehandlung** stehen die **Verstetigung des Behandlungserfolges** und der **Ausbau individueller Kompetenzen** zur Problembewältigung, zur Vermeidung von Rückfallgefährdung usw. im Mittelpunkt. Diese Phase verfolgt rehabilitative Zielsetzungen. Es stehen psychosoziale und psychotherapeutische Interventionen im Vordergrund. Individuelle Rückfallrisiken und Gefährdungssituationen werden analysiert, präventive Strategien erarbeitet und eingeübt, soziale Kompetenzen und Stressbewältigungsstrategien werden trainiert; Unterstützungsmöglichkeiten durch Selbsthilfegruppen, die Arbeit mit wichtigen Personen des sozialen Netzwerkes, Paartherapien etc. werden erschlossen.

Bestimmte **Medikamente** können die psychotherapeutischen **und psychosozialen Interventionen unterstützen**, nicht jedoch ersetzen. Es handelt sich Substanzen, die das Verlangen nach Alkohol dämpfen (Anti-Craving-Substanzen wie *Acamprosat* und *Naltrexon*), und um solche, die bei Alkoholaufnahme heftiges Unwohlsein erzeugen, also alkoholaversiv wirken. *Naltrexon* kann auch eingesetzt werden, wenn nur die Trinkmenge reduziert werden soll. Das Medikament *Nalmefen* kann helfen, die Trinkmenge wirksam zu reduzieren; manchmal wird es nur in Gefährdungssituationen mit erhöhtem Rückfallpotential eingesetzt. Die alkoholaversive Substanz *Disulfiram* beeinflusst den Alkoholabbau; die Konzentration von Azetaldehyd als Alkoholabbauprodukt steigt im Blut an. Es kommt zu Hautrötung, Blutabdruckabfall (evtl. sogar zum Kreislaufkollaps), Kopfschmerzen, Übelkeit, Erbrechen und Durchfall. Diese heftigen Wirkungen sollen vom Alkoholgenuss abhalten, bilden aber zugleich ein erhebliches Risiko, vor allem bei körperlichen Vorschädigungen. Deshalb bedarf eine derartige Behandlung der engmaschigen ärztlichen Begleitung.

Früher war die monatelange Entwöhnungsbehandlung, zumeist in Suchtfachkliniken, die Methode der Wahl. Im Falle guter sozialer Einbindung, geordneter Wohnsituation, beruflicher Integration bzw. erfolgreicher Wiedereingliederung können ambulante Settings in Anspruch genommen werden. In diesem Kontext können komplexe, mehrere Methoden integrierende therapeutische Ansätze (z.B. Community Reinforcement Approach[59]) verwirklicht werden, die ausdrücklich auf die Förderung positiver sozialer Bekräftigung aus

59 Auch als Gemeindeorientierte Suchttherapie bezeichnet.

der sozialen Umwelt für gelingende Schritte der Verhaltensänderung hinwirken und zu diesem Zweck ausdrücklich die sozialen Bezugspersonen einbeziehen.

Folge- und Begleiterkrankungen des Alkoholismus bedürfen in allen Phasen der Behandlung einer fachgerechten Behandlung, zumal sie nicht selten die Lebenserwartung von alkoholmissbrauchenden oder alkoholabhängigen Menschen deutlich vermindern.

3. Abhängigkeit von anderen psychotropen Substanzen

a. Allgemeines

Drogen- und Medikamentenmissbrauch bzw. -abhängigkeit sind in allen sozialen Schichten verbreitet. Sie sind vor allem für Jugendliche und junge Erwachsene im Hinblick auf die soziale Entwicklung problematisch. Erhebliche gesundheitliche Folgen, substanzspezifisch geprägt, die Beeinträchtigung der Lebensqualität, sowie die sozialen Folgen, unter Umständen Arbeitsplatzverlust oder delinquentes Verhalten (u.a. Beschaffungskriminalität) sind beachtlich. Die schlimmste Konsequenz ist der Tod infolge des Drogenkonsums.

In diesem Abschnitt soll es um die wichtigsten Drogen und Medikamente gehen. Bei den hierunter zu erörternden Medikamenten handelt es sich um solche, die das Potential zur Entwicklung einer Abhängigkeit haben, vor allem um Sedativa bzw. Anxiolytika und Hypnotika. Nicht selten bildet eine unkritische ärztliche Verordnung den Ausgangspunkt ihres Missbrauchs und der Abhängigkeit. Unerwähnt bleiben hier Medikamente, die zwar missbräuchlich verwendet werden können, aber nicht zu Abhängigkeit im engeren Sinne führen, z.B. Abführmittel.

Illegale Drogen sind solche Substanzen, die verboten sind. Man kann die Drogen noch unterteilen in weiche Drogen (Cannabisprodukte wie Haschisch, Marihuana) und harte Drogen (Amphetamine, Ecstasy, LSD, Kokain, Crack, Heroin und Opium), um u.a. ihr unterschiedliches Gefährdungspotential zu kennzeichnen. Illegale Drogen werden auch als Rauschgifte bezeichnet. Bestimmte Wirkungen des Rausches werden anfänglich bewusst angestrebt. Mit der Zeit setzt die Entwicklungsdynamik hin zur Abhängigkeit ein. Besitz, Gebrauch und vor allem der Vertrieb von illegalen Drogen kann, je nach Lage des Einzelfalls, verschiedene rechtliche Konsequenzen nach sich ziehen.

Für Drogen- und Medikamentenmissbrauch bzw. -abhängigkeit gelten viele grundlegende Aspekte, die bereits dargelegt wurden (siehe dazu oben IV.). Akute Intoxikation (Rausch), riskanter und schädlicher Gebrauch, Abhängigkeit, Entzugssymptomatik sind unter Bezug auf die ICD-10 grundsätzlich in gleicher Weise definiert, wenngleich ihr konkretes klinisches Erscheinungsbild maßgeblich durch die jeweilige Substanz bestimmt wird.

In der Ätiologie und Pathogenese der Störungsbilder wirken psychologische und neurobiologische Faktoren zusammen. Soziale Faktoren, etwa der Verkehr in einem entsprechenden Milieu, und das Wegbrechen positiver sozialer Faktoren spielen eine bedeutsame Rolle. Eintretende Veränderungen neurobiologischer Funktionen tragen zur Verfestigung des Verhaltens bei. Eine zentrale Rolle nimmt das Belohnungssystem des Gehirns ein. Es ist für die Verhaltensverstärkung verantwortlich. Die biologischen Mechanismen und Veränderungen, u.a. das schon erwähnte Suchtgedächtnis, treten mehr und mehr in den Vordergrund. Das erklärt nicht zuletzt die Schwierigkeiten der Behandlung und die bleibende Gefahr des Rückfalls.

Bestimmte Eigenschaften, etwa eine labile Persönlichkeit, geringe Stresstoleranz, geringe Kompetenzen zur Bewältigung sozialer Konflikte, vorbestehende psychische Störungen (z.B. Angsterkrankungen, affektive Störungen, Schizophrenien), negative soziale Vorbilder usw. begünstigten die Entwicklung von Drogen- und Medikamentenabhängigkeit.

b. Substanzspezifische Aspekte

Im Folgenden werden spezielle Aspekte der klinischen Erscheinungsbilder und ihrer Behandlung skizziert. Dabei erfolgt eine Fokussierung auf die wichtigsten Substanzen.

aa. Cannabisprodukte

Cannabisprodukte stellen die am weitesten verbreiteten (noch) illegalen Drogen dar. Dementsprechend gibt es eine bedeutsame Gruppe von **Störungen durch Cannabinoide** (ICD-10: F12.0). Die von den Konsumenten erstrebte Rauschwirkung umfasst Veränderung der Stimmung, Gefühle und Wahrnehmung.

Der berauschende Wirkstoff wird aus Blättern und Blüten der Hanfpflanze gewonnen. Tetrahydrocannabinol (THC) ist der entscheidende Inhaltsstoff. Cannabidiol (DBC) besitzt hingegen keine psychotrope Wirkung. THC und andere Cannabinoide greifen an Cannabinoid-Rezeptoren an, die im Organismus weit verbreitet sind und vielfältige modulatorische Funktionen besitzen. Das körpereigene Cannabinoid-System ist an vielen Prozessen beteiligt und interagiert mit den Neurotransmittern. Darauf – dies nur nebenbei – beruhen Ansätze der therapeutischen Verwendung von Cannabinoiden.

Haschisch (Jargon: *Gras, Weed*) und Marihuana (Jargon: *Dope, Shit*) sind die wichtigsten Cannabisprodukte. Haschisch gewinnt man aus dem Harz der Blütenstände der weiblichen Hanfpflanze. Das Harz wird zu Platten oder Klumpen gepresst, es kann auch zu konzentriertem Haschisch-Öl – eigentlich ein Harzkonzentrat, kein fetthaltiges Öl – verarbeitet werden; es ist besonders wirksam. **Marihuana** besteht aus den getrockneten Blüten, Blättern und Stängeln der weiblichen Pflanze.

Cannabisprodukte werden inhaliert oder oral aufgenommen. Sie werden mit Tabak vermischt geraucht (Kiffen), in Keksen gebacken oder als Tee genossen. Ihre Wirkungen sind von der Pflanze, von der Dosis, auch von Erfahrung und Gewöhnung beeinflusst. Die meisten Konsumenten betreiben einen vorsichtigen, zurückhaltenden Konsum. Allerdings scheint sich eine Entwicklung zu typischer Abhängigkeit zu verbreiten. Besonders Kinder und Jugendliche sind für eine süchtige Entwicklung mit verhängnisvollen Auswirkungen auf die soziale Entwicklung disponiert. Cannabis verzögert durch Einwirkung auf die Hirnreifung die sozioemotionale Entwicklung. Cannabisprodukte können Einstiegsdrogen für den Konsum anderer psychotroper Substanzen sein. Sie können bei Personen mit einer entsprechenden Disposition Schizophrenien auslösen.

Die Symptomatik einer Cannabis-Intoxikation umfasst Euphorie, gefolgt von Müdigkeit und Entspannung, kognitive und mnestische Beeinträchtigungen, Depersonalisationserlebnisse, Veränderungen des Raum- und Zeiterlebens, unter Umständen halluzinatorische

Erlebnisse, Panikanfälle, schlimmstenfalls psychotische Episoden, Übelkeit, Erbrechen, gerötete Bindehäute, Mundtrockenheit und Pulsbeschleunigung (Tachykardie).

Die Fahrtüchtigkeit ist erheblich reduziert. Cannabinoide verschwinden nur langsam aus dem Körper, deshalb treten Entzugserscheinungen verzögert auf. Sie bestehen unter anderem in *Craving*, Appetitverlust, Schlafstörungen mit nächtlichen Schweißausbrüchen und lebhaften Träumen, Angst, Schmerzempfindlichkeit, innerer Unruhe, Gereiztheit usw. Bei langfristigem Gebrauch vermindert sich die Leistungsfähigkeit, die Emotionalität verflacht, Gedächtnis und Konzentration leiden. Der Antrieb kann in Form eines amotivationalen Syndroms reduziert sein.

Die Behandlung einer schweren Intoxikation kann die Gabe von Antipsychotika und Antidepressiva beinhalten. Entzugssymptome sind selten so stark ausgeprägt, dass eine medikamentöse Behandlung notwendig ist. Psychotherapeutische und psychosoziale Maßnahmen neben pflegerischen Maßnahmen bilden das Rückgrat eines qualifizierten Entzugs. Üblicherweise erfolgt die Behandlung einer Abhängigkeit ambulant, auch hier mit einem komplexen, vorwiegend psychotherapeutischen und psychosozialen Herangehen.

bb. Opioide

Opioide bilden eine heterogene Stoffgruppe natürlicher und synthetischer Substanzen mit morphinähnlicher Wirkung. Sie binden an den Opioidrezeptoren. Für einige dieser Substanzen ist die Bezeichnung Opiate gebräuchlich. Die Opioide sind für ein breites Spektrum von Störungsbildern, die **Störungen durch Opioide** (ICD-10: F11), verantwortlich.

Knapp 200.000 Menschen sind in Deutschland schätzungsweise abhängig von Opioiden; es besteht eine überdurchschnittliche Letalität. Die Hauptwirkungen der Opioide bestehen in Schmerzminderung (Analgesie), in Euphorisierung und in Dämpfung von Angst und Erregung. Opioide werden nicht nur als Rauschdrogen, sondern auch mit therapeutischer Zielsetzung eingesetzt. Nicht selten führt der Weg in die Abhängigkeit über Erfahrungen mit einschlägigen Selbstbehandlungsversuchen. In den letzten Jahren hat sich vor allem in den USA eine Epidemie der Opioid-Abhängigkeit mit katastrophalen Folgen für die Betroffenen, ihre Familie und das Gesundheitswesen entwickelt, nachdem opioidhaltige Schmerzmittel skrupellos vermarktet und massenhaft verordnet worden waren.

Opium wird aus dem Saft des Schlafmohns gewonnen, zu Kügelchen geformt in den Anbauländern (z.B. Naher Osten, Südostasien) gegessen oder in Wasserpfeifen geraucht. Das Opium enthält unter anderem Morphin; es wird auch synthetisch hergestellt. Als illegale Droge wird **Morphin** oral, intervenös oder intramuskulär, über die Nase oder inhalativ aufgenommen oder rektal zugeführt. Sein größtes Risiko hinsichtlich akuter Komplikationen liegt in der Atemdepression. **Heroin**, die wichtigste Substanz des illegalen Drogenkonsums, ist ein halbsynthetisches Derivat. Es wird als weißes oder braunes Pulver gehandelt. Der Konsum des Heroins erfolgt auf unterschiedliche Weise. Es wird gespritzt (gefixt), geraucht oder inhaliert. Beim Fixen wird Heroin mit Wasser vermischt erhitzt, dabei verflüssigt und dann intravenös injiziert. Das Infektionsrisiko (z.B. HIV, Hepatitis) bei Verwendung kontaminierter Injektionsnadeln ist beträchtlich. Beim Inhalieren wird das Heroin bis zum Verdampfen erhitzt; die Dämpfe werden mit einem Röhrchen eingesogen. Die Art des Konsums bestimmt die Wirkung von Heroin. Am stärksten ist die Wirkung gespritzten Heroins, sie tritt sehr rasch ein. Inhaliert wirkt es schwächer auf das ZNS. Besonders der intravenöse

Heroinkonsum führt zu negativen Veränderungen, zur Vernachlässigung des äußeren Erscheinungsbildes und des Gesundheitszustandes. Die Organschäden sind vielfältig: reduzierter Allgemeinzustand, Infektionen, Abszesse, Sepsis, Leberschäden, Gefäßerkrankungen, Embolien usw.

Konsumenten erleben beim Gebrauch ein Hochgefühl, erhöhtes Selbstvertrauen, Beruhigung, Linderung von Schmerz- und Angstlinderung und Schläfrigkeit. Heroin konkurriert mit den körpereigenen Endorphinen und verdrängt diese, das erklärt seine starke Wirkung, die Heftigkeit der Entzugssymptomatik und die schwierige Behandlung der Abhängigkeit.

Akute Intoxikationen von lebensbedrohlichem Ausmaß (schlimmstenfalls Atemstillstand), erkennbar an Bewusstseinsstörung, beidseitiger Pupillenverengung (Miosis), Atemdepression, Pulsverlangsamung usw., müssen unter intensivmedizinischen Bedingungen beispielsweise mit Naloxon, einem synthetischen Opioid-Antagonisten („Gegenspieler"), behandelt werden.

Die Symptome des Opioidentzugssyndroms sind heftig: Übelkeit, Erbrechen, Durchfälle, Muskelkrämpfe, und -schmerzen, Tränenfluss, starke Nasenschleimbildung, erweiterte Pupillen, Fieber, Gähnen, Gänsehaut, Schwitzen, Gänsehaut, Blutdrucksteigerung, Pulsbeschleunigung, spontane Ejakulationen usw. Die Behandlung zielt vor allem auf die Stabilisierung der Vitalfunktionen.

Methadon ist ein synthetisches Opioid. Es wird therapeutisch deshalb als Heroinsubstitut zur schrittweisen Ablösung vom Heroin verwendet. Der Entgiftung und Entwöhnung dienen heute opioidgestützte Programme mit der Verordnung von Ersatzstoffen wie Methadon (oder *Levomethadon* oder *Buprenorphin*). Bei enger – gesetzlich vorgeschriebener – psychosozialer und möglichst auch psychotherapeutischer Begleitung ermöglichen sie die Rückkehr zu einem Leben ohne Heroin. Spezifische Risiken und Folgeerkrankungen des Heroinkonsums können verhindert oder gelindert werden. Das Abrutschen in asoziale und kriminelle Verhaltensweisen kann vermieden werden. Qualifizierte Entzugsbehandlung kann angebahnt und verwirklicht werden. Es können bei Methadonentzug ebenfalls Entzugserscheinungen auftreten.

Die Behandlung der Opioidabhängigkeit verlangt einen langfristig angelegten Gesamtbehandlungsplan, der psychosoziale, psychotherapeutische und medikamentöse Maßnahmen integriert. Sein Ziel ist neben der Überwindung der Abhängigkeit die schrittweise Wiederherstellung der sozialen Funktionsfähigkeit (medizinische, berufliche und soziale Rehabilitation) und vor allem möglichst lebenslange Abstinenz. Deutlich motivierte Patienten können davon profitieren, wenn ihre Abstinenz neben der psychotherapeutischen und psychosozialen Entwöhnungsbehandlung durch die Gabe von Naloxon stabilisiert wird. Im Hinblick auf Rückfallgefährdungen muss darüber aufgeklärt werden, dass die Wiederaufnahme des Konsums nach schon erreichter Abstinenz mit erheblichen Risiken schwerer körperlicher Komplikationen verbunden ist. Die Toleranz für Opioide nimmt unter Abstinenz rasch ab. Deshalb kann es sogar zur Intoxikation kommen, wenn dann doch wieder eine früher übliche Dosis genommen wird.

cc. Kokain

Der Gebrauch von Kokain führt zu Störungen durch Kokain (ICD-10: F14). Kokain, ein weißes, bitteres Pulver (Jargon: „Koks", „Schnee"), wird aus den Blättern des Coca-Strauchs gewonnen. Bis Anfang des 20. Jahrhundert enthielt das Getränk *Coca-Cola* Kokain.

Meist wird Kokain über die Nase aufgenommen (Jargon: Koksen, Sniffen), seltener gespritzt. Die angestrebte Kokainwirkung besteht in anregenden Effekten infolge der Sympathikusstimulation. Neben Heroin ist Kokain die Substanz mit dem höchsten Abhängigkeitspotential. Es ist stark antriebssteigernd (aufputschend), leistungssteigernd, sexuell enthemmend. Bei längerer Einnahme und höherer Dosierung können Depressionen, Verfolgungswahn und Aggressivität auftreten.

Je nach Art des Konsums sind Wirkung, Wirkungseintritt und Wirkdauer unterschiedlich. Die orale Aufnahme bewirkt die mildesten, jedoch die am längsten anhaltenden Effekte. Geschnupftes Kokain wirkt stärker als oral aufgenommenes. Injiziertes Kokain wirkt stärker als geschnupftes; die Gefahr der Abhängigkeitsentwicklung und einer Überdosierung sind höher. Längerfristige Aufnahme über die Nase kann die Nasenscheidewand zerstören.

Crack ist eine Aufbereitung von Kokain; es wirkt stärker als dieses. Dabei wird Kokain mit Natriumhydrogencarbonat (Natron) vermischt. Es liegt in Form weiß-gelblicher Kristalle oder Körner (Jargon: *rocks*) vor; es wird geraucht und wirkt stärker als Kokain. Seine Wirkung tritt sehr schnell ein. Es gilt als eine der Substanzen mit dem stärksten Suchtpotential.

Der Kokainrausch bzw. die Kokainintoxikation bestehen in Überwachheit, euphorischem Hochgefühl, Selbstüberschätzung, gesteigertem Antrieb, Leistungsfähigkeit und Libidosteigerung. Aber auch herabgesetzte Entscheidungsfähigkeit, Angst, Gereiztheit, Aggressivität, Wahrnehmungsstörungen, – und Orientierungs- und Bewusstseinsstörungen bis hin zu Verwirrtheit, Delir und Koma, epileptische Anfälle, Dyskinesien (Bewegungsstörungen) sind möglich. Weil Kokain die Blutgefäße verengt (Vasokonstriktion), können Durchblutungsstörungen im Gehirn, am Herzen (unter Umständen mit der Folge von Herzinfarkten), Unregelmäßigkeiten der Herztätigkeit, Erhöhung der Körpertemperatur und andere Symptome vegetativer Enthemmung auftreten. Die Behandlung akuter Intoxikationszustände besteht im Allgemeinen im *Talking Down*, also der Beruhigung des Patienten durch besänftigende Worte, freundliche Ansprache. Notfalls können Benzodiazepine und Antipsychotika eingesetzt werden.

Im **Kokainentzugssyndrom**, das sich rasch nach Abbruch längerfristigen Gebrauchs einstellt, stehen missmutige Gereiztheit, Müdigkeit bis zur Hypersomnie (Schläfrigkeit) oder Schlaflosigkeit, lebhafte unangenehme Träume, psychomotorische Hemmung oder Enthemmung und vermehrter Appetit im Vordergrund. Depressive Symptome bis hin zur suizidalen Verstimmung können auftreten. Ein *Craving* muss nicht auftreten. Im Entzugssyndrom kommen Antipsychotika, *Bupropion*, Antidepressiva, Benzodiazepine und bestimmte Antiepileptika zum Einsatz. Die langfristige Entwöhnungsbehandlung, mehrere psychosoziale und psychotherapeutische Methoden umfassend, kann ebenfalls mit diesen Medikamenten unterstützt werden.

dd. Stimulanzien

Neben Kokain werden Amphetamine wie Speed, Crystal Meth, Ecstasy und Eve wegen ihrer stimulierenden Wirkung als Drogen verwendet, die für **Störungen durch Stimulanzien** (ICD-10: F15) verantwortlich sind. Sie können oral eingenommen, intravenös injiziert oder geraucht werden.

Sie haben eine Reihe schädlicher **Nebenwirkungen,** vor allem Intoxikationen bei hoher Dosierung. Eine Überdosierung ähnelt der Symptomatik bei Kokainintoxikationen. Sie zeigt sich neben Euphorie, Enthemmung, gesteigerter Vigilanz usw. in deliranter Symptomatik, Übelkeit, Herzrasen, Panikattacken und anderen Symptomen. Durch die Blutdruckerhöhung und die Beschleunigung des Herzschlags können lebensbedrohliche Komplikationen bis hin zum Herzstillstand auftreten. Nierenversagen, Hirnblutungen und Schlaganfall sind als Todesursachen bei Metamphetamin-Überdosen bekannt. Viele Nutzer entwickeln psychische Störungen anderer Art.

Neben Intoxikationen tritt Abhängigkeit auf, wenngleich nicht so oft wie bei Kokain. Die Symptomatik der Abhängigkeit entspricht weitestgehend derjenigen beim Kokain. Die Entzugssymptomatik ist ausgeprägt.

Die Therapie der akuten Amphetaminintoxikation besteht in der Gabe von Antipsychotika, Benzodiazepinen und anderen Medikamenten.

Unter dem Szene-Namen ***Speed*** ist Amphetamin auf dem illegalen Markt. Es wird als Pille oder Kapsel angeboten, geschnupft, oral eingenommen, seltener geraucht oder gespritzt. Es gilt es als stark suchtfördernd. Die Konsumenten erleben eine gesteigerte Wachheit und ein subjektives Gefühl erhöhter Leistungsfähigkeit. Speed vermindert die Fähigkeit zur Selbstkritik. Seine Wirkung hält lange an, häufig mehr als acht Stunden.

Crystal Meth (Methylamphetamin), früher als ***Pervitin*** bekannt, eine weiße, kristalline Droge, wird geschnupft, geraucht oder gespritzt. Es überwindet die Blut-Hirn-Schranke besonders rasch. Ihm ist ein besonders hohes Suchtpotential zu eigen.

Ecstasy und ***Eve*** sind synthetische (Designer-)Drogen. Ecstasy, als Partydroge bekannt, enthält 3,4-Methylendioxy-N-methylamphetamin (MDNA) als Wirkstoff. Allerdings sind auch Ecstasy-Pillen auf dem Markt, die kein MDNA oder auch andere Substanzen enthalten, sodass die Bezeichnung Ecstasy zu einer Sammelbezeichnung verschiedener Substanzgemische geworden ist. Unter dem Szene-Namen ***Molly*** wird ein Pulver illegal vertrieben, das ebenfalls nicht sicher MDNA enthält. Die Droge Eve enthält 3,3-Methylendioxyamphetamin. Bei langfristigem Konsum von Ecstasy und Eve werden neurotoxische Effekte und im Verlauf affektive und psychotische Symptome beschrieben.

ee. Halluzinogene

Halluzinogene, für **Störungen durch Halluzinogene** (ICD-10: F16) verantwortlich, sind Substanzen, die psychoseähnliche Bewusstseins- und Wahrnehmungsveränderungen hervorrufen, darunter Halluzinationen, Illusionen, verändertes Raum- und Umwelterleben, traumartiges Erleben. Außenreize werden verändert aufgenommen. Manche Konsumenten interpretieren die Erlebnisse als Bewusstseinserweiterung. Die Fahrtüchtigkeit im Rausch ist erheblich beeinträchtigt.

Es gibt eine Vielzahl in der Natur vorkommender und synthetisch hergestellter Substanzen. Der Gebrauch von Halluzinogenen lässt sich in der Kulturgeschichte des Menschen lange zurückverfolgen. Sie dienten auch kultischen und anderen Zwecken.

Intoxikationen treten zumeist bei sehr hohen Dosierungen auf. Sie umfassen die erwähnten Erscheinungen des Rauschs, die durch Angst, depressive Verstimmungen, paranoide Gedanken, außerdem vegetative Symptome (Pupillenerweiterung, Pulsbeschleunigung, erhöhte Körpertemperatur und neurologische Symptome (Tremor, Koordinationsstörungen usw.) ergänzt werden. Falls in der Behandlung der Intoxikation das Talking down nicht ausreicht, kommen zusätzlich Benzodiazepine, nicht aber Antipsychotika, zum Einsatz.

Bei den klassischen Halluzinogenen sind kaum schwere körperliche Komplikationen zu befürchten. Eher selten entwickelt sich Abhängigkeit. Bei regelmäßigem Gebrauch können Drogenpsychosen oder drogeninduzierte Psychosen, die über den Rausch bzw. die Intoxikation hinaus anhalten, auftreten.

Als Rauschdroge spielt hauptsächlich das chemisch hergestellte Psychedelikum **LSD** (Lysergsäure-Diäthylamid), eine Rolle. Es wird in verschiedener Zubereitung oral aufgenommen. Es ist eine der stärksten bekannte Drogen. Der angestrebte Rauschzustand wird umgangssprachlich als *Trip*, seine angstbehaftete Ausprägung als Horrortrip oder Bad Trip bezeichnet.

ff. Sedativa und Hypnotika

Psychische Störungen durch Sedativa oder Hypnotika (ICD-10: F13) entstehen häufig durch unkritische und zu lange ärztliche Verordnung dieser Substanzen, also auf sog. iatrogenem Wege.

Wichtige **Benzodiazepine** sind *Bromazepam*, *Diazepam*, *Flunitrazepam*, *Lorazepam*, *Nitrazepam*, *Oxazepam*, *Triazolam* usw. Die Präparate unterscheiden sich voneinander infolge bestimmter pharmakologischer Merkmale hinsichtlich Schnelligkeit des Wirkungseintritts, Wirkdauer, Art und Geschwindigkeit der Verstoffwechselung usw. Während früher Barbiturate und barbiturathaltige Arzneimittel eine große Rolle spielten, sind heute andere Medikamente an deren Stelle getreten. Am häufigsten werden Benzodiazepine als Sedativa oder Tranquilizer, als Anxiolytika oder als Hypnotika verordnet. Daneben werden Benzodiazepine gegen Entzugssymptome psychotroper Substanzen, bei Epilepsie eingesetzt. Die Benzodiazepine sind wegen ihrer weiten Verbreitung unter den Medikamentenabhängigkeiten häufig vertreten.

Die unkritisch lange Verordnung von *Benzodiazepinen* führt in der Regel über kurz oder lang zur Abhängigkeit, und zwar oft schon im niedrigen, therapeutisch üblichen Dosisbereich. Man spricht dann von **Niedrigdosis-** bzw. ***Low-dose*-Abhängigkeit**. Bei zu schnellem oder gar abruptem Absetzen treten Entzugssymptome (vegetative Übererregbarkeit, Schwitzen, Pulsbeschleunigung, Schlafstörungen, Tremor, Albträume, Übelkeit, Erbrechen, flüchtige Halluzinationen usw.) auf. Bei fortgesetztem Gebrauch vermindert sich die Wirksamkeit (Toleranzentwicklung), es kommt zu Entzugserscheinungen, die oft nicht als solche erkannt werden, sondern mit Dosiserhöhungen beantwortet werden. Langzeitgebrauch kann zu mnestischen und kognitiven Defiziten sowie Verlust des Antriebs führen. Natürlich kann sich eine Hochdosisabhängigkeit ausbilden.

Die Benzodiazepine haben eine hohe therapeutische Breite (Abstand zwischen therapeutisch wirksamer und toxischer Dosis). Damit haben sie eine geringes vitales Gefährdungspotential. Unter hohen Dosen treten Intoxikationen auf, gekennzeichnet durch unangemessene Verhaltensweisen, etwa Aggressivität, sexuelle Enthemmung, Stimmungsschwankungen, durch verwaschene Sprache, motorische Koordinationsstörungen, Nystagmus, Beeinträchtigungen von Aufmerksamkeit, Auffassung und Gedächtnis, schlimmstenfalls Bewusstseinsstörungen bis zum Koma.

Neben den Benzodiazepinen gehören die sogenannte Z-Substanzen (*Zolpidem*, *Zopiclon* und *Zalepl*on) zu den Substanzen mit Abhängigkeitspotential, das übrigens lange unterschätzt oder geleugnet wurde. Im Wirkmechanismus und Wirkprofil stehen sie den Benzodiazepinen nahe. Sie werden als Hypnotika verordnet, wegen ihrer kurzen Wirkdauer vornehmlich zur Förderung des Einschlafens.

Gammahydroxybutyrat (GHB) ist für die Behandlung der Narkolepsie bestimmt. Missbräuchlich wird es als dämpfendes oder euphorisierendes und aphrodisierendes Rauschmittel sowie für K.o.-Tropfen verwendet. Lebensgefährlich können seine Interaktionen mit Alkohol oder sedierenden Substanzen werden.

Entgiftung und Entwöhnung von Benzodiazepinen und Z-Substanzen können ambulant und stationär durchgeführt werden. Die Dosisreduktion muss vorsichtig gehandhabt und individuell angepasst werden. Namentlich bei Benzodiazepinen mit langer Halbwertzeit der Substanz und ihrer Metaboliten (Abbauprodukte) treten Entzugssymptome erst verzögert auf. Das erklärt, warum auffällig oft die letzten Reduktionsschritte den Betroffenen besonders zu schaffen machen. Gerade dort muss sehr vorsichtig reduziert werden. Insgesamt wird die Prognose einer Entwöhnung positiv eingeschätzt.

V. Nicht substanzgebundener Missbrauch und Abhängigkeit (Verhaltenssüchte)

In den letzten Jahren wurde in Wissenschaft und Praxis eine intensive Diskussion um die Verhaltenssüchte, beispielsweise exzessives Glücksspiel, Kaufverhalten, Internetnutzung, Sexsucht, bestimmte Formen des Essverhaltens (*Binge-eating*), geführt.

Der Begriff Verhaltenssüchte zielt darauf, dass derartige Verhaltensweisen der Kontrolle der betreffenden Menschen im Sinne süchtiger Verhaltensweisen entglitten sind. Deren zunehmende Dominanz bewirkt, dass andere Aktivitäten, familiäre und berufliche Pflichten, die Einhaltung eines normalen Tagesrhythmus von Aktivität, Entspannung und Schlaf, aber auch eine gesunde und ausreichende Ernährung usw. zunehmend vernachlässigt werden.

Infolgedessen treten neben den sozialen (z.B. Verschuldung) und psychischen Folgen (z.B. Suizidalität) auch **körperliche Folgen** zutage. Vom individuellen Bedingungsgefüge, vom klinischen Erscheinungsbild und nicht zuletzt vom komplexen Schädigungspotential her gibt es auffällige Parallelen zum schädlichen Gebrauch psychotroper Substanzen und schließlich zur Substanzabhängigkeit. Die Forschung belegt, dass an Entstehung und Aufrechterhaltung süchtigen Verhaltens ähnliche neurobiologische Mechanismen wie bei

Substanzabhängigkeit beteiligt sind. Zunehmend unwiderstehliches Verlangen (*Craving*), Kontrollverlust und Fortsetzung des Verhaltens trotz erkennbarer – wenngleich oft bagatellisierter – negativer Konsequenzen entsprechen den Merkmalen der Substanzabhängigkeit.

Deshalb haben sich die Begriffe Verhaltenssüchte oder nichtstoffgebundene oder nichtsubstanzgebundene Abhängigkeit etabliert. Die wissenschaftliche Diskussion ist noch nicht abgeschlossen. Zu den verschiedenen Formen der Verhaltenssüchte divergieren die Auffassungen noch stark. Allerdings ist in die neueren Klassifikationssysteme (DSM-5) schon das **pathologische Glücksspiel** (engl. *gambling*) als eigene Kategorie aufgenommen worden. Die ICD-10 führt das pathologische Spielen (engl. gaming) (ICD-10: F63.0) noch als Form gestörter Impulskontrolle auf.

Die ICD-11 gliedert die Störungen durch Verhaltenssüchte folgendermaßen:

- 6C50: Pathologisches Glückspielen
- 6C51: Pathologisches Spielen
- 6C5Y: Sonstige näher bezeichnete Störungen durch Verhaltenssüchte
- 6C5Z: Störungen durch Verhaltenssüchte, nicht näher bezeichnet

Sexsucht ordnet die ICD-11als Impulskontrollstörung und Kaufsucht als Zwangshandlung ein.

Dass Glücksspielsucht, in Deutschland bei ca. 1 – 2 % der Bevölkerung vorkommend, zu verheerenden finanziellen Konsequenzen führt, liegt auf der Hand.

Die hier erwähnten Störungsbilder berühren die grundsätzliche Skepsis gegenüber der Gefahr, den Suchtbegriff inflationär auszuweiten. Um berechtigterweise von Sucht zu sprechen, müssen die die diagnostischen Kriterien für Abhängigkeit vorliegen und Leidensdruck bestehen. Trotzdem ist es dringend geboten, diesen um sich greifenden Phänomen in Wissenschaft und Versorgungspraxis, aber vor allem in der öffentlichen Aufklärung im Hinblick auf Prävention und Früherkennung verstärkte Aufmerksamkeit zu widmen. Letzteres bezieht sich vor allem auf die exzessive Nutzung moderner Medien schon bei Kindern und Jugendlichen, häufig begünstigt durch die nachteiligen Vorbilder in elterlichem Verhalten.

Man geht heute davon aus, dass anfangs die Freude, der Genuss an den betreffenden Aktivitäten gesucht wird. Schrittweise kommt es zu Veränderungen im neurobiologischen Belohnungssystem des Gehirns. Häufig sollen Defizite der Emotionsregulation und der Sozialkompetenz vorliegen. Die Verhaltenssüchte begünstigen die Tendenz, wichtige Aufgaben aufzuschieben (Prokrastination) und reale Kontakte zu knüpfen.

Es gibt mittlerweile verschiedene therapeutische Ansätze, vor allem auf kognitiv-verhaltenstherapeutischer Grundlage einschließlich des unterstützenden Einsatzes von Medikamenten. Psychosoziale Maßnahmen, die auf die Wiederherstellung adäquater sozialer Funktionsfähigkeit gerichtet sind, sind von größter Bedeutung. Sie schließen Schuldnerberatung ein.

VI. Schizophrenien und verwandte Störungen

1. Schizophrenien

a. Allgemeines

Die Gruppe der **Schizophrenien** (ICF-10: F20), oft auch als schizophrene Psychosen bezeichnet, wurden früher der Gruppe der endogenen Psychosen zugerechnet; dieser letztgenannte Begriff ist allerdings in Fachkreisen kaum noch in Gebrauch.

Auch die ICD-11 behält den Begriff der Schizophrenie (ICD-11: 6A20) bei. Jedoch hat die ICD-11 die Katatonie, die bislang als Unterform der Schizophrenie galt, als Kategorie separiert.

Als Schizophrenien fasst man Krankheitsbilder zusammen, die trotz vieler Gemeinsamkeiten und einer Art Kernsymptomatik eine große Heterogenität aufweisen. Sie unterscheiden sich hinsichtlich der im Vordergrund stehenden Symptomatik und hinsichtlich des Verlaufs, offenkundig auch in ätiologischer oder pathogenetischer Hinsicht. In manchen Familien tritt die Erkrankung gehäuft auf, das weist auf eine genetische Disposition hin. In anderen Fällen gibt es keine solche familiäre Häufung.

Die Schizophrenien sind eine sehr bedeutsame Erkrankungsgruppe. Sie kommen vergleichsweise häufig vor. Im Laufe des Lebens erkrankt – unabhängig von Kulturkreisen und Ländern – bis zu einem Prozent der Menschen an einer Schizophrenie. Die Kosten für Behandlung, für Rehabilitation, für Rente wegen Berufsunfähigkeit, Leistungen der Eingliederungshilfe usw. sind in volkswirtschaftlicher Perspektive beträchtlich. Vor allem aber für den betroffenen Menschen stellt die Erkrankung einen schwerwiegenden Einschnitt in die Biografie dar, insbesondere dann, wenn Berufsperspektive, Erwerbsfähigkeit und soziale Inklusion langfristig oder dauerhaft eingeschränkt bleiben, unter Umständen sogar Leistungen der Eingliederungshilfe notwendig werden. Gerade die Diagnose Schizophrenie ist von einer deutlichen **Stigmatisierung** betroffen. Die Lebenserwartung von Menschen mit Schizophrenie ist deutlich niedriger als in der Durchschnittsbevölkerung. Das liegt am erhöhten Risiko, Suizid zu begehen, aber auch an der Tendenz, ungesünder zu leben, Suchtmittel zu konsumieren, die gesundheitsbezogene Selbstsorge trotz erhöhter körperlicher Krankheitsrisiken zu vernachlässigen usw.

Auch stehen bestimmte Psychopharmaka im Verdacht, die Lebenserwartung zu reduzieren. Dies ist kein grundsätzliches Argument gegen ihre Verwendung, unterstreicht jedoch die Notwendigkeit, in jedem Einzelfall Pro und Contra sorgfältig abzuwägen. Die **Prognose einer Schizophrenie** kann nicht pauschal und von vornherein als ungünstig dargestellt werden. Der Verlauf im Einzelfall wird einerseits von Faktoren der individuellen Krankheit, der psychischen Gesamtverfassung der betroffenen Person, andererseits von der Qualität der Behandlung und der psychosozialen Unterstützung beeinflusst.

b. Symptomatik

Die Symptomatik der Schizophrenien ist sehr vielgestaltig. Um innerhalb der ausgeprägten Heterogenität der Symptomatik eine Orientierung für die Diagnostik zu finden, nennt die ICD-10 Symptome mit einem besonderen Stellenwert für die Diagnose Schizophrenie:

1. Gedankenlautwerden, -eingebung, -entzug und -ausbreitung
2. Kontrollwahn, Beeinflussungswahn, Gefühl des Gemachten hinsichtlich Gedanken, Bewegungen, Tätigkeiten, Empfindungen; Wahnwahrnehmungen
3. Kommentierende oder dialogische Stimmen, die über den Patienten sprechen, oder andere Stimmen, die aus dem Körper kommen
4. Anhaltender, kulturell unangemessener und völlig unrealistischer Wahn
5. Anhaltende Halluzinationen jeder Sinnesmodalität, begleitet entweder von flüchtigen oder undeutlich ausgeprägte Wahngedanken ohne deutliche affektive Beteiligung oder begleitet von anhaltenden überwertigen Ideen oder täglich über Wochen oder Monate auftretend
6. Gedankenabreißen, Einschiebungen in den Gedankenfluss, was zu Zerfahrenheit, Danebenreden oder Neologismen führt
7. Katatone Symptome wie Erregung, Haltungsstereotypien oder wächserne Biegsamkeit, Negativismus, Mutismus und Stupor
8. „Negative“ Symptome wie Apathie, Sprachverarmung, verflachte oder inadäquate Affekte (diese Symptome dürfen nicht durch Depression verursacht oder als Nebenwirkung der Medikation erklärbar sein).

Gemäß den diagnostischen Regeln der ICD-10 verlangt die Diagnose einer Schizophrenie wenigstens **ein eindeutig vorhandenes Symptom** (jedoch zwei oder mehr, falls weniger deutlich ausgeprägt) aus den Merkmalsgruppen 1 bis 4, oder alternativ mindestens zwei Symptome aus den Merkmalsgruppen 5 bis 8 fast ständig über wenigstens einen Monat vorliegend. Auch muss eine organische Ursache der Symptomatik ausgeschlossen sein. Das ist durch eine sorgfältige Erhebung der Vorgeschichte sowie gründliche klinische und paraklinische Untersuchungen abzuklären.

Bestehen die Symptome weniger als einen Monat – gleichgültig ob spontan oder unter Behandlung – soll zunächst eine vorübergehende akute psychotische Störung (ICD-10: F23; ICD-11: 6A23) diagnostiziert werden. Damit soll verhindert werden, sich vorschnell auf die doch noch immer mit der Zuschreibung einer ungünstigen Prognose und mit einem Stigma behaftete Diagnose Schizophrenie festzulegen.

Traditionell unterscheidet man mehrere klinische Unterformen der Schizophrenien. Sie werden danach bestimmt, welche Symptomatik im Vordergrund des klinischen Bildes steht. Allerdings hat die ICD-11 diese Aufteilung der klinischen Formen verlassen.

Eine **paranoide Schizophrenie** (früher: Paraphrenie) (ICD-10: F20.0) liegt vor, wenn eine Wahnsymptomatik das Bild bestimmt. Diese klinische Form wird am häufigsten diagnostiziert. Die das Bild prägende Wahnsymptomatik wird in der Regel von Halluzinationen, namentlich von akustischen, begleitet. Deshalb wird oft von paranoid-halluzinatorischer Schizophrenie gesprochen – obwohl die ICD-10 diesen Begriff gar nicht kennt. Übrigens kommen Halluzinationen auch bei anderen Krankheitsbildern als den Schizophrenien vor. Viele Patienten mit paranoiden Schizophrenien arrangieren sich in lebenspraktischer Hinsicht erstaunlich gut mit ihrem Wahn. Oft behalten sie die Wahnideen und Wahnvorstellungen für sich und gehen unter Umständen weitestgehend unauffällig ihren Alltagobliegenheiten nach.

Um eine Hebephrenie oder **hebephrene Schizophrenie** (ICD-10: F20.1) handelt es sich, wenn Veränderungen von Affektivität, Stimmung, Verhaltensänderungen und Antrieb im Sinne von Verantwortungslosigkeit, Gleichgültigkeit, Teilnahmslosigkeit dominieren, während Wahnsymptome, Trugwahrnehmungen und andere produktive Symptome nur flüchtig auftreten oder im Hintergrund bleiben. Psychomotorische Auffälligkeiten wie Grimassieren können auftreten, ebenso hypochondrische Klagsamkeit und Störungen des formalen Denkens. Diese klinische Form hat eine ungünstige Prognose und beginnt vergleichsweise früh, etwa zwischen 15. und 25. Lebensjahr. Deshalb sollte man die erstmalige Diagnose einer Hebephrenie nur bei Jugendlichen oder jungen Erwachsenen stellen.

Eine **katatone Schizophrenie** oder Katatonie (ICD-10: F20.2) liegt vor, wenn psychomotorische Symptome – auch katatone Symptome genannt–, auch durchaus im raschen Wechsel von Erregung und Hemmung, das klinische Bild beherrschen. Die Betroffenen können bizarre Haltungen (Katalepsie, Haltungsverharren), in Raumecken oder an Gebäude- oder Zimmerwänden stehend oder im Bett liegend, einnehmen. Gelegentlich kann man die Kranken passiv, ohne dass sie dagegen erkennbaren Widerstand leisten, in bestimmte Haltungen und Stellungen bringen (wächserne Biegsamkeit, *Flexibilitas cerea*). Manchmal existieren Hemmung und Erregung in verschiedenen Körperregionen nebeneinander. Eine besondere Form ist die **perniziöse** oder **febrile Katatonie**, bei der neben den psychomotorischen Symptomen Fieber, Pulsbeschleunigung usw. auftreten. Hier handelt es sich um einen lebensbedrohlichen Zustand.

Eine katatoniforme Symptomatik kann auch bei organischen Hirnerkrankungen auftreten, weshalb die sorgfältige somatisch-klinische Abklärung vor allem bei einem erstmaligen Auftreten (Erstmanifestation) unbedingt auch hier erforderlich ist.[60]

Eine **undifferenzierte Schizophrenie** (ICD-10: F20.3) wird diagnostiziert, wenn sich das Bild nicht mit Sicherheit einer bestimmten klinischen Form (ICD-10: F20.0, F20.1, F20.2) zuordnen lässt, obwohl vom Gesamteindruck her an der Schizophrenie kein Zweifel besteht. Die Diagnose **Schizophrenia simplex** (ICD-10: F20.6) wird gestellt, wenn die Symptomatik schleichend voranschreitet, ohne dass es zu einem der im Vorstehenden beschriebenen eindeutigen Prägnanztypen des klinischen Bildes kommt, dennoch Leistungsversagen, Verlust sozialer Kompetenzen usw. im Vordergrund stehen. Wahnvorstellungen und Trugwahrnehmungen hingegen finden sich nicht. Bei dieser klinischen Form stehen die ne-

60 Heutigentags wird die Diagnose katatoner Schizophrenien viel seltener als früher gestellt. Man fragt sich, ob die Katatonie tatsächlich seltener geworden ist oder nur seltener diagnostiziert wird. Manches spricht dafür, dass sie seltener erkannt wird. Häufig werden wohl psychomotorische Auffälligkeiten dem Nebenwirkungsprofil der Psychopharmaka zugerechnet und nicht als originäre Symptomatik der Katatonie angesehen. Für diese Interpretation des „Verschwindens der Katatonie" spricht, dass die Häufigkeit der Katatonie-Diagnose seit den 1960er Jahren zurückgeht, als nämlich die Antipsychotika (Neuroleptika) eingeführt wurden.

gativen oder Minussymptome im Vordergrund. Insofern ähnelt das Bild dem eines schizophrenen Residuums.

Es sind von einigen Autoren weitere Unterformen der Schizophrenien beschrieben worden. Genannt sei die **coenaesthetische Schizophrenie**. Bei ihr prägen quälende Leibempfindungen, die als gemacht oder von außen eingegeben erlebt werden, das klinische Bild. Für solche Sonderformen, die die ICD-10 nicht ausdrücklich benennt, gibt es in der ICD-10 die Kategorie **andere Schizophrenien** (ICD-10: F20.8).

c. Verlauf

In jedem Alter kann eine Schizophrenie auftreten, sogar, wenngleich selten, schon im Kindes- und Jugendalter. Eine **Ersterkrankung** findet sich vorzugsweise zwischen dem 15. und dem 35. Lebensjahr. Ein früherer Erkrankungsbeginn oder nach dem 40. Lebensjahr ist selten. Das Verhältnis zwischen Frauen und Männern ist nahezu ausgeglichen. Männer erkranken anfangs etwas häufiger und im Durchschnitt auch früher. Allerdings kommt es zu einem gewissen statistischen Nachholeffekt der Frauen nach der Menopause.

Man kann im Hinblick auf die Verlaufsgestalt den **kontinuierlichen** und den **episodischen Verlauf** unterscheiden. Beim kontinuierlichen Verlauf (ICD-10: F20.x0) hält die Symptomatik lange und ununterbrochen an, wird also chronisch. Ein Spezialfall ist der (chronisch-)progrediente Verlauf, bei dem sich die schizophrene Symptomatik mit der Zeit immer stärker ausprägt. Der episodische Verlauf gliedert sich in voneinander abgrenzbare Episoden, zwischen denen die Symptomatik gänzlich oder weitgehend verschwindet. Innerhalb des episodischen Verlaufs unterscheidet man den **episodischen Verlauf mit Remission** (ICD-10: F20.x3), bei dem die produktive Symptomatik nach den Episoden völlig oder weitgehend verschwindet, vom **episodischen Verlauf mit Residuum** (ICD-10: F20.x und F20.x1), bei dem nach dem Abklingen der produktiven Symptomatik der Episode ein schizophrenes Residuum (ICD-10: F20.5) übrigbleibt.

Die Symptomatik des **Residuums** kann nach jeder Episode deutlicher werden. Oft kommt es überhaupt erst nach mehreren Episoden zu einem erkennbaren Residuum. Weil schizophrene Episoden oft ein Residuum zurücklassen, nannte man die Episoden früher Schübe. Das schizophrene Residuum ist ein längerdauernder – allerdings nicht unbedingt irreversibler – Zustand verminderter Aktivität und Initiative, geminderten Antriebs, psychomotorischer Verlangsamung, affektiver Verarmung, verminderter Konzentration, beeinträchtigter kognitiver Fähigkeiten usw. Dieser Zustand ist hauptsächlich von negativen oder Minussymptomen geprägt. Früher nannte man diesen Zustand Defekt oder auch Defektschizophrenie. Mit diesen Begriffen lehnte man sich an den Begriff der Defektheilung aus der allgemeinen Pathologie an. Die erwähnten Begriffe Defekt und Defektschizophrenie werden jedoch wegen ihrer abwertenden Konnotation nicht mehr verwendet. Zeitweilig glaubte man, die Residuen ließen sich hauptsächlich auf die nachteiligen Bedingungen während langfristiger Krankenhausaufenthalte zurückführen (Hospitalismus). Natürlich spielen solche Faktoren eine Rolle, nur können sie nicht allein für die Residuen verantwortlich gemacht werden.

Ein ausgeprägtes Residuum kann einem organisch bedingten Zustand, der selbstverständlich anamnestisch, klinisch-diagnostisch und paraklinisch-diagnostisch ausgeschlossen werden muss, ähneln.

Die schizophrenen Residuen müssen unterschieden werden von der **postschizophrenen Depression** (ICD-10: F20.4), die als zeitweiliger depressiver Zustand innerhalb eines Jahres nach einer schizophrenen Episode definiert wird. In diesem Zustand sollen noch schizophrene Symptome, wenn auch deutlich im Hintergrund, enthalten sein.

Im Hinblick auf den Verlauf gilt, dass manche der an Schizophrenien erkrankten Patienten wieder gesund werden (Heilung) oder allenfalls leichte Residuen behalten. Andere entwickeln deutliche Residuen, wieder andere schwere Residuen oder kontinuierliche Verläufe. Damit bleibt als Herausforderung bestehen, vor allem für die beiden letztgenannten Gruppen adäquate Formen der medizinischen Versorgung und psychosozialen Unterstützung zu finden. Insgesamt hat sich unter heutigen Behandlungsbedingungen die Prognose verbessert.

In jüngerer Vergangenheit sind – unter anderem im Rahmen von sog. Recovery-Konzepten – neben der psychopathologischen Symptomreduktion pragmatische Behandlungsziele wie Verbesserung des psychosozialen Funktionsniveaus, Lebensqualität, Selbstbestimmung, Selbstwirksamkeit, oder soziale Teilhabe (Inklusion) in den Vordergrund gerückt. Damit wird die Bedeutung psychosozialer Interventionen deutlich.

Aussagen über den Verlauf kann man naturgemäß erst nach längeren Verläufen machen. Sichere Prognosekriterien auf individueller Ebene gibt es noch nicht. In den Anfangsstadien der individuellen Erkrankung ist eine verlässliche Prognose nur schwer zu formulieren. Man weiß aber, dass eine früh einsetzende und regelmäßig fortgesetzte Behandlung den Verlauf positiv beeinflussen kann. Das heißt leider nicht, dass die Behandlung den Erkrankungsverlauf immer zuverlässig und dauerhaft positiv beeinflusst. Es gibt es viele Patienten, bei denen selbst bei bester Behandlung der Behandlungserfolg im Hinblick auf Schwere und Verlauf der Erkrankung unbefriedigend bleibt. Deshalb richten sich in der Psychiatrie wie in anderen medizinischen Fächern die Hoffnungen immer wieder auf medikamentöse Neuentwicklungen, von denen man sich bessere Wirksamkeit und geringere Nebenwirkungen verspricht. Leider verspricht die Arzneimittelindustrie zumeist mehr als sie am Ende halten kann.

Man weiß, dass bei vielen Verläufen lange vor der eindeutigen Manifestation der Schizophrenie erste Auffälligkeiten im Erleben und Verhalten auftreten. Diese lassen sich jedoch oft im Nachhinein als Vorboten, als Prodrome, Prodromi oder **Prodromalstadien** der Schizophrenie interpretieren. Diese Symptomatik dieser Prodromalstadien ist unterschiedlich. Sie können sowohl ein unspezifisches als auch ein spezifisches Gepräge besitzen. Oft zeigen sich derartige Symptome vorrangig im subjektiven Empfinden des Betroffenen, in selbst wahrgenommenen Beeinträchtigungen des Leistungsvermögens (Leistungsknick), der sozialen Interaktion, der Wahrnehmungs- und Denkvorgänge und anderen Aspekten der Funktionsfähigkeit usw. Die Auffälligkeiten können auch Dritten, Angehörigen oder Freunden auffallen, wenn sich etwa bei einem Jugendlichen plötzlich oder schleichend Leistungsversagen, Interessen verändern oder verloren gehen oder schrullige und persönlichkeitsfremde Verhaltensweisen eine bisher erfolgversprechende Entwicklung unterbrechen. Manchmal fallen schon vor der manifesten Erkrankung sonderlingshafte, einzelgängerische oder scheue Persönlichkeitszüge auf, die als Auffälligkeiten der sog. prämorbiden Persönlichkeit bezeichnet werden. Solche Auffälligkeiten lassen sich manchmal bis in die Kindheit oder in die Jugend zurückverfolgen.

Oft finden sich vor den manifesten schizophrenen Episoden Zeitabschnitte, die durch psychopathologische Symptome geprägt waren, die mit anderen (Verdachts-)Diagnosen in Verbindung gebracht wurden: Neurotische Zustände, Angstzustände, Zwangssymptome, hypochondrische oder depressive Zustände. Das sind wohl zumeist Prodromalstadien.

Die Forschung richtet seit vielen Jahren auf die Erkennung von Risiko-Faktoren und frühen Symptomen oder Prodromen, die präventive Interventionen, eine individuelle Frühintervention möglich oder angeraten sein lassen. Doch nicht alle Träger solcher Risiko-Merkmale oder prodromaler Symptome erkranken später an einer manifesten Schizophrenie. Einige entwickeln andere Störungsbilder. Insofern sind noch viele fachwissenschaftliche und ethische Fragen offen.

Bei der Beurteilung der Verläufe schizophrener Psychosen ist zu bedenken, dass die Behandlungsmaßnahmen einerseits erwünschte Wirkungen zeigen, dass andererseits die Nebenwirkungen der Psychopharmaka im Bereich von Antrieb, Stimmung, Motorik usw. das originäre Erscheinungsbild der Krankheitsbilder überformen können.

Wesentliche psychische **Komorbiditäten** (Zum Begriff siehe oben I. 6.) bei der Schizophrenie sind: Substanzmissbrauch oder -abhängigkeit (insbesondere Tabak, Alkohol und Cannabis), Depression und Suizidalität, Zwangsstörungen, Angststörungen oder Schlafstörungen. Unruhe und Erregungszustände treten oft auf. Manchmal setzen Menschen mit Schizophrenien selbst resignierend und erschöpft ihrem Leben ein Ende. Doch auch halluzinierte Befehle (imperative Halluzinationen), Wahnvorstellungen oder Beeinflussungserlebnisse können zu suizidalen Handlungen führen. Bei schizophren erkrankten Menschen finden sich überdurchschnittlich viele Belastungen mit somatischen Komorbiditäten. Einige gehen auf die krankheitsbedingte Vernachlässigung der eigenen Gesundheit, auf ungesunde Lebensweise oder auf die Nebenwirkungen der Psychopharmaka zurück.

d. Ursachen

Die Vielgestaltigkeit von Symptomatik und Verläufen sowie die unterschiedliche Ansprechbarkeit auf Behandlung machen es unwahrscheinlich, wie schon eingangs erläutert, dass es sich bei den Schizophrenien um ein einheitliches Krankheitsbild handelt. Viel wahrscheinlicher handelt sich bei den Schizophrenien um eine Gruppe heterogener psychischer Störungen. Insofern verspricht es derzeit wenig Erfolg, eine einheitliche Theorie zur Entstehung der Schizophrenie formulieren zu wollen.

Die klinische Erfahrung und die Ergebnisse der Forschung unterstreichen den Einfluss genetischer Faktoren. Im familiären Umfeld an Schizophrenie erkrankter Menschen finden sich nicht selten weitere Erkrankungsfälle. Die Zwillingsforschung konnte gleichfalls die Bedeutung der genetischen Faktoren belegen. Doch viele Details der genetischen Mechanismen sind noch ungeklärt. So zeigt die Beobachtung, dass bei eineiigen Zwillingen, deren einer eine Schizophrenie entwickelt, der andere Zwilling hingegen nicht, dass auch Umweltfaktoren in das Erkrankungsrisiko hineinspielen (multifaktorielle Verursachung).

Mittlerweile sind viele Gene mit Schizophrenie in Verbindung gebracht worden. Man spricht heute von einer **polygenen Vererbung**. Bisher gibt es kein genetisches Merkmal, das in der praktischen Diagnostik verwendet wird. Man kann sich die Verhältnisse folgendermaßen vorstellen: Jeder einzelne genetische Faktor steuert einen kleinen Beitrag zur Disposition für die Erkrankung bei. Heute geht man davon aus, dass außerdem pränatale Einflüsse, Reifungsstörungen bestimmter Hirnareale, psychosoziale Faktoren während der individuellen Entwicklung usw. die Disposition für Schizophrenien beeinflussen. Es entsteht dabei eine individuell sehr unterschiedliche Vulnerabilität (Verletzlichkeit), die auch von Schutzfaktoren (Resilienzfaktoren) beeinflusst wird.

Das weithin bekannte **Vulnerabilitäts-Stress-Modell**[61] (auch als *Diathese-Stress-Modell* bezeichnet) veranschaulicht das Zusammenwirken einer bestimmten individuellen Vulnerabilität mit psychosozialen und biologischen Stressoren, die in bestimmten Situationen auftreten. Übersteigen die Belastungen durch diese Stressoren die individuelle Belastbarkeitsschwelle, manifestiert sich die Krankheit, für die eine Anlage, eine Disposition vorhanden ist. Dieses Modell der Wechselwirkungen zwischen Dispositionen und Stressoren veranschaulicht auch, dass diese Schwelle durch Therapien aller Art, Arzneimittel, psychosoziale Interventionen usw. angehoben werden kann.

Das heutige Wissen verbietet, einfache und pauschale Theorien über die Entstehung der Schizophrenien aufzustellen. Entgegen manchen Hypothesen, namentlich der 1960er und 1970er Jahre, werden Schizophrenien nicht durch Erziehungseinflüsse, Fehlverhalten der Eltern (sog. *Double-bind*) usw. verursacht. Erst recht sind Schizophrenien (oder andere psychische Störungen) keine Erfindung der Psychiatrie, um Menschen, die sich gesellschaftlichen Erwartungen nicht fügen, auszugrenzen. Im Gegenteil bemüht sich die Psychiatrie, Menschen, die infolge ihrer psychischen Erkrankungen zeitweilig oder langfristig ihren eigenen Erwartungen oder den Erwartungen der Umwelt nicht gerecht werden können, gegen Stigmatisierungen und Ausgrenzung beizustehen. Doch letztendlich muss das als gesamtgesellschaftliche Aufgabe begriffen werden.

e. Behandlung

Die Behandlung ist nicht bloß eine Behandlung der Krankheit; sie zielt nicht allein auf die Linderung oder Beseitigung der Symptomatik. Vielmehr geht es darum, den Patienten in die Lage zu versetzen, sein Leben wieder selbst möglichst selbstbestimmt zu führen, seine sozialen Funktionen zu erfüllen usw. Er soll in die Lage versetzt werden, in Kenntnis von Vor- und Nachteilen, Nutzen und Risiken die ihm angebotenen medikamentösen, psychotherapeutischen und psychosozialen Behandlungsoptionen abzuwägen. Damit ist die Einbeziehung des Patienten in alle ihn betreffenden therapeutischen Erwägungen unabdingbar, auch dann, wenn ihm ein rechtlicher Betreuer zur Seite steht. Das setzt auch immer die sachgerechte Aufklärung über Wirkungen und Nebenwirkungen sowie therapeutische Alternativen ein. In die therapeutischen Vorschläge sollen auch die Vorerfahrungen des Patienten einbezogen werden.

61 Das Vulnerabilitäts-Stress-Modell wird nicht exklusiv für die Schizophrenien verwendet, sondern auch für andere psychische Störungen.

Erschwerend wirkt sich aus, dass die erkrankten Personen häufig, vor allem anfangs, keine oder keine stabile Krankheitseinsicht haben. Das erschwert die Motivation zur Mitwirkung an der Behandlung. Schließlich kann der Patient krankheitsbedingt wähnen, die Behandlung sei eine feindselige Aktion seiner Verfolger usw.

In akuten Krankheitsphasen muss beachtet werden, ob Festlegungen des Patienten für den Fall der (Wieder-)Erkrankung, etwa in Form von Behandlungsvereinbarungen oder Patientenverfügungen, die in „gesunden Zeiten" formuliert wurden, vorliegen. Behandlungen gegen den natürlichen Willen (Zwangsbehandlungen) sind auf ganz wenige Ausnahmen, für die zu Recht sehr strenge gesetzliche Regelungen gelten, beschränkt (zu Zwangsbehandlungen siehe hier Teil 3)

An dieser Stelle können nicht alle therapeutischen Verfahren und alle Details der Therapie dargelegt werden. Es kann nur um eine grobe Orientierung gehen.

Die Behandlung der schizophrenen Psychosen umfasst mehrere Komponenten oder therapeutische Modalitäten:

- Psychopharmakotherapie und andere somatische Verfahren,
- psychotherapeutische Interventionen
- psychosozialen Interventionen.

Diese werden je nach Lage des Einzelfalls, vor allem im Hinblick auf das Erkrankungsstadium kombiniert (multimodale Therapie). Alle diese Komponenten müssen gut aufeinander abgestimmt werden. Die Behandlung erfolgt zumeist in multiprofessioneller Form, vor allem im stationären oder teilstationären Kontext.

aa. Psychopharmakotherapie

Die wichtigsten Medikamente bei Schizophrenien sind die **Antipsychotika** (Neuroleptika). Sie können in begründeten Fällen mit anderen Psychopharmaka (Antidepressive, Sedativa usw.) kombiniert werden. Sie werden in der Akut- oder Erhaltungstherapie eingesetzt, um die Symptome der Schizophrenie zu lindern oder idealerweise zum Verschwinden zu bringen. Auch können sie als Rezidivprophylaktika eingesetzt werden.

Die Arzneimittel sollen so niedrig wie möglich, so hoch wie nötig dosiert werden. Dafür liegen den Ärzten fachliche Empfehlungen (Leitlinien) vor. Behandlungseffekte treten im Allgemeinen verzögert auf. Wenn eine ausreichend lange Behandlung mit einem bestimmten Antipsychotikum in ausreichender Dosierung wirkungslos bleibt, kommt die Umstellung auf ein Antipsychotikum mit einem anderen Wirkmechanismus in Frage. Ob eine ausreichende Wirkstoffmenge im Blut des Patienten vorliegt, kann durch das therapeutische Drug Monitoring geklärt werden.

Das Absetzen – besser: das Ausschleichen – der Psychopharmaka soll in der Regel in möglichst kleinen Schritten und unter ärztlicher Begleitung erfolgen. Gerade der letzte Zeitabschnitt verdient größte Aufmerksamkeit. Er sollte so geduldig und vorsichtig wie möglich gestaltet werden. Zweckmäßig ist es, nach Absetzen der Medikamente den Zustand des Patienten über wenigstens zwei Jahre zu beobachten. Der Patient soll instruiert werden, Zeichen eines Rezidivs zu beachten. In diesem Falle soll er wieder therapeutische Hilfe in Anspruch nehmen. Unter Abwägung des Nutzens und der Risiken soll eine medikamentöse Langzeitprophylaxe angeboten werden, denn immerhin gibt es Belege dafür, dass das Rezidivrisiko nach dem Absetzen höher ist als unter fortgesetzter Medikation.

Leider wirken die Antipsychotika gerade im Hinblick auf die für die soziale Funktionsfähigkeit heiklen negativen Symptome (Antriebsmangel, affektive Veränderungen usw.) nur unzureichend. Daran haben auch die atypischen Antipsychotika nur wenig ändern können. Außerdem haben alle Psychopharmaka Nebenwirkungen. Außerdem spielen die Bedingungen des individuellen Patienten dafür eine Rolle. Deshalb sind bei den Entscheidungen hinsichtlich Art, Dosis und Behandlungsdauer die Dringlichkeit der Symptomlinderung, der erwartete Erfolg und die kurz- und langfristigen Nebenwirkungen abzuwägen. Immer kommt dem Willen des Patienten die zentrale Position zu. Allerdings kann die souveräne Willensentscheidung im Zustand der akuten psychotischen Erkrankungen erheblich beeinträchtigt sein, etwa unter dem Eindruck psychotischer Symptome wie Wahn, Trugwahrnehmungen usw. Hier kommen vor allem die einfühlsame Beratung und eine verständnisvolle Begleitung zum Tragen. Eine Psychopharmakotherapie bedarf der regelmäßigen Prüfung der Wirkung und Nebenwirkungen sowie regelmäßigen Kontrolle wichtiger Laborwerte. Zur Therapieoptimierung, zur Klärung von Nebenwirkungen, unzureichender Wirkung, Arzneimittelwechselwirkungen usw. kommt das Therapeutische Drug Monitoring, die Untersuchung der Arzneimittelkonzentration im Blutserum, in Betracht.

In therapieschwierigen akuten Fällen, vor allem der katatonen Formen, kann eine Behandlung mit der Elektrokrampftherapie (EKT) angeboten werden.

bb. Psychotherapeutische und psychosoziale Interventionen

Neben der Psychopharmakotherapie spielen – wieder je nach Symptomatik und Stadium der Krankheit – **psychotherapeutische Verfahren** sowie **psychosoziale bzw. soziotherapeutische Interventionen** eine große Rolle. Sie sind keine Alternativen zur medikamentösen Behandlung, sondern unterstützen diese. Sie sind auch erkrankten Menschen anzubieten, die eine medikamentöse Behandlung ablehnen.

Unter den psychotherapeutischen Interventionen ist die Wirkung der Kognitiven Verhaltenstherapie am besten belegt. Dem Patienten wird eine unterstützende Beziehung angeboten; konfrontative Zugänge werden vermieden. Es geht u.a. darum, den Patienten zu befähigen, seine Wahrnehmungen, Ansichten und Schlussfolgerungen in Bezug auf die Symptome neu bewerten zu lernen.

Auch werden **systemisch-psychotherapeutische Interventionen** bzw. **Familieninterventionen**, die die Angehörigen einbinden, angeboten. Wenn die Krankheit die sozialen Kompetenzen beeinträchtigt hat, kommt ein längerfristig angelegtes systematisches Training sozialer Fertigkeiten in Betracht. Unter **kognitiver Remediation** versteht man eine neuere therapeutische trainingsbasierte Technik zur Verbesserung der psychosozialen und kognitiven Funktionsfähigkeit.

Psychodynamische und psychoanalytische Verfahren blicken zwar auf eine lange Tradition ihrer Anwendung bei Menschen mit Schizophrenie zurück, werden aber hinsichtlich ihrer Wirkung kontrovers bewertet.

Die Gesprächspsychotherapie ist im Hinblick auf ihre Wirkung bei Schizophrenie kaum untersucht, kann aber wegen ihrer supportiven Elemente angeboten werden, wenn keine anderen psychotherapeutischen Möglichkeiten zur Verfügung stehen.

Ergotherapie zielt auf die Förderung von Belastungsfähigkeit, Ausdauer, Konzentration usw. **Bewegungstherapien** und **sportliche Aktivitäten** sind zweckmäßige Ergänzungen im Rahmen des Gesamtbehandlungsplanes. Künstlerische Therapien (Musik-, Tanz-, Maltherapie usw.) sollen unter Berücksichtigung der Wünsche des Patienten angeboten werden. Wachsende Bedeutung kommt den systematischen **psychoedukativen Interventionen** zu, bei denen die Patienten, ihre Angehörigen und andere Vertrauenspersonen fachlich fundierte Informationen über das Krankheitsbild, über seine Ursachen und Bedingungen, über die Therapie, über krankheitsgerechtes Verhalten usw. erhalten. Sie sollen dafür gewonnen und befähigt werden, Rezidive früh zu erkennen, aktiv an der Behandlung mitzuwirken, kompetente Entscheidungen als informierte „Experten in eigener Sache" zu treffen, die Krankheit erfolgreich zu bewältigen, einen gesundheitsförderlichen Lebensstil zu verwirklichen usw.

Die Angehörigen stellen in der Regel eine wichtige Ressource bei der Behandlung und Rehabilitation der Patienten dar. Sie sind oft massiv von den Auswirkungen der Erkrankung ihres Familienmitgliedes oder Partners betroffen. Dabei ist stets zu beachten, die Weitergabe von Informationen über das Krankheitsbild eines Menschen an Dritte setzt immer dessen ausdrückliche Zustimmung voraus.

Um das Dreieck der Kooperation zwischen Patienten, Angehörigen und Professionellen zu charakterisieren, spricht man vom **Trialog**. Die Organisationen der Selbsthilfe der Betroffenen und/oder ihrer Angehörigen wollen in Zusammenarbeit mit Professionellen das Selbsthilfepotential fördern, wechselseitigen Rat und Unterstützung aus Betroffenenperspektive vermitteln und auch in den gesundheits- und sozialpolitischen Raum hineinwirken.

Es gibt noch eine Reihe anderer wichtiger soziotherapeutischer oder psychosozialer Interventionen, die zur medizinischen und beruflichen Rehabilitation gehören. Sie können hier nicht dargestellt werden.

f. Aspekte der rechtlichen Betreuung

Die Schwerpunkte der rechtlichen Betreuung hängen von der Symptomatik und ihrer Schwere ab. Sie sind bei kontinuierlichen Verlaufsformen im Allgemeinen andere als bei remittierenden Verläufen.

Eine zentrale Rolle spielt die Unterstützung in administrativen und finanziellen Angelegenheiten, oft auch die Durchsetzung sozialrechtlicher Ansprüche (Behandlung, Rehabilitation, Rente und Eingliederungshilfe).

Im Hinblick auf die Gesundheitssorge sind namentlich im Zustand der Einwilligungsunfähigkeit die Einwilligung des Betreuers in diagnostische und vor allem in Behandlungsmaßnahmen erforderlich. Dabei ist der natürliche Willen zu beachten, er bleibt in aller Regel maßgeblich. In äußerst engem Rahmen sind **Zwangsbehandlungen** zulässig, nämlich wenn einerseits krankheitsbedingt Einwilligungsunfähigkeit vorliegt, und andererseits die Behandlung zur Abwendung eines drohenden erheblichen gesundheitlichen Schadens erforderlich ist. Vorliegende Patientenverfügungen und Behandlungsvereinbarungen sind zu beachten.

▶ *Zu Einzelheiten der maßgeblichen Aspekte des Betreuungsrechts sowie der Unterbringung und Zwangsbehandlung siehe Teil 1 und Teil 2 dieses Werks.*

2. Schizoaffektive Störungen

In die Nachbarschaft der Schizophrenien gehören die **schizoaffektiven Störungen** (ICD-10: F25). Die Lebenszeitprävalenz beträgt etwa 0,3 %.

Der ICD-10 zufolge sie dadurch charakterisiert, dass bei ihnen **gleichzeitig eindeutige affektive und eindeutige schizophrene Symptome** auftreten, jedoch weder die Kriterien für Schizophrenie noch für eine depressive oder manische Episode vollständig erfüllt werden. Die affektiven und die schizophrenietypischen Symptome müssen mindestens zwei Wochen lang gleichzeitig bestehen oder innerhalb derselben Episode nur durch wenige Tage getrennt sein, um die Diagnose einer schizoaffektiven Störung zu rechtfertigen. Die Diagnose einer schizoaffektiven Störung soll ausdrücklich nicht für Patienten verwendet werden, deren Episoden nur jeweils durch schizophrene oder affektive Symptome gekennzeichnet sind.

Die ICD-11 hat die Kriterien für schizoaffektive Störungen (ICD-11: 6A21) geschärft. Die schizophrenen und die affektiven Symptome (Depression, Manie) müssen mittelgradig bis schwer ausgeprägt gleichzeitig oder maximal wenige Tage nacheinander über vier Wochen eindeutig nachweisbar sein. Das erlaubt u. U. die bessere Abgrenzung von vorübergehenden akuten psychotischen Störungen.

a. Symptomatik

Die Symptomatik ergibt sich schon aus der allgemeinen Beschreibung. Man unterscheidet die gegenwärtig manischen, die gegenwärtig depressiven und die gegenwärtig gemischten Episoden.

Die gegenwärtig **manische Episode**, manchmal auch als schizomanische Episoden bezeichnet, ist durch gehobene Stimmung, Antriebssteigerung, Distanzlosigkeit, gesteigertes Selbstbewusstsein bis hin zu Größenideen gekennzeichnet. Größen- oder Verfolgungswahn können auftreten. Zur Abgrenzung von einer typischen manischen Episode einer affektiven Störung sind vor allem Gedankenausbreitung, Fremdbeeinflussungserlebnisse, Stimmenhören oder bizarre Wahnvorstellungen notwendig.

Die gegenwärtig **depressive Episode** wird durch Schlafstörungen, Appetitverlust, Verlangsamung, Verlust an Initiative und Interesse, Hoffnungslosigkeit, Schuldgefühle, Suizidalität usw. geprägt. Auch hier müssen zur Abgrenzung gegenüber einer klassischen depressiven Symptomatik schizophrenietypische Ich-Störungen (Fremdbeeinflussung, Gedankenausbreitung usw.), Stimmenhören oder Verfolgungswahn nachweisbar sein. Das wird dem Umstand gerecht, dass man auch bei eindeutig depressiv-affektiven Syndromen Schuld-, Verarmungs- oder Krankheitswahn finden kann.

Bei einer gegenwärtig **gemischten Episode** liegen Schizophrenie-Symptome und solche einer gemischten bipolaren affektiven Störung, also sowohl manische als auch depressive Symptome, gleichzeitig vor.

b. Verlauf

Der Verlauf ist episodisch, es kommen oft Rezidive vor. Es gibt auch Verläufe mit nur einer einzigen Episode. Typisch ist das rasche Hochschießen der akuten Symptomatik, die oft sehr ausgeprägt ist, aber auch die rasche Rückbildung derselben, oft sogar ohne Behandlung. Residuen, wie man sie von Schizophrenien kennt, kommen selten vor.

c. Ursachen

Über die Ursachen gibt es wenig Verlässliches. Auch hier werden multifaktorielle Ursachen unter Einschluss genetischer Aspekte diskutiert.

d. Behandlung

Die Behandlung in der akuten Episode richtet sich nach der dominierenden Symptomatik. Depressiv dominierte Störungsbilder werden mit Antidepressiva, manische dominierte mit Antipsychotika oder Lithium behandelt, Episoden mit dominierender schizophrener Symptomatik werden mit Antipsychotika behandelt.

Die Rezidivprophylaxe kann mit Carbamazepin oder Lithium erfolgen; unter Umständen zweigleisig mit zusätzlichen Antipsychotika. Die Psychotherapie ist u.a. auf die Bewältigung der Erkrankung und ihrer Folgen ausgerichtet.

e. Aspekte der rechtlichen Betreuung

Im Wesentlichen kann hierzu auf das oben unter I. 8. Dargelegte verweisen werden.

▶ *Zu Einzelheiten der maßgeblichen Aspekte des Betreuungsrechts sowie der Unterbringung und Zwangsbehandlung siehe Teil 1 und Teil 2 dieses Werks.*

3. Vorübergehende akute psychotische Störung

In die Nachbarschaft sowohl der Schizophrenien als auch der schizoaffektiven Störungen gehört die **Vorübergehende akute psychotische Störung** (ICD-10: F23), in der ICD-11 Akute vorübergehende psychotische Störung (ICD-11: 6A23) genannt. Diese Diagnose wird angewendet, wenn die Erkrankung in kurzer Zeit, innerhalb von höchstens zwei Wochen, aus dem gesunden Zustand heraus auftritt. Manchmal schießen die Symptome sogar in sehr kurzer Zeit auf, unter Umständen innerhalb weniger Stunden. Es entspricht klinischer Erfahrung, dass der Verlauf in aller Regel umso günstiger ist, je akuter die Symptomatik beginnt.

Die Symptomatik ist in aller Regel sehr heftig ausgeprägt. Sie kann sich einigermaßen gleichförmig darstellen, in anderen Fällen ist die Symptomatik von großer Dynamik, in dem die Symptome rasch wechseln, ins Gegenteil (z.B. Angst in Ekstase, Hemmung in Erregung) umschlagen usw. Deshalb spricht die ICD-10 in solchen Fällen von einer akuten polymorphen psychotischen Störung (ICD-10: F23). In einigen Fällen treten schizophrenieförmige Symptome auf, in anderen Fällen fehlen sie oder sind nur flüchtig. Für die vorübergehende akute psychotische Störung wird manchmal auch die Bezeichnung **zykloide Psychose** verwendet. Ob diese Gleichsetzung berechtigt ist, bleibe indes dahingestellt.

Auch ohne Behandlung klingt die Symptomatik innerhalb weniger Wochen, manchmal sogar innerhalb weniger Tage ab. Sie hinterlässt selten ein Residuum.

Eine vorübergehende akute psychotische Störung wird oft durch aktuelle psychische (z.B. Partnerverlust, Arbeitsplatzverlust) oder körperliche Belastungen (z.B. Entbindung, schwere körperliche Erkrankung) ausgelöst. Die Erkrankung kann rezidivieren. Die Behandlung der Episoden, vorzugsweise unter stationären Bedingungen, besteht vor allem in Psychopharmaka. Dabei stehen die Antipsychotika im Vordergrund, manchmal kommen ergänzend Anxiolytika oder Antidepressiva in Betracht.

Im Hinblick auf eine rechtliche Betreuung kann es erforderlich werden, wegen des jähen Beginns eine solche rechtliche Betreuung erstmalig einzurichten. Es wird hauptsächlich um Gesundheitssorge und administrative Angelegenheiten gehen.

VII. Affektive Störungen

1. Allgemeines

Die andere große Gruppe neben den Schizophrenien innerhalb der früher als endogene Psychosen bezeichneten Störungsbilder bilden die **affektiven Störungen** (ICD-10: F3). Die ICD-11 behält diese Begrifflichkeit bei. Man nannte die affektiven Störungen früher auch manisch-depressive Psychose oder Zyklothymie. Während man früher diese Gruppe weitgehend als eine Einheit auffasste, wird sie heute stärker differenziert. Das ist nicht allein theoretisch interessant, sondern hat praktische und klinische Bedeutung.

Die affektiven Störungen, namentlich die depressiven Formen, haben große volkswirtschaftliche Bedeutung. Sie gehören wegen ihrer Häufigkeit zu den Volkskrankheiten. Zu einem bestimmten Zeitpunkt (Punktprävalenz) sind etwa 2–7 Prozent der Bevölkerung depressiv, dabei Frauen etwas häufiger als Männer. Über die ganze Lebensspanne (Lebenszeitprävalenz) erleiden etwa 20 Prozent der Menschen irgendwann im Leben eine oder mehrere affektive Episoden.

Für Betroffene selbst haben affektive Störungen oft weitreichende Folgen in vielerlei Hinsicht: Zum einen begegnen ihnen in ihrer Umwelt nicht selten Ablehnung, Vorurteile oder Stigmatisierungen. Zum anderen kann die Erkrankung, vor allem wenn sie immer wieder auftritt (Rezidive), erhebliche negative Auswirkungen auf Ausbildung, Beruf, Partnerschaft und soziale Beziehungen haben.

Die ICD-10 unterteilt die affektiven Störungen (ICD-10: F3) in manische Episoden (ICD-10: F30), in bipolare affektive Störungen (ICD-10: F31), in depressive Episoden (ICD-10: F32), in rezidivierende depressive Störungen (ICD-10: F33), in anhaltende affektive Störungen (ICD-10: F34) und in einige andere weniger bedeutsamen Formen. Die ICD-11 unterteilt in bipolare und verwandte Störungen einerseits, in depressive Störungen andererseits.

Die große Bedeutung der affektiven Störungen rechtfertigt, sie ausführlicher darzustellen.

2. Affektive Symptomatik

Im Folgenden wird aus didaktischen Gründen zunächst die Symptomatik depressiver Syndrome, anschließend die Symptomatik manischer Syndrome dargestellt. Zur Erinnerung: Unter einem psychopathologischen Syndrom versteht man einen Komplex mehr oder minder zusammengehöriger Symptome. Es werden Schweregrade berücksichtigt, weil diese für die Zuordnung zu den für den Laien ziemlich schwer nachvollziehbaren diagnostischen Kategorien der ICD-10 bedeutsam sind.

Nicht in jedem Fall und nicht zu jedem Zeitpunkt liegen alle möglichen Symptome eines depressiven oder eines manischen Syndroms vollständig vor. Erstens bauen sich die Syndrome über die Zeit schrittweise auf, selbst wenn das manchmal sehr rasch geschieht. Ebenso bilden sich wieder schrittweise zurück – sowohl spontan als auch unter Behandlung. Das heißt, die Ausprägung der Symptomatik ist vom Erkrankungsstadium und von den Therapiewirkungen abhängig. Zweitens können die Syndrome von Episode zu Episode unterschiedlich schwer ausgeprägt sein.

Die individuellen Patienten unterscheiden sich auch darin, worüber sie besonders klagen, welche Symptomatik sich bei ihnen subjektiv in den Vordergrund drängt usw. Daran knüpft sich die Frage an, ob es sich dabei um tatsächlich verschiedene Krankheitseinheiten oder -untereinheiten handelt, oder ob nicht vielmehr persönlichkeitsbedingte Verarbeitungsstile und Verhaltensmuster darüber entscheiden, wie sich die Symptomatik oder die beklagten Beschwerden im Detail gestalten.

Im Hinblick auf die meisten Merkmalsbereiche verhalten sich depressives und manisches Syndrom fast spiegelbildlich zueinander. So entspricht der Antriebsverminderung des depressiven Syndroms die Antriebssteigerung des manischen Syndroms. Die wichtigsten psychopathologischen Merkmalsbereiche für affektive Störungen sind die folgenden:

- Antrieb und Aktivität
- Stimmung und Affektivität
- Inhaltliches Denken
- Formales Denken
- Psychomotorik
- Vegetative Symptome
- Leibgefühle (einschließlich Schmerzzustände)

a. Symptomatik des depressiven Syndroms

Das depressive Syndrom umfasst den Verlust von Antrieb, Initiative, Interesse, gedrückte Stimmung, Freudlosigkeit sowie verminderte Ansprechbarkeit auf emotionale Reize. Soziale und berufliche Aktivitäten sind im Zuge der Antriebsminderung oder -hemmung reduziert. Schone kleine Anstrengungen können ermüden. Darüber hinaus treten Konzentrations- und Aufmerksamkeitsminderung, gemindertes Selbstvertrauen und Selbstwertgefühl, Schuldgefühle, Gefühl der Wertlosigkeit, pessimistische Sicht auf die Zukunft, suizidale Gedanken oder Handlungen, Schlafstörungen (hauptsächlich vorzeitiges Erwachen), Appetitverlust, Gewichtsverlust, Libidoverlust usw. hinzu.

Die depressive **Stimmung** schwankt von Tag zu Tag wenig, sie kann allerdings innerhalb des Tagesverlaufs typische **Schwankungen**, zumeist in Form eines Morgentiefs, zeigen. Manchmal drängen sich Angst und Unruhe in den Vordergrund. Die depressive Verstimmung kann überdeckt sein von Reizbarkeit, „histrionisch" anmutenden Verhaltensweisen, Akzentuierungen von phobischen oder zwanghaften Verhaltensweisen, gesteigertem Alkoholgenuss (oft im Sinne einer „Selbstmedikation") usw.

Die ICD-10 verlangt für die Diagnose einer depressiven Episode, dass die Symptomatik mindestens zwei Wochen andauert.

Gemäß ICD-10 sind für die Diagnose einer **leichten depressiven Episode** (ICD-10: F32.0) von den Symptomen Stimmungsgedrücktheit, verminderte Interessen und Freude sowie erhöhte Ermüdbarkeit wenigstens zwei und außerdem von anderen depressiven Symptomen wenigstens zwei weitere festzustellen.

Für eine **mittelgradige depressive Episode** (ICD-10: F32.1) als Diagnose verlangt die ICD-10 neben Stimmungsgedrücktheit, verminderten Interessen und verminderter Freude sowie erhöhter Ermüdbarkeit wenigstens drei, besser vier weitere depressive Symptome. Einige Symptome sind besonders ausgeprägt. Soziale und vor allem berufliche Aktivitäten sind sehr beeinträchtigt.

Für die Diagnose einer **schweren depressiven Episode ohne psychotische Symptome** (ICD-10: F32.1) stellt die ICD-10 Verzweiflung, Agitiertheit oder Hemmung, Verlust des Selbstwertgefühls, Gefühle von Nutzlosigkeit oder Schuld in den Vordergrund. Auch Stimmungsgedrücktheit, verminderte Interessen und Freude sowie erhöhte Ermüdbarkeit müssen feststellbar sein, zusätzlich wenigstens vier oder mehr andere depressive Symptome. Kommen noch psychotische Symptome in Gestalt von Wahnideen (Versündigung, Verarmung, Ahnung bevorstehender Katastrophe usw.), akustische Halluzinationen (diffamierende, anklagende Stimmen usw.), Geruchshalluzinationen (z.B. Fäulnis, Verwesung) oder eine massive psychomotorische Hemmung bis zum Stupor hinzu, spricht man von einer **schweren depressiven Episode mit psychotischen Symptomen** (ICD-10: F32.3).

Leider führt die ICD-10 Schmerzzustände nicht als mögliche depressive Symptomatik auf. Gerade bei solchen Färbungen der Symptomatik wird oft das depressive Syndrom nicht erkannt. Die Diagnostik wird stattdessen ausschließlich auf die somatische Abklärung, die selbstverständlich erforderlich ist, fokussiert.

Nicht selten wird in Laienkreisen die Diagnose Depression fälschlicherweise mit ***Burnout*** (wörtliche Bedeutung: Ausgebranntsein) in eins gesetzt oder verwechselt. Der Begriff Burnout wird leider auch manchmal dazu verwendet, die Stigmatisierung durch die Diagnose Depression zu vermeiden. An dieser Stelle muss es genügen darauf hinzuweisen, dass der Begriff Burnout nicht genau definiert ist. Demgemäß benennt die ICD-11 Burnout als ein ausschließlich auf das Arbeitsleben bezogenes Phänomen als Folge von chronischem Stress am Arbeitsplatz. Es ist charakterisiert durch das Gefühl der Erschöpfung, vermehrte mentale Distanz oder negative bzw. zynische Gefühle in Bezug auf die Arbeit, sowie ein Gefühl der Ineffektivität und des Mangels an Leistung.

b. Symptomatik des manischen Syndroms

Die manischen Symptome präsentieren sich in Form von gehobener Stimmung und gesteigertem Antrieb mit vermehrten oder beschleunigten körperlichen und psychischen Aktivitäten. Die ICD-10 umreißt drei Schweregrade.

Die geringste Schwere eignet der **Hypomanie** (ICD-10: 30.0) als einer leichteren Ausprägung der Manie. Die wenigstens einige Tage anhaltenden Auffälligkeiten von Stimmung und Verhalten übersteigen das Maß dessen, was einer Zyklothymie (ICD-10: F34) zuzurechnen wäre. Es liegen eine leichte Stimmungsgehobenheit, gesteigerter Antrieb und Aktivität vor, üblicherweise begleitet von einem Gefühl subjektiven Wohlbefindens und Leistungsfähigkeit. Aufmerksamkeit und Konzentration können vermindert sein. Dadurch kann die Qualität der Leistungsfähigkeit, etwa im beruflichen Bereich, beeinträchtigt werden. Geselligkeit wird gesucht, Gesprächigkeit, Mitteilsamkeit und sexuelles Verlangen sind gesteigert, das Schlafbedürfnis vermindert. Es können Reizbarkeit, Selbstüberschätzung und unangemessene Verhaltensweisen auftreten.

Die ICD-10 untergliedert die Manie in eine solche ohne psychotische und in eine solche mit psychotischen Symptomen. Die **Manie ohne psychotische Symptome** (ICD-10: F30.1) ist von situationsinadäquat gehobener Stimmung und optimistischer Sicht der Dinge gekennzeichnet. Sie zeigt sich jedoch nicht unbedingt als sorglose, euphorische Heiterkeit, sondern gegebenenfalls als nicht steuerbare Erregung. Das Schlafbedürfnis ist herabgesetzt. Aufmerksamkeit und Konzentration sind gestört, eine deutliche Ablenkbarkeit tritt zutage. Der gesteigerte Antrieb führt zu Rededrang (*Logorrhoe*), übermäßigen Aktivitäten bis hin zu überspannten, unsinnigen Projekten, leichtsinnigen oder freizügigen Geldausgaben. Soziale Hemmungen verschwinden, es kommt zu erotischen Abenteuern (nicht selten mit der naheliegenden Folge von Partnerschaftskonflikten), zu Streit, verbalen Entgleisungen oder sogar handfesten Übergriffen. Dies geschieht vor allem, wenn die Stimmung ins Gereizte umschlägt. Die eigene Person wird überschätzt. Größenideen, die eine großartige Bedeutung der eigenen Person beinhalten, können zur Manie ohne psychotische Symptome gehören.

Von einer **Manie mit psychotischen Symptomen** (ICD-10: F30.2) spricht die ICD-10, wenn zusätzlich ein Verfolgungswahn oder ein Größenwahn oder religiöse Wahnvorstellungen auftreten. Denkbeschleunigung wird zur Ideenflucht oder zu gänzlich verworrenem Reden. Gesteigerte Aktivität und gereizte Verstimmung bewirken aggressive, unter Umständen gewalttätige Handlungsbereitschaft. Der lebhafte gesteigerte Aktivitätsdrang bewirkt, dass darüber Nahrungs- und Flüssigkeitsaufnahme oder Körperpflege vernachlässigt werden.

3. Verläufe und klinische Formen

Affektive Störungen verlaufen in der weit überwiegenden Zahl mit deutlich abgesetzten **Episoden**, früher auch Phasen genannt. Sie dauern unbehandelt mehrere Tage, zumeist Wochen oder Monate. Nach einer Episode tritt mit oder ohne Behandlung die Remission, die Rückbildung der Symptomatik, ein. Der Zeitraum zwischen den Episoden heißt **Intervall**. Jedoch bildet sich bei einer Minderzahl der Patienten die affektive Symptomatik nicht oder nicht gänzlich zurück, sondern bleibt langfristig bestehen. Den Episoden gehen manchmal einschneidende Erlebnisse (Trauer, Arbeitsplatzverlust, Trennungen usw.) oder auch körperliche Belastungen (z.B. Entbindungen, schwere körperliche Erkrankungen) voraus. Man versteht solche Faktoren als Auslöser, nicht als Ursache im engeren Sinne. Bei manchen Menschen treten die affektiven Symptome zu bestimmten Jahreszeiten, hauptsächlich Herbst und Frühjahr, auf. Man spricht dann beispielsweise von einer **saisonalen Depression**.

Viele Menschen haben im Laufe ihres Lebens nur eine einzige affektive Episode. Für eine erstmals auftretende depressive oder manische Symptomatik soll der ICD-10 zufolge der Begriff der depressiven Episode (ICD-10: F32) oder der manischen Episode (ICD-10: F30) verwendet werden. Affektive Störungen weisen allerdings eine hohe Rezidivneigung (Rückfallneigung) auf. Die Rezidive können sich entweder immer als depressive Episoden oder immer als manische Episoden darstellen. Im häufigsten Falle, also bei einem uni- oder monopolaren depressiven Verlauf, spricht die ICD-10 von einer rezidivierenden depressiven Störung (ICD-10: F33).

Im Hinblick auf die Häufigkeit des Verlaufsbildes folgen den rezidivierenden depressiven die bipolaren Verläufen. Bei ihnen wechseln depressive und manische bzw. hypomanische Zustände im Verlauf einander ab. Allerdings erfolgt der Wechsel zwischen depressiven und manischen Bildern nicht unbedingt im Verhältnis 1:1, weshalb der Wechsel von der Diagnose rezidivierende depressive Störung zur Diagnose bipolare Störung manchmal erst nach Jahren erforderlich wird.

Selten kommt es vor, dass die bipolaren Phasen sehr kurz sind und rasch einander abwechseln, sogar innerhalb weniger Stunden. Man spricht dann von **rapid-cycling** oder von **ultra-rapid-cycling**. Es scheint so zu sein, dass bestimmte Medikationen und Polypharmazie oft dafür verantwortlich sind.

Am seltensten sind die uni- oder monopolaren manischen Verläufe, die nur manische bzw. hypomanische Episoden aufweisen. Die ICD-10 ordnet solche Verläufe – leider – den bipolaren affektiven Störungen zu.

Neben diesen typischen und häufigen affektiven Störungsbildern gibt noch zwei Formen der klinischen und Verlaufsgestaltung, die die ICD-10 unter der Bezeichnung **anhaltende affektive Störungen** (ICD-10: F34) zusammenfasst. Bei der **Zyklothymia** (ICD-10: F34.0) handelt es sich um eine langdauernde Instabilität von Stimmung und Antrieb, manchmal sogar von längeren Zeitabschnitten des Wohlbefindens unterbrochen. Die Perioden leicht depressiv bzw. subdepressiv gefärbter Verstimmung und gehobener Stimmung genügen nicht den Kriterien der typischen bipolaren affektiven Störung oder der rezidivierenden depressiven Störung. Manchmal fallen den Betroffenen oder den ihnen nahestehenden Menschen eher die Schwankungen der Aktivitäten, des Sozialverhaltens usw. auf als die Stimmungsveränderung. Gelegentlich schließt sich die Zyklothymia an eine ausgeprägte affektive Episode an. Die engen Beziehungen zur bipolaren affektiven Störung zeigen sich darin, dass in der Verwandtschaft der von Zyklothymia Betroffenen häufig auch Personen mit einer eindeutigen bipolar-affektiven Störung vorkommen.

Die **Dysthymia** (ICD-10: F34.1) ähnelt insoweit der eben erörterten Zyklothymia, dass auch bei ihr die leichte depressive Symptomatik lange besteht und durch Perioden relativen Wohlbefindens unterbrochen sein kann. Die wiederholte depressive Verstimmung genügt jedoch im Hinblick auf ihre Schwere kaum den Kriterien der leichten oder mittelgradigen depressiven Störung, obwohl der langfristige Verlauf manchmal durch eine deutliche depressive Episode, manchmal auf eine psychische Belastung folgend, eingeleitet werden kann. Die Störung, oft früh im Leben beginnend, kann jahrelang, manchmal lebenslang bestehen bleiben.

Die ICD-11 teilt, wie schon erwähnt, die affektiven Störungen ein in Bipolare oder verwandte Störungen. Darunter zählt sie die Bipolare Störung Typ I (ICD-11: 6A60), die Bipolare Störung Typ II (ICD-11: 6A61) und die Zyklothymie (ICD-11: 6A62) auf. Bei der Bipolaren Störung Typ I treten eine oder mehrere manische oder gemischte Episoden auf. Bei der Bipolaren Störung Typ II kommt es zu einer oder mehreren hypomanischen Episoden und mindestens einer depressiven Episode. Die depressiven Störungen unterteilt die ICD-11 in Einzelne depressive Episode (ICD-11: 6A70, Rezidivierende depressive Störung (ICD-11 6A71), Dysthyme Störung (ICD-11: 6A72) und Gemischte depressive Störung und Angststörung (ICD-11: 6A73). Weitere Unterformen mögen hier unberücksichtigt bleiben.

Affektive Störungen sind mit deutlichen Risiken für körperliche und psychische Zusatzerkrankungen (Komorbidität, zum Begriff siehe oben unter I. 6) verbunden. Insbesondere das metabolische Syndrom (Adipositas, arterieller Hypertonus, Diabetes mellitus) birgt erhebliche Risiken für kardiovaskuläre Komplikationen. Unter den psychischen Komorbiditäten spielen Substanzmissbrauch und -abhängigkeit, Angststörungen, Zwangsstörungen, Impulskontrollstörungen usw. eine prominente Rolle.

4. Ursachen

In die affektiven Störungen wirken mehrere ursächliche Faktoren hinein. Wie für die Schizophrenien liegt für die affektiven Störungen eine unübersehbare Zahl von Befunden aus Genetik, Neurophysiologie, Neurobiochemie, Neuroendokrinologie, Bildgebung usw. vor. An der Bedeutung biologischer Faktoren in Wechselwirkung mit biographischen und psychosozialen Faktoren für Entstehung und Ausgestaltung depressiver und manischer Bilder kann es keinen Zweifel geben. Es liegt also multifaktorielle Verursachung zugrunde

Genetische Faktoren spielen eine bedeutsame Rolle. Dies belegen neben Zwillings- und Adoptionsstudien vor allem die klinischen Erfahrungen, dass oft erhebliche familiäre Belastungen mit Krankheitsfällen bestehen. Dies gilt vor allem für die bipolaren affektiven Störungen. Es liegt ein polygenetisches Bedingungsgefüge vor, bei dem mehrere genetische Faktoren in Wechselwirkung mit biographischen und aktuellen Faktoren körperlicher und psychischer Art wirksam werden.

Bei manischen und depressiven Syndromen ist der Hirnstoffwechsel verändert. Es handelt sich u.a. um eine Unterfunktion serotonerger und noradrenerger Transmittersysteme bei depressiven Syndromen, u.a. um eine Überfunktion der dopaminergen Systeme bei manischen Syndromen. Die saisonalen Depressionen belegen die Wirkung externer Taktgeber (Tageslicht), die unter anderem über die Epiphyse und das Melatonin auf den Hirnstoffwechsel einwirken.

Das Konzept der erlernten Hilflosigkeit taugt wohl kaum, um pauschal die letzten Ursachen depressiver Störungen zu erklären, zumal auch tatkräftige, leistungsbereite Menschen von Depressionen betroffen sein können. Allerdings können Menschen, deren depressive Symptomatik langfristig anhält oder sehr oft rezidiviert, schließlich die Überzeugung verlieren, dass sich etwas verändern könnte und dass sie darauf einen Einfluss haben können.

5. Behandlung

Die Behandlung der affektiven Störungen besteht aus mehreren Komponenten:

- Psychopharmakotherapie und andere somatische Verfahren,
- psychotherapeutische Interventionen, und
- psychosozialen Interventionen.

Es liegt auf der Hand, dass sich bezüglich der therapeutischen Interventionen die Vorstellungen und die Empfehlungen vergleichsweise rasch modifizieren. Dies schlägt sich nicht zuletzt in den fachlichen Leitlinien nieder.

a. Pharmakotherapie und andere somatische Verfahren

aa. Depressive Symptomatik

Gegen depressive Symptome werden im Rahmen der Akut- und Erhaltungstherapie *Antidepressiva* eingesetzt. Antidepressiva brauchen üblicherweise drei bis vier Wochen oder länger (Wirklatenz), bevor sie bei ausreichender Dosierung wirken. Die heutige Vielzahl der Antidepressiva mit unterschiedlichen Wirkmechanismen bietet den Vorteil, dass im Falle ausbleibender oder ungenügender Wirkung oder beachtlicher Nebenwirkungen eines bestimmten Medikamentes medikamentöse Alternativen mit anderen Wirkmechanismen zur Verfügung stehen. Die medikamentöse Therapie kann durch Lichttherapie oder Schlafentzugstherapie in einem gewissen Umfang unterstützt werden, mit ersterer vor allem bei saisonalen Depressionen.

Für leichtere Depressionen kann man, selbstverständlich das Einverständnis des Patienten vorausgesetzt, auf Medikamente verzichten, vor allem wenn tragfähige soziale Beziehungen zur Verfügung stehen. Auf jeden Fall sind dem Patienten unterstützende Beratung und supportive Psychotherapie anzubieten. Falls es bereits schwere depressive Episoden in der Vorgeschichte gab, sollten jedoch Psychopharmaka erörtert werden. Auch bei Dysthymia können Antidepressiva angeboten werden. Falls der Patient ein Johanniskraut-Präparat einnehmen möchte, muss er über mögliche heikle Wechselwirkungen von Johanniskraut mit anderen Medikamenten (z.B. orale Kontrazeptiva, Antiepileptika und Antikoagulantien) aufgeklärt werden. Bei mittelschweren Depressionen sollten Antidepressiva angeboten werden.

Gegen ausgeprägte Angst und Unruhe können für begrenzte Zeit *Anxiolytika* eingesetzt werden, bei Schlafstörungen *Hypnotika*, bei psychotischen Symptomen zusätzlich (atypische) *Antipsychotika*. Bei schweren depressiven Syndromen, namentlich mit psychotischen Symptomen, ist die Behandlung mit zusätzlicher Psychotherapie, evtl. außerdem mit der rasch wirksamen und nebenwirkungsarmen *Elektrokrampftherapie* (siehe Kapitel B. II. 2. a.) indiziert.

Die Auswahl der Antidepressiva erfolgt unter Berücksichtigung ihres klinischen Profils, ihres Nebenwirkungs- und Risikoprofils, der Vorerfahrungen des Patienten usw. Oft reagiert der Antrieb schneller als die Stimmung auf die antidepressive Behandlung. Damit steigt unter Umständen das Suizidrisiko. Das verlangt vor allem anfangs eine engmaschige ärztliche Begleitung und Kontrolle. Wenn die antidepressive Therapie nicht anschlägt, kann eine Unterstützung (Augmentation) derselben mittels Lithiums oder bestimmter atypischer Antipsychotika versucht werden.

Nach hinreichender Kontrolle der depressiven Symptomatik ist eine Erhaltungstherapie über mehrere Monate, wenigstens ein halbes Jahr lang, zu empfehlen, um das Rezidivrisiko möglichst gering zu halten. Die Erhaltungstherapie erfolgt mit der Medikation und Dosis, die in der Akutbehandlung wirksam waren. Zum Ende hin ist die Medikation so vorsichtig wie möglich auszuschleichen, keinesfalls abrupt abzusetzen.

Eine Langzeitprophylaxe bei rezidivierenden Depressionen ist umso mehr in Betracht zu ziehen, je mehr Rezidive vorangegangen sind, je schwerer die Episoden und ihre sozialen Folgen waren, je folgenschwerer ein künftiges Rezidiv in sozialer Hinsicht sein könnte usw. Zur Rezidivprophylaxe empfehlen sich in erster Linie Antidepressiva in ausreichender Dosierung, in zweiter Linie Lithium.

Bei depressiven Episoden im Rahmen bipolarer affektiver Störungen kann die Behandlung mit Antidepressiva das Umschlagen in ein manisches oder gemischtes Bild bewirken. Hier kommt *Carbamazepin* als Alternative in Betracht. *Lithium* oder *Valproat* sollten nicht allein zur Behandlung der depressiven Symptomatik eingesetzt werden, zumal es in letzter Zeit Hinweise auf langfristig nachteilige Effekte von *Valproat* gibt. Außerdem kommen bestimmte atypische Antipsychotika (z.B. *Quetiapin*) in Frage.

bb. Manische Symptomatik

Gegen die manische Symptomatik werden heute vor allem bestimmte Antiepileptika (z.B. Carbamazepin), atypische Antipsychotika (z.B. Aripiprazol, Olanzapin, Quetiapin, Risperidon, Ziprasidon) und Lithium eingesetzt. Für die erwähnten Substanzen liegen gute wissenschaftliche Belege und Empfehlungen für Mono- oder Kombinationstherapien vor. Das Antipsychotikum Haloperidol soll wegen seiner deutlichen extrapyramidal-motorischen Nebenwirkungen nur kurzzeitig in der Akuttherapie oder in Notfallsituationen eingesetzt werden. Die bei hoher Erregtheit wirksamen Benzodiazepine sind wegen ihres Abhängigkeitspotentials vorsichtig zu handhaben. Elektrokrampftherapie als ein hochwirksames und nebenwirkungsarmes Verfahren kann zur Behandlung schwerer manischer Episoden eingesetzt werden, gerade auch, wenn die Pharmaka nicht ausreichend wirken.

Für die Wirksamkeit von Lichttherapie gegen Manie gibt es keine Belege. Die Schlafentzugstherapie ist sogar kontraindiziert, weil sie die Symptomatik verschlimmern kann.

Zur Phasenprophylaxe bipolarer affektiven Störungen steht vor allem Lithium zur Verfügung. In Betracht kommen auch *Carbamazepin*, *Lamotrigin*, *Valproat* oder *Aripiprazol, Olanzapin* und *Risperidon*.

b. Psychotherapie

Die Qualität einer tragfähigen therapeutischen Beziehung ist die Grundlage jeder therapeutischen Intervention. Sie trägt maßgeblich zum Erfolg einer jeden Behandlung bei.

- **Rezidivierende depressive Störung**

Zur Behandlung akuter depressiver Episoden im Rahmen im Rahmen rezidivierender depressiver Störungen oder einer Bipolaren Störung soll eine Psychotherapie angeboten werden. Ambulant behandelbaren Patienten kann alleinige Psychotherapie als gleichwertige Alternative zur medikamentösen Therapie angeboten werden.

Bei psychotischen Symptomen ist unbedingt eine Pharmakotherapie zu empfehlen. Überhaupt gilt, je schwerer die Depression, desto zweckmäßiger ist eine Kombination von Pharmako- und Psychotherapie. Auch fördert eine zusätzliche Psychotherapie die Adhärenz (Compliance) für die medikamentöse Behandlung. Auch älteren Dysthymia-Patienten ist eine zusätzliche Psychotherapie anzuraten. Es empfiehlt sich, eine psychotherapeutische Behandlung über die Akutphase hinaus fortzusetzen, vor allem bei hoher Rezidivneigung.

Patienten ohne Kontraindikation für körperliche Belastungen ist körperliches Training zu empfehlen.

- **Bipolare affektive Störungen**

Es gibt keine Belege für die Wirkung systematischer psychotherapeutischer Interventionen in der Manie. Zur Rezidivprophylaxe werden auf der Grundlage der wissenschaftlichen Datenlage hauptsächlich ausführliche psychoedukative Interventionen, am besten in Gruppensettings, und Kognitive Verhaltenstherapie empfohlen. Die Erfahrung spricht dafür, dass Ergotherapie und kreative bzw. künstlerische Therapien (Kunst- und Musiktherapie u.a.) im Rahmen ambulanter oder (teil-) stationärer Behandlung zur Stabilisierung bipolarer Patienten beitragen. Ähnlich wirken Entspannungsverfahren.

6. Aspekte der rechtlichen Betreuung

Die Einrichtung einer rechtlichen Betreuung wird sich vor allem auf Fälle sehr schwerer oder langdauernder Symptomatik beziehen können. Die infrage kommenden Aufgabenbereiche sind meist Gesundheitssorge, finanzielle und administrative Angelegenheiten, im Einzelfall Aufenthaltsbestimmung. Wenn die Symptomatik abgeklungen ist und somit keine Erforderlichkeit mehr besteht, ist die rechtliche Betreuung aufzuheben. Eine Aufrechterhaltung „vorsichtshalber" ist nicht gerechtfertigt.

Hinweis

! *Gerade bei den rezidivierenden affektiven Störungen empfehlt sich, dass der Patient ein Patientenverfügung oder eine Behandlungsvereinbarung verfasst. Dies erleichtert Behandlern, aber auch rechtlichen Beteuern ihre Unterstützung und ggf. ihre stellvertretende Entscheidungsfindung.*

▶ *Zu Einzelheiten der maßgeblichen Aspekte des Betreuungsrechts sowie der Unterbringung und Zwangsbehandlung siehe Teil 1 und Teil 2 dieses Werks.*

VIII. Neurotische, Belastungs- und somatoforme Störungen

1. Angststörungen

Die **Angststörungen** sind eine vielgestaltige Gruppe von Störungsbilder, Angst ist ihr führendes Symptom. Bemerkenswert ist ihr hohes Ausmaß von familiärer Belastung, was die Bedeutung biologischer Faktoren unterstreicht.

Bei der **Panikstörung** (ICD-10: F41.0) – mit einer Lebenszeitprävalenz von rund 6 % bei Dominanz des weiblichen Geschlechts nicht selten – treten plötzlich und unvorhersehbar Angstanfälle mit **körperlichen Begleiterscheinungen** (Herzrasen, Schwitzen, Zittern, „inneres Beben", Mundtrockenheit, Atemnot usw.) auf. Besonders schlimm ist das Erlebnis, die Kontrolle zu verlieren, „verrückt" zu werden usw. Flüchtige Depersonalisations- oder Derealisationserscheinungen können auftreten. Die Attacken dauern kurz, oft nur wenige Minuten. Panikattacken können auch im Rahmen depressiver Störungen auftreten. Daraus ergibt sich die Notwendigkeit der sorgfältigen differentialdiagnostischen Abklärung.

Die **Behandlung** besteht in Kognitiver Verhaltenstherapie (KVT) und bestimmten Antidepressiva, dabei vor allem SSRI und SNRI. Wenn eine KVT nicht verfügbar oder nicht wirksam ist oder nicht vom Patienten präferiert wird, kommt eine psychodynamische Psychotherapie in Betracht. Oft empfiehlt sich die Kombination von **Psycho- und Pharmakotherapie**. In der akuten Panikattacke können Benzodiazepine hilfreich sein. Wegen der eminenten Suchtgefahr sollen sie jedoch keinesfalls langfristig gegeben werden.

Anders als bei der Panikstörung verhält es sich bei der **generalisierten Angststörung** (ICD-10: F41.0), die mit ebenfalls etwa 6 % Lebenszeitprävalenz bei Dominanz des weiblichen Geschlechtes recht häufig ist. Hier zeigt sich eine anhaltende, frei flottierende Angst. Das heißt, die Angst verknüpft sich mit verschiedenen Befürchtungen, Sorgen, Vorstellungen usw. hinsichtlich bevorstehender Probleme oder Unglücksfälle im Alltag usw. Übertriebene Sorgen und Ängste richten sich auf das eigene Leben, auf Leben und Gesundheit der Kinder, die Zukunft der Familie usw. Die Konzentration ist vermindert. Schlafstörung, körperliche Unruhe, Muskelspannung, Spannungskopfschmerz, Zittern, Angespanntheit, Reizbarkeit usw. treten auf. Oft bestehen generalisierte Angststörungen schon seit Kindheit oder Jugend. Die Behandlung entspricht der bei Panikstörung. Es sollen Kognitive Verhaltenstherapie, alternativ eine psychodynamische Therapie, und bestimmte Antidepressiva (SSRI und SNRI) angeboten werden, im Falle unzureichenden Ansprechens auf vorgenannte Antidepressiva das Medikament *Pregabalin*.

Der Begriff **Agoraphobie** (ICD-10: F40.0) war ursprünglich für die Platzangst, also wortwörtlich als Angst vor großen offenen Flächen verwendet worden. Heute wird der Begriff sehr weit gefasst und bezeichnet auch die Angst vor großen Menschenmengen, Reisen mit öffentlichen Verkehrsmitteln. Im Grunde genommen sind es Phobien, denen gemeinsam ist, dass in den betreffenden Situationen objektiv die Handlungsalternativen als begrenzt erlebt werden. Die ICD-10 formuliert, das Fehlen eines sofort nutzbaren Fluchtweges sei eines der Schlüsselmerkmale. Hieran knüpft sich die Angst an, die Kontrolle zu verlieren, etwa bewusstlos liegen zu bleiben usw. Die Therapie entspricht derjenigen der Panikstörung.

Spezifische **phobische Störungen** (oder **Phobien**) (ICD-10: F40.2) – Lebenszeitprävalenz über 12 % – sind durch Angst vor bestimmten Objekten (*Objektphobien*, z.B. Hundephobie, Spinnenphobie, Blutphobie) oder bestimmten Situationen (*Situationsphobien*, z.B. Höhenangst, Dunkelangst) gekennzeichnet. Zumeist entspricht das Ausmaß der Angst nicht der objektiven Bedrohlichkeit. Die Wahrnehmung vegetativer Begleiterscheinungen wie Herzklopfen oder Schwitzen fördert die Angst. Bei ausgeprägten Phobien begegnen die Betroffenen der Möglichkeit, auf die angstbesetzten Objekte oder Situationen zu treffen, durch Vermeidungsstrategien, die schlimmstenfalls die alltägliche Funktionsfähigkeit lähmen. Wenn es sich etwa um allgegenwärtige Objekte (z.B. Hunde) handelt, kann das dazu führen, dass die Wohnung nur unter bestimmten Sicherheitsmaßnahmen (z.B. Begleitperson) oder schließlich überhaupt nicht mehr verlassen wird. Für die Diagnose einer spezifischen Phobie ist es unerheblich, ob eine ursprüngliche auslösende Situation – z.B. tatsächlich von einem Hund ausgesetzt angegriffen worden zu sein – bekannt ist oder nicht. Die Behandlung besteht in Kognitiver Verhaltenstherapie oder anderen Psychotherapien, eventuell kombiniert mit Antidepressiva (SSRI und SNRI).

Bei der **Sozialen Phobie** (ICD-10: F40.1) – Lebenszeitprävalenz bei 12 % – bezieht sich die Angst auf soziale Situationen, wo man im Mittelpunkt der Aufmerksamkeit steht, etwa ein Anliegen vor anderen vorbringen oder vor einer Gruppe sprechen muss usw. Befürchtungen, sich ungeschickt zu verhalten, sich zu blamieren, kritisiert zu werden usw., charakterisieren das Erleben. Deshalb werden derartige Situationen möglichst gemieden. Für Menschen, zu deren Beruf das Sprechen vor oder Auftreten vor Menschengruppen (z.B. Lehrer, Führungskräfte) gehören, kann eine soziale Phobie f die Berufsausübung erheblich beeinträchtigen. Die Behandlung besteht in Psychotherapie und antidepressiver Pharmakotherapie.

Die ICD-11 führt unter der Überschrift **Angst- oder furchtbezogene Störungen** unter anderem die Generalisierte Angststörung (ICD-11: 6B00), Panikstörung (ICD-11: 6B01), die Agoraphobie (ICD-11: 6B02), die Spezifische Phobie (ICD-11: 6B03), die Soziale Angststörung (ICD-11: 6B04) und die Trennungsangststörung (ICD-11: 6B05) auf. Die Beschreibungen der ersten vier Störungsbilder entsprechen weitestgehend den bisher gebräuchlichen.

Die ICD-11 ersetzt mit dem Begriff der **Sozialen Angststörung** den Begriff der Sozialen Phobie der ICD-10. Neu ist die Kategorie der **Trennungsangststörung**. Eine übermäßige Furcht oder Angst vor der Trennung von bestimmten Bezugspersonen kennzeichnet dieses Störungsbild. Bei Kindern und Jugendlichen bezieht sich die Angst auf bedeutsame Bezugspersonen wie Familienmitglieder, doch sie geht über das hinaus, was entwicklungsbezogen als normal gilt. Bei Erwachsenen stehen in der Regel ein Liebespartner oder die Kinder im Fokus.

Angststörungen begründen nur ausnahmsweise die Erforderlichkeit einer rechtlichen Betreuung.

2. Zwangsstörungen

Bei **Zwangsstörungen** (ICD-10: F42) – mit einer Lebenszeitprävalenz von 2–3 % nicht selten – prägen wiederholte und quälend erlebte **Zwangssymptome** in Form von Zwangsgedanken, -vorstellungen oder -handlungen das Bild. Die **Zwangsgedanken** können sich etwa zeigen als Zähl- und Rechenzwänge, als sinnlos wiederholte Befürchtungen, jemandem geschadet zu haben, die Kontrolle über sich zu verlieren, in der Öffentlichkeit obszöne Dinge zu tun usw. **Zwangshandlungen** zeigen sich beispielsweise als Kontroll- und Ordnungszwang, Waschzwang oder ähnliches.

Mit der Zeit können sich die Zwangssymptome ausweiten, häufiger und massiver werden. Sie können so dominieren, dass sie die Erledigung der Alltagaufgaben erschweren oder vereiteln. Schlimmstenfalls pressen Zwangshandlungen den gesamten Alltag in das Korsett eines starren Rituals, das kaum mehr Raum für anderes lässt.

In Abgrenzung von schizophrenen Beeinflussungserlebnissen müssen Zwangssymptome stets als eigene Gedanken, Impulse oder Handlungen erlebt werden. Obwohl sie – zumindest in ihrer aufdringlichen Häufigkeit – als unsinnig, peinlich, abstoßend und störend erlebt werden, können sie weder verscheucht noch lange unterdrückt werden. Die ICD-10 verlangt für die Diagnose unter anderem, wenigstens einem Zwangsgedanken oder einer Zwangshandlung müsse noch ein versuchter Widerstand entgegengesetzt werde.

In der ICD-11 findet die klinische Erkenntnis ihren Niederschlag, dass sich manche Betroffene mit der Zeit mit ihren zwanghaften Handlungen mehr oder minder arrangieren, indem sie den mit ihnen verbundenen Kognitionen mögliche, wahrscheinliche oder sichere Richtigkeit zuerkennen. So könnte etwa jemand, der unter einem ausgeprägten Waschzwang leidet, in den Aufklärungskampagnen zur Bedeutung der Händedesinfektion seine Bestätigung finden, sich viele Dutzend Male pro Tag die Hände mit Kernseife und Bürste zu schrubben und mit scharfen Desinfektionsmitteln nachzubehandeln, obwohl die Haut schon sichtbar geschädigt ist. Um diesen für die Therapiemotivation und Prognose wichtigen Unterschied zu dokumentieren, führt die ICD-11 die Zwangsstörung mit mittelmäßiger bis guter Krankheitseinsicht (ICD-11: 6B20.0) und die Zwangsstörung mit schlechter bis fehlender Krankheitseinsicht (ICD-11: 6B20.1) ein.

Die neurobiologischen Grundlagen der Zwangsstörung sind recht gut erforscht. Sie beruhen u.a. in Störungen der Regelkreise zwischen den Basalganglien, dem limbischen System und der präfrontalen Hirnrinde. Zu den psychologischen Komponenten gibt es verschiedene Theorien.

Zur **Therapie** von Zwangsstörungen kommen in erster Linie Kognitive Verhaltenstherapie mit Exposition und Reaktionsmanagement und vor allem in schweren Fällen die Kombination von Verhaltenstherapie und *serotonerge Antidepressiva* (in erster Linie *Selektive Serotonin-Wiederaufnahmehemmer, SSRI*, und in zweiter Linie *Clomipramin*) in Betracht. In Fällen unzureichenden Ansprechens auf serotonerge Antidepressiva können zusätzlich *Risperidon*, *Aripiprazol* und *Amisulprid* zur Augmentation eingesetzt werden. Psychopharmaka können sogar in verzweifelten Fällen, die der alleinigen Psychotherapie getrotzt haben, eine positive Wendung bewirken, ebenso in Fällen, in denen Psychotherapie nicht möglich oder nicht verfügbar ist. Die Behandlung mit Antidepressiva muss jedoch oft lange – bis zu zwölf Wochen – und mit hoher Dosis geführt werden, bevor sich überhaupt Wirkungen einstellen. Eine wirksame medikamentöse Behandlung sollte sehr lange fortgeführt werden, keinesfalls zu früh beendet und schon gar nicht abrupt beendet werden.

Die ICD-11 hat die Zwangsstörungen nicht nur aus der Gruppe der Angststörungen herausgelöst, sondern führt unter der Überschrift „Zwangsstörung oder verwandte Störungen" neben der klassischen Zwangsstörung (ICD-11: 6B20) weitere Kategorien auf: Körperdysmorphe Störung (ICD-11: 6B21), Eigengeruchswahn (ICD-11: 6B22), Hypochondrie (ICD-11: 6B23), Pathologisches Horten (ICD-11: 6B24) und Körperbezogene repetitive Verhaltensstörungen (ICD-11: 6B25). Zur letzteren Kategorie gehören die Trichotillomanie (ICD-11: 6B25.0) (das wiederholte Ziehen an oder Ausreißen von Haaren) und die Skin-Picking-Störung (ICD-11: 6B25.1) (Wiederholtes Zupfen an der Haut mit der Folge von u. U. infizierten oder entstellenden Hautläsionen).

Nur in allerschwersten Fällen ist bei Zwangsstörungen eine rechtliche Betreuung einzurichten, etwa dann, wenn jemand durch unüberwindliche Rituale an der Erledigung seiner finanziellen, administrativen und anderen Belange gehindert ist und dazu der Unterstützung bedarf.

3. Posttraumatische Belastungsstörungen

Die posttraumatischen Belastungsstörungen (PTBS) (ICD-10: F43.1) sind die bekanntesten der **Traumafolgestörungen**. Dabei handelt es sich um psychische Störungen, die als Reaktion auf seelische Traumata entstehen. Sie entwickeln sich unter Umständen erst einige Zeit (Latenzzeit) nach dem traumatisierenden Erlebnis. Diese Latenzzeit kann bis zu Monaten dauern. Nicht selten bildet sich die Symptomatik erst schrittweise heraus.

Ursache ist ein Ereignis, das als lebensbedrohlich (z.B. Bombardierung, Beschuss, schwere Unfälle, Wohnungsbrände, Flugzeugabsturz usw.) oder gefährdend (z.B. Vergewaltigung, ggf. mit Todesdrohung) selbst erlebt oder beobachtet wird. Vor allem interpersonelle Traumata sind mit hohem Risiko für eine PTBS verbunden. Es kommt vor allem auf die subjektiv erlebte Lebensbedrohlichkeit an. Die wichtigsten Symptome der posttraumatischen Belastungsstörung sind u.a. die folgenden:

- Wiederholtes massives Erleben des Ereignisses und des damit verbundenen Erlebens (Flashbacks, Nachhallerinnerungen),
- Re-Inszenierungen des Erlebnisses in Träumen und Tagträumen, Albträumen
- Emotionaler Rückzug, Freudlosigkeit, Apathie
- Gefühl des Betäubtseins oder Abgestorbenseins
- Gefühlsmäßige Abstumpfung
- Gleichgültigkeit und Desinteresse an Umgebung und an den Menschen um einen herum
- Vorsorgliches Vermeiden von Wegen, Gesprächsthemen, Aktivitäten usw., die an das Ereignis bzw. Erlebnis erinnern oder erinnern könnten
- Vegetative Übererregbarkeit, Reizbarkeit, Schreckhaftigkeit, Schlafstörungen
- Depressivität

Möglicherweise kann die betroffene Person manche Aspekte des traumatisierenden Ereignisses nicht erinnern. „Selbstmedikation" mit Alkohol, Psychopharmaka oder illegalen Drogen birgt die Gefahr der Entwicklung von Abhängigkeit.

Die Symptomatik kann unterschiedlich lange bestehen. Sie kann sich langsam verlieren, sie kann jedoch auch chronifizieren.

Im Bedingungsgefüge einer PTBS spielen neben dem traumatisierenden Ereignis und dessen Umständen auch Persönlichkeitseigenschaften, frühere biografische Erfahrungen, soziale Vernetzung und Unterstützung usw., aber offenkundig auch genetische bedingte Dispositionen eine Rolle.

In der ICD-11 gibt es erstmals die Diagnose komplexe posttraumatische Belastungsstörung (ICD-11: 6B41). Sie entsteht durch wiederholte oder lange andauernde Ereignisse bedrohlicher oder schrecklicher Natur, lange anhaltende oder sich wiederholende Ereignisse, denen man nicht entkommen kann (z.B. Folter, Sklaverei, Völkermordkampagnen, langanhaltende häusliche Gewalt, wiederholte sexuelle oder körperliche Gewalt in der Kindheit).

Die Symptomatik kann unterschiedliche Akzente zeigen. Sie manifestiert sich in folgenden Bereichen:

- Veränderungen der Emotionsregulation und Impulskontrolle
- Veränderungen in Aufmerksamkeit und Bewusstsein (dissoziative Phänomene)
- Veränderungen der Selbstwahrnehmung,
- Veränderungen der Einstellung zum Leben
- Veränderungen in den Beziehungen zu anderen Menschen
- Somatisierung (körperliche Beschwerden)

Mit anderen psychischen Erkrankungen (z.B. Borderline-Persönlichkeitsstörung, dissoziativen Störungen, Depressionen, Angst- bzw. Panikstörungen sowie Sucht- und Zwangserkrankungen) gibt es symptomatische Überschneidungen. Daraus resultieren manchmal diagnostische Schwierigkeiten.

Bei anhaltender Symptomatik ist neben sorgfältiger Aufklärung über das Störungsbild eine Therapie erforderlich. Verhaltenstherapie (vor allem traumaadaptierte kognitive Verhaltenstherapien), EMDR (Eye Movement Desensitization and Reprocessing) und weitere störungsbildspezifische Methoden stehen im Vordergrund. Als Psychopharmaka spielen Antidepressiva eine Rolle, sehr selten Antipsychotika. In Deutschland zugelassen sind nur die SSRI *Sertralin* und *Paroxetin*. Vor Benzodiazepinen ist wegen ihres Abhängigkeitspotentials nachdrücklich zu warnen.

Die Erforderlichkeit einer rechtlichen Betreuung ist bei posttraumatischen Belastungsstörungen selten gegeben.

4. Dissoziative Störungen (Konversionsstörungen)

In der Gruppe der **dissoziativen Störungen** (ICD-10: F44) oder **Konversionsstörungen** werden unterschiedliche Zustände zusammengefasst. Früher verwendete man für diese Störungsbilder den Begriff Hysterie, der heute wegen seiner abschätzigen Konnotation in der Fachwelt nicht mehr verwendet wird.

Gemeinsam ist den Störungsbildern der psychogene Entstehungsmechanismus, er wird als **Konversion** oder als **Dissoziation** bezeichnet. Das allgemeine Merkmal dissoziativer Störungen ist der Verlust der normalen Integration, die sich auf Erinnerungen, Identitätsbewusstsein von sich selbst, unmittelbare Empfindung und Kontrolle von Körperbewegungen bezieht.

Im Widerspruch zur tatsächlichen Bedeutung, die die hinter den Symptomen stehenden Probleme haben, werden sie vom Betroffenen oft nicht benannt oder erkannt. Der psychogene Mechanismus der Dissoziation ist die Reaktion auf belastende Erlebnisse, auf Konflikte, Kränkungen, auf als unüberwindbar wahrgenommene Hindernisse usw. Die dissoziative Symptomatik kann zeitweilig Entlastung schaffen, Zuwendung bewirken und die Notwendigkeit, die Situation zu verändern, verschleiern (Krankheitsgewinn).

Die Symptomatik darf nicht bagatellisiert werden, etwa im Sinne von „Das ist ja nur psychisch". Grundsätzlich sprechen dissoziative Symptome für eine hinter ihnen stehende seelische Not. Deshalb sind sie ernst zu nehmen und bedürfen der Abklärung der Hintergründe der Motive usw. Körperliche Ursachen (z.B. Epilepsien als Grund für „echte" epileptische Anfälle) müssen sorgfältig ausgeschlossen werden, bevor die Diagnose einer dissoziativen Störung erlaubt ist.

Zur **Behandlung** liegen keine überzeugenden evidenzbasierten Informationen vor. Die Therapie wird heute weitaus vorrangig in der Psychotherapie gesehen, die gemäß der Phasenorientierung einige hier nicht im Detail darstellbare Besonderheiten und methodische Anforderungen aufweist. Im Hinblick auf eine medikamentöse Unterstützung können *Antidepressiva* aus der Gruppe der *SSRI* oder *Naltrexon* erwogen werden.

Im Folgenden sollen einige der Erscheinungsbilder vorgestellt werden.

a. Dissoziative (epileptiforme) Anfälle

Bei den **dissoziativen Anfällen** (ICD-10: F44.5) zeigen sich – oft neben „echten" epileptischen Anfällen – Anfallsbilder, die epileptischen Anfällen oft täuschend ähneln. Man nennt sie auch psychogene Anfälle oder pseudoepileptische Anfälle. Bei dissoziativen Anfällen kommt es selten zu Komplikationen wie bei echten Anfällen.

Der Begriff **Pseudoepilepsie** ist allenfalls dann sinnvoll, wenn durch qualifizierte epileptologische Diagnostik nachgewiesen wurde, dass beim Patienten ausschließlich dissoziative Anfälle vorliegen. Zur differentialdiagnostischen Unterscheidung zwischen „echten" epileptischen und pseudoepileptischen Anfällen gehören viel Erfahrung und Sachverstand. Ungewöhnliche Ausgestaltungen echter epileptischer Anfälle dürfen nicht dazu verleiten, das Geschehen als „hysterisch" abzutun. Die sichere Diagnose dissoziativer Anfälle gehört in die Hand epileptologisch kompetenter Ärzte oder dafür ausgestatteter Epilepsiezentren.

b. Dissoziative Amnesie

Bei einer **dissoziativen Amnesie** (ICD-10: F44.0) besteht aus psychischen Motiven ein Erinnerungsverlust für wichtige aktuelle Ereignisse. Häufig unterliegen traumatisierende Erlebnisse, die gewissermaßen nicht ausgehalten werden können, dem Vergessen. Die Amnesie ist selektiv, sie kann zeitlich schwanken. Sie umfasst in der Regel nicht alle Ereignisse einer bestimmten Zeit. Manchmal kommen mit der Zeit einzelne Aspekte der vergessenen Ereignisse in die Erinnerung zurück, aber ein Kern des Ereignisses bleibt vergessen.

c. Dissoziative Fugue

Eine **dissoziative Fugue** (ICD-10: F44.1) bezeichnet das Weglaufen von einem Ort. Von außen gesehen wirkt der Ablauf oft geplant und geordnet. Der Ablauf unterliegt jedoch in der Regel rückwirkend vollständiger Amnesie. Die Amnesie ist hier umgreifender ist als bei der dissoziativen Amnesie. Nähere Auskünfte über die Abläufe können eventuell Dritte, die die Abläufe beobachtet haben, geben.

d. Dissoziativer Stupor

Der Begriff **dissoziativer** Stupor (ICD-10: F44.2) bezeichnet einen Stupor, ein Ausbleiben aller Willkürbewegungen einschließlich sprachlicher Äußerungen (Mutismus) aus psychischer Ursache. Die Reaktion auf äußere Reize ist vermindert oder gänzlich erloschen. Allerdings zeigen Körperhaltung, Atmung, Augenöffnen, Seufzen usw., dass der Betroffene wach ist.

e. Dissoziative Bewegungsstörungen

Dissoziative Bewegungsstörungen (ICD-10: F44.4) bestehen in Einschränkungen der Kraftentfaltung bis zu völliger Lähmung einzelner Muskelgruppen oder Extremitäten aus psychischer Ursache. Störungen der Koordination (Ataxie) können im Rahmen der dissoziativen Bewegungsstörung ebenfalls auftreten. Es treten Tremor oder dyskinesieartige Bilder auf. Die gründliche neurologische Untersuchung offenbart, dass keine körperliche Schädigung des Nervensystems vorliegt.

f. Dissoziative Sensibilitäts- und Empfindungsstörungen

Dissoziative Sensibilitätsstörungen oder dissoziative Störungen der Sinnesempfindungen (ICD-10: F44.6) sind charakterisiert durch vermindert empfindliche Hautareale. Bei der neurologischen Sensibilitätsuntersuchung zeigt sich oft, dass die Grenzen der hypästhetischen Areale nicht den üblichen Grenzen entsprechen, die durch die Innervation vorgegeben werden, dass sie sozusagen „unphysiologisch" sind. Außerdem umfasst diese Gruppe dissoziativer Störungen Beeinträchtigungen des Sehvermögens, zumeist als Verschwommensehen oder Tunnelblick, seltener Beeinträchtigung des Hör- oder des Riechvermögens.

Die ICD-11 kennt die vorstehenden Kategorien, hat sie etwas anders geordnet und untergliedert sowie um einige Kategorien ergänzt: die Trance-Störung (ICD-11: 6B62); Besessenheitstrance-Störung (ICD-11: 6B63) und Depersonalisations- oder Derealisationsstörung (ICD-11: 6B66). Diese Hinweise mögen an diese Stelle genügen.

g. Therapie

Die Therapie dissoziativer Störungen umfasst Psychotherapie und in aller Regel psychosoziale Interventionen.

h. Aspekte der rechtlichen Betreuung

Nur ausnahmsweise werden dissoziative Störungen eine rechtliche Betreuung erforderlich machen.

IX. Verhaltensauffälligkeiten mit körperlichen Störungen oder Faktoren (Essstörungen)

Unter den Essstörungen spielen die Anorexia nervosa und die Bulimia nervosa die wichtigste Rolle. Außerdem gibt es noch die Binge-eating-Störung.

1. Anorexia nervosa

Anorexia nervosa ((ICD-10: F50.0) – Lebenszeitprävalenz bei Frauen 0,3 bis 2,6 %; bei Männern 0,1 bis 0,3 % – wird definiert als in spätem Kindesalter, Adoleszenz oder frühem Erwachsenalter sich manifestierender erheblicher, selbst herbeigeführter und beibehaltener **Gewichtsverlust ohne körperliche Ursache**. Er kommt zustande durch ein exzessives Diätregime, unter Umständen mittels Appetitzügler, selbst herbeigeführtes Erbrechen, induziertes Abführen, gegebenenfalls unter Zuhilfenahme von Abführmitteln sowie exzessive körperliche Aktivitäten. Die Störung tritt am häufigsten bei jungen Mädchen und jungen Frauen auf. Die Störung kann lebenslang bestehen bleiben.

Der Gewichtsverlust kann verschiedene Ausmaße annehmen, über die Zeit schwanken und lebensbedrohlich werden. Wenn die Störung vor der Pubertät beginnt, kann das Längenwachstum zurückbleiben. Die Betroffenen selbst schätzen das Ausmaß ihres Gewichtsverlustes und der Veränderungen ihrer Figur erheblich geringer ein als sie es tatsächlich sind. Welche Rolle diese Körperschemastörung spielt, ob sie etwas mit den Ursachen zu tun hat oder eher eine bloße Folge der Störung überhaupt ist, ist noch umstritten. Auch im Hormonhaushalt gibt es Auswirkungen der Anorexia nervosa. Bei Frauen wird die Regelblutung unregelmäßig oder bleibt sogar aus (Amenorrhoe). Bei Männern kommt es zu Libido- und Potenzproblemen. Tritt die Störung vor der Pubertät auf, verzögert sich die körperliche Entwicklung. Bei ausgeprägtem Gewichtsverlust kann auch das Gehirn massiv und mit bleibenden Folgen geschädigt werden.

Es gibt viele psychologische, psychodynamische und familiendynamische **Erklärungsmodelle**, auch Hinweise auf mitwirkende körperliche Faktoren. Vermutlich greifen viele Faktoren im Sinne eines multifaktoriellen Bedingungsgefüges ineinander. Auffällig ist die starke Leistungsorientierung der betroffenen jungen Menschen.

Gemäß dem *Maudsley Model of Anorexia Nervosa Treatment* (MANTRA) spielen folgende Aspekte als **Auslöser und bei der Aufrechterhaltung** eine besondere Rolle:

- Besonderheiten des Informationsverarbeitungsteils in Gestalt von kognitiver Rigidität und Detailaufmerksamkeit
- Störungen auf sozioemotionaler Ebene, beispielsweise fehlender Austausch über Emotionen und Erfahrungen
- Entwicklung von Überzeugungen über die Notwendigkeit des anorektischen Verhaltens
- Bedeutung von Eltern und Partnern

Die **Therapie** ist komplex und oft sehr aufwändig. Es existiert ein breites Spektrum störungsbildspezifischer, psychoedukativer und psychotherapeutischer Interventionen. Die vorstehend erwähnten Faktoren bedürfen der systematischen Bearbeitung in der Behandlung. In sehr schweren Fällen kommen ergänzend atypische Antipsychotika (z. B. *Olanza-*

pin) in Betracht. Selbstverständlich muss schrittweise ein konsequentes Ernährungsregime aufgebaut und eingeübt werden. Nach einer stationären Behandlung kommt es auf eine konsequente ambulante Nachsorge an.

Im Falle lebensbedrohlicher Gewichtsabnahme oder schwerwiegender Komplikationen kann eine Zwangsbehandlung als ultima ratio notwendig werden und dazu die Einrichtung einer rechtlichen Betreuung erforderlich werden (zur Zwangsbehandlung siehe hier Teil 3). Man verkennt man die übermächtige Eigendynamik der Krankheit, wenn in schweren Fällen eine Entscheidung des freien Willens unterstellt wird.

2. Bulimia nervosa

Die **Bulimia nervosa** (ICD-10: F50.2) – Lebenszeitprävalenz bei Frauen 0, bis 2,6 %; bei Männern 0,1 bis 0,5 % – ist durch Heißhungeranfälle (Essattacken mit massiver Essensaufnahme) und übertriebene Beschäftigung mit der Kontrolle des Körpergewichtes gekennzeichnet. Die Störung manifestiert sich in den gleichen Lebensabschnitten wie die Anorexie nervosa (dazu oben 1.) Die befürchteten Folgen der Essattacken werden mit rigorosen Maßnahmen (selbstinduziertes Erbrechen, Abführmittel usw.) gemildert. Auch diese Störung betrifft vornehmlich das Jugend- und junge Erwachsenalter sowie überwiegend das weibliche Geschlecht.

Es gibt im Längsschnittverlauf auch Kombinationen mit Anorexia nervosa. Vorrang haben verhaltenstherapeutisch basierte Interventionen. Sie können durch Selbsthilfeprogramme auf kognitiv-verhaltenstherapeutischer Basis ergänzt werden. Unter den Psychopharmaka kommen Antidepressiva in Frage. Zugelassen in Deutschland ist nur *Fluoxetin*. Das verweist auf ähnliche Bedingungsfaktoren für das Auftreten dieser beiden Essstörungen. Für die Therapie gilt ähnliches wie für die Anorexia nervosa.

Die Erforderlichkeit einer rechtlichen Betreuung wird meistens verneint werden können.

3. Binge-Eating-Störung

Ähnlich wie bei der Bulimie kommt es bei der **Binge-eating-Störung** (nicht in der ICD-10 explizit erwähnt) – Lebenszeitprävalenz bei Frauen 1,9 bis 3,5 %; bei Männern 0,3 bis 2,1 % – zu übermäßigem und ausgesprochen hastig-schlingendem Essen bis zum Völlegefühl, ohne dass dem ein Hungergefühl vorausginge. Die Störung manifestiert sich später als die die Anorexie nervosa oder die Bulimia nervosa, zumeist erst im Erwachsenenalter. Anders als bei der Anorexia oder bei der Bulimia nervosa unternehmen jedoch die Betroffenen nichts, was die übermäßige Kalorienaufnahme kompensieren könnte. Es sind psychotherapeutische Zugänge verfügbar, die sich nach der Priorisierung der Behandlungsziele richten. Sie können durch strukturierte Selbsthilfeprogramme unterstützt werden. Psychopharmaka bei Binge-eating sind in Deutschland nicht zugelassen. Ihre Wirksamkeit ist umstritten.

Eine rechtliche Betreuung wird in aller Regel nicht nötig sein.

Die ICD-11 führt unter der Überschrift „Fütter- oder Essstörungen" neben Anorexia nervosa (ICD-11: 6B80), Bulimia nervosa (ICD-11: 6B81) und Binge-eating-Störung (ICD-11: 6B82) einige weitere seltene Störungen auf.

X. Persönlichkeitsstörungen

Unter diese Überschrift fallen verschiedene dauerhaft anhaltende Erlebens- und Verhaltensmuster von auffälliger Ausprägung.

1. Spezifische Persönlichkeitsstörungen

Als **spezifische Persönlichkeitsstörungen** (ICD-10: F60) bezeichnet man ausgeprägte Besonderheiten des Charakters oder der Persönlichkeit in Form von Verhaltensmustern, die lange bestehen. Früher bezeichnete man solche Störungsbilder als **Psychopathien** oder **psychopathische Persönlichkeiten**. Sie lassen sich in der Regel schon in die Kindheit oder Adoleszenz zurückverfolgen; sie verstärken sich oft im Erwachsenenalter. Unter dem Vorbehalt der Entwicklungsfähigkeit wird im Kindes- und Jugendalter die Diagnose einer Persönlichkeitsstörung nur mit großer Zurückhaltung gestellt. Ohnehin ist sich die klassische Interpretation der Herausbildung von Persönlichkeitsstörungen ausschließlich im Kindesalter heute überholt, weil die Persönlichkeitsentwicklung ein lebenslanger Prozess ist. Nichtsdestoweniger hält das wissenschaftliche Interesse an der Bedeutung elterlicher und anderer sozialer Einwirkungen, etwa das Bindungsverhalten betreffend, an.

Die **auffälligen Verhaltensmuster** der Persönlichkeitsstörungen zeigen sich in weitgehend gleichförmigen oder starren Reaktionsmustern auf unterschiedliche Anforderungen und Situationen. Definitionsgemäß dürfen sie nicht die Folge einer anderen psychischen Störung oder einer Hirnerkrankung sein. Das zu betonen ist wichtig, weil es Zustandsbilder gibt, die erscheinungsbildlich zwar den Persönlichkeitsstörungen ähneln, aber Folge einer vorangegangenen oder zugrundeliegenden psychischen Störung oder einer organischen Hirnerkrankung sind.

Exkurs: Differentialdiagnosen

__Persönlichkeitsänderungen__ (ICD-10: F62) werden durch psychische Extrembelastung (z.B. Folter, Einzelhaft mit Todesangst) verursacht. Hier gibt es eine Beziehung zu den komplexen posttraumatischen Störungen. Sind die Störungsbilder durch eine Hirnerkrankung verursacht, bezeichnet man sie als __organische Persönlichkeitsstörungen__ (ICD-10: F07.0).

Wenn das Zustandsbild durch das traumatisierende Erlebnis einer schweren psychischen Erkrankung verursacht wurde, nennt man es __Persönlichkeitsänderung nach psychischer Erkrankung__ (ICD-10: F62.1). Davon zu unterscheiden sind Zustandsbilder, die als Residuen oder Restsymptomatik einer anderen psychischen Erkrankung zu verstehen sind, etwa das schizophrene Residuum.

Folgende **diagnostische Merkmale** sind für Persönlichkeitsstörungen wichtig:

1. Einstellungen und Verhalten sind in mehreren Bereichen (Antrieb, Affektivität, Impulskontrolle, Wahrnehmung, Denken, Beziehung zu anderen Menschen) sehr unausgeglichen.
2. Die Verhaltensweisen sind dauerhaft und nicht episodisch.

3. Das auffällige Verhaltensmuster ist tiefgreifend, es ist inadäquat in vielen persönlichen und sozialen Situationen.
4. Die Störung beginnt im Kindes- oder Jugendalter und manifestiert sich im Erwachsenenalter.
5. Die Störung bewirkt subjektives Leiden.
6. Die Störung führt zu Einschränkungen der beruflichen und persönlichen Leistungsfähigkeit.

Die ICD-10 verlangt wenigstens drei dieser Merkmale, damit die Diagnose gestellt werden kann.

a. Paranoide Persönlichkeitsstörung

Die **paranoide Persönlichkeitsstörung** (ICD-10: F60.0) fällt durch eine übermäßige Neigung auf, sich gekränkt, verletzt und zurückgewiesen zu fühlen. Auf empfundene Kränkungen usw. reagieren die betroffenen Personen äußerst nachtragend; sie sind sehr misstrauisch. Sogar neutrale Verhaltensweisen Dritter können als eine feindliche Handlung interpretiert werden. Die Betroffenen sind demzufolge immerzu in Streitereien befangen und pochen in meistens unangemessener Weise auf ihre Rechte. Von sich selbst haben sie ein unrealistisch positives Bild, ein überhöhtes Selbstwertgefühl – dem natürlich die anderen nicht gerecht werden. Manchmal können die Betroffenen sogar regelrechte Verschwörungstheorien entfalten, um die Vorgänge um sie herum zu erklären.

b. Schizoide Persönlichkeitsstörung

Die **schizoide Persönlichkeitsstörung** (ICD-10: F60.1) ist geprägt vom Unvermögen, sich zu freuen (Anhedonie). Die betroffene Person fällt in emotionaler Hinsicht durch ihre unterkühlte, distanzierte Art und vor allem durch die Unfähigkeit, gegenüber anderen Personen warme oder zärtliche Gefühle zu empfinden oder zu zeigen, auf. Selbst Ärger auszudrücken fällt schwer. Lob und Kritik bewirken wenig. Enge und vertrauensvolle Beziehungen zu anderen Menschen sind selten, labil oder fehlen ganz. Die fehlenden interpersonellen Beziehungen können zum Einzelgängertum bis zum Sonderlingshaften führen oder zu Verhaltensweisen, in denen gesellschaftliche Regeln und Erwartungen aufs Gröbste missachtet und verletzt werden.

c. Dissoziale Persönlichkeitsstörung

Bei der **dissozialen Persönlichkeitsstörung** (ICD-10: 60.2) besteht eine erhebliche Diskrepanz zwischen dem Verhalten der Person und den Normen der Gesellschaft. Die betroffenen Personen zeigen sich völlig uninteressiert gegenüber den Gefühlen Dritter. Sie haben keinerlei Empathie für andere Menschen. Hinsichtlich der Beziehungsgestaltung imponiert ihr Unvermögen, Beziehungen und Partnerschaften lange Zeit aufrecht zu erhalten. Das Verhalten ist zumeist durch Verantwortungslosigkeit und Missachtung sozialer Regeln gekennzeichnet. Eine gewisse Reizbarkeit ist vorhanden, deshalb reagieren die Betroffenen auf Frustrationen oder Zurückweisung schnell und aggressiv, unter Umständen sogar gewalttätig. Vermindert ist ihre Fähigkeit, aus Erfahrung – sogar aus Sanktionen für ihr Fehlverhalten – richtige Schlussfolgerungen für zukünftiges Verhalten zu ziehen. Ihr Schuldbewusstsein ist meistens nur rudimentär entwickelt. An Problemen oder vermeintlich erlittenem Unrecht sind zumeist nur die anderen Menschen schuld.

d. Emotional instabile Persönlichkeitsstörung, Borderline-Persönlichkeitsstörung

Die **emotional instabile Persönlichkeitsstörung** (ICD-10: 60.3) ist heute unter dem Namen Borderline-Persönlichkeitsstörung weithin bekannt.

Doch kennt die ICD-10 **zwei Unterformen** der emotional instabilen Persönlichkeitsstörung. Die erste Unterform ist der sog. impulsive Typus, die zweite der eigentliche Borderline-Typus. Bei beide Formen neigen die betroffenen Personen dazu, ihre Impulse ohne Rücksicht auf Konsequenzen auszuagieren. Die Stimmung schwankt und wirkt launenhaft. Es mangelt an der Fähigkeit, vorausschauend zu planen. Geringe Anlässe können zu heftiger Verärgerung, u. U. mit gewalttätigem Handeln gegen sich oder andere, führen.

Den **impulsiven Typus** prägen die emotionale Labilität und die unzureichende Kontrolle über die Handlungsimpulse. Beim **Borderline-Typus** treten vor allem die Labilität des eigenen Selbstbildes sowie Unsicherheiten über eigene Ziele und Neigungen in den Vordergrund. Beziehungen zu anderen Menschen werden intensiv und mit überhöhten Erwartungen aufgebaut, scheitern aber an alltäglichen, oft banalen Frustrationen. Beziehungskrisen führen zu großer Verzweiflung, Wut und Erregung. Aus Ärger, Wut oder Enttäuschung bringen sich die Betroffenen Selbstverletzungen bei, indem sie sich an Armen, Beinen, Brust usw. ritzen oder schneiden („schnippeln"), sich mit Zigaretten Brandwunden zufügen, sich Nadeln unter die Haut schieben usw. Die Selbstverletzungen können unbeabsichtigt schwere Folgen haben. Suizid kann jedoch auch beabsichtigt sein.

Manchmal liegt wohl ein verändertes Schmerzempfinden vor. Schmerz selbst kann jedoch auch zu Wohlgefühl und Entspannung führen. Man vermutet, dass in diese Mechanismen die schmerzbedingte Ausschüttung körpereigener morphinartiger Substanzen hineinspielt (*Endorphine*).

e. Histrionische Persönlichkeitsstörung

Die **histrionische Persönlichkeitsstörung** (ICD-10F 60.4), früher hysterische Psychopathie genannt, fällt durch übertriebenes, theatralisches Verhalten auf. Gefühle werden sehr betont zum Ausdruck gebracht. Die Gefühlswelt ist gleichzeitig etwas oberflächlich und instabil. Die Betroffenen neigen zur Selbstbezogenheit und sie stehen gern im Mittelpunkt. Bleibt die angestrebte Aufmerksamkeit aus, können sie gekränkt reagieren. Belastend für die Menschen ihrer Umgebung ist die Fähigkeit, andere mehr oder minder geschickt zu manipulieren und für eigene Interessen einzuspannen.

f. Anankastische Persönlichkeitsstörung

Die **anankastische Persönlichkeitsstörung** (ICD-10: F60.5) zeigt sich als grüblerische, selbstzweifelnde Wesensart, überaus zögerlich in der Umsetzung von Überlegungen, Absichten usw. Schnell drängen sich Vorstellungen eventueller Gefahren oder Unzulänglichkeiten in den Vordergrund. Die Betroffenen führen ihre Vorhaben mit größter Sorgfalt bis hin zum Perfektionismus aus. Dadurch wird alles überdurchschnittlich lange vorbereitet und übermäßig langsam ausgeführt. Das fällt vor allem dann auf, wenn der Aufwand weder mit der Bedeutung der Sache noch mit den objektiven Risiken im Einklang steht. Spontaneität geht diesen Menschen völlig ab. Sie wirken skrupelhaft, pedantisch und oft sehr leistungsbezogen. Gleichzeitig gelingt ihnen vieles nicht, weil sie etwas weder rechtzeitig beginnen noch rechtzeitig abschließen können. Hier findet sich oft das Merkmal der *Prokrastination*.

Im zwischenmenschlichen Kontakt wirken diese Menschen fast starr; sie können kaum spontane oder warme Gefühle ausdrücken. Wenn andere sich geltenden Regeln verweigern, können sie harsch und unduldsam reagieren, nicht ohne umständlich und weitschweifig zu erklären, warum das Geforderte unbedingt notwendig sei.

g. Ängstliche Persönlichkeitsstörung

Menschen mit **ängstlicher Persönlichkeitsstörung** (ICD-10: F60.6) sind immerzu angespannt und voller Sorgen, vor allem auf sich selbst bezogen voller Unsicherheit und Selbstzweifel. Sie sehnen sich nach Anerkennung und Sicherheit. So versuchen sie immer wieder, sich der Zuneigung und Akzeptanz anderer Menschen zu versichern. Auf Kritik oder Zurückweisung reagieren sie sehr empfindlich. Die gefährlichen und risikoträchtigen Aspekte alltäglicher Situationen dominieren die gedankliche Beschäftigung, sodass manche Aktivitäten vorsichtshalber ganz gemieden werden. Um Risiken zu vermeiden, wird ein eingeschränkter Lebensstil gepflegt. Das Störungsbild hat Beziehungen zur generalisierten Angststörung.

h. Abhängige Persönlichkeitsstörung

Bei der **abhängigen Persönlichkeitsstörung** (ICD-10: F60.7) wird möglichst vermieden, Verantwortung zu übernehmen. Entscheidungen werden vorzugsweise anderen überlassen. Eigene Bedürfnisse werden kaum geäußert oder gar entschlossen durchgesetzt. Sie werden den Interessen Dritter, z.B. Partnern oder Freunden, untergeordnet. Die Betroffenen erleben sich selbst als hilflos, schwach, inkompetent. Sie brauchen jemanden Starkes, an den sie sich anlehnen können. Wenn sie allein sind, plagt sie Angst und Unsicherheit. In Beziehungen peinigt sie die Angst, verlassen zu werden. Wenn sie tatsächlich verlassen werden, „geht die Welt unter". Für Pannen und Missgeschicke liegt die Verantwortung fast immer bei anderen.

2. Kombinierte Persönlichkeitsstörungen

Wenn eine Mischung der Merkmale verschiedener spezifischer Persönlichkeitsstörungen vorliegt, spricht man von einer **kombinierten Persönlichkeitsstörung** (ICD-10: F61).

Die ICD-11 hat im Bereich der Persönlichkeitsstörungen tiefgreifende Veränderungen vollzogen, nicht zuletzt in Widerspiegelung der Schwierigkeiten aller bisherigen Begrifflichkeiten und Konzeptualisierungen. Vor allem nimmt der Verzicht auf die spezifischen Persönlichkeitsstörungen auch die Erkenntnisse aus neueren Studien zur Langzeitstabilität der diagnostischen Kategorein auf, die sich längst nicht als so unveränderlich erweist wie im klassischen „Dogma" ihrer Unveränderlichkeit angenommen. Unter der Überschrift „Persönlichkeitsstörungen und zugehörige Persönlichkeitsmerkmale" untergliedert sie Persönlichkeitsstörung (ICD-11: 6D10) und Ausgeprägte Persönlichkeitsmerkmale oder -muster (ICD-11: 6D11). Die Persönlichkeitsstörungen werden nur noch nach Schweregraden (leichtgradig, mittelgradig und schwergradig), nicht mehr nach dem Erscheinungsbild in spezielle Formen differenziert. Die Ausgeprägten Persönlichkeitsmerkmale oder -muster sind jedoch keine diagnostischen Kategorien, sondern stellen Dimensionen dar, die der zugrundeliegenden Struktur der Persönlichkeit entsprechen. Folgende werden aufgeführt: Negative Affektivität bei Persönlichkeitsstörung oder -problematik (ICD-11: 6D11.0), Distanziertheit bei Persönlichkeitsstörung oder -problematik (ICD-11: 6D11.1); Dissozialität bei Persönlichkeitsstörung oder -problematik (ICD-11: 6D11.2), Enthemmung bei Persönlichkeitsstörung oder -problematik (ICD-11: 6D11.3), Anankasmus bei Persönlichkeitsstörung oder -problematik (ICD-11: 6D11.4) und Borderline-Muster (ICD-11: 6D11.5).

Sekundäre Persönlichkeitsänderungen (ausführliche Bezeichnung: Persönlichkeitsveränderungen aufgrund von Störungen oder Krankheiten, die nicht unter psychische Störungen und Verhaltensstörungen fallen, ICD-11: 6E68) sind eingetretene Abweichungen vom früheren Persönlichkeitsmuster der Person; sie werden als direkte pathophysiologische Folge eines Gesundheitszustands, der nicht unter die psychischen und Verhaltensstörungen fällt, angesehen.

3. Therapie

Von der traditionellen apodiktischen Vorstellung, Persönlichkeitsstörungen seien unbehandelbar, ist die Wissenschaft abgerückt. Die Behandlung der Persönlichkeitsstörungen ist dennoch oft schwierig. Im Hinblick auf die tiefe Verwurzelung der Verhaltens- und Erlebensweisen, oft seit der Kindheit an, ist das verständlich. Es kommt darauf an, diesen Menschen beratend und verlässlich ermutigend zur Seite zu stehen, ihnen Hinweise zur Bewältigung von Belastungen und zur konstruktiven Lösung von Konflikten zu geben und nicht etwa, sie gewissermaßen in ihrer Grundstruktur „umzubauen". Es gilt als gesichert, dass der erlebbare Erwerb adäquater Kompetenzen erleichtert, eingeschliffene Verhaltensmuster aufzugeben. Der Patient muss erleben können, dass seine Kompetenzen zunehmen. Von Beginn der Behandlung an muss darauf hingearbeitet werden, die im Behandlungsprozess gewonnenen Erfahrungen in der lebensweltlichen Praxis anzuwenden. Misserfolge bei der Übertragung in den Alltag können wertvolle Einblicke in die Dysfunktionalität des personalen Umfeldes liefern und zum Ausgangspunkt weiterer Interventionen werden.

Seit einigen Jahren haben sich **kognitiv-behaviorale Strategien** in der Behandlung von Persönlichkeitsstörungen etabliert. Dafür liegen elaborierte Manuale vor. Nicht allein die intrapsychische Dynamik des Betroffenen, sondern auch die Wechselwirkungen mit dem sozialen Umfeld der Betroffenen, insbesondere eventuelle dysfunktionale Wirkungen, verdienen in einem komplexen Interventionsplan Beachtung. Damit umgreift derselbe bei weitem nicht nur therapeutische Strategien im engeren Sinne, sondern sozialarbeiterische und andere Interventionen. Sehr oft ist es unumgänglich, die Prinzipien traditioneller psychotherapeutischer Schulen zu erweitern, damit die „blinden Flecken" der jeweiligen Schulen im Interesse des Patienten überwunden werden können. Das verlangt vom Therapeuten ein umfangreiches Methodenarsenal, das flexibel an die Anforderungen des konkreten Einzelfalls angepasst werden kann.

Die erste zentrale Voraussetzung des Gelingens ist angesichts des auf Langfristigkeit angelegten Therapiebündnisses eine akzeptierende, Vertrauen schaffende Grundhaltung des Therapeuten, der seinerseits ein hohes Maß an Frustrationstoleranz bei Konflikten aufbringen, auf eine Konfrontation mit dem Patienten auch dann verzichten und seine unverzichtbare Empathie aufrechterhalten kann. Eine zweite wesentliche Voraussetzung ist eine konsentierte Therapievereinbarung, die insbesondere die Rangfolge der Ziele und die zeitliche Perspektive umfasst. Toleranz für das Verhaltensmuster des Patienten darf allein bei Gewalt gegen sich selbst oder andere Menschen enden. Die kritische Rückmeldung sollte gleichwohl bei aller Entschiedenheit von erkennbarer Empathie für die Person begleitet sein. Dies verlangt der Respekt vor der grundgesetzlich garantierten Unverletzlichkeit der Menschenwürde.

Für die **Behandlung** von Menschen mit **Borderline-Persönlichkeitsstörung** gibt es mittlerweile neben vielen anderen Methoden die gut etablierte **Dialektisch-Behaviorale Therapie** (DBT); sie kombiniert verschiedene therapeutische Methoden, darunter supportive und edukative Zugänge. Es kommt darauf an, den Betroffenen systematisch Methoden zu vermitteln, um selbst mit Erregung, Anspannung, Enttäuschungen, Wut, Ärger umzugehen, bestimmte Alternativen für selbstverletzendes Verhalten einzuüben und unter Stress verlässlich zu praktizieren usw., z.B. *Skill-Training*.

Schließlich kommt angesichts des Aufwands und der Schwierigkeit langfristiger psychotherapeutischer und psychosozialer Therapien die Frage nach dem Stellenwert von Pharmakotherapie in den Blick – zumal diese leider häufig eingesetzt werden. Keinesfalls kann ihre Bedeutung mit dem der vorgenannten Inventionen konkurrieren. Es gibt kaum verlässliche Daten zu ihren Effekten, die allenfalls gering sind. Deshalb kommen Antidepressiva nur dann in Betracht, wenn es relevante Komorbiditäten wie beispielsweise Depressivität oder Angststörung bestehen, bei denen Antidepressiva indiziert sind. Für *Mood Stabilizer* (z. B. *Lithium, Valproat, Lamotrigin*) oder für die Gabe von *Neuroleptika* gilt Ähnliches. Die Wirkung von *Aripiprazol* und weniger von *Olanzapin* stehen immerhin in der Diskussion. Zusammenfassend lässt sich sagen, dass es kein wissenschaftlich gut belegtes Argument für Psychopharmaka im Einsatz gegen Persönlichkeitsstörungen gibt. Damit fehlt es an verbindlichen Empfehlungen. Auch die häufig geübte SSRI-Verordnung bei Borderline-Persönlichkeitsstörungen entbehrt der Evidenz, allenfalls bei ängstlich vermeidender Symptomatik ist ein Versuch angezeigt.

4. Aspekte der rechtlichen Betreuung

In den allermeisten Fällen von Persönlichkeitsstörungen kommt eine rechtliche Betreuung nicht in Betracht, allenfalls bei sehr schwer ausgeprägten Borderline-Störungen etwa im Hinblick auf den Aufgabenbereich Gesundheitssorge.

Stichwortverzeichnis

A

B

F

G

H

I

K

L

M

N

O

P